모듈별 이해와 통합에 기초한

Big Network Design

Foreign Copyright:
Joonwon Lee
Address: 3F, 127, Yanghwa-ro, Mapo-gu, Seoul, Republic of Korea
　　　　　3rd Floor
Telephone: 82-2-3142-4151, 82-10-4624-6629
E-mail: jwlee@cyber.co.kr

모듈별 이해와 통합에 기초한
Big Network Design

2008. 8. 19. 1판 1쇄 발행
2013. 5. 24. 1판 2쇄 발행
2014. 1. 29. 1판 3쇄 발행
2015. 2. 9. 1판 4쇄 발행
2016. 7. 12. 1판 5쇄 발행
2017. 6. 29. 1판 6쇄 발행
2018. 6. 11. 1판 7쇄 발행
2020. 4. 16. 1판 8쇄 발행
2022. 8. 11. 1판 9쇄 발행

지은이 | 이중호
펴낸이 | 이종춘
펴낸곳 | BM ㈜도서출판 성안당

주소 | 04032 서울시 마포구 양화로 127 첨단빌딩 3층(출판기획 R&D 센터)
　　　 10881 경기도 파주시 문발로 112 파주 출판 문화도시(제작 및 물류)
전화 | 02) 3142-0036
　　　 031) 950-6300
팩스 | 031) 955-0510
등록 | 1973. 2. 1. 제406-2005-000046호
출판사 홈페이지 | www.cyber.co.kr
ISBN | 978-89-315-5515-8 (13000)
정가 | 35,000원

이 책을 만든 사람들
책임 | 최옥현
진행 | 조혜란
교정·교열 | 안혜희북스
디자인 | 비엘플래너스, 박원석
홍보 | 김계향, 이보람, 유미나, 이준영
국제부 | 이선민, 조혜란, 권수경
마케팅 | 구본철, 차정욱, 오영일, 나진호, 강호묵
마케팅 지원 | 장상범, 박지연
제작 | 김유석

이 책의 어느 부분도 저작권자나 BM ㈜도서출판 성안당 발행인의 승인 문서 없이 일부 또는 전부를 사진 복사나 디스크 복사 및 기타 정보 재생 시스템을 비롯하여 현재 알려지거나 향후 발명될 어떤 전기적, 기계적 또는 다른 수단을 통해 복사하거나 재생하거나 이용할 수 없음.

■ 도서 A/S 안내

성안당에서 발행하는 모든 도서는 저자와 출판사, 그리고 독자가 함께 만들어 나갑니다.
좋은 책을 펴내기 위해 많은 노력을 기울이고 있습니다. 혹시라도 내용상의 오류나 오탈자 등이 발견되면 **"좋은 책은 나라의 보배"**로서 우리 모두가 함께 만들어 간다는 마음으로 연락주시기 바랍니다. 수정 보완하여 더 나은 책이 되도록 최선을 다하겠습니다.
성안당은 늘 독자 여러분들의 소중한 의견을 기다리고 있습니다. 좋은 의견을 보내주시는 분께는 성안당 쇼핑몰의 포인트(3,000포인트)를 적립해 드립니다.
잘못 만들어진 책이나 부록 등이 파손된 경우에는 교환해 드립니다.

모듈별 이해와 통합에 기초한

Big Network Design

이중호 지음
(CCIE#5702)

BM (주)도서출판 성안당

Big Network Design ||||||||

머리말

이 책은 쉬운 책입니다. 네트워크 초보자라도 '이 책을 소화할 수 있었으면' 하는 바람으로 이 책을 썼습니다.

저자의 욕심 때문에 책이 두꺼울 뿐입니다.

솔직히 많은 것을 담으려고 했기 때문에 내용에 따라 밀도 차이가 나는 것은 어쩔 수 없었습니다. 밀도 차이가 난다는 것은, 어떤 부분은 매우 자세하게 썼지만, 어떤 부분은 맛보기라도 제공해야 한다는 의무감(?) 때문에 깊이가 얕다는 것을 고백합니다.

어쨌든 '네트워크 디자인' 이라는 주제에 연결된 모든 개념이 포함되었습니다. 이러한 개념은 서로 연결되어 있겠지요. 부족한 부분에서 두텁지 못하게 끝난 가지가 있다면 다음 카페, '네트워크 디자인 별거냐(http://cafe.daum.net/nwdb)' 에 찾아오기 바랍니다.

'네트워크 디자인' 이라는 특별한 주제 때문에 네트워크에서 발견되는 모든 프로토콜과 장비를 다룰 수 밖에 없었습니다. 마치 레고 블록과 같이 각각의 Chapter와 Chapter에 포함된 Lesson들은 네트워크 디자인을 위해 필요한 부속 모듈입니다. 이러한 부속품들을 잘 조합하여 하나의 네트워크로 디자인하려면,

- 네트워크 디자인 이론에 익숙해야 하지만

- 네트워크 디자인 사례를 많이 보는 것이 더 중요합니다.

이 책은 많은 그림과 표와 예를 통해 다양한 네트워크를 보여줍니다.

또한 네트워크 장비에 대한 구현 명령어는 네트워크에 대한 이해를 높여주기 때문에 많은 구현 예가 필요했습니다. 이러한 구현 명령어는 모든 제조사의 명령어가 서로 비슷하기 때문에 시장 점유율이 가장 높은 시스코사의 명령어를 사용했습니다.

이전 저서인 '쉽게 배우는 시스코 랜 스위칭' 과 더불어 이 책을 쓰는데 도움을 주신 안선희, 김효겸, 황계진, 이아영, 이종석, 이승목, 최정우, 이윤소, 류정우 님에게 사랑과 감사의 말씀을 보냅니다.

2008. 무더운 죽전에서

이중호

Preface

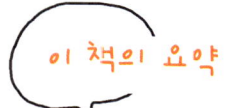

초심자에게는 1장, 2장, ……하는 순서대로의 학습이 필요하지만, 1장과 2장을 읽어보고 이해가 되는 중급 이상의 사용자라면 굳이 순서대로 학습할 필요가 없습니다.

Chapter 01은 네트워크에 대한 기본적인 마인드를 설명하는데, 이것을 완벽하게 자기 것으로 만든다면, 네트워크에 대한 자신감과 흥미가 생길 것입니다. 네트워크에 대해 어느 정도의 감을 가지고 있어도 이 장을 생략하지 말기 바랍니다. 기존의 강의와 도서와 달리 저자 나름대로의 10년 강의 노하우가 담긴 부분으로, 데이터 흐름에 대한 통합적인 이해를 제공하는 중요한 장입니다.

Chapter 02는 네트워크의 토폴로지, 즉 장비와 선의 배치에 대한 장으로, 대역폭 산정 방법도 다룹니다. 토폴로지란 뼈대로 솔루션이나 프로토콜의 살을 갖다 붙일 중요한 기초가 됩니다.

Chapter 03은 LAN 스위칭에 대한 장으로, 실제 LAN 디자인에 대한 노하우와 함께 LAN 스위칭 프로토콜에 대한 철저한 학습 실전 사례, 솔루션/프로토콜 배치 방법에 초점을 맞추었습니다.

Chapter 04는 WAN 서비스에 대한 장입니다. 가격 경쟁력 때문에 현재의 대세가 인터넷 VPN망이지만, 기존의 프레임 릴레이, ATM, 전용 회선을 사용하는 독자를 위해서 다양한 WAN 서비스에 대한 기술을 비교했습니다. 또한 실무 차원에서 WAN 회선 요금이 중요한 만큼 요금 결정 기준에 대해서도 설명했습니다.

Chapter 05는 IP 주소 할당과 네트워크 정보의 서머라이제이션에 익숙할 수 있도록 구성했고, 그 밖에 NAT, IPv6 헬퍼 어드레스, IP Unnumbered 등의 IP 관련 솔루션의 적용을 다룹니다.

Chapter 06은 IGP(Interior Gateway Protocol) 계열의 라우팅 프로토콜에 대한 장으로, IGP 계열의 라우팅 프로토콜들의 특성을 비교 제시했습니다. 실제 환경에서 라우팅 프로토콜들이 어떻게 구현되는지 구체적인 예를 들었습니다.

Chapter 07은 BGP 라우팅 프로토콜에 대한 장으로, ISP(Internet Service Provider) 직원과 ISP 고객망에서 BGP를 어떻게 다르게 사용하는지 설명했습니다. 그 외 리디스트리뷰션, 디스트리뷰션 리스트, 패시브 인터페이스 등의 라우팅 관련 솔루션을 설명합니다.

Chapter 08은 네트워크 보안 디자인에 대한 장으로, 방화벽, IDS(Internet Detection System), IPS(Internet Protection System), UTM(Universal Threat Management), 웹 방화벽 장비의 특성을 비교하고, 네트워크 보안 장비들이 가용성을 위해 어떻게 복잡하게 배치되는지 설명합니다.

이러한 장들은 빅 네트워크의 디자인을 위해 모두 필요합니다. 각 장들에 대한 정밀한 이해가 필요함은 물론, 이러한 것을 하나로 묶을 수 있는 통합 능력도 중요합니다.

이 책을 통해 한 단계 발전하는 네트워크 엔지니어가 되시기를 바랍니다.

Big Network Design

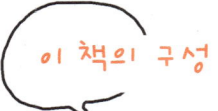
이 책의 구성

이 책은 토폴로지, 대역폭, 프로토콜, 솔루션 등 네트워크 디자인에 필요한 모든 것을 개념과 원리를 중시하면서 현장의 관점에서 썼습니다. 또한 네트워크 디자인의 주요 고려 요소인 가용성과 비용 효율성을 염두에 두었습니다. 한편 부록에서 필수적인 서버 개념을 담아 여러분이 통합적인 시각 속으로 네트워크를 이해하도록 했습니다.

[8개의 장과 83개의 강의]

총 8개의 모듈(Chapter)로 나누어져 있으며, 총 83개의 Lesson으로 구성되어 있습니다. 구성도 초보자가 쉽게 따라할 수 있도록 각 작업에 대한 내용을 빠짐없이 설명하고 있으며, 각 Step으로 구성하여 단계별로 학습할 수 있습니다.

[특징]

네트워크 디자인에서 가장 중요하며, 보통 정도의 학습 난이도를 제공하고, 지식이 거의 없어도 이해할 수 있으며, 다른 장과의 연관성이 높은 편이기 때문에 꼼꼼히 학습해야 합니다. 또한 이론적인 학습이 아니라 실무 위주의 현장에서 사용하는 부분을 중심으로 설명했습니다.

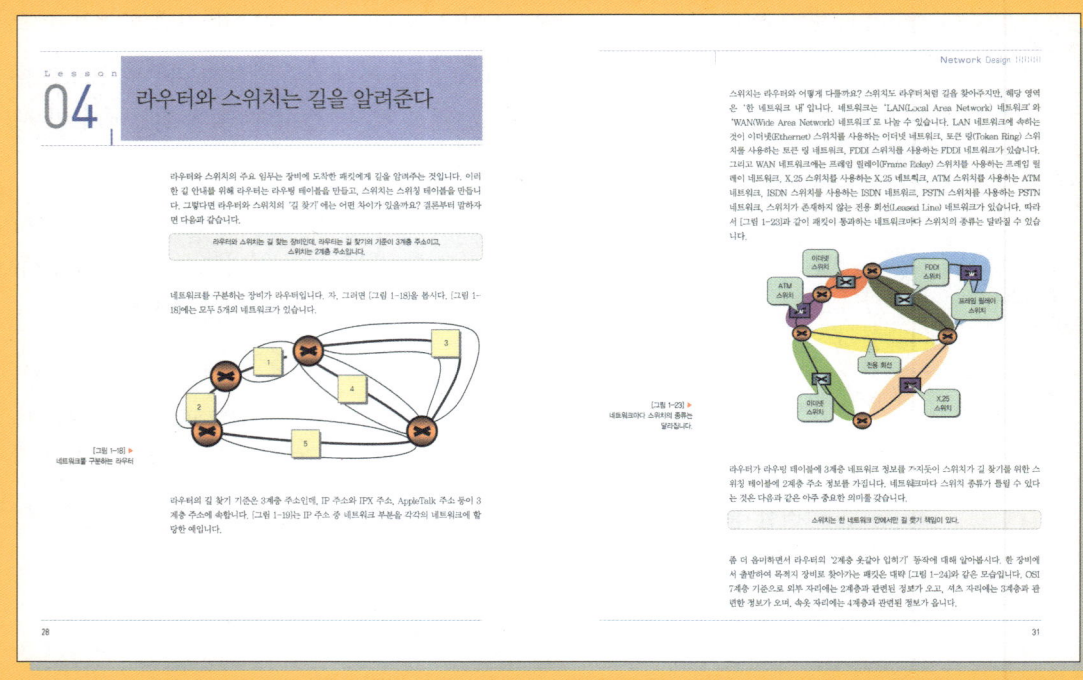

이 책의 구성

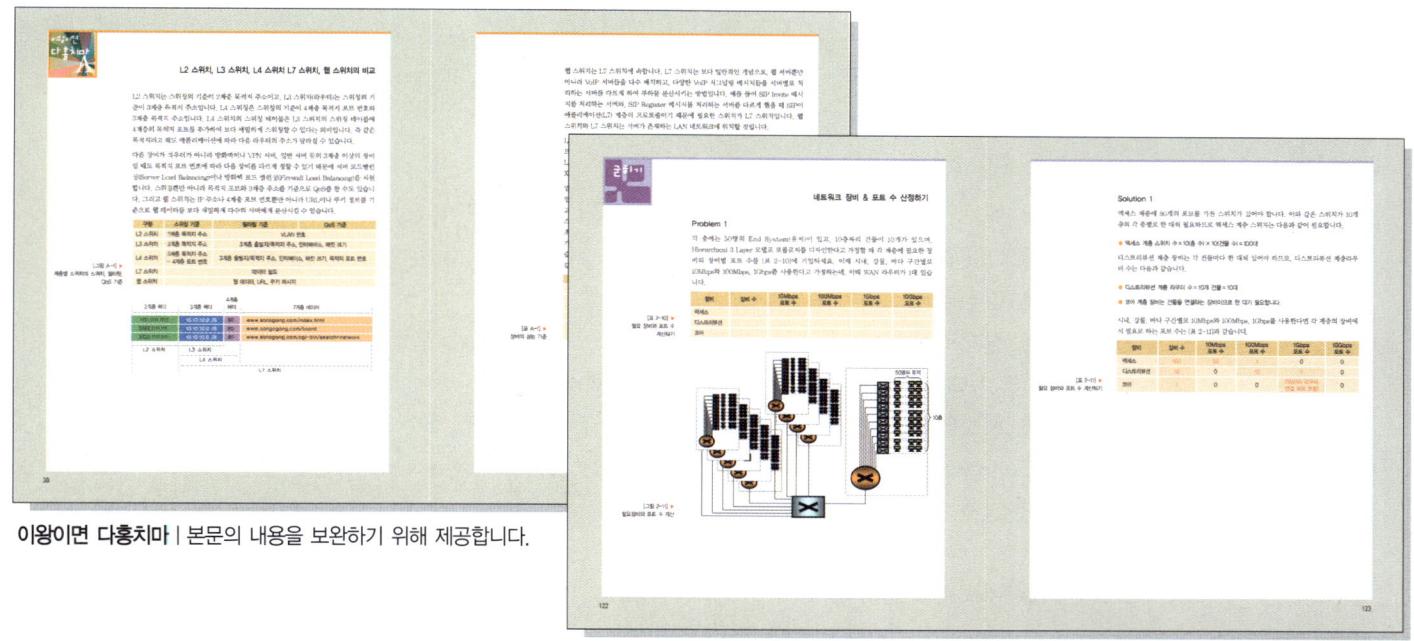

이왕이면 다홍치마 | 본문의 내용을 보완하기 위해 제공합니다.

굳히기 | 본문의 내용을 확실하게 이해하기 위한 목적으로 연습용으로 제공합니다.

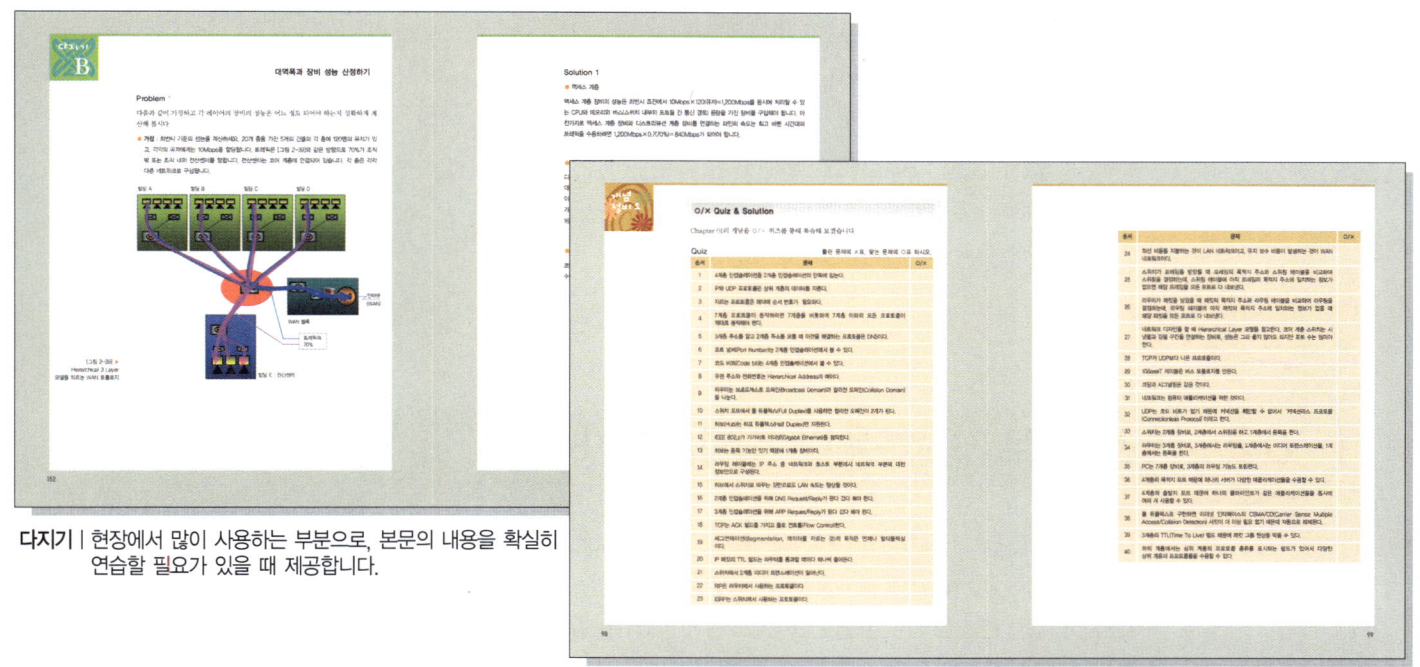

다지기 | 현장에서 많이 사용하는 부분으로, 본문의 내용을 확실히 연습할 필요가 있을 때 제공합니다.

개념 정비소 | 본문의 내용 중에서 개념을 확실히 하기 위해 제공합니다.

부록 | 네트워크 & 서버의 통합적인 시각을 위해 필요한 서버, SAN 네트워크에 대해 다룹니다.

Big Network Design

chapter 01 데이터의 흐름

Lesson 01. 네트워크 디자인 강의를 시작하며 ············ 14
Lesson 02. 네트워크 디자인을 위한 Hierarchical 3 Layer 모델 ············ 19
Lesson 03. OSI 7계층 모델 ············ 25
Lesson 04. 라우터와 스위치는 길을 알려준다 ············ 28
Lesson 05. 실제로 패킷이 이동하는 궤적 ············ 36
이왕이면 다홍치마 A   L2 스위치, L3 스위치, L4 스위치, L7 스위치, 웹 스위치의 비교 ············ 38
Lesson 06. 패킷의 출발! 애플리케이션 계층 ············ 40
Lesson 07. 자를까, 말까? 트랜스포트 계층 ············ 43
Lesson 08. 컨제스천 & TCP 컨제스천 컨트롤 ············ 50
이왕이면 다홍치마 B   QoS ············ 59
Lesson 09. 네트워크 간의 길 찾기 – 네트워크 계층 ············ 61
Lesson 10. '전 세계' 3계층 이상의 장비를 구분하는 네트워크 계층 주소 ············ 65
Lesson 11. 네트워크마다 데이터 링크 프로토콜은 다르다 ············ 68
Lesson 12. 물리적인 물리 계층 ············ 73
Lesson 13. 1계층 장비인 허브와 이더넷 컬리전 ············ 76
Lesson 14. 프레임, 2계층 장비 – 스위치에 도착하다 ············ 79
Lesson 15. 패킷, 3계층 장비 – 라우터에 도착하다 ············ 85
다지기 A   컬리전 도메인 & 브로드캐스트 도메인 ············ 89
다지기 B   데이터의 흐름 설명하기 ············ 95
개념 정비소   O/X Quiz & Solution ············ 98

chapter 02 토폴로지 & 용량 산정 디자인

Lesson 01. LAN 네트워크 디자인을 위한 Hierarchical 3 Layer 모델 ············ 104
Lesson 02. Hierarchical 3 Layer 모델을 구성하는 장비 ············ 106
Lesson 03. Hierarchical 3 Layer 모델에 대역폭 할당(용량 산정)하기 ············ 109
Lesson 04. WAN 용량 산정(대역폭 할당)하기 ············ 115
이왕이면 다홍치마 C   네트워크 디자인을 위한 준비 단계 ············ 116
Lesson 05. Hierarchical 3 Layer 모델 장비의 포트 수 ············ 120
굳히기   네트워크 장비 & 포트 수 산정하기 ············ 122

Lesson 06. Hierarchical 3 Layer 모델의 코어, 디스트리뷰션, 액세스 계층에
각각 스위치, 라우터, 스위치를 배치하는 이유 ·· 126
Lesson 07. LAN 네트워크와 VLAN ·· 129
Lesson 08. 액세스 링크와 트렁크 ·· 133
Lesson 09. Hierarchical 2 Layer 모델과 서버의 위치 ····································· 137
Lesson 10. Hierarchical 3 Layer 모델 디자인의 장점과 가용성 확보 방안 ······ 140
Lesson 11. WAN 네트워크 토폴로지 ·· 144
다지기 A 장비 수와 포트 수 산정하기 ·· 147
다지기 B 대역폭과 장비 성능 산정하기 ·· 152
다지기 C LAN & WAN 네트워크 토폴로지 디자인 ··· 160
개념 정비소 O/× Quiz & Solution ·· 162

chapter 03 LAN 디자인

Lesson 01. VLAN 선언 정보를 일치시키는 VTP 프로토콜 ······························· 166
이왕이면 다홍치마 D 네트워크 헬스 체크 ··· 170
Lesson 02. VTP 프로토콜의 구현과 VTP 프루닝 ··· 171
Lesson 03. VTP 프로토콜 사용하지 않기 ··· 174
Lesson 04. 스위칭 루프와 STP ·· 176
Lesson 05. STP의 동작 ·· 179
이왕이면 다홍치마 E STP 환경에서 '링크 고장(토폴로지-연결 상태-의 변화)', 그 이후 ··· 183
Lesson 06. STP의 두 가지 문제점과 극복 방안 ··· 186
굳히기 STP 블로킹 포트 찾기 ··· 192
Lesson 07. 링크 이중화를 위한 이더채널 ·· 199
Lesson 08. VLAN 간 라우팅, VLAN 간 레이어 3 스위칭 ································ 206
Lesson 09. 레이어 3 스위칭이 빠른 이유 ·· 211
Lesson 10. HSRP, VRRP, GLBP ·· 215
Lesson 11. 무선 LAN ··· 221
Lesson 12. VoIP(Voice over IP) 구성안 ·· 226
Lesson 13. LAN 네트워크가 다운되지 않는 이유 ··· 232
Lesson 14. 거대 LAN 네트워크의 구성 ··· 236

Big Network Design

다지기 A 트래픽의 흐름 그리기 ·········· 240
다지기 B 네트워크의 구성 & 솔루션 ·········· 242
개념 정비소 O/× Quiz & Solution ·········· 245

chapter 04 WAN 디자인

Lesson 01. WAN 서비스의 특징 ·········· 250
Lesson 02. WAN 인캡슐레이션 ·········· 253
Lesson 03. WAN 서비스의 요금 체계 ·········· 263
Lesson 04. 포인트 투 포인트 WAN 연결과 멀티포인트 WAN 연결 ·········· 271
Lesson 05. WAN 대역폭 산정하기 ·········· 279
이왕이면 다홍치마 F 애플리케이션 응답 시간과 네트워크 성능의 상관 관계 ·········· 286
Lesson 06. WAN의 구성 사례 ·········· 289
이왕이면 다홍치마 G DR(Disaster Recovery) ·········· 297
다지기 인터넷 VPN으로 변경할 때 회선 비용 절감 효과 계산하기 ·········· 301
개념 정비소 O/× Quiz & Solution ·········· 303

chapter 05 IP 디자인

Lesson 01. IP 주소와 관련된 두 가지 문제 ·········· 306
Lesson 02. 서브네팅 ·········· 308
Lesson 03. VLSM을 이용한 IP 디자인 ·········· 310
굳히기 VLSM을 이용한 IP 주소 디자인 ·········· 320
Lesson 04. 루트 서머라이제이션 ·········· 323
Lesson 05. NAT ·········· 327
Lesson 06. IPv6 ·········· 330
Lesson 07. 기타 IP 관련 솔루션 ·········· 335
굳히기 VLSM을 이용한 IP 주소 디자인 ·········· 338
다지기 A 루트 서머라이제이션 연습 ·········· 348
개념 정비소 O/× Quiz & Solution ·········· 355

chapter 06 라우팅 프로토콜 디자인 I

- Lesson 01. 라우팅이란 무엇인가요 ··· 358
- Lesson 02. 라우팅 프로토콜별 메트릭 ··· 368
- Lesson 03. 라우팅 프로토콜의 첫 번째 분류 방법 ·· 371
- Lesson 04. 라우팅 프로토콜의 또 다른 분류 방법 ·· 377
- Lesson 05. 디스턴스 벡터 라우팅 프로토콜 ·· 378
- Lesson 06. 링크 스테이트 라우팅 프로토콜 vs 하이브리드 라우팅 프로토콜 ······ 385

이왕이면 다홍치마H
- – RI의 단점, OIE의 장점 ·· 389
- – OSPF, Integrated IS-IS, EIGRP 라우팅 프로토콜의 패킷 포맷 ····················· 390

- Lesson 07. Integrated IS-IS 개념 정복하기 ·· 391
- Lesson 08. OSPF, Integrated IS-IS, EIGRP 라우팅 프로토콜의 네이버 테이블 만들기 ········ 394
- Lesson 09. NBMA 네트워크에서 네이버 찾기 ··· 402
- Lesson 10. OSPF, Integrated IS-IS, EIGRP 라우팅 프로토콜의 패킷들, 라우터와 에어리어의 종류 ·· 408

이왕이면 다홍치마I DUAL(Diffusing Update Algorithm)과 EIGRP Query 다루기 ········ 426

- Lesson 11. 스태틱 루트, OSPF, Integrated IS-IS, EIGRP 라우팅 프로토콜 디자인 및 구현 예 ··· 434

다지기 A 라우팅 프로토콜 디자인 연습 ·· 462
개념정비소 O/× Quiz & Solution ·· 466

chapter 07 라우팅 프로토콜 디자인 II

- Lesson 01. AS와 BGP의 개요 ·· 472
- Lesson 02. 고객 AS(Stub AS)는 언제 BGP를 사용하나요? ································· 477
- Lesson 03. 고객 AS에서 ISP AS로 BGP 정보 넘겨주기, 고객 AS 안으로 디폴트 정보 넘겨주기 ··· 479
- Lesson 04. ISP AS의 IBGP 세션 관련 이슈와 솔루션 ·· 484
- Lesson 05. ISP AS와 BGP 라우팅 ·· 490
- Lesson 06. ISP AS의 AS-Path 필터링 ··· 496

이왕이면 다홍치마J IDC 서비스 ·· 498

- Lesson 07. 기타 라우팅 관련 솔루션 ·· 502

다지기 A BGP 프로토콜 적용 연습(ISP의 고객 AS) ·· 509
다지기 B BGP 프로토콜 적용 연습(ISP AS) ··· 511
개념정비소 O/× Quiz & Solution ·· 518

Big Network Design

네트워크 보안 디자인

- Lesson 01. 방화벽은 네트워크의 첫 번째 방어막 ······ 522
  - 이것이면 다홍치마 K 방화벽 차단 포트의 예 ······ 531
- Lesson 02. 방화벽의 3계층 이외의 동작 ······ 533
- Lesson 03. Layer 3 방화벽의 한계와 보안 정책 디자인 ······ 535
- Lesson 04. IDS(침입 탐지 시스템) ······ 536
  - 이것이면 다홍치마 L 네트워크 공격의 유형 ······ 539
- Lesson 05. IDS의 한계 ······ 540
- Lesson 06. IPS(침입 방지 시스템) ······ 542
- Lesson 07. 웹 방화벽 ······ 546
- Lesson 08. 방화벽 로드 밸런싱 ······ 548
- Lesson 09. VPN과 로드 밸런싱 ······ 564
- Lesson 11. L4 스위치가 생략된 방화벽 로드 밸런싱 ······ 577
- Lesson 10. VPN, IDS, IPS의 위치 ······ 580
  - 이것이면 다홍치마 M DDoS(Distributed Denial of Services) 방어 솔루션 ······ 584
- Lesson 12. 통합 보안 장비, UTM ······ 587
- 다지기 A ······ 588
- 개념 정비소 O/× Quiz & Solution ······ 590

Appendix

- 부록 A. 네트워크 엔지니어라면 알아야 할 서버에 대한 세 가지 질문 ······ 594
- 부록 B. 네트워크에 투자할 때의 ROI 계산하기 ······ 609

Big Network Design ||||||||||

Chapter ::

01

데이터의 흐름

[목표] 이 장의 목표는 OSI 7계층을 사용하여 데이터망에서의 트래픽 흐름을 통합적으로 이해하는 것입니다. 트래픽 흐름이란, 패킷이 클라이언트 PC의 7계층에서 시작하여 네트워크 장비(라우터와 스위치)에서 어떠한 프로세스를 거쳐 목적지 서버의 7계층에 도착하는가에 대한 것을 말합니다. 사실 이것을 이해하는 것은 쉬울 것 같지만 어렵습니다. 이 문을 열 수 있어야 '아! 이제 뭔가 할 수 있겠구나!' 하는 자신감이 생깁니다.

[특징(from ★ to ★★★★★)]

Lesson 01 네트워크 디자인 강의를 시작하며

Lesson 01은 워밍업입니다. 서버와 PC는 데이터의 시작 지점이나 도착 지점입니다. 그래서 서버와 PC를 'ES(End System, 끝에 달려 있는 장치)'라고 합니다. [그림 1-1]과 같이 ES들을 연결하는 것이 '네트워크(Network)'입니다. ES와 ES를 연결하기 위해 ES와 ES 사이에 오는 장치를 'IS(Intermediate System, 중간 장치)'라고 하는데, IS들이 네트워크를 구성하는 장치입니다. IS의 가장 중요한 역할은 데이터 패킷들의 목적지를 찾아주는 '길 찾기'입니다. 길 찾기 IS에는 라우터와 스위치가 있으므로 라우터와 스위치에 대해 잘 알면 네트워크에 대해서도 잘 안다고 할 수 있습니다.

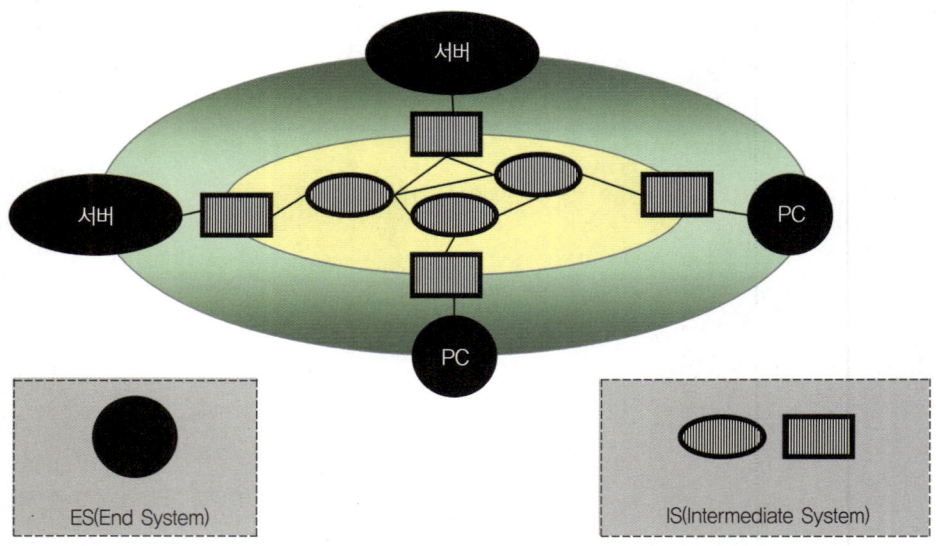

[그림 1-1] ▶ IS로 구성된 네트워크

[표 1-1]에 제시된 것처럼 길 찾기 IS를 비롯한 다양한 IS들이 있습니다. 방화벽(Firewall), IDS(Intrusion Detection System), IPS(Intrusion Protection System), 바이러스월(Virus Wall)과 같은 보안 장치도 있고, L4 스위치나 L7 스위치와 같은 로드 분산 장치, NMS와 같은 네트워크 관리 장치, IP PBX, IP Centrex, Softswitch와 같은 VoIP(Voice over IP) 장치와 QoS 장치, CDN(Contents Delivery Network) 장치와 같이 효율적인 대역폭 활용을 위한 장치들도 있습니다.

IS의 기능	해당 기능을 수행하는 장비
길 찾기	라우터, LAN, 스위치, WAN 스위치, Remote Access
보안	방화벽, IDS, IPS, 바이러스월
로드 분산	L4 스위치, L7 스위치
네트워크 관리	NMS, 진단 및 측정 장치
VoIP	IP PBX, 게이트키퍼, 게이트웨이, IP Centrex, Softswitch
대역폭의 효율성	QoS, CDN 장치

[표 1-1] ▶ IS의 기능과 종류

'네트워크'라는 용어를 사용할 때 두 가지 의미가 있습니다. 첫 번째는 일반인들이 일반적으로 사용하는 'IS를 통한 ES들의 연결'을 의미합니다. 두 번째는 '라우터에 의해 나뉘어지는 선'으로, 네트워크 엔지니어들이 사용하는 기술적인 의미입니다. 이제부터는 두 번째 의미를 주로 사용할 것입니다. 그렇다면 [그림 1-2]에서는 두 번째 의미로 몇 개의 네트워크가 존재할까요?

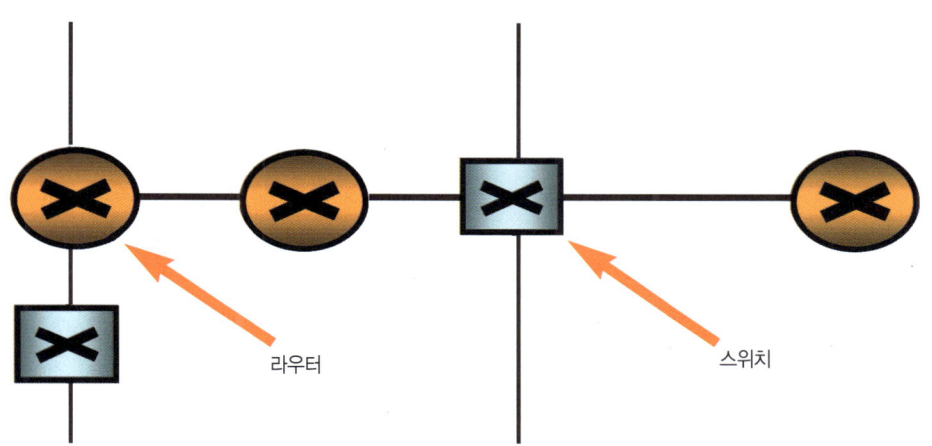

[그림 1-2] ▶ 몇 개의 네트워크가 존재할까요?

라우터가 네트워크를 나눕니다. 따라서 [그림 1-3]과 같이 모두 4개의 네트워크가 존재합니다.

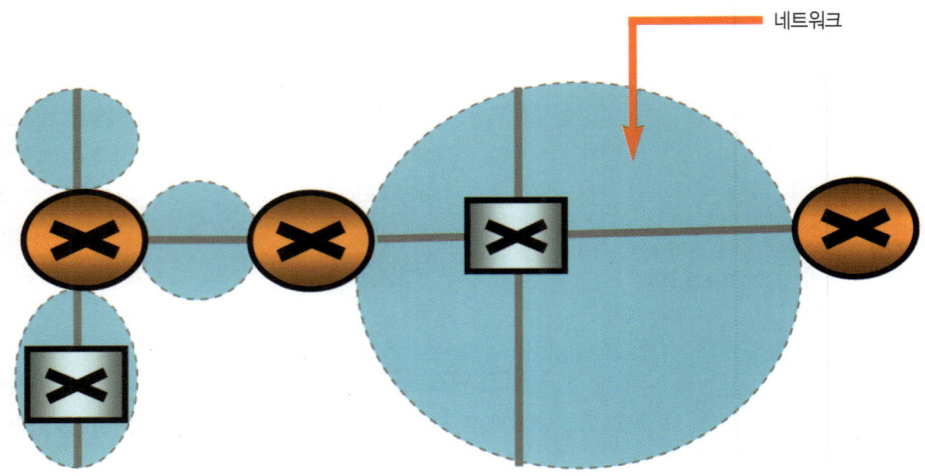

[그림 1-3] ▶
라우터 때문에 네트워크가
나뉘어집니다.

네트워크는 'LAN(Local Area Network) 네트워크'와 'WAN(Wide Area Network) 네트워크'로 나눌 수 있습니다. LAN 네트워크와 WAN 네트워크의 차이는 [표 1-2]와 같이 구분할 수 있습니다. LAN 네트워크는 자기 비용으로 구축했기 때문에 자기 소유이며, 자기 소유이기 때문에 자기가 관리해야 해서 관리 비용이 듭니다. 이에 비해 WAN 네트워크는 한국통신, LG데이콤 등의 회선 임대 사업자들이 제공하는 서비스이기 때문에 초기 투자 비용에 속하는 네트워크 구축 비용과 관리('유지 보수'라고도 하죠.) 비용이 들지 않는 대신, 회선을 빌린 비용을 매달 지불해야 합니다.

LAN이나 WAN에 스위치가 오기 때문에 멀티포인트 연결이 가능합니다. WAN의 전용 회선은 유일하게 스위치가 오지 않는 네트워크입니다. 따라서 포인트 투 포인트(1:1) 연결만 가능합니다.

구분	LAN	WAN
프로토콜의 종류	이더넷, 토큰링, FDDI	패킷 스위칭(X.25, F/R, ATM)
		서킷 스위칭(ISDN, PSTN)
		전용 회선
		VPN(MPLS VPN, IPSec VPN, SSL VPN)
정의	가까운 거리 연결	먼 거리 연결
	회사/조직 내부 연결	본/지사 또는 회사 간 연결
소유	회사/조직 소유	WAN 서비스 제공업자 소유
회선 비용	없음	있음
관리 비용	있음	없음
구축 비용	있음	없음

[표 1-2] ▶
LAN과 WAN의 비교

라우터와 스위치는 둘 다 길 찾기 장비이지만, 근본적으로 다른 점이 있습니다. 라우터는 세상 모든 네트워크에 대한 정보를 가지고 모든 네트워크에 대한 길 찾기 책임이 있고, 스위치는 한 네트워크 안에서의 길 찾기 책임이 있습니다.

[그림 1-4]와 같이 데이터 패킷의 목적지가 되는 서버들은 조직(회사나 학교) 안에 속할 수도 있고, 조직 바깥에 존재할 수도 있습니다. 예를 들어 회사의 그룹웨어 서버는 조직 안에, 인터넷의 웹 서버는 조직 바깥에 위치합니다. 클라이언트에서 출발한 패킷들은 다수의 다양한 LAN 네트워크와 WAN 네트워크를 거쳐서 조직의 안 또는 바깥에 존재하는 서버들을 향합니다. 한 조직의 네트워크는 다양한 수의 LAN 네트워크나 WAN 네트워크들로 구성될 수 있습니다.

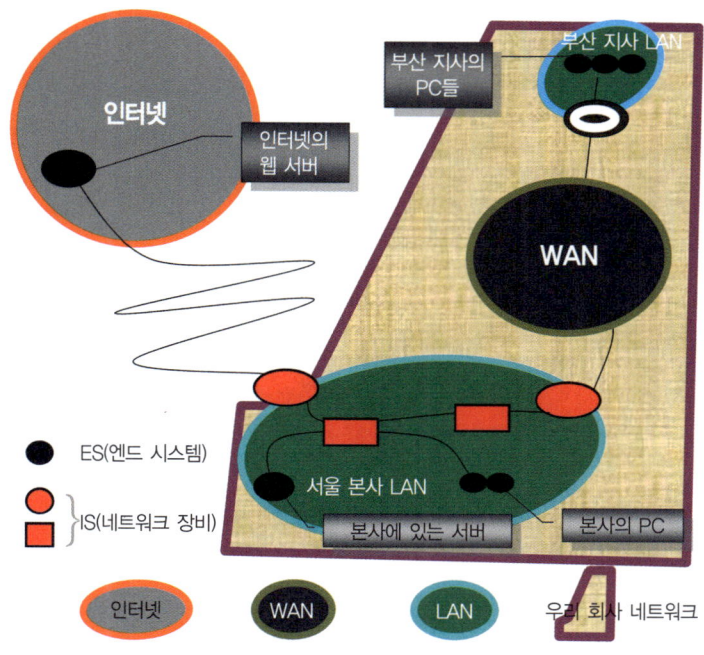

[그림 1-4] ▶
서버와 PC 사이의 데이터 흐름

그러면 라우터와 스위치는 어떻게 다를까요? 스위치는 네트워크 안에서 길 찾기 기능을 하지만, 라우터는 네트워크를 찾는 장비입니다. 그래서 라우터에 의해 목적지 네트워크에 도착하고, 목적지 네트워크를 거치는 각각의 네트워크 안에서는 스위칭이 일어납니다. 따라서 네트워크들 사이가 아니라 한 네트워크 내부에서의 통신을 위해서는 스위치만 있어도 충분합니다. 네트워크 간의 통신을 위해서는 라우터가 필요합니다.

지금부터 [그림 1-5]와 같은 심벌들을 사용할 것이므로 잘 기억해 두세요.

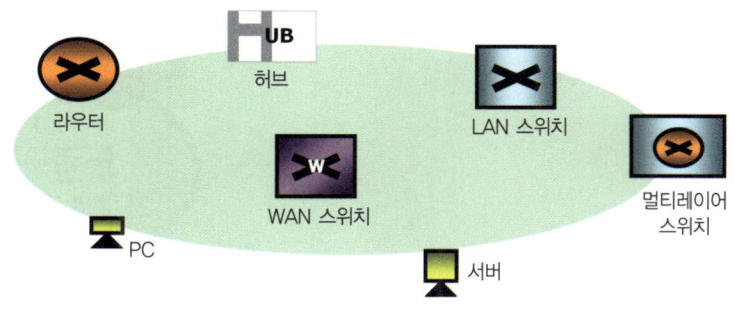

[그림 1-5] ▶
이 책에서 사용할 심벌들

OSI 7계층을 기준으로 PC와 서버는 7계층 장비이고, 라우터는 3계층 장비, 스위치는 2계층 장비입니다. 멀티레이어 스위치는 레이어 2 스위치와 레이어 3 스위치 기능을 합한 장비입니다. 네트워크 안에서 하드웨어 장비를 구분하는 주소는 7계층(URL 주소), 3계층(IP, IPX, AppleTalk 등), 2계층(MAC 주소)에 정의되어 있습니다.

한편 7계층 장비는 7계층 이하의 모든 기능(7계층, 6계층, 5계층, 4계층, 3계층, 2계층, 1계층의 기능)을 수행하기 때문에 7계층, 3계층, 2계층 주소를 모두 가질 수 있습니다. 3계층 장비는 3계층 이하의 모든 기능을 수행하므로 3계층, 2계층 주소를 가질 수 있고, 2계층 장비는 2계층 이하의 모든 기능을 수행하므로 2계층 주소만 가질 수 있습니다.

라우터와 스위치는 PC들과 서버들을 연결하는 IS라고 했습니다. IS(Intermediate System)는 PC나 서버와 같은 ES(End System)를 연결하는 중간 장치입니다. [그림 1-6]과 같이 적정한 위치에 라우터와 스위치 또는 멀티레이어 스위치를 두어서 세상의 모든 PC들과 서버들을 연결합니다. 다시 말해서 PC 또는 서버에서 출발한 데이터는 PC와 서버에 도착하기 위해 라우터와 스위치 또는 멀티레이어 스위치가 제공하는 길 찾기 서비스를 받습니다. 이때 라우터의 길 찾기 기준은 3계층 주소이고, 스위치의 길 찾기 기준은 2계층 주소이며, 라우터 또는 스위치 기능을 제공할 수 있는 멀티레이어 스위치의 길 찾기 기준은 3계층 또는 2계층 주소입니다.

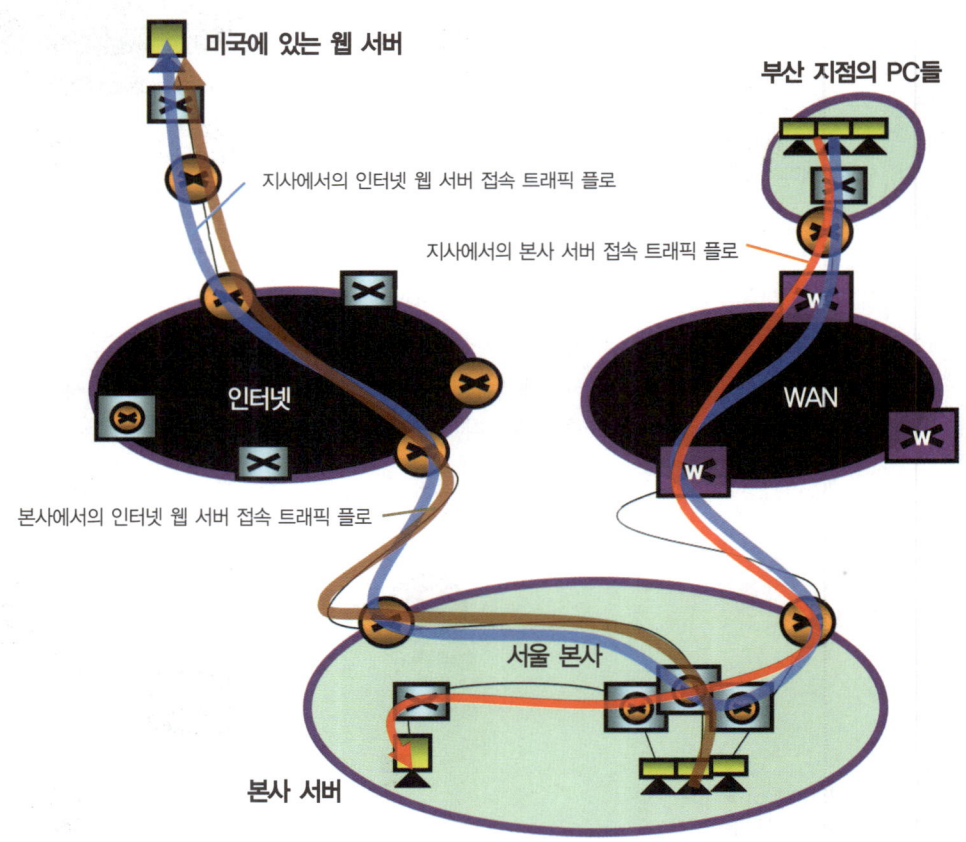

[그림 1-6] ▶
라우터와 스위치로 연결된 네트워크

Lesson 02 네트워크 디자인을 위한 Hierarchical 3 Layer 모델

네트워크 디자인은, 다음과 같은 것들을 결정하는 것입니다. Hierarchical 3 Layer 모델을 따른다면 네트워크 디자인 과정 중에서 토폴로지, 용량, 장비를 쉽게 산정 및 선정할 수 있습니다.

- 토폴로지(연결 형태) 선정
- 용량(대역폭) 산정
- 장비 선택
- 장비에 적용할 솔루션 또는 프로토콜 선택

> 3계층 모델에 의해 쉽게 디자인 가능

Hierarchical 3 Layer 모델은 시행착오를 거치면서 만들어진 디자인 모델입니다. 다른 디자인과는 달리 네트워크 디자인은 안정성이 더 중요합니다. 네트워크를 새로 디자인할 때 다른 네트워크에서 검증된 토폴로지, 용량 산정 방법, 장비, 프로토콜을 따라 안정성을 확보하는 것이 보통입니다. 네트워크를 구축할 때 "레퍼런스 사이트가 어디냐?"고 하는데, 이 말은 "어떤 우수한 기존의 네트워크를 참고로 디자인했느냐?"를 묻는 것입니다. 독특한 토폴로지, 새로 출시된 장비, 새로운 프로토콜을 도입한다면 네트워크의 위험도는 올라가고 안정성은 떨어지겠죠.

창의성 〈 안정성 (더 중요)

Hierarchical 3 Layer 모델은 모든 네트워크에 대한 레퍼런스 모델입니다. Hierarchical 3 Layer 모델은 [그림 1-7]과 같이 액세스 계층(Access Layer), 디스트리뷰션 계층(Distribution Layer), 코어 계층(Core Layer)의 3계층으로 구성되는데, 각각의 계층에는 길 찾기 장비 IS(Intermediate System)인 라우터 또는 스위치가 옵니다.

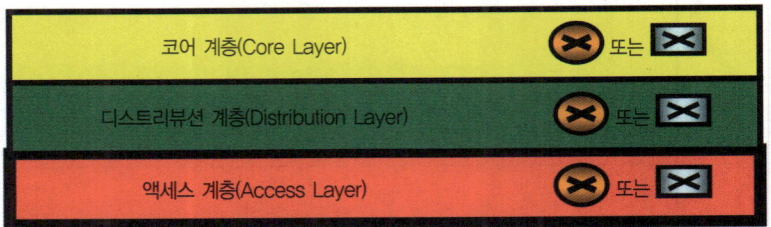

[그림 1-7] ▶
Hierarchical 3 Layer 모델

액세스 계층의 장비를 만나고 싶다면 PC나 서버에 연결된 네트워크 선(일반적으로 UTP 케이블)을 따라가 보세요. 처음으로 만나는 장비가 액세스 계층의 장비입니다. (가장 많이 사용하는 네트워크 선인) UTP(Unshielded Twisted Pair) 케이블의 장비 간 최대 거리는 100m이므로 PC나 서버로부터 100m 안에서 액세스 계층 장비를 찾을 수 있습니다. 100m라는 거리의 한계 때문에 액세스 계층 장비는 보통 각 층마다 배치됩니다. 결론적으로 액세스 계층 장비의 역할은 PC나 서버와 같은 ES(End System)를 최초로 네트워크에 연결하는 것입니다.

디스트리뷰션 계층 장비에 액세스 계층 장비들이 연결됩니다. 하나의 건물 네트워크는 각 층의 액세스 계층 장비와 이러한 액세스 계층 장비들을 연결하는 디스트리뷰션 계층 장비로 구성됩니다. 코어 계층 장비의 역할은 각 건물의 디스트리뷰션 계층 장비들을 연결하는 것입니다.

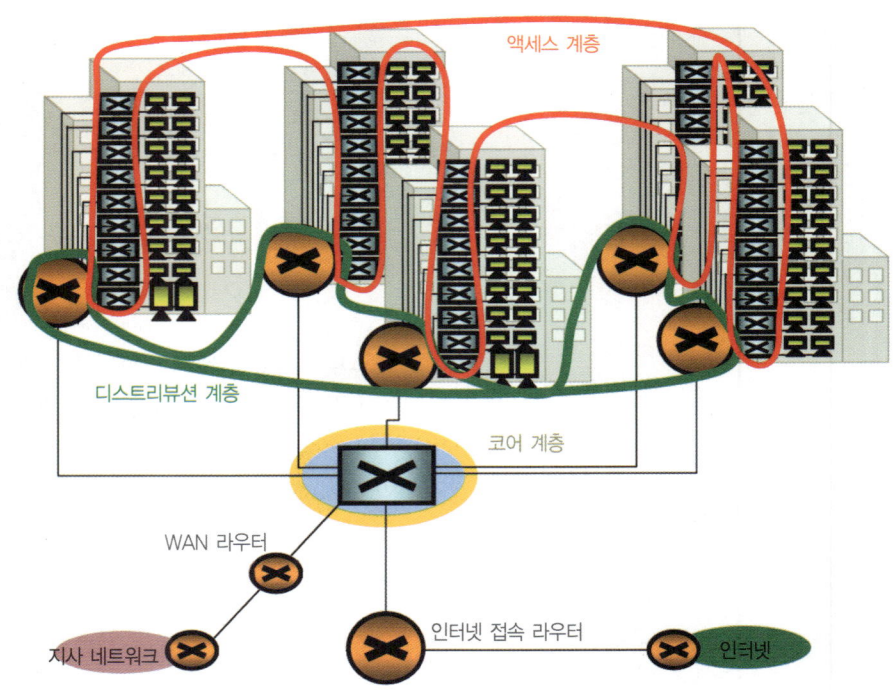

[그림 1-8] ▶
Hierarchical 3 Layer 모델의
실제 적용 예

일반적으로 스위칭 프로토콜은 OSI 7계층을 기준으로 2계층 스위치에서 사용하는 2계층 프로토콜입니다. LAN에서 사용하는 2계층 스위치 프로토콜은 이더넷(Ethernet), 토큰 링(Token Ring), FDDI의 세 가지입니다. 토큰 링 프로토콜은 16Mbps, FDDI는 100Mbps의 속도까지 지원하고, 기술은 복잡합니다. '기술이 복잡하다'는 것은 장비의 가격이 비싸지고 고급 관리 인력이 필요하기 때문에 장비 도입 비용을 올리고 관리 비용까지 증가시킵니다. 반면 이더넷은 10Mbps, 100Mbps, 1,000Mbps(1Gbps), 10,000Mbps(10Gbps)의 네 가지 속도를 지원하고, 기술은 간단하여 장비는 저렴하며, 관리가 쉽습니다. 그래서 보통 LAN에서는 이더넷 스위치를 도입합니다.

Hierarchical 3 Layer 모델에서 각 계층 장비들을 연결하는 선에 10Mbps, 100Mbps, 1,000Mbps, 10,000Mbps의 네 가지 이더넷 속도를 적용해 봅시다. [그림 1-9]를 보면 대부분의 조직에서 통상적인 트래픽 패턴은 PC에서 시작하여 액세스 계층 장비를 거친 후 디스트리뷰션 계층 장비를 거치고 코어 계층 장비를 거쳐서 전산센터로 가거나 인터넷 접속 라우터를 거쳐서 인터넷을 향합니다. 따라서 [그림 1-9]의 PC와 액세스 계층 장비 사이는 트래픽이 시작되는 '시냇물 수준'의 대역폭을 요구하는 구간입니다. 액세스 계층 장비와 디스트리뷰션 계층 장비 사이의 구간은 시냇물이 모여 강물을 이루는 '강물 수준'의 대역폭이 필요한 구간입니다. 그리고 디스트리뷰션 계층과 코어 계층 장비 간 구간은 강물이 합쳐지는 '바다 수준'의 대역폭이 필요한 구간입니다.

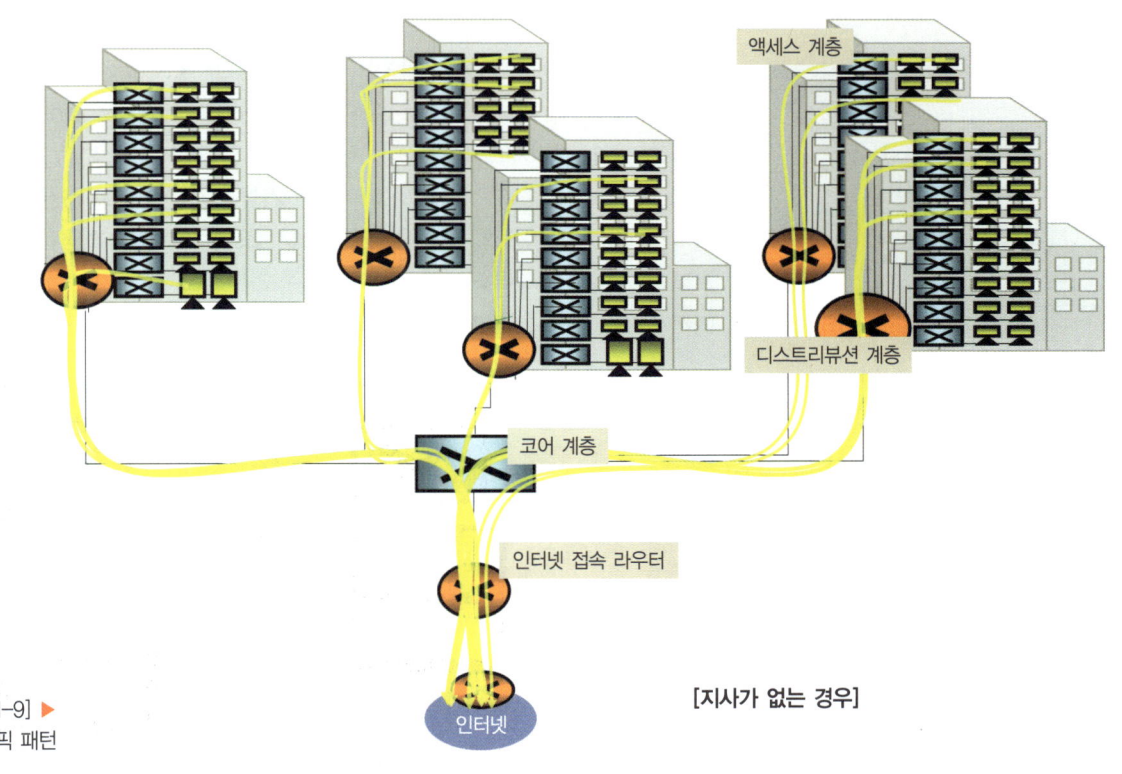

[그림 1-9] ▶
통상적인 트래픽 패턴

[지사가 없는 경우]

따라서 이더넷의 네 가지 속도 중 시냇물 구간에 10Mbps를 적용했다면, 강물 구간에는 100Mbps 정도를 적용하고, 바다 구간에는 1Gbps를 적용합니다. 이와 같이 대역폭 산정은 일반적으로 계단식으로 높아집니다.

시냇물, 강, 바다 구간에 각각 10Mbps, 100Mbps, 1Gbps를 적용한다고 가정해 봅시다. 액세스 계층의 장비는 PC나 서버를 연결하기 위해 각 층마다 배치하는 장비입니다. 층마다 50명의 직원이 있다면 10Mbps가 지원되는 50개의 포트와 100Mbps가 지원되는 1개의 포트(디스트리뷰션 계층과 연결되는 포트)를 가진 장비(스위치)를 도입해야 합니다. 건물의 층 수가 20층이라면 디스트리뷰션 계층 장비는 100Mbps짜리 20개 포트(액세스 계층 장비가 연결되는 포트)와 1Gbps짜리 1개 포트(코어 계층 장비에 연결되는 포트)를 가진 장비(라우터)를 준비해야 합니다. 그리고 건물 수가 10개라면 코어 계층 장비는 건물들을 연결하기 위한 포트 10개와 인터넷 접속 라우터에 연결하기 위한 포트 1개, 이렇게 11개의 1Gbps 포트를 가진 장비(스위치)를 준비해야 합니다. 그렇다면 길 찾기 IS(라우터와 스위치) 중에서 액세스 계층에는 스위치를, 디스트리뷰션 계층에는 라우터를, 코어 계층에는 스위치를 배치하는 이유가 무엇일까요?

여기에서는 [그림 1-8]에서 액세스 계층과 코어 계층에 스위치를 배치하고, 디스트리뷰션 계층에는 라우터를 배치한 이유를 정리해 보겠습니다. 스위치는 OSI 7계층 기준으로 2계층 장비이고, 라우터는 3계층 장비입니다. 2계층 장비는 2계층 기능만 하는 것이 아니라 2계층 이하의 기능도 합니다. 즉 2계층과 1계층 기능을 하는 장비입니다. 마찬가지로 3계층 장비는 3계층과 2계층과 1계층 기능을 하는 장비입니다.

라우터는 3계층에서 라우팅 외에도 필터링, NAT(Network Address Translation), 암호화, 터널링, 압축, QoS(Quality of Service), ICMP(Internet Control Messaging Protocol) 메시지 보내기, 멀티캐스트 라우팅, Expired TTL 패킷 폐기, MTU 초과시 패킷을 자르고 순서 번호 매기기, DHCP 서비스 등 다양한 기능을 수행하므로 통상 소프트웨어 기반으로 만들어집니다. 이에 비해 스위치는 2계층에서 스위칭 기능만 제공하기 때문에 하드웨어 기반으로 만들어져서 라우터보다 패킷 처리 속도가 빠릅니다. 따라서 액세스 계층과 코어 계층에서 스위치를 두는 이유는 속도, 즉 네트워크에서의 지연 감소 때문입니다.

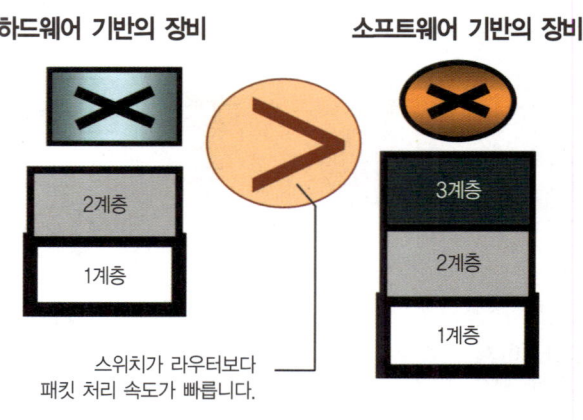

[그림 1-10] ▶
스위치는 하드웨어 기반의 2계층 장비로, 라우터보다 빠릅니다.

그렇다면 디스트리뷰션 계층에는 반드시 라우터를 배치하는데, 이유는 무엇일까요? 데이터 패킷들 중에는 유니캐스트(Unicast)도 있고, 브로드캐스트(Broadcast)도 있습니다. 스위치와 라우터의 큰 특징 중 하나는 브로드캐스트를 처리하는 방식입니다. 라우터는 브로드캐스트를 받아서 처리하지만, 다른 포트로 내보내지 않습니다. 반면 스위치는 모든 포트들로 다 내보냅니다. 따라서 코어, 디스트리뷰션, 액세스의 모든 계층에 스위치로만 구성하면 브로드캐스트를 막는 장비가 없기 때문에 '너무 넓은 브로드캐스트 도메인' 문제가 생깁니다.

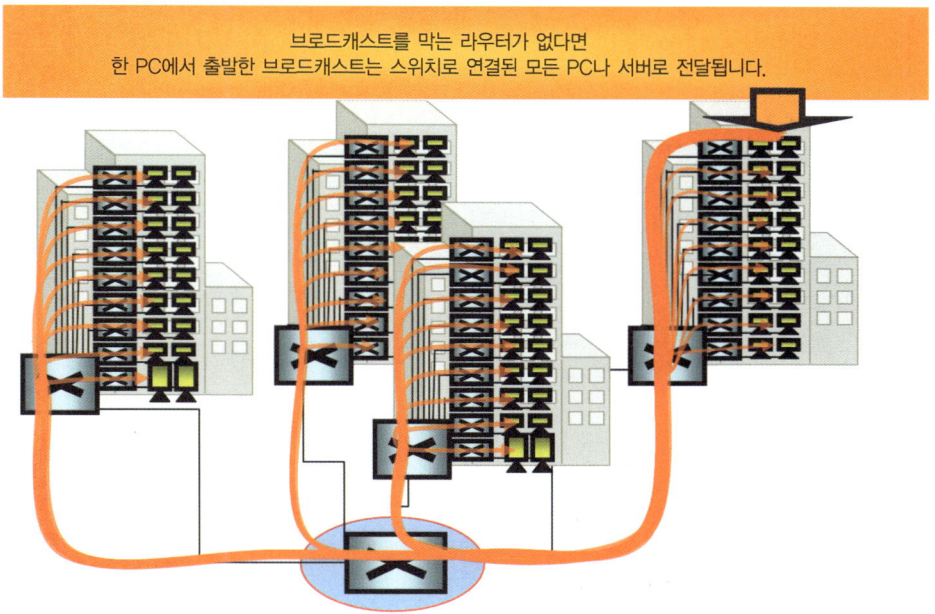

[그림 1-11] ▶
너무 넓은 브로드캐스트 도메인 문제

PC나 서버는 OSI 7계층 기준으로 7계층 이하의 모든 기능을 수행합니다. PC나 서버의 LAN 카드가 바로 2계층 장비로, 스위칭 기능을 수행합니다. LAN 카드가 수신한 유니캐스트의 주소가 자기 주소가 아닐 때는 쓰레기통으로 스위칭하고(프레임을 폐기하고), 자기 주소일 때는 다음 프로세스를 위해 CPU에게 스위칭합니다. 그러나 브로드캐스트일 경우에는 스위치가 브로드캐스트를 막지 못하듯이 LAN 카드도 CPU에게 무조건 보냅니다. 결국 브로드캐스트 도메인이 너무 넓다면 PC나 서버의 CPU는 브로드캐스트를 수신할 확률이 높아지기 때문에 보다 많은 부하가 걸려 PC나 서버의 속도가 느려지는 원인이 될 수 있습니다. 그러므로 '너무 넓은 브로드캐스트 도메인' 문제(즉, 브로드캐스트를 너무 자주 수신하는 문제)를 해결하기 위해 3계층 모델의 중앙인 디스트리뷰션 계층에 라우터를 배치하여 브로드캐스트 도메인의 넓이를 적절하게 유지합니다.

[표 1-3]은 Hierarchical 3 Layer 모델의 각 계층 장비들이 갖추어야 할 특징을 다시 정리한 것입니다. 액세스 계층 스위치와 코어 계층의 스위치는 기능상으로는 동일한 스위칭 기능을 수행하지만, 코어 계층 장비는 바다 수준의 트래픽을 처리해야 하므로 CPU나 메모리나 버스 등 모든 수준의 성능이 액세스 계층 장비보다 탁월한 장비를 배치해야 합니다.

[표 1-3] ▶
Hierarchical 3 Layer 모델,
각 계층 장비들의 특징

계층	계층별 장비들의 특징
액세스 계층	시냇물과 강물 구간을 연결하는 장비로, 성능은 다소 낮아도 되지만 포트 수는 연결되는 유저 수만큼 있어야 합니다.
디스트리뷰션 계층	강물과 바다를 연결하는 장비로, 브로드캐스트 도메인을 구분하는 라우터를 배치해야 합니다.
코어 계층	바다를 연결하는 장비로, 포트 수는 많지 않아도 되지만 성능이 좋은 장비를 배치해야 합니다.

Lesson 03
OSI 7계층 모델

대부분의 네트워크 강의에서는 주로 첫 날, 첫 시간에 Hierarchical 3 Layer 모델과 OSI (Open Systems Interconnection) 7계층 모델을 설명합니다. 이들 두 모델을 알면 무엇을 할 수 있을까요? Hierarchical 3 Layer 모델을 알면 네트워크 디자인을 쉽게 할 수 있을 뿐만 아니라 이미 구축된 네트워크의 구성을 예측하고 이해하는 데 도움이 됩니다. OSI 7계층 모델을 알면 네트워크에서 트래픽의 흐름을 꿰뚫어 볼 수 있습니다.

OSI 7계층은 [그림 1-12]와 같이 애플리케이션(Application) 계층, 프레젠테이션(Presentation) 계층, 세션(Session) 계층, 트랜스포트(Transport) 계층, 네트워크(Network) 계층, 데이터 링크(Data Link) 계층, 물리(Physical) 계층의 7개로 구성됩니다. 이들 각 계층은 데이터의 흐름에 필요한 기능입니다.

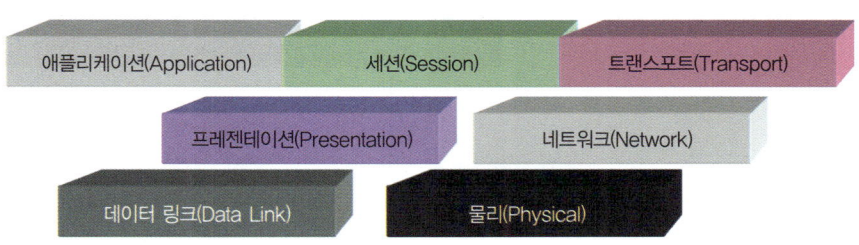

[그림 1-12] ▶ OSI 7계층

이러한 7개의 독립된 모듈들은 [그림 1-13]과 같이 계급(Hierarchy)이 다릅니다.

[그림 1-13] ▶ OSI 7계층의 계층

계급 즉, 상하 구조를 가진다는 것은 [그림 1-14]와 같이 상위 계층의 프로토콜이 제대로 동작하기 위해서는 하위의 모든 계층에 문제가 없어야 한다는 중요한 의미를 포함합니다. 예를 들어 7계층의 HTTP 프로토콜이 제대로 동작하려면 하위 모든 계층들, 즉 1계층, 2계층, 3계층, 4계층, 5계층, 6계층이 모두 완벽하여 문제가 없어야 합니다. 예를 들어 1계층은 시그널링, 케이블이나 커넥터와 같은 물리적인 것을 정의합니다. 이러한 1계층의 케이블이 연결되지 않았는데 2계층 이상의 상위 계층 프로토콜들이 제대로 동작할 수는 없습니다. 또한 2계층의 스위칭이나 3계층의 라우팅에 문제가 있다면 7계층 프로토콜의 데이터가 제대로 전달될 수 없습니다. 마찬가지로 6계층 프로토콜이 제대로 동작하려면 6계층뿐만 아니라 1계층, 2계층, 3계층, 4계층, 5계층 프로토콜에 문제가 없어야 합니다. 이것은 다른 계층들의 프로토콜들도 마찬가지입니다.

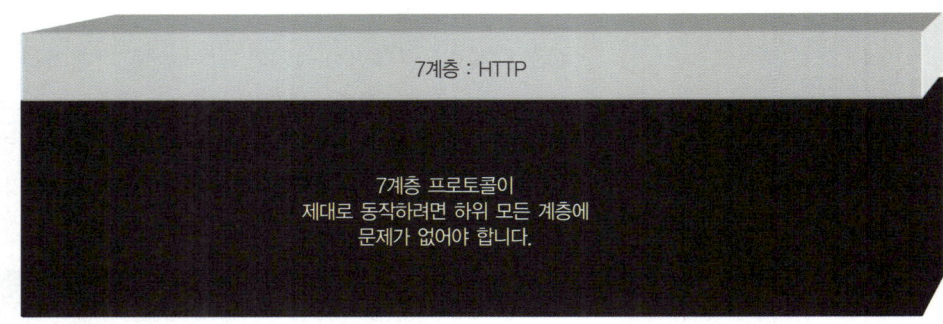

[그림 1-14] ▶
7계층 이하의 모든 계층에 문제가 없어야 7계층 프로토콜이 동작합니다.

각 계층에는 [그림 1-15]와 같이 다양한 표준 또는 비표준 프로토콜들이 포함될 수 있습니다.

[그림 1-15] ▶
OSI 7계층별 프로토콜의 예

- 7계층 : HTTP, TELNET, FTP, SMTP, 리니지 게임, 테트리스
- 6계층 : ASCII, MP3, JPEG, MPEG
- 5계층 : SQL, RPC, X-Window, ASP
- 4계층 : TCP, UDP, SPX
- 3계층 : IP, IPX, DECNET, AppleTalk, VINES
- 2계층 : ATM, Frame Relay, IEEE802.3, IEEE802.5
- 1계층 : 10BaseT, 100BaseT, UTP, RJ-45

계층 간의 통신을 위해서는 [그림 1-16]과 같이 두 ES가 동일한 계층에서 같은 프로토콜을 지원하고, 동일한 프로토콜끼리 통신해야 하는데, 이것을 '피어 투 피어(peer-to-peer) 통신'이라고 합니다. 통신의 당사자인 각 계층의 프로토콜들이 일치하지 않는다면 통신이 이루어질 수 없습니다.

[그림 1-16] ▶
7계층 프로토콜 간 통신

통신은 대부분 출발지의 7계층과 목적지의 7계층 사이에서 발생합니다. 예를 들어 웹 서핑(HTTP), 이메일(SMTP, POP3), 온라인 게임, 파일 전송(FTP) 등이 이에 속합니다. 그러나 [그림 1-17]의 ICMP처럼 출발지와 목적지의 3계층 프로토콜 간의 통신도 있습니다. 마찬가지로 [그림 1-17]과 같이 통신을 위한 두 장비가 동일한 3계층 프로토콜을 지원해야 합니다.

[그림 1-17] ▶
3계층 프로토콜 간 통신

PC(또는 서버)는 7계층 장비이고, 라우터는 3계층 장비이며, 스위치는 2계층 장비입니다. PC가 7계층 장비라는 것은 7계층 이하의 모든 계층에서 다양한 프로토콜들을 지원할 수 있는 장비라는 의미입니다. 그리고 라우터가 3계층 장비라는 것은 3계층 이하의 각 계층에서 다양한 프로토콜들을 지원하는 장비라는 의미이고, 스위치가 2계층 장비라는 것은 2계층 이하의 각 계층에서 다양한 프로토콜들을 지원할 수 있는 장비라는 의미입니다. PC가 7계층 프로토콜을 사용하려면 하위에 있는 모든 계층의 기능을 수행해야 합니다. 마찬가지로 라우터가 3계층 프로토콜을 사용하려면 하위의 모든 계층들의 기능을 문제없이 수행해야 합니다. 마찬가지로 스위치는 2계층 프로토콜뿐만 아니라 1계층 프로토콜도 문제 없이 수행해야 제대로 동작합니다.

Lesson 04 라우터와 스위치는 길을 알려준다

라우터와 스위치의 주요 임무는 장비에 도착한 패킷에게 길을 알려주는 것입니다. 이러한 길 안내를 위해 라우터는 라우팅 테이블을 만들고, 스위치는 스위칭 테이블을 만듭니다. 그렇다면 라우터와 스위치의 '길 찾기'에는 어떤 차이가 있을까요? 결론부터 말하자면 다음과 같습니다.

> 라우터와 스위치는 길 찾기 장비인데, 라우터는 길 찾기의 기준이 3계층 주소이고, 스위치는 2계층 주소입니다.

네트워크를 구분하는 장비가 라우터입니다. 자, 그러면 [그림 1-18]을 봅시다. [그림 1-18]에는 모두 5개의 네트워크가 있습니다.

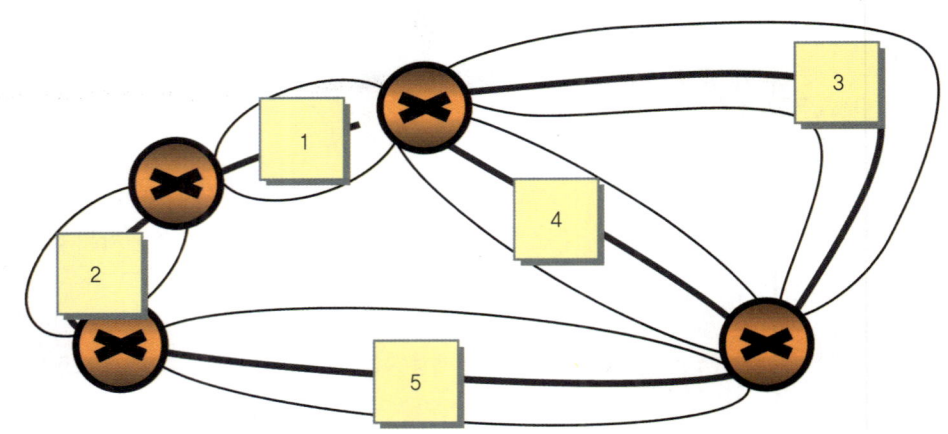

[그림 1-18] ▶ 네트워크를 구분하는 라우터

라우터의 길 찾기 기준은 3계층 주소인데, IP 주소와 IPX 주소, AppleTalk 주소 등이 3계층 주소에 속합니다. [그림 1-19]는 IP 주소 중 네트워크 부분을 각각의 네트워크에 할당한 예입니다.

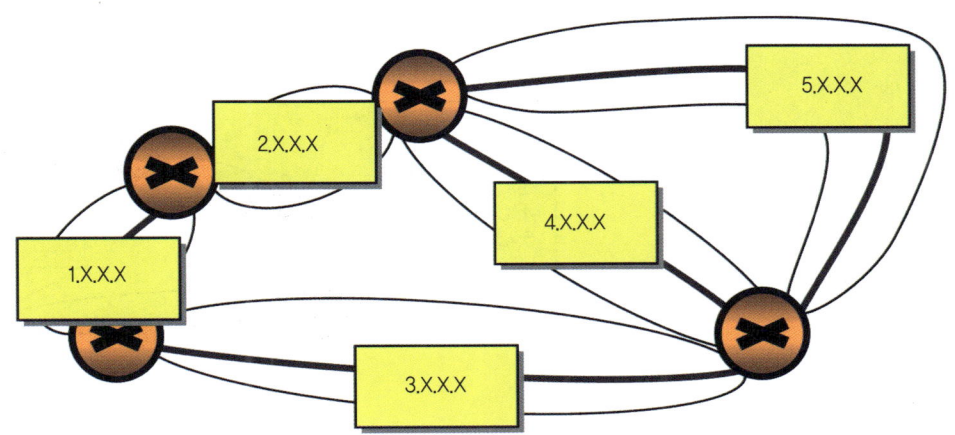

[그림 1-19] ▶
IP 네트워크 할당의 예

[그림 1-20]은 IPX 주소 중에서 네트워크 부분을 네트워크마다 할당한 예입니다. IP 주소는 네트워크 부분과 호스트 부분을 합하여 32비트 길이이고, IPX 주소는 네트워크 부분과 호스트 부분을 합하여 80비트 길이입니다. IPX, AppleTalk, DECNET, VINES, CLNS, Apollo와 같은 IP 대신에 사용할 수 있는 프로토콜들이 있습니다. 하지만 IP 라우팅 테이블 외에 별도의 라우팅 테이블을 만들어야 하므로 대역폭, CPU, 메모리 자원을 추가적으로 소모시키기 때문에 IP-Only 네트워크가 보다 효율적입니다. 게다가 요즘은 IP 외의 프로토콜을 필수적으로 요구하는 애플리케이션도 드물기 때문에 IP 외의 프로토콜을 실제 네트워크에 적용하는 경우는 적습니다.

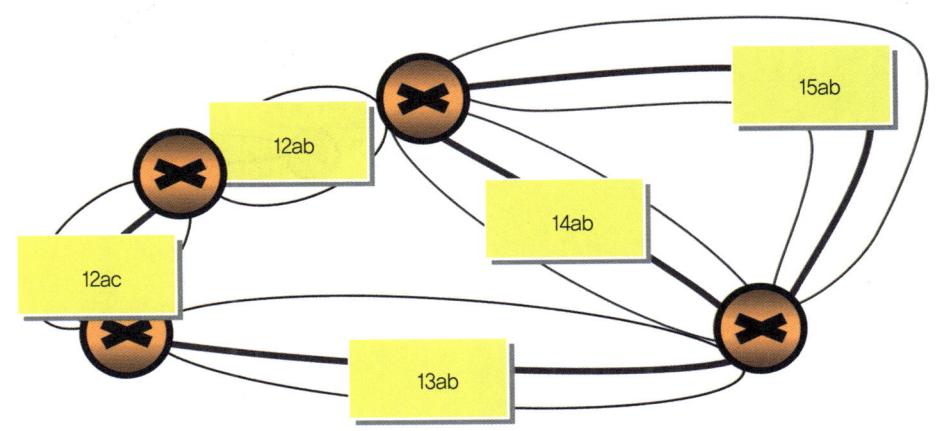

[그림 1-20] ▶
IPX 네트워크 할당의 예

라우터가 3계층 주소로 각각의 데이터 패킷들에게 길을 찾아주기 위해서는 길 찾기 테이블을 가지고 있어야 하는데, 이것을 '라우팅 테이블(Routing Table)'이라고 합니다. [그림 1-21]은 각 라우터의 IP 라우팅 테이블들을 보여줍니다. 모든 라우터들은 모든 네트워크 정보를 보유해야 하고, 네트워크 정보가 없다면 패킷은 폐기됩니다. 따라서 패킷이 거치는 모든 라우터들에 목적지 네트워크 정보가 존재해야 합니다.

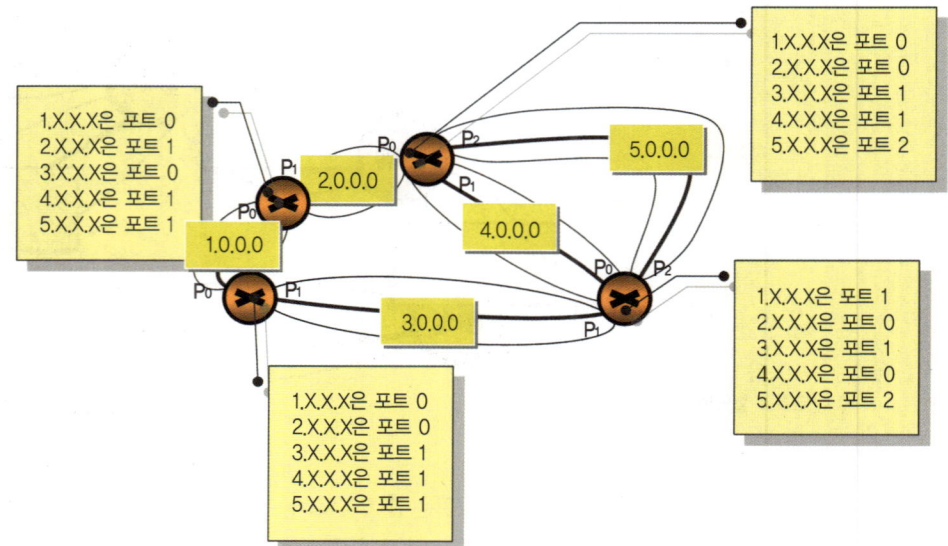

[그림 1-21]
각 라우터에서
IP 라우팅 테이블의 예

[그림 1-22]는 각 라우터의 IPX 라우팅 테이블을 보여줍니다.

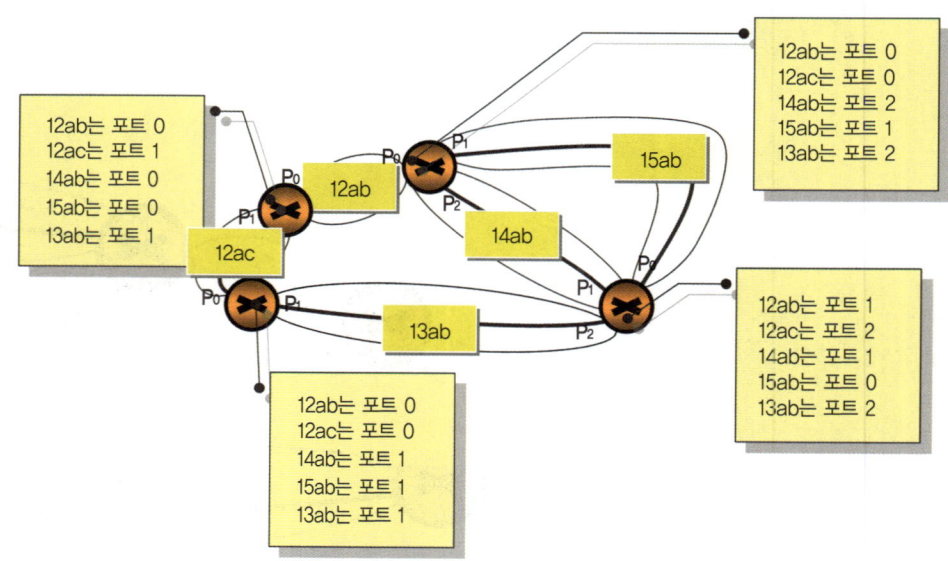

[그림 1-22]
각 라우터에서
IPX 라우팅 테이블의 예

스위치는 라우터와 어떻게 다를까요? 스위치도 라우터처럼 길을 찾아주지만, 해당 영역은 '한 네트워크 내' 입니다. 네트워크는 'LAN(Local Area Network) 네트워크'와 'WAN (Wide Area Network) 네트워크'로 나눌 수 있습니다. LAN 네트워크에 속하는 것은 이더넷(Ethernet) 스위치를 사용하는 이더넷 네트워크, 토큰 링(Token Ring) 스위치를 사용하는 토큰 링 네트워크, FDDI 스위치를 사용하는 FDDI 네트워크가 있습니다. 그리고 WAN 네트워크에는 프레임 릴레이(Frame Relay) 스위치를 사용하는 프레임 릴레이 네트워크, X.25 스위치를 사용하는 X.25 네트워크, ATM 스위치를 사용하는 ATM 네트워크, ISDN 스위치를 사용하는 ISDN 네트워크, PSTN 스위치를 사용하는 PSTN 네트워크, 스위치가 존재하지 않는 전용 회선(Leased Line) 네트워크가 있습니다. 따라서 [그림 1-23]과 같이 패킷이 통과하는 네트워크마다 스위치의 종류가 달라질 수 있습니다.

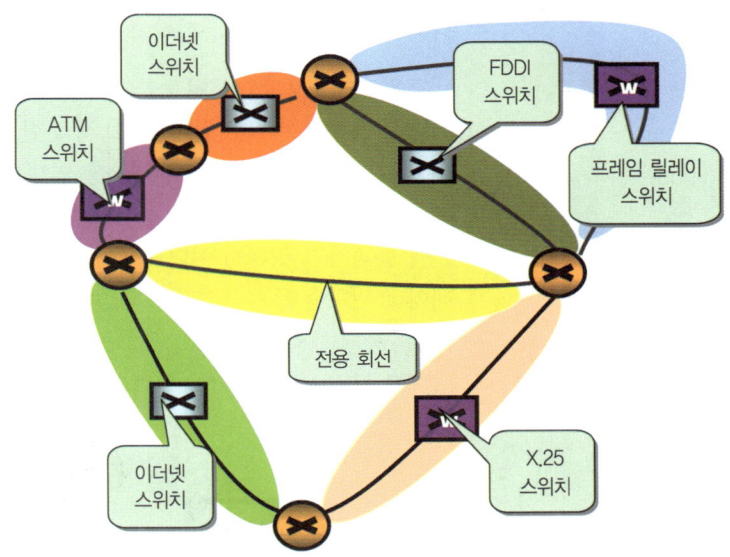

[그림 1-23] ▶
네트워크마다 스위치의 종류가 달라집니다.

라우터가 라우팅 테이블에 3계층 네트워크 정보를 가지듯이 스위치가 길 찾기를 위한 스위칭 테이블에 2계층 주소 정보를 가집니다. 네트워크마다 스위치의 종류가 다를 수 있다는 것은 다음과 같은 아주 중요한 의미를 갖습니다.

> 스위치는 한 네트워크 안에서만 길 찾기 책임이 있습니다.

좀 더 음미하면서 라우터의 '2계층 옷갈아 입히기' 동작에 대해 알아봅시다. 한 장비에서 출발하여 목적지 장비로 찾아가는 패킷은 대략 [그림 1-24]와 같은 모습입니다. OSI 7계층 기준으로 외투 자리에는 2계층과 관련된 정보가 오고, 셔츠 자리에는 3계층과 관련한 정보가 오며, 속옷 자리에는 4계층과 관련된 정보가 옵니다.

[그림 1-24] ▶
패킷은 3개의 옷을 입고
길을 떠납니다.

이러한 데이터는 목적지로 찾아가기 위해 주소를 표기하는데, 속옷 자리에는 4계층 컨트롤 데이터를 넣고, 셔츠 자리(3계층 인캡슐레이션)에는 3계층 주소를 비롯한 컨트롤 데이터를 넣으며, 외투 자리(2계층 인캡슐레이션)에는 2계층 주소를 비롯한 컨트롤 데이터를 넣습니다. 이러한 옷들을 '인캡슐레이션(Encapsulation)' 또는 '헤더(Header)'라고도 합니다. 3계층 주소는 전 세계 네트워크에서 장비를 구분하는 의미가 있지만, 2계층 주소는 한 네트워크 안에서만 구분하는 의미가 있습니다. 따라서 동일한 2계층 주소를 다른 네트워크에서 사용한다고 해도 별로 문제될 것은 없습니다.

네트워크마다 2계층 프로토콜이 달라질 수 있다는 것은 2계층 주소는 한 네트워크 안에서만 유용하다는 의미입니다. 그리고 한 네트워크 안에서만 의미가 있다는 것은 [그림 1-24]에서 외투 자리에 오는 2계층 인캡슐레이션 전체와 더불어 2계층 주소는 네트워크를 통과할 때마다 바뀌어야 한다'는 뜻입니다. [그림 1-25]와 같이 패킷이 다수의 네트워크를 통과하기 위해서 이더넷 스위치를 통과하려면 이더넷 옷을 입어야 하고, 프레임 릴레이 스위치를 통과하려면 프레임 릴레이 옷으로 갈아입어야 합니다. 그리고 ATM 스위치를 통과하려면 ATM 옷으로 갈아입어야 하고, X.25 스위치를 통과하려면 X.25(LAPB) 옷을 입어야 합니다.

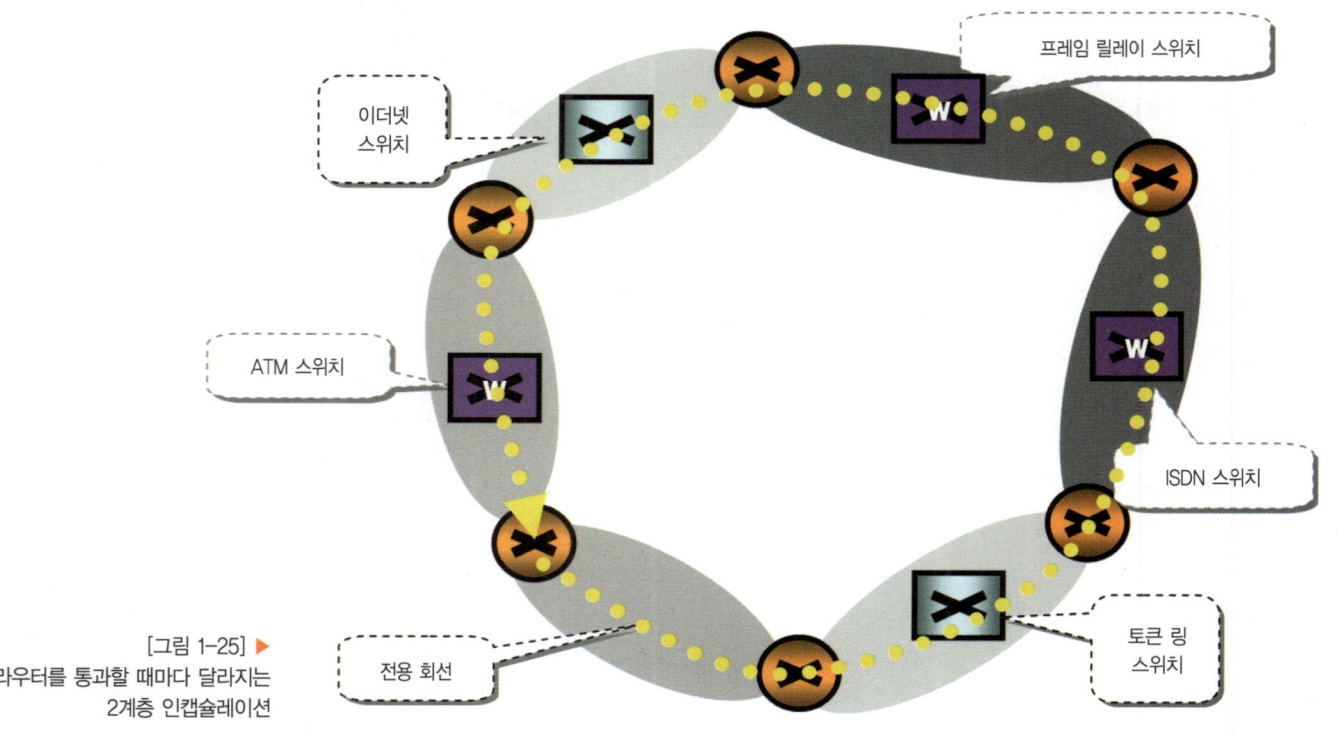

[그림 1-25] ▶
라우터를 통과할 때마다 달라지는
2계층 인캡슐레이션

[그림 1-25]에서 네트워크는 모두 6개입니다. 각 네트워크는 각각 특별한 2계층 프로토콜을 사용할 수 있습니다. 기술과 비용의 경쟁에 의해 고객은 다양한 2계층 프로토콜을 선택하는데, 이러한 트렌드는 계속 변화하고 있습니다. 네트워크마다 설치된 다양한 스위치의 종류가 보이는데, 원래 전용 회선은 스위치가 없기 때문에 일 대 일(포인트 투 포인트)로만 연결할 수 있는 네트워크입니다.

한 네트워크에 속하는 스위치는 한 네트워크에 속하는 장비들 사이에서 길 찾기 책임이 있습니다. 따라서 패킷이 네트워크를 통과할 때마다 2계층 출발지 주소와 목적지 주소는 [그림 1-26]과 같이 해당 네트워크에 속하는 주소가 되어야 합니다.

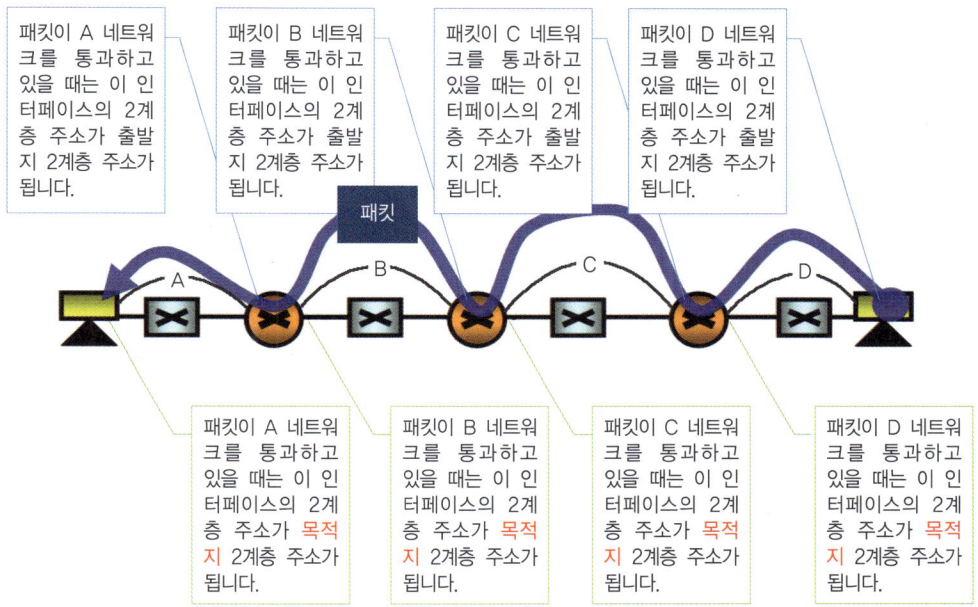

[그림 1-26] ▶
네트워크를 통과할 때마다 바뀌는 2계층 목적지와 출발지 주소

2계층 인캡슐레이션은 각 네트워크에서 사용하는 프로토콜이 정의한 형식대로 변경됩니다. 2계층 주소도 프로토콜에 따라 모두 다릅니다. 예를 들어 FDDI, 토큰 링, 이더넷 네트워크는 MAC 주소를 사용하고, 프레임 릴레이 네트워크는 DLCI 주소를, ATM 네트워크는 ATM 주소를 사용합니다.

PC나 서버는 7계층 장비로 7계층 이하의 모든 기능을 수행하므로 7계층 주소, 3계층 주소와 2계층 주소를 가질 수 있습니다. 보통 PC나 서버는 하나의 네트워크에 속하기 때문에 1개의 3계층 주소를 가집니다. 그러나 라우터는 [그림 1-27]과 같이 네트워크를 나누는 장비여서 인터페이스마다 다른 네트워크에 속하므로 인터페이스마다 다른 3계층 주소를 가집니다. [그림 1-27]에서 꼴뚜기 라우터의 왼쪽 네트워크는 1.0.0.0 /8이고, 오른쪽 네트워크는 2.0.0.0 /8입니다. 따라서 라우터는 양쪽 네트워크에 모두 속해 있기 때문에 네트워크가 연결된 인터페이스마다 다른 IP(3계층) 주소를 가집니다.

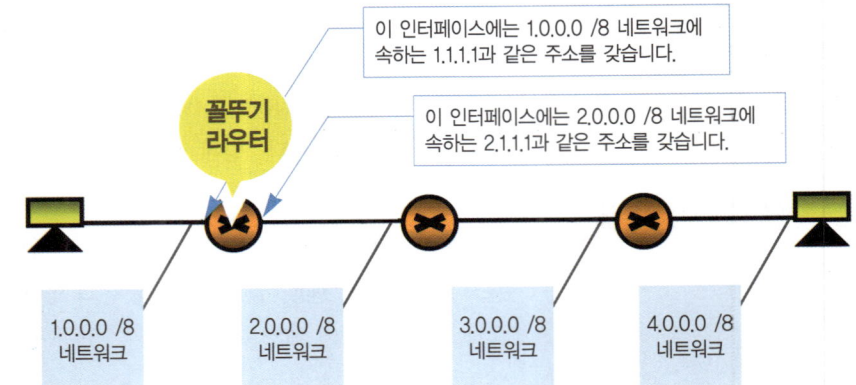

[그림 1-27] ▶
네트워크를 나누는 라우터

[그림 1-28]은 라우터의 각 인터페이스마다 IP 주소를 할당한 예입니다.

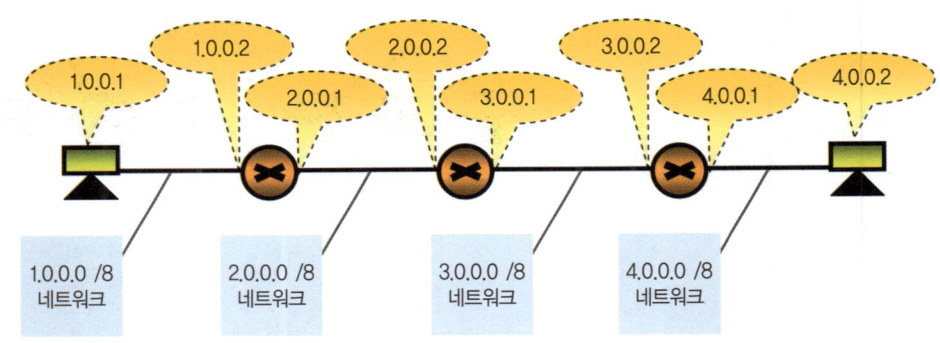

[그림 1-28] ▶
IP 주소 할당의 예

[그림 1-29]에서는 임의로 2계층 주소를 할당해 보았습니다.

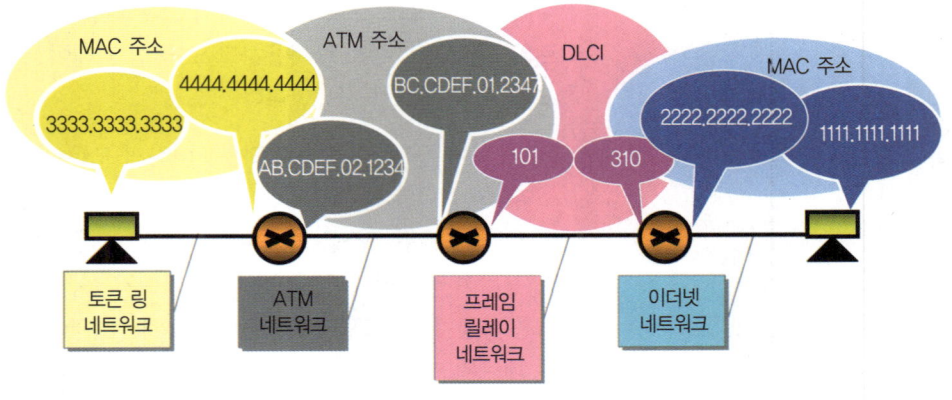

[그림 1-29] ▶
2계층 주소의 예

라우터는 3계층 장비로서 3계층에서는 3계층 주소를 기준으로 목적지를 찾는 라우팅을 하고, 2계층에서는 미디어 트랜스레이션(Media Translation)을 한 후 1계층에서 약해진 신호를 증폭시킵니다.

[그림 1-30]에서 셔츠 자리에는 3계층 주소가, 외투 자리에는 2계층 주소가 들어갑니다. 또한 외투는 해당 네트워크에서 사용하는 2계층 프로토콜이 요구하는 포맷을 가져야 합니다. 따라서 [그림 1-30]과 같이 다음 네트워크에 들어가기 전에 새로운 외투로 갈아입어야 다음 네트워크를 통과할 수 있습니다. 이렇게 라우터에서 2계층 외투를 갈아입히는 작업을 '미디어 트랜스레이션(Media Translation)'이라고 하는데, 이것은 라우팅 못지 않게 핵심적인 기능입니다.

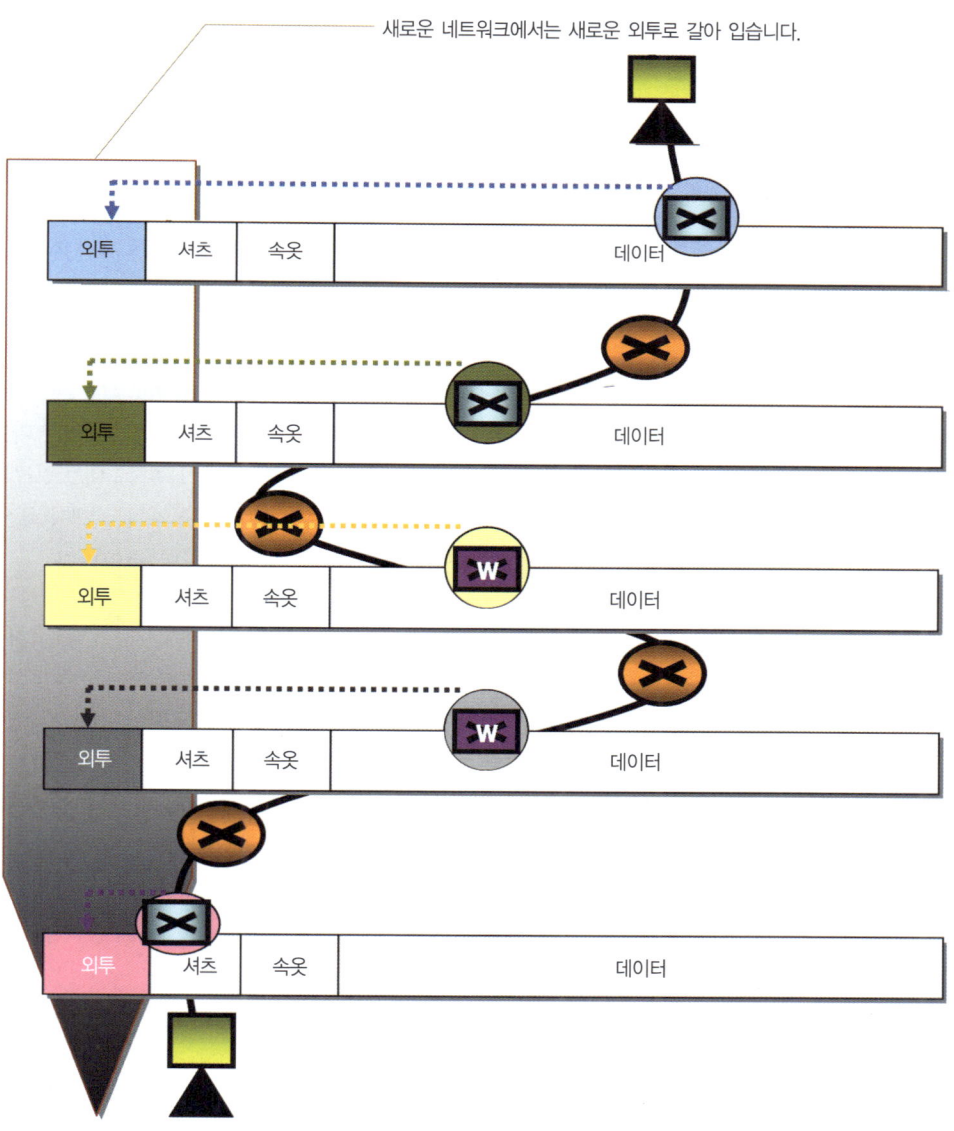

[그림 1-30] ▶
라우터의 미디어 트랜스레이션

Lesson 05 실제로 패킷이 이동하는 궤적

PC와 서버는 7계층 장비입니다. 7계층 장비는 7계층 기능만 수행하는 것이 아니라 7계층 이하의 모든 기능을 수행합니다. ES(PC 또는 서버)와 ES(서버 또는 PC) 간의 통신은 7계층과 7계층 사이에서 발생하는데, 통신 경로는 다음과 같습니다.

출발지 PC에서 [그림 1-31]과 같이 7계층 → 6계층 → 5계층 → 4계층 → 3계층 → 2계층 → 1계층의 '위에서 아래로' 프로세스를 거치고 데이터 패킷을 내보내면 패킷은 처음으로 Hierarchical 3 Layer 모델의 액세스 계층 장비를 만날 것입니다. 일반적으로 액세스 계층에서 스위치를 사용하므로 100% 스위치를 만날 것입니다. 스위치에서 2계층과 1계층 프로세스를 거치고 패킷을 내보내면 디스트리뷰션 계층 장비를 만납니다. 이 경우 디스트리뷰션 계층 장비는 보통 라우터니까 라우터에서 3계층(라우팅)과 2계층(미디어 트랜스레이션)과 1계층(증폭) 프로세스를 거친 후 내보냅니다.

디스트리뷰션 계층의 라우터를 거치면 [그림 1-31]과 같이 다음 네트워크에 위치하는 스위치를 만날 것입니다. 다음 스위치에서 2계층과 1계층 프로세스를 거치고 스위치는 해당 네트워크에 연결된 장비 중 한 장비([그림 1-31]에서 라우터)쪽으로 스위칭할 것입니다. 스위칭을 통해 다음 라우터에 도착한 패킷은 마찬가지로 3계층과 2계층과 1계층 기능을 거치고 네트워크로 내보내면 또 다음 네트워크의 스위치를 거칩니다. 스위치에서 2계층과 1계층 프로세스를 거치고, 스위치는 해당 네트워크에 연결된 장비 중 한 장비([그림 1-32]에서 라우터)쪽으로 스위칭할 것입니다.

------ 중간 생략 ------

마지막 라우터에 도착한 패킷은 3계층과 2계층과 1계층 기능을 거치고 네트워크로 내보내면 목적지 네트워크의 스위치에 도착합니다. 스위치에서 2계층과 1계층 프로세스를 거친 다음 마지막 PC에 도착한 패킷은 출발지 PC와는 반대로 1계층 → 2계층 → 3계층 → 4계층 → 5계층 → 6계층 → 7계층의 '밑에서 위로 프로세스'를 밟습니다.

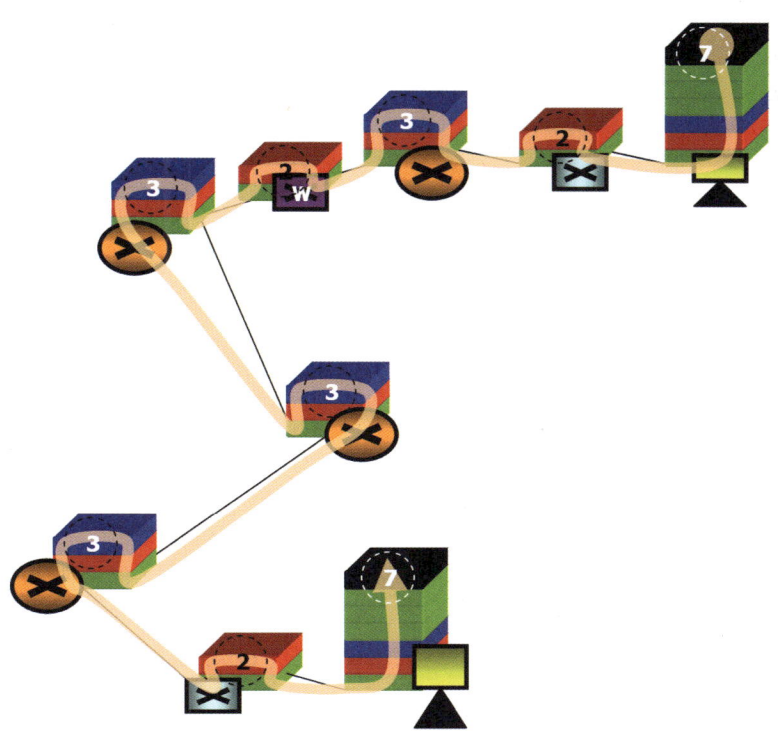

[그림 1-31] ▶
실제로 패킷이 이동하는 궤적 또는 거리

실제로 패킷이 이동하면서 소모하는 시간은 장비와 장비 사이의 선에서도 발생하지만, 장비 자체에서도 발생합니다. 결국 '속도가 빠르다', '응답 시간이 빠르다'는 것은 장비와 장비 사이의 라인에서의 속도(대역폭)뿐만 아니라 장비에서 적게 지연된다는 것을 의미합니다. 즉 대역폭뿐만 아니라 거치는 모든 장비의 CPU, 메모리, BUS(장비 내부를 연결하는 통신선) 모두 훌륭하다는 의미입니다.

[그림 1-31]을 보면 LAN 네트워크에서 코어 계층 장비 없이 바로 WAN 스위치에 연결됩니다. 코어 계층 장비는 건물들을 연결하는 장비이기 때문에 [그림 1-32]와 같이 한 건물로 구성된 LAN에서는 코어 계층이 생략됩니다.

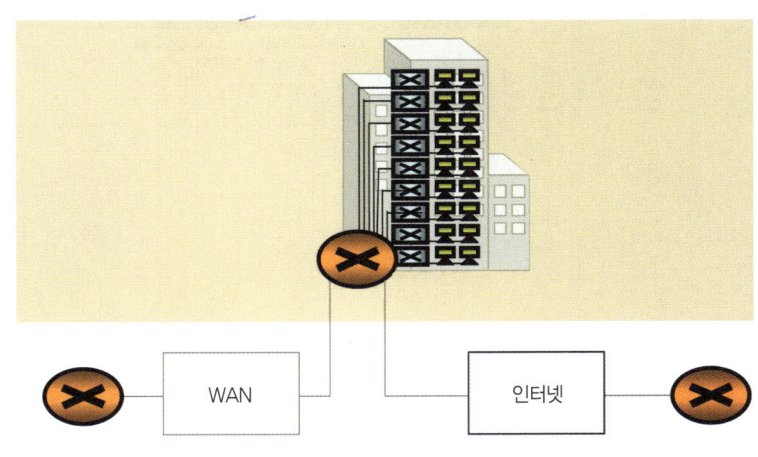

[그림 1-32] ▶
건물이 1개일 때 생략된 코어 계층

L2 스위치, L3 스위치, L4 스위치 L7 스위치, 웹 스위치의 비교

[그림 A-1]을 보십시오. L2 스위치는 스위칭의 기준이 2계층 목적지 주소이고, L3 스위치(라우터)는 스위칭의 기준이 3계층 목적지 주소입니다. L4 스위칭은 스위칭의 기준이 4계층 목적지 포트 번호와 3계층 목적지 주소입니다. L4 스위치의 스위칭 테이블은 L3 스위치의 스위칭 테이블에 4계층의 목적지 포트를 추가하여 보다 세밀하게 스위칭할 수 있습니다. 즉, 같은 목적지라고 해도 애플리케이션(포트 번호)에 따라 다음 라우터의 주소가 달라질 수 있습니다.

다음 장비가 라우터가 아니라 방화벽이나 VPN 서버, 일반 서버 등의 3계층 이상의 장비일 때도 목적지 포트 번호에 따라 다음 장비를 다르게 정할 수 있기 때문에 서버 로드 밸런싱(Server Load Balancing)이나 방화벽 로드 밸런싱(Firewall Load Balancing)을 지원합니다. 스위칭뿐만 아니라 목적지 포트와 3계층 주소를 기준으로 QoS를 할 수도 있습니다. 그리고 웹 스위치는 IP 주소나 4계층 포트 번호뿐만 아니라 URL이나 쿠키 정보를 기준으로 웹 데이터를 보다 세밀하게 다수의 서버에게 분산시킬 수 있습니다.

[그림 A-1] ▶
계층별 스위치의 스위치, 필터링, QoS 기준

구분	스위칭 기준	필터링 기준	QoS 기준
L2 스위치	2계층 목적지 주소	VLAN 번호	
L3 스위치	3계층 목적지 주소	3계층 출발지/목적지 주소, 인터페이스, 패킷 크기	
L4 스위치	3계층 목적지 주소 + 4계층 포트 번호	3계층 출발지/목적지 주소, 인터페이스, 패킷 크기, 목적지 포트 번호	
L7 스위치		3계층 목적지 주소 + 4계층 포트 번호 + 데이터 필드	
웹 스위치		웹 데이터, URL, 쿠키 메시지	

2계층 헤더	3계층 헤더	4계층 헤더	7계층 데이터
1111.1111.1111	10.10.10.0 /8	80	www.sonogong.com/index.html
2222.1111.1111	10.10.10.0 /8	80	www.songogong.com/board
3333.1111.1111	10.10.10.0 /8	80	www.sonogong.com/cgi-bin/search=network

L2 스위치
L3 스위치
L4 스위치
L7 스위치

웹 스위치는 L7 스위치에 속합니다. L7 스위치는 웹 스위치보다 일반적인 개념으로, 웹 서버뿐만 아니라 VoIP 서버들을 다수 배치하고, 다양한 VoIP 시그널링 메시지 종류별로 다른 서버에서 처리하게 하여 부하를 분산시키는 방법입니다. 예를 들어 SIP Invite 메시지를 처리하는 서버와, SIP Register 메시지를 처리하는 서버를 다르게 했을 때 SIP이 애플리케이션(L7) 계층의 프로토콜이고, 이러한 메시지를 구분하기 위해 필요한 스위치가 L7 스위치입니다.

L2 스위치는 네트워크마다 L2 프로토콜들이 서로 다르므로 네트워크마다 다양한 스위치들이 변화무쌍하게 배치될 수 있습니다. 예를 들어 LAN 스위치로는 이더넷, 토큰 링, FDDI가 있고, WAN 스위치로는 프레임 릴레이, X.25, ATM 등이 있습니다.

멀티레이어 스위치는 L2+L3 기능, L2+L3+L4 기능 또는 L2+L3+L4+L7 기능을 한 샤시 안에서 구현한 장비입니다. 'Chapter 03. LAN 디자인'에서 자세히 설명하겠지만, 멀티레이어 스위치의 포트는 L2 포트로 구현할 수도 있고, L3 포트로 구현할 수도 있습니다. 멀티레이어 스위치는 L2 포트로 들어온 프레임은 L2 주소를 기준으로 스위칭하고, L3 포트로 들어온 패킷은 L3 주소 또는 L3 & L4 주소를 기준으로 스위칭합니다. 또한 L7 스위치는 데이터 자리까지 볼 수 있기 때문에 L4 이하의 스위치에서 불가능했던 바이러스 체크, 해킹 공격 등을 막을 수 있습니다. 이러한 장비들의 성능 기준은 [표 A-1]과 같이 샤시 구성, 속도, 이중화 여부와 같은 것이 있습니다.

[표 A-1] ▶
장비의 성능 기준

구분	내용
샤시 구성	슬롯 수, 슬롯당/샤시당 최대 인터페이스 밀도, 전원(파워서플라이) 수
속도	스위칭 용량(PPS ; Packet Per Second), 수용 가능한 최대 MAC 주소 수, IP 경로 수, 최대 VLAN 수
프로토콜	지원 프로토콜 종류, 지원 솔루션 종류
이중화	전원 이중화 여부, 모듈의 핫 스왑(Hot Swap, 동작중에 장비의 전원을 끄지 않고 모듈을 교체할 수 있는 기능), 모듈 이중화 가능 여부

Lesson 06 패킷의 출발! 애플리케이션 계층

애플리케이션 계층부터 알아봅시다. 데이터의 흐름은 출발지 PC의 애플리케이션(L7) 계층에서 시작합니다. 애플리케이션 계층은 사람과 네트워크의 접점(User Interface)입니다. 애플리케이션 프로토콜이나 애플리케이션은 컴퓨터 화면(접점)에서 볼 수 있는 모든 프로그램 및 서비스로, 웹 접속 프로그램, 텔넷 프로그램, 메일 프로그램, 파일 전송 프로그램, 각종 게임 프로그램, 워드/파워포인트/엑셀 프로그램, 계산기 프로그램 등이 속합니다. 그리고 HTTP(웹), Telnet(텔넷 접속), SMTP(메일 서비스), FTP(파일 전송)는 애플리케이션 계층에서 서비스용으로 사용하는 프로토콜들입니다.

애플리케이션은 '컴퓨터 애플리케이션'과 '네트워크 애플리케이션'으로 나뉩니다. 컴퓨터 애플리케이션은 계산기, 워드와 같이 네트워크에 연결하지 않고 사용할 수 있고, 네트워크 애플리케이션은 웹 접속 프로그램, 텔넷 프로그램, 메일 프로그램, 파일 전송 프로그램, 온라인 게임 프로그램과 같이 네트워크에 연결해야만 사용할 수 있습니다. 결국 네트워크의 궁극적인 목적은 네트워크가 잘 돌아가도록 하는 것이 아니라 네트워크 애플리케이션이 사용자의 불만 없이 제대로 돌아가도록 하는 것입니다.

> 네트워크 엔지니어의 목표는 네트워크가 아니라
> 네트워크 애플리케이션이 잘 돌아가도록 하는 것입니다.

7계층에도 주소가 있습니다. 예를 들어 웹 서비스를 사용하기 위해 웹 브라우저 창에 URL 주소인 www.google.com 주소를 입력하는데, 이것이 7계층 주소입니다. 또는 텔넷을 위해 실행 창에서 telnet www.aabbccddee.com이라고 하거나, 파일 전송을 위해 ftp.soso.com이라는 주소를 사용하는데, 이러한 주소가 7계층 주소입니다. 익스플로러나 사파리와 같은 웹 브라우저는 웹 접속을 위한 클라이언트용 네트워크 애플리케이션입니다.

다음은 프레젠테이션 계층입니다. 애플리케이션 계층에서 웹 브라우저를 열고 회사 홈페이지에 접속하여 고객 서비스 게시판에 글을 남긴다고 가정해 봅시다.

"안녕하세요, 笑笑 네트워크에 근무하는……"

이러한 데이터를 그대로 네트워크를 통해 보낼 수 없을 것입니다. 그러므로 HTTP 애플리케이션 창에서 입력했던 정보는 애플리케이션 계층의 다음 계층인 프레젠테이션 계층에서 디지털 코드로 바꾸어야 합니다. 예를 들어 [표 1-4]는 ASCII 코드의 예입니다.

[표 1-4] ASCII 코드의 예

2진수	1000001	1000010	1000011	1000100	1000101	1000110
글자	A	B	C	D	E	F
2진수	1000111	1001000	1001001	1001010	1001011	
글자	G	H	I	J	K	

예를 들어 ABCD……라는 문자를 전송하기 위해 프레젠테이션 계층의 프로토콜 중에서 ASCII 코드를 사용하려면 1000001100001010000111000100……와 같은 이진 부호로 바꾸어 보냅니다.

이렇게 ASCII나 EBCDIC(주로 IBM에서 사용)와 같은 코딩 프로토콜은 문자코딩용이고, MP3는 음성을 코딩하는 프로토콜이며, JPEG이나 MPEG는 정지 또는 동영상을 위한 코딩 프로토콜입니다. 또한 암호화나 압축과 같은 특별한 코딩도 프레젠테이션 계층에서 정의합니다. 예를 들어 암호화는 11001100 코드를 첫 번째와 세 번째 자리를 바꾸고, 다시 세 번째 자리를 일곱 번째 자리와 바꾸어 보내는데, 이러한 자리 바꿈 규칙이 키에 해당합니다. 그리고 압축 코딩이란, 확률적으로 가장 많은 코드가 11001이라고 할 때 긴 코드 대신 할당하지 않은 보다 짧은 코드인, 예를 들어 10을 보내 전체적으로 보내는 데이터의 양을 줄이는 것입니다.

다음 계층인 세션 계층에서는 통신 상대인 두 애플리케이션(7계층)들 간의 대화(통신)의 시작과 종결을 관리합니다. 세션 계층에서는 데이터의 본격적인 전송을 결정하기 전에 Session Service Request와 Session Service Reply 메시지를 주고받아서 클라이언트가 원하는 서비스를 서버가 제공하는지 서버가 보내는 Session Service Reply를 통해 확인합니다. 예를 들어 신발을 사러 직접 가기 전에 신발을 파는 신발 가게인지, 현재도 영업하는지를 전화로 확인하는 것과 비슷합니다.

세션 계층의 다른 기능을 살펴봅시다. 인터넷뱅킹을 통해 계좌 이체를 한다고 가정해 봅시다. 웹 화면에서 계좌 번호와 비밀번호를 입력하고 계좌 이체 명령을 내리는 순간, 네트워크에 문제가 생기면 어떻게 될까요? 세션 계층의 역할이 없다면 '확인 없는 종결'이 일어날 수 있습니다. 그렇다면 세션 계층에서는 종결을 어떻게 확인할까요? [그림 1-33]에서 데이터의 마지막에는 세션의 종결을 표시하는 '끝'이라는 메시지가 보입니다. 양자가 주고받아야 할 모든 정보가 교환되었다는 것은 데이터의 마지막인 [그림 1-33]의 '끝' 데이터까지 교환되었다는 의미입니다.

금서방 은행에서 은서방 은행으로 이체되던 돈이 금서방 은행 서버에서는 인출되었다고 가정해 봅시다. 금서방 은행은 내 PC로 이체 확인 메시지를 보냈지만 네트워크 문제로 확인할 수 없는 상황이 일어났다면, 금서방 은행과 내 PC의 양자간에 교환해야 하는 모든 데이터가 교환되지 못했다는 의미입니다.

금서방 은행의 서버와 내 PC는 양자간에 [그림 1-33]과 같은 '끝' 데이터를 받을 때까지 세션을 종결하지 않고 대기하고 있습니다. '끝' 데이터를 적정한 시간 안에 받지 못한다면, 금서방 은행의 서버는 지금까지 진행되었던 거래를 취소할 수 있습니다. 이를 통해 인터넷뱅킹 서비스는 네트워크가 단절된 상황에서도 거래의 안전성과 신뢰성을 제공합니다. 다음에 설명할 트랜스포트 계층의 확인 없는 종결은 일부만 작업하는 것을 허용하지만, 세션 계층은 전체 작업을 하게 하거나 아니면 아무 것도 하지 않도록 하는데, 이것을 세션 계층의 'All or Nothing 기능'이라고 합니다.

세션 계층에서는 데이터를 여러 개의 단위로 나누고, 이러한 단위를 [그림 1-33]과 같이 '다이얼로그(Dialog)'라고 하며, 데이터의 중간중간에 다이얼로그 위치 정보(Sync)를 입력합니다. 네트워크에 문제가 생겨서 데이터 전송이 잠시 중단되었다가 복구되었을 때 접속 유저마다 이러한 싱크 정보를 통해 데이터를 처음부터 수신하는 것이 아니라 어느 지점부터 데이터를 보내면 되는지를 확인할 수 있게 하므로 전체 데이터를 중복하여 받지 않게 합니다.

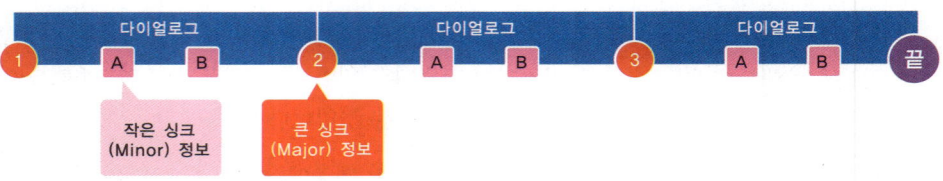

[그림 1-33] ▶
세션 계층의 위치(Sync) 정보

Lesson 07 자를까, 말까? 트랜스포트 계층

세션 계층에서 내려온 데이터 덩어리가 이제 트랜스포트 계층까지 내려왔습니다. 트랜스포트(전송) 계층으로 내려온 데이터 덩어리는 TCP(Transmission Control Protocol)와 UDP(User Datagram Protocol) 중 어떤 방식으로 전송할 것인지를 선택해야 합니다. TCP와 UDP는 상반되는 특징을 가지므로 TCP만 이해하면 UDP는 저절로 이해할 수 있을 것입니다. TCP는 상위 계층에서 내려온 데이터 덩어리를 자르고 UDP는 자르지 않습니다.

> TCP는 왜 데이터 덩어리를 자를까요?

갑돌이 PC에서 순돌아빠 서버에 데이터를 보낼 때 UDP는 상위 계층에서 내려온 데이터 덩어리를 자르지 않고 그냥 보냅니다. 그러므로 갑돌이 PC에서 순돌아빠 서버에 보내는 데이터 흐름이 끝나기 전에는 다른 데이터 흐름이 끼어들 수 없습니다. 만약 [그림 1-34]의 TCP와 같이 데이터를 잘라서 보낸다면 무엇이 달라질까요? 다수의 데이터 통신 흐름이 조금씩 네트워크 자원을 공유할 수 있는데, 이것을 '멀티플렉싱(Multiplexing)'이라고 합니다.

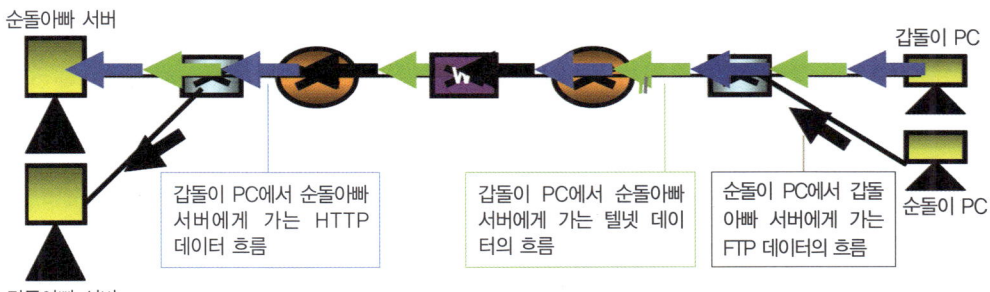

[그림 1-34] ▶ 멀티플렉싱을 위한 TCP의 데이터 분할

데이터를 운반하기 위해서 4계층, 3계층, 2계층에서는 옷(인캡슐레이션 또는 헤더)을 입히는데, [그림 1-35]는 TCP 인캡슐레이션의 포맷입니다.

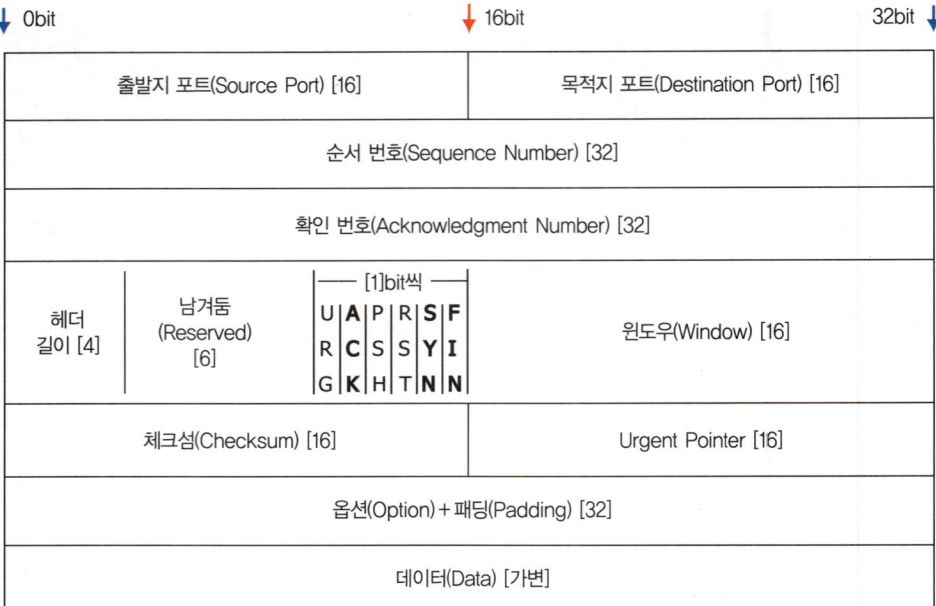

[그림 1-35]
TCP 인캡슐레이션
([ ] 표시는 bit 단위의 길이 표시)

상위 계층의 데이터는 트랜스포트 계층의 MSS(Maximum Segment Size) 값에 따라 잘려지는데, 이때 잘려진 하나하나의 트랜스포트 계층의 데이터 단위를 '세그먼트(Segment)'라고 합니다. 세그먼트는 [그림 1-35]의 데이터 필드에 들어갑니다. 상위 계층의 데이터를 잘랐으니 목적지에서는 순서대로 합치는 프로세스가 필요합니다. 이것을 위해 데이터를 자른 출발지 PC에서 [그림 1-35]의 순서 번호(Sequence Number) 자리에 순서 번호를 넣어줍니다.

목적지 포트 자리에는 데이터 필드에 들어갈 애플리케이션의 종류를 구분하는 번호가 들어갑니다. 출발지에서는 7계층에서 1계층으로 내려오는 '위에서 밑으로' 프로세스이지만, 도착지에서는 1계층에서 7계층으로 '밑에서 위로' 프로세스입니다. 도착지 서버 안에서 이루어지는 하위 계층에서 상위 계층으로 올라가는 장비 안에서의 데이터 이동도 일종의 통신입니다. 계층별로 다수의 프로토콜들을 수용하려면 하위 계층에서 상위 계층의 어떤 소프트웨어 프로세스로 넘겨줄 것인지를 표시해야 합니다. 그러므로 하위 계층의 인캡슐레이션 필드에는 항상 상위 계층의 프로토콜을 구분하는 번호가 필요합니다. 결국 하위 계층의 상위 계층 프로토콜 표시 때문에 하나의 하드웨어가 계층별로 다수의 프로토콜들을 수용할 수 있습니다.

목적지 포트 번호로, IANA(Internet Assigned Numbers Authority)로부터 FTP 프로토콜은 21번 포트를, SMTP는 25번 포트를, TFTP는 69번 포트를, HTTP는 80번 포트를, 텔넷 프로토콜은 23번을 할당받았습니다. 이러한 범용 프로토콜들에만 포트 번호가 할당되는 것이 아니라 제조사인 오라클은 SQL 서버에서 66번 포트를 받아 공식적으로 사용합니다. IANA에서 승인하여 관리되는 포트 번호들은 'RFC 1700'을 참조하세요. 포트 번호의 범위는 0~65535이고, 표준이거나 IANA로부터 허가받은 애플리케이션들은 0~1023 영역의 번호를 사용하지만, 제조사에서 임의로 만든 애플리케이션들은 1024번 이상의 번호를 사용할 수 있습니다.

이번에는 출발지 포트를 알아봅시다. [그림 1-36]을 보세요. 심청이 PC가 세 곳의 각기 다른 목적지로 웹 접속을 하는 상황입니다. 목적지 포트 번호는 80번이지만, 출발지 포트 번호는 1024번 이상의 번호 중에서 무작위로 선택합니다. 한편 심청이 PC와 서버 간의 통신에서 심청이 PC에서 서버로 업로드될 때의 목적지 포트 번호는 서버에서 심청이 PC로 다운로드될 때 출발지 포트 번호가 되고, 출발지 포트 번호는 목적지 포트 번호가 됩니다. 동일한 3개의 80번 서비스는 다른 출발지 포트 번호를 사용하기 때문에 세 곳의 웹 서버에서 들어오는 데이터는 구분되어 각각의 웹 브라우저 화면에 정확히 다운로드할 수 있습니다. 따라서 출발지 포트 번호가 있기 때문에 하나의 클라이언트 PC가 다수의 동일한 애플리케이션을 동시에 사용할 수 있습니다. 이것은 HTTP 애플리케이션뿐만 아니라 텔넷, FTP 등 모든 애플리케이션에 해당됩니다.

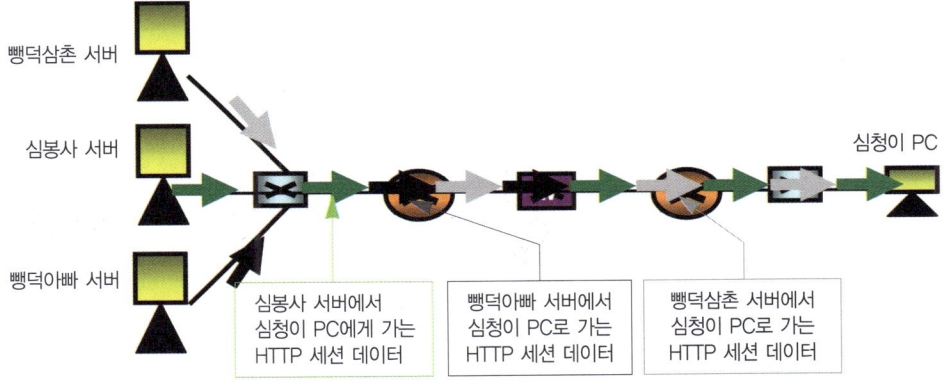

[그림 1-36] ▶
4계층 출발지 포트의 활용

TCP로 데이터를 전송한다면, 데이터의 전송 방향 반대로 컨트롤 데이터가 전송되기 때문에 TCP를 '투웨이 커뮤니케이션(2-way communication, 양방향 통신)'이라고 합니다. TCP가 아니라도 투웨이 커뮤니케이션이 일어난다는 것은 어떤 컨트롤 프로세스가 있다는 의미입니다. TCP는 오류 컨트롤(Error Control)과 플로 컨트롤(Flow Control)을 합니다. 오류 컨트롤을 위해 [그림 1-35]의 ACK 필드를 사용하고, 플로 컨트롤을 위해 윈도우 필드를 사용합니다.

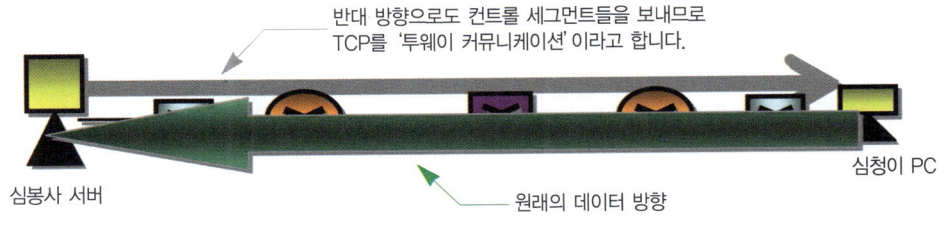

[그림 1-37] ▶
오류/플로 컨트롤을 위한 TCP의
투웨이 커뮤니케이션

오류 컨트롤 메커니즘은 다음과 같습니다. ACK 번호를 통해 몇 번 세그먼트까지 잘 받았는지를 표시합니다. ACK 333을 받았다는 것은 '332번째 바이트까지 잘 받았으니 333번째 바이트를 전송해달라.'는 뜻입니다. 심봉사 서버는 데이터 순서 번호를 각각의 세그먼트의 순서 번호 자리에 997, 998, 999, …… 이렇게 순서대로 보내고 나서 TCP 타임아웃 시간 동안 ACK 세그먼트가 오기를 기다립니다. TCP 타임아웃 시간은 세션이 개시되어 세그먼트들을 교환하면서 클라이언트와 서버 간의 세그먼트의 왕복 시간을 측정합니다.

TCP 타임아웃 시간은 이 왕복 시간의 약 2배 이상의 시간으로 계산되기 때문에 적어도 TCP 타임아웃 시간 안에는 ACK를 받아야 합니다. ACK 997, ACK 998과 같이 오다가 TCP 타임아웃 시간 동안 대기했는데도 ACK 999가 오지 않는다고 가정해 봅시다. ACK가 오지 않으면 클라이언트와 서버 사이의 네트워크나 서버에 문제가 생겼다고 판단하고 클라이언트는 ACK로 확인하여 받지못한 세그먼트를 재전송합니다. 따라서 출발지에서 도착지까지의 모든 장비와 회선에서 생기는 세그먼트의 유실이나 변형 문제는 이 ACK 메커니즘으로 해결할 수 있습니다. 이 때문에 TCP 프로토콜을 '신뢰성 있는 프로토콜(Reliable Protocol)'이라고 합니다.

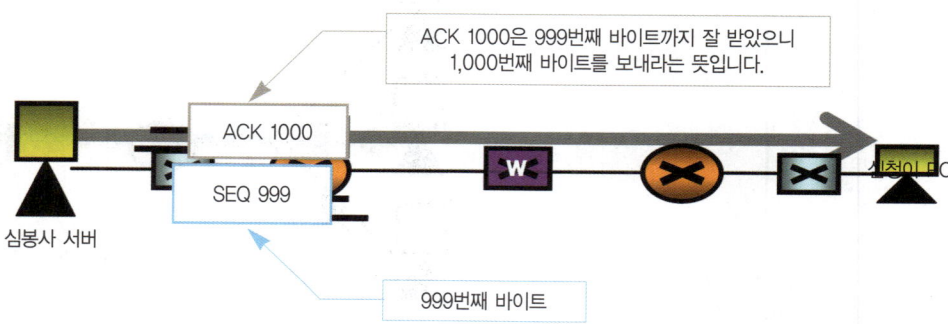

[그림 1-38] ▶
오류 컨트롤을 위한 TCP의
ACK 필드

플로 컨트롤 메커니즘은 다음과 같습니다. 윈도우 필드는 목적지 장비의 수신 버퍼의 여유량입니다. 데이터를 받는 장비가 한꺼번에 받을 수 있는 바이트 수를 출발지 장비에게 알려준 후 수신 능력 이상의 데이터를 보내 데이터가 유실되지 않도록 합니다. 송신 장비는 ACK 세그먼트를 통해 확인받지 않더라도 윈도우 크기만큼은 보낼 수 있습니다. 예를 들어 [그림 1-39]와 같이 윈도우 크기가 15,000이라고 하면 심청이 PC는 ACK를 받지 않고도 15,000Byte까지는 보낼 수 있습니다. 윈도우 크기가 64일 때는 최소 프레임 단위가 64Byte이기 때문에 세그먼트 하나하나마다 ACK를 받아내야 합니다. 이런 식으로 수신 장치는 송신 장치가 보내는 데이터의 양을 조절합니다. 창문을 활짝 열면 바람이 많이 들어오고, 창문을 닫아버리면 바람이 하나도 안 들어오는 것과 같이 윈도우 크기를 0으로 보내면 송신 장치는 데이터를 보낼 수 없습니다.

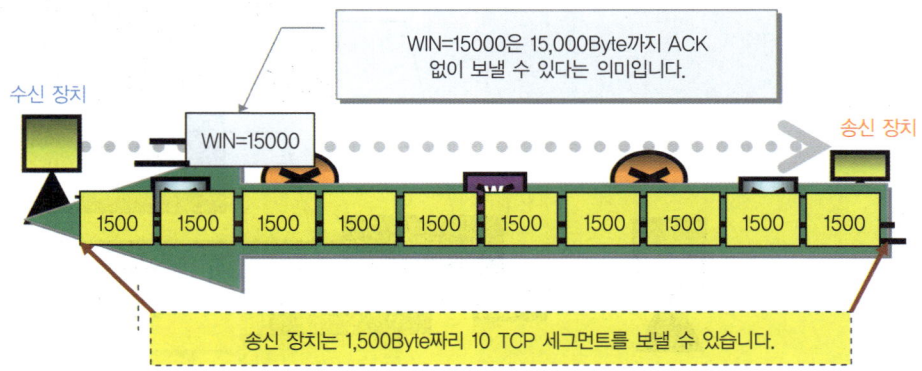

[그림 1-39] ▶
플로 컨트롤을 위한 TCP의
윈도우 필드

TCP 코드 비트의 기능에 대해 알아봅시다. TCP는 데이터를 보내기 전에 TCP 세그먼트의 코드 비트를 사용하여 목적지 장비와 출발지 장비 사이의 네트워크에 문제가 없음을 확인합니다. 이러한 과정은 [그림 1-40]과 같이 코드 비트들의 SYN 비트와 ACK 비트의 교환을 통해 달성됩니다. 출발지 장비는 목적지 장비에게 SYN 비트만 1로 표시하여 보냅니다. 즉 '보내도 좋냐?' 는 의미입니다.

목적지 장비는 화답으로 SYN과 ACK, 두 비트를 '1'로 세팅하여 보냅니다. 목적지 포트 번호가 가리키는 서비스를 제공할 수도 있고, 새로운 세션을 위해 메모리 자원을 준비할 수도 있기 때문에 '보내도 좋다' 는 뜻입니다. 마지막으로 출발지 장비는 ACK 비트를 1로 세팅하여 보내는데, 이것은 '지금부터 데이터를 보내겠다' 는 뜻입니다. 이러한 스리웨이 핸드셰이킹(3-way Handshaking) 과정을 통해 목적지가 살아있고, 목적지 포트로 구분되는 애플리케이션 서비스를 제공할 수 있음을 확인합니다. 즉 커넥션이 맺어지는지 확인하고 데이터를 보내기 때문에 불필요한 데이터 전송을 막습니다.

정상적인 데이터 커넥션의 종결은 마찬가지로 FIN 비트와 ACK 비트를 사용합니다. 데이터 전송을 마친 클라이언트와 서버는 각각 FIN 비트를 1로 세팅하여 보내고, 이에 대해 각각 ACK 비트를 1로 세팅하여 보냅니다(4-way Handshake). 서버가 애플리케이션을 지원하지 않거나 새로운 세션을 위한 메모리가 부족한 이유 등으로 비정상적으로 종결될 경우 서버는 RST 비트를 1로 세팅하여 보냅니다.

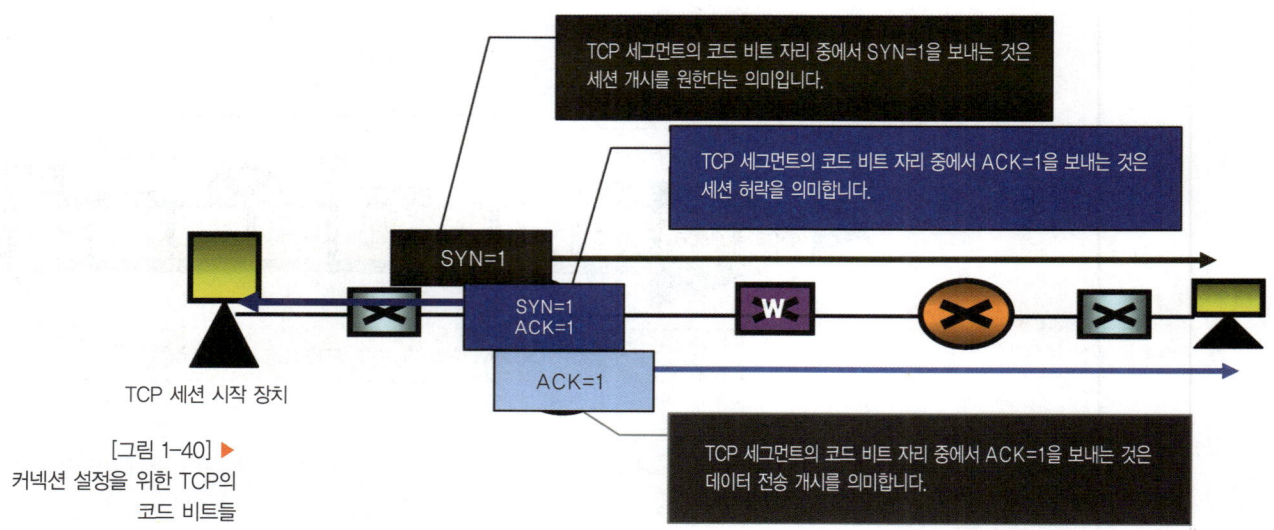

[그림 1-40] ▶
커넥션 설정을 위한 TCP의
코드 비트들

UDP의 특징은 TCP와 반대이기 때문에 TCP를 다시 한 번 정리하면서 UDP를 설명해 보겠습니다. TCP의 인캡슐레이션에 순서 번호는 상위 계층에서 내려보낸 데이터를 자르기 때문에 필요한데, 이러한 '자름(Segmentation)' 때문에 멀티플렉싱이 가능합니다. UDP는 자르지 않기 때문에 UDP 인캡슐레이션에는 순서 번호 필드가 없고 멀티플렉싱이 불가능합니다.

TCP에 ACK 번호 때문에 출발지에서 목적지에 이르는 모든 구간에서 발생하는 문제로 유실된 TCP 세그먼트를 재전송할 수 있습니다. ACK 번호 때문에 TCP 프로토콜을 '믿음직한 프로토콜(Reliable Protocol)'이라고 합니다. 반면 UDP는 ACK 번호 필드가 없어서 오류 컨트롤 기능이 없으므로 믿을 수 없는 프로토콜(Unreliable Protocol)이라고 합니다.

TCP에 윈도우 크기 필드가 있어서 데이터 흐름의 양을 조절할 수 있는데, 이것을 '플로 컨트롤'이라고 합니다. UDP는 윈도우 크기 필드가 없으므로 플로 컨트롤 기능이 없습니다. TCP가 오류와 플로 컨트롤을 위해 투웨이 커뮤니케이션(2-way Communication)을 한다면 UDP는 컨트롤 기능이 없는 원웨이 커뮤니케이션(1-way Communication)을 합니다.

TCP는 데이터를 본격적으로 보내기 전에 SYN과 ACK의 두 비트를 통해 목적지가 살아있다는 것, 다시 말해서 커넥션에 문제가 없다는 것을 확인합니다. 그래서 TCP를 '커넥션 오리엔티드 프로토콜(Connection-oriented Protocol)'이라고 합니다. UDP는 이러한 비트들을 가지지 않기 때문에 목적지까지의 커넥션을 확인하지 않으므로 UDP를 '커넥션리스 프로토콜(Connectionless Protocol)'이라고 합니다.

다음의 UDP 인캡슐레이션 포맷을 보면 출발지 포트, 목적지 포트, 길이, 체크섬 정도로 아주 간단합니다. 체크섬(Checksum) 필드는 목적지 장비가 도착한 데이터가 손상되었는지를 확인하는 출발지 장비의 계산 정보가 들어있습니다. 그리고 출발지 장비의 계산 결과와 목적지 장비의 계산 결과가 서로 다르다면 데이터는 손상되었다고 판단합니다.

[그림 1-41] ▶
UDP 헤더([ ] 표시는 bit 단위의 길이 표시)

0bit	32bit	64bit
출발지 포트 [16]	목적지 포트 [16]	세그먼트 길이[16]	체크섬 [16]

[표 1-5]는 TCP와 UDP 프로토콜의 특징을 보기 쉽게 비교하고 있습니다.

[표 1-5] ▶
TCP와 UDP 프로토콜의 특징 비교

인캡슐레이션 필드	TCP	UDP	기능
순서 번호 필드	O	X	데이터 자름 때문에 필요한 필드로, 데이터 세그멘테이션은 멀티플렉싱을 가능하게 합니다.
ACK 번호 필드	O	X	ACK 필드는 오류 컨트롤을 통해 프로토콜 신뢰성을 제공합니다.
윈도우 필드	O	X	윈도우 필드는 플로 컨트롤을 제공합니다.
코드 비트 필드	O	X	데이터를 전송하기 커넥션에 문제가 없음을 확인합니다.
목적지 포트 필드	O	O	하나의 하드웨어 서버가 다수의 애플리케이션들을 지원할 수 있도록 합니다.
출발지 포트 필드	O	O	하나의 클라이언트가 다수의 동일한 애플리케이션들을 동시에 사용할 수 있도록 합니다.
체크섬 필드	O	O	목적지 장비가 데이터의 손상 여부를 판단합니다.

Lesson 08 컨제스천 & TCP 컨제스천 컨트롤

TCP는 플로 컨트롤과 오류 컨트롤을 위해 데이터가 흐르는 방향과 반대 방향으로도 컨트롤 패킷을 보냅니다. 이번에는 TCP의 핵심 기능 중 하나인 플로 컨트롤과 컨제스천 컨트롤 메커니즘을 알아보겠습니다.

[그림 1-42]에는 라우터들의 인터페이스가 있습니다. 인터페이스에서 한꺼번에 두 패킷을 주고 받지 못하기 때문에 출력 패킷용 큐(줄 서기)와 입력 패킷용 큐를 가집니다.

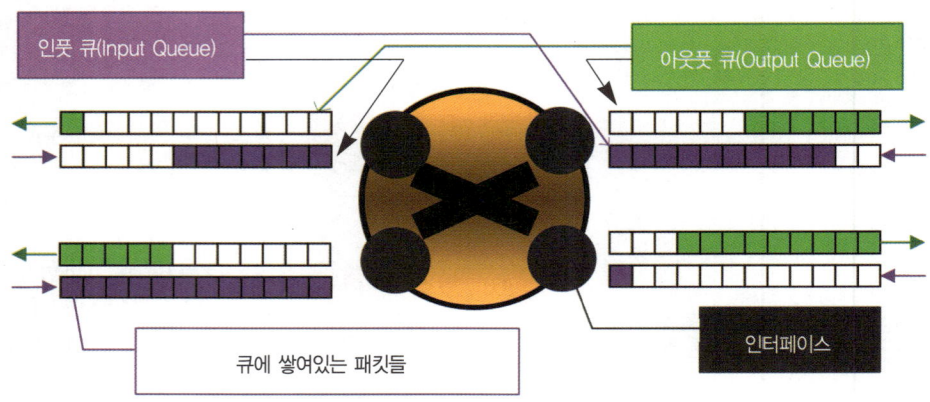

[그림 1-42] ▶
라우터 인터페이스의 인풋 큐와 아웃풋 큐

라우터에서 [예 1-1]과 같이 show interface(시스코) 명령을 통해 큐에 쌓여있는 패킷들의 수를 볼 수 있습니다. 만약 큐가 차면 라우터는 큐에 쌓여있는 모든 패킷들을 버리는데, 이것을 '드롭(Drop)'이라고 합니다.

아웃풋 큐에서 드롭이 일어나는 원인은 라우터가 아니라 인터페이스에 연결된 대역폭이 부족하다는 의미입니다. 만약 대역폭이 충분하다면 아웃풋 큐에 쌓여 있던 패킷들이 신속하게 보내져서 비어지지만, 대역폭이 부족하다면 아웃풋 큐는 제때 비어지지 못하기 때문에 패킷들은 큐에 쌓이고, 큐가 차면 쌓인 패킷들은 폐기됩니다. 인풋 큐에 있던 패킷은 라우터의 인터페이스를 거쳐 메인 메모리로 가서 메인 메모리에서 라우팅과 미디어 트랜스레이션을 거친 후 아웃풋 인터페이스의 메모리로 이동합니다. 이때 라우터의 CPU나 메모리 자원이 부족하다면 인풋 큐에서 제때 메인 메모리로 옮겨가지 못하기 때문에 드롭이 발생합니다. 따라서 아웃풋 큐 드롭은 대역폭 업그레이드가 필요하다는 것을 의미하고, 인풋 큐 드롭은 장비(메모리, CPU) 성능의 업그레이드가 필요하다는 것을 의미합니다.

```
Router#show interface Ethernet 0
Ethernet0 is up, line protocol is up,
Hardware is leace, address is 00e0.1e6d.9a30 (bia 00e0.1e6d.9a30]
Internet address is 10.1.1.1 /24
MTU 1500 bytes, BW 10000 Kbit, DLY 1000 usec, rely 255/255, load 1/255
Encapsulation ARPA, loopback not set, keepalive set (10 sec)
ARP type: ARPA, ARP Timeout 04:00:00
Last input 00:00:05, output 00:00:08,
Queueing strategy: fifo
Output queue 0/40, 1000 drops; input queue 0/75, 2000 drops
5 minute input rate 0 bits/sec, 0 packets/sec
5 minute output rate 0 bits/sec, 0 packets/sec
```

[예 1-1] ▶
라우터의 show interface
명령어의 결과

[그림 1-43]과 같이 컨제스천은 라우터나 스위치의 입력 부분의 밴드위스의 합보다 출력 부분의 밴드위스 보다 더 작을 때 발생합니다. 즉, 라우터의 다수의 인터페이스들로부터 트래픽이 들어올 때(아웃풋 큐 드롭이 일어날 수 있는 상태)나 라우터나 스위치의 CPU 나 메모리 자원이 부족할 때(인풋 큐 드롭이 일어날 수 있는 상태) 발생합니다.

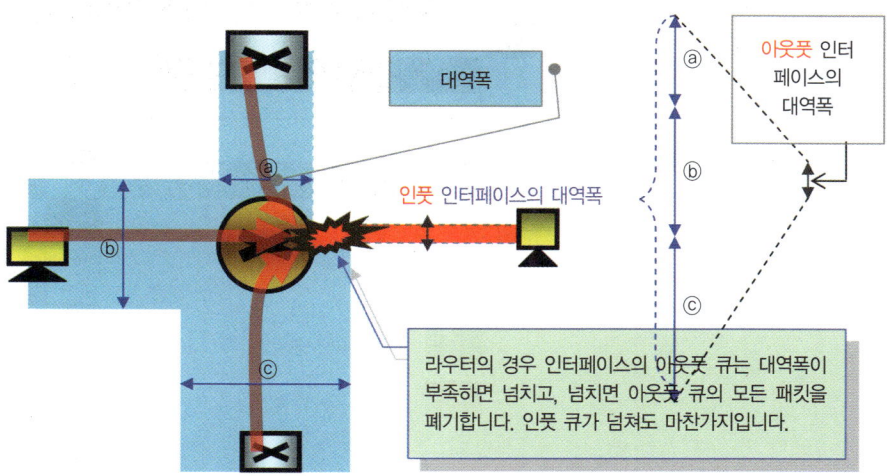

[그림 1-43] ▶
컨제스천의 예

폐기된 패킷은 TCP 재전송 메커니즘에 의해 재전송되는데, 이러한 과정에서 전송 속도가 길어집니다. 다시 말해서 컨제스천 방지(Congestion Avoidance)는 이렇게 폐기되는 패킷에 대한 솔루션입니다. 선에서의 대역폭 부족이나 장비에서의 성능 부족은 패킷 폐기를 발생시키고, 패킷 폐기는 패킷 지연을 발생시키며, 패킷 지연은 응답 시간을 길게 만들어서 사용자의 불만을 초래합니다.

송신 장치가 사용하는 슬라이딩 윈도우

송신 장치는 패킷을 인터페이스 밖으로 내보내기 전에 버퍼에 일시 저장하고 ACK를 기다립니다. 수신 장치는 데이터 패킷을 CPU가 처리할 때까지 버퍼에 저장하고, CPU가 처리하는 즉시 다음 패킷에 대한 ACK 응답을 송신 장치에게 보냅니다. 수신 장치의 수신 버퍼가 가득 차면, 송신 장치에게 다시 수신할 수 있을 때까지 제로 윈도우(Window=0) 값을 보내 전송을 멈추도록 요청합니다. 수신 장치의 데이터 흐름 메커니즘에는 다음과 같은 두 가지 방법이 있습니다.

❶ **정지 & 대기(stop-and-wait)** : 송신 장치는 한 패킷을 보낼 때마다 ACK 응답을 기다리고 ACK 응답을 받았을 때만 보낼 수 있습니다. 이 방법은 간단하지만 패킷마다 ACK 응답을 받아야 하기 때문에 데이터 전송 속도가 매우 느려집니다.

❷ **슬라이딩 윈도우** : 정지 & 대기 방식은 모든 패킷마다 ACK 응답을 수신해야 하지만, 슬라이딩 윈도우 방식은 ACK 응답을 받지 않고도 일정 수의 패킷을 보낼 수 있습니다. ACK 응답 없이 보낼 수 있는 패킷의 수가 윈도우 크기입니다.

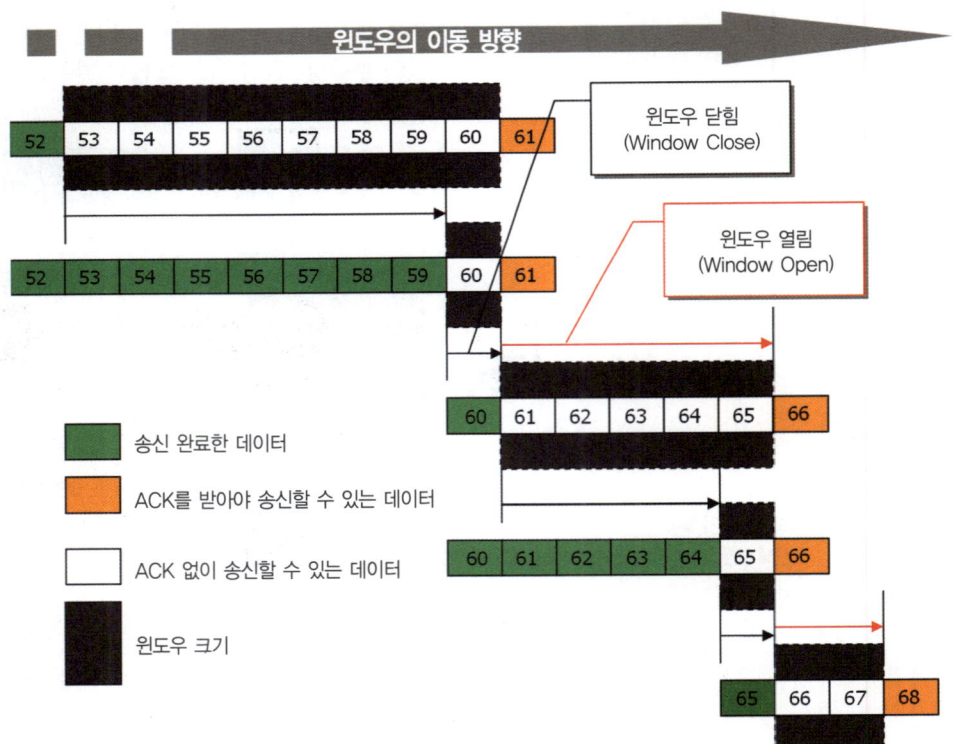

[그림 1-44] ▶ 송신 장치에서 윈도우의 위치 변화

[그림 1-44]에서 검은색은 송신 장치가 사용하는 슬라이딩 윈도우 프로토콜에 의한 윈도우 크기 변화를 표시합니다. 윈도우의 왼쪽과 오른쪽의 두 축은 [그림 1-44]의 왼쪽에서 오른쪽으로 이동하며, 윈도우 너비는 늘었다 줄었다 합니다. 두 축은 수신 장치가 보낸 ACK에 의해 이동되고, 윈도우 너비는 수신 장치가 보낸 윈도우 크기에 의해 결정됩니다. 초록색으로 표시된 데이터는 이미 내보낸 것이고, 하얀색으로 표시된 데이터는 이미 ACK를 받았으므로 언제든지 보낼 수 있지만 보내기 전의 데이터이며, 주황색으로 표시된 데이터는 ACK를 수신해야 보낼 수 있는 데이터입니다. 따라서 하얀색 데이터는 ACK 수신 없이 보낼 수 있는 데이터입니다.

일반적으로 송신 장치의 윈도우 크기는 송신자가 계산한 'CWND(Congestion Window)'와 수신 장치가 보낸 'RWND(Received Window or Advertised Window)' 값 중에서 작은 값으로 선정됩니다. 수신 장치가 알려준 윈도우 크기는 결국 RWND에 해당합니다. 수신 장치는 수신 버퍼가 모자랄 때 RWND 값을 0으로 보내서 송신 장치가 더 이상 데이터를 보내지 못하게 하는데, 이것을 '제로 윈도우(0 Window)'라고 합니다. 즉 RWND는 수신 장비(서버)의 상태에 대한 값이고, CWND는 네트워크의 상태에 관한 값입니다.

슬로 스타트

송신 장치의 윈도우 크기는 RWND와 CWND 중 작은 값이 선택되기 때문에 수신 장치가 아무리 큰 RWND를 보내도 서서히 증가하는 CWND의 특징 때문에 보내지는 데이터의 양이 아주 느리게 증가합니다. [그림 1-45]와 같이 첫 번째 전송에 대한 ACK 응답이 왔을 때 CWND를 2배 늘리고, 두 번째 ACK 응답이 왔을 때 CWND를 또 2배 늘립니다. 세 번째 ACK 응답이 왔을 때 4배를 늘리는 식으로 ACK 확인 응답이 올 때마다 배로 증가시킵니다. ACK가 도착한다면 '데이터 전송에 성공했고, 네트워크에 컨제스천이 없다.'라고 판단하기 때문입니다. 이러한 CWND 크기의 느린 증가를 '슬로 스타드(Slow Start)'라고 합니다. 송신 장치와 수신 장치를 속도가 빠른 LAN으로 연결했다면 문제가 없지만, 느린 라우터와 느린 WAN으로 연결했다면 컨제스천의 원인이 될 수 있습니다. RWND는 수신 장치의 능력을 반영하고, CWND는 네트워크의 능력을 반영합니다. 슬로우 스타트는 CWND의 크기를 서서히 증가시키는 것으로, '망의 전송 능력에 대해 조심스러운 판단'을 하는 것입니다.

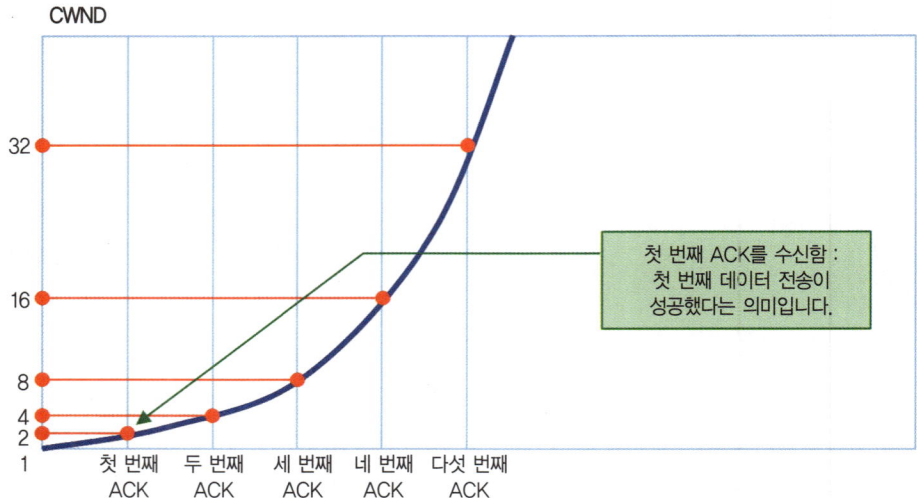

[그림 1-45] ▶
CWND의 슬로 스타트

TCP는 컨제스천이 발생하면 CWND 크기를 줄이는데, 컨제스천을 확인하는 두 가지 방법이 있습니다.

| 방법 1 | 재전송 타이머(Retransmission timer)를 보고 판단합니다.

재전송 시간은 일률적으로 적용하는 것이 아니라 TCP 커넥션을 맺는 두 시스템 간의 왕복 시간을 기준으로 계산하는데, 계속 변합니다. 재전송 타이머는 다음과 같은 공식으로 계산됩니다.

> 재전송 타이머 = {이전(전송 패킷과 ACK 응답 패킷의) 왕복 시간 × 0.9 + 현재 왕복 시간 × 0.1} × 2

재전송 타이머 내에 ACK 패킷을 받지 못한 경우 CWND 크기는 1에서 다시 시작합니다. ssthresh(slow start threshold) 값은 재전송 발생(전송 실패) 전의 CWND 크기의 반값입니다. [그림 1-46]에서는 CWND가 32이므로 ssthresh는 16이 될 것입니다. 윈도우 크기가 1에서 다시 시작할 때 윈도우 크기가 ssthresh가 될 때까지는 2배씩 증가(곱하기 증가)합니다. 하지만 컨제스천이 발생한 이후이기 때문에 계속 '2배씩 증가' 하는 것은 위험하다고 판단하여 ssthresh 이후부터는 1씩 증가하는데, 이것을 '더하기 증가(Additive Increase)' 라고 합니다.

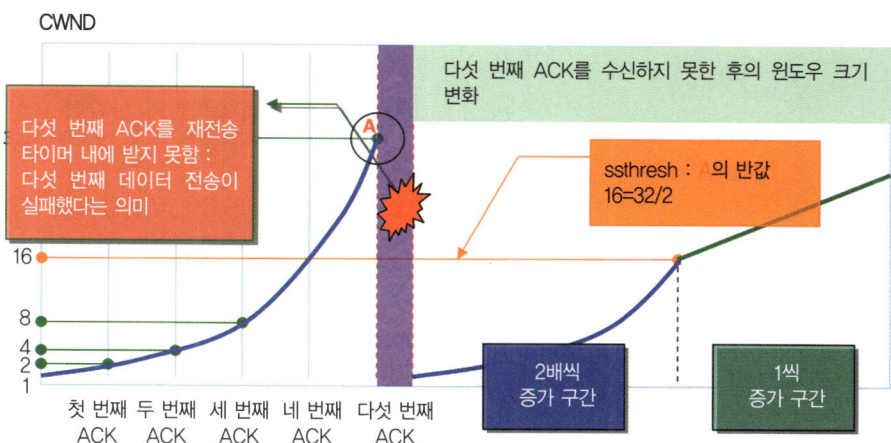

[그림 1-46]
재전송 타이머 초과 이후의 CWND 변화

| 방법 2 | 3개의 동일한 ACK가 연속적으로 들어오는 것을 보고 판단합니다.

수신 장치의 ACK 응답 방식을 [표 1-6]과 같이 정리할 수 있는데, 순서 2를 보세요(순서에 어긋나게). 세 번째가 와야 하는데 네 번째가 들어오는 경우 (ACK 4를 보내지 않고) ACK 3을 보냅니다. 다섯 번째가 도착해도 (ACK 5를 보내지 않고) ACK 3을 보냅니다. 여섯 번째까지 마찬가지입니다. 따라서 송신 장치는 ACK 3을 3개 연속으로 받게 될 것입니다. 3개의 동일한 ACK를 받은 장치는 1개(세 번째)만 누락되었다고 판단하고 세 번째부터 다시 보냅니다.

[표 1-6]
ACK 응답 조건에 따른 수신 장치의 ACK 액션

순서	조건	수신 장치의 액션
1	500ms이 되기 전에 TCP 세그먼트가 순서대로 전달되고 있는 경우	ACK 세그먼트를 보내지 않음
2	순서에 어긋난 세그먼트가 들어오는 경우(예를 들어 3이 와야 하는데 건너뛰고 4가 오는 경우)	누락된 ACK에 대한 세그먼트를 3개 연속 보냄
3	누락된 세그먼트가 도착한 경우 즉시	ACK를 보냄
4	중복된 세그먼트가 도착한 경우 즉시	ACK를 보냄
5	깨진 세그먼트가 도착한 경우(체크섬 결과)	즉시 ACK를 보냄

빠른 재전송 & 빠른 복귀

54쪽의 '방법 1'처럼 TCP 타임아웃이 만료된 경우는 송신 장치가 어떤 ACK도 받지 못한 경우입니다. 이때는 컨제스천이 심각한 '큰 문제'이므로 CWND의 크기를 1로 대폭 줄입니다.

55쪽의 '방법 2'는 송신 장치가 ACK를 받는 경우로, 한 패킷이 유실되어 컨제스천이 심각하지 않은 '작은 문제'입니다. 이 경우에는 CWND의 크기를 1로 줄이지 않고 반으로 줄입니다. 이렇게 1로 줄이지 않고, 절반(ssthresh)으로만 줄이기 때문에 CWND의 'Fast Recovery(신속한 복귀)'라고 합니다. 또한 3개의 동일한 ACK를 받는 경우 TCP 타임아웃 타이머만큼 기다리지 않고 즉시 재전송할 수 있기 때문에 '빠른 재전송(Fast Retransmit)'이라고 합니다.

[그림 1-47]을 보면 대부분 [표 1-6]에서 순서 1의 경우에 해당되어 정상적으로 ACK를 주고 있습니다. 다만 [그림 1-44]에서 ACK가 유실된 경우 송신 장치는 재전송 타이머 동안 기다렸다가 재전송하는데, 이미 설명한대로 ssthres가 될 때까지는 윈도우 크기를 2배씩 늘리지만, 이후에는 1씩 늘립니다.

[그림 1-47]에서 SEQ=15 세그먼트는 유실되었고, SEQ=16, SEQ=17, SEQ=18 세그먼트들은 제대로 도착했습니다. 이것은 [표 1-6]에서 '순서 2'의 경우에 해당되어 수신 장치는 지체 없이 ACK 15를 보내어 세그먼트가 누락되었다고 알려줍니다. 송신 장치는 연속적으로 3개의 ACK 세그먼트를 받으면 재전송 타이머를 기다리지 않고도 재전송할 수 있습니다. 이것이 '빠른 재전송(Fast Retransmission)'으로, 한 세그먼트만 유실된 작은 문제가 생겼을 때 사용합니다.

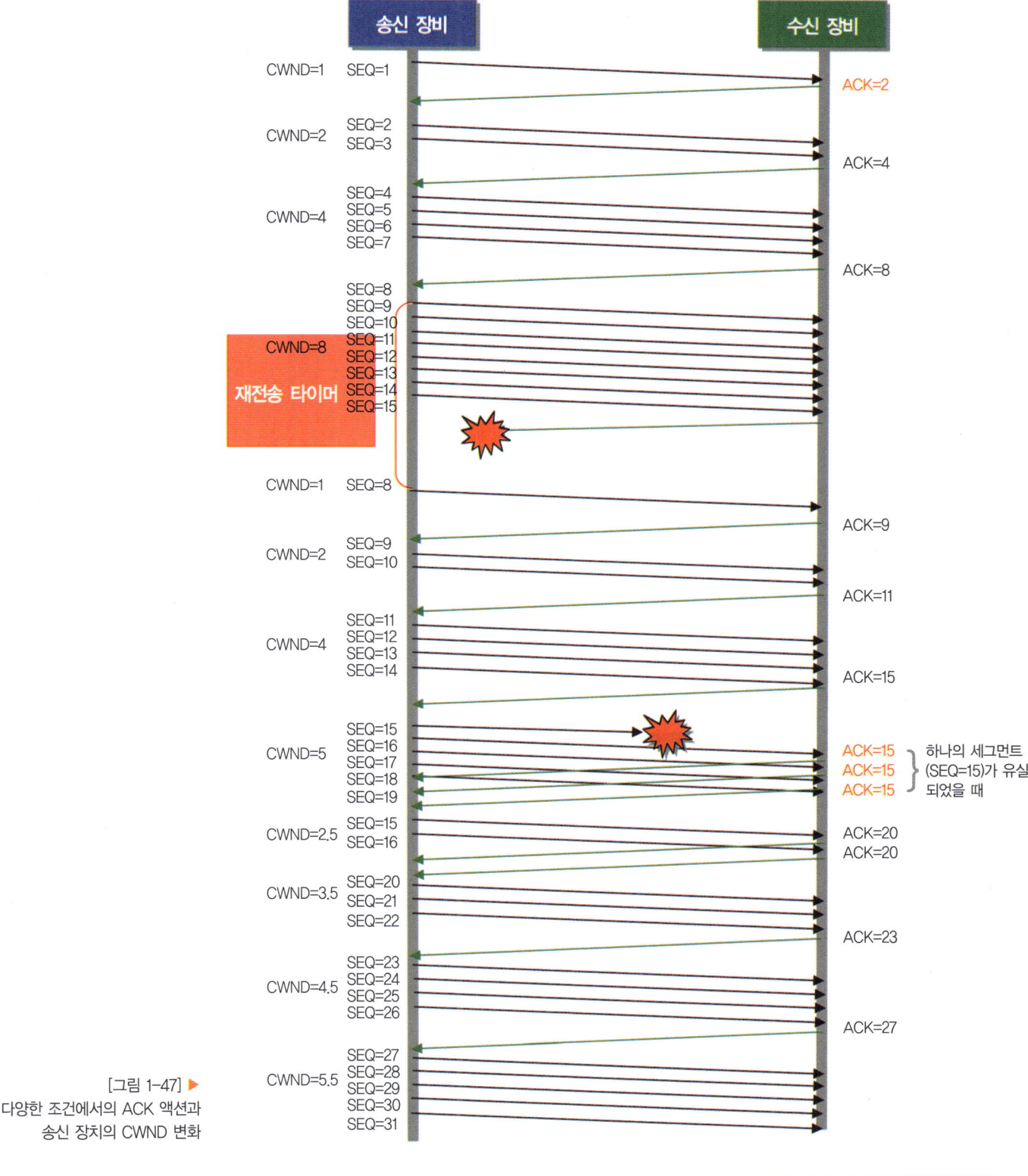

[그림 1-47] ▶
다양한 조건에서의 ACK 액션과 송신 장비의 CWND 변화

[그림 1-48]은 재전송 타이머 초과와 세그먼트가 누락되었을 경우 CWND 크기의 변화 과정을 보여줍니다. 재전송 타이머 이후에는 CWND의 크기가 1부터 시작하여 ssthresh가 될 때까지는 2배씩 증가하다가 ssthresh 값 이후에는 1씩 증가하는 것을 확인할 수 있습니다. 또한 3 ACK를 수신한 이후에는 CWND가 ssthresh 값으로 내려갔다가 1씩 증가합니다.

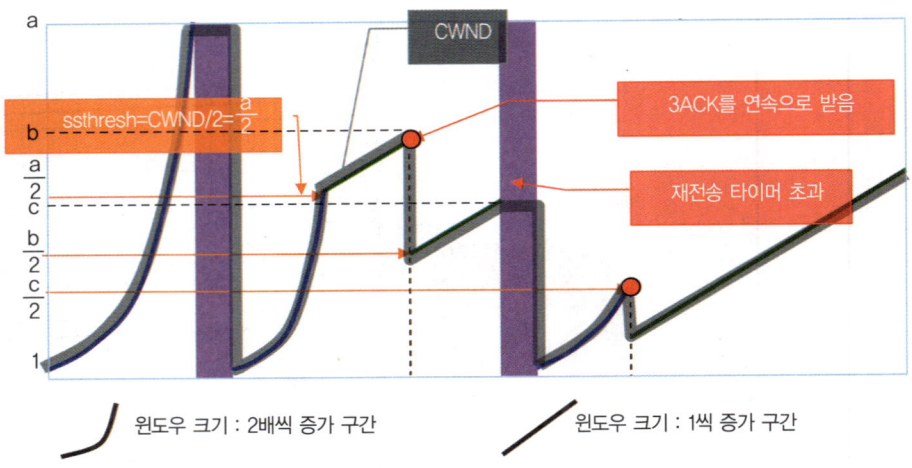

[그림 1-48] ▶
재전송 타이머 초과와 세그먼트가 누락될 때의 CWND의 크기 변화

[그림 1-49]와 같은 송신 장치의 윈도우 크기는 CWND와 RWND 중 작은 값으로 선택됩니다.

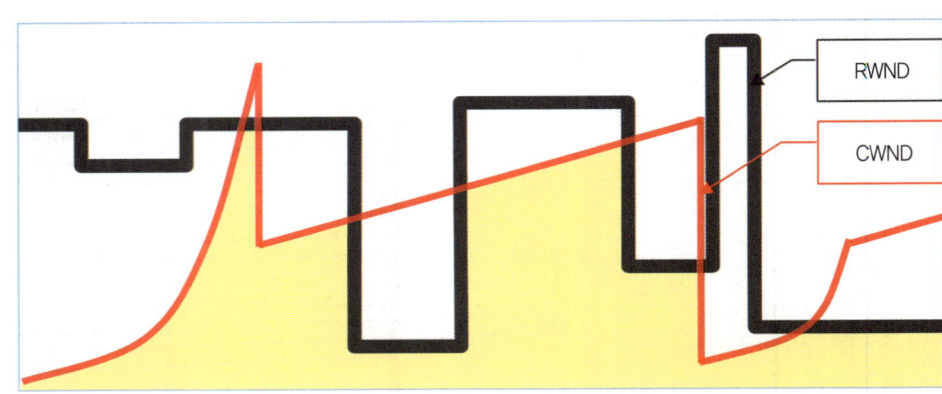

[그림 1-49] ▶
송신 장치의 윈도우 크기

QoS

QoS(Quality of Service)는 무조건 사용하는 것이 아니라 [그림 B-1]과 같이 트래픽이 모이거나 대역폭이 일치되지 않는 컨제스천 조건에서 사용합니다. 대역폭 사용량이 현저하게 낮다면 아웃풋 큐에 쌓여있는 **패킷들은 제때 처리될 것이기** 때문에 QoS를 사용하여 장비의 CPU 프로세스를 소모할 **이유가 없습니다**.

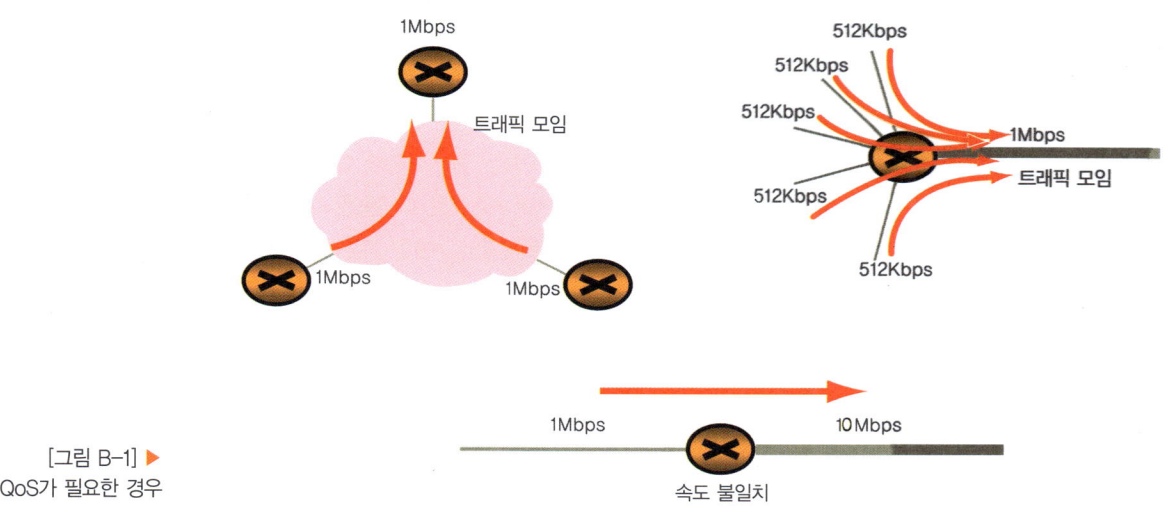

[그림 B-1] ▶
QoS가 필요한 경우

[그림 1-42]에서 설명한 것처럼 큐잉이란 줄 세우기에서 드롭이 발생했다는 것은 아웃풋 대역폭이 부족하다는 의미입니다. [그림 B-2]는 대역폭과 관련된 QoS 적용 사례로, 그림 b와 같이 부분적으로 대역폭이 부족할 때가 QoS 솔루션을 적용할 가장 적절한 경우입니다.

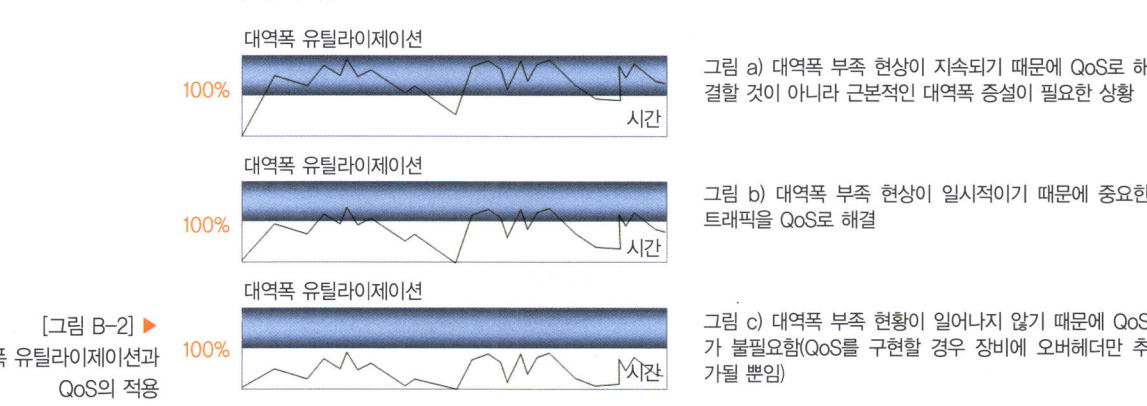

[그림 B-2] ▶
대역폭 유틸라이제이션과
QoS의 적용

QoS는 WFQ(Weighted Fair Queuing), PQ(Priority Queuing), CQ(Custom Queuing)와 같은 기본적인 큐잉과 LLQ(Low Latency Queuing), CBWFQ(Class Based Weighted Fair Queuing)와 같은 하이브리드(복합) 큐잉으로 나뉩니다.

- **FIFO(First In First Out)** : 가장 단순한 큐잉 방식으로, 먼저 들어온 패킷이 먼저 나가는 방식입니다. 특정 데이터 트래픽에 대한 우선 처리 개념이 없습니다.

- **WFQ** : WFQ는 플로별로 아웃풋 인터페이스를 균등하게 제공합니다. 플로는 출발지/목적지 2계층 주소, 3계층 주소, 4계층 포트 번호에 의해 구분됩니다. 즉 하나라도 틀리면 다른 플로에 속하고, 균등한 대역폭을 할당받습니다. WFQ는 트래픽의 양에 관계 없이 모든 플로에 균등하게 대역폭을 할당하기 때문에 트래픽 양이 비교적 적은 VoIP와 같은 플로는 유리합니다. 또한 IP 패킷의 Precedence 값이 높다면 Weight 값만큼 보다 많은 대역폭이 할당됩니다.

- **CQ** : CQ는 17개의 독립된 큐를 가지는데, 프로토콜별로, 인풋 인터페이스별로, IP 주소나 포트 번호별로 다른 큐에 할당할 수 있으며, 모든 큐는 순차적으로 처리됩니다. 이러한 큐에서 처리할 수 있는 바이트 수를 동일하게 맞추었다면 모든 큐는 동일한 아웃풋 대역폭을 사용하겠지만, 바이트 수를 다르게 지정할 수 있기 때문에 큐별로 사용하는 대역폭은 모두 다를 수도 있습니다. WFQ는 플로 구분이 자동으로 일어나지만, CQ는 트래픽의 구분을 자유롭게 하여 각기 다른 바이트가 설정된 다양한 큐에 배정할 수 있습니다.

- **PQ** : PQ는 High(최상위 큐), Medium(다음 큐), Normal(다음 큐), Low (최하위 큐)의 4개의 독립된 큐를 가지는데, CQ처럼 순차적으로 처리하는 것이 아니라 상위 큐가 비워지기 전에는 다음 큐에 쌓여 있는 패킷들이 처리되지 않기 때문에 가장 강력한 큐잉 방법입니다. 상위 큐에 속하는 패킷들이 끊임없이 들어올 경우 다음 큐의 패킷들을 처리할 수 없기 때문입니다.

다음으로 하이브리드 큐잉을 살펴봅시다. VoIP를 위해 가장 많이 사용하는 큐잉 방법은 LLQ입니다.

- **CBWFQ** : CBWFQ는 CQ처럼 순차적으로 처리되는 최대 64개의 큐를 가지기 때문에 보다 세밀한 서비스를 제공합니다. 다만 CQ에서 순차적(라운드로빈 방식)으로 서비스되는 16개 큐는 FIFO 방식으로 동작하지만, CBWFQ는 각각의 개별 큐가 WFQ 방식으로 동작합니다.

- **LLQ** : [그림 B-3]을 보면 LLQ는 PQ + CBWFQ 모델입니다. 대량의 데이터가 들어오지 않는 보이스 트래픽 플로는 PQ에 해당하는 큐에 할당하여 지연이 발생하지 않도록 하고, 나머지 데이터는 CBWFQ를 적용합니다.

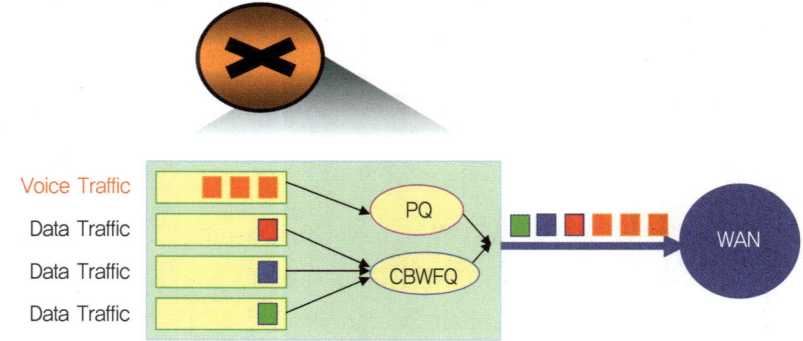

[그림 B-3] LLQ

Lesson 09 네트워크 간의 길 찾기-네트워크 계층

이제 네트워크 계층에 대해 알아봅시다. 트랜스포트 계층과 네트워크 계층, 데이터 링크 계층에서 옷(인캡슐레이션)을 입습니다. 즉 트랜스포트 인캡슐레이션은 속옷에, 네트워크 계층의 인캡슐레이션은 셔츠에, 데이터 링크 계층의 인캡슐레이션은 외투에 해당하는 셈입니다. [그림 1-50]은 IP 인캡슐레이션 포맷입니다. IP의 헤더 길이는 옵션 필드 때문에 20~60Byte 범위이고, 데이터를 포함한 IP 패킷의 전체 길이는 20~65,536Byte 범위입니다.

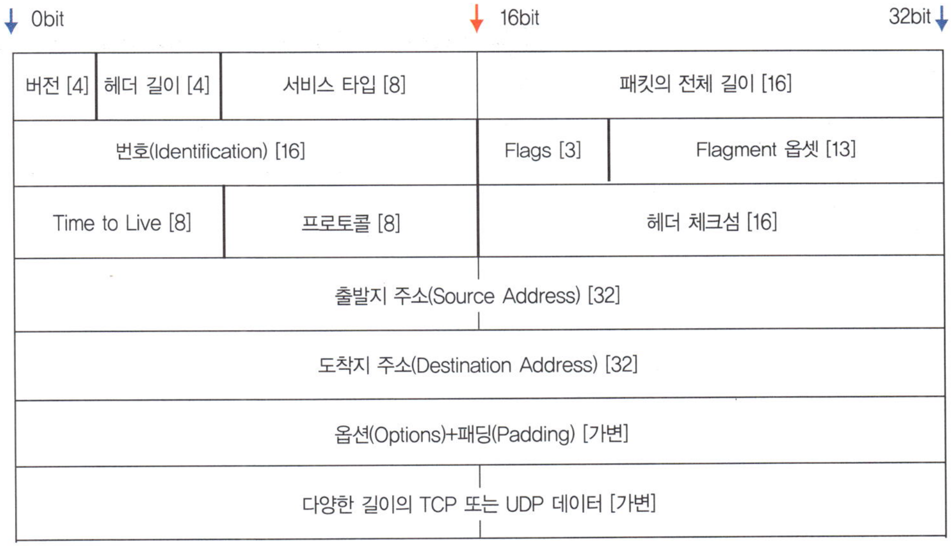

↓0bit ↓16bit 32bit↓

버전 [4]	헤더 길이 [4]	서비스 타입 [8]	패킷의 전체 길이 [16]	
번호(Identification) [16]			Flags [3]	Flagment 옵셋 [13]
Time to Live [8]		프로토콜 [8]	헤더 체크섬 [16]	
출발지 주소(Source Address) [32]				
도착지 주소(Destination Address) [32]				
옵션(Options)+패딩(Padding) [가변]				
다양한 길이의 TCP 또는 UDP 데이터 [가변]				

[그림 1-50] ▶
[ ]는 bit 단위의 IP 헤더 필드 길이 표시

[그림 1-50]을 하나하나 따져봐야 합니다. 버전 자리에서는 IP 버전 4인지, 6인지를 구분하고, 서비스 타입 자리에서는 IP 패킷의 중요도(Priority)를 표시합니다. 서비스 타입 필드는 QoS(Quality of Service) 용도로 사용합니다. 네트워크 장비를 통과할 때 지연은 큐잉 과정에서 많이 발생하는데, 특정 장비에서 QoS 중요도를 높이면 다음 장비의 인풋 또는 아웃풋 인터페이스들에서 우선 처리됩니다. 또한 큐가 차서 패킷들을 버릴 경우 QoS 중요도가 앞서면 늦게 버리는데, 이러한 메커니즘을 'QoS'라고 합니다.

네트워크 계층에 있는 MTU(Maximum Transmission Unit)라는 개념은 설정을 통해 변경할 수 있습니다. MTU가 1,500Byte라면, 1,500Byte를 초과하는 패킷은 잘라서 보냅니다. 상위 계층에서 내려온 세그먼트는 MTU의 크기에 따라 [그림 1-51]과 같이 잘라서 인캡슐레이션됩니다. 따라서 4계층에서 잘려지지 않은 UDP 세그먼트나 MTU를 초과하는 TCP 세그먼트는 IP 프로세스를 거치는 과정에서 모두 잘릴 것입니다. TCP의 경우처럼 IP가 상위 계층의 데이터 덩어리를 자른다는 것은 IP도 멀티플렉싱 기능을 제공한다는 의미입니다.

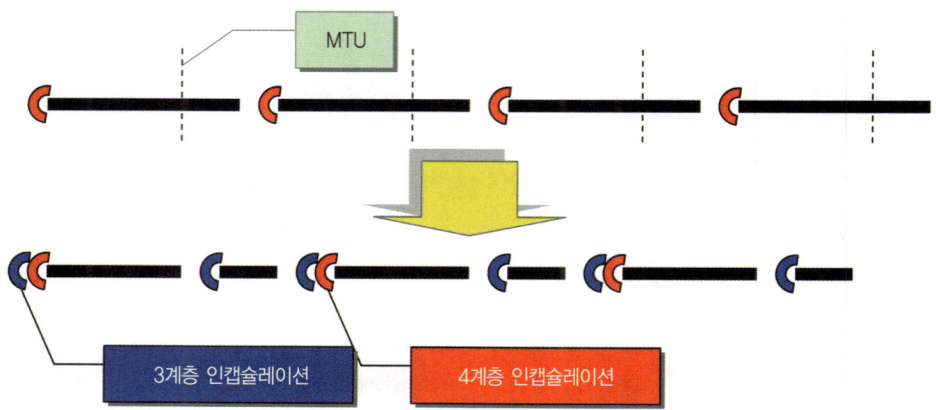

[그림 1-51] ▶
3계층 인캡슐레이션의 예

자르는 프로토콜들은 순서 번호가 필요한데, ID 번호와 프래그먼트 옵셋(Fragment Offset) 자리와 프래그먼테이션 플래그의 세 번째 비트를 이용합니다. 프래그먼테이션 플래그(Fragmentation Flag) 자리는 모두 3비트로 구성됩니다. 첫 비트는 사용하지 않고, 두 번째 비트는 데이터를 자를 수 있는지의 여부를 표시합니다. 세 번째 비트는 각 ID 별로 마지막 조각을 표시합니다.

이 비트가 '0'이 아니라 1비트일 때는 자를 수 없습니다. 데이터를 자를 수 없다고 표시하고 데이터 패킷을 전송했는데 중간에 거치는 3계층 장비에서의 인터페이스의 MTU 값을 초과하여 패킷 분할이 필요한 경우 3계층 장비는 패킷을 폐기합니다. 그리고 데이터의 출발지 장비에게 'ICMP Destination Unreachable-Fragmentation Necessary & Don't Fragment Bit Set' 메시지를 보냅니다. 세 번째 비트는 세그먼트의 마지막 잘린 부분인지의 여부를 표시합니다. [그림 1-52]와 같이 ID 자리에는 1, 2, 3, ……과 같이 순서대로 들어가고, 프래그먼트 옵셋 필드에는 1번의 몇 바이트 패킷인지, 2번의 몇 바이트째 패킷인지를 표시합니다.

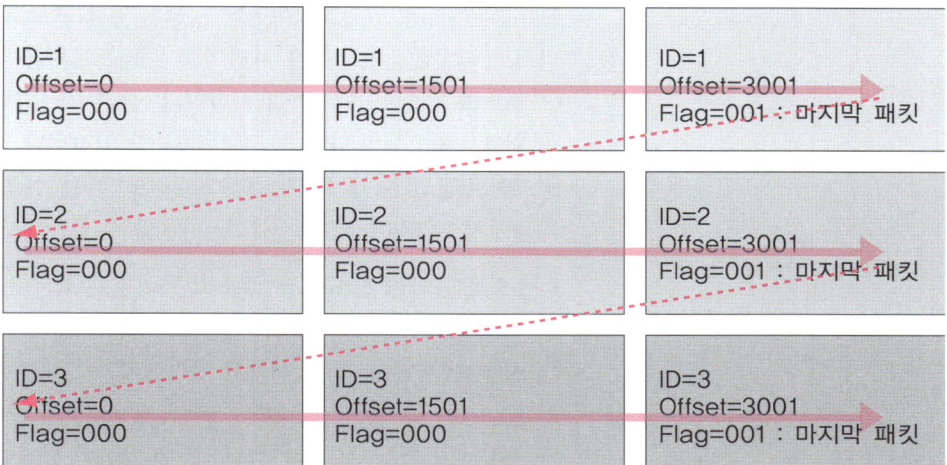

[그림 1-52] ▶
ID와 프래그먼트 옵셋 필드에
의한 순서

'Time to Live' 필드에는 목적지 장비까지 갈 때까지 거칠 수 있는 최대 라우터의 수를 넣습니다. 예를 들어 TTL 필드가 15라고 하면 라우터를 통과할 때마다 하나씩 줄어드는 데, 15대의 라우터를 거칠 때까지 목적지에 도달하지 못하면 TTL이 0이 됩니다. 그러면 라우터는 이 패킷을 폐기시키고, 출발지 장비에게는 'ICMP TTL Time exceeded' 메시지를 보냅니다. IP 프로토콜은 TCP와 달리 원웨이 커뮤니케이션을 하는데, 이것은 IP가 오류나 플로 컨트롤 기능이 없음을 의미합니다.

IP는 이것을 보완하기 위해 다양한 오류 메시지와 컨트롤 기능을 제공하는 ICMP 프로토콜을 사용합니다. TTL 필드는 [그림 1-53]과 같이 목적지에 이르지 못한 패킷이 전 세계의 네트워크 자원(장비의 CPU와 대역폭)을 소모시키면서 돌아다니는 것을 방지합니다. 윈도우 OS는 255 값을 사용하며, 리눅스 OS는 128 값을 사용하는 등 OS 마다 다양한 TTL 값을 디폴트로 사용하는데, 설정을 통해 변경할 수 있습니다.

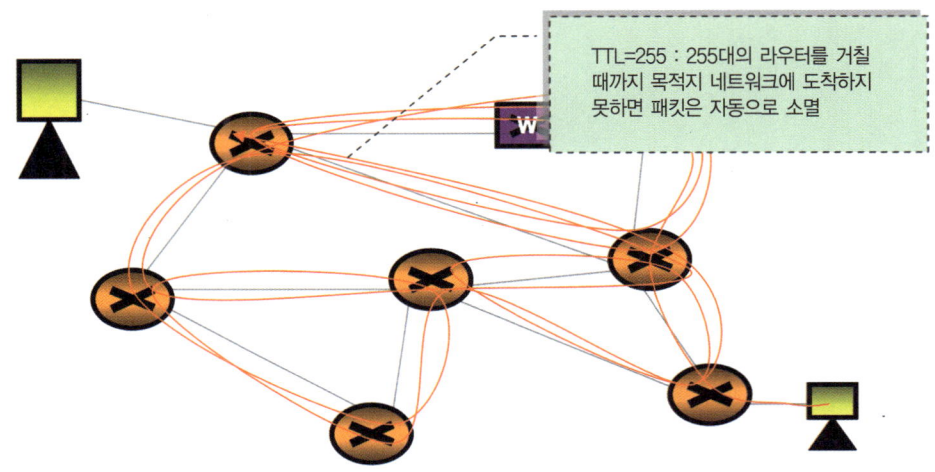

[그림 1-53] ▶
TTL의 역할

모든 하위 계층 인캡슐레이션에는 상위 계층 프로토콜이 무엇인지 표시해야 합니다. 따라서 IP 패킷의 프로토콜 자리에 4계층 프로토콜이 TCP(프로토콜 번호 6)인지, UDP(프로토콜 번호 17)인지를 표시합니다. 물론 EIGRP(프로토콜 번호 : 88), OSPF(프로토콜 번호 : 89) 등의 다양한 프로토콜들도 있습니다. 이러한 표시 때문에 IP 패킷은 TCP 세그먼트와 UDP 세그먼트 등을 모두 실어나를 수 있고, IP를 지원하는 목적지 장비는 4계층에서 TCP와 UDP 등을 모두 사용할 수 있습니다.

다음으로 출발지 장비의 IP 주소의 목적지 주소는 32비트 길이입니다. [그림 1-54]를 보면 특정 웹 서버에 가기 위해 웹 브라우저(7계층 애플리케이션)의 주소 창에 'WWW.GOGOGOGOGO.COM' 이라고 입력했지만, 3계층 인캡슐레이션의 목적지 주소 필드에는 1.1.1.1이 들어가야 합니다. 그런데 일반 PC들은 이러한 매핑 정보를 가지고 있지 않으므로 매칭 정보를 가진 서버의 IP를 알아야 합니다. 7계층 주소와 3계층 주소의 매핑 테이블을 가진 서버가 바로 DNS(Domain Name Service) 서버입니다. 심청이 PC는 DNS 서버에게 3계층 인캡슐레이션을 위해(보다 정확히 말하면 3계층 인캡슐레이션의 목적지 주소 필드를 채워넣기 위해서) DNS 서비스 Request를 보냅니다. DNS 서버가 보낸 DNS 서비스 Reply를 받아서 3계층 인캡슐레이션을 완성합니다. PC에 DNS 서버의 주소를 설정하는 이유는 바로 3계층 인캡슐레이션을 완성하기 위한 것입니다.

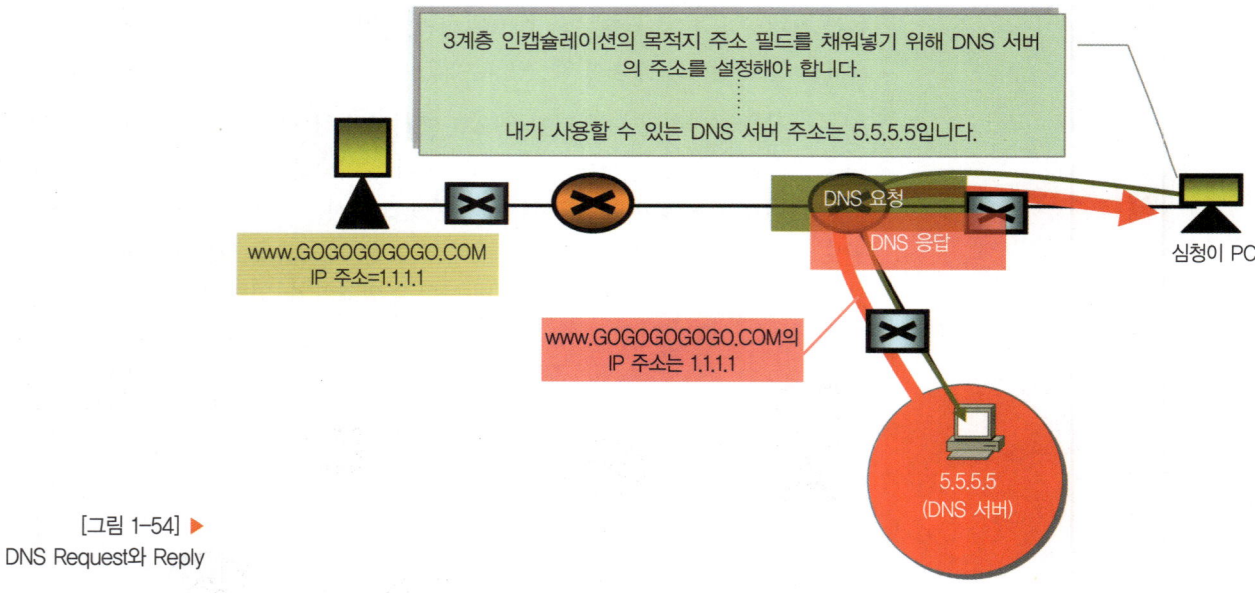

[그림 1-54] ▶
DNS Request와 Reply

Lesson 10 '전 세계' 3계층 이상의 장비를 구분하는 네트워크 계층 주소

[그림 1-55]와 같이 스위치는 한 네트워크에 연결된 장비들 간의 통신을 위한 장비입니다. 그리고 라우터는 패킷의 목적지 네트워크를 찾아주는 장비입니다.

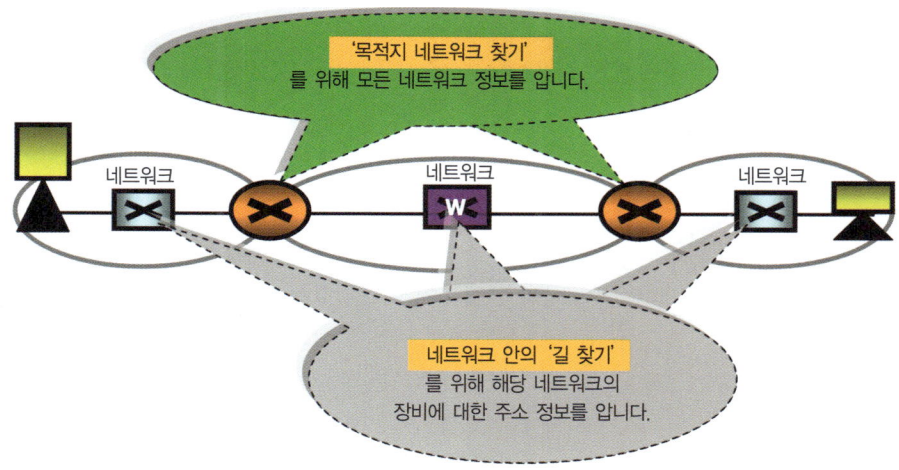

[그림 1-55] ▶
네트워크 내부를 연결하는 스위치, 네트워크 간을 연결하는 라우터

IP 주소는 2진수로는 32비트이고, 10진수로 표시할 때는 8비트씩 끊습니다. 제일 작은 IP 주소는 00000000.00000000.00000000.00000000(2진수)이고, 가장 큰 주소는 11111111. 11111111.11111111.11111111입니다. 10진수로 변환하면 0.0.0.0과 255.255.255.255입니다.

[그림 1-56]과 같이 IP 주소를 항상 따라다니는 것이 있는데, 바로 서브넷 마스크 (Subnet Mask)입니다. 서브넷 마스크는 IP 주소의 네트워크 자리와 호스트 자리를 구분하기 위한 것입니다. [그림 1-56]에서 255.255.0.0 서브넷 마스크를 2진수로 바꿔보면 11111111.11111111.00000000.00000000이고, 1의 수가 16개이니까 서브넷 마스크를 /16으로 표시할 수 있습니다. 겨울에 마스크를 쓰듯이 마스크는 어디엔가 씌우는 것이죠. 서브넷 마스크는 IP 주소에 씌우는 것인데, [그림 1-56]에서는 100.100까지가 서브넷 마스크의 '1' 자리로 씌워지고, 200.200자리는 '0'으로 씌워집니다. '1' 자리가 씌워지는 100.100자리는 네트워크 자리가 되고, 0이 씌워지는 200.200자리는 호스트 자리가 됩니다.

이와 같이 IP와 같은 3계층 주소는 주소가 두 부분으로 서브넷 마스크에 의해 나누어지는데, 이렇게 부분부분 나뉘어지는 주소를 'Hierarchical Address'라고 합니다. IP 주소 중에서 같은 네트워크에 속하는 장비의 경우 주소의 네트워크 부분은 같고 호스트 부분은 다릅니다. 그리고 라우팅 테이블에는 주소의 공통된 부분인 네트워크 부분만 올라옵니다. 즉 라우터는 패킷의 목적지 네트워크를 찾아주는 장비입니다.

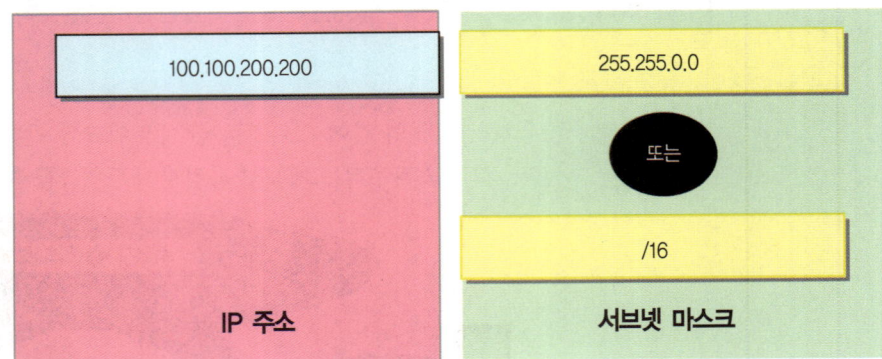

[그림 1-56] ▶
IP 주소와 서브넷 마스크

IP 주소 디자인의 예를 살펴봅시다. [그림 1-57]에서 네트워크를 나누는 장비가 라우터이기 때문에 네트워크는 모두 4개가 있습니다. 주소 디자인을 위해 제일 먼저 각각의 네트워크에서 사용할 서브넷 마스크를 정해야 합니다. [그림 1-57]에서는 모든 네트워크의 서브넷 마스크를 /16으로 하기로 했습니다. 그러면 [그림 1-57]의 IP 디자인에는 어떤 오류가 있을까요? 두 네트워크가 모두 1.1 네트워크를 사용하여 중복되고 있습니다. 마포구가 동쪽에도 있고, 서쪽에도 있는 격이므로 잘못된 주소 디자인입니다.

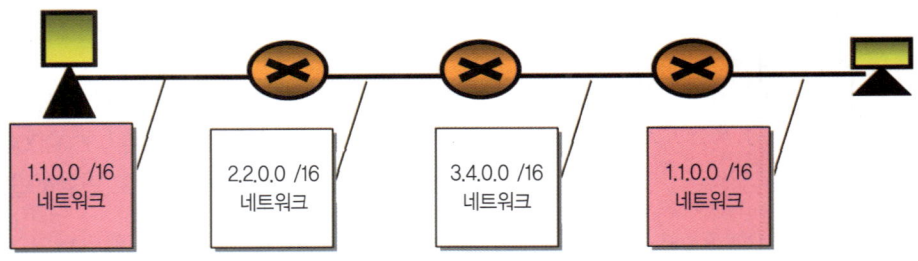

[그림 1-57] ▶
잘못된 IP 주소 디자인의 예

[그림 1-58]의 예를 봅시다. 네트워크 자리도 중복되지 않았고, 한 네트워크에서 각각의 장비들끼리 호스트 자리도 중복되지 않으면서 IP 주소가 정확히 디자인되었습니다.

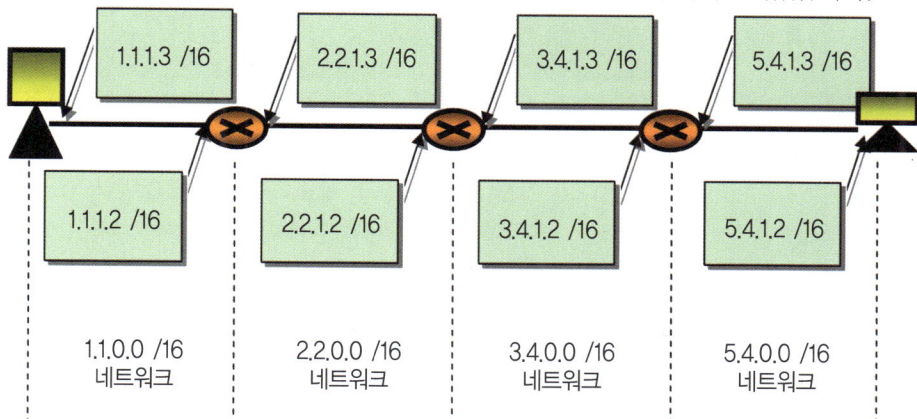

[그림 1-58] ▶
정확한 IP 주소 디자인의 예

Lesson 11 네트워크마다 데이터 링크 프로토콜은 다르다

이제 데이터 링크 계층으로 내려왔습니다. 옷을 입는 계층은 4계층, 3계층, 2계층입니다. 3계층에서 내려온 데이터는 이제 2계층 옷을 입습니다.

LAN 네트워크에 속하는 것은 이더넷, 토큰 링, FDDI입니다. 그리고 WAN 네트워크에는 세 가지 카테고리의 WAN 서비스, 즉 전용 회선(Leased Line), 서킷 스위치드 네트워크(Circuit-switched Network), 패킷 스위치드 네트워크(Packet-switched Network)가 있습니다. 각 네트워크에서 사용할 수 있는 2계층 인캡슐레이션을 정리하면 [표 1-7]과 같습니다.

구분	종류		2계층 인캡슐레이션	2계층 주소
LAN	이더넷		이더넷 2 또는 IEEE 802.2/3	MAC 주소
	토큰 링		IEEE 802.2/5	MAC 주소
	FDDI		IEEE802.2/10	MAC 주소
WAN	전용 회선		PPP, SLIP, HDLC	없음
	서킷 스위치드 네트워크	ISDN	PPP, SLIP, HDLC	없음
		PSTN	PPP, SLIP, HDLC	없음
	패킷 스위치드 네트워크	프레임 릴레이	Frame Relay	DLCI 주소
		ATM	ATM	ATM 주소
		X.25	LAPB (X.25는 3계층 인캡슐레이션)	없음 (X.25 주소는 3계층 주소)

[표 1-7] 2계층 인캡슐레이션 프로토콜의 종류

네트워크마다 사용하는 2계층 프로토콜이 달라서 2계층 인캡슐레이션도 다릅니다. 패킷이 네트워크를 통과할 때마다 각각의 2계층 인캡슐레이션을 벗었다 입었다 해야 하는데, 이 일을 누가 할까요? 바로 네트워크와 네트워크의 경계에 위치한 라우터가 이 역할을 담당합니다. 라우터의 2계층 옷 갈아입히기를 '미디어 트랜스레이션(Media Translation)'이라고 합니다.

[그림 1-59]는 이더넷 II 인캡슐레이션 포맷으로 주소와 3계층 프로토콜 타입, 프리앰블, FCS 필드로 구성되어 있어서 매우 간단합니다. 다른 LAN과 WAN의 2계층 인캡슐레이션도 이것과 크게 다르지 않습니다. 다만 각각의 2계층 프로토콜이 제공하는 기능이 다를 수 있기 때문에 이를 위한 필드가 추가되거나 생략될 뿐입니다.

[그림 1-59] ▶
이더넷 II 인캡슐레이션 포맷
([ ]는 bit 단위의 필드 길이)

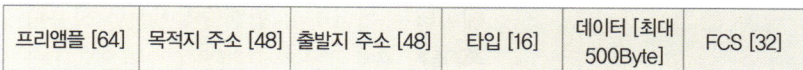

클록은 0bit와 1bit를 판단하는 시간 간격이기 때문에 송신 장비와 수신 장비 간에 일치되어야 합니다. [그림 1-60]에서 '프리앰블' 필드는 항상 1010 1010 1010 1010 1010 1010 1010 1011 값을 사용하고, 지속 시간은 10Mbps 이더넷에서 6.4μs(마이크로초)가 소요됩니다. 프리앰블의 역할은 위의 특정 비트가 도착하는 시간 간격을 통해 수신 장비가 송신 장비와 동일한 속도의 클록을 추출할 수 있게 합니다.

목적지 주소와 출발지 주소 자리에는 이더넷이 사용하는 MAC 주소가 들어갑니다. MAC 주소는 2진수로 48자리이고, [그림 1-60]과 같이 16진수로는 12자리로 두 부분으로 나뉩니다. 그림에서 앞 부분의 절반인 0000.0C는 제조사 번호이고, 뒷부분 절반인 12.AB34는 제조사가 할당합니다. 이러한 MAC 주소는 오류가 아닌 다음에는 두 장비가 같은 주소를 가질 수 없습니다.

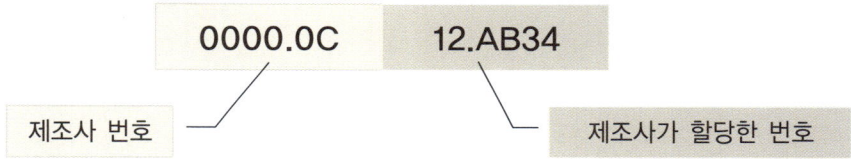

[그림 1-60] ▶
MAC 주소의 예

[그림 1-59]의 타입 필드 자리에는 상위 계층 프로토콜의 종류가 들어갑니다. 데이터 자리에는 3계층에서 내려온 데이터 패킷이 들어가고, FCS(Frame Check Sequence) 자리에는 수신 장비가 프레임이 완전한지 확인할 수 있는 계산 값을 송신 장비가 만들어서 넣습니다. 수신 장비의 FCS 계산 값이 송신 장비가 계산하여 FCS 필드에 입력한 값과 다른 경우 프레임을 폐기합니다.

[그림 1-59]와 같은 이더넷 II 인캡슐레이션 외에 [그림 1-61]의 IEEE 802.2/3 이더넷 인캡슐레이션은 2개의 서브 계층인 LLC(Logical Link Control)와 MAC(Media Access Control)으로 나뉩니다. LLC는 IEEE 802.2 표준을 정의하는 서브 레이어이고, MAC은 IEEE 802.3 표준을 정의하는 서브 레이어에 속합니다. 참고로 IEEE802.3은 이더넷 프로토콜을, IEEE802.5는 토큰 링 프로토콜을, IEEE 802.10은 FDDI 프로토콜을 정의합니다. IEEE 802.2는 이더넷, 토큰 링, FDDI가 공통적으로 사용하는 프로토콜입니다.

[그림 1-61]의 IEEE 802.3 인캡슐레이션을 봅시다. 이더넷 II의 타입 자리가 생략된 대신 '길이' 자리가 있습니다. 타입 필드는 3계층 프로토콜 종류를 표시하기 위해 꼭 필요한 필드입니다. 이를 위해서 IEEE 802.2 인캡슐레이션을 사용하는데, SNAP(Sub-Network Access Protocol)과 SAP(Service Access Point)의 두 종류가 있습니다. SAP의 DSAP 자리와 SNAP의 타입 자리에 3계층의 프로토콜 종류를 표시합니다. 대부분의

데이터는 이더넷 II 인캡슐레이션을 사용하지만, CDP(Cisco Discovery Protocol)와 같은 특정 프로토콜은 IEEE802.2의 SNAP을 사용합니다. 4계층 옷이 속옷이고, 3계층 옷이 셔츠라면, IEEE 802.3은 외투이고, IEEE 802.2는 조끼 정도 됩니다.

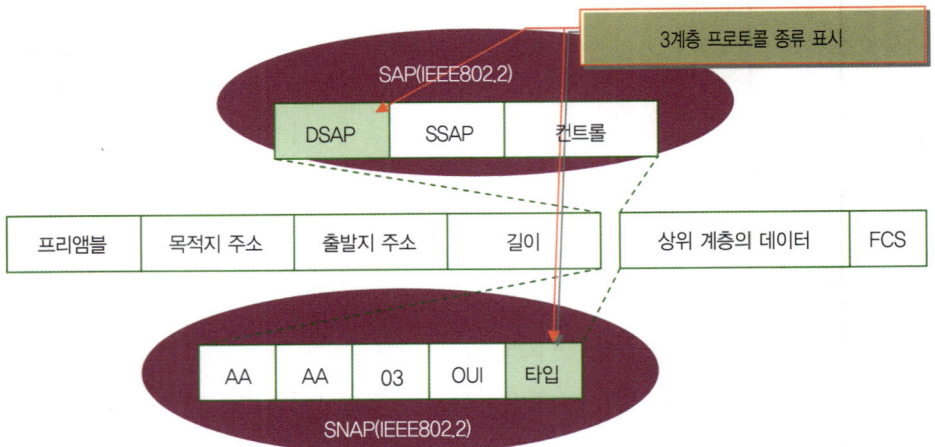

[그림 1-61] ▶
SNAP과 SAP, IEEE 802.2
이더넷 인캡슐레이션의 종류

이제까지 설명한 2계층 옷의 목적지 주소 자리를 채워넣기 위해서 송신 장비는 프레임의 목적지가 송신 장비와 같은 네트워크인지를 판단합니다. 왜냐하면 목적지가 동일한 네트워크라면 스위치를 통해 직접 보내고, 다른 네트워크라면(네트워크의 장비 중에서) 다른 네트워크에 대한 정보를 가진 라우터에게 보내야 하기 때문입니다. 따라서 PC/서버에 라우터의 주소를 설정합니다. PC/서버에 설정하는 디폴트 게이트웨이 주소가 라우터의 주소입니다.

[그림 1-62]에서 심청이 PC는 '5.4' 네트워크에 속하고, 가려고 하는 목적지가 '1.1' 네트워크이므로 목적지는 심청이 PC가 속한 네트워크가 아닙니다. 따라서 1.1.1.1로 가려하는 패킷은 디폴트 게이트웨이 주소인 5.4.1.3에게 보내야 합니다. 그런데 2계층 인캡슐레이션의 목적지 주소 자리에는 5.4.1.3이라고 하는 3계층 주소가 아니라 5.4.1.3 자리의 2계층 주소가 들어가야 합니다.

3계층 장비는 3계층 이하의 기능을 하기 때문에 3계층 주소와 2계층 주소를 가질 수 있고, 7계층 장비는 7계층 이하의 모든 기능을 할 수 있기 때문에 7계층 주소, 3계층 주소, 2계층 주소를 가질 수 있습니다.

7계층 주소와 3계층 주소 매핑 솔루션을 제공하는 것이 DNS 서비스이고, 3계층 주소를 알고 2계층 주소를 모를 때 이 문제를 해결하는 것이 ARP 프로토콜(Address Resolution Protocol)입니다. ARP Request는 브로드캐스트입니다. ARP Request를 통해 5.4.1.3 주소를 갖는 장치의 2계층 주소를 묻습니다. 해당되는 3계층 주소를 가지는 장비는 ARP Reply를 통해 5.4.1.3 주소가 구현된 인터페이스의 2계층 주소를 가르쳐줍니다. 이때 ARP Reply는 유니캐스트입니다.

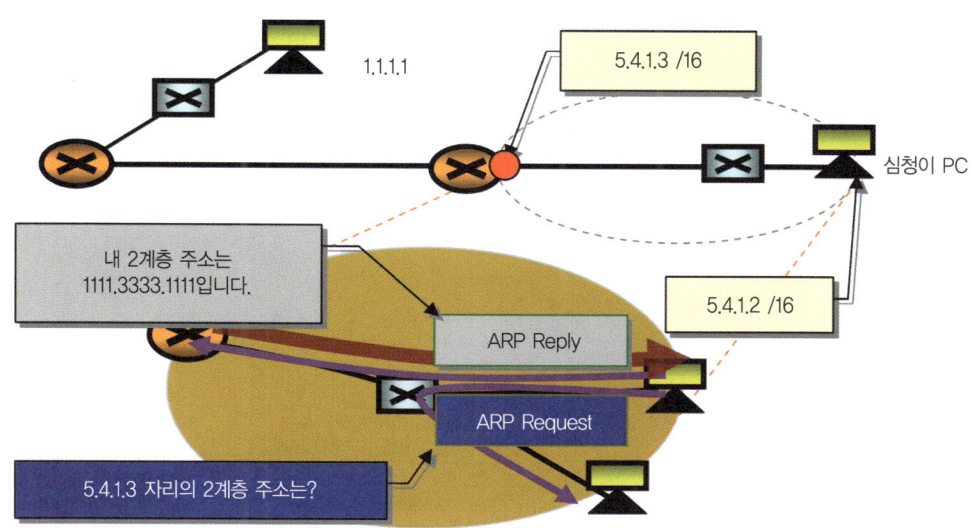

[그림 1-62]
ARQ Request/Reply

ARP 프로토콜에 의해 2계층 옷의 2계층 목적지 주소 필드를 채워넣습니다. DNS 서비스 때문에 3계층의 목적지 주소 필드를 채워넣을 수 있습니다.

이제 2계층, 3계층, 4계층의 세 가지 옷을 제대로 갖추어 입었습니다. [그림 1-63]과 같이 4계층 옷을 입었을 때의 데이터 단위를 '세그먼트(Segment)'라고 하고, 3계층까지 옷을 입었을 때의 데이터 단위를 '패킷(Packet)'이라고 하며, 2계층까지의 모든 옷을 다 입었을 때의 데이터 단위를 '프레임(Frame)'이라고 하여 구분하기도 합니다. 1계층의 데이터 단위는 '비트(bit)'라고 합니다.

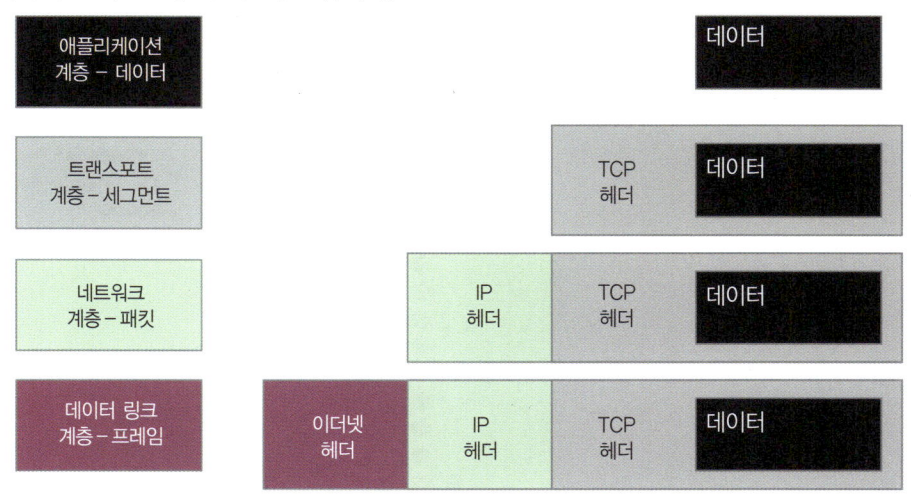

[그림 1-63]
세그먼트, 패킷, 프레임, 비트

http://www.slac.stanford.edu/xorg/nmtf/nmtf-tools.html(혹시 주소가 바뀐다면 구글 검색에서 'Network Monitoring Tool'을 입력해 보십시오)에서 볼 수 있듯이 패킷들의 필드들이 적정한지 확인할 수 있는 다양한 패킷 애널라이저가 있습니다. [그림 1-64]는 와일드패킷(Wildpackets)사의 옴니피크(Omnipeek)가 보여주는 분석 화면입니다. 지금까지 설명했던 2(이더넷), 3(IP), 4(TCP) 계층의 인캡슐레이션 포맷을 확인할 수 있습니다.

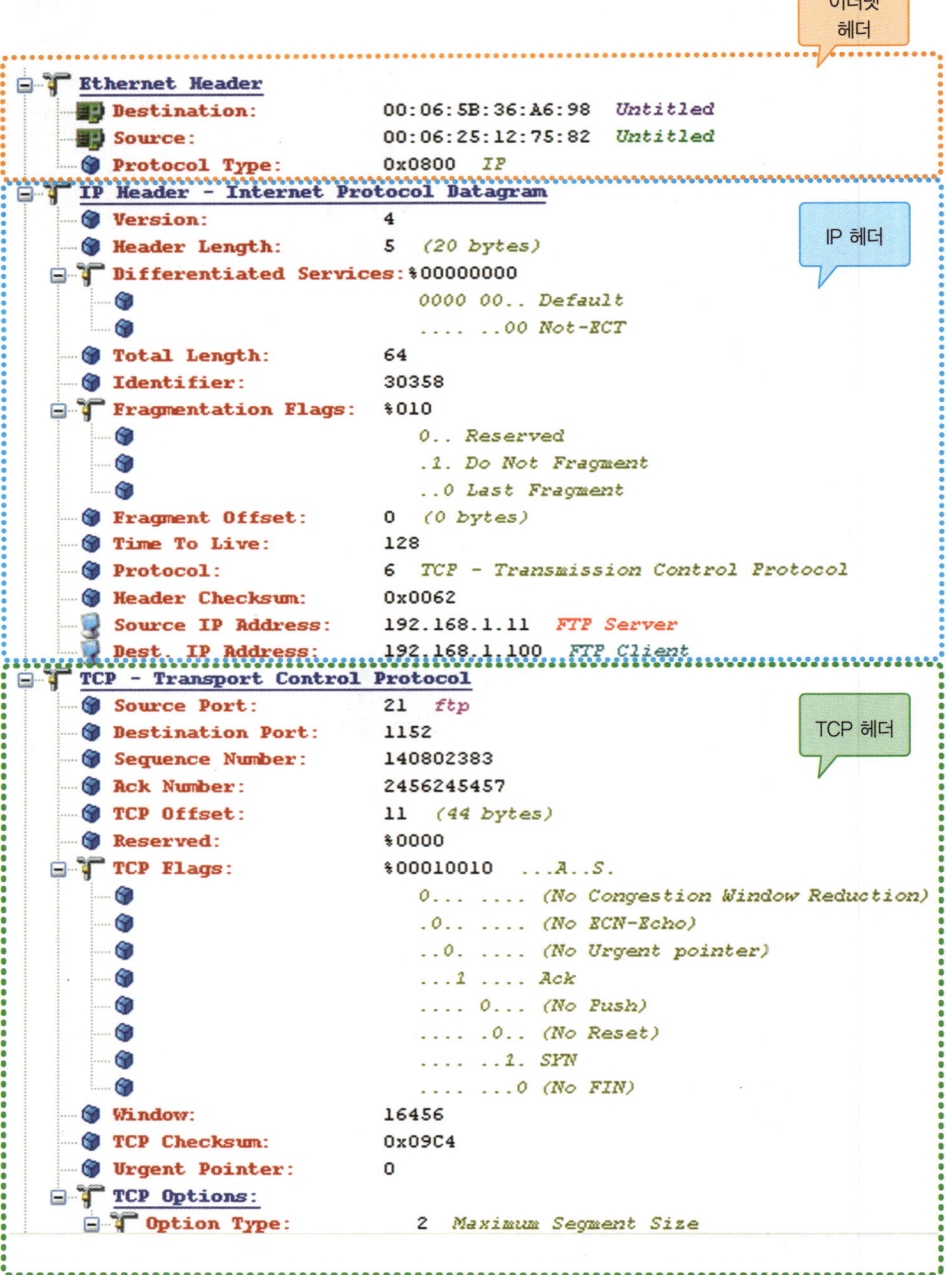

[그림 1-64] ▶
패킷 애널라이저에 의한
패킷 헤더의 예

Lesson 12 물리적인 물리 계층

물리 계층은 미디어 타입, 커넥터 타입, 신호 표현 방법, 즉 시그널링(Signaling), 속도 등을 정의합니다. 미디어는 장비와 장비 사이의 전달 매체로, 무선인 경우에는 공기이고, 유선인 경우에는 UTP(Unshielded Twisted Pair) 또는 STP(Shielded Twisted Pair) 케이블이나 광케이블 등을 말합니다.

물리 계층에서 정의되는 케이블은 매우 다양합니다. 특히 TP(Twisted Pair) 케이블과 광케이블을 많이 사용하는데, TP 케이블은 간섭과 노이즈를 줄여주는 차폐 케이블인 STP(Shielded TP)와 차폐가 되지 않은 UTP(Unshielded TP)로 나뉩니다. 실드(Shield)는 케이블의 겉에 외부 피복이나 차폐재가 추가되는데, 차폐재는 접지의 역할을 합니다. 따라서 외부의 노이즈를 차단하거나 전기적 신호의 간섭에 탁월한 성능이 있습니다. 참고로 FTP(Foil Screened Twisted Pair) 케이블이 있습니다. 실드 처리는 되어 있지 않지만 알루미늄 은박이 4가닥의 선을 감싸고 있기 때문에 UTP에 비해 절연 기능이 탁월합니다. 열악한 환경이나 공장 배선용으로 많이 사용됩니다.

셋 다 100m까지 연장할 수 있습니다. +와 -가 네 쌍, 즉 8개의 선으로 구성되므로 한 쌍은 송신, 한 쌍은 수신으로 사용하고도 두 쌍이 남는데, 1Gbps를 지원할 때는 네 쌍을 모두 사용합니다. UTP 케이블은 시공이 간편하고 STP나 광케이블보다 저렴하여 많이 사용합니다. 1Gbps를 사용할 때는 네 쌍을 모두 사용합니다. TP와 광케이블은 장비와 장비 간 연결 거리와 속도에 따라 종류가 매우 다양합니다. 10BaseT, 100BaseTX, 1000BaseT는 각각 10Mbps, 100Mbps, 1Gbps를 지원하는 UTP 케이블 표준으로 최대 케이블 길이는 100m입니다.

[그림 1-65] TP(Twisted Pair) 케이블

UTP나 STP 케이블은 [표 1-8]의 카테고리로 나뉩니다. CAT(Category) 6 케이블은 1Gbps를 지원할 수 있습니다.

[표 1-8] ▶
TP의 케이블 카테고리

카테고리	용도	전송 속도
CAT 5	10/100Mbps Ethernet, 4/16Mbps Token Ring, 155Mbps ATM	100MHZ
CAT 5e	10/100Mbps Ethernet, 4/16Mbps Token Ring, 155Mbps ATM	100MHz
CAT 6	10/100/1,000Mbps Ethernet, 4/16Mbps Token Ring, 155/622Mbps ATM	250MHz

[표 1-9]는 광케이블 표준입니다. 100Base인지, 1000Base인지, 10GBase인지는 지원 속도를 표시하고, SX, LX/LH, LR/LW 등에 따라 사용하는 파장이 다릅니다. 파장과 더불어 싱글 모드인지, 멀티모드인지에 따라 최대 케이블 길이가 달라집니다.

지원 속도	표준	지원 모드(파장)	최대 케이블 길이
100Mbps	100BaseFX	멀티모드	• 하프 듀플렉스 : 400m • 풀 듀플렉스 : 2km
		싱글모드	10km
1Gbps	1,000BaseSX	멀티모드(850nm)	275m
		싱글모드(850nm)	550m
	1,000BaseLX/LH	멀티모드(1,300nm)	550m
		싱글모드(1,300nm)	10km
	1,000BaseZX	싱글모드(1,550nm)	70~100km
10Gbps	10GBASE-SR/SW	멀티모드(850nm)	66~300m
	10GBASE-LR/LW	싱글모드(1,310nm)	10km
	10GBASE-ER/EW	싱글모드(1,550nm)	40km
	10GBASE-LX/LW4	멀티모드(1,310nm)	300m
		싱글모드(1,310nm)	10km

[표 1-9] ▶
광케이블 표준과 최대 길이

프레임 릴레이, X.25, 전용 회선 등의 WAN에 연결할 때 시리얼 케이블을 사용합니다. [그림 1-66]은 V.35 케이블로 가장 많이 사용하는데 4Mbps까지 지원합니다. HSSI(High Speed Serial Interface) 케이블은 52Mbps까지 지원합니다.

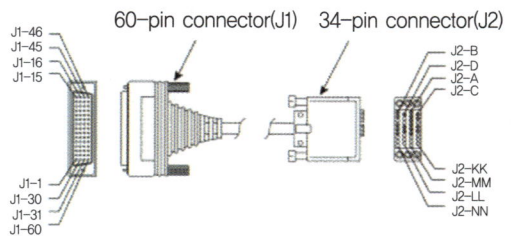

[그림 1-66] ▶
V.35 케이블

물리 계층은 선, 커넥터 종류와 함께 시그널링을 정의합니다. 코드 1과 0을 전압(Voltage)으로 표시할 것인지, 주파수 차이로 표시할 것인지, 위상 차이로 표시할 것인지 등의 표현 방법을 정의합니다.

[그림 1-67]과 같이 코딩(Coding)은 6계층 개념으로 '안녕' 이라는 문자를 11001010101000101010010100과 같은 디지털 부호로 바꾸는 것입니다. 그리고 시그널링(Signaling)은 1계층 개념으로 11001010101000101010010100과 같은 디지털 부호를 '어떤 전압으로 나타낼 것이냐' 로 구분할 수 있어야 합니다.

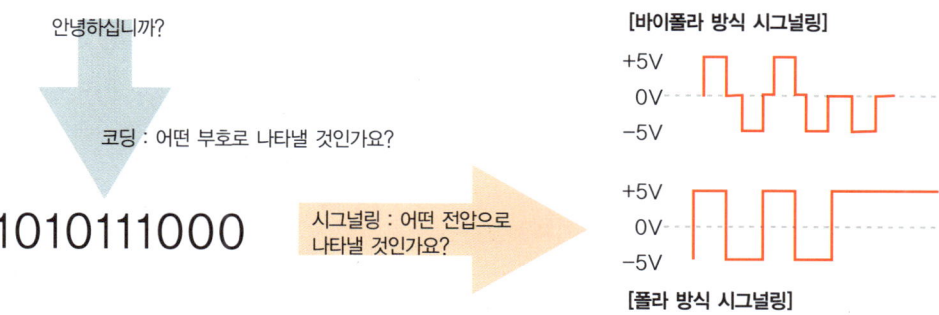

[그림 1-67] ▶
코딩과 시그널링

시그널링 방법에는 0과 1을 +, -의 2개의 전압으로 표현하는 폴라(Polar) 방식과 +, -, 중립의 3개의 전압으로 표시하는 바이폴라(Bipolar) 방식이 있습니다. 폴라에는 RZ(Return-to-Zero)와 NRZ(Not Return-to-Zero), 맨체스터 방식이 있고 바이폴라에는 AMI, B8ZS, HDB3가 있습니다. 이러한 방식은 전압 소모량과 오류율에 차이가 있습니다. 참고로 10Mbps 이더넷은 맨체스터 방식을 사용합니다. AMI, B8ZS, HDB3는 WAN 구간에서 주로 사용하는 방식입니다.

Lesson 13 | 1계층 장비인 허브와 이더넷 컬리전

바퀴의 중심을 허브라고 하는데, LAN을 구성할 때 [그림 1-68]과 같이 스위치 대신 허브(Hub)를 사용할 수 있습니다. 허브는 1계층 장비로 '멀티포인트 리피터(Multipoint Repeater)'라고도 합니다. 허브는 어느 한 포트로 유입한 신호를 단순히 증폭만 하여 유입된 포트를 제외한 모든 포트들로 내보내는 일종의 신호 반복 장치입니다.

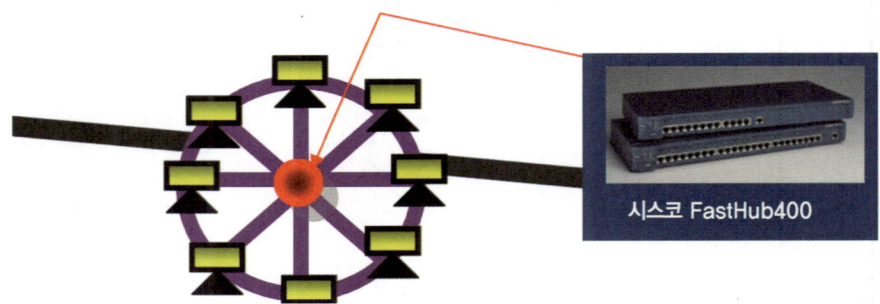

[그림 1-68] ▶
허브

시스코 FastHub400

이더넷 기술은 한 마디로 CSMA/CD(Carrier Sense Multiple Access/Collision Detection)입니다. Carrier Sense는 캐리어를 감지한다는 의미입니다. 데이터를 보낼 PC는 연결된 전선의 전압 상태를 감시하고 있습니다. 즉 전선의 전압 상태가 5V가 되었다가 –5V가 되었다가 한다면 '누군가 데이터를 보내고 있다'는 뜻입니다. 이때는 데이터를 내보내지 않습니다. 반면 전선의 전압 상태가 0V라면 '아무도 데이터를 보내고 있지 않다.'라는 뜻이므로 이때는 데이터를 내보냅니다.

그러면 컬리전(Collision)은 어떠한 상황에서 발생할까요? [그림 1-69]를 봅시다. PC A가 데이터를 보내는 중인데, PC B와 PC C가 보낼 데이터가 생겼다고 가정해 봅시다. PC A가 데이터를 보내는 중이라 PC B와 PC C는 PC A의 전송이 끝나기를, 즉 선의 전압이 0V로 떨어지기를 기다립니다. PC A의 데이터 전송이 끝나면, 즉 0V로 떨어지면 PC B와 PC C는 동시에 데이터를 내보내면서 결국 컬리전이 발생합니다.

컬리전이 일어나면 PC B와 PC C는 0V도 아니고, –5V도 아니며, 5V도 아닌 비정상적인 전압 상태를 감지합니다. 이 컬리전 전압 상태 때문에 PC B와 PC C는 전송에 실패했음을 알게 되고, 재전송을 위해 짧은 시간 동안 대기합니다. 이때의 대기 시간은 두 PC들이 랜덤하게 선택합니다. 대기 시간은 처음에는 0에서 2시간 단위 사이에서 선택하는데, 두 PC가 (0~2의 대기 시간중) 동일한 시간을 선택했다면 다시 컬리전이 발생합니다. 두 PC는 또 다시 대기 시간을 선택하는데, 이때는 0에서 4시간 단위 사이에서 선택합니다. 그리고 또 다시 동일한 대기 시간 단위를 선택했다면 다시 컬리전이 발생합니다. 두 PC는 다시 대기 시간을 선택하는데, 이때의 대기 시간은 0에서 8시간 단위 사이에서 선택합니다. 이런 식으로 재전송 대기 시간은 계속 늘어나는데, 1,024시간 단위가 될 때까지 횟수로는 15회까지 재전송을 시도합니다. 참고로 '시간 단위'는 10Mbps, 100Mbps, 1Gbps인지 미디어의 속도에 따라 1/10Mbps, 1/100Mbps, 1/Gbps로 결정됩니다.

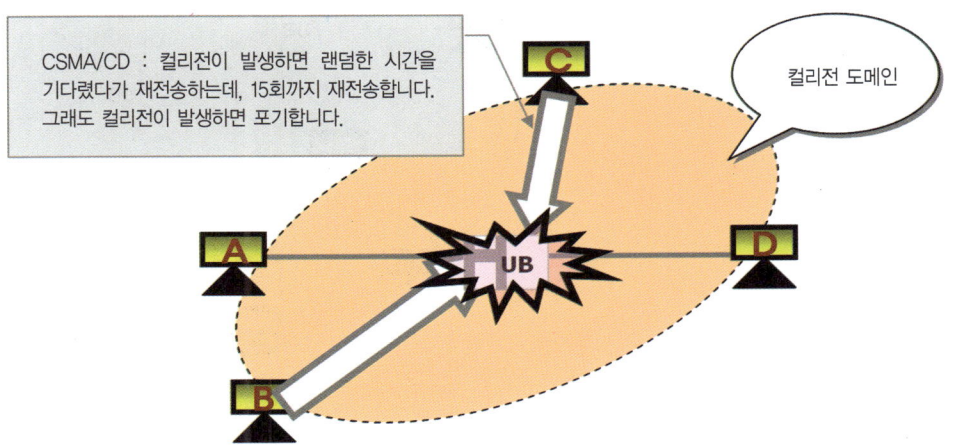

[그림 1-69] ▶
CSMA/CD

허브로 PC들이 연결된 [그림 1-70]에서 PC A가 데이터를 보낼 때 동시에 다른 PC들이 데이터를 보내면 컬리전이 발생합니다. 허브로 연결된 장비들은 동시에 데이터를 보낼 수 없는데, 이것을 '허브로 연결된 모든 PC들은 동일 컬리전 도메인(Collision Domain)에 속한다.' 또는 '허브는 컬리전 도메인을 분할하지 못한다.' 라는 의미와 통합니다.

컬리전 도메인에 속하는 장비가 많을수록, 동일 컬리전 도메인의 트래픽이 많을수록 컬리전이 일어날 가능성은 높아지고, 이 컬리전은 대기 시간을 늘리고, 대기 시간은 전송 지연을 낳습니다. 따라서 물리 계층에서 정의된 최소 10Mbps의 이더넷 속도를 제대로 쓸 수 없게 됩니다. 예를 들어 10Mbps LAN 카드를 사용해도 컬리전에 의한 재전송으로 지연됩니다. 허브를 사용할 때, 이더넷 속도는 PC의 수가 늘고, 트래픽이 증가할수록 10Mbps를 다 사용하지 못하고 줄어듭니다. 허브로 연결된 네트워크 속도가 너무 느리다면 스위치로 바꿀 것을 고려해야 합니다.

허브는 컬리전 도메인을 분할하지 못할 뿐만 아니라 [그림 1-70]과 같이 브로드캐스트 도메인도 분할하지 못합니다. 허브에 연결된 장비가 보낸 브로드캐스트는 허브에 연결된 모든 장비가 받는데, 이것을 '허브에 연결된 장비는 하나의 브로드캐스트 도메인에 들어간다.' 라고 하고, 허브는 '브로드캐스트 도메인을 나누지 못한다.' 라고 합니다. 허브에 연결된 장비가 많을수록 허브에 연결된 장비들의 CPU는 브로드캐스트로 인한 부하로 속도가 느려집니다. 허브에 연결된 PC/서버의 CPU 부하가 너무 높다면 라우터나 스위치에서 VLAN을 적용하여 브로드캐스트 도메인을 나누어 주어야 합니다.

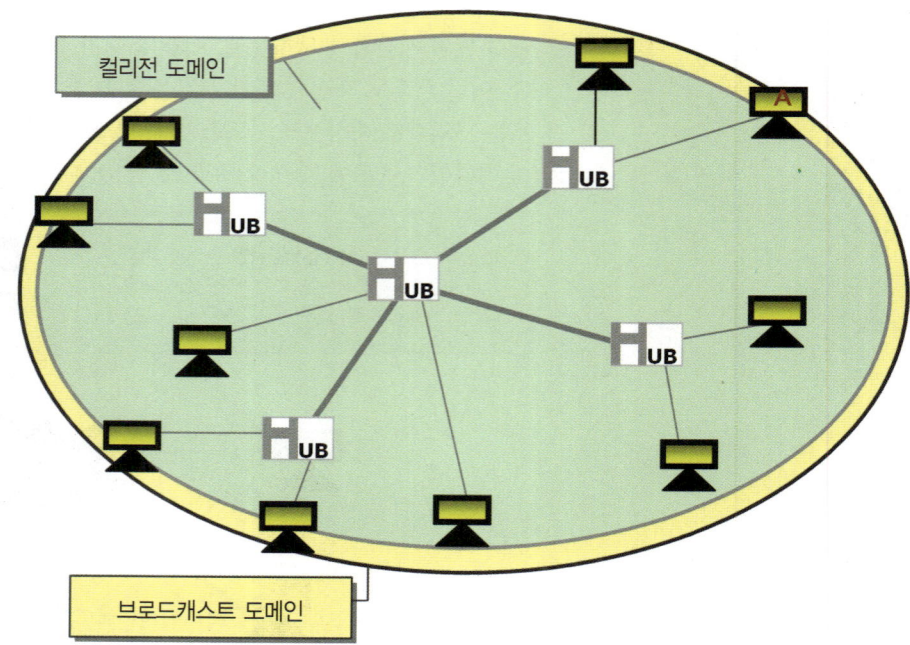

[그림 1-70]
하나의 컬리전 도메인,
하나의 브로드캐스트 도메인

Lesson 14

프레임, 2계층 장비-스위치에 도착하다

스위치는 2계층 장비입니다. 토큰 링의 속도는 4Mbps나 16Mbps, FDDI의 속도는 100 Mbps이지만, 둘 다 기술이 복잡하여 관리가 어렵고, 장비도 비쌉니다. 이더넷은 10Gbps 속도까지 가능하며 기술이 간단합니다. 이렇게 기술이 간단하면 장비가 싸기 때문에 투자 비용과 관리 비용이 줄어듭니다. [그림 1-71]을 보면 패킷이 처음 만나는 스위치는 액세스 계층 스위치로, 시스코 제품 중에서는 카탈리스트 2950, 카탈리스트 3950 모델과 같이 낮은 CPU 성능의 스위치를 사용합니다.

심청이 PC가 3개의 옷을 입혀서 내보내면 패킷은 스위치에 도착합니다. 스위치는 2계층에 속하므로 2계층과 1계층의 기능을 수행할 수 있고, 데이터의 헤더들 4, 3, 2계층 중에서 2계층 옷만 볼 자격이 있습니다.

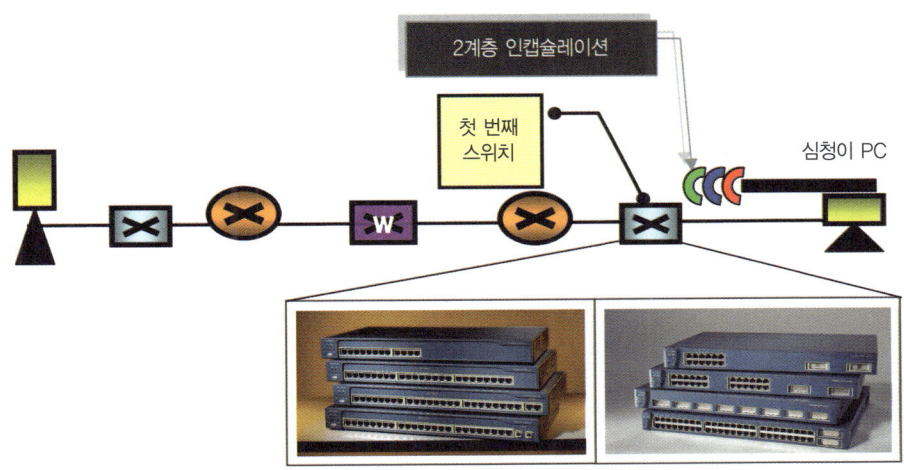

[그림 1-71] ▶
스위치는 2계층 장비로 2계층 인캡슐레이션만 처리합니다.

시스코 카탈리스트 2950 시리즈 스위치 | 시스코 카탈리스트 3950 시리즈 스위치

허브는 증폭만 하는 장비이지만, 스위치는 1계층에서 증폭하고 2계층에서 스위칭을 하는 장비입니다.

> 스위치(2계층 장비) = 증폭(1계층) + 스위칭(2계층)

스위칭은 다른 말로 '포워딩과 필터링(Forwarding & Filtering)'입니다. 왜냐하면 스위칭은 스위칭 테이블이 지시하는 대로 프레임이 가야 할 곳으로는 포워딩하고, 가지 말아

야 할 곳으로는 필터링하기 때문입니다. 한편 스위치는 [그림 1-72]와 같이 언논 유니캐스트(Unknown Unicast)나 브로드캐스트를 수신했을 때는 플러딩(Flooding)합니다. 언논 유니캐스트는 스위칭 테이블 리스트에 스위칭을 위한 목적지 주소 정보가 없는 경우의 유니캐스트이고, 플러딩은 받는 포트를 제외한 모든 포트들로 다 내보내는 것입니다.

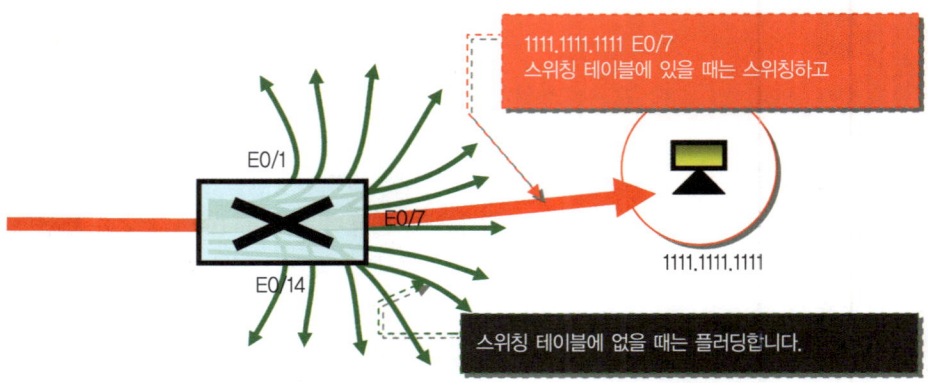

[그림 1-72] ▶
유니캐스트는 스위칭이고 언논 유니캐스트는 플러딩입니다.

허브가 컬리전 도메인을 나누지 못하지만, 스위치와 라우터는 컬리전 도메인을 분할합니다. 그것은 스위치와 라우터가 스위칭(또는 라우팅)을 포함한 다음의 세 가지 기능을 제공하기 때문입니다.

- 스위칭(Switching)
- 멀티버스(Multi-bus)
- 버퍼링(Buffering)

버스는 장비 내부에서 장비의 포트나 내부 메모리, 구성 요소들을 연결하는 일종의 통신선입니다. 멀티버스는 다수의 내부 통신선이 존재한다는 의미입니다. 이 때문에 [그림 1-73]과 같이 스위치 또는 라우터의 포트들에 연결된 장비들은 동시에 통신할 수 있습니다. 허브는 버스가 일차선이기 때문에 이것이 불가능합니다.

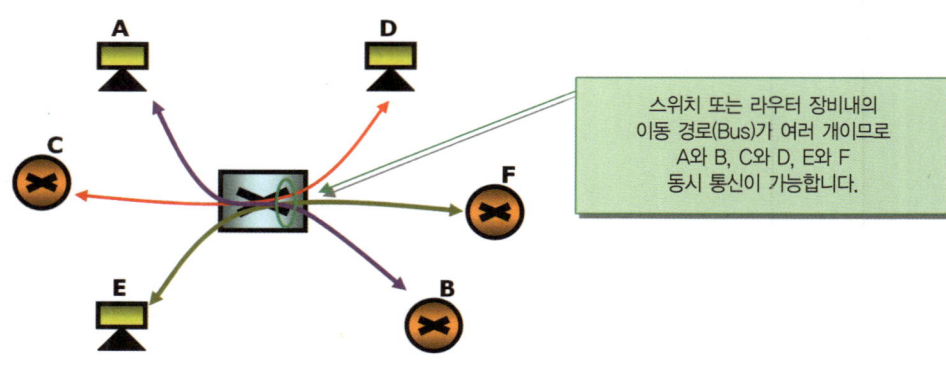

[그림 1-73] ▶
스위치/라우터의 멀티버스

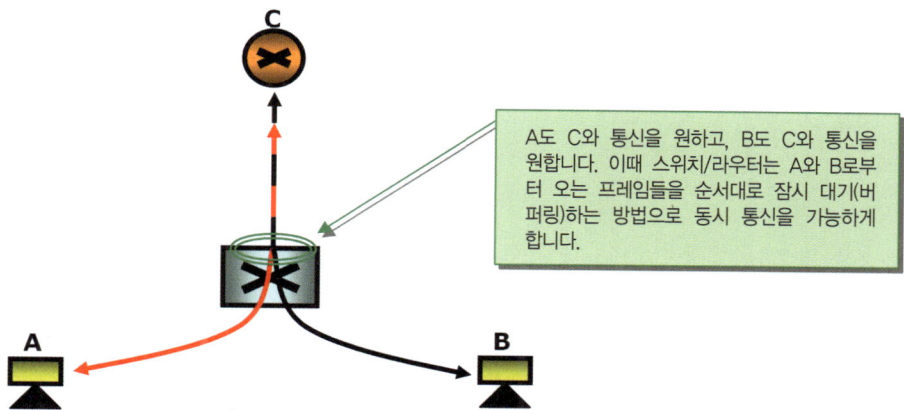

[그림 1-74] ▶
스위치/라우터의 버퍼링

스위칭, 멀티버스, 버퍼링의 세 가지 메커니즘 때문에 스위치와 라우터의 컬리전 도메인은 허브와 다릅니다. 스위치 또는 라우터에 연결된 장비들은 스위칭, 멀티버스와 버퍼링 때문에 동시에 스위치와 라우터를 향해 프레임을 보낼 수 있습니다. 그렇다면 언제 컬리전이 발생할까요? 스위치 또는 라우터로 프레임을 보낼 때 스위치나 라우터가 장비쪽으로 데이터를 보내면 컬리전이 발생하므로 컬리전 도메인은 [그림 1-75]와 같습니다. 허브의 컬리전 도메인 [그림 1-70]과 비교해 보세요. 다시 말해서 스위치와 라우터는 컬리전 도메인을 분할합니다. 허브를 사용했을 때보다 스위치나 라우터를 사용하면 하나의 컬리전 도메인에 들어가는 장비의 수가 스위치와 스위치에 연결된 장비 2대에 불과하므로 컬리전이 일어날 가능성이 줄어들어서 이더넷 컬리전으로 인한 지연이 줄어듭니다.

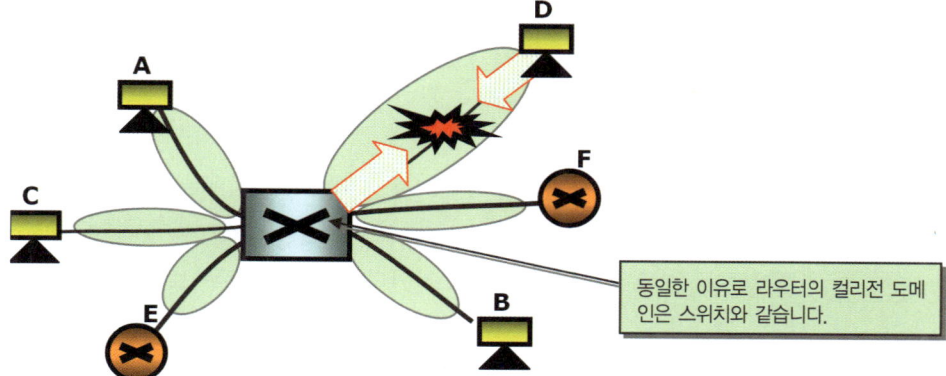

[그림 1-75] ▶
스위치는 컬리전 도메인을
분할합니다.

만약 이더넷 포트에서 풀 듀플렉스를 구현하면 어떻게 될까요? 송신과 수신이 동시에 가능하기 때문에 컬리전은 발생하지 않습니다. 허브를 사용했을 때의 물리적인 최소 대역폭인 10Mbps는 40% 수준인 4Mbps 정도까지 보장할 수 있고, 스위치/하프 듀플렉스를 사용하면 90% 수준인 9Mbps 정도까지 사용할 수 있습니다. 그리고 스위치/풀 듀플렉스를 사용하면 송신과 수신을 합해서 2배인 20Mbps를 사용할 수 있습니다.

이제 스위치와 브로드캐스트의 관계를 살펴봅시다. 스위치는 허브와 마찬가지로 브로드캐스트를 받으면 받은 포트를 제외한 모든 포트들로 프레임을 복사하여 보냅니다. [그림 1-76]에서 스위치에 연결된 장치 D가 복사한 프레임을 보냈을 때 A, B, C, E, F가 받습니다. 이러한 상황을 '스위치에 연결된 모든 장비들은 같은 브로드캐스트 도메인에 속한다.'라고 합니다.

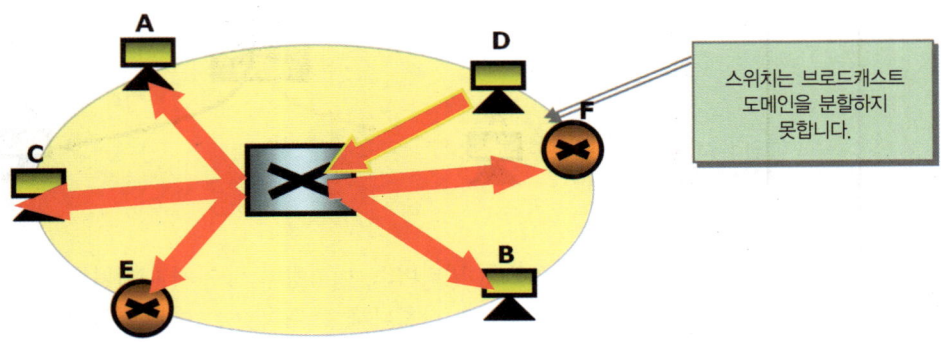

[그림 1-76] ▶
스위치와 브로드캐스트 도메인

라우터와 브로드캐스트 도메인의 관계는 어떻게 될까요? 라우터는 브로드캐스트를 받아서 자신은 처리하지만, 다른 포트로 내보내지 않습니다. 다시 말해서 라우터는 브로드캐스트 도메인을 분할하는 장비입니다. 허브, 스위치, 라우터가 컬리전 도메인과 브로드캐스트 도메인을 나눌 수 있는지 [표 1-10]과 같이 요약했습니다.

구분	컬리전 도메인	브로드캐스트 도메인
허브	못 나눕니다.	못 나눕니다.
스위치	나눕니다.	못 나눕니다.
라우터	나눕니다.	나눕니다.

[표 1-10] ▶
허브, 스위치, 라우터와
컬리전/브로드캐스트 도메인

컬리전 도메인의 크기는 작을수록 좋습니다. 다시 말해서 컬리전 도메인의 들어가는 장비의 수가 적을수록 컬리전이 일어날 가능성이 낮습니다. 컬리전이 일어나지 않는다면 물리적으로 지원되는 속도를 모두 보장할 수 있습니다. 브로드캐스트 도메인은 어떨까요? 브로드캐스트 도메인은 너무 커도 안 되지만, 너무 작아도 안 됩니다. [그림 1-77]과 같이 스위치 대신 라우터를 사용하면 브로드캐스트 도메인은 작아질 것입니다. 스위치는 2계층 장비로 1계층과 2계층 기능만 수행하지만, 라우터는 1계층과 2계층과 3계층 기능을 거쳐야 통과할 수 있습니다. 스위치 대신 라우터를 사용한다면 브로드캐스트 도메인은 작아지지만, 스위치보다 느린 라우터들 때문에 느린 네트워크가 됩니다.

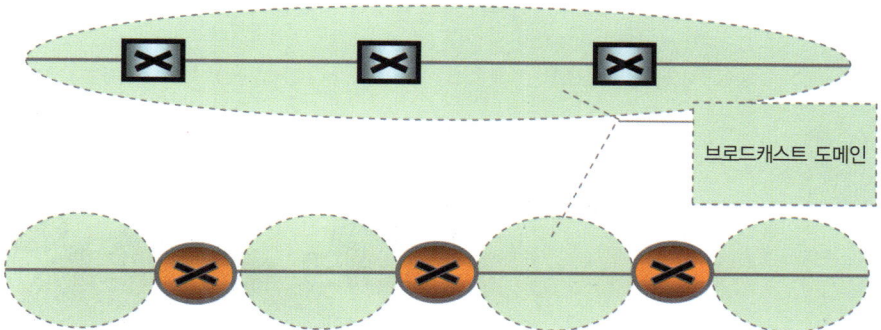

[그림 1-77] ▶
스위치/라우터와
브로드캐스트 도메인

스위치로만 네트워크를 구성하면 너무 넓은 브로드캐스트 도메인 때문에 서버나 PC는 브로드캐스트를 받을 확률이 높아지고, CPU에 부하가 많이 걸립니다. 결국 느린 서버나 PC 문제가 발생합니다. 반면 라우터로만 네트워크를 구성하면 네트워크가 느려지는 문제가 발생합니다.

속도는 클라이언트 PC부터 거치는 모든 네트워크 장비와 연결선의 대역폭, 서버의 모든 자원에 의해 결정됩니다. 따라서 네트워크에서 컬리전 도메인과 브로드캐스트 도메인의 넓이는 네트워크 엔지니어가 관리해야 할 중요한 항목입니다. [그림 1-78]에서 스위치와 라우터는 하프 듀플렉스로 세팅되었다고 가정할 때 컬리전 도메인과 브로드캐스트 도메인의 수를 세어봅시다.

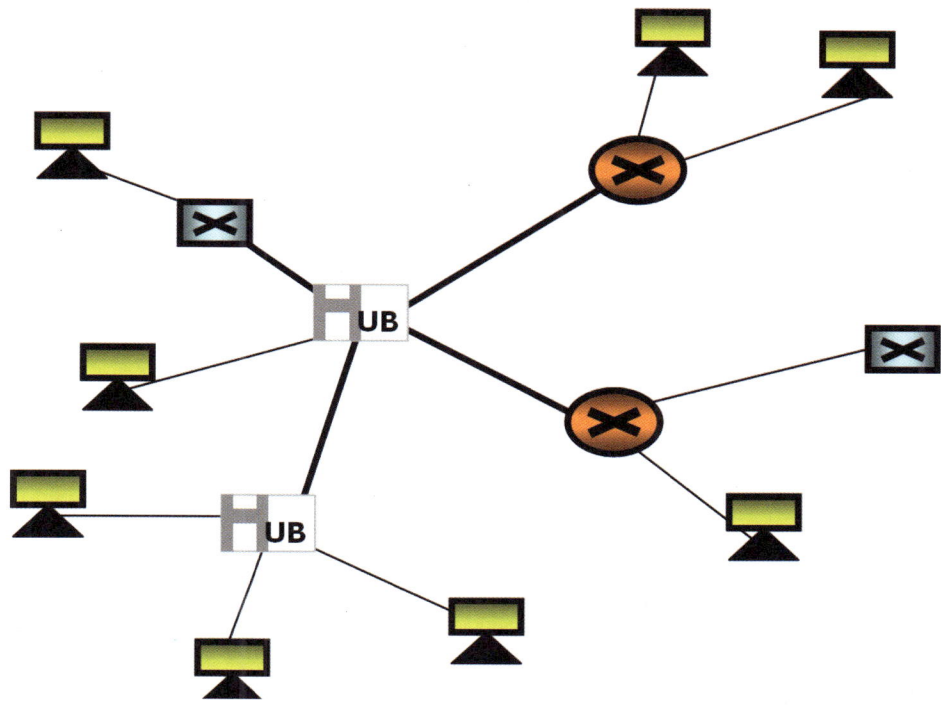

[그림 1-78] ▶
컬리전 도메인과 브로드캐스트
도메인 분할의 예

결과는 [그림 1-79]와 같이 컬리전 도메인이 6개이고, 브로드캐스트 도메인은 5개입니다.

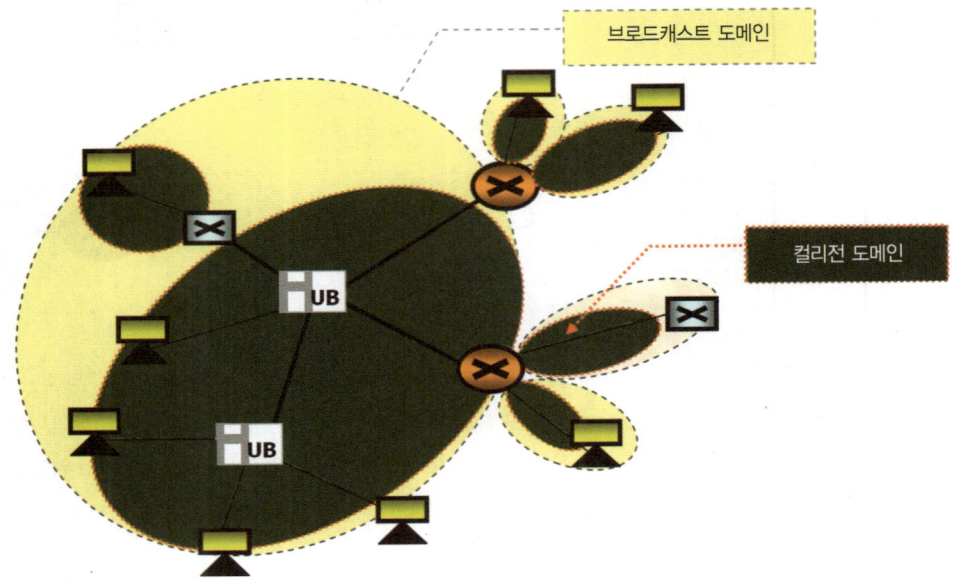

[그림 1-79] ▶
컬리전 도메인과 브로드캐스트
도메인 분할 해답

Lesson 15 패킷, 3계층 장비 – 라우터에 도착하다

프레임이 스위치에 도착하면 스위칭과 증폭을 하여 해당 포트로 내보냅니다. 다른 네트워크로 가는 패킷은 라우터에 도착할 것입니다. 즉 라우터는 3계층에서 라우팅을, 2계층에서 미디어 트랜스레이션을, 1계층에서 증폭합니다. 스위칭은 2계층 주소를 보고, 라우팅은 3계층 주소를 보고 길을 찾아줍니다.

[그림 1-80]의 라우팅 테이블을 봅시다. 1.1.0.0 /16 정보는 1.1.0.0~1.1.255.255까지 2^{16}개의 IP 주소를 대표하는 한 줄입니다. 마찬가지로 1.2.0.0 /16 정보는 1.2.0.0~1.2.255.255까지의 2^{16}개의 IP 주소를 대표하는 한 줄입니다. 라우터는 패킷을 수신하여 목적지 네트워크로 보내기 위해 다음 라우터로 릴레이 하는 역할을 합니다.

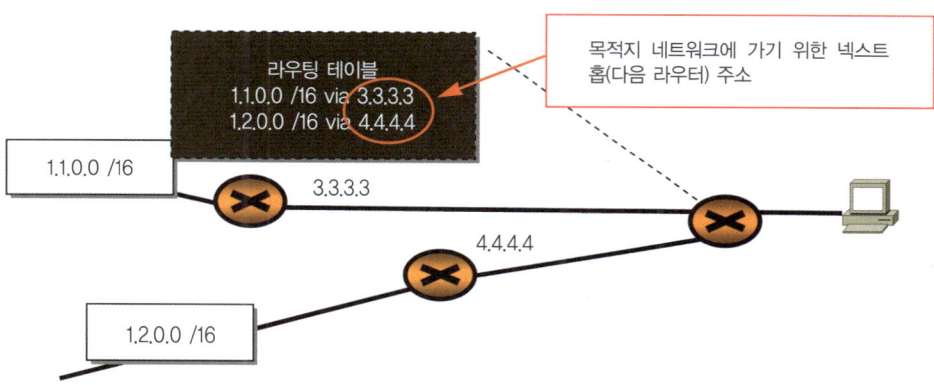

[그림 1-80] ▶
라우팅 테이블과 라우팅

스위치는 스위칭 테이블 리스트에 목적지 주소가 없으면 프레임을 모든 포트로 내보내지만, 라우터는 라우팅 테이블 리스트에 목적지 주소가 없으면 패킷을 폐기합니다. 따라서 [그림 1-81]에서 심청이 PC에서 갑돌이 서버로 가는 패킷은 거치는 모든 라우터에서 갑돌이 서버가 존재하는 네트워크 1.1.1.0 /24 네트워크 정보를 가지고 있어야 합니다.

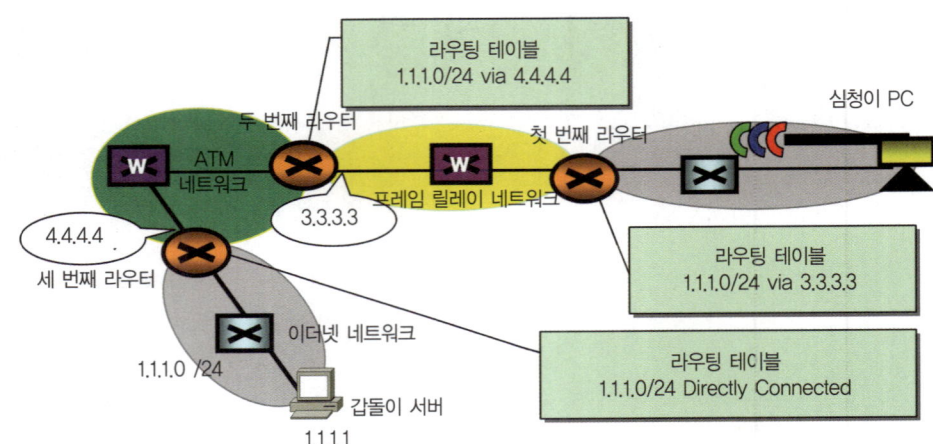

[그림 1-81] ▶
패킷이 거치는 라우터들의
라우팅 테이블

[그림 1-81]에서 심청이 PC에서 보낸 패킷이 첫 번째 라우터에 도착하면 제일 먼저 입고 온 2계층 옷부터 제거합니다. 다음으로 라우팅 테이블을 참조하여 베스트 루트가 어디인지를 찾습니다. 첫 번째 라우터의 라우팅 테이블에 1.1.1.0 /24 네트워크에 대한 넥스트 홉, 즉 다음 라우터가 3.3.3.3이라고 되어 있습니다. 노란색으로 표시되는 다음 네트워크는 프레임 릴레이 네트워크이므로 프레임 릴레이 2계층 옷을 입어야 합니다. 이를 위해 다음 라우터 주소인 3.3.3.3에 매핑되는 프레임 릴레이 DLCI 번호를 알아야 합니다. 이더넷 네트워크에서 ARP 프로토콜이 3계층과 2계층 주소의 매핑을 수행했듯이 프레임 릴레이 네트워크에서는 Inverse ARP 프로토콜이 3계층 주소에 해당하는 2계층 주소를 알아옵니다. 프레임 릴레이 2계층 옷을 입고 신호를 증폭하여 내보내면 프레임 릴레이 스위치에 도착하여 스위칭을 받을 수 있습니다. 프레임 릴레이 스위치는 DLCI를 기준으로 스위칭하고, 증폭하여 두 번째 라우터에게 보냅니다.

두 번째 라우터에 도착했을 때도 마찬가지입니다. 제일 먼저 입고 온 2계층 프레임 릴레이 옷을 벗깁니다. 두 번째 라우터의 라우팅 테이블에는 1.1.1.0 /24 네트워크에 대한 베스트 루트가 4.4.4.4로 나와있는데, 4.4.4.4에 해당하는 ATM 주소를 알아야 ATM 인캡슐레이션의 목적지 주소 자리를 채워넣을 수 있습니다. 이를 위해서 ATM ARP 프로토콜이 3계층 주소와 2계층 주소의 매핑 작업을 수행합니다. 이제 ATM 옷을 입었기 때문에 ATM 스위치의 스위칭을 받을 수 있습니다. ATM 스위치는 ATM 주소를 보고 스위칭합니다.

세 번째 라우터는 목적지 네트워크에 직접 연결된 라우터이므로 더 이상의 라우팅은 필요 없습니다. 이때도 ATM 옷을 버리고, 새로운 이더넷 2계층 옷을 입기 위해 이더넷 ARP 프로토콜에 의해 최종 목적지 IP(갑돌이 서버 IP)에 해당하는 2계층 주소를 압니다. 새로운 옷으로 갈아입은 패킷은 이더넷 스위치를 거쳐 마지막 목적지 갑돌이 서버에 도착합니다.

[그림 1-82]와 같이 출발지 PC에서 목적지에 도착할 때까지 각각의 네트워크를 지나칠 때마다 3계층 주소와 2계층 주소에 대한 매핑 작업을 위해 다양한 ARP 프로토콜들을 사용합니다. 라우터의 미디어 트랜스레이션을 위해 필수적인 프로토콜들입니다.

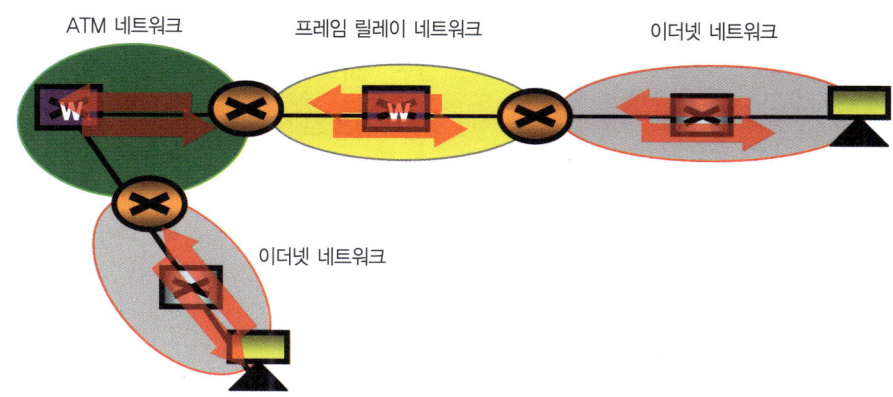

[그림 1-82] ▶
2계층과 3계층 주소 매핑을 위한
ARP Request와 Reply

ARP 프로토콜에 의한 3계층-2계층 주소의 매핑 작업은 라우터의 ARP 테이블에 저장되기 때문에 패킷이 들어올 때마다 ARP 패킷을 보낼 필요가 없습니다. [표 1-11]은 이러한 ARP 테이블들을 시스코 라우터에서 확인하는 명령어입니다.

[표 1-11] ▶
시스코 라우터에서 3계층과
2계층 주소의 매핑 정보를
확인하는 명령

네트워크의 종류	명령어
이더넷	Show arp
ATM	Show atm map
프레임 릴레이	Show frame-relay map
ISDN/PSTN	Show dialer map
X25	Show x25 map

허브와 스위치와 라우터의 기능은 다음 [표 1-12]와 같이 정리할 수 있습니다.

[표 1-12] ▶
1, 2, 3계층 장비의 기능

장비	기능
허브 : 1계층 장비	증폭(1계층)
스위치 : 2계층 장비	증폭(1계층) + 스위칭(2계층)
라우터 : 3계층 장비	증폭(1계층) + 미디어 트랜스레이션(2계층) + 라우팅(3계층)

마지막으로 정리하는 차원에서 [그림 1-80]을 보세요. 출발지 PC에서 패킷을 출발시키기 전에 계층별로 어떤 패킷들이 오고갔나요?

① 세션 계층에서 Session Service Request와 Session Service Reply가 출발지 PC와 목적지 서버 사이에서 오고갈 수 있습니다.

② 트랜스포트 계층에서 TCP 프로토콜의 경우 TCP 3-Way 핸드셰이크(Handshake)가 커넥션을 확인하기 위해 출발지 PC와 목적지 서버 사이에서 오고갈 수 있습니다.

❸ 네트워크 계층의 인캡슐레이션 필드 중, 목적지 주소 필드를 채우기 위해 DNS Request와 Reply가 출발지 PC와 DNS 서버 사이에서 오고갈 수 있습니다.

❹ 데이터 링크 계층의 인캡슐레이션 필드 중 2계층 목적지 주소 필드를 채우기 위해 ARP Request와 Reply가 출발지 PC와 라우터 사이에서 오고갈 수 있습니다.

❺ 각각의 네트워크를 통과할 때마다 라우팅 테이블의 넥스트 홉(3계층 주소)에 해당하는 2계층 주소를 알기 위해 다양한 ARP 프로토콜이 교환됩니다.

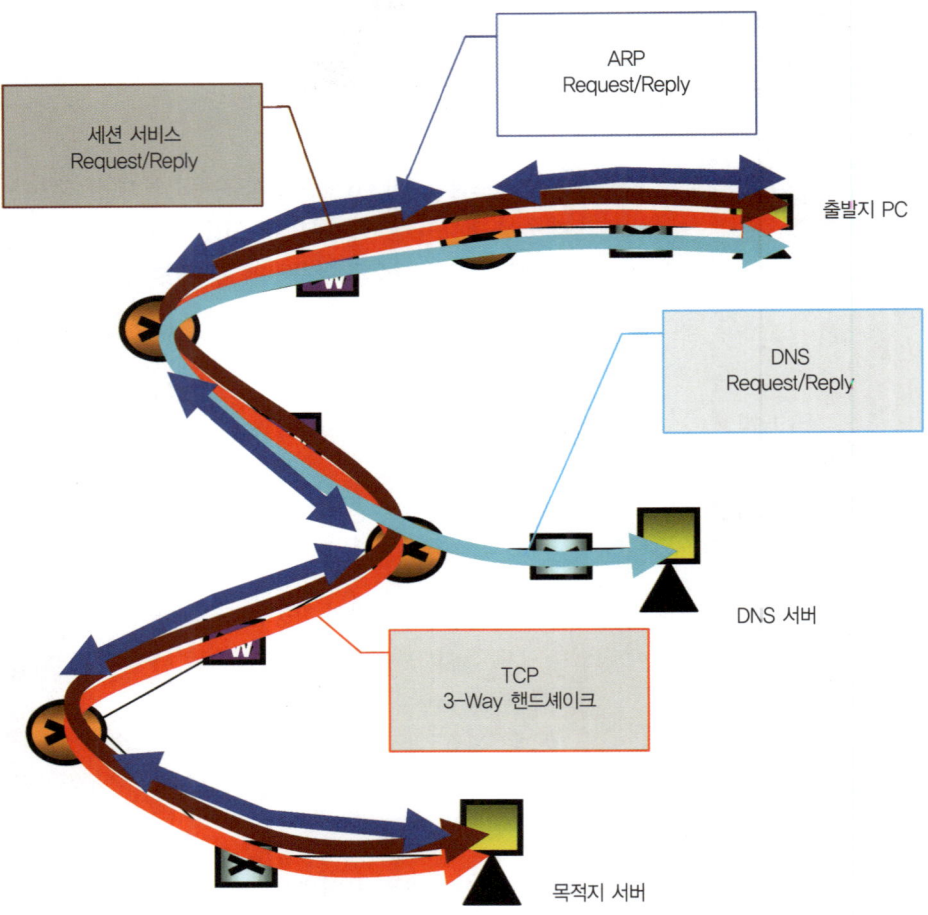

[그림 1-83] ▶
패킷이 도착하기 위해서 필요한
프로토콜의 흐름

컬리전 도메인 & 브로드캐스트 도메인

Problem 1

[그림 1-84]에서 컬리전 도메인과 브로드캐스트 도메인 수를 세어보세요.

([그림 1-84]에서 보면 WAN 스위치는 없습니다. 원래 브로드캐스트는 LAN 스위치에 연결된 장비가 FFFF.FFFF.FFFF라고 하는 독특한 2계층 주소로 보냈을 때 LAN 스위치는 브로드캐스트 주소로 인식하고 모든 포트로 복사해서 내보냅니다. 브로드캐스트가 작동하기 위해서 LAN 스위치가 이러한 결정적인 역할을 합니다. 그러나 공용망인 WAN 스위칭망에서는 브로드캐스트에 해당되는 주소가 없으므로 브로드캐스트 도메인, 브로드캐스트 개념은 LAN 네트워크에 한정된다는 것을 기억해야 합니다.

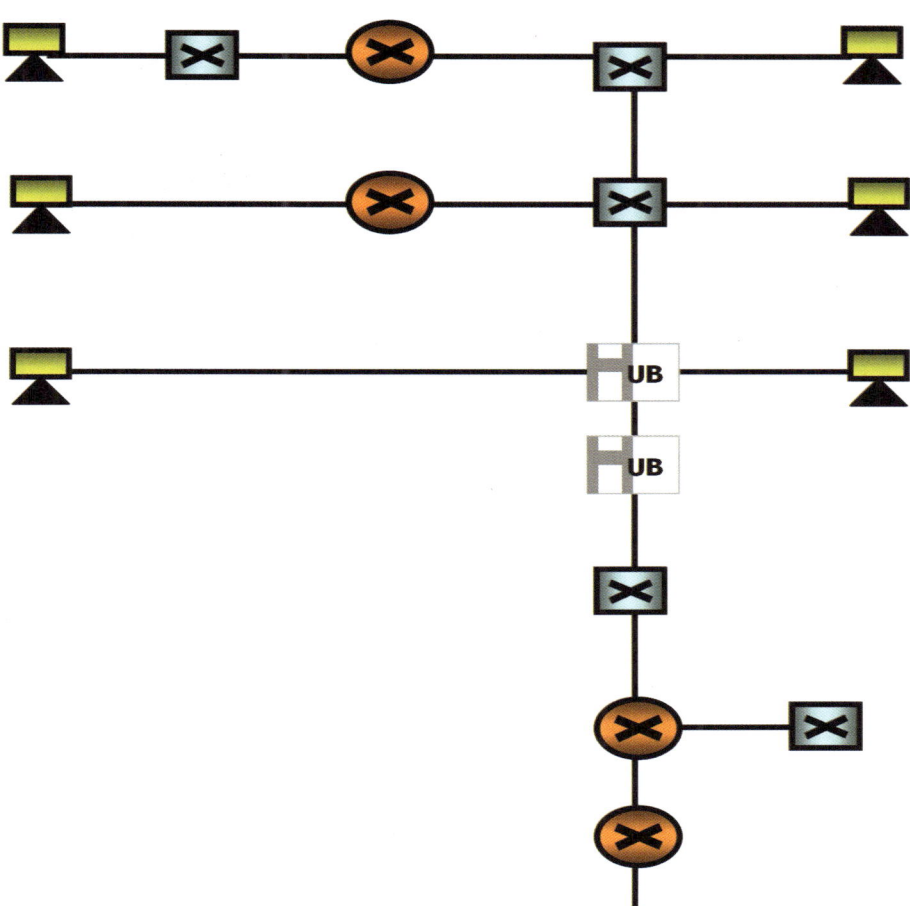

[그림 1-84] ▶
컬리전 도메인/브로드캐스트
도메인 연습 ①

Solution 1

라우터는 브로드캐스트 도메인과 컬리전 도메인을 나누고, 스위치는 컬리전 도메인만 나누며, 허브는 브로드캐스트 도메인과 컬리전 도메인을 나누지 못합니다. 따라서 컬리전 도메인은 실선으로 표시된 13개이고, 브로드캐스트 도메인은 점선으로 표시된 6개입니다.

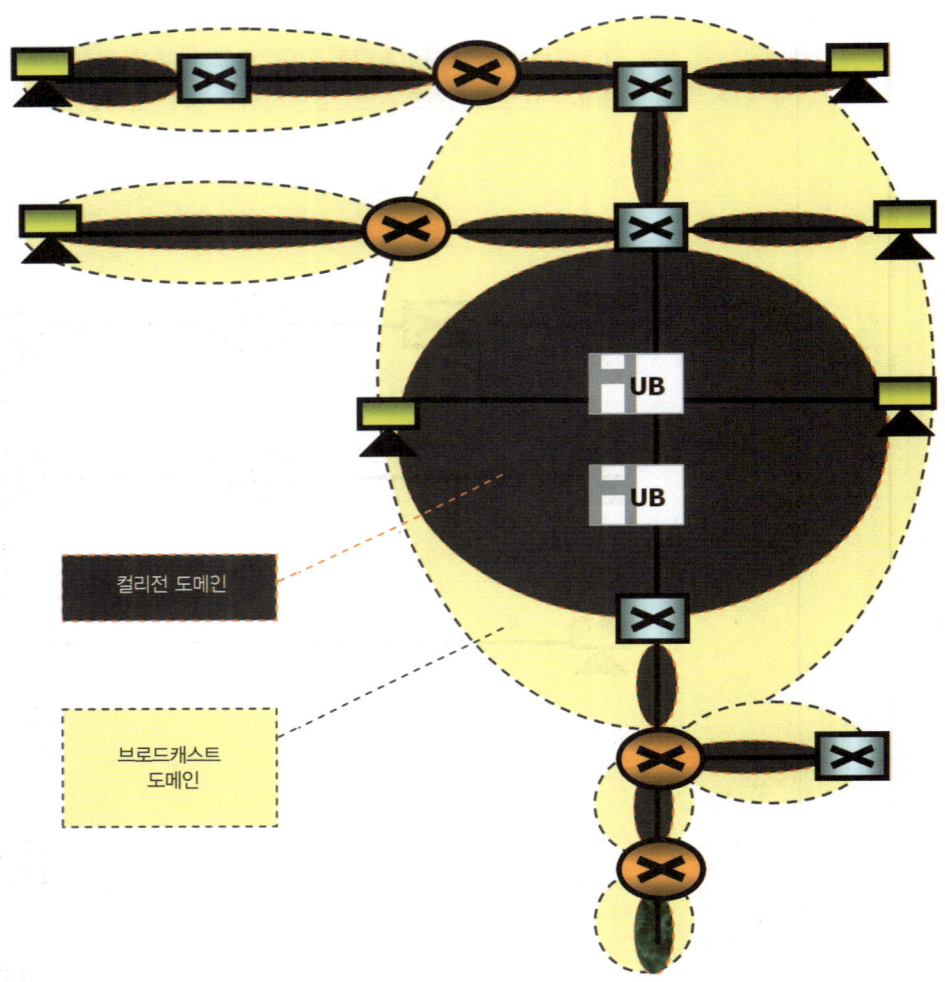

[그림 1-85] ▶
컬리전 도메인/브로드캐스트 도메인 연습 ①의 해답

Problem 2

[그림 1-86]에서 컬리전 도메인과 브로드캐스트 도메인 수를 세어보세요.

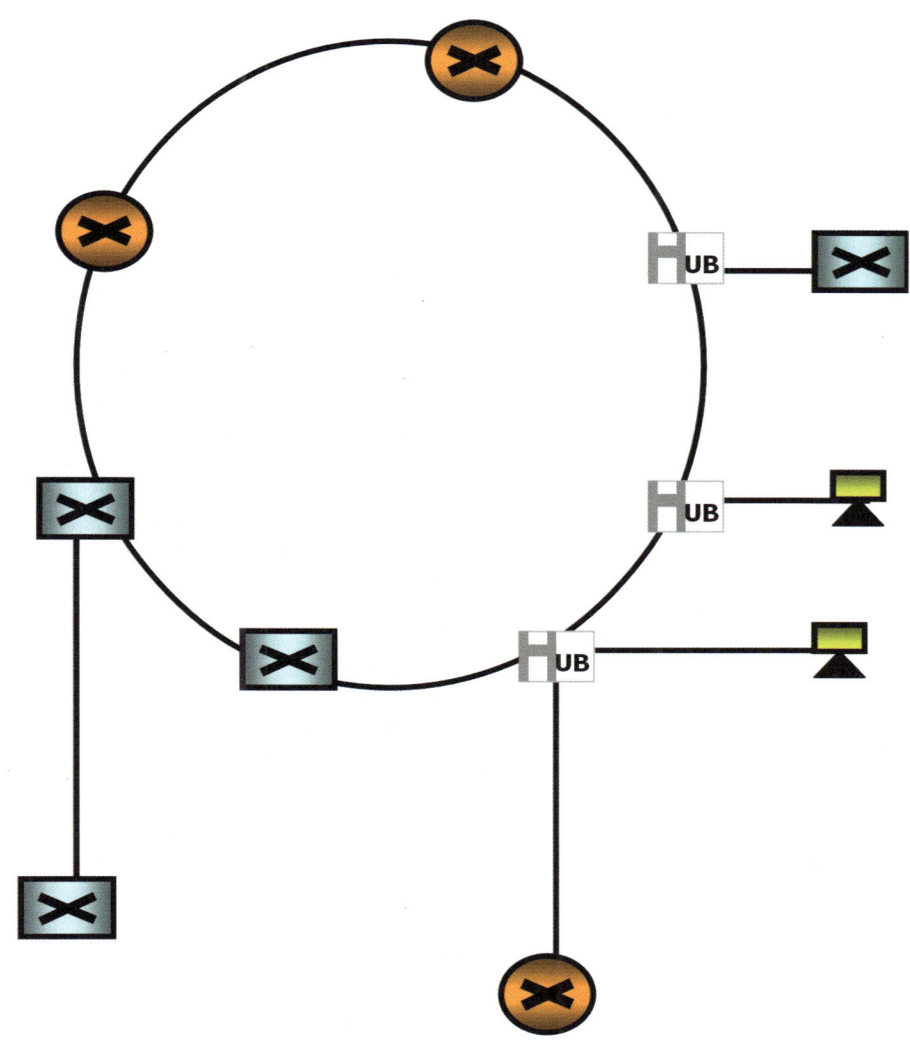

[그림 1-86] ▶
컬리전 도메인/브로드캐스트
도메인 연습 ②

Solution 2

컬리전 도메인은 작을수록 좋고, 아예 컬리전 도메인이 없어지면 더욱 좋습니다. 왜냐하면 컬리전이 일어나지 않기 때문입니다. 스위치를 사용하면서 스위치에 연결된 장비와 풀 듀플렉스로 구현하면 컬리전은 일어나지 않습니다. 그림에서 컬리전 도메인은 실선으로 표시된 5개이고, 브로드캐스트 도메인은 점선으로 표시된 2개입니다.

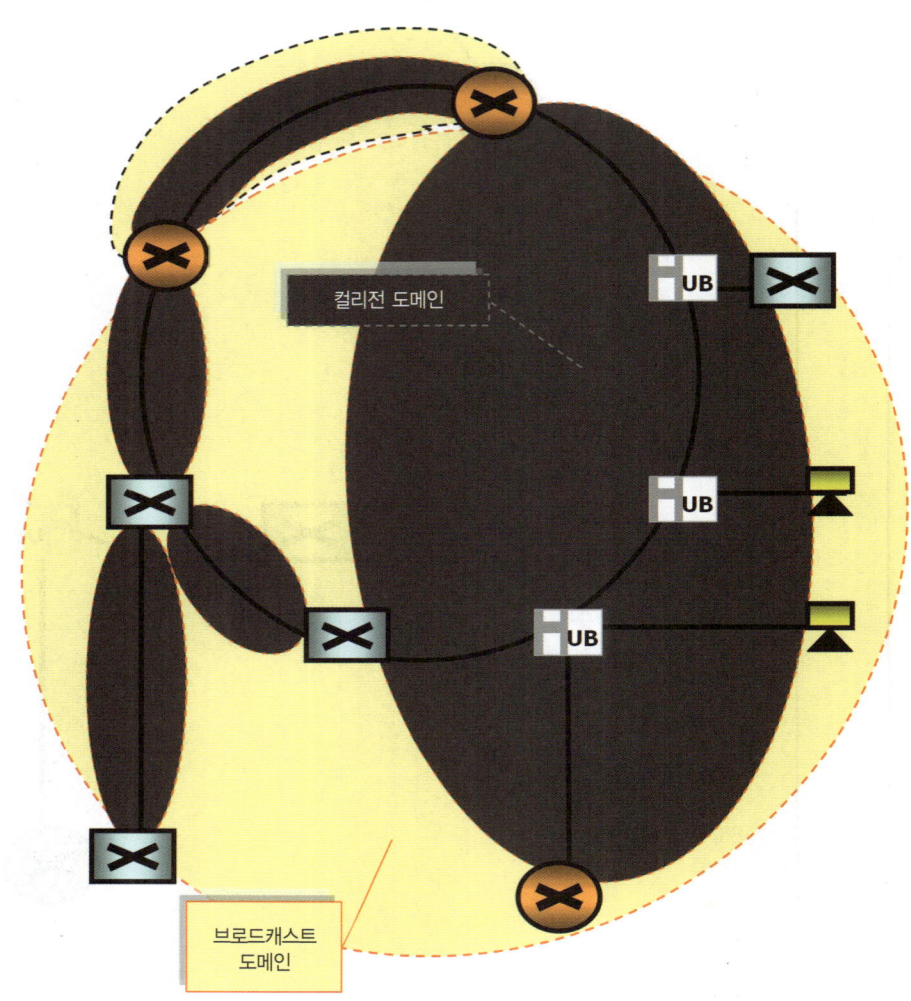

[그림 1-87] ▶
컬리전 도메인/브로드캐스트
도메인 연습 ②의 해답

Problem 3

[그림 1-88]에서 컬리전 도메인과 브로드캐스트 도메인 수를 세어보세요.

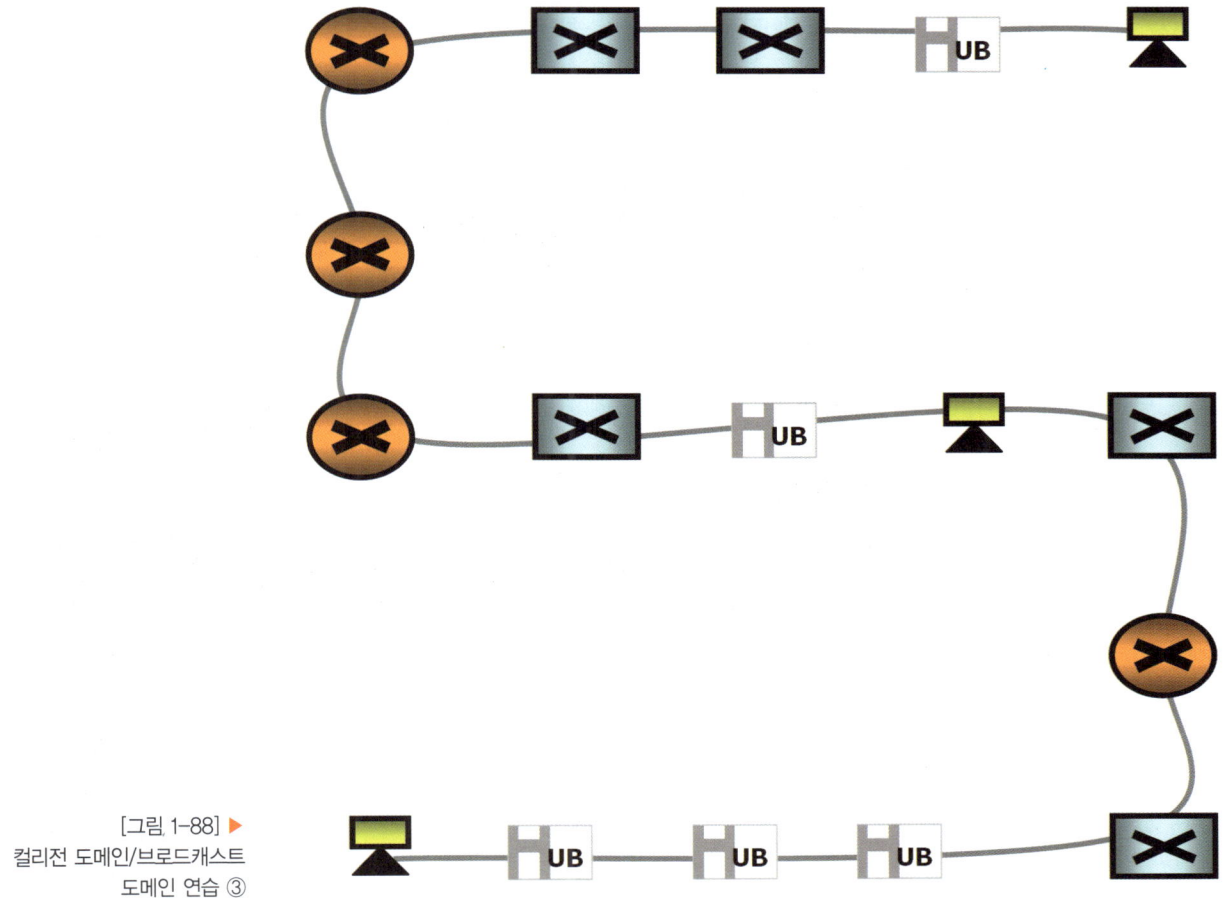

[그림 1-88] ▶
컬리전 도메인/브로드캐스트
도메인 연습 ③

Solution 3

컬리전 도메인은 실선으로 표시된 11개이고, 브로드캐스트 도메인은 점선으로 표시된 6개입니다. 일반적으로 LAN 네트워크에서 브로드캐스트 트래픽의 비중이 10%를 넘으면 브로드캐스트 도메인을 나누어 주어야 합니다. Ⓐ PC는 두 개의 LAN 카드를 가지고 각각 다른 네트워크에 연결되어 있습니다.

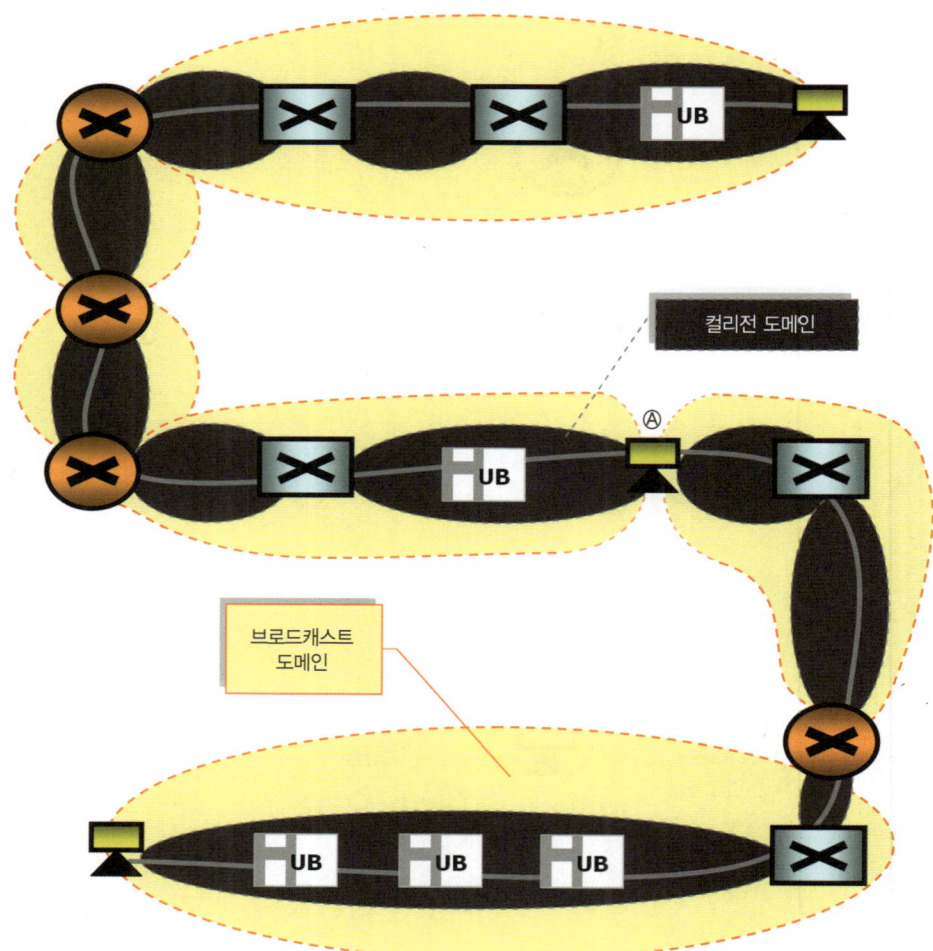

[그림 1-89] ▶
컬리전 도메인/브로드캐스트 도메인 연습 ③의 해답

데이터의 흐름 설명하기

[그림 1-90]에서 부산 지점의 PC에서 미국에 있는 웹 서버로의 데이터의 흐름을 설명하려고 합니다. [그림 1-90]을 참고하여 96쪽의 괄호 안에 적당한 용어를 찾으세요.

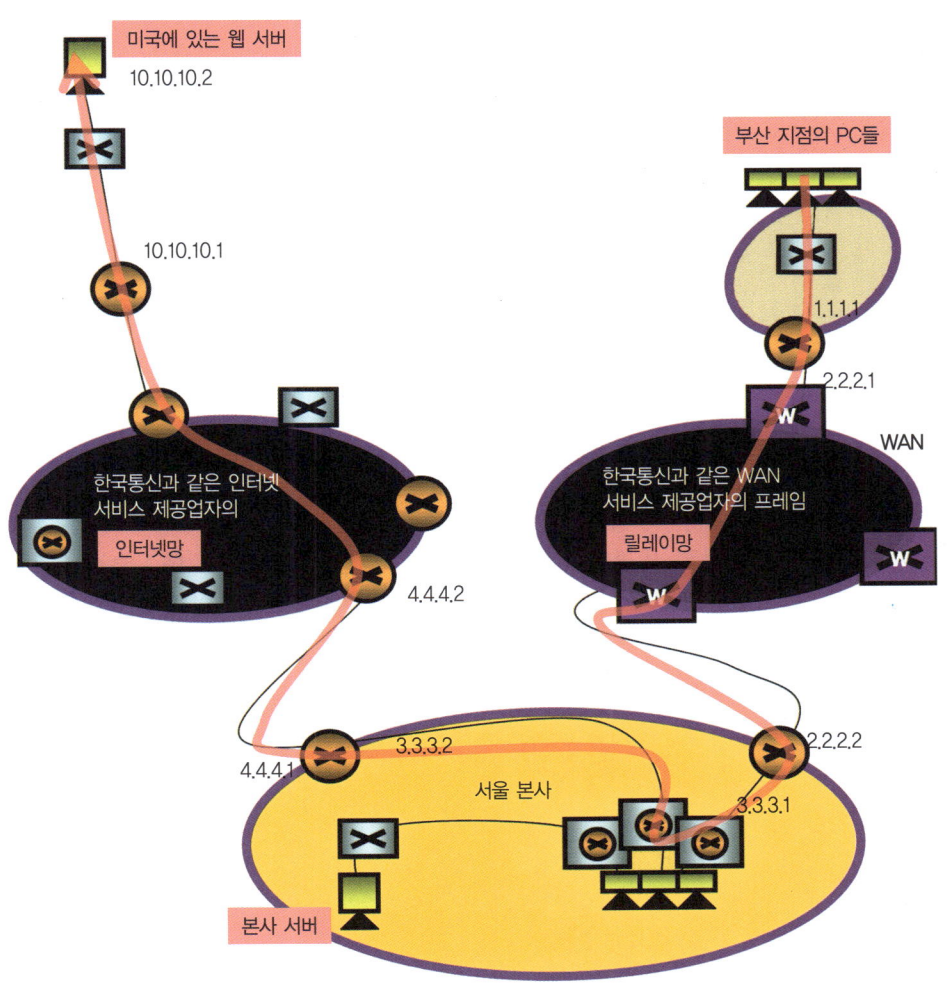

[그림 1-90] ▶
데이터의 흐름

다지기 B

1. 송신 PC의 (①) 계층에서 데이터의 흐름이 시작됩니다.

2. 애플리케이션 계층의 애플리케이션은 컴퓨터 애플리케이션과 네트워크 애플리케이션으로 구분할 수 있는데, 네트워크에 연결되어야 사용 가능한 애플리케이션은 (②) 애플리케이션입니다.

3. 웹 서버에 접속하려면 클라이언트 PC에서 웹 브라우저를 열고 주소를 입력하는데, URL 주소는 7계층 주소입니다. 웹 브라우저에서 입력한 데이터는 (③) 계층에서 코딩됩니다.

4. (④) 계층에서는 세션 서비스 Request와 Reply를 주고받아 원하는 서비스를 서버가 제공하는지 확인합니다. 이 외에 데이터 싱크 정보를 활용하여 수신한 데이터의 위치를 파악하고, All or (⑤) 기능을 수행합니다.

5. (IP를 지원하는) 트랜스포트 계층의 프로토콜은 고정된 데이터를 자를 수도 있고, 그렇지 않을 수도 있는데, 자르는 프로토콜은 (⑥)이고, 자르지 않는 프로토콜은 (⑦)입니다.

6. TCP는 (⑧)-웨이 커뮤니케이션을 제공하는데, 컨트롤 기능을 제공한다는 의미입니다.

7. 컨트롤 기능에는 오류 컨트롤과 (⑨) 컨트롤 기능이 포함되는데, 전자를 위해서는 (⑩) 필드가 사용되고, 후자를 위해서는 (⑪) 필드가 사용됩니다. 또한 코드 비트들의 (⑫) 비트와 (⑬) 비트를 통해 커넥션을 설정하고, (⑭) 비트와 (⑮) 비트를 통해 커넥션을 종결합니다.

8. 송신 장비가 결정하는 (⑯) 크기는 CWND와 (⑰) 중 작은 값으로 선택하는데, (⑱)가 서버의 적체 여부를 반영한다면, (⑲)는 네트워크의 적체 여부를 반영합니다.

9. UDP는 TCP의 반대로, 신뢰성이 필요한 애플리케이션들은 (⑳)를, 속도가 중요한 애플리케이션들은 (㉑)를 사용하는 것이 좋습니다.

10. IP에서도 세그먼테이션이 일어나기 때문에 IP도 (㉒)을 제공합니다. IP 주소 체계는 계층적(hierarchical)이기 때문에 라우팅 테이블이 짧아집니다.

11. IP 필드 중 (㉓) 값은 라우터를 통과할 때마다 하나씩 줄어들기 때문에 목적지를 못찾은 패킷이 전 세계 네트워크를 돌아다니면 대역폭과 라우터의 CPU/메모리를 소모시키는 것을 막습니다.

12. 4계층의 포트 필드, 3계층의 프로토콜 필드, 2계층의 (㉔) 필드는 상위 계층의 프로토콜을 표시하는 필드로, 이러한 필드들 때문에 하나의 하드웨어가 계층별로 다양한 프로토콜들을 수용할 수 있습니다.

13. IP의 목적지 주소를 알기 위해 (㉕) 서비스가 필요합니다. 2계층 인캡슐레이션(Ethernet II의 경우)은 상위 계층 프로토콜을 표시하기 위한 타입 필드와 목적지/출발지 주소로 구성됩니다. PC/서버도 라우터 기능을 제공하는데, 목적지가 다른 네트워크일 때 무조건 디폴트 게이트웨이(그림 1-90)로 설정된 라우터로 보내는 방식으로 라우팅을 수행합니다.

14. 목적지 주소 필드를 채워넣기 위해 3계층 주소에 해당하는 2계층 주소를 알려면 (㉖) Request/Reply의 교환이 필요합니다.

15. 마지막 1계층에서 부호를 신호로 만드는 (㉗)을 거쳐 밖으로 내보냅니다. 선을 통해 액세스 계층 장비인 스위치에 도착합니다.

16. 스위치는 2계층 장비로 1계층에서 (㉘)과 2계층에서 (㉙)을 거친 후 목적지가 다른 네트워크인 경우 라우터에 도착합니다. 라우터는 3계층 장비로 라우팅과 (㉚)으로 증폭시킵니다.

17. 라우팅 테이블에는 각각의 목적지에 대한 베스트 루트(베스트 넥스트 홉, 베스트 다음 라우터) 정보를 가집니다. 라우터를 새로운 2계층 옷으로 갈아입히려면 넥스트 홉의 3계층 주소에 해당하는 2계층 주소를 알아야 합니다. 따라서 여기에서도 2계층 옷을 갈아입히기 위해서 (㉛) 프로토콜이 필요합니다. 즉 2계층 주소와 3계층 주소가 있는 모든 네트워크에는 (㉜) 프로토콜이 필요하거나 일일이 관리자가 매핑해 주어야 합니다.

18. 이러한 과정을 모든 네트워크를 거친 후 라우터와 스위치에 의해 마지막 네트워크에서 마지막 ARP Request/Reply를 거쳐 최종 목적지 PC/서버에 도착합니다. [그림 1-90]에서 전체적인 경로는 일반적인 경우입니다. 패킷은 도착지 PC/서버에서는 (㉝) 프로세스로 2계층 장비인 LAN 카드에서 목적지 주소를 보고 자기 주소일 때 CPU에게 보냅니다. IP 계층과 TCP 계층에서는 순서 번호를 보고 조립합니다. TCP에서는 ACK와 Window 필드 정보를 출발지 장비에게 보내 오류 컨트롤과 윈도우 컨트롤을 합니다. 2계층에서는 타입 필드를 보고, 3계층에서는 프로토콜 필드를 보고, 4계층에서는 목적지 포트 필드를 보고 상위 계층의 프로토콜 모듈로 스위칭합니다. 5계층에서 세션 서비스 Request와 Reply를 교환하여 클라이언트가 원하는 서비스를 확인합니다. 그리고 6계층에서는 역코딩으로 부호를 문자, 소리, 그림으로 변환합니다.

Solution

① 7 또는 애플리케이션	⑫ SYN 또는 ACK	㉓ TTL
② 네트워크	⑬ ACK 또는 SYN	㉔ 타입
③ 6 또는 프레젠테이션	⑭ FIN 또는 ACK	㉕ DNS
④ 5 또는 세션	⑮ ACK 또는 FIN	㉖ ARP
⑤ Nothing	⑯ 윈도우	㉗ 시그널링
⑥ TCP	⑰ RWND	㉘ 증폭
⑦ UDP	⑱ RWND	㉙ 스위칭
⑧ 2 또는 투	⑲ CWND	㉚ 미디어 트랜스레이션
⑨ 플로	⑳ TCP	㉛ ARP
⑩ ACK	㉑ UDP	㉜ ARP
⑪ Window	㉒ 멀티플렉싱	㉝ 바텀업

O/× Quiz & Solution

Chapter 01의 주요 개념을 O/× 퀴즈를 통해 복습해 보겠습니다.

Quiz

틀린 문제에 ×표, 맞는 문제에 O표 하시오.

순서	문제	O/×
1	4계층 인캡슐레이션을 2계층 인캡슐레이션의 안쪽에 입는다.	
2	IP와 UDP 프로토콜은 상위 계층의 데이터를 자른다.	
3	자르는 프로토콜은 헤더에 순서 번호가 필요하다.	
4	7계층 프로토콜이 동작하려면 7계층을 비롯하여 7계층 이하의 모든 프로토콜이 제대로 동작해야 한다.	
5	3계층 주소를 알고 2계층 주소를 모를 때 이것을 해결하는 프로토콜은 DNS이다.	
6	포트 넘버(Port Number)는 2계층 인캡슐레이션에서 볼 수 있다.	
7	코드 비트(Code bit)는 4계층 인캡슐레이션에서 볼 수 있다.	
8	우편 주소와 전화번호는 Hierarchical Address의 예이다.	
9	라우터는 브로드캐스트 도메인(Broadcast Domain)과 컬리전 도메인(Collision Domain)을 나눈다.	
10	스위치 포트에서 풀 듀플렉스(Full Duplex)를 사용하면 컬리전 도메인이 2개가 된다.	
11	허브(Hub)는 하프 듀플렉스(Half Duplex)만 지원한다.	
12	IEEE 802.z가 기가비트 이더넷(Gigabit Ethernet)을 정의한다.	
13	허브는 증폭 기능만 있기 때문에 1계층 장비이다.	
14	라우팅 테이블에는 IP 주소 중 네트워크와 호스트 부분에서 네트워크 부분에 대한 정보만으로 구성된다.	
15	허브에서 스위치로 바꾸는 것만으로도 LAN 속도는 향상될 것이다.	
16	2계층 인캡슐레이션을 위해 DNS Request/Reply가 왔다 갔다 해야 한다.	
17	3계층 인캡슐레이션을 위해 ARP Request/Reply가 왔다 갔다 해야 한다.	
18	TCP는 ACK 필드를 가지고 플로 컨트롤(Flow Control)한다.	
19	세그먼테이션(Segmentation, 데이터를 자르는 것)의 목적은 언제나 멀티플렉싱이다.	
20	IP 패킷의 TTL 필드는 라우터를 통과할 때마다 하나씩 줄어든다.	
21	스위치에서 2계층 미디어 트랜스레이션이 일어난다.	
22	RIP은 라우터에서 사용하는 프로토콜이다.	
23	IGRP는 스위치에서 사용하는 프로토콜이다.	

순서	문제	O/X
24	회선 비용을 지불하는 것이 LAN 네트워크이고, 유지 보수 비용이 발생하는 것이 WAN 네트워크이다.	
25	스위치가 프레임을 받았을 때 프레임의 목적지 주소와 스위칭 테이블을 비교하여 스위칭을 결정하는데, 스위칭 테이블에 아직 프레임의 목적지 주소에 일치하는 정보가 없으면 해당 프레임을 모든 포트로 다 내보낸다.	
26	라우터가 패킷을 받았을 때 패킷의 목적지 주소와 라우팅 테이블을 비교하여 라우팅을 결정하는데, 라우팅 테이블에 아직 패킷의 목적지 주소에 일치하는 정보가 없을 때 해당 패킷을 모든 포트로 다 내보낸다.	
27	같은 하드웨어 사양이라면 패킷처리 속도는 라우터가 스위치보다 빠를 것이다.	
28	TCP가 UDP보다 나은 프로토콜이다.	
29	10BaseT 케이블은 버스 토폴로지를 만든다.	
30	코딩과 시그널링은 같은 것이다.	
31	네트워크는 컴퓨터 애플리케이션을 위한 것이다.	
32	UDP는 코드 비트가 없기 때문에 커넥션을 확인할 수 없어서 '커넥션리스 프로토콜(Connectionless Protocol)'이라고 한다.	
33	스위치는 2계층 장비로, 2계층에서 스위칭을 하고 1계층에서 증폭을 한다.	
34	라우터는 3계층 장비로, 3계층에서는 라우팅을, 2계층에서는 미디어 트랜스레이션을, 1계층에서는 증폭을 한다.	
35	PC는 7계층 장비로, 3계층의 라우팅 기능도 포함한다.	
36	4계층의 목적지 포트 때문에 하나의 서버가 다양한 애플리케이션들을 수용할 수 있다.	
37	4계층의 출발지 포트 때문에 하나의 클라이언트가 같은 애플리케이션들을 동시에 여러 개 사용할 수 있다.	
38	풀 듀플렉스로 구현하면 이더넷 인터페이스의 CSMA/CD(Carrier Sense Multiple Access/Collision Detection) 서킷이 더 이상 필요 없기 때문에 자동으로 해제된다.	
39	3계층의 TTL(Time To Live) 필드 때문에 패킷 룹 현상을 근본적으로 막을 수 있다.	
40	하위 계층에서는 상위 계층의 프로토콜 종류를 표시하는 필드가 있어서 다양한 상위 계층의 프로토콜들을 수용할 수 있다.	

Solution

순서	설명	O/X
1	4계층 인캡슐레이션은 가장 안쪽에, 그 다음 3계층 인캡슐레이션은 맨 바깥쪽에 2계층 인캡슐레이션을 입는다.	O
2	IP와 TCP 프로토콜은 상위 계층의 데이터를 자른다.	X
3	자르는 프로토콜은 순서 번호가 있어야 목적지에서 다시 순서에 맞게 조합할 수 있다.	O
4	7계층 프로토콜이 동작하려면 7계층을 비롯하여 7계층 이하의 모든 프로토콜이 제대로 동작해야 하고, 항상 하위 모든 계층에 문제가 없어야 한다.	O
5	7계층 주소를 알고 3계층 주소를 모를 때 이것을 해결하는 프로토콜이 DNS이다. 3계층 주소를 알고 2계층 주소를 모를 때 해결하는 프로토콜이 ARP이다.	X
6	포트 넘버(Port Number)는 4계층 인캡슐레이션에서 상위 계층을 구분하기 위해 사용한다.	X
7	코드 비트(Code bit)는 4계층 인캡슐레이션 중 TCP에서 커넥션을 시작하거나 종결할 때 사용하는 SYN, ACK, FIN, RST 비트들을 포함한다.	O
8	우편 주소와 전화번호는 Hierarchical Address의 예이고, MAC 주소는 플랫 주소(Flat Address)의 예이다.	O
9	라우터는 브로드캐스트 도메인(Broadcast Domain)과 컬리전 도메인(Collision Domain)을 나누고, 스위치는 컬리전 도메인만 나눈다.	O
10	스위치 포트에서 풀 듀플렉스(Full Duplex)를 사용하면 컬리전 도메인이 2개가 되는 것이 아니라 컬리전이 더 이상 일어나지 않기 컬리전 도메인이 사라진다.	X
11	허브(Hub)는 하프 듀플렉스(Half Duplex)만 지원한다.	O
12	이더넷은 1계층과 2계층에서 정의되는 프로토콜로, 2계층은 CSMA/CD와 풀 듀플렉스를 지원한다는 측면에서 동일하다. 하지만 1계층에서 시그널링 방법이 달라서 10Mbps 이더넷은 IEEE 802.3에서, 100Mbps 이더넷은 IEEE 802.3u에서, 1Gbps 이더넷은 IEEE 802.3z에서, 10Gbps 이더넷은 IEEE 802.3ae에서 정의한다.	O
13	허브는 증폭 기능만 있는 1계층 장비이다.	O
14	라우팅 테이블에는 IP 주소 중 네트워크와 호스트 부분에서, 네트워크 부분에 대한 정보만으로 구성되므로 라우팅 테이블의 길이는 짧아질 수 있다. 같은 네트워크에 있는 호스트들은 같은 네트워크 부분의 주소를 가지기 때문에 라우터는 목적지 네트워크에 대한 길을 알려주는 장비이다.	O
15	허브에서 스위치로 바꾸는 것만으로도 컬리전이 덜 일어나기 때문에 지연되지 않고 보낼 수 있어서 LAN 속도는 향상된다.	O
16	3계층 인캡슐레이션의 목적지 주소 필드를 위해 DNS Request/Reply가 왔다 갔다 해야 한다.	X
17	2계층 인캡슐레이션의 목적지 주소 필드를 위해 ARP Request/Reply가 왔다 갔다 해야 한다.	X

순서	설명	O/X
18	TCP는 Window 필드에 의해 RWND를 결정하고, ACK에 의해 CWND를 결정하여 둘 중 작은 값을 윈도우 크기로 결정한 후 이것을 통해 플로 컨트롤(Flow Control)한다.	X
19	데이터를 자르는 것(세그먼테이션)은 멀티플렉싱을 위한 것이다.	O
20	IP 패킷의 TTL 필드는 라우터를 통과할 때마다 하나씩 줄어들어서 0이 되면 라우터가 패킷을 폐기시킨다. 이것을 통해 목적지를 못찾은 패킷이 전 세계 네트워크를 돌아다니면서 자원을 소모시키는 것을 막는다.	O
21	2계층 미디어 트랜스레이션은 서로 다른 2계층을 연결하는 라우터의 중요한 2계층 기능이다.	X
22	RIP은 라우터에서 사용하는 라우팅 프로토콜이다.	O
23	RIP, IGRP, OSPF, EIGRP, BGP, IS-IS는 라우터에서 라우팅 정보 교환을 위해 사용하는 라우팅 프로토콜이다.	X
24	WAN 네트워크는 빌려서 쓰는 네트워크로, 회선 비용이 발생한다. 반면 LAN 네트워크는 자신이 구축한 네트워크로 유지 보수 비용이 발생한다.	X
25	스위치가 프레임을 받았을 때 프레임의 목적지 주소와 스위칭 테이블을 비교하여 스위칭을 결정한다. 이 경우 스위칭 테이블에 아직 프레임의 목적지 주소에 일치하는 정보가 없을 때 해당 프레임을 모든 포트 다 내보내는데, 이것을 '언논 유니캐스트 플러딩(Unknown Unicast Flooding)'이라고 한다.	O
26	라우터가 패킷을 받았을 때 패킷의 목적지 주소와 라우팅 테이블을 비교하여 라우팅을 결정하는데, 라우팅 테이블에 아직 패킷의 목적지 주소에 일치하는 정보가 없을 때 해당 패킷을 폐기시킨다. 라우터는 브로드캐스트와 언논 유니캐스트를 다른 포트로 내보내지 않고 스위치는 모든 포트로 내보낸다.	X
27	라우터는 3계층 장비로 1계층+2계층+3계층 기능을 하고, 스위치는 2계층 장비로 1계층+2계층 기능을 한다. 따라서 같은 하드웨어 사양이라면 스위치가 빨리 데이터를 처리한다.	X
28	TCP는 멀티플렉싱을 제공하고, 커넥션이 맺어지는지 확인한 후 데이터를 보내기 때문에 불필요한 데이터 전송을 막을 수 있고(커넥션이 맺어지지 않는다면 데이터를 보내지 않기 때문에), 플로 컨트롤을 제공한다. 하지만 ACK를 통해 신뢰성 있는(Reliable) 통신을 제공하고, ACK를 일일이 받아내야 다음 세그먼트를 전송할 수 있기 때문에 속도가 느려진다. UDP는 신뢰성이 없고(Unreliable), 커넥션리스(Connectionless) 프로토콜이며, 플로 컨트롤을 제공하지 않지만, ACK를 일일이 받아낼 필요가 없기 때문에 속도가 빠르다. 따라서 신뢰성이 필요한 애플리케이션들은 TCP를, 속도가 필요한 애플리케이션들은 UDP를 사용하는 것이 좋다.	X
29	10BaseT 케이블은 연결했을 때 스타 토폴로지를 이루고, 10Base5와 10Base2 케이블은 버스 토폴로지를 만든다.	X

개념 정비소

순서	설명	O/×
30	코딩은 이진 부호화로 6계층 기능이고, 시그널링은 부호의 +5V, −5V로 변환하는 2계층 기능이다.	×
31	네트워크는 결국 네트워크 애플리케이션을 위한 것이다.	×
32	UDP는 코드 비트가 없어서 커넥션을 관리하지 않기 때문에 '커넥션리스 프로토콜(Connectionless Protocol)'이라고 한다.	O
33	라우터는 3계층 장비로, 3계층에서는 라우팅을, 2계층에서는 미디어 트랜스레이션을, 1계층에서 증폭을 제공하고, 스위치는 2계층 장비로, 2계층에서는 스위칭을 하며, 1계층에서는 증폭을 제공하며, 허브는 1계층에서 증폭을 제공한다.	O
34	라우터는 3계층 장비로, 3계층에서는 라우팅을, 2계층에서는 미디어 트랜스레이션을, 1계층에서는 증폭을 한다.	O
35	PC/서버는 7계층 장비로, 3계층 라우팅 기능도 포함한다. 라우터는 각각의 목적지 네트워크마다 넥스트 홉을 가지지만, PC/서버는 하나의 넥스트 홉(디폴트 게이트웨이)을 설정하여 다른 모든 네트워크를 디폴트 게이트웨이에게 보낸다. 또한 PC/서버는 2계층의 스위칭 기능도 포함하는데, LAN 카드가 스위치 역할을 한다. 2계층 목적지 주소를 보고 자기 주소일 때는 다음 프로세스를 위해 CPU에게 전달하며, 자기 주소가 아닐 때(잘못 도착했을 때)는 폐기시킨다.	O
36	4계층의 목적지 포트 때문에 하나의 서버 하드웨어가 다양한 애플리케이션들을 수용할 수 있다.	O
37	4계층의 출발지 포트 때문에 하나의 클라이언트가 같은 애플리케이션들을 동시에 여러 개 사용할 수 있다. 예를 들어 텔넷 애플리케이션들은 23번이라는 목적지 포트를 사용하지만, 출발지 포트는 서비스를 사용할 때마다 바뀐다. 텔넷 서버에서 데이터를 가져올 때는 출발지 포트 번호가 목적지 포트 번호가 되기 때문에 다수의 텔넷 세션들 사이에서 데이터를 구분할 수 있다.	O
38	풀 듀플렉스로 구현하면 이더넷 인터페이스의 CSMA/CD(Carrier Sense Multiple Access/Collision Detection) 서킷이 더 이상 필요 없기 때문에 자동으로 해제된다.	O
39	3계층의 TTL(Time To Live) 필드 때문에 패킷이 영원히 도는 것을 막을 수 있지만, 패킷 룹 현상을 근본적으로 막을 수는 없다. 패킷 룹은 라우팅 프로토콜이나 정적 루트가 잘못 구현되면 발생할 수 있다.	×
40	목적지 장비에서는 바텀업 통신이다. 하위 계층에서는 상위 계층의 프로토콜 종류를 표시하는 필드가 있어서 다양한 상위 계층의 프로토콜을 수용할 수 있다.	O

Big Network Design ||||||||||

Chapter ::

02

토폴로지 & 용량 산정 디자인

[목표] 이 장에서는 토폴로지 디자인을 배웁니다. 토폴로지(Topology)는 연결된 모양, 즉 구성 형태로, 네트워크의 뼈대가 됩니다. 이 장에서는 네트워크에 도입할 장비를 결정하고, 어떤 속도의 선으로 네트워크 장비들을 연결할 것인지를 다룹니다. 나머지 장에서 배울 솔루션과 프로토콜들이 이 뼈대에 붙게 됩니다.

[특징(from ★ to ★★★★★)]

- 중요도 ★★★★★
- 난이도 ★★★★★
- 선수 지식 ★★★★★
- 실무/현장 반영 ★★★★★
- 다른 장 연관성 ★★★★★

Lesson 01 | LAN 네트워크 디자인을 위한 Hierarchical 3 Layer 모델

LAN과 WAN의 차이점을 살펴보면서 토폴로지 디자인 강의를 시작하겠습니다. LAN을 구성하는 장비는 사용자가, WAN을 구성하는 장비는 서비스 제공업자가 구입해야 합니다. 따라서 소유권이 사용자에게 있는 LAN 네트워크는 유지 및 보수 책임도 사용자에게 있습니다. 반면 소유권이 서비스 제공업자에게 있는 WAN 네트워크는 유지 및 보수 책임이 서비스 제공업자에게 있습니다.

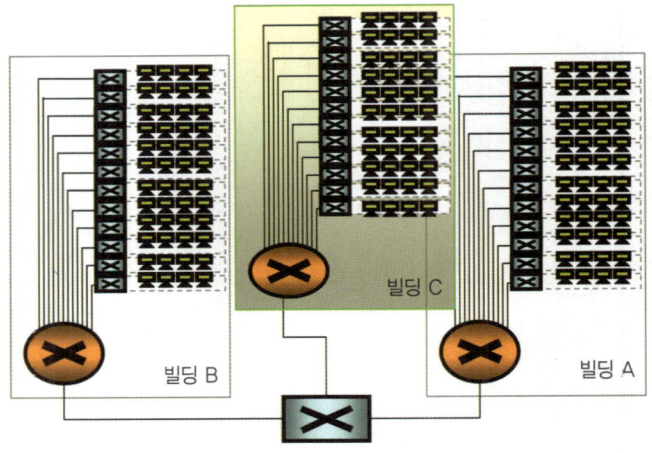

[그림 2-1] ▶ 토폴로지 디자인

LAN과 WAN에 대한 비용 구조는 [표 2-1]과 같습니다.

[표 2-1] ▶ LAN과 WAN의 소요 비용

구분	회선 임대 비용	설치 비용	유지 보수 비용
LAN	×	O	O
WAN	O	×	×

인테리어 디자인이나 의상 디자인은 보통 창의성을 가장 먼저 고려합니다. 그러나 네트워크 디자인은 창의성보다 '안정성'이 중요합니다.

> 네트워크 디자인도 디자인이니까 '창의성'이 무엇보다 중요합니다.
> 이 말은 맞는 말일까요? ----▶ "틀린 말입니다!"

'전 세계에서 유일무이한 독특함'은 네트워크 디자인에서 피해야 합니다. 검증되지 않은 토폴로지를 사용하고, 새로 출시된 장비와 프로토콜을 최초로 도입하며, 다른 곳에서는 성능과 안정성을 고려하여 절제하는 솔루션과 아이디어를 잔뜩 적용하는 것을 생각해 보세요. 그것보다는 다양한 사이트에서 겪는 시행착오와 경험을 통해 검증된 토폴로지를 사용하고, 오랫동안 현장에서 훌륭하다고 소문난 하드웨어와 소프트웨어 버전을 구입하며, 부작용이 없고 효과가 입증된 프로토콜과 솔루션을 도입하는 것이 훨씬 낫습니다. 그렇다면 오랫동안 시행착오와 경험을 통해 검증된 토폴로지는 없을까요? Hierarchical 3 Layer 토폴로지 모델은 다음과 같은 장점 때문에 LAN 네트워크의 토폴로지 디자인의 기준을 제공합니다.

- 단순하고 간단합니다.

- 큰 네트워크를 만들 수 있고, 나중에 확장도 쉽습니다.

- 관리가 쉽습니다.

- 네트워크 디자인이 쉽습니다.

이 장을 마칠 때쯤 여러분은 100층짜리 정도의 대규모 LAN 네트워크에 대한 토폴로지 쉽게 디자인할 수 있습니다.

> 'Hierarchical 3 Layer 모델'만 알면, 아무리 큰 네트워크에 대한 디자인이라고 해도 생각보다 쉬운 작업이 됩니다.

Hierarchical 3 Layer 모델은 [그림 2-2]와 같이 코어 계층(Core Layer), 디스트리뷰션 계층(Distribution Layer), 액세스 계층(Access Layer)으로 구성됩니다.

[그림 2-2] ▶
Hierarchical 3 Layer 모델

Lesson 02 | Hierarchical 3 Layer 모델을 구성하는 장비

PC나 서버를 ES(End System)이라고 합니다. ES란, 네트워크의 끝에 달려있는 시스템이면서 데이터가 도착하여 더 이상 갈 수 없는 막다른 지점이란 의미입니다. 이러한 끝 시스템을 연결해 주는 것이 IS(Intermediate System)인데, IS는 네트워크를 구성하는 장비입니다. IS에 속하는 대표적인 장비는 라우터와 스위치입니다.

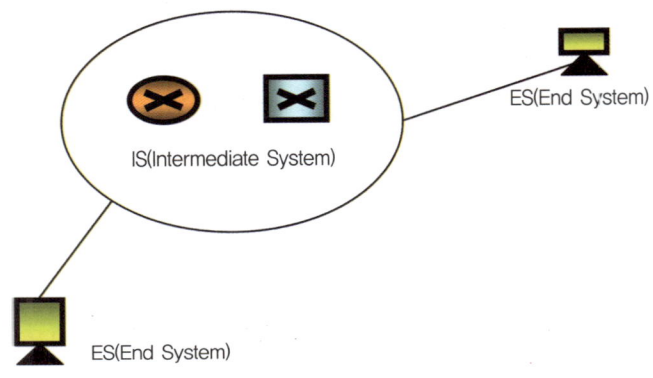

[그림 2-3] ▶
End System(ES)과
Intermediate System(IS)

Hierarchical 3 Layer 모델의 각 계층에는 라우터 또는 스위치를 배치할 수 있습니다. [그림 2-4]와 같이 액세스 계층에서는 주로 스위치를 사용하고, 디스트리뷰션 계층에서는 라우터를 사용하며, 코어 계층에서는 스위치를 사용합니다.

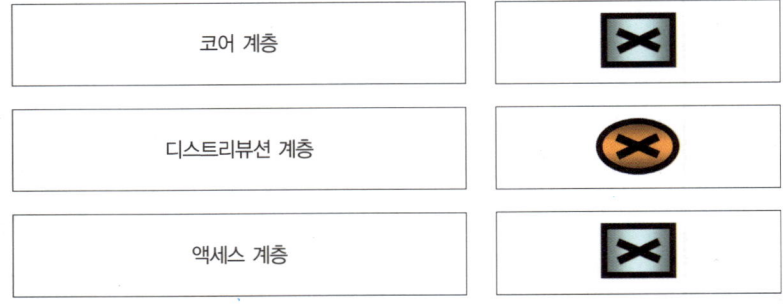

[그림 2-4] ▶
Hierarchical 3 Layer 모델의
각 계층에서 사용하는 장비들

그렇다면 각 계층의 장비의 역할은 무엇일까요? 액세스 계층 장비의 역할은 ES를 네트워크에 연결하는 것입니다. 통상적으로 LAN 선으로 사용되는 UTP 케이블의 장비 간 최대 거리가 100m이므로 PC/서버와 연결되는 액세스 계층 장비가 각각의 층마다 배치됩니다. 즉 액세스 계층 장비는 각 층에 최소 한 대씩 있습니다.

디스트리뷰션 계층 장비는 각 층의 모든 액세스 계층 장비가 연결되는 계층으로, 각 건물을 대표하는 장비이며, 건물 내 전산실에 위치합니다. 디스트리뷰션 계층 장비는 각 건물에 최소 한 대씩 존재합니다.

코어 계층 장비는 디스트리뷰션 계층 장비를 연결하는 장비로, 조직 내 중심이 됩니다. 코어 계층 장비는 다수의 디스트리뷰션 계층, 즉 다수의 건물이 있는 조직에 최소 한 대씩 있습니다. 따라서 건물이 한 개뿐일 때는 존재하지 않으며, 건물이 두세 개뿐일 때도 디스트리뷰션 계층 장비들은 코어 계층 장비 없이 직접 연결합니다.

[표 2-2] ▶
Hierarchical 3 Layer 모델과 각 계층 장비의 역할

계층	역할	통상적인 위치
액세스	ES들이 연결됩니다.	각 층
디스트리뷰션	액세스 계층 장비들을 연결하고, 코어 계층 장비에 연결됩니다.	건물 내 전산실
코어	디스트리뷰션 계층 장비를 연결합니다.	조직 내 전산실

[그림 2-5]는 Hierarchical 3 Layer 모델에 의한 LAN 네트워크 디자인의 토폴로지 예입니다. 액세스, 디스트리뷰션, 코어의 각 계층의 장비들의 위치를 주의 깊게 찾아보세요. 액세스 장비는 36대, 디스트리뷰션 장비는 3대, 코어 장비는 1대가 있습니다.

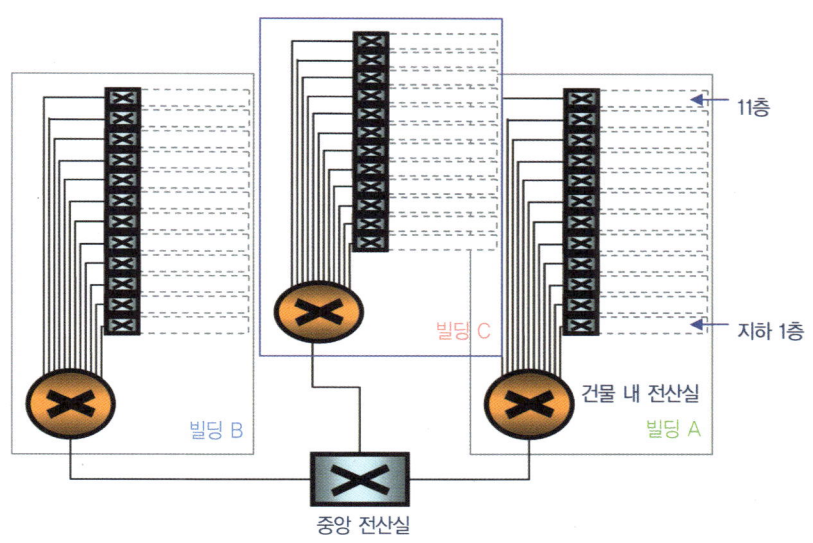

[그림 2-5] ▶
Hierarchical 3 Layer 모델에 의한 LAN 네트워크 디자인 토폴로지

다음의 예를 통해 Hierarchical 3 Layer 모델에서 필요한 장비의 수를 연습해 봅시다.

> 50층짜리 건물 3개, 25층짜리 건물 5개가 있는 조직에서 액세스 계층 장비, 디스트리뷰션 계층 장비, 코어 계층 장비의 수는?

Chapter 02 토폴로지 & 용량 산정 디자인

정답은 [표 2-3]과 같습니다.

[표 2-3] ▶ 정답

Hierarchical 3 Layer 모델	수량	설명
액세스 계층	(50층×3개)+(25층×5개) = 275대	액세스 계층 장비의 수는 각 층마다 한 대씩 있습니다.
디스트리뷰션 계층	건물 수 8개 → 8대	디스트리뷰션 계층 장비의 수는 각각의 건물마다 한 대씩 있습니다.
코어 계층	1대	코어 계층 장비의 수는 다수의 건물이 있는 조직에 한 대씩 있습니다.

Lesson 03

Hierarchical 3 Layer 모델에 대역폭 할당(용량 산정)하기

IS인 라우터와 스위치는 네트워크를 구성하는 핵심 장비입니다. 스위치는 LAN 스위치와 WAN 스위치로 나뉘며, LAN 스위치는 이더넷 스위치, 토큰 링 스위치, FDDI 스위치로 나뉩니다. WAN 스위치는 프레임 릴레이 스위치, ATM 스위치, Metro 이더넷 스위치, X.25 스위치, ISDN 스위치, PSTN 스위치 등으로 나뉩니다.

LAN에서 토큰 링은 16Mbps의 속도가, FDDI는 100Mbps의 속도가 나옵니다. 그리고 이더넷은 10Mbps, 100Mbps, 1000Mbps(1Gbps), 10000Mbps(10Gbps)의 네 종류의 속도를 제공합니다. 한편 이더넷보다 느린 토큰 링과 FDDI는 기술도 복잡하기 때문에 관리가 힘들고, 장비의 가격이 비싸집니다. 따라서 토큰 링 프로토콜과 FDDI 프로토콜은 거의 사용하지 않습니다.

LAN 네트워크의 트래픽 패턴에 80 대 20 법칙이 있습니다. 즉 '트래픽의 목적지는 80% 정도가 다른 네트워크이고, 20%만 트래픽의 출발지와 같은 네트워크' 라는 법칙입니다. 네트워크의 트래픽 패턴은 80 대 20 법칙에서 크게 벗어나지 않습니다. 왜냐하면 대부분의 애플리케이션들은 웹 기반으로 개발되고 있고, 웹 서버를 비롯한 대부분의 서버들은 관리의 편의성이나 보안을 위해 한 네트워크에 모아두기 때문에 클라이언트와 다른 네트워크에 위치합니다.

> 트래픽 패턴 = 80 : 20

PC나 서버에서 시작된 대부분의(80%) 트래픽은 액세스 계층 장비를 거쳐 디스트리뷰션 계층 장비를 거친 후 코어 계층 장비를 거칩니다. 그리고 WAN 라우터를 통해 조직(회사) 외부의 서버쪽으로 나가거나 조직의 특정 네트워크에 있는 서버로 갑니다. WAN 라우터는 코어 계층 장비에 연결된 라우터로, 디스트리뷰션 계층 라우터와 달리 WAN을 통해 인터넷 또는 지사와 연결하는 역할을 합니다.

속도가 제대로 나오려면 LAN과 더불어 WAN의 대역폭도 좋아야 합니다. 그러나 LAN 구간에서 사용하는 대역폭에 비해 WAN 구간에서 사용하는 대역폭은 월별로 회선 요금을 지불해야 하기 때문에 WAN 구간의 대역폭을 LAN 구간과 비슷하게 맞추는 것은 무리입니다.

네트워크에서 병목 현상(Bottleneck)은 큰 대역폭에서 작은 대역폭으로 연결되는 구간에서 발생합니다. 따라서 LAN과 WAN을 연결하는 WAN 라우터는 LAN 대역폭과 WAN 대역폭의 차이 때문에 병목 현상을 발생시키는 가장 의심스러운 포인트입니다.

ES와 액세스 계층 장비를 연결하는 선은 트래픽이 시작하는 지점으로, 시냇물 정도의 트래픽이 흐르는 구간입니다. 각 층에는 다수의 ES들이 액세스 계층 장비에 연결되어 있습니다. 예를 들어 100명의 직원이 근무한다면 100개 이상의 포트를 가진 스위치가 액세스 계층에 필요합니다. 이러한 트래픽은 80:20 법칙에 따라 액세스 계층 장비에 모였다가 대부분(80%) 디스트리뷰션 계층 장비로 가기 때문에 ES에서 출발한 트래픽은 대부분 디스트리뷰션 계층으로 옵니다. 디스트리뷰션 계층 장비에 모인 트래픽 중에서 외부의 웹 서버로 향하거나 전산센터의 서버로 가는 대부분의 트래픽은 조직의 중심 장비인 코어 계층 장비로 간 후 WAN 라우터를 거쳐서 인터넷 또는 WAN 구간으로 가거나 전산센터로 갑니다. 따라서 전체적인 LAN 네트워크의 트래픽 패턴은 [그림 2-6]과 같습니다.

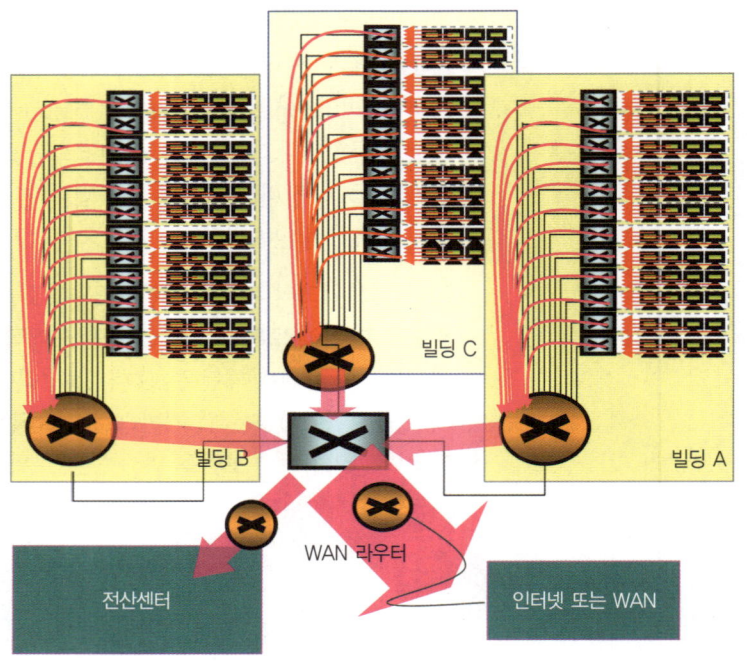

[그림 2-6] ▶
일반적인 트래픽의 흐름

ES와 액세스 계층 장비 사이의 선은 '시냇물' 수준의 트래픽이 흐르는 구간입니다. 이러한 시냇물은 액세스 계층 장비에 모여서 '강물'이 되어 디스트리뷰션 계층 장비로 갑니다. 각 층에서 내려온 강물은 디스트리뷰션 계층 장비에서 모여 '바다'가 되어 코어 계층 장비로 갑니다.

이더넷 프로토콜에서 제공할 수 있는 속도는 10Mbps, 100Mbps, 1,000Mbps(1Gbps), 10,000Mbps(10Gbps)이기 때문에 시냇물 구간에 10Mbps를 사용했다면 강물 구간에는 최소 100Mbps 이상을 사용하는 것이 적절합니다. 그리고 강물 구간에 100Mbps를 사용했다면 바다 구간에는 최소 1,000Mbps 이상을 사용해야 합니다. 결론적으로 말하자면 시냇물 구간의 대역폭보다 강물 구간의 대역폭은 높아야 하고, 강물 구간의 대역폭보다 바다 구간의 대역폭은 높아야 합니다. 이와 같이 대역폭은 단계적으로 높아지는(Hierarchical) 방식입니다. 시냇물 구간에 100Mbps를 사용했다면 강물은 1,000Mbps를, 바다 구간은 10,000Mbps를 사용해야 합니다. 즉 단계적으로 높아지거나 최소한 동일해야 합니다.

다음과 같이 가정하고 [그림 2-7]의 각 구간의 대역폭과 각 계층의 장비의 성능은 최대 어느 정도가 되어야 하는지 정확하게 따져봅시다.

> 가정 : [그림 2-7] 네트워크는 11개의 층을 가진 3개의 건물에서 각 층에 100명의 유저가 있고, 각 유저에게는 10Mbps를 할당합니다. 트래픽의 80%가 조직 밖 또는 조직 안의 전산센터를 향하고 전산센터는 코어 계층에 연결되어 있습니다. 그리고 각 층은 서로 다른 네트워크로 구성됩니다.

각 계층 장비의 성능

각 계층 장비의 성능은 다음과 같습니다.

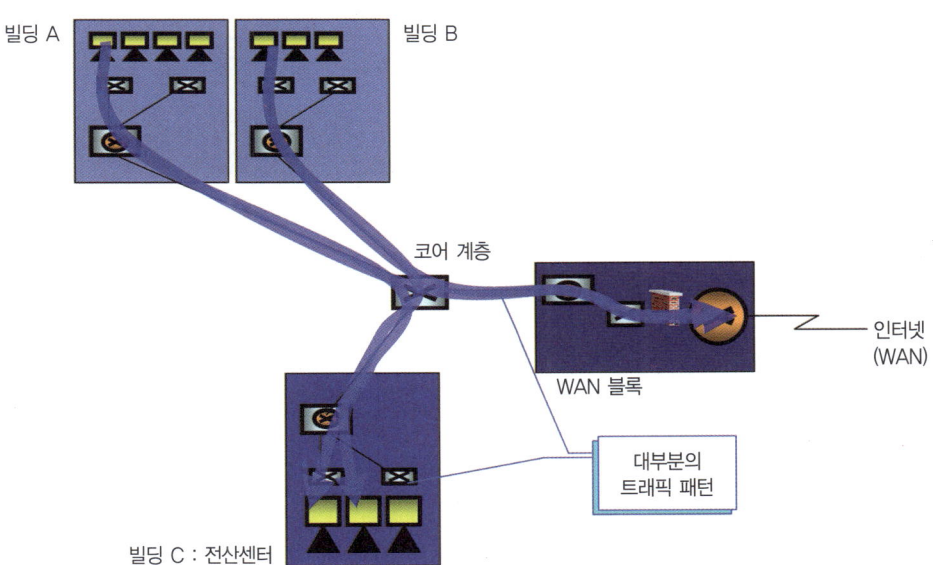

[그림 2-7] ▶
대역폭과 성능을 산정하기 위한
네트워크의 예

| 액세스 계층 장비의 성능과 액세스 계층 - 디스트리뷰션 계층 연결 구간의 대역폭 |

액세스 계층 장비의 성능은 최번시를 기준으로 10Mbps×100(유저)=1,000Mbps를 동시에 처리할 수 있는 CPU와 메모리와 버스 용량을 가진 장비를 구입합니다. 마찬가지로 액세스 계층 장비와 디스트리뷰션 계층 장비를 연결하는 라인의 속도는 최번시의 트래픽을 수용하기 위해서 1,000Mbps×0.8(80%)=800Mbps가 되어야 합니다. 이것은 트래픽이 80 대 20 법칙을 따른다는 가정을 적용한 것입니다.

디스트리뷰션 계층 장비의 성능과 디스트리뷰션 계층-코어 계층 연결 구간의 대역폭

디스트리뷰션 계층 장비의 경우는 액세스 계층에서 보낸 모든 트래픽을 수용하기 위해 800Mbps×11(층)=8,800Mbps를 동시에 처리할 수 있어야 합니다. 이 트래픽 중에서 일부는 다른 층으로 가기도 하지만, 대부분 코어 계층 장비를 거쳐서 서버들이 있는 전산센터나 WAN 라우터쪽으로 갈 것입니다. 따라서 디스트리뷰션 장비와 코어 장비를 연결하는 구간의 대역폭은 최대 8,800Mbps를 처리할 수 있어야 합니다.

코어 계층 장비의 성능

코어 계층 장비의 성능은 8,800Mbps×3(Distribution 장비 수, 즉 건물 수)=26,400Mbps를 처리할 수 있어야 합니다. 따라서 전체적인 최번시 기준의 대역폭과 장비 성능은 [표 2-4]와 같습니다.

대역폭 산정은 다양한 변수에 의한 영향을 받습니다. 변수들을 반영하는 웨이트(Weight) 값은 향후의 재구축 연한, 트래픽 패턴, 정보 중요도에 의해 결정되는데, 모든 네트워크에 일률적으로 적용 가능한 값은 없습니다. 특정 네트워크에 적용할 웨이트는 담당 네트워크 엔지니어들이 깊이 고민하여 결정해야 합니다.

[표 2-4] ▶ 최번시 기준의 대역폭과 장비의 성능

구분	구간	최번시 기준의 대역폭/성능 산정값(Mbps)
대역폭 산정	시내	10(대역폭)
	강물	800(대역폭)
	바다	8,800(대역폭)
장비 성능 산정	액세스 장비	1,000(성능)
	디스트리뷰션 장비	8,800(성능)
	코어 장비	26,400(성능)

[표 2-5]의 예를 보세요. 최번시를 기준으로 3년 내 네트워크 재구축이 없고, 트래픽의 80%가 WAN으로 가며, 중요한 정보를 수용하지 않는 네트워크의 경우에 최종 대역폭 산정과 장비 성능 기준은 [표 2-5]와 같이 웨이트 값에 의해 조정될 수 있습니다. 3년 내 네트워크 재구축 계획이 없다는 뜻은 용량 산정의 기준이 되고, 출발점이 되는 시내 구간의 트래픽이 제시된 10Mbps에서 100Mbps 이상으로 업그레이드될 수 있다는 것을 감안하여 강물이나 바다 구간의 대역폭과 액세스, 디스트리뷰션, 코어 계층의 장비의 성능을 결정하라는 뜻입니다. 3년 내 네트워크 재구축 계획이 없기 때문에 성능이나 용량 기준에 여유를 주어 웨이트는 1.5를 선택했습니다. 대부분의 트래픽(80%)이 WAN으로 가기 때문에 WAN 구간과의 균형을 고려하여 웨이트는 0.4를 선택했습니다. 중요한 정보를 수용하지 않기 때문에 투자 부담을 줄이기 위해 웨이트는 0.5를 선택했습니다.

[표 2–5] ▶
웨이트 조정을 거친
최종 용량 및 성능 산정 ①

구분	구간	최번시 기준 용량/성능 산정 (Mbps)	웨이트 조정 예			최종 용량 및 성능 산정 (Mbps)
			3년 내 네트워크 재구축 없음	트래픽의 80%가 WAN으로 감	중요한 정보를 수용하지 않음	
대역폭 산정	시내	10	최소 대역폭 10Mbps에서 시작하기 때문에 웨이트 조정 없음			10
	강물	800	1.5	0.4	0.5	240
	바다	8,800	1.5		0.5	2,640
성능 산정	액세스 장비	1,000	1.5		0.5	300
	디스트리뷰션 장비	8,800	1.5		0.5	2,640
	코어 장비	26,400	1.5		0.5	7,920

다음은 최번시를 기준으로 2년 내 네트워크 재구축 계획이 있고, 트래픽의 30%가 WAN으로 가며, 중요 정보와 VoIP와 같은 지연에 민감한 애플리케이션들을 수용하기 때문에 네트워크에서 지연이 발생해서는 안 됩니다. 네트워크의 경우에 최종 대역폭 산정과 장비 성능 기준은 [표 2-6]과 같이 웨이트 값에 의해 조정됩니다. 2년 내 네트워크 재구축 계획이 있기 때문에 성능이나 용량 기준에 약간 여유를 주어 웨이트는 1.2를 선택했습니다. 트래픽 대부분의 (70%)이 WAN으로 가지 않고(WAN과의 밸런싱을 적게 고려), LAN 통신만으로 끝나므로 속도를 위해 웨이트는 0.8을 선택했습니다. 중요한 정보를 수용하기 때문에 트래픽의 유실이나 지연을 막기 위해 웨이트는 1을 선택했습니다.

[표 2–6] ▶
웨이트 조정을 거친
최종 용량 및 성능 산정 ②

구분	구간	최고 바쁜 시간대 기준의 용량/성능 산정 (Mbps)	웨이트 조정 예			최종 용량 및 성능 산정 (Mbps)
			2년 내 네트워크 재구축 있음	트래픽의 30%가 WAN으로 감	중요한 정보를 수용	
대역폭 산정	시내	10	최소 대역폭 10Mbps에서 시작하기 때문에 웨이트 조정 없음			10
	강물	800	1.2	0.8	1	768
	바다	8,800	1.2		1	8,448
성능 산정	액세스 장비	1,000	1.2		1	960
	디스트리뷰션 장비	8,800	1.2		1	8,448
	코어 장비	26,400	1.2		1	25,344

만약 대부분의 트래픽이 LAN 네트워크 안에 머무는 데다가 금융 정보 등을 수용하는 중요한 네트워크이고, 네트워크 재구축 예정 시기가 한참 뒤(예를 들어 약 3년 이상)라면 트래픽의 증가를 감안하여 최번시 기준 또는 그 이상의 대역폭 산정을 하는 것도 의미가 있습니다.

[표 2-6]에서 960, 8448, 25344의 장비 성능은 판매되는 장비의 성능과 비교하여 선정합니다. 실제로 계산된 성능보다 낮은 성능의 장비를 구매한다면 '위험 관리' 항목으로 분류하여 관리합니다.

[표 2-6]에서 산정된 768Mbps, 8,448Mbps, 25,344Mbps와 같은 속도는 계산된 값이고 실제로 이더넷은 10Mbps, 100Mbps, 1,000Mbps, 10,000Mbps, 네 종류의 속도만 지원하기 때문에 가장 가까운 값을 선택합니다.

다음은 보다 현실적이고 실질적인 대역폭/성능 산정에 관한 것입니다. 그러나 대부분의 트래픽이 LAN과 WAN 사이에서 일어나는 현실에서 WAN 구간과의 형평성을 고려하지 않을 수 없습니다. 즉, LAN 속도가 아무리 빠르더라도 WAN 구간 속도가 9.8Kbps로 느리다면 속도는 결과적으로 9.8Kbps 보다 빠를 수 없습니다. 따라서 LAN 구간에서의 속도는 [그림 2-8]과 같이 시내, 강물, 바다 구간에서 10Mbps-100Mbps-1Gbps 구성 아니면, 100Mbps-1Gbps-10Gbps와 같이 계단식으로 배치하거나 100Mbps-1Gbps-1Gbps, 1Gbps-1Gbps-1Gbps, 1Gbps-1Gbps-10Gbps와 같이 상위 구간이 하위 구간보다 낮지 않게만 배치해도 됩니다. 이렇게 현장에서의 LAN 용량 산정은 복잡하지 않고 대략 결정하기도 합니다.

그리 중대하지 않은 사이트에서 WAN 네트워크에 연결되고 대부분의 트래픽이 WAN을 향한다면 10Gbps가 포함되지 않도록 구성하는 것이 비용면에서 효율적입니다. 왜냐하면 10Gbps 포트를 수용하는 장비 가격이 너무 비싸기 때문입니다.

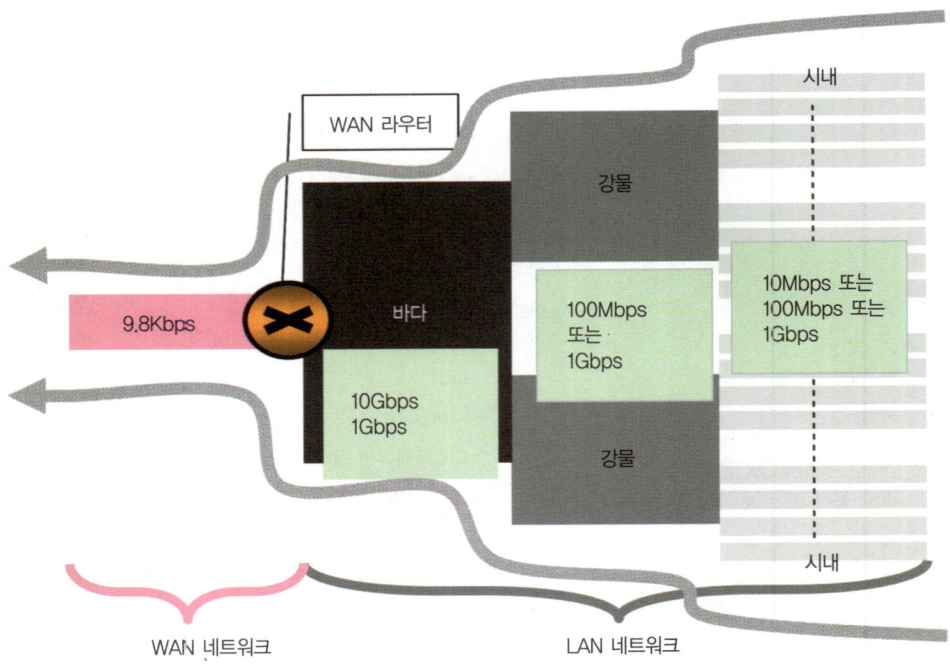

[그림 2-8] ▶
WAN 대역폭을 고려한 LAN 네트워크의 대역폭 산정하기

Lesson 04 WAN 용량 산정(대역폭 할당)하기

LAN은 직접 구축하는 네트워크이기 때문에 대역폭에 대한 별도의 비용을 지불하지 않지만, WAN은 매달 회선 비용을 지불해야 합니다. 따라서 WAN 회선 비용을 적정하게 유지하는 것이 비용과 관련하여 네트워크 엔지니어의 중요한 관리 항목입니다.

[그림 2-9]에서 빨간색 점선으로 표시된 실제 구입한 대역폭과 파란색 실선으로 표시된 필요한 대역폭을 비교했을 때 파란색 선이 빨간색 선보다 높은 구간은 업무 수행을 위해 필요한 대역폭을 제대로 제공하지 않기 때문에 업무 생산성을 하락시키는 구간입니다. 반대로 빨간색 선이 파란색 선보다 지나치게 높은 구간은 필요한 대역폭보다 쓸데 없이 높은 대역폭을 제공하기 때문에 WAN 회선 비용을 낭비하는 구간입니다.

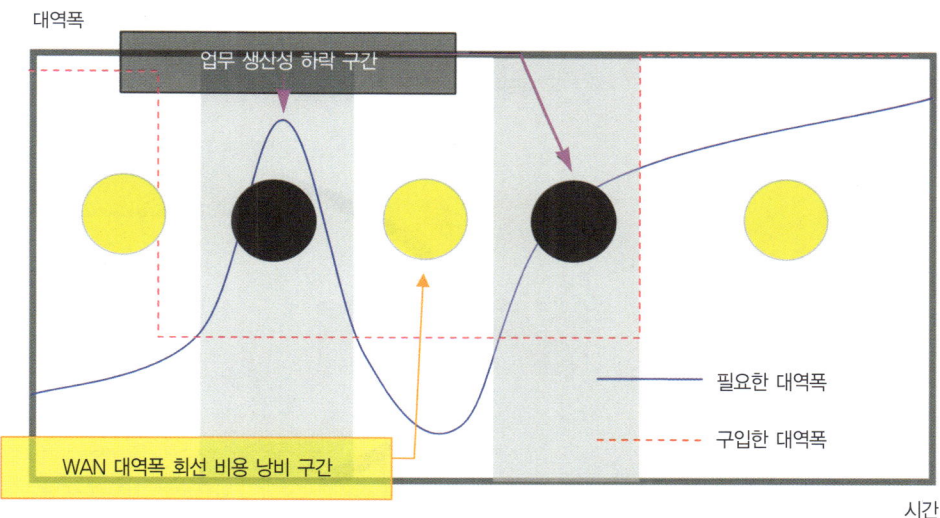

[그림 2-9] ▶
필요한 대역폭과 실제 구입한 대역폭

WAN 구간의 최적의 대역폭 사용량은 대역폭의 평균 70% 정도를 넘지 않도록 하는 것이 좋습니다. WAN 대역폭을 이 정도로 유지하려면 다양한 대역폭 측정 툴을 사용해야 하는데, JFFNMS나 MRTG와 같은 툴은 인터넷 검색을 통해 무료로 다운로드하여 설치할 수 있습니다.

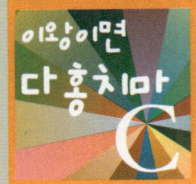

네트워크 디자인을 위한 준비 단계

네트워크 구축 프로세스는 [그림 C-1]과 같이 4단계로 나눕니다. 네트워크 구축의 순환 주기는 조직의 트래픽의 증가 속도, 비즈니스 환경 변화에 따른 특정 솔루션의 도입 등에 따라 변화합니다.

- **1단계 – 진단/분석(Analysis)** : 네트워크 설계에 대한 기준을 설정하는 단계입니다. 고객의 요구 사항 분석과 기존 네트워크에 대한 기술적 분석에 의한 1차 품질 목표를 결정한 후 다양한 제약 사항에 의해 결정되는 최종 품질 목표를 도출합니다.

- **2단계 – 디자인(Design)** : 진단/분석 과정에서 세워진 최종 품질 목표를 만족시키기 위한 목표와 원칙을 수립하는 단계입니다. 그리고 앞의 내용과 같이 토폴로지를 정한 후 LAN과 WAN 대역폭에 대한 용량 산정, 장비와 솔루션에 대한 선정 작업을 합니다.

- **3단계 – 설치/구축(Implementation)** : 디자인 결과와 일정 계획대로 설치 및 구축하는 단계입니다. 구축 결과가 고객의 요구 사항 및 품질 조건을 만족시키는지 검증합니다.

- **4단계 – 운용(Operation)** : 일상적인 네트워크 운용 업무를 포함하여 네트워크의 품질 기준 목표가 유지되는지 관리합니다.

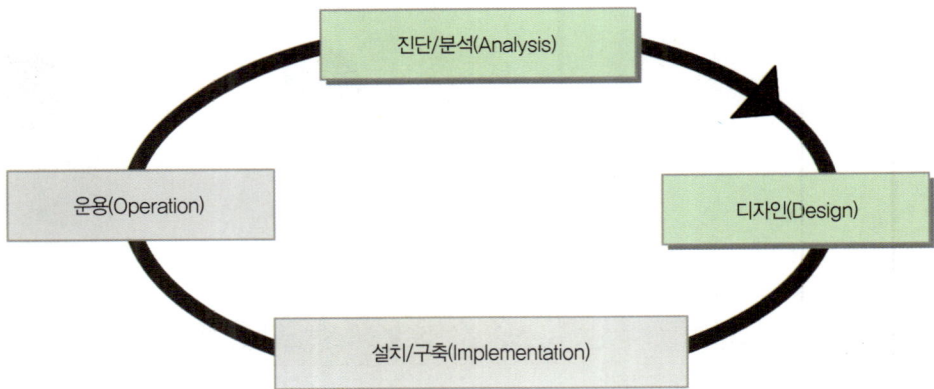

[그림 C-1] 네트워크 구축 프로세스

디자인의 준비 단계인 진단/분석 단계에서는 [그림 C-2]와 같이 새로운 네트워크에 대한 '품질 목표서'와 '구축 계획서'를 완성해야 합니다. 이러한 목표를 달성하려면 자기 네트워크의 문제점과 (어쩌면 대강이라도) 해결책까지도 제시할 수 있는 고객과의 협조를 통해 프로젝트의 효율성을 최대한 높여야 합니다. 뿐만 아니라 고객과의 원활한 커뮤니케이션은 프로젝트의 투명성을 높여서 갈등과 오해의 소지를 줄여줍니다.

1. 고객의 요구 사항 분석

고객의 요구 사항을 분석하기 전에 네트워크 디자이너는 고객의 경영 전략과 IT 전략 목표를 달성하기 위해 필요한 네트워크의 특성을 정리하여 고객과 대화할 준비를 해야 합니다. 또한 고객이 발행한 새로 구축할 네트워크에 대한 규격 지침인 RFP(Request For Proposal)를 통해 구축 범위, 담당 조직, 성능 기준이나 솔루션 등을 조사하고 숙지합니다. 또한 우수 구축 사례를 조사하고, 고객의 요구 사항을 실현 가능한 수준에서 개선하고 발전시켜야 합니다. 실전 네트워크 디자인에서 올바른 레퍼런스 모델(다른 네트워크 디자인 사례)의 선택은 시간을 줄일 뿐만 아니라 시행착오를 최소화할 수 있다는 점에서 매우 중요합니다. 고객의 요구 사항은 납기나 비용, 회사의 정책과 관련된 비기술적인 것과, 응답 시간이나 오류 발생률, 보안과 같이 기술적인 것이 있으므로 나누어 정리하고 리스트로 만들어서 관리해야 합니다.

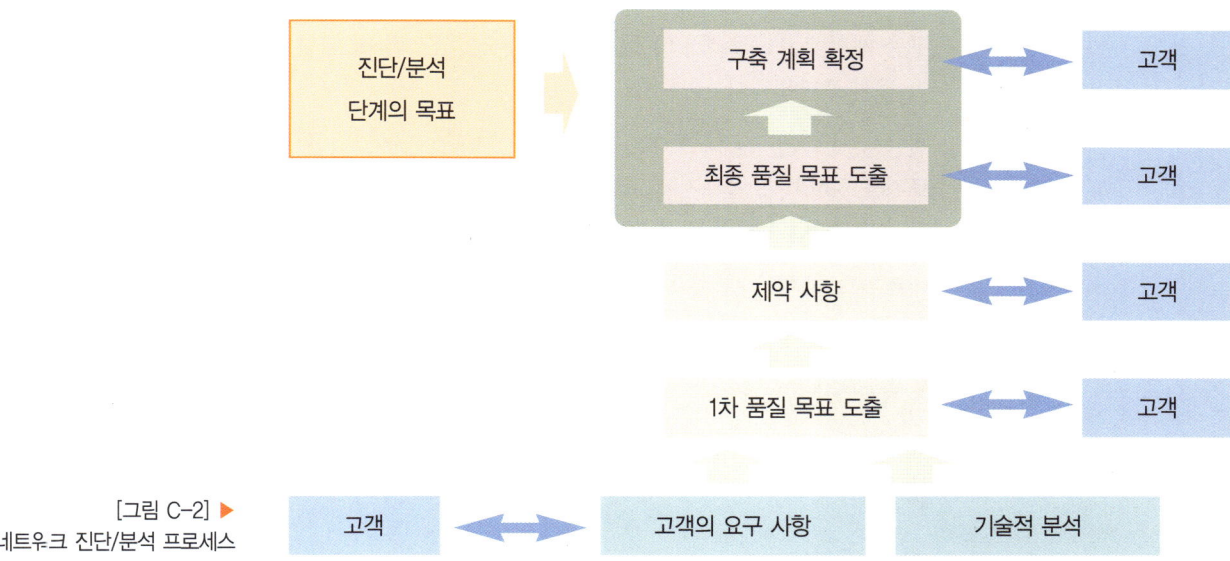

[그림 C-2] 네트워크 진단/분석 프로세스

2. 기술적 분석

기술적 분석 단계에서는 고객이 제시하거나 제시하지 않은 네트워크의 오동작이나 문제점을 발견하고 전문가로서 고객에게 제시할 수 있는 다양한 개선점 또는 시사점을 도출하는 단계입니다. 이 단계에서 다양한 진단 분석 툴(참고 : http://www.slac.stanford.edu/xorg/nmtf/nmtf-tools.html)을 사용합니다. 고객의 요구 사항과 기술적 분석을 통해 1차 품질 목표를 도출합니다.

3. 품질 목표

고객의 요구 사항을 기초로 1차 품질 목표가 도출되면, 디자이너는 현재 네트워크에 대한 1차 품질 목표를 달성하는 데 수반되는 제약 사항들을 정리합니다. 즉 예산 범위와 예산 범위 안에서 낼 수 있는 최대 장비와 대역폭 성능, 적용 솔루션 또는 프로토콜의 단점, 유지/보수, 보안, 가용성과 관련하여 투자 조정, 구축 일정 등의 기술/비기술적 제약 조건을 도출한 후 최종 품질 목표를 작성합니다. 최종 품질 목표는 프로젝트 이후에 결과와 비교되는 검수 기준이 됩니다.

4. 제약 사항

제약 사항 때문에 주로 고객에 의한 1차 품질 목표는 최종 품질 목표로 현실화됩니다. 제약 사항에 대해 고객을 제대로 설득시키려면 기술과 고객의 비즈니스/IT 전략을 잘 이해하고 있어야 합니다. 제약 사항은 고객과의 갈등을 유발시키는 프로젝트 리스크에 포함되는 것으로, 신중하게 도출하고 세심하게 관리해야 합니다.

5. 구축 계획 확정

구축 계획에는 프로젝트의 목적 및 범위, 전략, 조직 및 역할, 일정, 품질 목표, 테스트 방안 등이 포함됩니다.

진단/분석 단계가 끝나면 네트워크 디자인 단계로 들어갑니다. 새로운 네트워크에 대한 토폴로지를 정하고, 토폴로지에 포함될 하드웨어와 대역폭을 결정합니다. 또한 네트워크에 적용할 솔루션/프로토콜들을 선정하고, IP 주소를 디자인하는 단계입니다.

네트워크 디자인 시 주요 고려 목표는 다음과 같습니다. 즉 네트워크에서 제시되는 토폴로지, 장비, 솔루션, 프로토콜들의 목적은 다음 중 하나를 위한 것입니다.

- 속도(Performance)
- 비즈니스 연속성(Availability, 가용성)
- 보안
- 관리 용이성
- 투자 효율성

네트워크 솔루션/프로토콜들은 보통 속도, 비즈니스 연속성, 보안 중 하나를 만족시키기 위한 것입니다. 그러나 이러한 특성을 충족시켜도 관리 용이성이나 투자 효율이 떨어진다면 선택되지 않을 수 있습니다.

[예 C-1]은 네트워크 구축을 위한 WBS(Work Breakdown Structure) 예입니다. WBS는 네트워크 구축에 필요한 작업을 세분화하고 담당자, 일정, 이벤트 등을 정리하여 프로젝트를 관리하기 위한 일종의 툴입니다. 업무 레벨은 4단계로 구분되어 있는데, 필요에 따라 더 나눌 수도, 덜 나눌 수도 있습니다. 각각의 작업에 대한 산출물과 담당자, 일정 등을 포함합니다.

[예 C-1] ▶ 네트워크 구축을 위한 WBS(Work Breakdown Structure)의 예

업무 레벨					산출물	Schedule			Actual Schedule			필요 Event
Level 1	Level 2	Level 3		Level 4		담당자	기간	주차	담당자	기간	주차	
구축 방향 및 컨설팅 계획 수립	1. 네트워크 구축 방향	1.1 WAN 구축 방향 설정		1.1.1 WAN 구축 방향 설정	컨설팅 수행 계획서							
		1.2 LAN 구축 방향 설정		1.2.1 LAN 구축 방향 설정								
		1.3 네트워크 운영/관리 방향 설정		1.3.1 네트워크 운영/관리 방향 설정								
		1.4 VOICE 설계 방향 설정		1.4.1 VOICE 설계 방향 설정								
		1.5 IP 설계 방향 설정		1.5.1 IP 설계 방향 설정								
		1.6 DNS 설계 방향 설정		1.6.1 DNS 설계 방향 설정								
	2. 실행 컨설팅 수행 전략	2.1 컨설팅 범위 설정		2.1.1 컨설팅 범위 설정								
		2.2 컨설팅 상세 수행 일정 수립		2.2.1 컨설팅 상세 수행 일정 수립								
현황 분석 및 개선 방안 도출	1. 네트워크 현황 분석	1.1 네트워크 현황 분석 계획 수립		1.1.1 조사 범위 선정	네트워크 현황 분석 계획서							
				1.1.2 세부 항목 설정								
				1.1.3 역할 분담 정의								
				1.1.4 조사 일정 및 방법 수립								
		1.2 네트워크 현황 조사		1.2.1 지역별 네트워크 현황 수집	네트워크 현황 분석서							
				1.2.2 지역별/네트워크별 요구 사항 수집								
		1.3 네트워크 현황 분석		1.3.1 LAN, WAN 현황 분석								
				1.3.2 네트워크 장비 현황 및 SPEC 분석								
				1.3.3 VOICE 현황 분석								
				1.3.4 NMS 현황 분석								
				1.3.5 보안 현황 분석								
				1.3.6 서버 시스템 및 애플리케이션 현황 분석								
				1.3.7 네트워크 논리적 구조 현황 분석								
				1.3.8 DNS 구조 현황 분석								
				1.3.9 그룹사별 요구 사항 분석								
	2. 네트워크 진단 및 분석	2.1 네트워크 진단 계획 수립		2.1.1 진단 범위 선정	네트워크 진단 분석서							
				2.1.2 진단 항목 및 방법 설정								
				2.1.3 역할 분담 정의								
				2.1.4 진단 일정 계획 수립								
		2.2 네트워크 진단		2.2.1 회선 사용률 진단								
				2.2.2 네트워크 장비 성능 진단								
				2.2.3 애플리케이션 응답 속도								
		2.3 네트워크 진단 결과 분석		2.3.1 진단 결과 수집								
				2.3.2 분석 보고서 작성								
	3. 문제점 파악/개선 과제 도출	3.1 문제점 파악 및 개선안 도출		3.1.1 네트워크 현황 및 진단 분석 결과 정리								
				3.1.2 개선안 도출								
	4. 고객의 요구 사항 분석	4.1 요구 사항 분석		4.1.1 비즈니스 관점의 타사 사례 및 요구 분석	요구 사항 분석서							
				4.1.2 기술적 분석								
		4.2 네트워크 기술 동향 분석		4.2.1 네트워크 흐름 분석								
				4.2.2 네트워크 센터 동향 분석								
네트워크 설계	1. 회선 용량 산정	1.1 회선 용량 산정 범위 정의		1.1.1 회선 용량 선정 범위 정의	회선 용량 산정서							
		1.2 현재 회선 용량 현황 재검토		1.2.1 현재 회선 용량 현황 재 검토								
		1.3 목표치 차이 분석		1.3.1 목표치 차이 분석								
		1.4 최종 네트워크 용량 산정		1.4.1 최종 네트워크 용량 산정								
	2. 설계	2.1 LAN 설계		2.1.1 구성 범위 정의	네트워크 상세 설계서							
				2.1.2 LAN 구성 기본 설계 및 상세 설계								
				2.1.3 구축 방안 수립								
		2.2 WAN 설계		2.2.1 구성 범위 정의								
				2.2.2 주요 거점 대상 선정								
				2.2.3 광통신망 구성 기본 설계 및 상세 설계								
				2.2.4 구축 방안 수립								
		2.3 VOICE망 설계		2.3.1 그룹사 기존 VOICE 현황 재검토								
				2.3.2 그룹사 VOICE 수용 방안 수립								
		2.4 NMS 설계		2.4.1 관리 범위 및 관리 방법 정의								
				2.4.2 네트워크 관리망 설계								
				2.4.3 기능 정의 및 프로세스 연동 정의								
				2.4.4 구축 방안 수립								
		2.5 DNS 설계		2.5.1 DNS 설계 방안 수립	DNS 구축안							
		2.6 장비 선정 기준 수립		2.6.1 장비 선정 기준안 수립	장비 구매 규격서							
				2.6.2 기술 지원 및 유지 보수 방안 제시								
IP Address Planning	1. IP Address 설계 및 관리	1.1 IP 주소 표준안 수립		1.1.1 IP 주소 부여 체계 수립	IP Address 표준 설계서, IP Address 관리 방안							
				1.1.2 공인/비공인 IP 부여 체계 수립								
				1.1.3 IP 주소 관리 범위 정의								
		1.2 Naming 정책 수립		1.2.1 장비 Naming 정책 수립								
				1.2.2 회선 번호 관리 체계 수립								
		1.3 IP 주소 관리 솔루션 검토		1.3.1 솔루션 제시								
실행 계획 수립	1. 수행 과제 및 실행 방안	1.1 수행 과제 및 실행 방안 도출		1.1.1 수행 과제별 그룹 분류	수행 과제 실행 방안							
				1.1.2 수행 과제별 진행 우선 순위 선정								
				1.1.3 단계별 실행 방안 도출								
	2. 네트워크 이전	2.1 네트워크 이전 시나리오 작성		2.1.1 네트워크 변경 시나리오 작성	이전 계획서							
				2.2.2 IP 변경 계획 수립								
				2.2.3 모의 이행 Test 방안 수립								
				2.2.4 변경 시나리오 수립								
	3. 제안 요청서 작성	3.1 제안 요청서 작성 범위 정의		3.1.1 구축 업체 선정 가이드라인 제시	제안 요청서							
				3.1.2 기간 통신 사업자 선정 가이드라인 제시								
		3.2 제안 요청서 작성		3.2.1 제안 요청서 작성 및 제출								

Lesson 05

Hierarchical 3 Layer 모델 장비의 포트 수

Hierarchical 3 Layer 모델에서 각 계층의 장비에 필요한 포트 수는 얼마일까요?

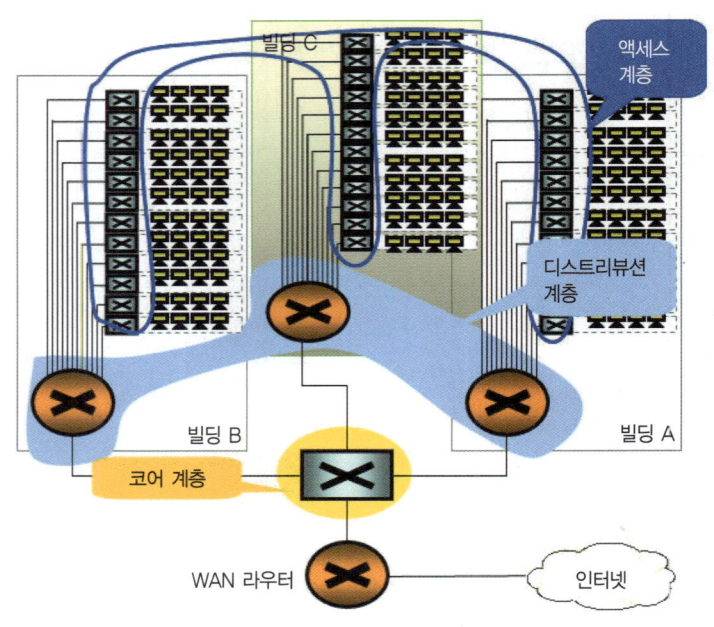

[그림 2-10] ▶
Hierarchical 3 Layer 모델에서 포트 수 계산하기

각 층의 100명의 유저들에게 각각 최소 대역폭인 10Mbps를 할당한다면 각 층의 액세스 계층 장비의 10Mbps 포트 수는 100개가 있어야 합니다. 액세스-디스트리뷰션 연결(강물) 구간의 대역폭을 100Mbps로 하기로 했다면, 액세스 계층 장비가 가져야 할 포트 수는 10Mbps가 100개, 100Mbps가 1개 있어야 합니다. 12층이라면 디스트리뷰션 계층 장비는 12개의 100Mbps 포트가 있어야 합니다.

디스트리뷰션-코어 연결(바다) 구간의 대역폭을 1,000Mbps로 하기로 했다면, 디스트리뷰션 계층 장비가 가져야 할 포트 수는 100Mbps가 12개, 1,000Mbps가 1개 있어야 합니다. 건물이 3개라면 코어 계층 스위치는 각 건물을 연결하기 위한 1,000Mbps 포트가 3개, 또 WAN 라우터와 연결하기 위한 포트가 1개 있어야 합니다. 이것을 정리하면 [표 2-7]과 같습니다.

[표 2-7] ▶
Hierarchical 3 Layer 모델에서 포트의 수 ①

장비	10Mbps 포트 수	100Mbps 포트 수	1Gbps 포트 수	10Gbps 포트 수
액세스	100	1	0	0
디스트리뷰션	0	12	1	0
코어	0	0	4	0

두 번째 예입니다. 액세스 계층에 연결되는 장비가 PC만 있는 것이 아니라 서버가 연결될 수도 있습니다. 층마다 유저 수는 98명이고, 서버는 2대씩 있다고 가정하겠습니다. 서버가 연결되면 일반적으로 100Mbps 또는 1,000Mbps 이상의 대역폭이 필요한데, 서버에게 100Mbps를 할당합니다. 층은 20개이고, 액세스 계층와 디스트리뷰션 계층 연결 구간의 대역폭은 1Gbps로 합니다. 건물은 9개이고, WAN 라우터가 연결됩니다. 디스트리뷰션과 코어 연결 구간의 대역폭을 1Gbps로 할당했다면 필요한 포트 수는 [표 2-8]과 같습니다.

[표 2-8] ▶
Hierachical 3 Layer 모델에서
포트 수 ②

장비	10Mbps 포트 수	100Mbps 포트 수	1Gbps 포트 수	10Gbps 포트 수
액세스	98(PC 98대)	2(서버 2대)	1	0
디스트리뷰션	0	0	21(20계층, 코어 계층 장비 연결 1개)	0
코어	0	0	10(건물 9개, WAN 연결 1개)	0

마지막 예입니다. 층마다 PC는 80대로 10Mbps에, 서버는 20대로 100Mbps에 연결합니다. 층은 30층이고, 액세스 계층와 디스트리뷰션 계층 연결 구간의 대역폭은 1Gbps로 하려고 합니다. 건물은 10개이고 WAN 라우터가 연결됩니다. 코어 스위치 연결 구간에 10Gbps를 적용한다면 [표 2-9]와 같이 할당할 수도 있습니다.

[표 2-9] ▶
Hierachical 3 Layer 모델에서
각 계층의 장비 배치 비교

장비	10Mbps 포트 수	100Mbps 포트 수	1Gbps 포트 수	10Gbps 포트 수
액세스	80(PC 80대)	20(서버 20대)	1(디스트리뷰션 연결)	0
디스트리뷰션	0	0	30	1(코어 연결)
코어	0	0	0	11(건물 10개, WAN 연결 1개)

네트워크 장비 & 포트 수 산정하기

Problem 1

각 층에는 50명의 End System(유저)이 있고, 10층짜리 건물이 10개가 있으며, Hierarchical 3 Layer 모델로 토폴로지를 디자인한다고 가정할 때 각 계층에 필요한 장비와 장비별 포트 수를 [표 2-10]에 기입하세요. 이때 시내, 강물, 바다 구간별로 10Mbps와 100Mbps, 1Gbps를 사용한다고 가정하는데, 이때 WAN 한 대의 라우터가 있습니다.

[표 2-10] ▶
필요 장비와 포트 수 계산하기

장비	장비 수	10Mbps 포트 수	100Mbps 포트 수	1Gbps 포트 수	10Gbps 포트 수
액세스					
디스트리뷰션					
코어					

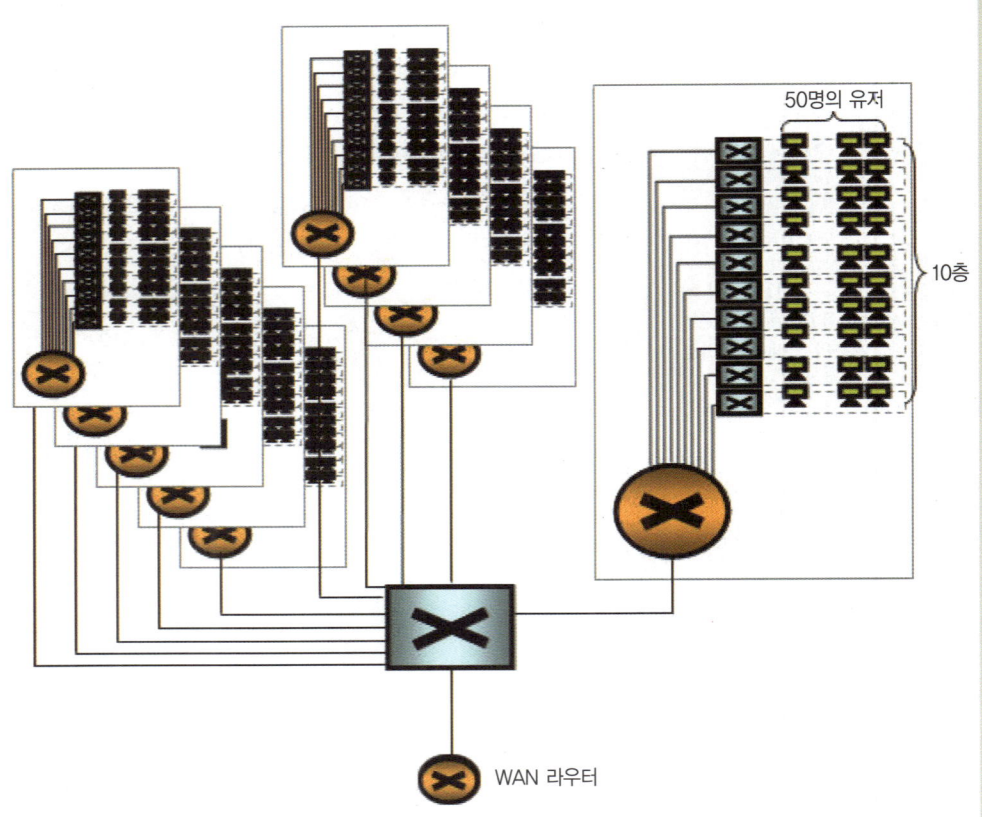

[그림 2-11] ▶
필요 장비와 포트 수 계산

WAN 라우터

50명의 유저

10층

Solution 1

액세스 계층에 50개의 포트를 가진 스위치가 있어야 합니다. 이와 같은 스위치가 10개 층의 각 층별로 한 대씩 필요하므로 액세스 계층 스위치는 다음과 같이 필요합니다.

- 액세스 계층 스위치 수=10(층 수) × 10(건물 수)=100대

디스트리뷰션 계층 장비는 각 건물마다 한 대씩 있어야 하므로, 디스트리뷰션 계층 라우터 수는 다음과 같습니다.

- 디스트리뷰션 계층 라우터 수=10개 건물=10대
- 코어 계층 장비는 건물을 연결하는 장비이므로 한 대가 필요합니다.

시내, 강물, 바다 구간별로 10Mbps와 100Mbps, 1Gbps를 사용한다면 각 계층의 장비에서 필요한 포트 수는 장비 한 대 당 [표 2-11]과 같습니다.

[표 2-11] ▶
필요 장비와 포트 수 계산하기

장비	장비 수	10Mbps 포트 수	100Mbps 포트 수	1Gbps 포트 수	10Gbps 포트 수
액세스	100	50	1	0	0
디스트리뷰션	10	0	10	1	0
코어	1	0	0	11(WAN 라우터 연결 포트 포함)	0

현실적으로, 10개의 건물에서 유입되는 트래픽을 한 대의 장비에서 수용할 만한 코어 스위치가 없다면 코어 스위치를 여러 대 설치하여 로드 밸런싱을 할 수 있습니다.

굳히기

Problem 2

각 층에는 150명의 유저가 있고, 50층짜리 건물 3개, 30층짜리 건물 5개가 있을 때 Hierarchical 3 Layer 모델의 각 계층에 필요한 장비와 장비별 포트 수를 [표 2-12]에 기입하세요. 시내, 강물, 바다 구간별로 10Mbps와 100Mbps, 1Gbps를 사용한다고 가정하는데, 이때 WAN 한 대의 라우터가 있습니다.

[표 2-12] ▶ 필요 장비와 포트 수 계산하기

장비	장비 수	10Mbps 포트 수	100Mbps 포트 수	1Gbps 포트 수	10Gbps 포트 수
액세스					
디스프리뷰션 (50층 건물)					
디스트리뷰 (30층 건물)					
코어					

Solution 2

액세스 계층에 150개의 포트를 가진 스위치가 있어야 합니다. 이와 같은 스위치가 50층과 30층의 각 층별로 한 대씩 필요하므로 액세스 계층 스위치는 다음과 같이 필요합니다.

> 액세스 계층 스위치 수=(50×3)+(30×5)=300대

디스트리뷰션 계층 장비는 각 건물마다 한 대씩 있어야 하므로, 디스트리뷰션 계층 라우터 수는 다음과 같습니다.

> 디스트리뷰션 계층 라우터 수=3+5=8대
> 코어 계층 장비는 건물을 연결하는 장비이므로 한 대가 필요합니다.

시내, 강물, 바다 구간별로 10Mbps와 100Mbps, 1Gbps를 사용한다면 각 계층의 장비에서 필요한 포트 수는 장비 한 대 당 [표 2-13]과 같습니다.

[표 2-13] ▶
필요 장비와 포트 수 계산하기

장비	장비 수	10Mbps 포트 수	100Mbps 포트 수	1Gbps 포트 수	10Gbps 포트 수
액세스	300	150	1	0	0
디스트리뷰션 (50층 건물)	8	0	50	1	0
디스트리뷰션 (30층 건물)		0	30	1	0
코어	1	0	0	9(WAN 라우터 연결 포트 포함)	0

만약 액세스 계층 스위치가 300개의 포트를 제공하는 장비가 없을 경우 150개의 포트를 제공하는 두 대의 스위치를 연결하여 사용할 수 있는데, 이것을 '스위치 스태킹(Switching Stacking)' 이라고 합니다.

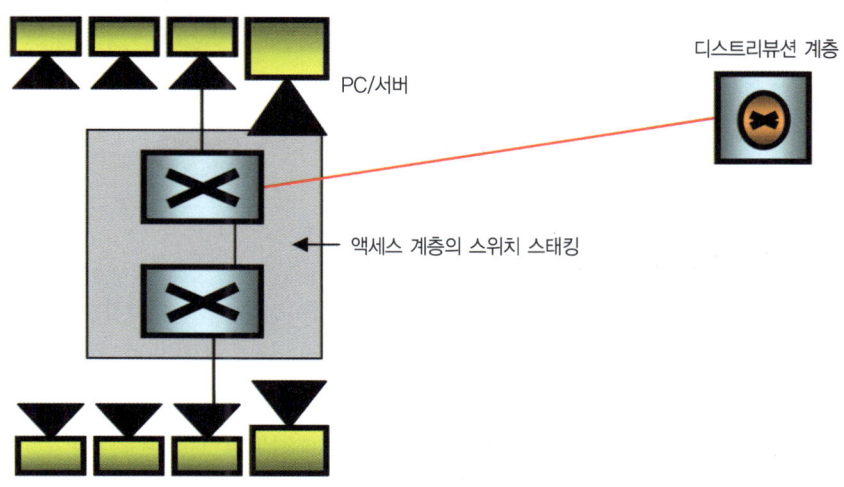

[그림 2-12] ▶
스위치 스태킹

Lesson 06

Hierarchical 3 Layer 모델의 코어, 디스트리뷰션, 액세스 계층에 각각 스위치, 라우터, 스위치를 배치하는 이유

Hierarchical 3 Layer 모델의 코어에는 스위치를, 디스트리뷰션 계층에는 라우터를, 액세스 계층에는 스위치를 배치합니다. Hierarchical 3 Layer 모델의 각 계층에 스위치만 갖다놓아도 되고, 라우터만 배치해도 통신은 가능합니다. 이 외에도 [그림 2-13]과 같은 다양한 배치가 가능한데, 왜 코어 계층에는 스위치를, 디스트리뷰션 계층에는 라우터를, 액세스 계층에는 스위치를 배치할까요?

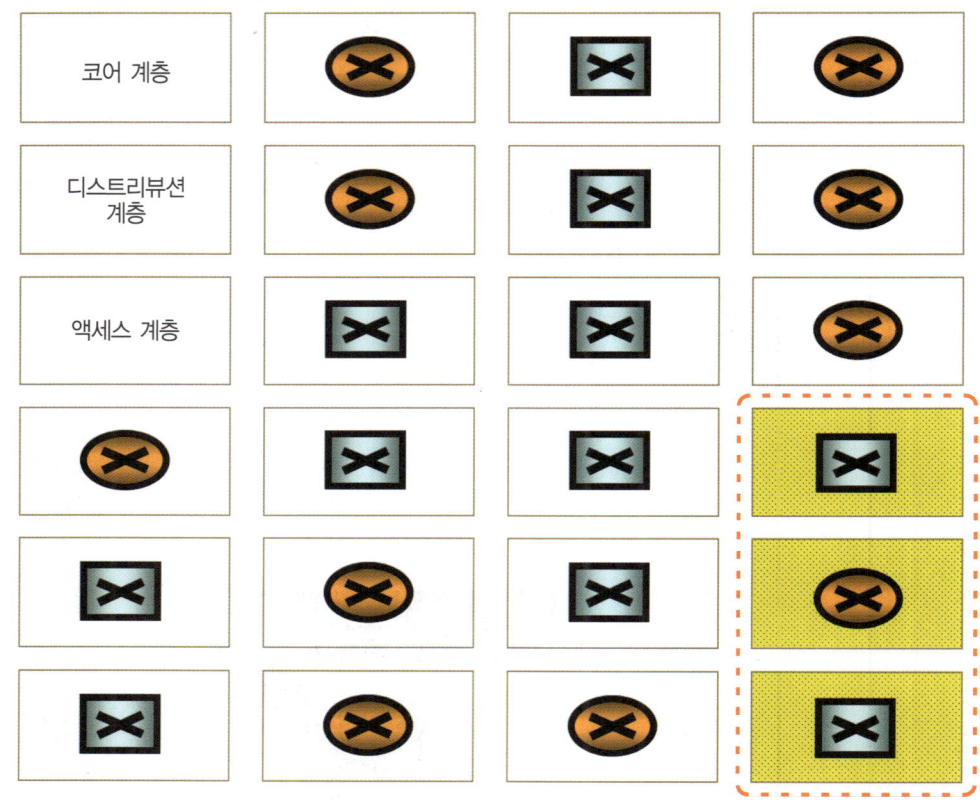

[그림 2-13] ▶
Hierarchical 3 Layer 모델의 장비들

스위치와 라우터의 차이점을 다시 살펴봅시다. 스위치는 2계층 장비이고, 라우터는 3계층 장비입니다. 'Chapter 01. 데이터의 흐름'에서 설명했듯이 2계층 장비는 1계층 + 2계층 기능을 수행하고, 3계층 장비는 1계층 + 2계층 + 3계층 기능을 수행합니다. 그렇다면 두 장비의 하드웨어 사양이 같다는 조건에서 2계층 장비만으로 네트워크를 만드는 것과 3계층 장비만으로 네트워크를 만드는 것 중 어느 쪽이 더 빠른 네트워크가 될까요? 패킷이 장비를 통과할 때 2계층 장비를 통과하는 속도가 빠르기 때문에 당연히 2계층 장비로 구성하는 것이 빠릅니다. 따라서 코어 계층과 액세스 계층에 스위치를 사용한 이유는 빠른 네트워크를 구성해서 네트워크에서의 지연 시간을 줄이기 위해서입니다.

그렇다면 디스트리뷰션 계층에 '왜 스위치를 사용하지 않고 라우터를 사용했는가?' 만 이해하면 됩니다. 여기에서 스위치와 라우터의 두 번째 차이점을 살펴봅시다. 스위치는 브로드캐스트(ffff.ffff.ffff : 브로드캐스트 주소로 보내지는 프레임)를 받으면 모든 포트로 복사해서 내보냅니다. 라우터는 브로드캐스트를 받아서 처리하지만, 다른 포트로 내보내지 않습니다. 즉 스위치는 브로드캐스트 도메인을 나누지 않고 라우터는 브로드캐스트 도메인을 나눕니다.

PC와 서버는 7계층 장비이기 때문에 1계층 + 2계층 + 3계층 + 4계층 + 5계층 + 6계층 + 7계층의 기능을 수행합니다. PC/서버가 가진 LAN 카드가 2계층의 기능을 수행합니다. 2계층의 주요 기능은 스위칭 기능으로 LAN 카드도 일종의 스위치입니다. LAN 카드는 프레임을 받아서 목적지 주소(2계층 주소)를 보고 목적지 주소가 자신의 주소와 일치할 때 다음 프로세스를 위해 장비내의 CPU에게 보내고, 자기 주소가 아닐 때는 폐기해버리는 일종의 스위치입니다. LAN 카드도 스위치처럼 브로드캐스트를 받으면 막지 못하는 스위치처럼 무조건 CPU에게 보냅니다.

그렇다면 [그림 2-14]와 같이 네트워크의 속도만 생각하여 Hierarchical 3 Layer 모델의 모든 계층에 스위치를 사용한 경우를 생각해 봅시다. [그림 2-14]의 한 PC 또는 서버에서 출발한 브로드캐스트는 브로드캐스트를 막는 라우터가 없으므로 전체 네트워크의 모든 PC와 서버에게 전달됩니다. 이러한 상황은 PC와 서버가 브로드캐스트를 받을 가능성이 높다는 의미입니다. 즉 PC와 서버는 CPU에 대한 과부하 때문에 속도가 느려질 수 있습니다.

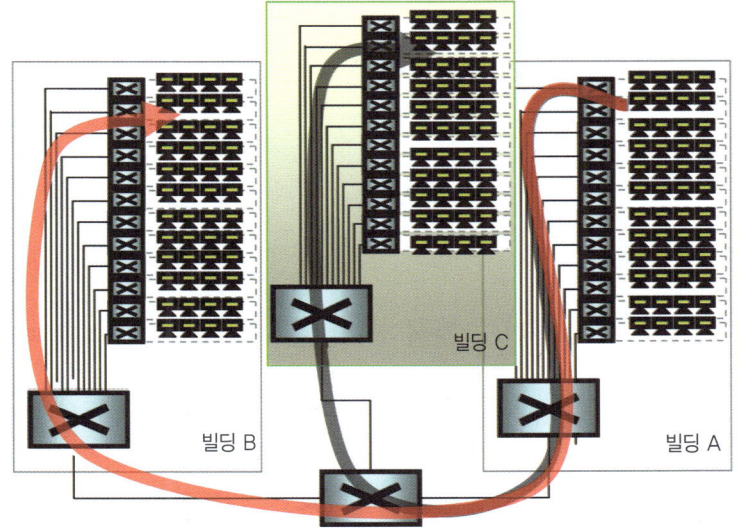

[그림 2-14] ▶
계층 모델에서 모두 스위치만 사용한 경우

속도가 빠르다는 것은 클라이언트와 서버 간의 응답 시간(Response Time)이 짧다는 것을 의미합니다. 응답 시간이 빨라지려면 거치는 네트워크의 장비의 성능과 선의 대역폭과, 클라이언트와 서버의 처리 성능이 모두 좋아야 합니다. 브로드캐스트로 인한 과부하로 성능이 느려지는 피해가 PC와 서버에 발생한다면 결국 응답 시간이 느려집니다. 이것을 피하기 위해 적정한 위치에서 브로드캐스트 도메인을 나누고 PC와 서버가 받아서 처리해야 할 브로드캐스트 수를 줄여야 합니다. 그러면 어디가 적절할까요? 디스트리뷰션 계층은 Hierarchical 3 Layer 모델의 중심이기 때문에 브로드캐스트 도메인을 나눌 수 있는 최적의 위치입니다.

[그림 2-15]는 LAN 네트워크의 디스트리뷰션 계층에서 라우터를 사용하여 10개의 브로드캐스트 도메인으로 분할한 예입니다. 이를 통해 PC와 서버들은 보다 적은 수의 브로드캐스트를 처리하며, CPU에 과부하가 걸릴 확률은 낮아지고 데이터 처리 속도도 개선됩니다.

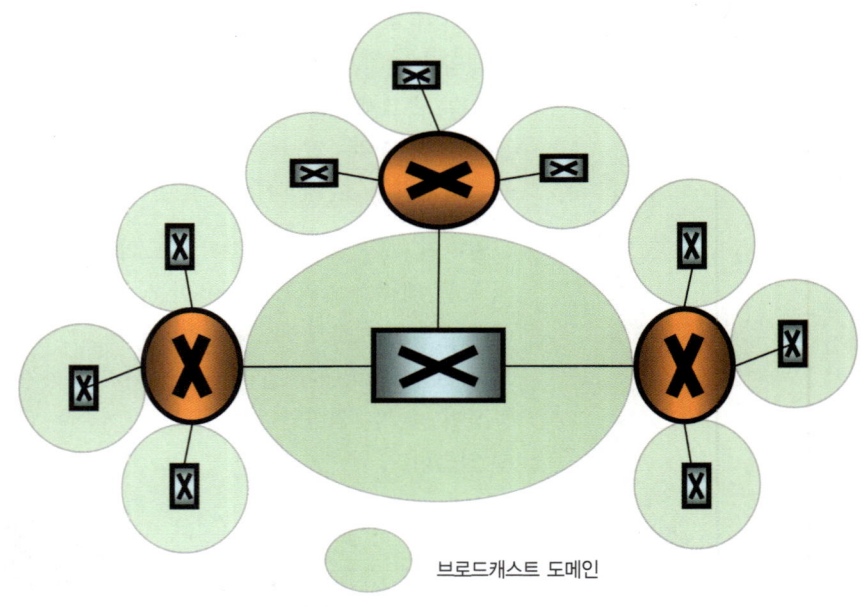

[그림 2-15] ▶
브로드캐스트 도메인을 분할하기 위한 디스트리뷰션 계층에서 라우터 배치하기

[표 2-14]를 통해 다시 정리해 봅시다.

[표 2-14] ▶
Hierarchical 3 Layer 모델에서 각 계층의 장비 배치 비교하기

구성			이유	결과
코어	디스트리뷰션	액세스	브로드캐스트 도메인이 너무 넓어지기 때문에	PC와 서버의 데이터 처리 속도가 느려집니다
코어	디스트리뷰션	액세스	느린 장비(3개층 장비)로만 구성했기 때문에	네트워크에서의 데이터 처리 속도가 느려집니다.
코어	디스트리뷰션	액세스	중간 계층인 디스트리뷰션 계층에만 라우터를 배치했기 때문에	느린 네트워크 문제와 느린 PC/서버 문제를 적절하게 타협적으로 해결할 수 있는 최적의 구성입니다.

Lesson 07 LAN 네트워크와 VLAN

[그림 2-16]의 [A] 그림과 같이 라우터만 배치했다면 브로드캐스트 도메인(네트워크)은 라우터의 인터페이스와 동일한 20개입니다. 만약 [B] 그림처럼 디스트리뷰션 계층에 라우터와 함께 스위치를 둔다면 브로드캐스트 도메인은 하나지만, VLAN(Virtual LAN)을 구성하면 브로드캐스트 도메인의 경계는 보다 유연해질 수 있습니다.

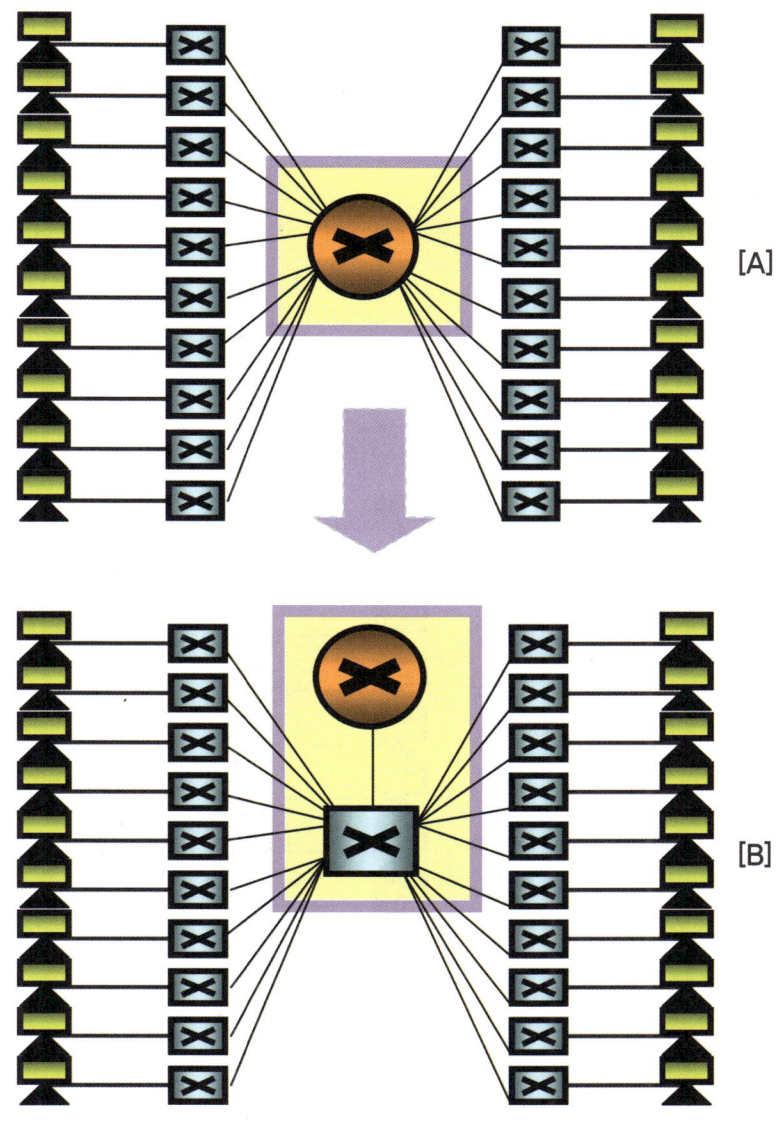

[그림 2-16] ▶
디스트리뷰션 계층에 라우터만 배치한 경우

VLAN(Virtual LAN)은 스위치에서 포트별로 브로드캐스트 도메인을 나누는 것입니다. [그림 2-17]에서 1번 VLAN에 속한 포트로 들어온 브로드캐스트는 1번 VLAN에 속한 포트들로만 나가기 때문에 브로드캐스트 도메인은 나뉘어질 수 있습니다. 브로드캐스트에 속하는 ARP Request와 Reply는 같은 브로드캐스트 도메인(네트워크) 안에서만 교환됩니다. 브로드캐스트인 ARP 패킷들은 같은 네트워크 안에서 전달될 수 있어야 하므로 VLAN이 달라지면 브로드캐스트 도메인이 달라지기 때문에 네트워크도 달라집니다. 같은 네트워크에 속하는 장비 간에 통신을 위해서는 ARP를 주고받을 수 있어야 2계층 인캡슐레이션의 목적지 주소 자리를 채워넣을 수 있습니다.

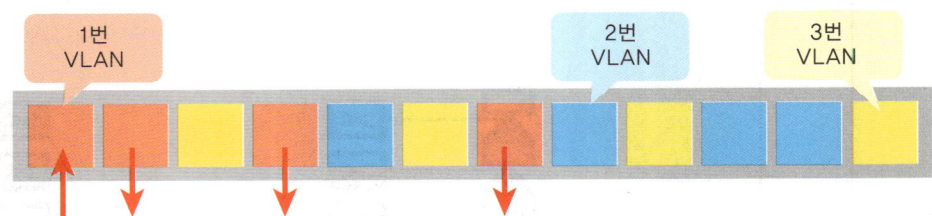

[그림 2-17] ▶
VLAN과 브로드캐스트 도메인

[그림 2-18]과 같이 디스트리뷰션 계층에 라우터와 스위치를 배치하면 보다 유연하게 브로드캐스트 도메인을 디자인할 수 있습니다. [그림 2-18]은 디스트리뷰션 계층 스위치에서 VLAN을 나누었지만 [그림 2-19]는 액세스 계층 스위치에서 VLAN을 나누었습니다.

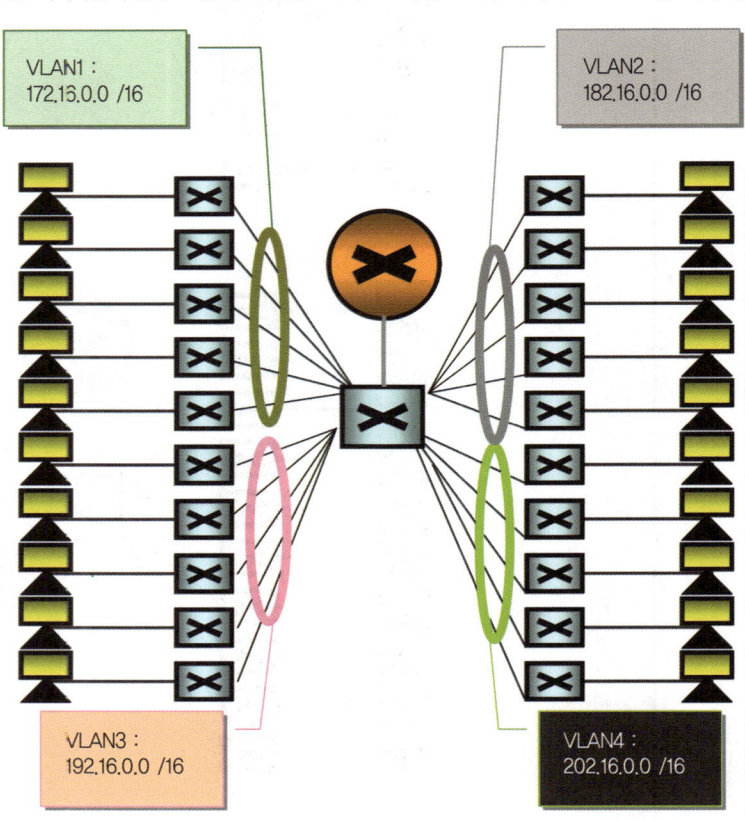

[그림 2-18] ▶
디스트리뷰션 계층의 스위치 때문에 유연해진 VLAN 디자인 ①

비슷하지만 조금 다른 [그림 2-19]를 봅시다. [그림 2-18]을 보면 같은 층에 위치한 모든 PC/서버들이 같은 VLAN에 속하지만, [그림 2-19]는 같은 층의 PC라도 다른 VLAN(네트워크)에 속할 수 있고, 다른 층에 있어도 같은 VLAN에 속할 수 있습니다. 이렇게 디스트리뷰션 계층에 스위치를 둠으로써 네트워크(VLAN) 디자인이 유연해집니다. 동일한 VLAN에 속하는 장비끼리의 통신에는 라우터가 필요 없으므로 브로드캐스트 도메인을 나눈다면 트래픽이 자주 발생하는 장비들을 동일한 VLAN에 속하게 합니다. 이를 통해 라우터를 거치지 않으면서 보다 빠른 통신이 되게 합니다. 브로드캐스트 도메인도 나누면서 자주 발생하는 트래픽이 느리지 않은 통신이 되게 하니까 일석이조입니다.

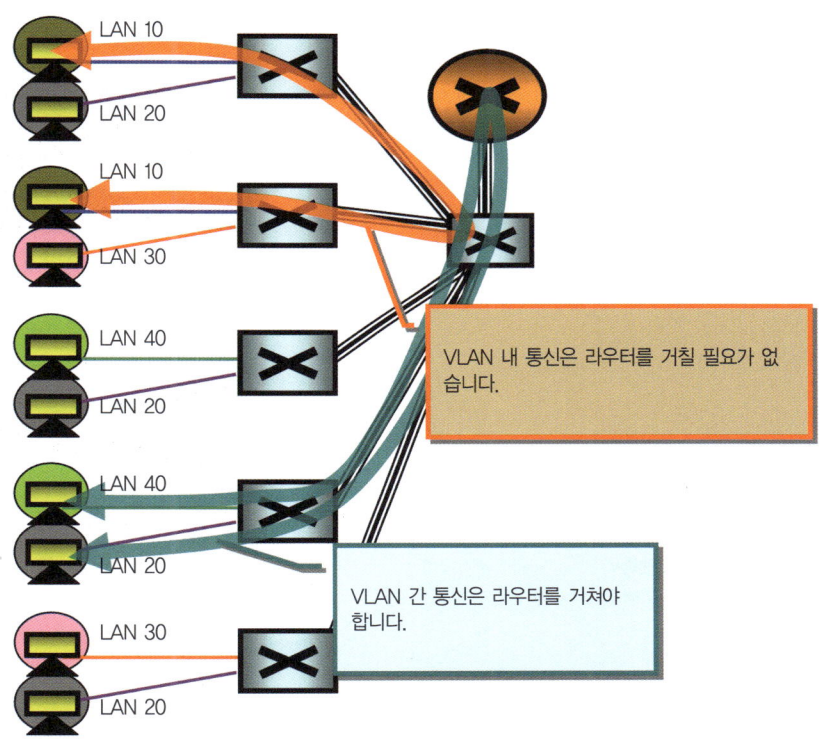

[그림 2-19] ▶
디스트리뷰션 계층의 스위치 때문에 유연해진 VLAN 디자인 ②

스위치에 VLAN을 구현할 때 번호로 VLAN을 구분합니다. 실제의 경우처럼 [그림 2-19]에 나타낸 VLAN에 번호와 네트워크를 [표 2-15]와 같이 할당해 보았습니다.

[표 2-15] ▶
VLAN과 서브넷의 구성

VLAN 색	파랑	보라	오렌지	초록
VLAN 번호	10	20	30	40
서브넷	1.1.1.0 /24	2.2.2.0 /24	3.3.3.0 /24	4.4.4.0 /24
디폴트 게이트웨이	1.1.1.1	2.2.2.1	3.3.3.1	4.4.4.1

파랑 VLAN, 즉 VLAN 10에 1.1.1.0 /24 네트워크가 할당되었습니다. 1.1.1.0 /24 네트워크에 속한 PC들은 다른 네트워크로 가기 위한 디폴트 게이트웨이가 있어야 합니다.

파랑 VLAN(1.1.1.0 /24 네트워크)에 속한 PC들의 디폴트 게이트웨이 주소는 1.1.1.1이고, 보라 VLAN(2.2.2.0 /24)에 속한 PC들의 디폴트 게이트웨이 주소는 2.2.2.1입니다. 그리고 오렌지 VLAN(3.3.3.0 /24)에 속한 PC들의 디폴트 게이트웨이는 3.3.3.1이고, 초록 VLAN(4.4.4.0 /24)에 속한 PC들의 디폴트 게이트웨이는 4.4.4.1입니다. 따라서 라우터는 1.1.1.1, 2.2.2.1, 3.3.3.1과 4.4.4.1 주소를 모두 가져야 합니다. [그림 2-20]과 같이 디스트리뷰션 라우터는 다수의 VLAN 트래픽을 수용하기 위해 트렁크 대신 VLAN 수만큼의 인터페이스를 가지고 디스트리뷰션 계층의 스위치와 연결해야 합니다.

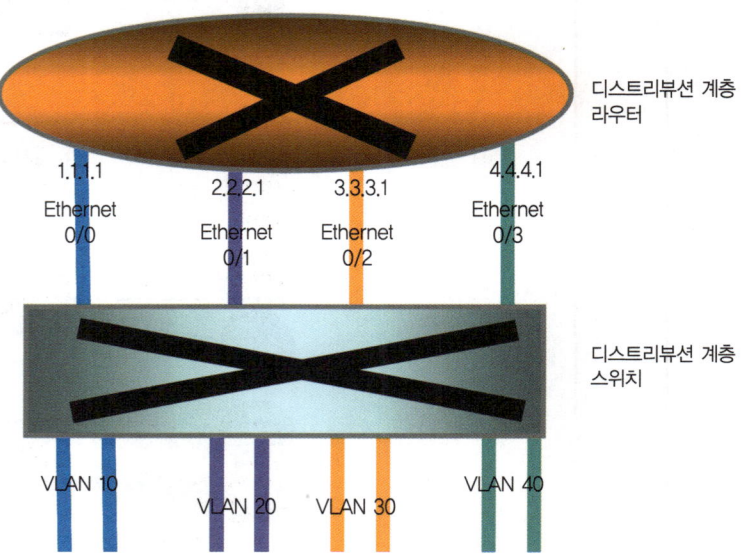

[그림 2-20] ▶
디스트리뷰션 계층의
라우터와 스위치의 연결 방식

Lesson 08 액세스 링크와 트렁크

2대의 스위치를 연결한 [그림 2-21]의 경우를 살펴봅시다. 스위치 A의 10번 VLAN으로 들어온 브로드캐스트는 스위치 B로 건너갔을 때 스위치 B는 몇 번 VLAN에 속하는지 알아야 스위치 B도 브로드캐스트 도메인을 나눌 수 있습니다.

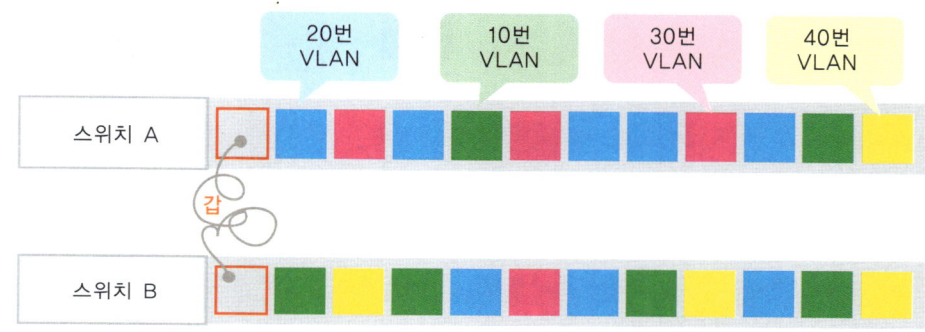

[그림 2-21] ▶
VLAN이 구현된 스위치끼리 연결한 경우

[그림 2-21]과 같이 VLAN이 구현된 스위치를 연결한 경우 스위치 A와 스위치 B를 연결하는 링크 '갑'은 10, 20, 30, 40번의 모든 VLAN이 지나다닐 수 있는데, 이러한 링크를 '트렁크(Trunk)'라고 합니다. 그리고 '갑' 링크와 달리 하나의 VLAN에 속하는 다른 모든 링크를 '액세스 링크(Access Link)'라고 합니다. 트렁크를 통과하는 모든 프레임들은 반대쪽 스위치에 전달하기 전에 몇 번 VLAN에 속한 브로드캐스트 트래픽인지를 표시해야 합니다. 이러한 표시나 구분 때문에 다수의 스위치로 구성된 네트워크에서도 브로드캐스트 도메인은 분할됩니다.

트렁크에서는 VLAN 표시를 위해 원래의 3개의 옷(인캡슐레이션) 외에 네 번째 옷을 입힙니다. IEEE802.1Q와 ISL(Inter-Switch Link)은 트렁크에서 VLAN을 표시하기 위한 인캡슐레이션 프로토콜로, IEEE802.1Q는 표준 프로토콜이고, ISL은 시스코 프로토콜입니다. IEEE802.1Q 인캡슐레이션은 [그림 2-22]와 같습니다.

[그림 2-22] ▶
IEEE 802.1Q
인캡슐레이션 프로토콜

| 원래의 이더넷 헤더 | 2Byte TPID/ 2Byte TCI | 원래의 이더넷 Type/Data | 새로운 CRC |

- **TPID** : 0x8100의 고정된 값으로 802.1Q/802.1p 정보를 포함하고 있음을 표시
- **TCI** : VLAN 번호와 프레임의 우선 순위(Priority) 값 표시

시스코 스위치에서 트렁크를 생성/구현하기 위해서 [예 2-1]과 같은 'switchport mode trunk' 명령을 사용합니다. 'switchport trunk encapsulation' 명령은 트렁크에서 사용할 인캡슐레이션 타입을 설정합니다.

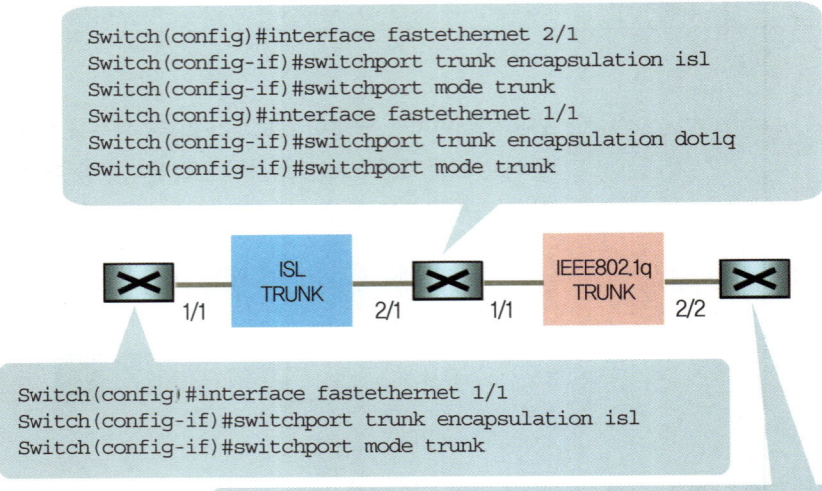

[예 2-1] ▶
트렁크 구현 명령

디폴트로 트렁크에서는 모든 VLAN에 속하는 트래픽이 왕래할 수 있지만, [예 2-2] 명령을 통해 허용 가능한 VLAN 범위를 제한할 수 있습니다. 'switchport trunk allowed VLAN 10' 명령은 VLAN 10만 통과시키겠다는 명령이고, 'switchport trunk allowed VLAN except 20' 명령은 VLAN 20을 제외한 모든 VLAN들을 통과시키는 명령입니다. 이와 같이 모든 VLAN들이 왕래하는 링크를 '트렁크'라고 하기 때문에 하나의 VLAN만 지나다니는 링크는 액세스 링크로 구분하여 부릅니다.

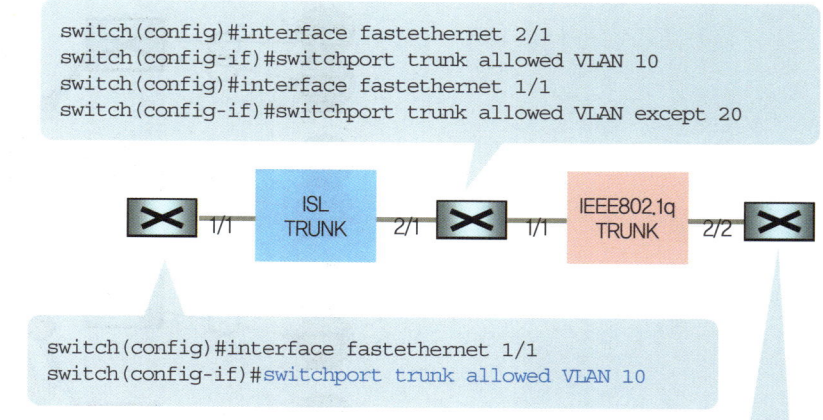

[예 2-2] ▶
트렁크에서 VLAN 제한하기

[그림 2-23]에서 빨간색 동그라미로 표시된 링크는 모든 VLAN들이 지나다녀야 하므로 트렁크로 구현해야 합니다.

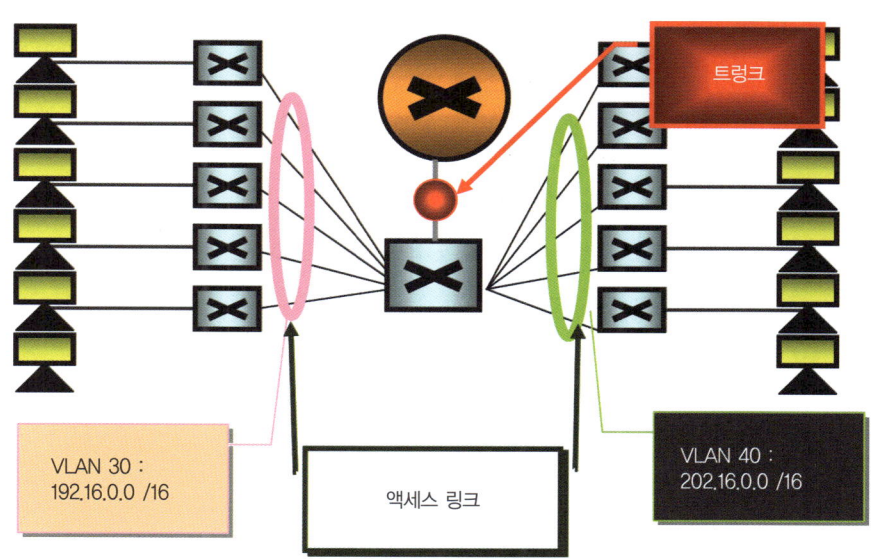

[그림 2-23] ▶
그림에서 트렁크는 1개입니다.

[그림 2-24]에서 빨간색 동그라미로 표시된 링크는 모든 VLAN이 지나다녀야 하므로 트렁크로 구현해야 합니다.

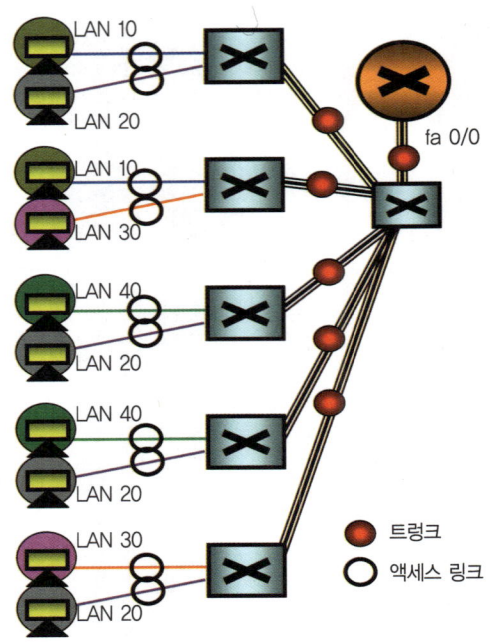

[그림 2-24]
그림에서 트렁크는 6개입니다.

라우터 인터페이스를 트렁크로 구현하는 방법은 [예 2-3]과 같이 하나의 라우터 인터페이스를 VLAN 수만큼의 서브인터페이스로 나누는 것입니다. 즉 라우터와 스위치를 트렁크로 구현했을 대 라우터에서는 물리 인터페이스를 VLAN 수만큼의 서브인터페이스로 나누어 트렁크로 구현합니다.

```
Router#configure terminal
Router(config)#interface fastethernet 0/0
Router(config-if)#no ip address
!
Router(config)#interface fastethernet 0/0.1
Router(config-subif)#encapsulation isl 10
Router(config-subif)#ip address 1.1.1.1 255.255.255.0
Router(config)#interface fastethernet 0/0.2
Router(config-subif)#encapsulation isl 20
Router(config-subif)#ip address 2.2.2.1 255.255.255.0
Router(config)#interface fastethernet 0/0.3
Router(config-subif)#encapsulation isl 30
Router(config-subif)#ip address 3.3.3.1 255.255.255.0
Router(config)#interface fastethernet 0/0.4
Router(config-subif)#encapsulation isl 40
Router(config-subif)#ip address 4.4.4.1 255.255.255
```

[예 2-3]
디스트리뷰션 계층의 라우터를
트렁크로 구현하는 명령

Lesson 09

Hierarchical 2 Layer 모델과 서버의 위치

각 층의 액세스 계층 스위치와 액세스 계층 스위치들을 연결하는 디스트리뷰션 계층에 라우터가 배치됩니다. 여러 채의 건물이 있을 때 건물들을 연결하기 위해, 다시 말해서 각 건물의 디스트리뷰션 계층 라우터들을 연결하기 위해 코어 계층 장비가 필요합니다. 일반적인 기업이나 조직은 하나의 건물로 구성되므로 [그림 2-25]와 같이 코어 계층을 볼 수 없습니다. 회사 내부에서 사용되는 서버들은 디스트리뷰션 계층 스위치에 연결합니다.

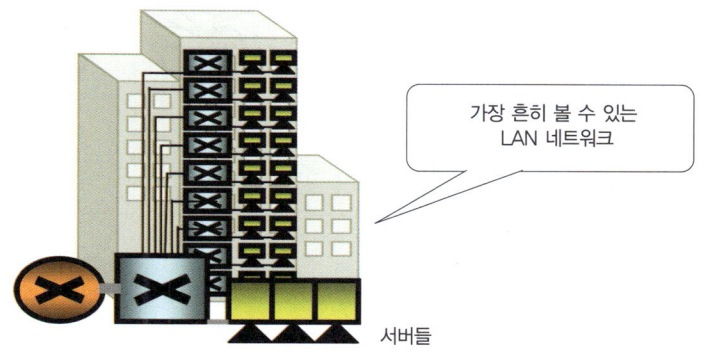

[그림 2-25] ▶
건물이 하나일 때 코어 계층이 생략됩니다.

코어 계층이 존재한다는 것은 다수의 건물들이 있다는 의미입니다. 따라서 코어 계층이 있다면 사실 큰 네트워크입니다. [그림 2-26]을 봅시다. 3개의 건물이 있는데, 이 경우 코어 계층이 필요할까요? 코어 계층 없이 디스트리뷰션 계층의 라우터끼리 직접 연결해도 별 문제가 없습니다. 오히려 코어 계층의 장비를 통과하지 않기 때문에 통과 시간이 줄어듭니다.

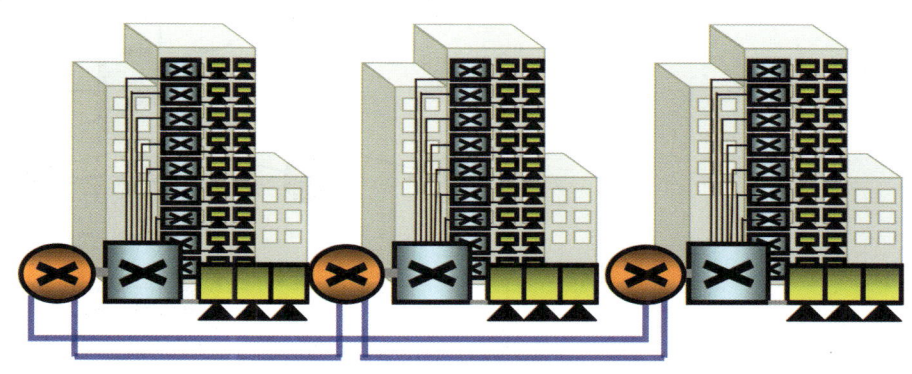

[그림 2-26] ▶
코어 계층의 생략

코어 계층 스위치를 두는 이유를 설명하겠습니다. 건물이 10개이면서 코어 계층 스위치가 없을 경우 각 건물의 디스트리뷰션 계층 라우터를 일 대 일로 일일이 연결하려면, 즉 풀 메시(Full Mesh)로 연결하려면 (N[N-1])/2의 공식에 의해 [그림 2-27]과 같이 45개의 연결이 필요합니다. 결과적으로 포트 수 LAN 공사비의 증가로 인한 장비의 초기 투자 비용, 관리 포인트의 증가로 유지 관리 비용이 증가합니다.

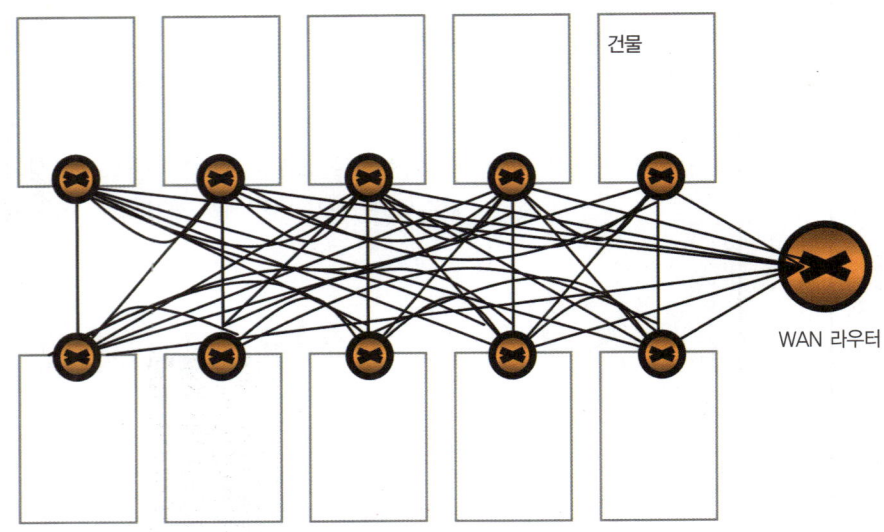

[그림 2-27]
디스트리뷰션 계층
라우터 간의 풀 메시 연결하기

이것을 해결하기 위해 [그림 2-28]과 같이 코어 계층의 스위치를 배치하여 45개의 링크를 10개로 줄일 수 있습니다. 코어 계층이 있는 조직은 다수의 건물로 구성된 대규모 네트워크입니다. [그림 2-28]과 같이 조직이 공통적으로 사용하는 서버들은 관리 용이성과 보안 정책 때문에 전산센터와 같은 독립된 블록에 모아 관리합니다.

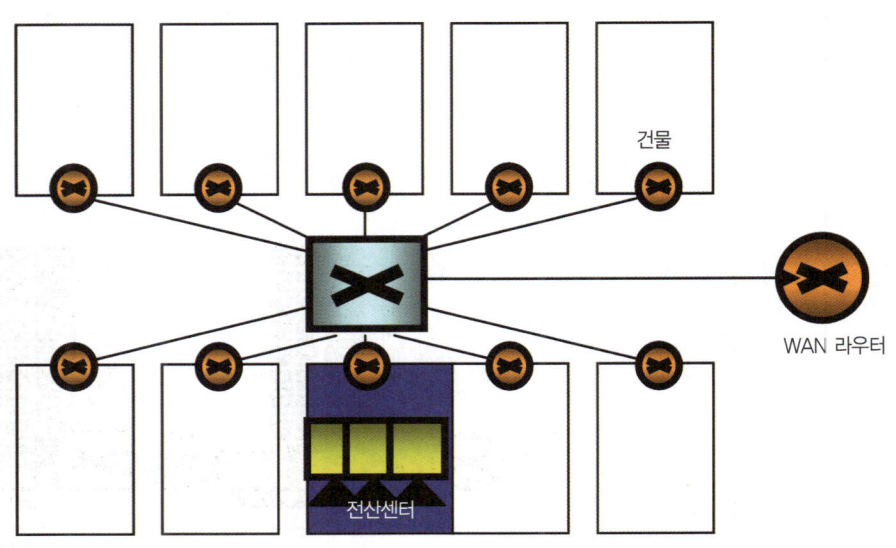

[그림 2-28]
코어 계층 스위치 배치로 건물을
연결하는 링크 수를 줄입니다.

디스트리뷰션 계층에는 라우터와 스위치 둘 다 배치할 수 있습니다. 라우터와 스위치 기능을 한 장비 안에서 제공하는 장비를 '멀티레이어 스위치(Multilayer Switch)'라고 합니다. [그림 2-29]는 디스트리뷰션 계층에 멀티레이어 스위치를 설치한 경우입니다.

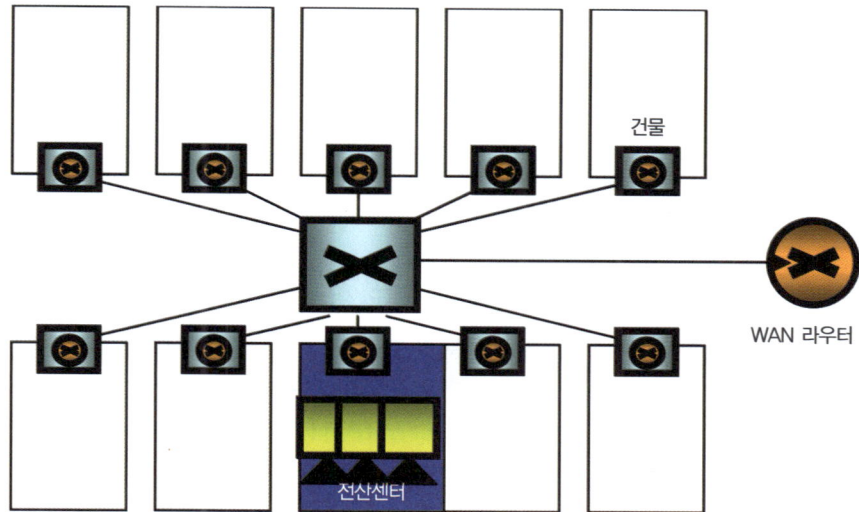

[그림 2-29]
디스트리뷰션 계층에
멀티레이어 스위치를
사용한 경우

Lesson 10

Hierarchical 3 Layer 모델 디자인의 장점과 가용성 확보 방안

네트워크 디자인의 2대 주요 주제는 속도(Performance)와 가용성(Availability)입니다. 가용성이란, 24시간 × 365일 동안 끊기지 않고 비즈니스 연속성을 제공하는 것을 말합니다. 디스트리뷰션 계층과 코어 계층의 장비는 트래픽이 몰리는 포인트로, 장비가 다운된다면 액세스 계층 장비보다 네트워크 가용성에 치명상을 줍니다. 그리고 디스트리뷰션 계층 장비가 다운된다면 액세스 계층과 달리 건물 전체의 통신에 문제가 생기고, 코어 계층 장비가 다운된다면 더욱 심각해서 조직 전체의 통신에 문제가 생깁니다. 따라서 디스트리뷰션 계층과 코어 계층 장비는 이중화하여(쌍으로 배치하여) 네트워크 가용성을 향상시킬 수 있습니다. Hierarchical 3 Layer 모델은 디자인, 관리와 확장용이성 등의 장점이 있지만 [그림 2-30]과 같이 가용성을 고려해야 비로소 완벽한 LAN 토폴로지가 됩니다.

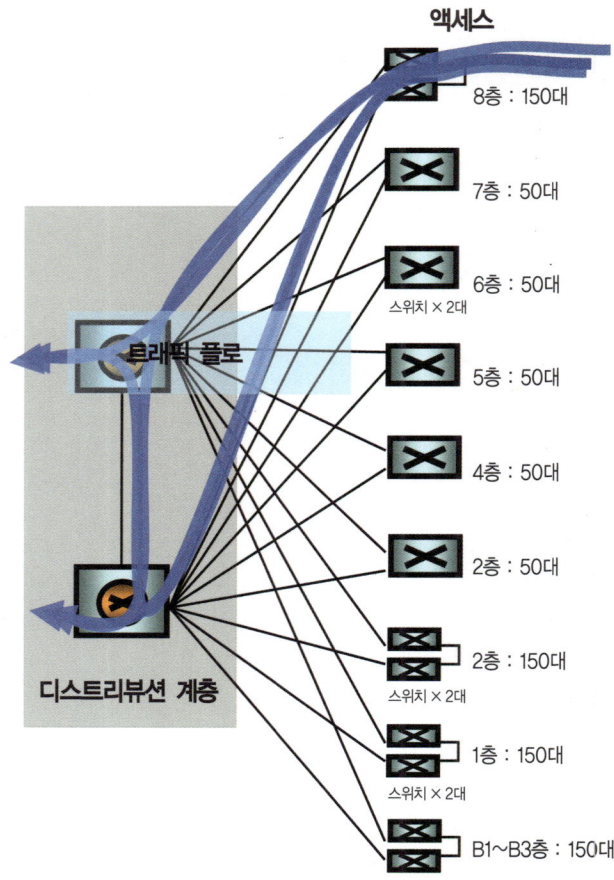

[그림 2-30]
디스트리뷰션 계층의 가용성을 위한 디스트리뷰션 장비의 이중화

디스트리뷰션 계층의 장비가 다운되었을 때 피해를 입는 면적이 크듯이 코어 계층 장비가 다운되었을 때는 피해 면적이 더 넓기 때문에 가용성을 위해 [그림 2-30]처럼 쌍으로 설치할 수 있습니다. 이때 스위칭 블록 간의 트래픽 패턴은 [그림 2-31]과 같은데 Chapter 03에서 자세히 설명합니다.

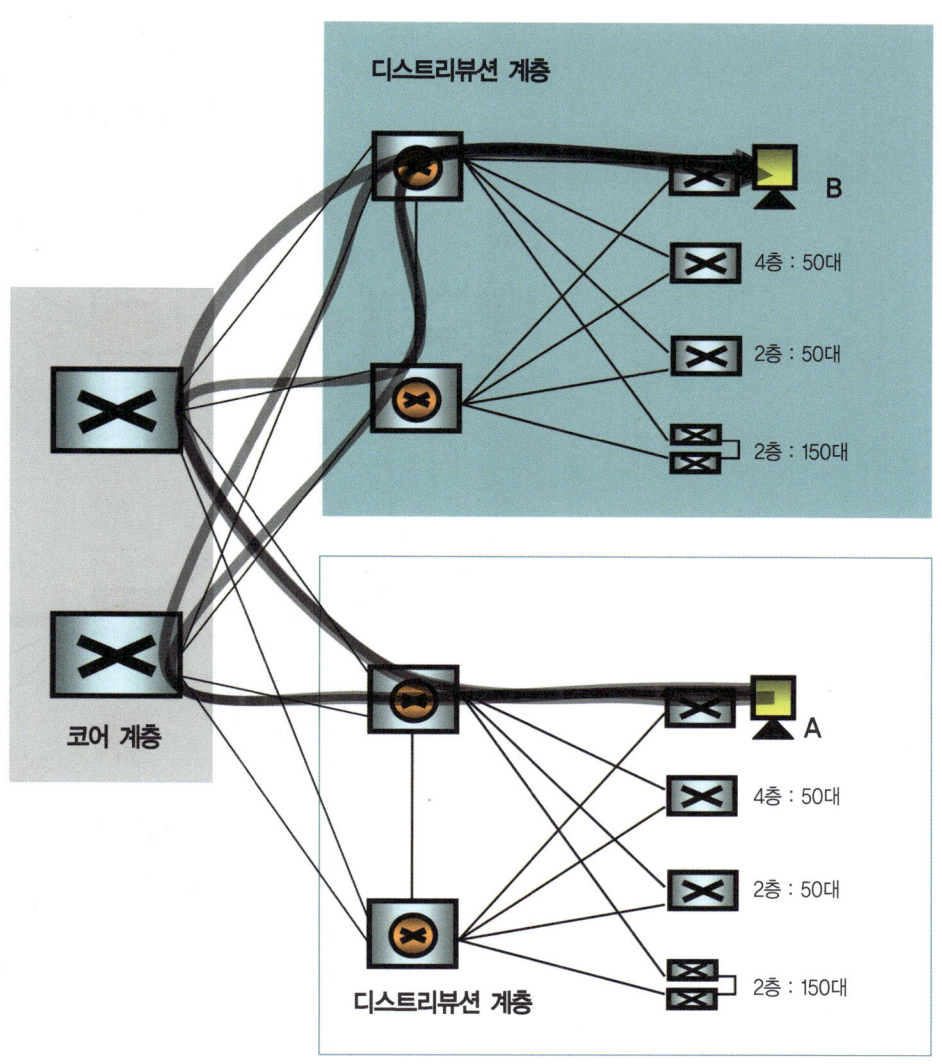

[그림 2-31] ▶
디스트리뷰션/코어 계층
장비가 이중화인 경우
스위칭 블록 간의 트래픽 흐름

또한 코어 계층과 디스트리뷰션 계층의 장비를 쌍으로 설치한 경우 이중화 때문에 [그림 2-32]와 같이 13곳의 장비와 링크에 고장나도 PC A와 서버 B의 통신이 가능합니다.

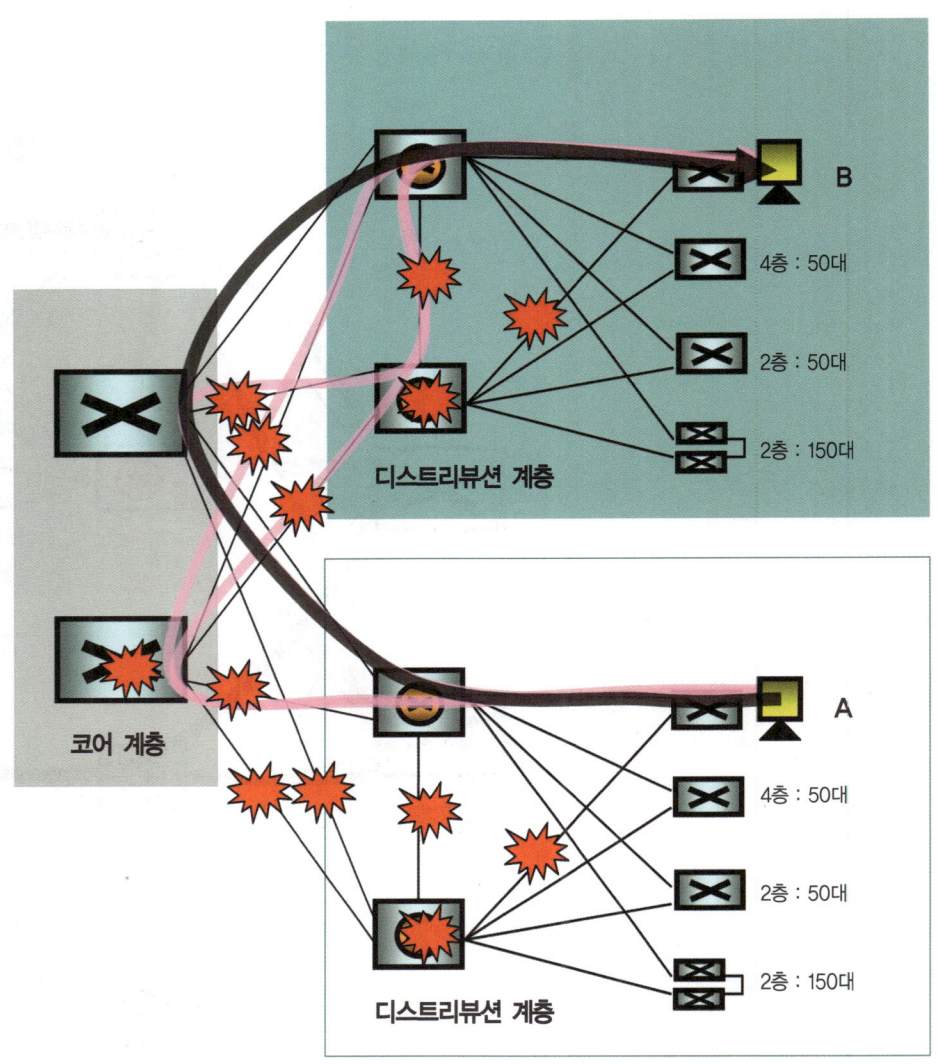

[그림 2-32] ▶
가용성을 위해
코어 계층을 쌍으로 설치한 경우

예산 부족 때문에 디스트리뷰션 계층과 코어 계층의 장비들을 쌍으로 배치하지 못하는 경우가 많습니다. 이 경우 가용성을 위한 장비 이중화는 [그림 2-33]과 같이 각 스위칭 블록의 디스트리뷰션 계층 장비를 상호 연결해서 확보할 수도 있습니다.

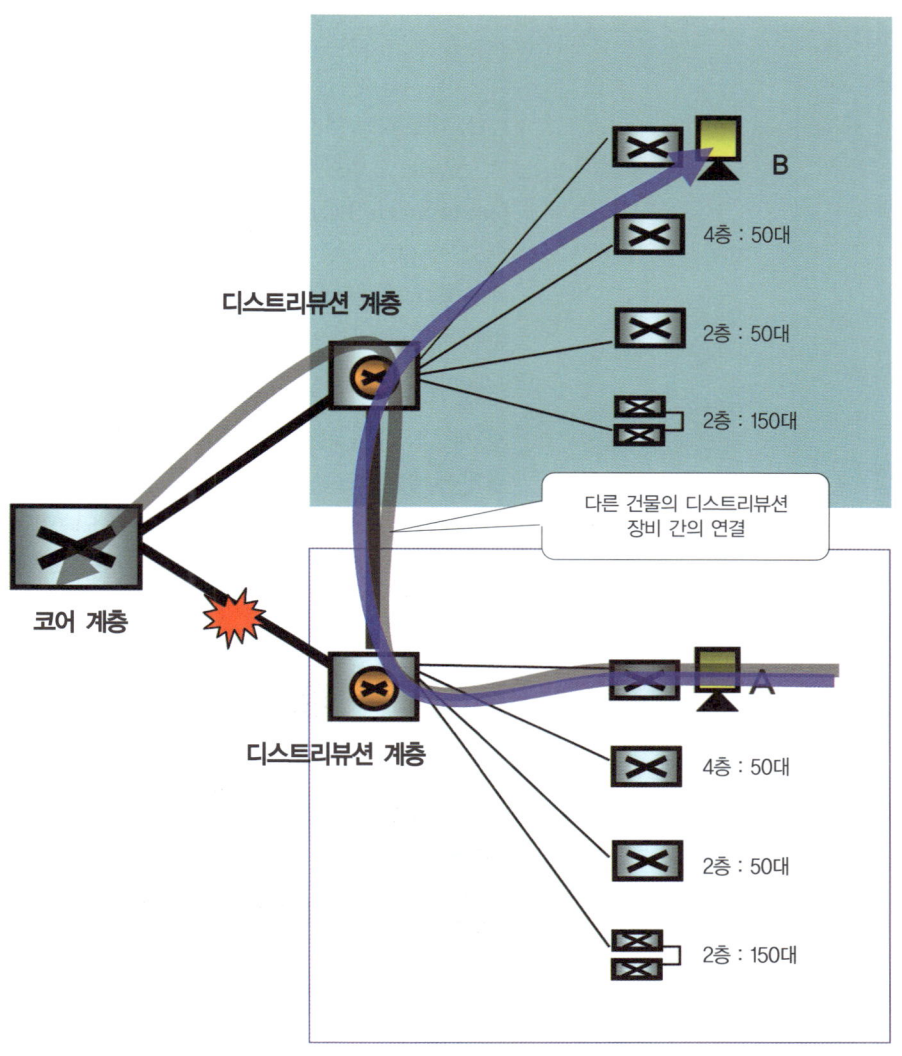

[그림 2-33] ▶
디스트리뷰션 계층 장비가 한 대일 때의 이중화

Lesson 11 WAN 네트워크 토폴로지

LAN 네트워크 디자인을 위해 Hierarchical 3 Layer 모델을 사용했습니다. Hierarchical 3 Layer 모델에 반대되는 모델이 있는데, 바로 메시(Mesh, 그물) 모델입니다. Hierarchical 3 Layer 모델은 코어 계층 장비와 액세스 계층 장비를 절대로 연결하면 안 되고, 액세스 계층 장비와 다른 액세스 계층 장비를 연결하면 안 됩니다. 이렇게 연결을 제한해서 계단식 대역폭을 할당할 수 있고, 토폴로지는 단순해집니다. 그리고 이러한 단순함 때문에 네트워크 확장성과 관리가 쉬워집니다.

반면 메시 모델은 이러한 제한 없이 네트워크 장비들을 마음대로 연결한 것입니다. 따라서 계단식 대역폭 산정이 어렵고, 장비가 많은 LAN 네트워크에서 장비들이 어지럽게 연결되어 네트워크는 커지기 어렵고, 관리하기가 힘듭니다. 이렇게 단점이 많은 메시모델이 가지고 있는 단 한 가지 장점은 가용성이 좋다는 것입니다. [그림 2-34]의 Hierarchical 3 Layer 모델은 원래 가용성이 없는 모델로서 가용성을 제공하는 방안은 디스트리뷰션 계층 장비와 코어 계층 장비를 이중화하는 것입니다.

[그림 2-34] ▶
네트워크 토폴로지 디자인을 위한 Hierarchical 3 Layer 모델과 메시 모델

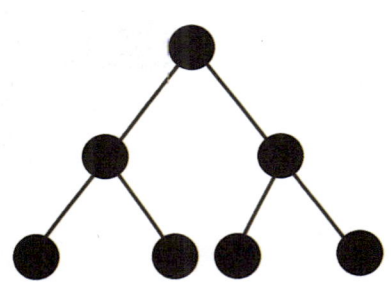
Hierarchical 3 Layer

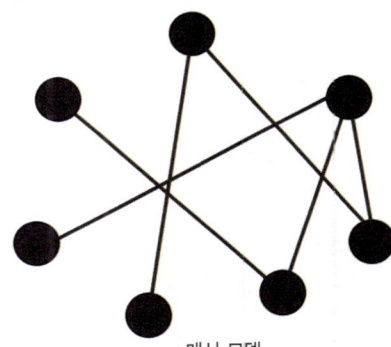
메시 모델

네트워크 장비가 많은 LAN 네트워크에서는 Hierarchical 3 Layer 모델을 사용합니다. WAN 네트워크에서도 연결할 장비가 많을 경우에는 Hierarchical 3 Layer 모델을 사용합니다. 그러나 네트워크 장비가 비교적 많지 않은 일반 기업의 WAN 네트워크에서는 다음과 같은 세 가지 메시 모델을 사용합니다.

- 허브 앤 스포크(Hub & Spoke) 토폴로지
- 풀 메시(Full Mesh) 토폴로지
- 파샬 메시(Partial Mesh) 토폴로지

[그림 2-35]는 허브 앤 스포크 토폴로지로, 모든 지사들은 서울 본사와만 연결되어 있어서 최소의 회선 수만 사용했기 때문에 회선 비용이 덜 듭니다. 그러나 회선 이중화가 되어 있지 않아서 가용성이 떨어집니다. [그림 2-35]에서 검은색 점은 WAN 라우터입니다.

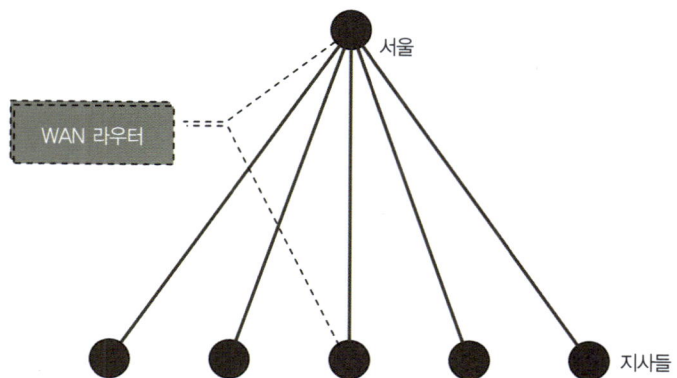

[그림 2-35] ▶
허브 앤 스포크 토폴로지

[그림 2-36]은 풀 메시 토폴로지로, 서울 본사와 모든 지사들은 직접 연결된 일 대 일 회선을 가지기 때문에 회선 비용이 가장 비싼 대신, 이중화 수준이 제일 높습니다. 풀 메시 구성을 위한 회선 수는 (N-1)N/2로 계산하는데, N은 연결할 장비(라우터) 수입니다.

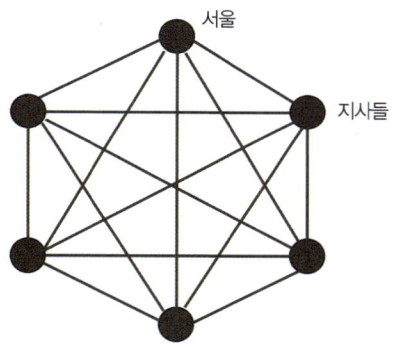

[그림 2-36] ▶
풀 메시 토폴로지

[그림 2-37]은 파샬 메시 토폴로지로, 중요한 구간은 이중화를 제공합니다. 그리고 그 외의 구간은 생략하는 방식으로 비용 효율성을 고려한 구성입니다.

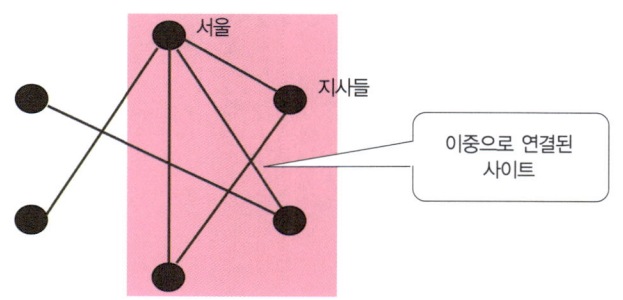

[그림 2-37] ▶
파샬 메시 토폴로지

WAN 네트워크에서는 메시 모델만 사용하는 것은 아닙니다. 서비스 제공업자의 WAN 서비스망은 수많은 장비들로 구성됩니다. 또한 땅을 파고 광케이블을 직접 매설해야 합니다. 회선 설치 비용의 90%는 땅을 빌리고, 광케이블을 매설하는 데 소요됩니다. 이 경우 서비스 제공업자의 각 지역 거점을 직접 연결하는 방식의 메시 모델은 막대한 망 구축 비용이 발생합니다.

이때 서비스 제공업자의 WAN 토폴로지는 LAN 토폴로지처럼 Hierarchical 3 Layer 모델을 따릅니다. [그림 2-38]에서 시, 구, 면 단위의 각 지역 거점의 장비는 액세스 계층의 장비입니다. 액세스 계층의 장비는 충청/강원, 서울/경기, 광주/호남, 부산/경상 지역별로 한 대씩 존재하는 디스트리뷰션 계층 장비에 연결되고, 각 지역을 대표하는 디스트리뷰션 계층 장비는 서울 전산센터의 코어 계층 장비에 연결됩니다. 이중화를 위해 각각의 디스트리뷰션 계층 장비는 직접 연결되기도 합니다.

WAN 토폴로지가 Hierarchical 3 Layer 모델을 따를 때는 액세스-디스트리뷰션 계층의 연결 링크와 디스트리뷰션-코어 계층의 연결 링크에서의 대역폭도 LAN 토폴로지처럼 계단식으로 높아져야 합니다.

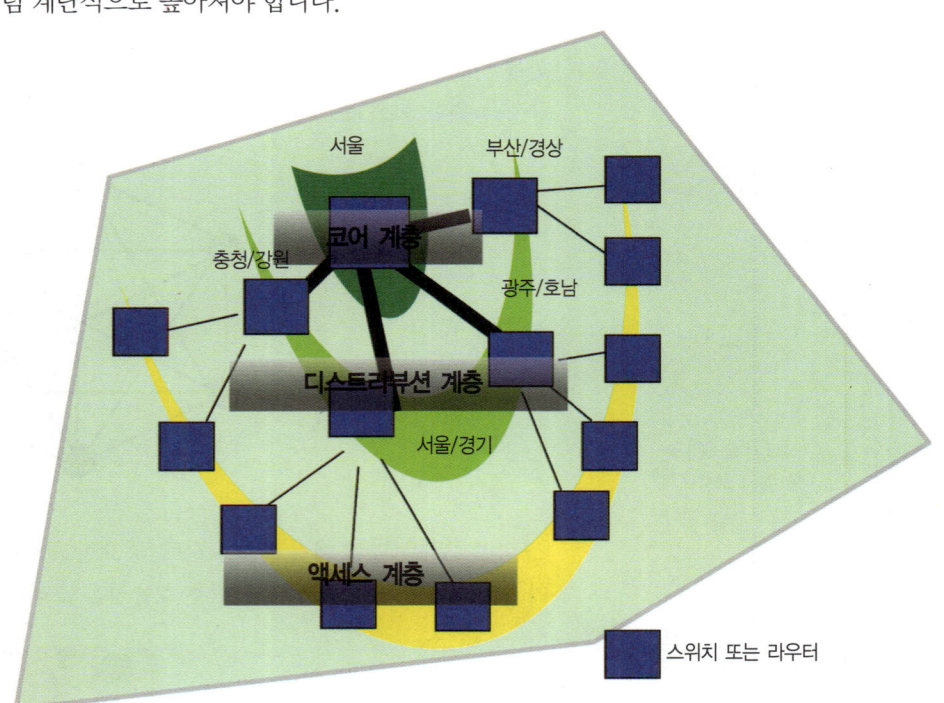

[그림 2-38] ▶
Hierarchical 3 Layer 모델을 따르는 WAN 토폴로지

장비 수와 포트 수 산정하기

Problem 1

120층짜리 건물 2개에는 각 층별로 300명의 유저가 있고(단 120층 건물의 각 층에는 300명의 유저가 있는데, 300포트를 제공하는 스위치가 있지만 너무 고가여서 저가인 150포트짜리 스위치를 2대씩 배치하려 합니다.) 20층짜리 12개의 건물에는 각 층별로 100명의 유저가 있으며, 디스트리뷰션 계층과 코어 계층에는 장비 이중화를 계획하고 있고, 디스트리뷰션 계층 장비끼리는 연결합니다. WAN 라우터는 1대가 있는데, 3계층 모델의 각 계층에 필요한 장비는 무엇일까요? 단 10Mbps, 100Mbps, 1Gbps를 각각 시내, 강, 바다 구간에 사용합니다.

장비	장비 수	10Mbps 포트 수	100Mbps 포트 수	1Gbps 포트 수	10Gbps 포트 수
액세스 (120층 건물)					
액세스 (20층 건물)					
디스트리뷰션 (120층 건물)					
디스트리뷰션 (20층 건물)					
코어					

[표 2-16] 필요한 장비와 포트 수 계산하기

Solution 2

1. 필요한 장비

액세스 계층에 120층 건물에는 각 층별로 1대의 스위치가 필요하고, 20층 건물에는 각 층별로 1대의 스위치를 설치하기 때문에 액세스 계층 스위치는 다음과 같이 필요합니다.

> 액세스 계층 스위치의 수 = (120(층 수) × 2(층별 2대) × 2(건물 수)) + (20(층 수) × 12(건물 수)) = 720대

디스트리뷰션 계층 장비는 각 건물마다 1대씩 있어야 하므로 디스트리뷰션 계층 라우터 수는 다음과 같습니다.

> 디스트리뷰션 계층 라우터의 수 = (2 + 12) × 2(이중화) = 28대
> (120층 건물의 디스트리뷰션 라우터와 20층 건물의 디스트리뷰션 라우터의 성능은 물론 다릅니다.)
> 코어 계층 장비는 건물을 연결하되 이중화를 위해 2대가 필요합니다.

2. 대역폭 할당 계획

시내, 강물, 바다 구간별로 10Mbps와 100Mbps, 1Gbps를 사용한다면, 각 계층의 장비에서 필요한 포트 수는 [표 2-17]과 같습니다.

장비	장비 수	10Mbps 포트 수	100Mbps 포트 수	1Gbps 포트 수	10Gbps 포트 수
액세스 (120층 건물)	480	150 (스위치당)	2(이중화된 디스트리뷰션 장비 연결, 스위치당)	0	0
액세스 (20층 건물)	240	100 (스위치당)	2(이중화, 스위치당)		
디스트리뷰션 (120층 건물)	4	0	120+1(디스트리뷰션 장비 간 연결 포함)	2 (이중화, 스위치당)	0
디스트리뷰션 (20층 건물)	24	0	20+1(디스트리뷰션 장비 간 연결 포함)	2 (이중화, 스위치당)	0
코어	2	0	0	29=(2+12)×2+1 WAN 라우터 연결 포트 포함)	0

[표 2-17] ▶ 필요한 장비와 포트 수 계산하기

> **참고** : 120층 건물의 디스트리뷰션 계층 라우터는 120개의 층에서 모이는 트래픽을 모두 처리할 수 있는 장비가 있어도 위험 분산 차원에서 이렇게 하는 것이 좋습니다. 즉 120층을 30층씩 나눈다면 마치 30층짜리 건물 4개가 있는 것과 같습니다.

Problem 2

20층짜리 건물 12개에는 각 층별로 100명의 유저가 있고, 10층짜리 건물 17개에는 각 층별로 200명의 유저가 있습니다. 디스트리뷰션 계층와 코어 계층에는 이중화를 위해 2대씩 배치할 계획이고, 디스트리뷰션 계층 장비끼리는 연결합니다. Hierarchical 3 Layer 모델의 각 계층에 필요한 장비와 대역폭 할당 계획은 무엇일까요? WAN 라우터는 1대가 있고, 10Gbps 포트는 비용 문제로 사용하지 않기로 합니다. 단 10Mbps, 100Mbps, 1Gbps를 각각 시내, 강, 바다 구간에 사용합니다.

장비	장비 수	10Mbps 포트 수	100Mbps 포트 수	1Gbps 포트 수	10Gbps 포트 수
액세스 (20층 건물)					
액세스 (10층 건물)					
디스트리뷰션 (20층 건물)					
디스트리뷰션 (17층 건물)					
코어					

[표 2-18] ▶ 필요한 장비와 포트 수 계산하기

Solution

1. 필요한 장비

액세스 계층에 20층과 10층 건물에서 각 층별로 한 대의 스위치가 필요하기 때문에 액세스 계층 스위치는 다음과 같이 필요합니다.

> 액세스 계층 스위치의 수 = (20 × 12) + (10 × 17) = 410(대)

디스트리뷰션 계층 장비는 각 건물마다 1대씩 있어야 하므로 디스트리뷰션 계층의 라우터 수는 다음과 같습니다.

> 디스트리뷰션 계층 라우터의 수 = (12+17) × 2 (이중화 때문) = 58(대)
> 코어 계층 장비 수 = 2(대)

2. 대역폭 할당 계획

대역폭 산정은 시내, 강물, 바다 구간별로 10Mbps, 100Mbps, 1,000Mbps 체계가 아니면 100Mbps, 1,000Mbps, 10,000Mbps 체계를 사용할 수 있습니다. 10,000Mbps는 비용 문제로 잘 사용하지 않습니다. 문제에 제시된 대로 10Mbps, 100Mbps, 1Gbps를 사용한다면 각 계층의 장비에서 필요로 하는 포트 수는 [표 2-19]와 같습니다.

[표 2-19] ▶ 필요한 장비와 포트 수 계산하기

장비	장비 수	10Mbps 포트 수	100Mbps 포트 수	1Gbps 포트 수	10Gbps 포트 수
액세스 (20층 건물)	240	100 (스위치 당)	2(스위치당)	0	0
액세스 (10층 건물)	170	200 (스위치 당)	2(스위치당)	0	0
디스트리뷰션 (20층 건물)	24	0	20+1(디스트리뷰션 장비간 연결)	2(스위치 당)	0
디스트리뷰션 (10층 건물)	34	0	10+1(디스트리뷰션 장비간 연결)	2(스위치 당)	0
코어	2	0	0	59=(12+17)×2+1 (WAN 라우터 연결 포트 포함)	0

Free Work sheet

자유롭게 연습해 보는 페이지입니다.

다음의 빈 칸을 채우고 빈 칸의 수치를 기준으로 필요한 장비 수와 구간별 대역폭을 할당하세요.

> (　　)층짜리 건물 (　　)개에는 각 층별로 (　　)명의 유저가 있고, (　　)층짜리 건물 (　　)개에는 각 층별로 (　　)명의 유저가 있으며, (　　)층짜리 건물 (　　)개에는 각 층별로 (　　)명의 유저가 있습니다. 디스트리뷰션 계층과 코어 계층에는 이중화를 계획하고 있습니다. Hierarchical 3 Layer 모델의 각 계층에 필요한 장비와 대역폭은 얼마일까요? 단 10Gbps 포트는 비용 문제로 사용하지 않기로 합니다.

장비	장비 수	10Mbps 포트 수	100Mbps 포트 수	1Gbps 포트 수	10Gbps 포트 수
액세스 (　층 건물)					
액세스 (　층 건물)					
액세스 (　층 건물)					
디스트리뷰션 (　층 건물)					
디스트리뷰션 (　층 건물)					
디스트리뷰션 (　층 건물)					
코어					

[표 2-20] ▶ 필요한 장비와 포트 수 계산하기

대역폭과 장비 성능 산정하기

Problem 1

다음과 같이 가정하고 각 레이어의 장비의 성능은 어느 정도 되어야 하는지 정확하게 계산해 봅시다. 최번시 기준의 성능과 대역폭 산정은 가장 안전한 기준치를 알 수 있습니다.

- **가정** : 최번시 기준의 성능을 계산하세요. 20개 층을 가진 5개의 건물의 각 층에 120명의 유저가 있고, 각 유저에게는 10Mbps를 할당합니다. 트래픽은 [그림 2-39]와 같은 방향으로 70%가 조직 밖 또는 조직 내의 전산센터를 향합니다. 전산센터는 코어 계층에 연결되어 있습니다.

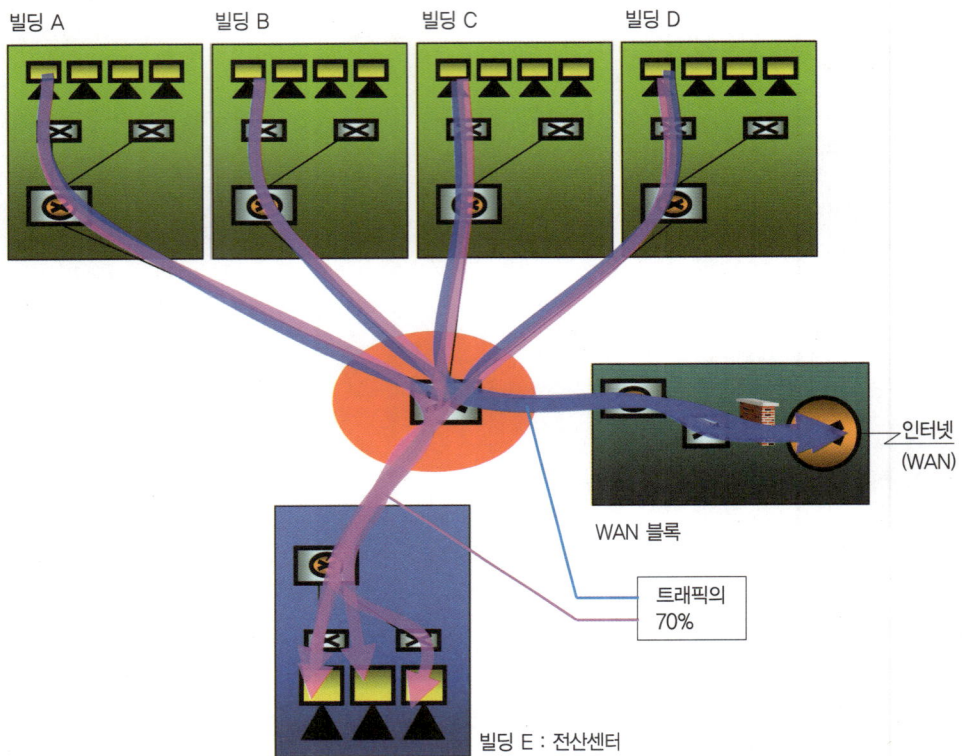

[그림 2-39] ▶
Hierarchical 3 Layer 모델을 따르는 WAN 토폴로지

Solution 1

● 액세스 계층

액세스 계층 장비는 최번시 조건에서 10Mbps×120(유저)=1,200Mbps를 동시에 처리할 수 있는 CPU 와 메모리와 버스(스위치 내부의 포트들 간 통신 경로) 용량을 가진 장비를 구입해야 합니다. 마찬가지로 액세스 계층 장비와 디스트리뷰션 계층 장비를 연결하는 라인의 속도는 최고 바쁜 시간대의 트래픽을 수용하려면 1,200Mbps×0.7(70%)=840Mbps가 되어야 합니다.

● 디스트리뷰션 계층

디스트리뷰션 계층 장비의 성능은 70%의 트래픽이 디스트리뷰션 라우터를 향하는 경우 최고 바쁜 시간대의 트래픽을 모두 수용하려면 840Mbps×20(층)=16,800Mbps를 동시에 처리할 수 있어야 합니다. 이 트래픽이 (일부 다른 층으로 가는 트래픽이 있으나 무시한다면) 코어 계층 장비를 거쳐 전산센터로 가거나 WAN 라우터쪽으로 가기 때문에 디스트리뷰션 장비와 코어 장비를 연결하는 구간의 대역폭도 16,800Mbps가 됩니다.

● 코어 계층

코어 계층 장비의 성능은 최고 바쁜 시간대의 트래픽을 모두 수용하기 위해서 16,800Mbps×5(건물 수)=84,000Mbps를 처리할 수 있어야 합니다. 이더넷의 속도는 10Mbps, 100Mbps, 1Gbps, 10Gbps 네 가지 뿐이므로 가장 비슷한 속도를 선택하고, 해당 속도를 제공하는 장비를 선정합니다.

다지기 B

Problem 2

'Problem 1'에서 계산된 장비의 성능과 대역폭을 기초로 다음과 같이 가정할 경우 각 레이어의 장비의 성능은 어떻게 달라질까요?

● 3년 안에 네트워크 재구축 계획이 없습니다.

● 트래픽의 70%가 WAN 또는 코어 계층에 연결된 전산센터로 갑니다.

● 중요한 정보를 수용하지 않습니다.

구분	구간	최고 바쁜 시간대 기준의 용량/성능 산정(Mbps)	웨이트 조정 예			최종 용량 및 성능 산정 (Mbps)
			3년 내 네트워크 재구축 없음	트래픽의 70%가 WAN으로 감	중요한 정보를 수용하지 않음	
대역폭 산정	시내	10	최소 대역폭 10Mbps에서 시작하기 때문에 웨이트 조정 없음			10
	강물	840				
	바다	16,800				
성능 산정	액세스 장비	1,200				
	디스트리뷰션 장비	16,800				
	코어 장비	84,000				

[표 2-21] ▶ 웨이트 조정을 거친 최종 용량 및 성능 산정

Solution 2

3년 내 네트워크 재구축이 없다는 가정에 대해서는 웨이트 값을 1.5로 하고, 중요한 정보를 수용하지 않는다는 가정에 대해서는 웨이트 값을 0.5로 했습니다. 중요한 정보가 없는 네트워크라고 해도 회사 네트워크인지, 대학교 네트워크인지에 따라서 줄 수 있는 웨이트 값이 달라질 수 있습니다. 그리고 최번시의 지속 시간이 어느 정도로 예상되느냐에 따라서도 웨이트 값이 바뀔 수 있습니다.

정확한 웨이트 값이 어떤 자료로도 나와있지 않으며, 이 책에 제시하는 방법과 유사 네트워크를 연구하고 관련 엔지니어들과 심사숙고해야 합니다.

[표 2-22] ▶ 웨이트 조정을 거친 최종 용량 및 성능 산정하기

구분	구간	최고 바쁜 시간대 기준의 용량/성능 산정(Mbps)	웨이트 조정 예			최종 용량 및 성능 산정 (Mbps)
			3년 내 네트워크 재구축 없음	트래픽의 70%가 WAN으로 감	중요한 정보를 수용하지 않음	
대역폭 산정	시내	10	최소 대역폭 10Mbps에서 시작하기 때문에 웨이트 조정 없음			10
	강물	840	1.5		0.5	315
	바다	16,800	1.5		0.5	6,300
성능 산정	액세스 장비	1,200	1.5	0.5	0.5	450
	디스트리뷰션 장비	16,800	1.5		0.5	6,300
	코어 장비	84,000	1.5		0.5	31,500

Problem 3

다음과 같이 가정했을 때 각 레이어의 장비의 성능과 대역폭은 어떻게 달라질까요?

- **가정 I** : 20개 층을 가진 5개의 건물에서 각 층에 120명의 유저가 있고, 각 유저에게는 10Mbps를 할당합니다. 트래픽의 70%가 조직 밖 또는 조직 내의 전산센터를 향하는데, 전산센터는 코어 계층에 연결되어 있습니다. 각 층은 각각 다른 네트워크로 구성됩니다.

- **가정 II** : 디스트리뷰션 계층과 코어 계층은 이중화를 위해 각각 2대의 장비를 배치했기 때문에 트래픽은 [그림 2-40]과 같이 분산됩니다. 트래픽 패턴을 주의깊게 보세요(트래픽 패턴은 Chapter 03에서 설명합니다).

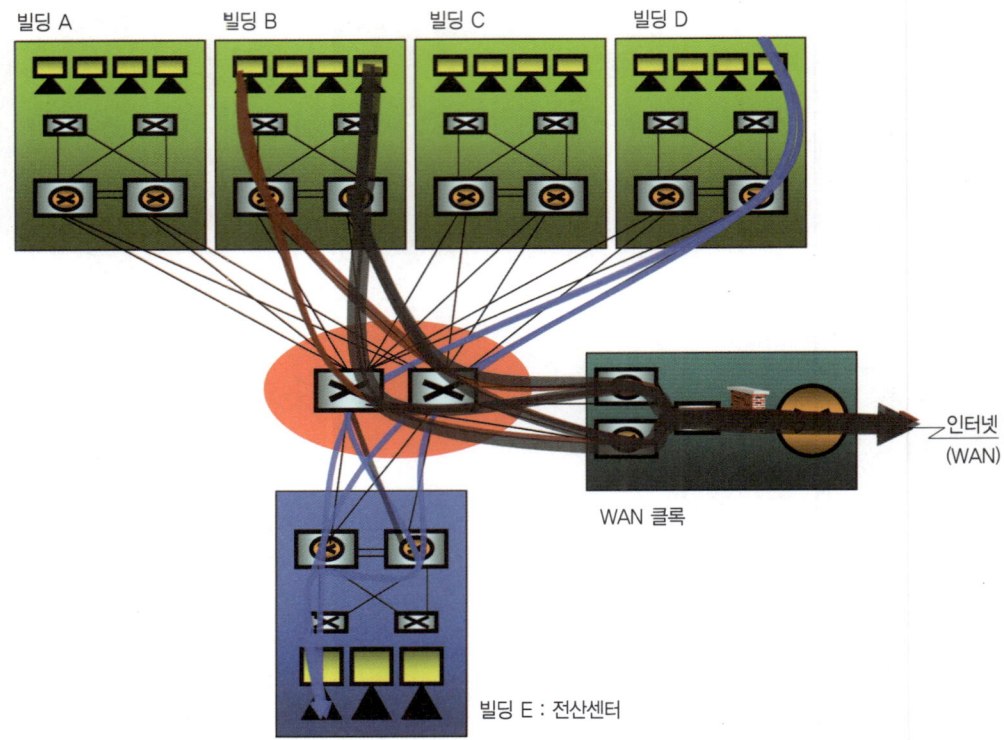

[그림 2-40] ▶
트래픽의 흐름

Solution 3

● 액세스 계층

액세스 계층 장비의 성능은 최고 바쁜 시간 조건에서 10Mbps × 120(유저) = 1,200Mbps를 동시에 처리할 수 있는 CPU와 메모리, 버스(스위치 내부의 포트들 간 통신 경로) 용량을 가진 장비를 구입해야 합니다. 이와 마찬가지로 액세스 계층 장비와 디스트리뷰션 계층 장비를 연결하는 라인의 속도는 최고 바쁜 시간대의 트래픽을 수용하기 위해 1,200Mbps × 0.7(70%) = 840Mbps가 되어야 합니다. 액세스 계층과 디스트리뷰션 계층을 연결하는 라인은 2개지만, 한 라인은 STP 프로토콜의 포트 블록킹 때문에 사용하지 않습니다.

● 디스트리뷰션 계층

디스트리뷰션 계층 장비의 성능은 70%의 트래픽이 디스트리뷰션 라우터를 향하는 경우 최고 바쁜 시간대의 트래픽을 모두 수용하기 위해서 840Mbps × 20(층) = 16,800Mbps를 동시 처리할 수 있어야 합니다. 하지만 빌딩 B의 각층의 트래픽은 HSRP 프로토콜을 사용하여 서로 다른 디스트리뷰션 라우터를 이용하도록 구성할 수 있습니다. [그림 2-40]에서 갈색 흐름은 짝수 층의 트래픽 흐름이고, 검은색 트래픽은 홀수 층의 트래픽 흐름입니다. 따라서 디스트리뷰션 계층 장비의 성능은 16,800Mbps × 0.5(2대에서 트래픽 분산) = 8,400Mbps입니다.

● 코어 계층

이 트래픽이 모두 코어 계층 장비를 거쳐서 전산센터로 가거나 WAN 라우터쪽으로 갑니다. 그림에서 2대의 코어 계층 장비를 도입했기 때문에 이 트래픽은 절반씩 분산됩니다. 따라서 디스트리뷰션 장비와 코어 장비를 연결하는 구간의 대역폭은 8,400 × 0.5(두 코어 장비와의 연결 구간에서 분산) = 4,200Mbps가 되어야 합니다. 코어 계층 장비의 성능은 4,200Mbps × 10(디스트리뷰션 장비와의 연결 수) = 42,000Mbps를 처리할 수 있어야 합니다. 따라서 전체적인 최번시 기준의 대역폭과 장비 성능은 [표 2-23]과 같습니다.

[표 2-23] ▶
최번시 기준의
대역폭과 장비의 성능

구분	구간	최번시 기준의 대역폭/성능 산정값(Mbps)
대역폭 산정	시내	10
	강물	840
	바다	4,200
성능 산정	액세스 장비	1,200
	디스트리뷰션 장비	8,400
	코어 장비	42,000

다지기 B

Problem 4

다음과 같이 가정했을 때 각 레이어의 장비의 성능은 어떻게 달라질까요?

- 3년 내 네트워크 재구축이 없습니다.

- 트래픽의 70%가 인터넷 또는 WAN으로 가되, 인터넷 또는 WAN의 속도는 LAN 속도보다 훨씬 느린 1Mbps 수준입니다.

- 중요한 정보는 거의 없고, 지연 시간에 민감한 애플리케이션이 전혀 없습니다.

구분	구간	최고 바쁜 시간대 기준의 용량/성능 산정(Mbps)	웨이트 조정 예			최종 용량 및 성능 산정 (Mbps)
			3년 내 네트워크 재구축 없음	트래픽의 70%가 WAN으로 감	중요한 정보를 수용하지 않음	
대역폭 산정	시내	10	최소 대역폭 10Mbps에서 시작하기 때문에 웨이트 조정 없음			10
	강물	840				
	바다	4,200				
성능 산정	액세스 장비	1,200				
	디스트리뷰션 장비	8,400				
	코어 장비	42,000				

[표 2-24] ▶ 웨이트 조정을 거친 최종 용량 및 성능 산정의 예

Solution 4

3년 내 네트워크 재구축이 없기 때문에 웨이트 1.5를 할당합니다. 그리고 트래픽의 90%가 인터넷 또는 WAN으로 가되, 중요한 정보를 수용하지 않을 뿐만 아니라 지연 시간에 민감한 애플리케이션이 전혀 없기 때문에 웨이트 0.4를 할당했습니다. 웨이트의 기준은 여러분이 담당하는 사이트의 여건에 맞게 신청해야 합니다.

구분		구간	최고 바쁜 시간대 기준의 용량/성능 산정(Mbps)	웨이트 조정 예			최종 용량 및 성능 산정 (Mbps)
				3년 내 네트워크 재구축 없음	트래픽의 70%가 WAN으로 감	중요한 정보를 수용하지 않음	
대역폭 산정		시내	10	최소 대역폭 10Mbps에서 시작하기 때문에 웨이트 조정 없음			10
		강물	840	1.5		0.4	252
		바다	4,200	1.5		0.4	1,260
성능 산정		액세스 장비	1,200	1.5	0.5	0.4	360
		디스트리뷰션 장비	8,400	1.5		0.4	2,520
		코어 장비	42,000	1.5		0.4	12,600

[표 2-25] ▶ 웨이트 조정을 거친 최종 용량 및 성능 산정의 예의 해답

252Mbps, 1,260Mbps 등의 구체적인 대역폭이 도출되었지만 이더넷이 제공하는 속도는 10Mbps, 100Mbps, 1Gbps, 10Gbps 네 종류 뿐입니다. 가장 근접한 대역폭을 선택하도록 합니다. 장비의 성능도 마찬가지입니다. 예산, 정책 등의 비기술적인 요소의 영향을 받을 수 있습니다.

LAN & WAN 네트워크 토폴로지 디자인

다음과 같은 가정에 맞도록 LAN 및 WAN 네트워크 토폴로지를 그리세요.

Problem 1. LAN 네트워크 토폴로지

지하 10층, 지상 100층 건물에 대한 네트워크 토폴로지를 그려보세요. 각 층에는 210명 정도의 유저가 있고, 26층에는 특별히 서버를 집중 관리하기 위한 전산실을 배치할 예정입니다.

Solution 1

총 110층의 건물을 디자인하는 것은 의외로 간단합니다. 방법은 [그림 2-41]과 같이 6개의 건물(그림에서는 노란색 블럭)로 나누는 것입니다.

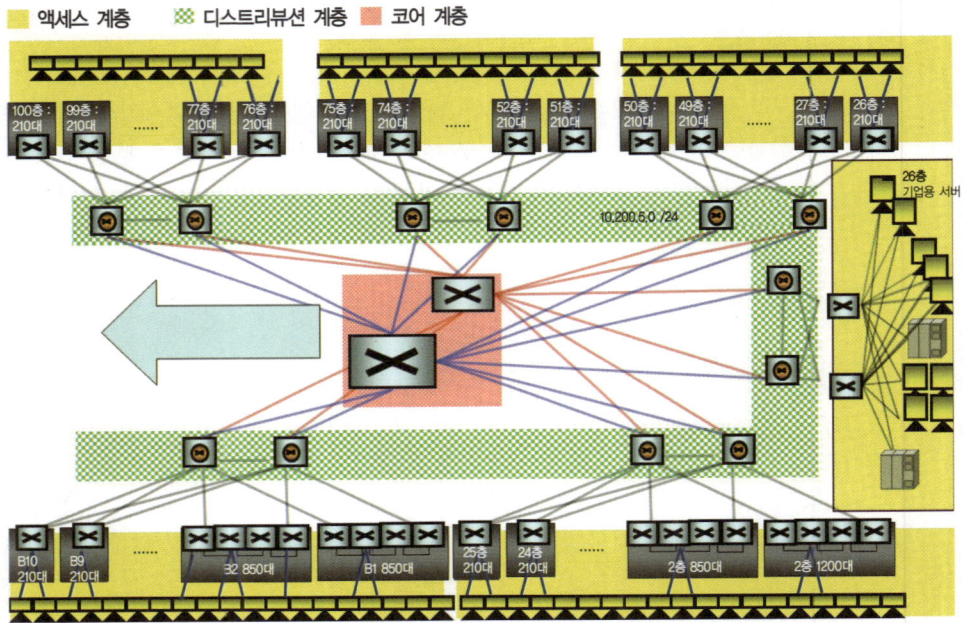

[그림 2-41] ▶
지하 10층 지상 100층 규모의 LAN 네트워크 토폴로지

Problem 2. WAN 네트워크 토폴로지

해당 대기업은 국내 모든 계열사들의 서버들을 서울 전산센터에 모아 체계적이고 전문적인 서비스를 제공합니다. 그리고 관리 비용을 줄이고, WAN 서비스 제공업자처럼 자체 통합망을 구축해서 장기적으로 회선 비용을 대폭 절감하여 모든 인터넷 트래픽도 서울 전산센터를 거쳐서 보안성을 높이려고 합니다. 해당 대기업은 전국 각 지방의 33개 지점 거점을 설치했습니다. 이러한 거점에서 출발한 트래픽은 서울/경기, 충청, 전라, 경상, 강원 지역별로 지역 거점으로 모아지고, 지역 거점에서 출발한 트래픽은 서울 전산센터에 모아집니다. 지역 거점의 라우터들은 이중화를 위해 서울/경기 지역, 강원 지역, 충청 지역을 연결하고, 전라 지역, 경상 지역을 상호 연결합니다.

Solution 2

이것을 도해로 나타내면 [그림 2-42]와 같습니다. 5개의 지역으로 나누고 중요지역은 디스트리뷰션 장비끼리 직접 연결하여 이중화했습니다.

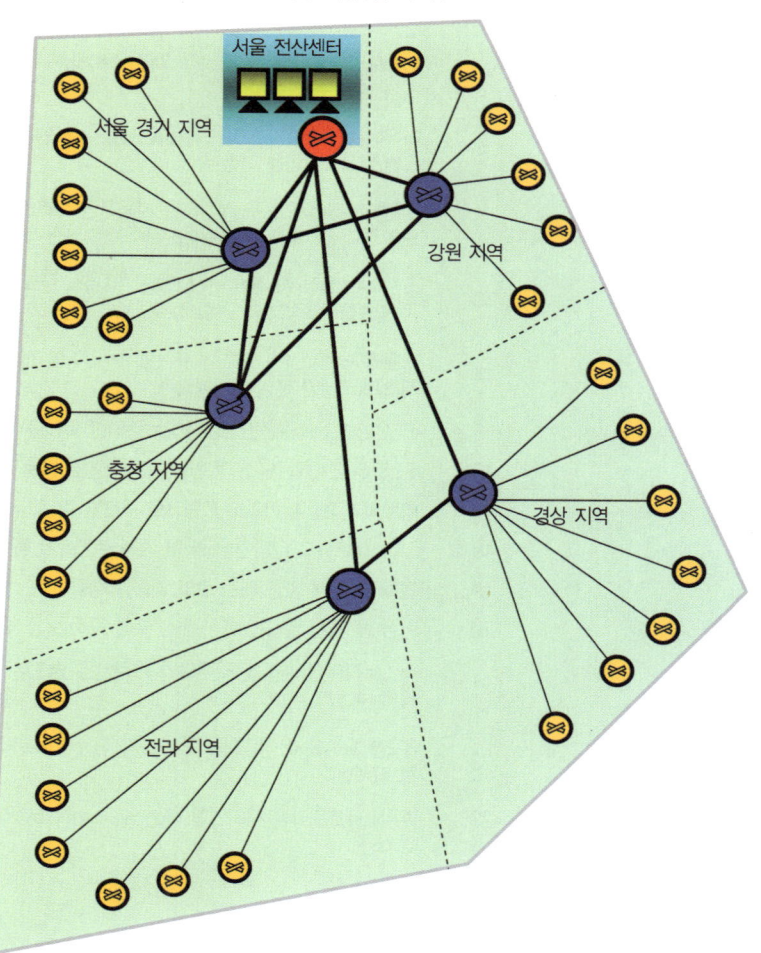

[그림 2-42] ▶
WAN 네트워크

O/× Quiz & Solution

Chapter 02의 주요 개념을 O/× 퀴즈를 통해 복습해 보겠습니다.

Quiz

틀린 문제에 ×표, 맞는 문제에 O표 하시오.

순서	문제	O/×
1	스위치에서 VLAN을 구성하면 브로드캐스트 도메인을 나눈다.	
2	네트워크를 디자인할 때 Hierarchical 3 Layer 모델을 사용하면 네트워크 디자인이 쉽고, 확장성, 문제 해결, 진단 분석 등이 쉽다.	
3	3계층 모델(Hierarchical 3 Layer 모델은 코어 계층, 백본 계층, 액세스 계층으로 구분된다.	
4	3계층 모델에서 액세스 계층은 코어 계층에 직접 연결된다.	
5	3계층 모델의 코어, 디스트리뷰션, 액세스 계층에서 주로 스위치, 라우터, 스위치를 각각 배치한다.	
6	3계층 모델에서 액세스 계층끼리 연결한다.	
7	3계층 모델을 적용하면 대역폭 산정이 쉽다.	
8	요즘 네트워크의 트래픽 패턴은 회사 외부로 나가는 트래픽이 80% 정도 된다.	
9	이더넷의 네 가지 속도, 10Mbps, 100Mbps, 1,000Mbps, 10,000Mbps를 3계층 모델의 시냇물, 강물, 바다 구간에서 계단식으로 배치하지 않고, 동일한 대역폭을 적용한다.	
10	디스트리뷰션 계층에 라우터 외에 스위치를 두면 VLAN(브로드캐스트 도메인)을 유연하게 구성할 수 있다.	
11	라우터는 브로드캐스트 도메인을 나눌 수 있지만, 스위치에서는 VLAN을 사용해도 브로드캐스트 도메인을 나눌 수 없다.	
12	3계층 모델에서 모두 라우터를 사용하면 브로드캐스트 도메인 문제 때문에 ES의 속도가 느려지고, 전 계층에 스위치를 배치하면 느린 네트워크 문제가 발생한다.	
13	모든 VLAN이 지나다니는 링크를 '액세스 링크'라고 하고, 한 종류의 VLAN만 지나다니는 링크를 '트렁크'라고 한다.	
14	트렁크에서 VLAN 번호를 표시할 수 있어야 전체 스위치로 연결한 네트워크에서 브로드캐스트 도메인 분할이 가능하다.	
15	IEEE 802.1d와 IEEE 802.1Q는 동일한 목적을 가진 프로토콜이다.	
16	IEEE 802.1Q와 ISL은 동일한 목적을 가진 프로토콜이다.	
17	라우터의 인터페이스도 트렁크로 구현할 수 있다.	
18	LAN 네트워크 디자인을 할 때 매시 토폴로지 등 다양한 토폴로지를 사용할 수 있다.	
19	건물이 몇 개 없을 때는 코어 계층을 생략하는 것이 바람직하다.	
20	항상 풀 메시 연결을 위한 회선 수를 구하는 공식은 N(N-1)/3, (N = 연결 대상 수)이다.	
21	디스트리뷰션 계층에 라우터와 스위치를 별도로 구성하는 대신 멀티레이어 스위치를 사용할 수 있다.	
22	3계층 모델에서 이중화를 확보하기 위해 디스트리뷰션 계층과 액세스 계층 장비를 쌍으로 배치한다.	
23	WAN 네트워크를 디자인할 때는 Hierarchical 3 Layer 모델만 사용한다.	

Solution

순서	설명	O/×
1	라우터 외에도 스위치에서 VLAN을 구성하면 브로드캐스트 도메인을 나눌 수 있다.	O
2	네트워크 디자인을 할 때 Hierarchical 3 Layer 모델을 사용하면 네트워크 디자인이 쉽고, 확장성, 문제 해결, 진단 분석 등이 쉽다.	O
3	Hierarchical 3 Layer 모델은 코어 계층, 디스트리뷰션 계층, 액세스 계층으로 구분된다.	×
4	Hierarchical 3 Layer 모델에서 액세스 계층은 코어 계층에 직접 연결하지 않고, 액세스 계층을 다른 액세스 계층과도 연결하지 않는다. ES들이 연결되는 액세스 계층은 디스트리뷰션 계층에 연결되고 디스트리뷰션 계층은 코어 계층에 연결된다.	×
5	Hierarchical 3 Layer 모델의 코어 계층에는 스위치를, 디스트리뷰션 계층에는 라우터를, 액세스 계층에는 주로 스위치를 배치한다.	O
6	Hierarchical 3 Layer 모델에서 액세스 계층끼리 연결하면 메시 모델이 되어 네트워크가 복잡하게 되면서 관리가 어렵고 큰 네트워크를 구성할 수 없다.	×
7	Hierarchical 3 Layer 모델을 적용하면 시내, 강, 바다 구간으로 나뉘어져서 대역폭 산정이 쉽다.	O
8	요즘 네트워크의 트래픽 패턴은 웹 기반의 애플리케이션을 많이 사용하기 때문에 회사 외부로 나가는 트래픽이 대부분(80%)이다.	O
9	이더넷의 네 가지 속도, 10Mbps, 100Mbps, 1000Mbps, 10000Mbps를 Hierarchical 3 Layer 모델의 시냇물, 강물, 바다 구간에서 계단식으로 배치하므로 대역폭 할당이 쉽다.	×
10	디스트리뷰션 계층에 라우터 외에 스위치를 두면 VLAN(브로드캐스트 도메인)을 유연하게 구성할 수 있다.	O
11	라우터는 브로드캐스트 도메인을 나눌 수 있지만, 스위치에서는 VLAN을 사용하여 브로드캐스트 도메인을 나눈다.	×
12	Hierarchical 3 Layer 모델에서 모두 라우터를 사용하면 '느린 네트워크' 문제 때문에 ES의 속도가 느려지고, 전체 스위치를 배치하면 '너무 넓은 브로드캐스트 도메인' 문제 때문에 네트워크 속도가 느려진다.	×
13	모든 VLAN이 지나다니는 링크를 '트렁크'라고 하고, 한 종류의 VLAN만 지나다니는 링크를 '액세스 링크'라고 한다.	×
14	트렁크에서 VLAN 번호를 표시할 수 있어야 전체 스위치로 연결한 네트워크에서 브로드캐스트 도메인 분할이 가능하다.	O
15	IEEE 802.1d는 스위칭 루트를 해결하기 위한 STP 프로토콜의 일종이고, IEEE 802.1Q는 트렁크에서 VLAN 번호를 표시하기 위한 전혀 다른 목적을 가진 프로토콜이다.	×
16	IEEE 802.1Q와 ISL은 트렁크에서 VLAN 번호를 표시하기 위한 동일한 목적을 가진 프로토콜이다. IEEE 802.1Q는 표준 프로토콜이고, ISL은 시스코 프로토콜이다.	O
17	라우터의 인터페이스도 물리 인터페이스를 VLAN 수만큼의 서브 인터페이스로 분할하여 트렁크로 구현할 수 있다.	O

개념 정비소

순서	설명	O/×
18	LAN 네트워크 디자인할 때는 Hierarchical 3 Layer 모델을 주로 사용한다.	×
19	건물이 몇 개 없을 때는 코어 계층을 생략하는 것이 바람직하다. 연결할 대상이 별로 없을 때 스위치를 두면 쓸데 없이 장비 통과 때문에 지연 시간만 늘어나기 때문이다.	O
20	항상 풀 메시 연결을 위한 회선 수를 구하는 공식은 N(N-1)/2, (N=연결 대상 수)이다.	×
21	디스트리뷰션 계층에 라우터와 스위치를 별도로 구성하는 대신, 멀티레이어 스위치를 사용할 수 있다.	O
22	3계층 모델에서 이중화를 확보하기 위해 중요 장비인 디스트리뷰션 계층과 코어 계층장비를 쌍으로 배치한다. 예를 들어 디스트리뷰션 계층 장비가 고장나면 전체 건물의 통신에 지장이 발생하고, 코어 계층 장비가 고장나면 전 조직의 통신에 문제가 발생한다.	×
23	WAN 네트워크를 디자인할 때는 LAN과 비슷하게 Hierarchical 3 Layer 모델을 사용할 수 있다. LAN에서 사용하지 않는 풀 메시, 파샬 메시, 허브 앤 스포크 토폴로지 모델을 사용한다.	×

Big Network Design ||||||||

Chapter 03
LAN 디자인

[목표] 이 장에서는 Chapter 02의 학습을 통해 장비와 선으로 구축한 토폴로지 위에 적용할 수 있는 다양한 LAN 솔루션을 소개합니다. 특히 LAN 네트워크의 3계층 모델에서 가용성을 향상시키기 위해 디스트리뷰션 계층과 코어 계층의 장비를 이중화하고, 이중화를 위한 프로토콜들을 소개할 것입니다. 이중화를 위한 프로토콜들은 STP 프로토콜 계열인 PVST, MST, RSTP와 라우터 이중화 프로토콜 계열인 HSTP, VRRP, GLBP가 있습니다. 이 장을 통해 LAN 네트워크에서의 장비와 선의 이중화 배치로 인한 트래픽 흐름을 완벽하게 이해할 수 있을 것입니다.

Lesson 01

VLAN 선언 정보를 일치시키는 VTP 프로토콜

VTP(VLAN Trunking Protocol)는 트렁크를 통해서 VLAN 선언 정보를 전달하여 스위치끼리 VLAN 선언 정보를 맞추는 프로토콜입니다. 그러면 왜 VLAN 선언 정보를 맞추어야 할까요? VLAN을 선언하지 않으면 스위치 포트에 VLAN을 할당할 수 없습니다. 또한 선언되지 않은 VLAN에 속하는 패킷이 스위치에 도착하면 해당 스위치에서 처리될 수도 없습니다. 따라서 네트워크의 모든 스위치들은 모두 동일한 VLAN 선언 정보를 가지고 있어야 합니다. VTP 프로토콜은 바로 네트워크 관리자가 일일이 선언해야 하고, 주의해야 하는 'VLAN 선언의 일치화' 작업을 도와주는 프로토콜입니다.

VLAN 때문에 스위치에 연결되는 라인은 액세스 링크와 트렁크로 구분됩니다. 그리고 액세스 링크와 트렁크는 [그림 3-1]과 같이 구현됩니다.

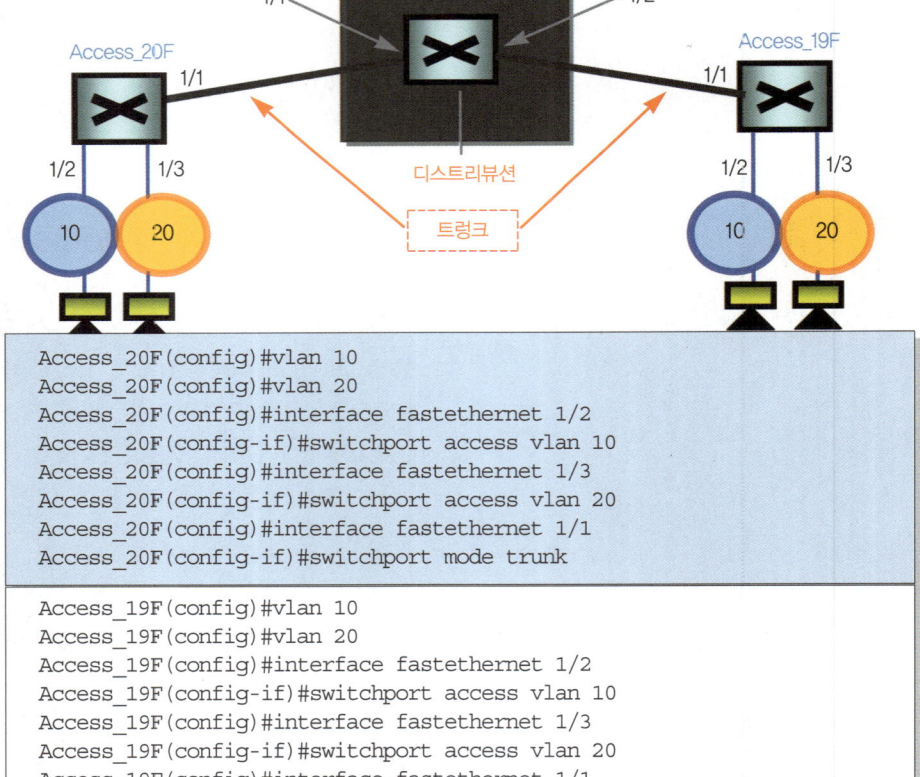

[그림 3-1] ▶ 액세스 링크와 트렁크의 구현 예

```
Access_20F(config)#vlan 10
Access_20F(config)#vlan 20
Access_20F(config)#interface fastethernet 1/2
Access_20F(config-if)#switchport access vlan 10
Access_20F(config)#interface fastethernet 1/3
Access_20F(config-if)#switchport access vlan 20
Access_20F(config)#interface fastethernet 1/1
Access_20F(config-if)#switchport mode trunk

Access_19F(config)#vlan 10
Access_19F(config)#vlan 20
Access_19F(config)#interface fastethernet 1/2
Access_19F(config-if)#switchport access vlan 10
Access_19F(config)#interface fastethernet 1/3
Access_19F(config-if)#switchport access vlan 20
Access_19F(config)#interface fastethernet 1/1
Access_19F(config-if)#switchport mode trunk
```

액세스 링크 구현은 선언과 할당 단계로 분리됩니다. [예 3-1]과 같이 스위치에 VLAN을 선언할 때는 vlan 10(VLAN 번호) 명령을 사용하고, 스위치 포트에 VLAN을 할당할 때는 switchport access vlan 10(VLAN 번호) 명령을 사용합니다. 액세스 링크를 가지지 않는 (VLAN 할당이 필요 없는) 디스트리뷰션(Distribution) 스위치의 구현은 [예 3-1]과 같습니다. 이때 VLAN을 할당하는 액세스 링크가 있고 VLAN이 선언되어 있지 않을 때는 VLAN을 할당할 수 없기 때문에 VLAN 선언을 잊어버리지 않습니다. 하지만 VLAN을 할당하는 액세스 링크가 없을 때는 VLAN 선언 명령을 누락하기 쉽다는 것을 주의하세요.

결론적으로 말해서 한 네트워크의 내부에 있는 모든 스위치에서 네트워크에서 사용할 모든 VLAN을 일관성 있게 선언하는 것을 잊어서는 안 됩니다.

[예 3-1] ▶
[그림 3-1]의 디스트리뷰션 스위치의 구현 명령의 예

```
Distribution(config)#vlan 10      ┐ 누락하기 쉽습니다.
Distribution(config)#vlan 20      ┘
Distribution(config)#interface fastethernet 1/1
Distribution(config-if)#switchport mode trunk
Distribution(config)#interface fastethernet 1/2
Distribution(config-if)#switchport mode trunk
```

이러한 'VLAN의 일관된 선언(VLAN Configuration Consistency)'을 자동화시키는 프로토콜은 VTP(VLAN Trunking Protocol)로, 다음과 같이 동작합니다. [그림 3-2]를 보면 디스트리뷰션 스위치는 VTP 서버이고, Access_20F와 Access_19F 스위치는 VTP 클라이언트로 설정했습니다. VTP 서버에서만 VLAN을 선언하면 선언된 VLAN 정보가 VTP 어드버타이즈먼트(VTP Advertisement) 프레임을 통해 VTP 클라이언트로 전달되기 때문에 VTP 클라이언트 스위치에는 VLAN을 선언할 필요가 없습니다. 따라서 한 네트워크의 모든 스위치에서 일관된 VLAN 선언 작업에 오류가 줄어들고 변경 작업이 쉬워집니다.

[그림 3-2] ▶
VTP의 동작

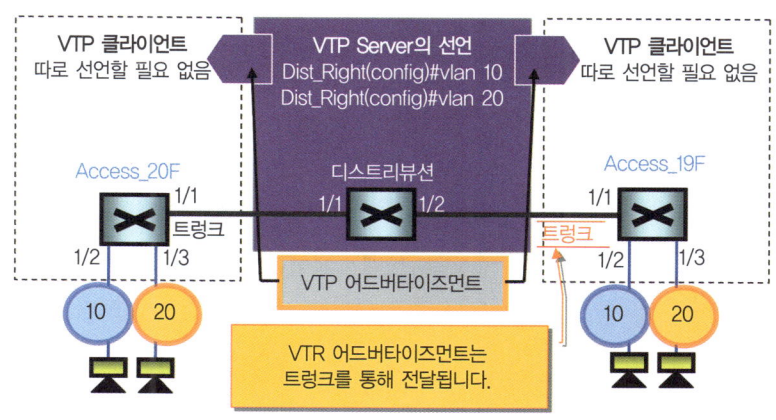

VTP 프로토콜에서 정의할 수 있는 모드는 [표 3-1]과 같이 이미 설명한 서버 모드, 클라이언트 모드 외에 트랜스페어런트 모드가 있습니다. VTP 서버와 VTP 트랜스페어런트 모드는 VLAN의 생성(선언) 및 수정, 삭제가 가능합니다. VTP 서버와 클라이언트는 다른 VTP 서버가 VTP 어드버타이즈먼트를 보냈을 때 VLAN 선언 정보를 변경하지만, VTP 트랜스페어런트 모드로 설정된 스위치는 전달만 합니다.

VTP 서버가 다운될 수도 있기 때문에 이중화를 위해 VTP 서버를 2대 이상 구현하기도 합니다. 또한 VTP 서버와 트랜스페어런트는 스위치 다운(리부팅) 상황을 대비하여 VLAN 선언 정보를 저장합니다. VTP 트랜스페어런트 모드는 다른 스위치가 보낸 정보를 활용하지 않기 때문에 모든 스위치들을 VTP 트랜스페어런트 모드로 구현한다면 VTP 프로토콜을 사용하지 않는 것과 동일합니다.

[표 3-1] ▶
VTP 모드별 기능

	VTP 서버	VTP 클라이언트	VTP 트랜스페어런트
VLAN 생성, 수정, 삭제가 가능한가?	O	X	O
VTP 어드버타이즈먼트를 받았을 때 VLAN 정보를 변경하는가, 아니면 전달만 하는가?	변경 & 전달	변경 & 전달	전달만
시스템 리부팅을 대비하여 VLAN 정보를 저장하는가?	O	X	O

네트워크 관리자 대신 '일관된 VLAN 구현'을 책임진다는 VTP 프로토콜의 분명한 장점에도 불구하고 다음과 같은 약점도 있습니다. 즉 VLAN 선언 정보를 보내는 VTP 서버가 다운되어 살아나지 않고(VLAN 정보를 보내줄 VTP 서버 역할의 스위치가 없어지고) VTP 클라이언트가 다운되었다가 살아나면 VTP 클라이언트는 선언된 VLAN 정보를 저장하지 않기 때문에 VLAN 선언 정보가 사라집니다. 그래서 디폴트 VLAN인 1번 VLAN을 제외한 다른 VLAN은 할당과 처리를 할 수 없습니다. 이러한 경우의 수가 얼마나 되겠느냐고 물을 수 있습니다. 그러나 항상 네트워크 디자인의 두 축은 속도와 더불어 가용성(Availability)이라는 것을 잊어서는 안 됩니다. 만약의 상황을 대비하는 마음이 중요합니다. 이러한 VTP의 약점 때문에 VTP 프로토콜을 사용하지 않는 사이트가 많습니다.

VTP 프로토콜은 시스코 고유의 프로토콜로서 시스코의 스위치들 중에는 VLAN을 선언할 때 반드시 VTP 프로토콜을 사용해야 하는 스위치들이 많습니다. VLAN을 선언하려면 VTP 서버 모드 또는 VTP 트랜스페어런트 모드로 설정해야 합니다. 이때 VTP 트랜스페어런트 모드는 VTP 어드버타이즈먼트를 주고받지 않기 때문에 모든 스위치들에 VLAN을 별도로 선언해야 합니다. 마치 VTP 프로토콜을 사용하지 않는 것과 같습니다.

VTP 트랜스페어런트 모드로 구현하면 가용성과 관련된 VTP의 약점을 극복할 수 있다는 점 외에 VTP 어드버타이즈먼트가 존재하지 않기 때문에 대역폭과 스위치들의 CPU/메모리를 절약할 수 있다는 장점이 추가됩니다. 네트워크를 디자인할 때 다양한 프로토콜들과 솔루션을 마구 설정하면 네트워크에 프로토콜을 유지하기 위한 트래픽이 늘어납니다. 그리고 네트워크 장비들은 이러한 트래픽과 프로토콜 프로세스를 처리하기 위해 CPU나 메모리 자원을 낭비합니다. 업무와 직접 관련이 없는 트래픽을 '백그라운드 트래픽(Background Traffic)'이라고 하고, 업무와 관련이 있는 트래픽을 '유저 트래픽(User Traffic)'이라고 합니다. 달리 말하면, 서버나 PC와 같은 ES들 간에 주고받는 대부분의 트래픽이 유저 트래픽에 속하고, IS인 스위치나 라우터간에 프로토콜 유지나, 서버와 PC간에 컨트롤을 위한 트래픽이 백그라운드 트래픽에 속합니다. 일반적으로 백그라운드 트래픽이 차지하는 비율이 10%를 초과하지 않아야 건강한 네트워크에 속합니다. 이를 위해 네트워크의 장비들은 구현을 최소화할수록 좋습니다.

네트워크 헬스 체크

[표 D-1]은 건강한 네트워크인지 판단하는 기준입니다. [표 D-1] 기준을 초과했을 때 네트워크는 재구축 프로세스에 따라 새로운 디자인에 들어갈 수 있습니다. [표 D-1]에서 백그라운드 트래픽(Background Traffic)이란, 유저 트래픽(User Traffic)에 대비되는 의미로, 업무와 직접 관련이 없는 트래픽으로 네트워크를 유지하기 위해 스위치끼리 또는 라우터끼리, 서버와 클라이언트 사이의 컨트롤을 위한 트래픽이 여기에 속합니다. 예를 들어 스위치 간의 VTP 어드버타이즈먼트, STP의 BPDU, 이더채널의 PAgP 프레임들, 라우터 간의 라우팅 업데이트 패킷들, 커넥션 설정을 위한 ARP, DHCP, DNS, WINS, MGCP(VoIP), 기타 SNMP(Simple Network Management Protocol, 네트워크 관리) 패킷들이 여기에 속합니다. 이에 비해 유저 트래픽이란, 이메일 다운로딩, 파일 보내기, 웹 페이지 읽기, 파일 프린팅 등의 비즈니스와 관련된 트래픽입니다.

[표 D-1] ▶
네트워크 헬스 체크 리스트

구분	기준
응답 시간 (Response Time)	약 30~40% 이상의 유저들이 특정 애플리케이션을 사용하는데, 불만을 토로할 경우 서버 시스템과 서버와 클라이언트 네트워크를 중심으로 점검이 필요합니다.
	약 30~40% 이상의 유저들이 모든 애플리케이션을 사용하는데, 불만을 토로할 경우 백본 네트워크를 중심으로 점검이 필요합니다.
대역폭 사용량 (Bandwidth Utilization)	WAN 대역폭 사용량이 최대 90%, 평균 70% 미만
	평균 LAN 대역폭 사용량이 다음을 초과해선 안 됩니다. • Half-duplex, Twisted Pair, Shared Ethernet: < 55% • Half-duplex, Twisted Pair, Switched Ethernet: < 65% • Full-duplex, Twisted Pair, Switched Ethernet: < 90%
브로드캐스트(Broadcast)	초당 1,000개의 미만의 브로드캐스트 패킷 발생
	브로드캐스트 또는 멀티캐스트가 대역폭의 10% 미만 발생
장비 성능	최대 CPU 사용량 90%, 평균 70% 미만 발생
패킷 오류율 (Packet Error Rate)	분당 300개 미만의 패킷 오류 발생
	백만 바이트당 1개 미만의 패킷 오류 발생
	전체 패킷의 1% 미만 발생
백그라운드 트래픽 (Background Traffic)	10% 이하

Lesson 02

VTP 프로토콜의 구현과 VTP 프루닝

[그림 3-3]과 같이 VTP 프로토콜을 스위치들에 구현할 때 다음의 항목들을 동일하게 구현해야 합니다.

- VTP 도메인 이름
- VTP 버전
- VTP 패스워드(선택 사항)

VTP 버전 정보와 VTP 프루닝(VTP Pruning)을 구현할 때 VTP 어드버타이즈먼트를 통해 전달되기 때문에 클라이언트에서 설정하지 않습니다.

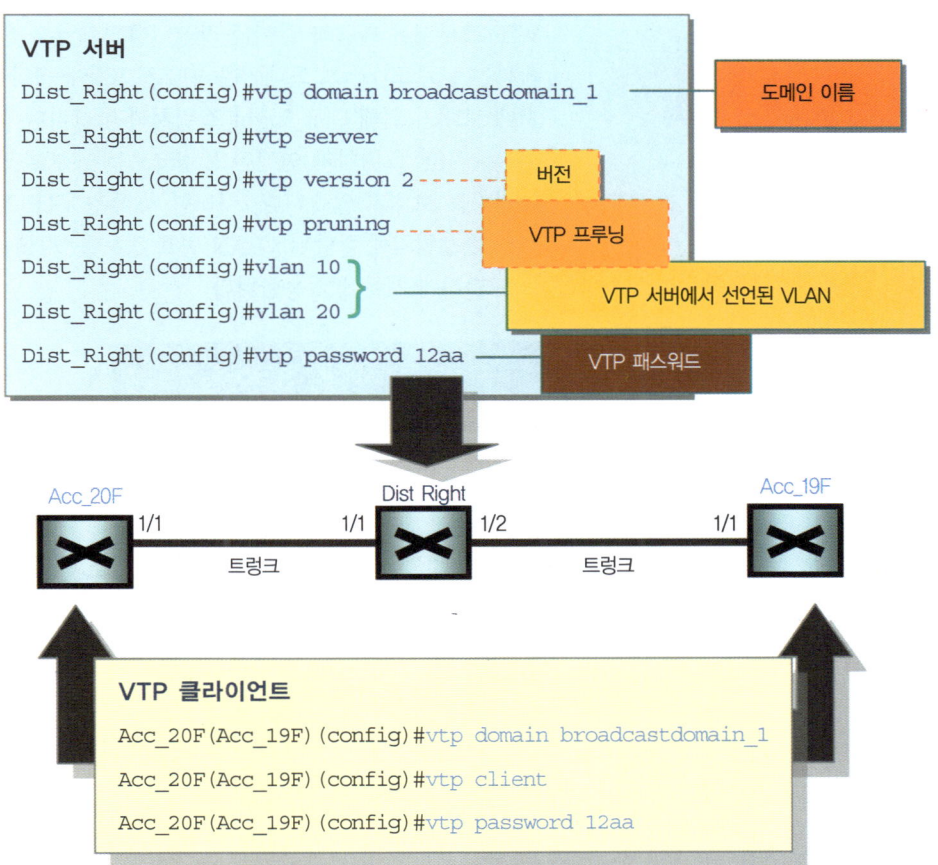

[그림 3-3] ▶
VTP 서버/클라이언트의 구성

[그림 3-4]는 VTP 트랜스페어런트 구현의 예입니다.

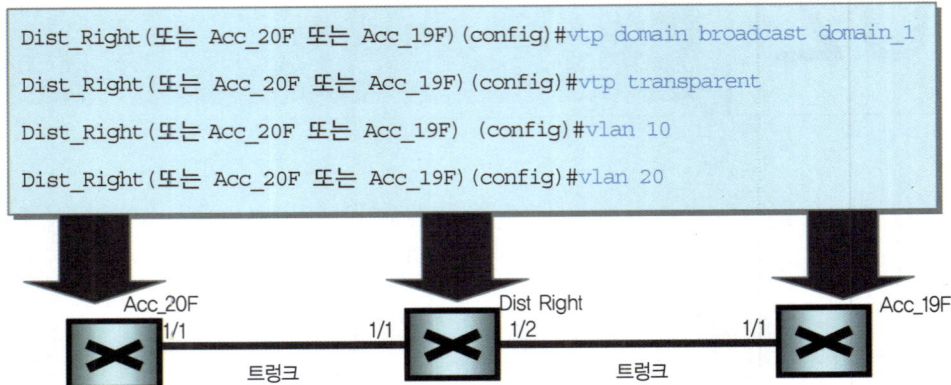

[그림 3-4] ▶
VTP 트랜스페어런트의 구성

VTP 프루닝은 트렁크에서 불필요하게 교환되는 브로드캐스트와 멀티캐스트 트래픽을 막아서 트렁크에서의 대역폭 낭비를 줄입니다.

VTP 프루닝은 다음과 같이 동작합니다. [그림 3-5]에서 PC A에서 출발한 VLAN 100에 속하는 브로드캐스트 트래픽은 VLAN 100에 속하는 PC가 연결되어 있는 Acc_10F 스위치에 보내기 위해 Dist_Right 스위치까지 갑니다. 하지만 Dist_Right 스위치와 Acc_01F와 Acc_16F 스위치와 연결된 트렁크로는 내보낼 필요는 없으므로 VLAN 100에 속하는 트래픽을 보내지 않습니다. 이러한 동작은 VTP 프로토콜이 구현된 스위치들 사이에서 각각의 스위치에 할당된 VLAN 번호 정보를 VTP 조인 메시지(VTP Join Message)를 통해 교환하기 때문에 가능합니다.

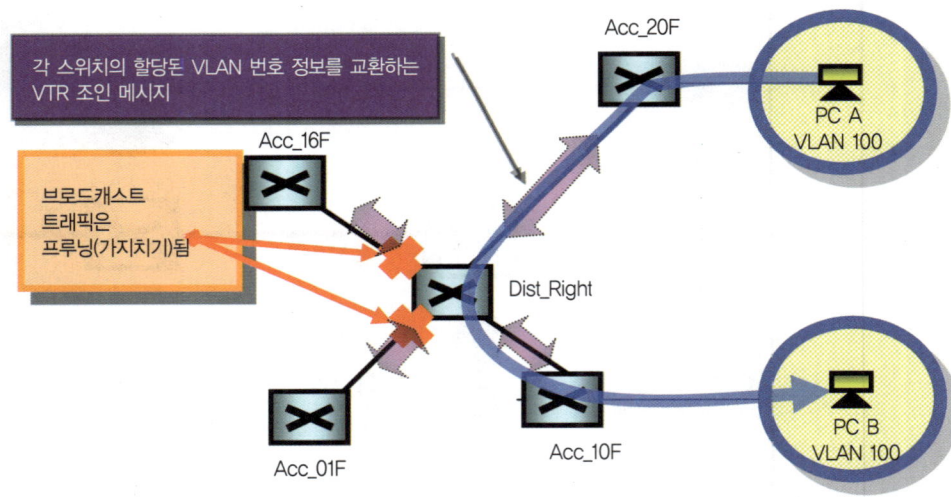

[그림 3-5] ▶
VTP 프루닝(가지치기) 동작

선언된 VLAN 정보를 교환하는 프레임은 VTP 어드버타이즈먼트로 서버에서 클라이언트 방향으로 전달되고, 각각의 스위치에 할당된 VLAN 정보를 교환하는 프레임은 VTP 조인 메시지로 스위치들 간에 대등하게 교환합니다. VTP(VLAN Trunking Protocol)의 이름에서 알 수 있듯이 이러한 VTP 메시지는 트렁크를 통해서만 전달됩니다. 참고로 VLAN 1은 프루닝되지 않습니다. 또한 VTP 트랜스페어런트 모드로 구현하면 VTP 조인 메시지를 전달하지 않기 때문에 VTP 프루닝을 지원하지도 않습니다.

Lesson 03 VTP 프로토콜 사용하지 않기

다양한 솔루션과 프로토콜을 많이 도입하면 백그라운드 트래픽이 늘고, 이것은 네트워크 장비의 CPU와 메모리뿐만 아니라 대역폭에 부담을 주어 좋은 네트워크가 되지 못합니다. 그러므로 그것보다는 꼭 필요한 솔루션과 프로토콜만 적용하여 네트워크 장비의 부담을 덜어주고, 대역폭의 사용을 줄이며, 프로토콜의 오동작으로 인한 네트워크 중단 시간을 줄여주어야 합니다. 이것이 네트워크 디자인에서 매우 중요합니다.

VTP 프로토콜은 시스코 고유의 프로토콜로, 시스코의 LAN 스위치들은 VTP 프로토콜을 구현해야만 합니다. 다시 말해서 VTP 서버 또는 VTP 트랜스페어런트 모드로 구현해야만 VLAN을 선언할 수 있는 모델들이 많습니다.

만약 VTP 서버가 다운된 후 VTP 클라이언트도 죽었다가 살아나면 VTP 클라이언트는 선언된 VLAN 정보를 저장하지 않기 때문에 모든 VLAN 구현이 디폴트로 설정됩니다. 즉 디폴트 VLAN인 '1번 VLAN'만 선언되고, 모든 포트들도 '1번 VLAN'에 속하게 됩니다.

이러한 위험성 때문에 2대의 VTP 서버를 둘 수 있지만, 이것도 VTP 프로토콜을 사용하지 않는 것보다는 안정적이지 못합니다. 이때 VTP 트랜스페어런트 모드로 구현하면 VTP 프로토콜을 사용하지 않는 것과 마찬가지입니다. 왜냐하면 [그림 3-6]과 같이 트랜스페어런트 모드로 구현하면 스위치들 사이에서는 VTP 어드버타이즈먼트를 교환하지 않으므로 모든 스위치에 VLAN을 각각 선언해야 합니다. VTP 프로토콜이 주는 편리함을 포기하면 귀찮겠지만, 한 번만 작업하면 VTP 프로토콜의 가용성과 관련한 약점을 극복할 수 있기 때문에 권장합니다.

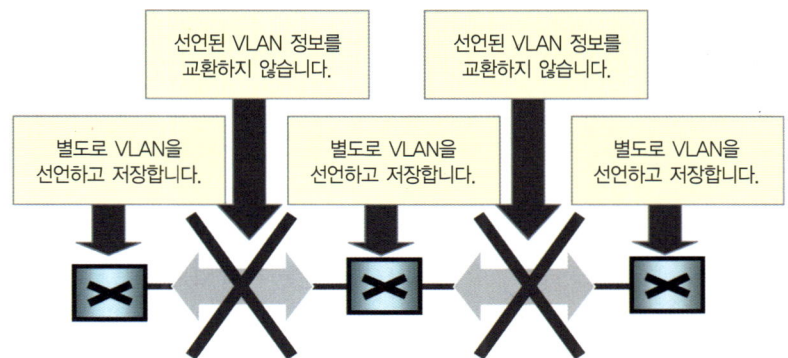

[그림 3-6] ▶
VTP 프로토콜을 구현하지 않은 것과 VTP 트랜스페어런트 모드

○ 깜짝 퀴즈 1   VLAN 구현을 위해 VTP 프로토콜을 반드시 사용해야 하는 스위치에서 VTP 프로토콜을 사용하지 않는 것과 같은 효과를 누리고 싶다면 어떻게 해야 하나요?

○ 깜짝 퀴즈 2   이 VTP 모드로 설정하면 선언된 VLAN 정보를 NVRAM에 저장하기 때문에 스위치가 죽었다 살아나도 VLAN 선언 정보가 사라지지 않습니다. 모든 스위치들에서 직접 VLAN을 일관성 있게 선언해야 하므로 불편하지만 VTP 프로토콜 오동작으로 인한 근심을 없애주기 때문에 권장되는 방법은 무엇인가요?

○ 해답   깜짝 퀴즈 1과 2의 해답은 모두 VTP 트랜스페어런트 모드로 구현하는 것이고, 현장에서 사용하기를 권합니다.

Lesson 04 스위칭 루프와 STP

[그림 3-7]은 디스트리뷰션 계층을 이중화한 실제 환경의 LAN 스위치 구성입니다. 스위치는 라우터와 달리 브로드캐스트 도메인을 분할하지 않기 때문에 스위치 포트로 들어온 브로드캐스트는 스위치를 연결하는 트렁크 링크(모든 VLAN의 브로드캐스트가 지나다닐 수 있는 구간)를 통해 계속 뱅글뱅글 돕니다. [그림 3-6]에서는 시계 반대 방향의 브로드캐스트 스톰(Broadcast Stome)만 보이지만, 시계 방향으로도 브로드캐스트 스톰이 생깁니다. 브로드캐스트 스톰은 대역폭, CPU, 메모리와 같은 네트워크 자원을 모두 소모하기 때문에 통신이 불가능하게 됩니다. 이것이 스위치들을 동그랗게 연결했을 때, 다시 말해서 스위칭 루프(Switching Loop)가 일어났을 때 생기는 첫 번째 문제입니다.

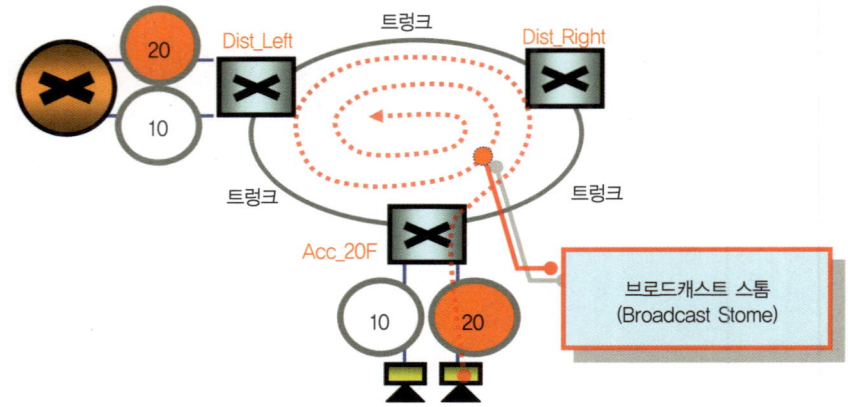

[그림 3-7] ▶
스위칭 루프의 첫 번째 문제 :
브로드캐스트 스톰

스위칭 루프 때문에 발생하는 두 번째 문제를 설명하기 전에 '언논 유니캐스트 플러딩(Unknown Unicast Flooding)'이 무엇인지 알아야 합니다. 언논 유니캐스트 플러딩은 스위치에서 수신한 프레임의 목적지에 해당하는 정보가 스위칭 테이블에 없을 때 즉 언논 유니캐스트일 때 스위치가 모든 포트로 프레임을 내보내는 것(플러딩)입니다.

스위칭 루프로 인한 두 번째 문제는 유니캐스 프레임을 중복하여 받는 현상(Multiple Frame Copy)입니다. [그림 3-8]의 스위치들은 새로 설치되어 스위칭 테이블이 만들어지기 전이라고 가정해 봅시다. Acc_20F 스위치로 들어와서 라우터로 향하는 유니캐스트는 Acc_20F 스위치의 스위칭 테이블이 미처 만들어지기 전일 때는 언논 유니캐스트이기 때문에 브로드캐스트와 같이 플러딩됩니다. [그림 3-8]에서는 시계 반대 방향의 흐름만 나와있지만, 사실은 시계 방향으로도 플러딩됩니다. Dist_Right 스위치나 Dist_Left 스위치에 도착했을 때도 언논 유니캐스트는 플러딩됩니다. 결국 브로드캐스트처럼 언논 유니캐스트가 플러딩(Unknown Unicast Flooding)되면 한 번만 받아도 충분한 유니캐스트 프레임을 목적지 장비는 중복해서 계속 받습니다.

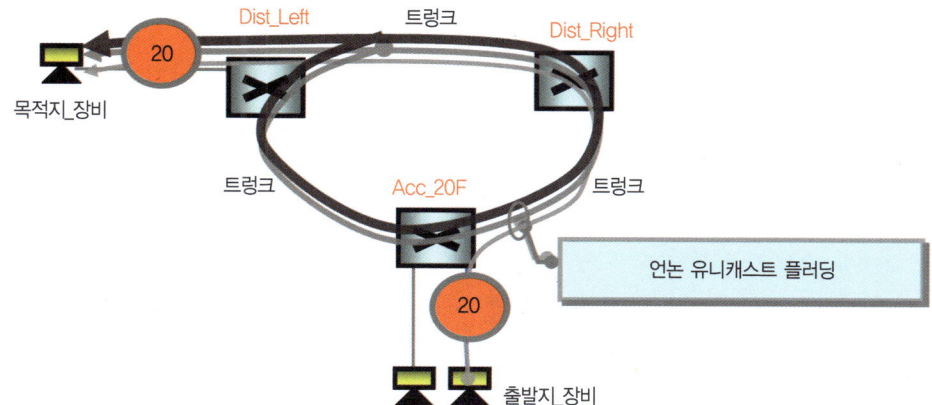

[그림 3-8] ▶
스위칭 루프의 두 번째 문제 :
한 번 보낸 유니캐스트가
중복 수신되는 현상

스위치는 수신되는 프레임의 2계층 출발지 주소를 포트에 매핑하여 스위칭 테이블을 만듭니다. 한 번 만들어진 스위칭 테이블은 300초 동안(시스코 스위치의 경우) 유지됩니다. 만약 300초 동안 스위치에 연결된 장비가 침묵을 지킨다면 스위칭 테이블에서 해당 MAC 주소는 사라집니다. 스위칭 루프로 인한 세 번째 문제도 언논 유니캐스트 플러딩(Unknown Unicast Flooding) 때문에 발생합니다.

[그림 3-9]에서 Acc_20F 스위치로 들어온 유니캐스트는 언논 유니캐스트일 때 브로드캐스트와 같이 플러딩됩니다. 시계 방향/시계 반대 방향으로 플러딩된 PC_A의 MAC 주소 1234.abcd.4567을 출발지 주소로 가진 언논 유니캐스트 프레임은 Dist_Right 스위치의 포트 1/0과 1/1에서 번갈아 수신되기 때문에 스위칭 테이블에서 포트 1/1에 학습되었다가 포트 1/0에 학습될 것입니다.

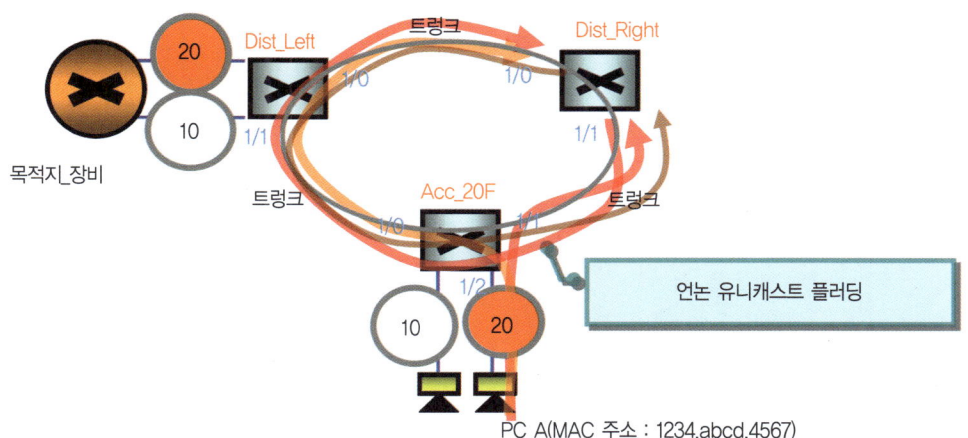

[그림 3-9] ▶
스위칭 루프의 세 번째 문제 :
불안정한 스위칭 테이블 현상

이것이 바로 '스위칭 테이블 불안정 현상(MAC Database Instability)'입니다. 스위칭 테이블 불안정은 Dist_Left와 Acc_20F 스위치에서도 동일하게 발생합니다.

이러한 세 가지 문제는 리던던시(Redundancy, 이중화)를 위해 액세스 계층 스위치와 2개의 디스트리뷰션 계층 스위치를 고리 모양(Loop)으로 동그랗게 연결했기 때문에 발생하는데, [그림 3-10]과 같이 스위칭 루프를 형성하는 포트들 중 하나를 일부러 블로킹(Blocking)시켜서 해결합니다. 이 경우 한 포트를 막기 때문에 브로드캐스트와 언논 유니캐스트는 더 이상 돌지 못하고 결과적으로 세 가지 문제가 모두 해결됩니다.

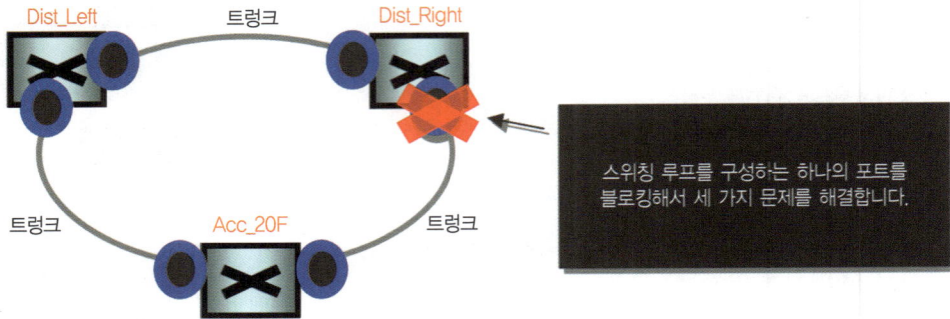

[그림 3-10] ▶
스위칭 루프 문제의 해결 방법 :
포트 블로킹

Lesson 05

STP의 동작

STP(Spanning Tree Protocol)는 동그라미(스위칭 루프) 연결을 끊어서 세 가지 문제를 해결하는 프로토콜입니다. STP는 스위치로 연결된 네트워크에서 새로운 링크가 생겼는지 또는 고장났는지를 '컨피규레이션 BPDU(Bridge Protocol Data Unit)'라고 부르는 프레임을 2초마다 교환하여 계속 조사합니다. BPDU를 통해 스위치는 토폴로지에 발생한 새로운 루프를 찾아내고, 기존의 막힌 포트(Blocked Port)를 풀든지(Forwarding Port로), 아니면 사용하는 포트(Forwarding Port)를 막아서 지속적으로 스위칭 루프가 없는 네트워크를 유지합니다.

참고로 STP는 DEC이 개발한 스위치 대 스위치 프로토콜로, DEC 스패닝 트리 알고리즘을 IEEE 802.3 위원회가 개정해서 IEEE 802.1d 규격으로 발표했습니다. BPDU의 기본적인 내용은 [그림 3-11]과 같습니다.

Bytes	필드	
2	프로토콜 ID	DEC인지, IEEE인지 표시
1	버전	
1	메시지 타입	컨피규레이션 BPDU(Configuration BPDU)인지, 토폴로지 체인지 BPDU(Topology Change BPDU)인지 구분
1	플래그	토폴로지 체인지 BPDU(Topology Change BPDU)인지, ACK BPDU인지 구분
8	루트 스위치 ID	ID :: 2Byte 우선 순위+6Byte MAC 주소 (디폴트 우선 순위=32,768)
4	패스 코스트(Path Cost)	루트 스위치까지의 모든 코스트를 합한 값
8	이전 스위치 ID	BPDU가 방금 거친 스위치의 ID
2	이전 스위치의 포트 ID	BPDU가 방금 거친 스위치의 포트 ID
2	메시지 에이지(Message Age)	STP 타이머 값 : 일반 스위치는 루트 스위치가 사용한 값을 그대로 사용하기 때문에 BPDU에 타이머 정보가 들어갑니다.
2	맥스 에이지(Max Age)	
2	헬로 타임(Hello Time)	
2	포워드 딜레이(Forword Delay)	

[그림 3-11] ▶ BPDU 필드

[그림 3-12]의 예를 들어 STP 동작에 대해 마스터해 봅시다. [그림 3-12]에서 확인할 수 있는 것처럼 세 곳에서 스위칭 루프가 발생합니다. 이러한 루프를 없애기 위한 STP 프로토콜의 첫 번째 작업은 기준 스위치를 잡는 것입니다. 이러한 기준이 되는 스위치를 '루트 스위치'라 하고 스위치 ID가 제일 낮은 스위치가 루트 스위치가 됩니다. 스위치 ID는 '우선 순위(디폴트 값 = 32768) + 스위치 MAC 주소'입니다. 그러므로 [그림 4-15]에서는 스위치 AA가 루트 스위치(스위치 ID가 32768.1111.1111.1111로 제일 낮음)가 됩니다. 루트 스위치는 '컨피규레이션 BPDU(Configuration BPDU)'라고 부르는 BPDU를 내려 보내는데, 컨피규레이션 BPDU의 패스 코스트, 이전 스위치 ID, 이전 스위치의 포트 ID를 비교하여 블로킹 포트를 정합니다.

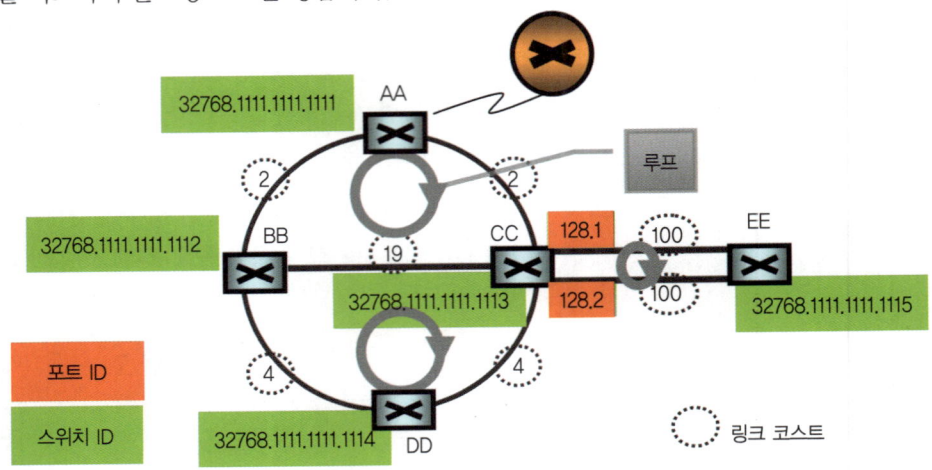

[그림 3-12] ▶
STP 루트 스위치 선택하기

루트 스위치가 정해지면 일반 스위치는 루트 스위치로 가는 베스트 루트를 제공하는 포트를 하나씩 선택하는데, 이것을 '루트 포트(Root Port)'라고 합니다. 루트 포트를 선택하는 순서는 루트 스위치가 보낸 BPDU의 패스 코스트, 이전(BPDU가 방금 거친) 스위치 ID, 이전(BPDU가 방금 거친) 스위치의 포트 ID입니다. 패스 코스트란, 루트 스위치가 보낸 BPDU가 거친 모든 링크의 코스트를 합한 값입니다. 루트 스위치를 선정할 때 스위치 ID가 낮은 쪽을 선택했듯이 패스 코스트, 이전 스위치의 ID, 이전 스위치의 포트 ID를 비교할 때도 낮을수록 좋은 값으로 봅니다.

- **스위치 BB** : [그림 3-13]에서 갑 경로의 패스 코스트는 20이고, 을 경로의 패스 코스트는 21이며, 병 경로의 패스트 코스트는 10입니다. 따라서 가장 낮은 패스트 코스트를 제공하는 갑 경로에 연결된 포트가 루트 포트가 됩니다.

- **스위치 CC** : 스위치 BB와 같은 이유로 루트 포트가 선택됩니다.

- **스위치 DD** : 스위치 DD의 경우는 루트 스위치로부터의 두 경로가 모두 패스 코스트 값 6이므로 다음 비교 대상인 BPDU가 방금 거친 스위치의 ID가 낮은 쪽을 선택합니다. 스위치 BB의 ID가 스위치 CC의 ID보다 낮으므로 스위치 DD의 왼쪽 포트(스위치 BB쪽 포트)가 루트 포트가 됩니다.

- **스위치 EE** : 스위치 EE의 경우 두 경로의 패스 코스트가 102로 동일하고, 이전 스위치(스위치 CC)의 ID도 동일하므로 이전 스위치의 포트 ID를 비교합니다. 128.1쪽이 128.2보다 낮으므로 128.1번 포트쪽의 스위치 EE의 포트가 루트 포트가 됩니다. 포트 ID는 '포트 우선 순위(디폴트 값=128)+(스위치가 정한) 포트의 순서 번호'입니다.

루트 포트는 루트 스위치를 제외한 일반 스위치에서 한 포트씩 나오는데, 루트 스위치에게 가는 최단 거리를 제공하는 포트입니다. [그림 3-13]과 같이 루트 포트가 선택되면 루트 포트가 연결된 링크(선)는 사용하는 링크가 되고, 루트 포트가 포함하지 않는 링크(선)는 사용하지 않는 링크가 됩니다.

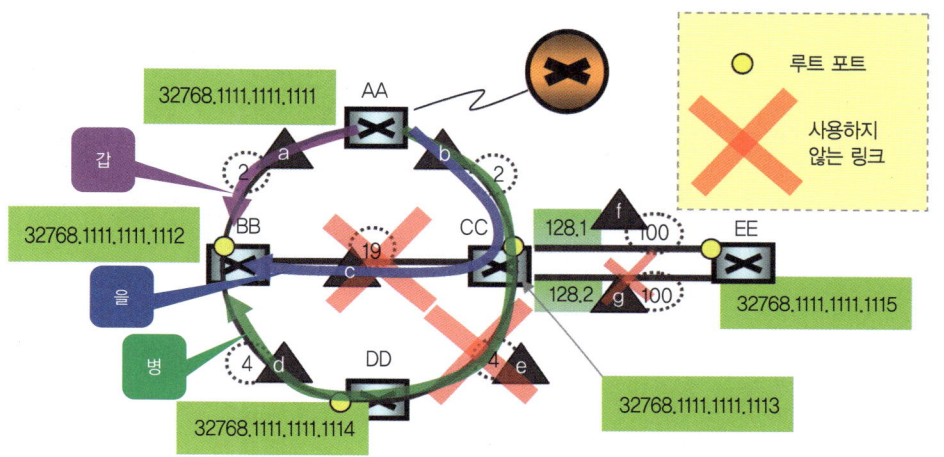

[그림 3-13] ▶
STP 루트 포트/포트 블로킹

[그림 3-14]에서 사용하지 않는 링크 c, e, g에서 블로킹 포트가 결정되는데, 사용하지 않는 링크에 연결된 두 스위치 중에서 스위치 ID가 높은 쪽이 블로킹됩니다. 따라서 [그림 3-14]의 c 링크에서 스위치 CC쪽 포트가 블로킹되고, e 링크에서는 스위치 DD쪽 포트가 블로킹되며, g 링크에서는 스위치 EE쪽 포트가 블로킹됩니다. 이렇게 블로킹된 포트를 '논 데지그네이티드 포트(Non-designated Port)'라고 합니다.

마지막으로 데지그네이티드 포트(Designated Port)를 정의하고 찾아보겠습니다. [그림 3-14]에서 데지그네이티드 포트는 링크(선)마다 루트 스위치에 좀 더 가까운 포트로 한 포트씩 선택됩니다. a와 b 링크에서는 루트 스위치쪽 포트가 루트 스위치쪽에 가깝기 때문에 루트 스위치쪽 포트가 데지그네이티드 포트가 됩니다. 이 모든 것이 BPDU 프레임에 의해 결정됩니다.

c 링크, e 링크, g 링크에서는 블로킹된 포트를 제외한 포트가 루트 스위치에 보다 가까운 포트로 간주되기 때문에 데지그네이티드 포트가 됩니다. d 링크에서는 스위치 BB쪽이 루트 스위치에 좀 더 가깝고, f 링크에서는 스위치 CC쪽이 루트 스위치에 좀 더 가깝다는 것을 그림에서 확인할 수 있습니다.

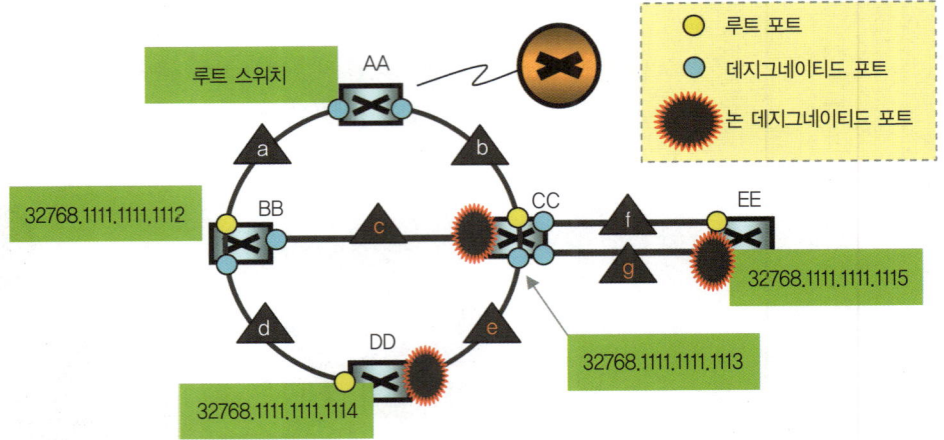

[그림 3-14] ▶
STP의 데지그네이티드 포트/
논 데지그네이티드 포트

참고로 STP에서 사용하는 코스트 값은 [표 3-2]와 같이 대역폭에 반비례합니다.

링크 속도(Mbps)	코스트 값(IEEE 규정)
10,000	2
1,000	4
100	19
10	100

[표 3-2] ▶
STP 코스트 값

VTP 프로토콜과 마찬가지로 스위칭 프로토콜인 STP 프로토콜은 한 네트워크 안에서 동작하는 것임을 다시 한 번 기억하세요. 너무 당연한 이야기인가요?

STP 환경에서 '링크 고장(토폴로지-연결 상태-의 변화)', 그 이후

[그림 E-1]에서 S3 스위치의 한 포트가 블로킹되었습니다. '을'의 MAC 주소가 [그림 E-1]과 같이 각각의 스위치의 빨강 동그라미 포트에 학습되었기 때문에 갑에서 을로 가는 트래픽은 S3-S1-S2-S4 스위치들을 거칩니다.

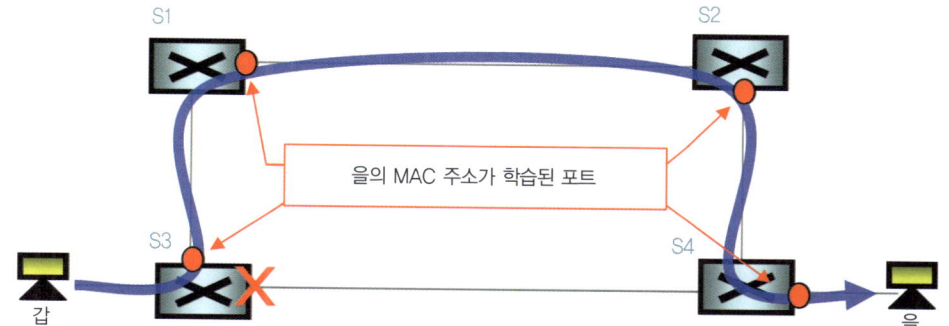

[그림 E-1] ▶
S1-S2 링크가 고장나기 전

이때 S1과 S2 사이의 링크가 고장나면 S3 스위치의 블로킹된 포트(A포트)가 포워딩 상태가 될 때(최대 50초)까지 갑과 을 사이의 통신은 중단됩니다. 또한 S3 스위치의 스위칭 테이블에 을의 MAC 주소가 남아있기 때문에 을에게 가는 패킷을 S3는 S1에게 보냅니다. 스위칭 테이블에 한 번 학습된 MAC 주소는 5분 동안 남아있습니다.

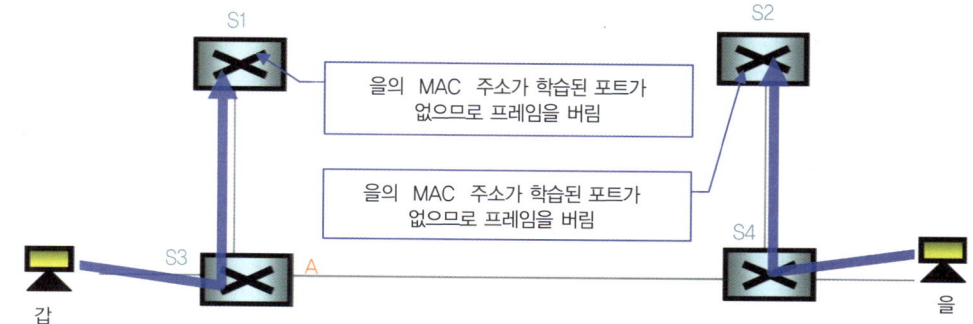

[그림 E-2] ▶
S1-S2 링크가 고장난 경우

이러한 문제를 해결하기 위해 링크가 고장났다는 연락을 받았을 때(Topclogy Change BPDU를 수신했을 때)는 블로킹 상태와 리스닝 상태 동안(맥스 에이지 + 포워드 딜레이) 스위칭 테이블의 수명을 5분에서 포워드 딜레이(디폴트 15초)로 시간으로 줄입니다. 다시 [그림 E-2]에서 링크 고장을 감지한 S1과 S2는 Topology Change Notification BPDU를 보냅니다. TCN을 받은 루트 스위치는 모든 스위치에게 TC(Topology Change)를 보냅니다. 토폴로지의 변화를 감지한 다른 모든 스위치들은 스위칭 테이블의 수명을 15초로 줄이고, S3의 A 포트는 15초 동안 을의 MAC 주소가 감지되지 않았다면, 해당 포트에서 모든 MAC 주소는 사라집니다.

토폴로지 체인지 상황은 다음과 같습니다.

- 포트가 '다운' 되었을 때(포워딩 상태의 포트가 블로킹 상태가 되었을 때)
- 포트가 '업' 되었을 때(블로킹 상태의 포트가 포워딩 상태가 되었을 때)

모든 스위치들에게 토폴로지 체인지를 보내는 과정은 다음과 같은 두 단계로 보다 복잡합니다.

1단계 : 루트 스위치에게 알림

평소에 스위치들은 루트 스위치로부터 전달된 컨피규레이션 BPDU를 2초마다 루트 포트를 통해 받고, 루트 스위치쪽으로는 아무것도 보내지 않습니다. 위에서 소개한 토폴로지 체인지 상황에서 Topology Change Notification BPDU(TCN BPDU)를 루트 포트를 통해 내보냅니다. TCN BPDU를 받은 스위치가 잘 받았다는 표시로 Topology Change ACK(TCA) BPDU를 보낼 때까지 계속 TCN BPDU를 보냅니다.

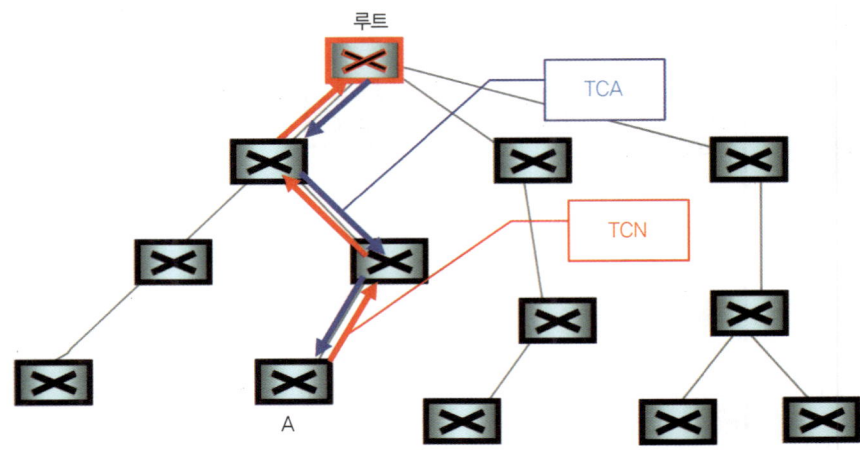

[그림 E-3] ▶
TCN과 TCA

2단계 : 루트 스위치는 전체 네트워크에 토폴로지 체인지를 브로드캐스트함

루트 스위치가 토폴로지 체인지를 감지하면 토폴로지 체인지(TC) 비트를 1로 세팅한 컨피규레이션 BPDU를 보내고, 스위치들은 포워딩이나 블로킹 포트를 통해 받습니다. TC 비트가 1로 세팅된 Configuration BPDU를 수신한 스위치들은 스위칭 테이블의 수명을 15초로 맞춥니다. 루트 스위치에서 보내는 Configuration BPDU의 TC 비트는 맥스 에이지 + 포워드 딜레이 동안 1로 세팅됩니다.

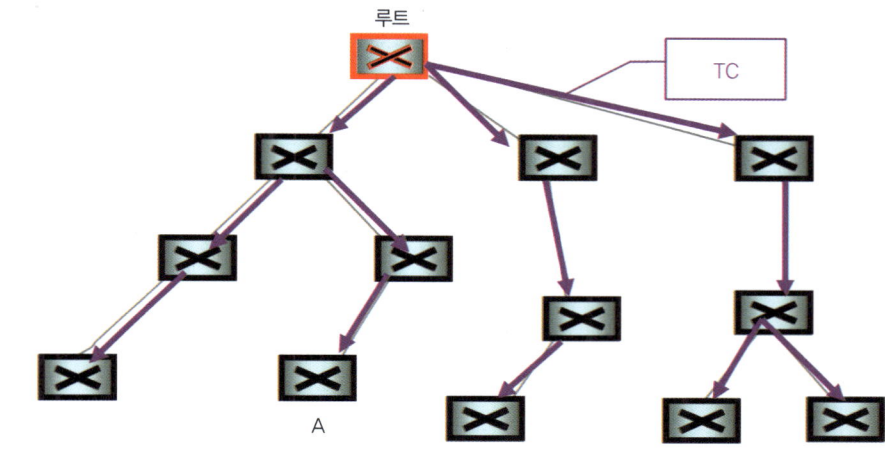

[그림 E-4] ▶
TC

Lesson 06 STP의 두 가지 문제점과 극복 방안

STP와 관련하여 [표 3-3]과 같은 두 가지 문제점과 각 문제점에 대한 해결 방안이 있습니다.

[표 3-3] STP의 두 가지 문제와 해결 방법

STP 문제점	해결 방안
블로킹된 포트를 사용하기 전 스위치가 최대 50초를 기다려야 하는 문제	• 리던던시를 유지하면서 STP 프로토콜을 사용하지 않습니다. • STP 타이머를 줄입니다. • RSTP(IEEE 802.1w)를 사용합니다.
스위칭 루프 환경에서 한 포트를 블록킹하면서 특정 링크를 사용할 수 없는 문제	• PVST(Per-VLAN STP)를 사용합니다. • MST(IEEE802.1s)를 사용합니다.

블로킹된 포트를 사용하기 전 스위치가 최대 50초를 기다려야 하는 문제

사용하고 있던 링크 또는 스위치가 다운되면 링크의 다운을 감지한 스위치가 TCN BPDU를 루트 스위치에게 보내고, 루트 스위치가 보낸 TC BPDU를 받은 스위치는 스위칭 테이블을 삭제한 후 새로 만들어야 합니다. 이후 스위치들은 BPDU를 재계산하여 STP의 블로킹된 포트가 포워딩 상태가 될 수 있는데, 이때 최대 50초 정도의 유예 시간을 가집니다. 이것은 전체 스위치들이 BPDU를 받아서 재계산에 충분한 여유를 준 후 스위치 간에 있을 수 있는 계산 시간차에 의해 발생하는 일시적인 루프를 막습니다. 또한 스위칭 테이블을 다시 만드는 시간을 갖자는 의도로 만들어졌는데, 구체적으로 [그림 3-15]와 같습니다.

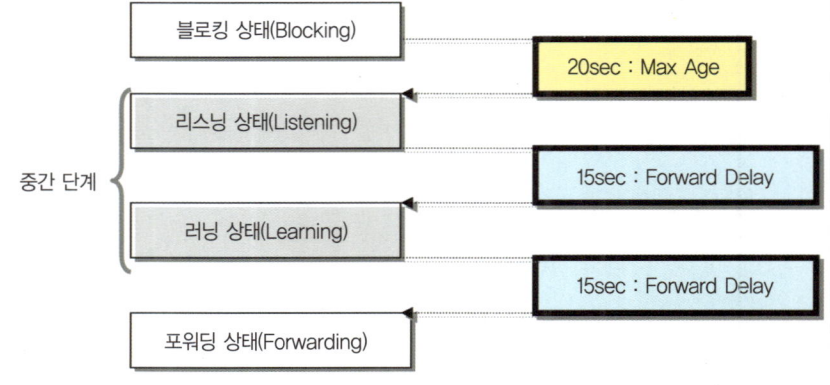

[그림 3-15] STP 포트 상태

보통 때의 포트는 포워딩 상태 또는 블로킹 상태에 있습니다. 루트 포트와 데지그네이티드 포트는 포워딩 상태에 있고, 논 데지그네이티드 포트는 블로킹 상태에 있습니다. 네트워크 토폴로지의 변경을 장치가 감지하고, 블로킹 상태에 있던 포트가 포워딩 상태로 갈 때는 [표 3-4]와 같이 2개의 중간 상태(리스닝 상태와 러닝 상태)를 거칩니다.

STP 포트 상태	설명
블로킹	블로킹 상태에 있는 포트들은 스위치 루프를 막는 역할을 합니다. 스패닝 트리(Spanning Tree)에서 루트 스위치까지 가는 보다 나은 코스트를 가진 다른 경로가 있다면, 포트는 블로킹 상태에 계속 남아있습니다. 블로킹 상태는 일반 프레임을 송·수신하지 않더라도 계속 BPDU들을 받습니다.
리스닝	리스닝 상태에서 포트는 BPDU들을 체크하여 새로운 토폴로지에 맞게 STP 계산을 다시 하고, 모든 프레임을 받습니다.
러닝	러닝 상태에서 포트는 해당 포트에서 수신된 프레임을 기반으로 새로운 MAC Address 테이블을 구성하지만, 프레임을 포워딩하지 않습니다.
포워딩	포워딩 상태에서 포트는 데이터를 송·수신할 수 있습니다.

[표 3-4] ▶ STP 포트 상태

[그림 3-16]의 Acc_20F 스위치의 포워딩 상태에 있던 링크가 고장나면 최대 50초 동안 네트워크에서 고립됩니다.

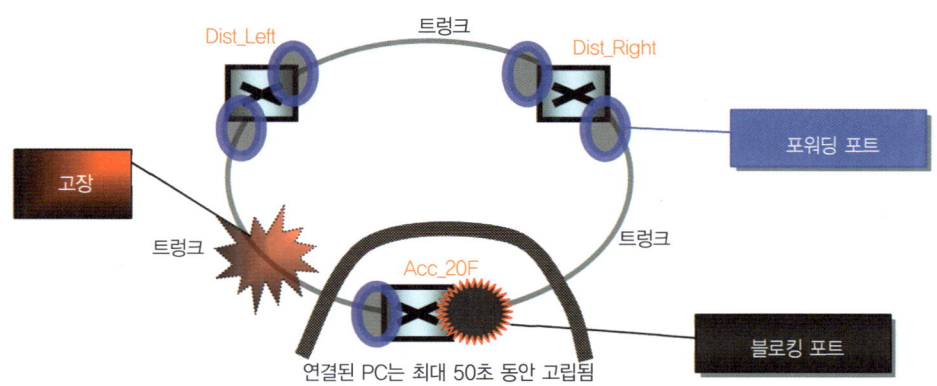

[그림 3-16] ▶ STP의 50초 고립 문제

다음은 50초 고립 문제를 해결하기 위한 솔루션입니다.

| 첫째 | **STP 프로토콜을 적용하지 않습니다.**

Dist_Right와 Dist_Left 간의 링크는 VLAN 100에 속하기 때문에 VLAN 50은 루프가 발생하지 않습니다. 물론 VLAN 50과 VLAN 100 간의 통신은 네트워크 간의 통신이기 때문에 라우터를 거칠 필요가 있습니다. VLAN 50은 더 이상 스위칭 루프가 발생하지 않는다는 것을 기억하세요.

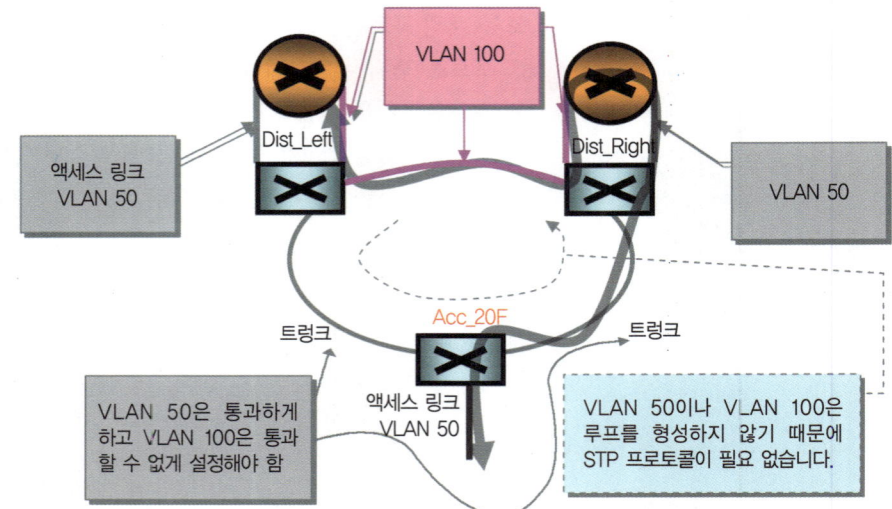

[그림 3-17] ▶
리던던시는 유지하면서 STP를
사용하지 않는 방법

[그림 3-17]을 이해하기 위해 [그림 3-18]을 볼까요? [그림 3-17]은 [그림 3-18]과 논리적으로 같습니다. 브로드캐스트와 언논 유니캐스트는 라우터에서 막히기 때문에 더 이상 돌 수 없을 뿐만 아니라 더 이상 STP 프로토콜이 필요 없습니다.

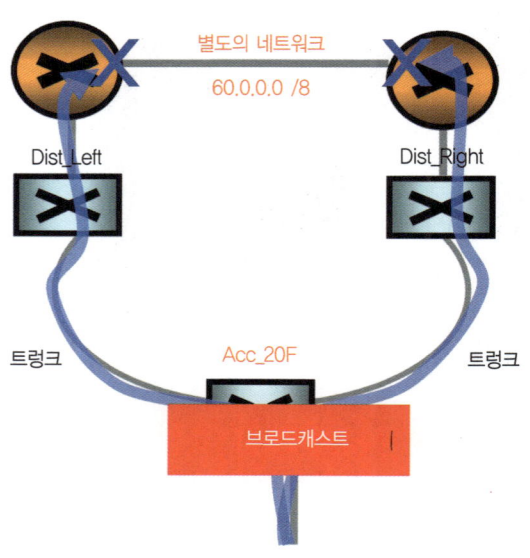

[그림 3-18] ▶
[그림 3-17]과 같은 효과를
내기 위한 다른 연결 방식

이것은 [그림 3-19]와 같이 디스트리뷰션 계층에서 멀티레이어 스위치를 배치시켰을 때도 동일합니다. 2대의 디스트리뷰션 계층의 멀티레이어 스위치를 레이어 3 포트(라우터 포트)로 연결하여 별도의 네트워크가 되게 하면 브로드캐스트나 언논 유니캐스트가 통과하지 못합니다.

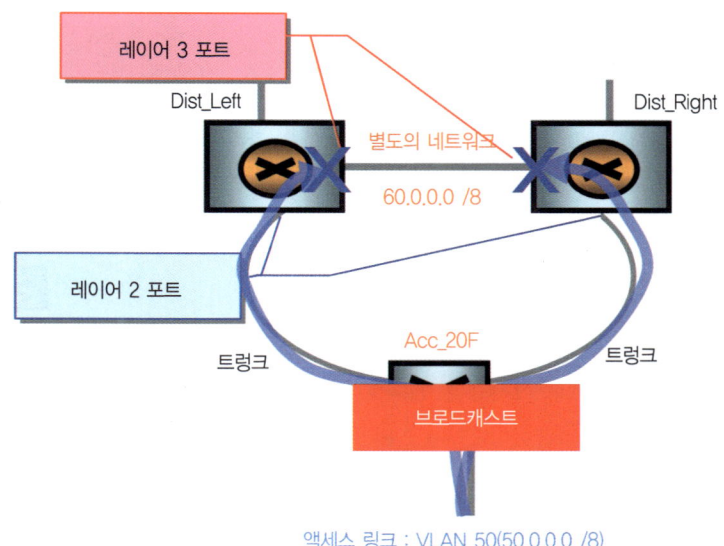

[그림 3-19] ▶
디스트리뷰션 계층에
멀티레이어 스위치를 배치하고
STP를 사용하지 않는 예

| 둘째 | 50초 타이머를 조금 줄이는 것입니다.

50초는 원래 스위치 직경이 7대인 네트워크를 기준으로 만들어진 값입니다. 스위치 직경이란, 루트 스위치를 기준으로 연결된 스위치의 수입니다. [그림 3-17]처럼 실제 환경에서는 직경이 2대에 불과하므로 타이머를 낮출 수 있습니다. 다만 이 타이머를 줄일수록 일시적인 루프가 일어날 가능성은 높아진다는 사실을 기억하세요.

| 셋째 | RSTP(Rapid STP, IEEE 802.1w)를 사용합니다.

[그림 3-20]에서 토폴로지 A에서 새로운 링크가 연결되어 토폴로지 B로 변경되면 루프가 일어납니다. 이때 원래의 STP는 사용하지 않던 포트를 사용할 때 최대 50초까지 기다릴 수 있지만, RSTP는 Proposal BPDU → 블로킹 → Agreement BPDU의 3단계를 통해 지체 없이 포트를 사용할 수 있습니다. 즉 루트 스위치가 보낸 Proposal BPDU를 받은 스위치 BB는 위쪽 포트가 패스 코스트가 더 좋다고 판단하지만, 대책 없이 즉시 사용하면 스위칭 루프가 걸릴 것입니다. 이때는 다른 쪽의 대안 포트를 블로킹하고, Agreement BPDU를 루트 스위치쪽으로 보냅니다. 이것은 [그림 3-20]에서 코스트 4인 링크를 사용하자는 뜻이므로 Agreement BPDU를 주고받은 2대의 스위치는 코스트 4 링크를 연결하는 두 포트를 포워딩 상태로 바꿉니다. 이러한 절차는 다음 스위치에서도 마찬가지입니다. 결국 RSTP를 사용하면 50초의 지체 시간이 필요 없기 때문에 50초 동안 고립되는 문제를 해결할 수 있습니다.

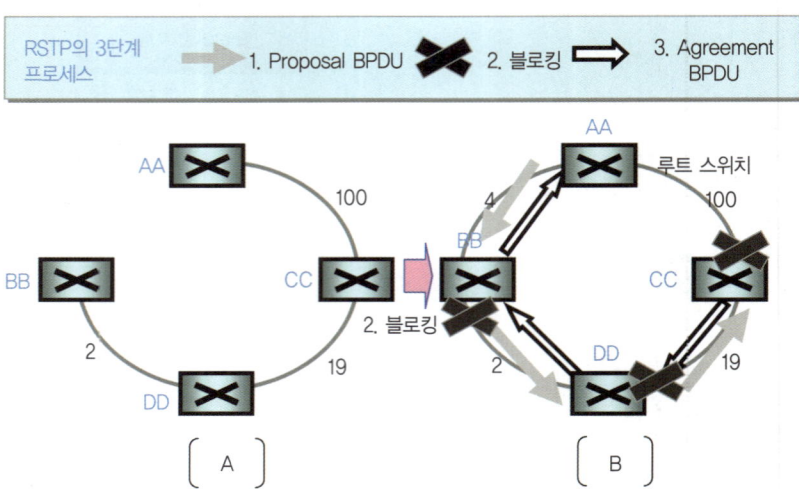

[그림 3-20] ▶
RSTP의 동작

스위칭 루프 환경에서 특정 링크를 사용할 수 없는 문제

[그림 3-21]과 같은 Hierarchical 3 Layer의 실제 환경에서 Dist_Left 스위치가 루트 스위치입니다. 그리고 Acc_20F 스위치의 ID가 Dist_Right 스위치의 ID보다 높다면 그림에서 O 표시된 포트가 블로킹됩니다. 결국 [그림 3-19]에서 X 표시된 링크는 사용할 수 없습니다.

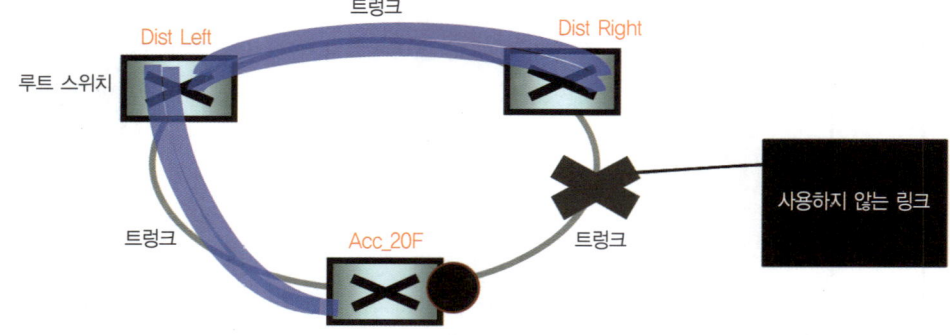

[그림 3-21] ▶
STP의 블로킹 때문에 한 링크를
사용할 수 없는 문제

모든 링크들을 활용하기 위해 시스코에서는 PVST를 제공합니다. PVST는 VLAN별로 STP 프로세스를 따로 돌려서 모든 링크들을 사용할 수 있습니다. [그림 3-22]에서 'spanning-tree vlan 10 priority 1' 명령을 Dist_Left 스위치에 주고, 'spanning-tree vlan 20 priority 1' 명령을 Dist_Right 스위치에 주면 디폴트 프라이오리티 32768보다 낮기 때문에 Dist_Left 스위치는 VLAN 10에 대해 루트 스위치가 됩니다. 그리고 Dist_Right 스위치는 VLAN 20에 대해 루트 스위치가 되고, 각각의 VLAN 트래픽들의 흐름은 [그림 3-22]와 같습니다. 결국 모든 링크들을 사용할 수 있습니다.

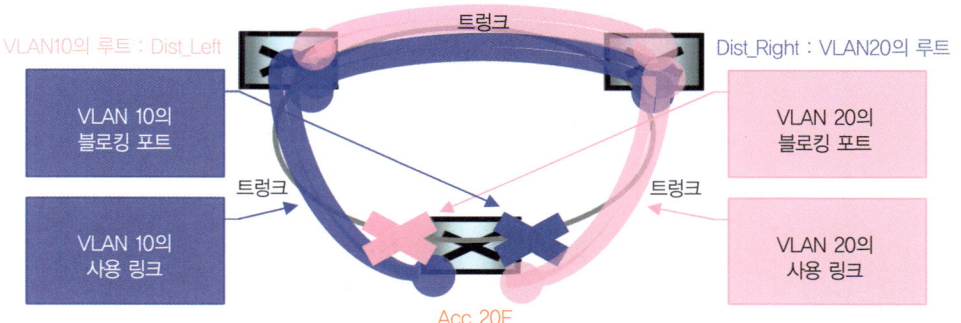

[그림 3-22] ▶
PVST의 동작

PVST를 사용할 경우 VLAN별로 STP 프로세스를 독립적으로 운영하기 때문에 VLAN 수가 많아지면 BPDU의 양도 늘어납니다. 예를 들어 VLAN이 100개라면 BPDU의 양도 100배로 늘어납니다. 이러한 PVST의 단점을 보완하는 것은 MST(Multiple ST, IEEE802.1s) 프로토콜입니다. MST는 'spanning-tree(0~15의 사이의 임의의 번호) vlan [그룹에 속하는 vlan 번호]' 명령으로 VLAN을 특정 그룹으로 나눕니다. 예를 들어 [그림 3-23]에서 'spanning-tree 15 vlan 1,3,5,7,9,11' 명령은 홀수 VLAN을 15번 그룹에 할당하고, 'spanning-tree mst 15 priority 1' 명령을 Dist_Left 스위치에 줍니다. 그리고 'spanning-tree 14 vlan 2,4,6,8,10,12' 명령은 짝수 VLAN을 14번 그룹에 할당하고, 'spanning-tree mst 14 priority 1' 명령을 Dist_Right 스위치에 줍니다. 그러면 [그림 3-23]과 같이 그룹별로 트래픽이 분산되기 때문에 결국 모든 링크들을 사용할 수 있습니다. MST는 루프 환경에서 특정 링크를 사용하지 못하는 문제를 극복하기 위한 솔루션으로, PVST의 장점을 살리면서 BPDU 양이 과도하게 증가하는 PVST의 단점을 보완하는 최적의 솔루션입니다.

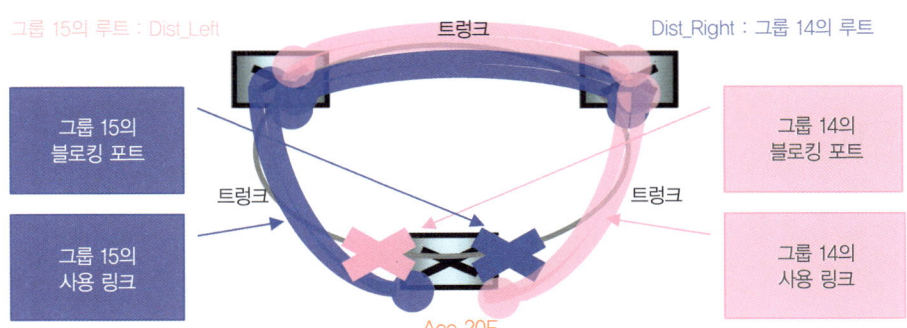

[그림 3-23] ▶
MST의 동작

STP 블로킹 포트 찾기

Problem 1

[그림 3-24]에서 스위치 ID는 A 스위치가 제일 낮고, B 스위치, C 스위치, D 스위치, E 스위치, F 스위치, G 스위치, H 스위치, I 스위치, J 스위치, K 스위치 순으로 낮습니다. 다음의 토폴로지에서 루트 포트, 데지그네이티드 포트, 논 데지그네이티드 포트(블로킹 포트)를 찾아보세요.

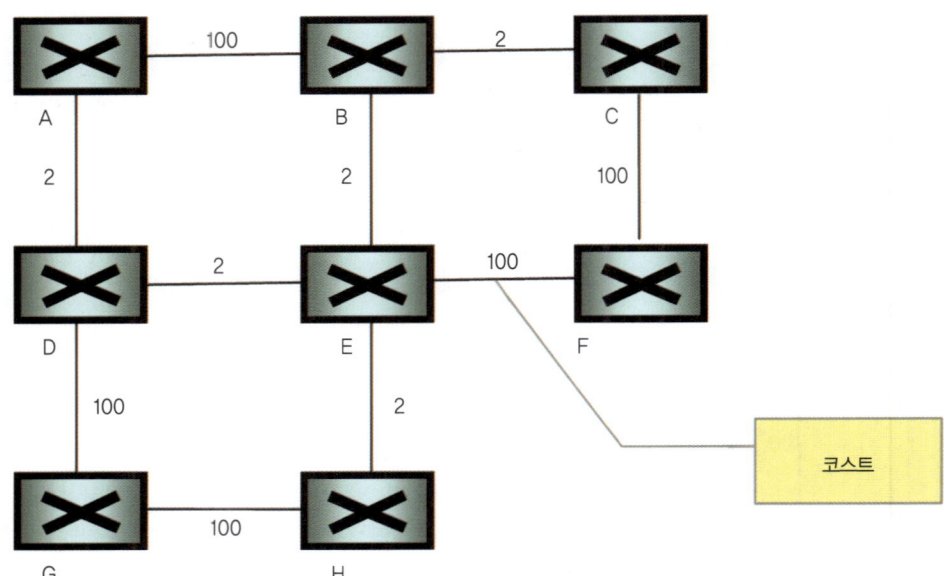

[그림 3-24] ▶
STP 블로킹 포트 찾기 ①

Solution 1

[그림 3-25]를 보세요.

- **루트 스위치**

문제에서 스위치 A가 스위치 ID가 제일 낮다고 했기 때문에 스위치 A가 루트 스위치입니다.

- **루트 포트**

루트 포트는 각 스위치에서 루트 스위치까지 최단 거리를 제공하는 포트로, 1개씩 선정됩니다. 루트 포트는 패스 코스트와 이전 스위치의 ID와 이전 스위치의 포트 ID를 순서대로 비교하여 선택됩니다. 루트 스위치에서는 발생하지 않습니다.

스위치 B, C, D, E, F, G에서 패스 코스트를 비교하여 제일 작은 패스 코스트를 제공하는 포트가 루트 포트로 선택됩니다. 예를 들어 스위치 B에서는 패스 코스트 6을 제공하는 포트가 루트 포트로 선택되었습니다. 스위치 C는 패스 코스트 8을 제공하는 포트가 다른 포트들보다 패스 코스트가 작기 때문에 루트 포트로 선택됩니다. 스위치 D에서는 패스 코스트 2, 스위치 E에서는 4, 스위치 F에서는 104, 스위치 G에서는 102, 스위치 H에서는 6을 제공하는 포트가 루트 포트로 선택됩니다.

- **데지그네이티드 포트**

각 선에서 루트 스위치에 보다 가까운 포트로 하나씩 선택됩니다. [그림 3-25]를 보십시오.

스위치 A-스위치 D 연결 구간에서 스위치 A쪽 포트가 루트 스위치에 가깝기 때문에 데지그네이티드 포트가 됩니다. 스위치 B-스위치 C 연결 구간에서는 스위치 B쪽 포트가, 스위치 B-스위치 E 연결 구간에서는 스위치 E쪽 포트가, 스위치 D-스위치 E 연결 구간에서는 스위치 D쪽 포트가, 스위치 E-스위치 F 연결 구간에서는 스위치 E쪽 포트가, 스위치 D-스위치 G 연결 구간에서는 스위치 D쪽 포트가, 스위치 E-스위치 F 연결 구간에서는 스위치 E쪽 포트가, 스위치 E-스위치 H 연결 구간에서는 스위치 E쪽 포트가 데지그네이티드 포트로 선택됩니다. 그러므로 일반 스위치에서 루트 포트-데지그네이티드 포트로, 다시 루트 포트-데지그네이티드 포트를 반복적으로 거치면 루트 포트에 도착할 수 있습니다.

굳히기

여기까지 하고 나면 X로 표시된 선택되지 않은 링크가 생깁니다.

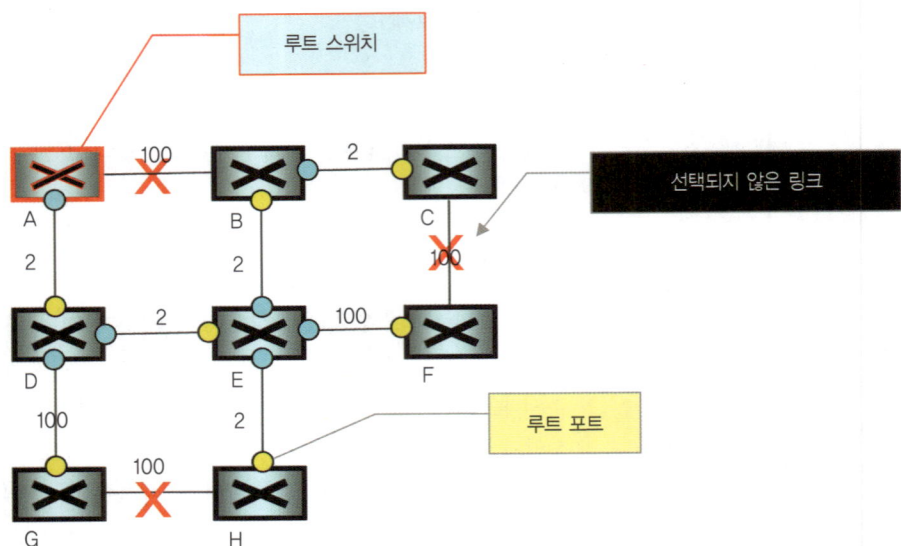

[그림 3-25] ▶
솔루션 ①

[그림 3-25]에서 X로 표시된 링크는 루프를 피하기 위해 선택되지 않은 링크입니다. X 표시 링크를 연결하는 두 스위치의 포트들 중에서 [그림 3-26]의 스위치 G-스위치 H 연결 구간에서 패스 코스트 값이 높은 쪽이 블로킹되고, 값이 동일하면 스위치 ID가 높은 쪽이 블로킹 포트 즉, 논 데지그네이티드 포트가 됩니다. 다른 나머지 포트는 논 데지그네이티드 포트보다는 루트 스위치에 가깝다고 간주하여 데지그네이티드 포트가 됩니다.

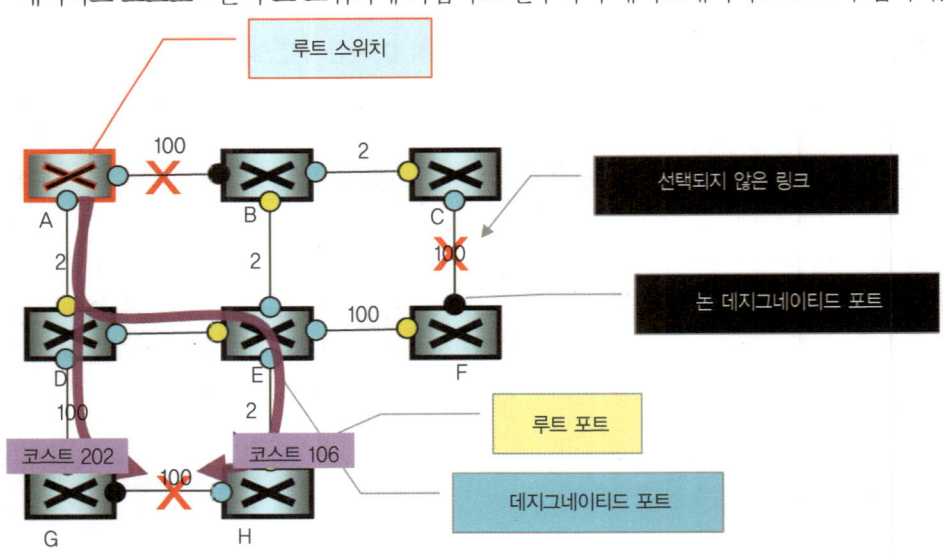

[그림 3-26] ▶
솔루션 ②

Problem 2

[그림 3-27]에서 스위치의 ID는 A 스위치가 제일 낮고, B 스위치, C 스위치, D 스위치, E 스위치, F 스위치, G 스위치, H 스위치, I 스위치, J 스위치, K 스위치 순입니다. 다음의 토폴로지에서 루트 포트, 데지그네이티드 포트, 논 데지그네이티드 포트(블로킹 포트)를 찾아보세요.

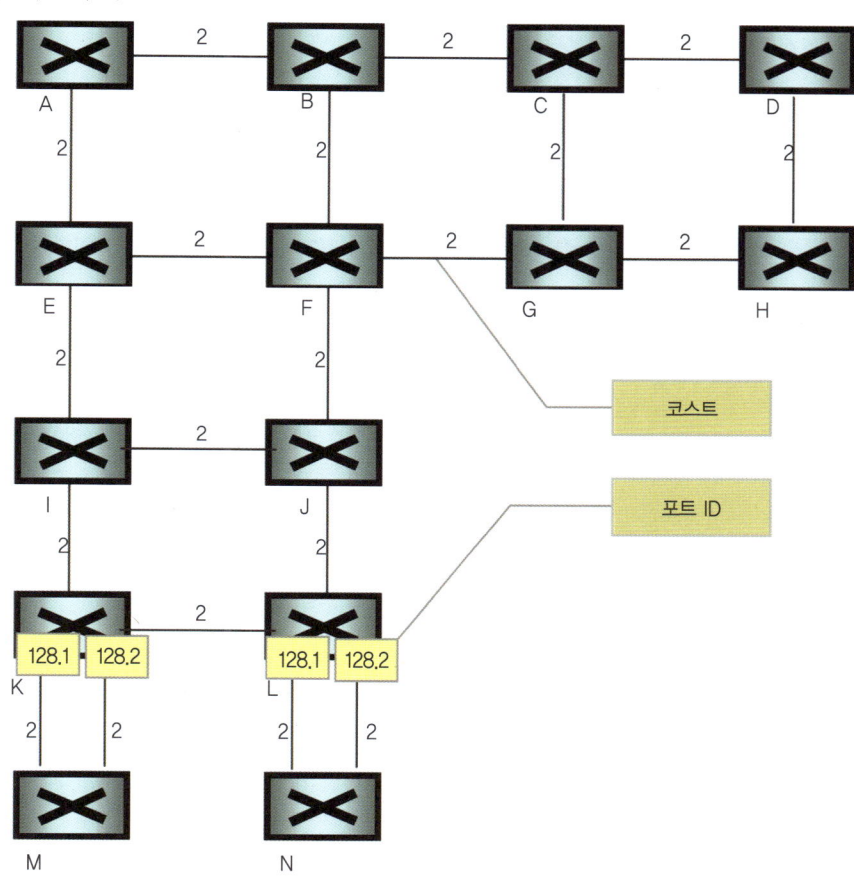

[그림 3-27] ▶
STP 블로킹 포트 찾기 ②

Solution 2

[그림 3-28]을 보세요.

1. 루트 스위치
문제에서 스위치 A가 스위치 ID가 제일 낮다고 했기 때문에 스위치 A가 루트 스위치입니다.

2. 루트 포트
루트 포트는 각 스위치에서 루트 스위치까지 최단 거리를 제공하는 포트로 1개씩 선정됩니다. 루트 포트는 패스 코스트와 이전 스위치의 ID와 이전 스위치의 포트 ID를 비교하여 순서대로 선택됩니다. 루트 스위치에서는 생기지 않습니다.

- 스위치 B, C, D, E, I, K에서는 패스 코스트를 비교하여 제일 작은 패스 코스트를 제공하는 포트가 루트 포트로 선택됩니다. 예를 들어 스위치 B와 E는 패스 코스트 2를 제공하는 포트가 루트 포트로 선택되었습니다. 스위치 C와 I는 패스 코스트 4를 제공하는 포트가 다른 포트들보다 패스 코스트가 작기 때문에 루트 포트로 선택됩니다. 스위치 D와 K에서는 루트 포트에서의 패스 코스트는 6입니다.

- 스위치 F, G, H, J, L은 패스 코스트들이 2개 이상의 포트들에서 동일하기 때문에 이전 스위치의 ID를 비교하는데, 낮은 쪽 ID를 제공하는 포트를 루트 포트로 선택합니다. 스위치 F에서는 이전 스위치 B가 E보다 ID가 낮기 때문에 스위치 B쪽 포트를 루트 포트로 선택합니다. 이와 같은 이유로 스위치 G는 스위치 C쪽 포트를, 스위치 H는 스위치 D쪽 포트를, 스위치 J는 스위치 F쪽 포트를, 스위치 L은 스위치 J쪽 포트를 루트 포트로 선택합니다.

- 스위치 M, N은 패스 코스트와 이전 스위치의 ID가 동일하기 때문에 세 번째 비교 항목인 이전 스위치의 포트 ID를 비교하여 낮은 쪽 포트를 선택합니다. 문제에서 제시된 이전 스위치의 포트 ID 128.1과 128.2 중에서 128.1쪽이 낮기 때문에 이전 스위치의 ID가 128.1쪽 포트가 루트 포트로 선택됩니다.

3. 데지그네이티드 포트
각각의 선에서 루트 스위치에 보다 가까운 포트로 하나씩 선택됩니다.

- 스위치 A-스위치 3 연결 구간에서 스위치 A쪽 포트가 루트 스위치에 가깝기 때문에 데지그네이티드 포트가 됩니다.

- 스위치 B-스위치 C 연결 구간에서는 스위치 B쪽 포트가, 스위치 C-스위치 D 연결 구간에서는 스위치 C쪽 포트가, 스위치 A-스위치 E 연결 구간에서는 스위치 A쪽 포트가, 스위치 B-스위치 F 연결 구간에서는 스위치 B쪽 포트가, 스위치 C-스위치 G 연결 구간에서는 스위치 C쪽 포트가, 스위치 D-스위치 H 연결 구간에서는 스위치 D쪽 포트가, 스위치 E-스위치 I 연결 구간에서는 스위치 E쪽 포트가, 스위치 F-스위치 J 연결 구간에서는 스위치 F쪽 포트가, 스위치 I-스위치 K 연결 구간에서는 스위치 I쪽 포트가, 스위치 J-스위치 L 연결 구간에서는 스위치 J쪽 포트가, 스위치 K-스위

치 M 연결 구간에서는 스위치 K쪽 포트가, 스위치 L-스위치 N 연결 구간에서는 스위치 L쪽 포트가 선정됩니다.

여기까지 하고 나면 X표로 표시된 선택되지 않은 링크가 생깁니다.

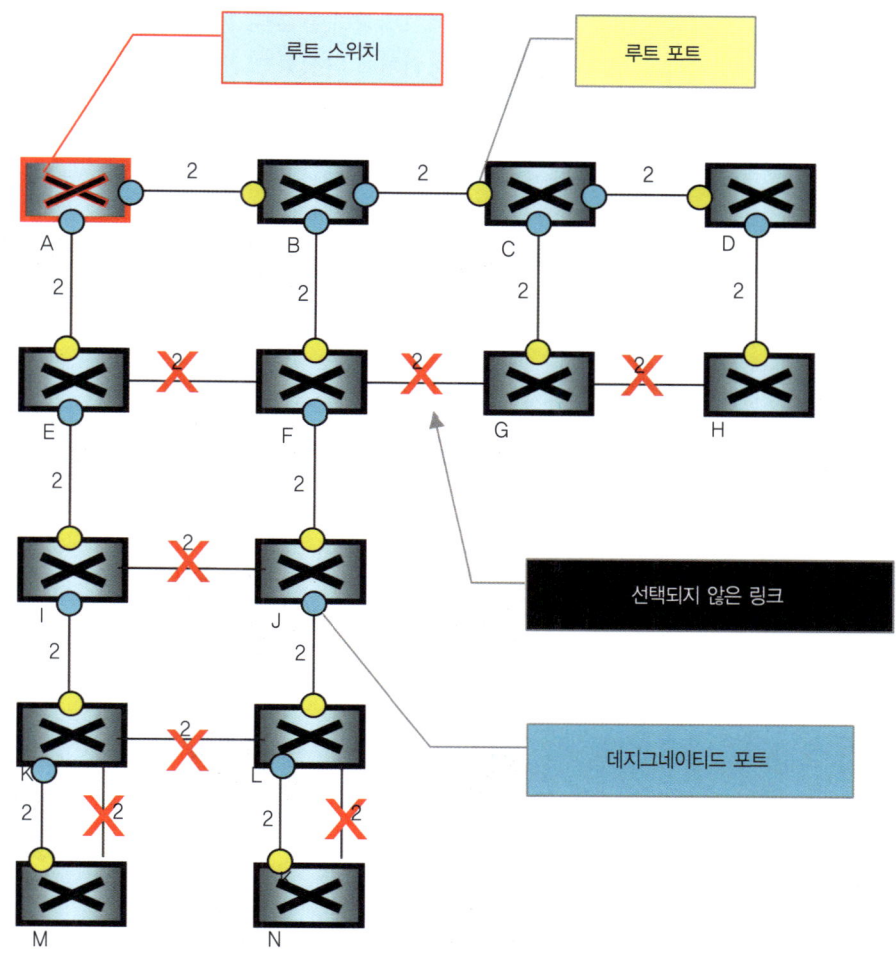

[그림 3-28] ▶
솔루션 ①

굳히기

[그림 3-28]에서 X로 표시된 링크는 루프를 피하기 위해 선택되지 않은 링크입니다. X 표 링크를 연결하는 2대의 스위치의 포트들 중에서 [그림 3-29]처럼 패스 코스트 값이 높은 쪽이 블로킹됩니다. 패스 코스트 값이 동일하면, 스위치 ID가 높은 쪽이 블로킹 포트 즉, 논 데지그네이티드 포트가 됩니다. 스위치 ID가 낮은 쪽은 논 데지그네이티드 포트보다 루트 스위치에 가깝다고 간주하여 데지그네이티드 포트가 됩니다.

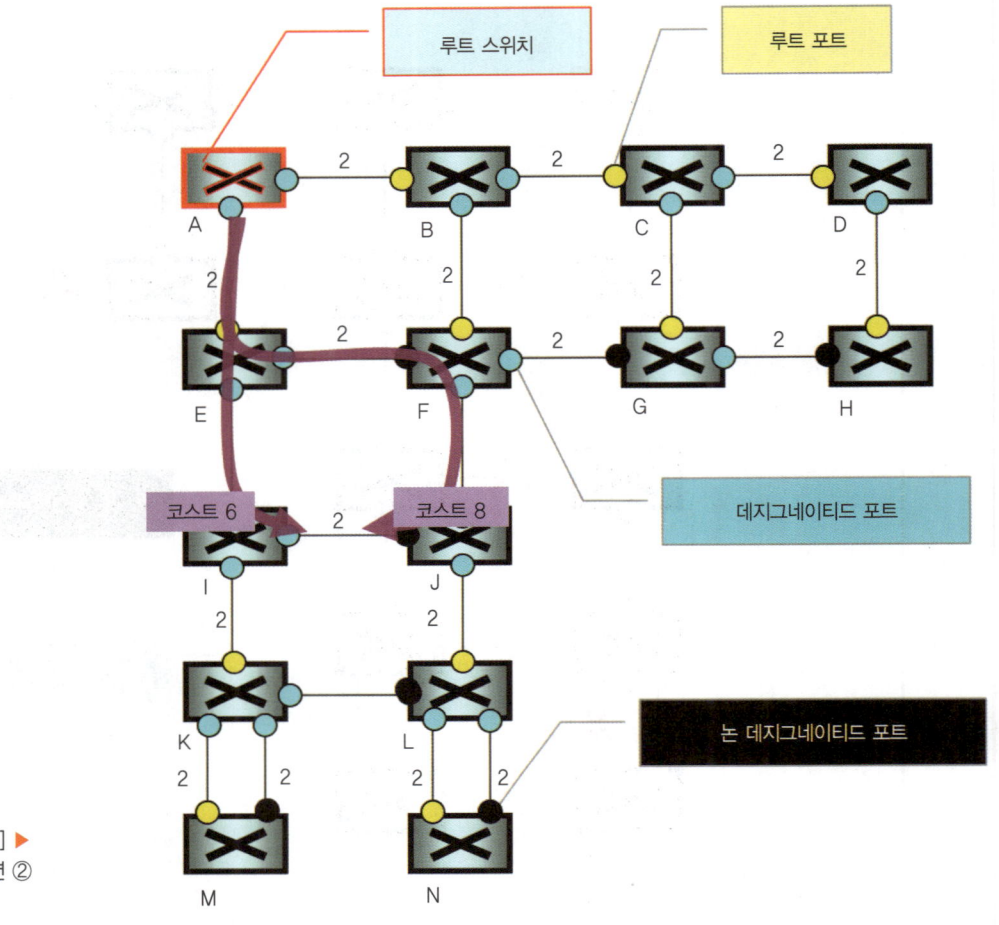

[그림 3-29] ▶
솔루션 ②

Lesson 07 링크 이중화를 위한 이더채널

다음의 몇 가지 질문으로 이더채널 강의를 시작하려고 합니다.

무엇 때문에 나온 솔루션인가

2대의 장비를 2개의 이더넷 선으로 연결한다면 루프가 발생하고, STP에 의한 포트 블로킹이 일어나기 때문에 1개의 이더넷 선만 사용할 수 있습니다. 이더채널(EtherChannel)은 두 장비를 다수의 선으로 연결할 때 1개의 선처럼 사용할 수 있는 솔루션입니다. 논리적으로 1개의 링크이기 때문에 STP에 의한 포트 블로킹은 없고, 2개를 동시에 사용하여 대역폭을 올릴 수 있습니다.

이더채널 솔루션의 최대 속도는 얼마인가

이더채널은 패스트 이더넷(10Mbps Ethernet) 또는 기가비트 이더넷(1Gbps Ethernet), 10기가비트 이더넷(10Gbps Ethernet)의 최대 8개의 물리적인 링크를 1개의 논리적인 링크로 만들 수 있습니다. 만약 링크들이 하프 듀플렉스인 경우 최대 800Mbps 또는 8Gbps나 80Gbps, 풀 듀플렉스인 경우 최대 1,600Mbps 또는 16Gbps나 160Gbps의 대역폭을 제공합니다. 100Mbps, 1Gbps, 10Gbps 이더채널을 각각 '패스트 이더채널(Fast EtherChannel)', '기가비트 이더채널(Gigabit EtherChannel)', '10기가비트 이더채널'이라고 부릅니다.

이더채널은 어떻게 동작하는가

논리적으로 하나의 링크이기 때문에 MAC 주소는 [예 3-2]와 같이 하나의 이더채널 링크에 통합적으로 학습됩니다.

```
Cat6000 (enable)show cam dynamic 5/1
X = Static Entry. + = Permanent Entry. # = System Entry. R = Router Entry.
X = Port Security Entry $ = Dot1x Security Entry


VLAN   Dest MAC/Route Des    (CoS)   Destination Ports or VCs/(Protocol Type)
----   -----------------     -----   ---------------------------------------
1      aa-bb-cc-dd-ee-ff             5/1-8 (ALL)
```

[예 3-2] ▶ 이더채널 포트의 MAC 주소 학습 예

이더채널을 사용할 때 트래픽은 물리적인 링크들로 분산됩니다. [표 3-5]와 같은 다양한 로드 밸런싱 방법이 있고, 'port-channel load-balance [로드 밸런싱_방식]' 명령을 사용합니다.

[표 3-5] ▶
이더채널 로드 밸런싱 방법

로드 밸런싱 방법	로드 밸런싱 기준	로드 밸런싱 기준
src-ip	Source IP 주소	마지막 비트들
dst-ip	Destination IP 주소	마지막 비트들
src-dst-ip	Source/Destination IP	마지막 비트들의 XOR
src-mac	Source MAC 주소	마지막 비트들
dst-mac	Destination MAC 주소	마지막 비트들
src-dst-mac	Source/Destination MAC	마지막 비트들의 XOR
src-port	Source port 번호	마지막 비트들
dst-port	Destination port 번호	마지막 비트들
src-dst-port	Source/Destination port	마지막 비트들의 XOR

[표 3-5]에서 src-ip, dst-ip, src-mac, dst-mac, src-port, dst-port와 같은 로드 밸런싱 방법은 로드 밸런싱 기준이 1개입니다. 물리적 링크가 8개라면 마지막 세 비트를 보고 사용할 링크를 결정합니다. 예를 들어 마지막 세 비트가 000이면 [그림 3-30]에서 0번 링크를 사용하고, 001이면 1번 링크를 사용하며, 010이면 2번 링크를 사용하고, 011이면 3번 링크를 사용하고, 100이면 4번 링크를 사용하고, 101이면 5번 링크를 사용하고, 110이면 6번 링크를 사용하고, 111이면 7번 링크를 사용합니다. 만약 이더채널로 묶이는 링크가 4개라면 마지막 두 비트를 보고 결정하고, 이더채널로 묶이는 링크가 2개라면 마지막 1비트만 보면 됩니다.

[그림 3-30] ▶
이더채널 로드 밸런싱

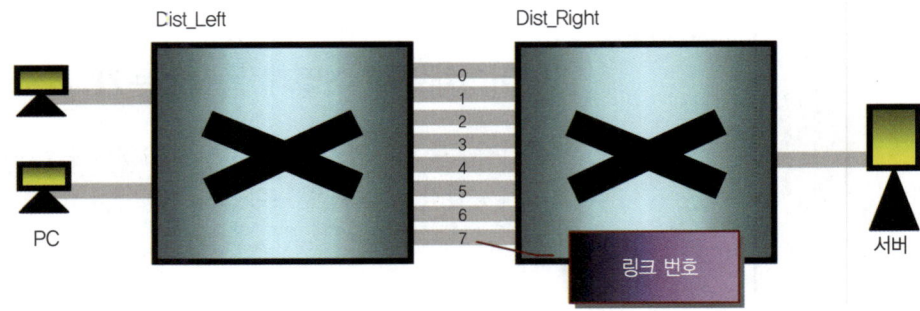

src-dst-ip, src-dst-mac, src-dst-port와 같은 로드 밸런싱에서 로드 밸런싱의 기준이 2개입니다. 이때 이더채널로 묶이는 링크가 8개라면 마지막 세 비트들의 XOR 값을 계산합니다. [표 3-6]은 XOR 값으로 비교할 두 비트가 같으면 0이 되고, 다르면 1이 됩니다.

[표 3-6] ▶ XOR 값

비교할 두 비트	0	0	1	1
	0	1	0	1
XOR 값	0	1	1	0

즉 출발지와 목적지 IP 주소를 로드 분산 방법으로 선택하고, 8개의 물리적 링크가 있다면 [표 3-7]과 [그림 3-31]과 같이 로드 분산됩니다. 즉 출발지 IP 주소와 목적지 IP 주소의 마지막 비트 3칸에 대한 XOR 값을 계산하고, XOR 값에 해당하는 링크를 사용합니다.

출발지 IP 주소의 2진수화	목적지 IP 주소의 2진수화	두 2진수의 XOR 값	사용할 링크 번호
……XX.XXXXX000	……XX.XXXXX000	000	링크 0(000)을 사용하라.
	……XX.XXXXX001	001	링크 1(001)을 사용하라.
	……XX.XXXXX010	010	링크 2(010)를 사용하라.
	……XX.XXXXX011	011	링크 3(011)을 사용하라.
	……XX.XXXXX100	100	링크 4(100)를 사용하라.
	……XX.XXXXX101	101	링크 5(101)를 사용하라.
	……XX.XXXXX110	110	링크 6(110)을 사용하라.
	……XX.XXXXX111	111	링크 7(111)을 사용하라.
……XX.XXXXX001	……XX.XXXXX000	001	링크 0(000)을 사용하라.
	……XX.XXXXX001	000	링크 1(001)을 사용하라.
	……XX.XXXXX010	011	링크 2(010)를 사용하라.
	……XX.XXXXX011	010	링크 3(011)을 사용하라.
	……XX.XXXXX100	101	링크 4(100)를 사용하라.
	……XX.XXXXX101	100	링크 5(101)를 사용하라.
	……XX.XXXXX110	111	링크 6(110)을 사용하라.
	……XX.XXXXX111	110	링크 7(111)을 사용하라.
……XX.XXXXX010	……XX.XXXXX000	010	링크 0(000])을 사용하라.
	……XX.XXXXX001	011	링크 1(001)을 사용하라.
	……XX.XXXXX010	000	링크 2(010)를 사용하라.
	……XX.XXXXX011	001	링크 3(011)을 사용하라.
	……XX.XXXXX100	110	링크 4(100)를 사용하라.
	……XX.XXXXX101	111	링크 5(101)를 사용하라.
	……XX.XXXXX110	100	링크 6(110)을 사용하라.
	……XX.XXXXX111	101	링크 7(111)을 사용하라.

출발지 IP 주소의 2진수화	목적지 IP 주소의 2진수화	두 2진수의 XOR 값	사용할 링크 번호
⋯⋯XX.XXXXX011	⋯⋯XX.XXXXX000	011	링크 0(000)을 사용하라.
	⋯⋯XX.XXXXX001	010	링크 1(001)을 사용하라.
	⋯⋯XX.XXXXX010	001	링크 2(010)를 사용하라.
	⋯⋯XX.XXXXX011	000	링크 3(011)을 사용하라.
	⋯⋯XX.XXXXX100	111	링크 4(100)를 사용하라.
	⋯⋯XX.XXXXX101	110	링크 5(101)를 사용하라.
	⋯⋯XX.XXXXX110	101	링크 6(110)을 사용하라.
	⋯⋯XX.XXXXX111	100	링크 7(111)을 사용하라.
⋯⋯XX.XXXXX100	⋯⋯XX.XXXXX000	100	링크 0(000)을 사용하라.
	⋯⋯XX.XXXXX001	101	링크 1(001)을 사용하라.
	⋯⋯XX.XXXXX010	110	링크 2(010)를 사용하라.
	⋯⋯XX.XXXXX011	111	링크 3(011)을 사용하라.
	⋯⋯XX.XXXXX100	000	링크 4(100)를 사용하라.
	⋯⋯XX.XXXXX101	001	링크 5(101)를 사용하라.
	⋯⋯XX.XXXXX110	010	링크 6(110)을 사용하라.
	⋯⋯XX.XXXXX111	011	링크 7(111)을 사용하라.
⋯⋯XX.XXXXX101	⋯⋯XX.XXXXX000	101	링크 0(000)을 사용하라.
	⋯⋯XX.XXXXX001	100	링크 1(001)을 사용하라.
	⋯⋯XX.XXXXX010	111	링크 2(010)를 사용하라.
	⋯⋯XX.XXXXX011	110	링크 3(011)을 사용하라.
	⋯⋯XX.XXXXX100	001	링크 4(100)를 사용하라.
	⋯⋯XX.XXXXX101	000	링크 5(101)를 사용하라.
	⋯⋯XX.XXXXX110	011	링크 6(110)을 사용하라.
	⋯⋯XX.XXXXX111	010	링크 7(111)을 사용하라.
⋯⋯XX.XXXXX110	⋯⋯XX.XXXXX000	110	링크 0(000)을 사용하라.
	⋯⋯XX.XXXXX001	111	링크 1(001)을 사용하라.
	⋯⋯XX.XXXXX010	100	링크 2(010)를 사용하라.
	⋯⋯XX.XXXXX011	101	링크 3(011)을 사용하라.
	⋯⋯XX.XXXXX100	010	링크 4(100)를 사용하라.
	⋯⋯XX.XXXXX101	011	링크 5(101)를 사용하라.
	⋯⋯XX.XXXXX110	000	링크 6(110)을 사용하라.
	⋯⋯XX.XXXXX111	001	링크 7(111)을 사용하라.
⋯⋯XX.XXXXX111	⋯⋯XX.XXXXX000	111	링크 0(000)을 사용하라.
	⋯⋯XX.XXXXX001	110	링크 1(001)을 사용하라.
	⋯⋯XX.XXXXX010	101	링크 2(010)를 사용하라.
	⋯⋯XX.XXXXX011	100	링크 3(011)을 사용하라.
	⋯⋯XX.XXXXX100	011	링크 4(100)를 사용하라.
	⋯⋯XX.XXXXX101	010	링크 5(101)를 사용하라.
	⋯⋯XX.XXXXX110	001	링크 6(110)을 사용하라.
	⋯⋯XX.XXXXX111	000	링크 7(111)을 사용하라.

[표 3-7] 두 주소의 XOR 값 계산 예

Big Network Design

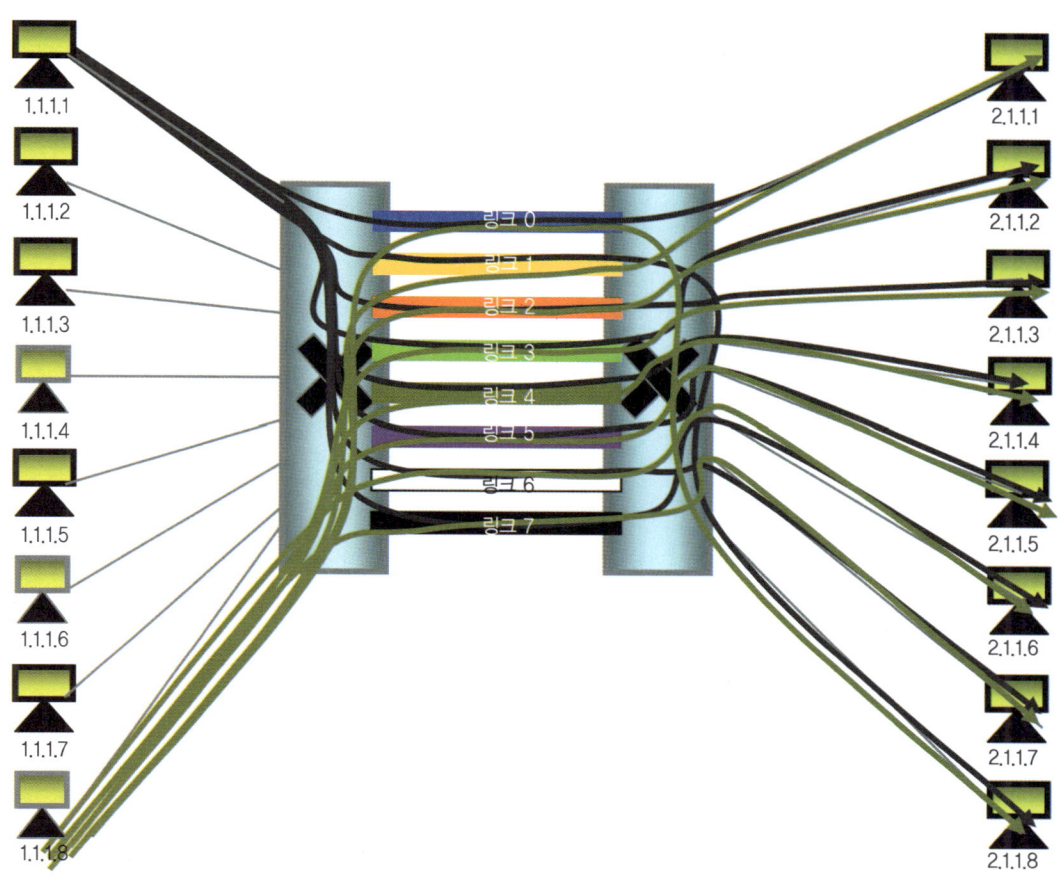

[그림 3-31]
[표 3-7]에 의한 로드 분산

중요한 주의 사항

[그림 3-30]을 다시 살펴보면 Dist_Right 스위치에는 서버가 1대만 연결되어 있습니다. 이때 Dist_Left 스위치의 PC에서 Dist_Right의 서버로 트래픽을 보낼 때 Dist_Left 스위치에 선택할 수 있는 로드 밸런싱 방법 중에서 dst-ip나 dst-mac과 같은 방법을 사용한다면 로드 밸런싱 효과를 볼 수 없습니다. 왜냐하면 실제로 Dist_Right 스위치를 향하는 대부분의 트래픽은 Dist_Right의 서버의 주소에 의해 결정되는 (8개의 채널구성 링크 중) 1개의 링크만 집중적으로 사용할 것입니다. 따라서 실제로는 로드 밸런싱이 일어나지 않습니다. 마찬가지로 Dist_Right 스위치에서 Dist_Left 방향으로 로드 밸런싱 방법을 지정할 때는 src-ip나 src-mac을 사용하면 안 됩니다. 이더채널을 사용하려는 목적은 로드 밸런싱을 통한 속도 향상이기 때문에 실질적으로 모든 링크들을 골고루 사용할 수 있는 로드 밸런싱 방법을 선택해야 합니다. 예를 들어 출발지 주소와 목적지 주소의 XOR 값을 사용하는 로드 밸런싱 방법은 이 경우에 솔루션이 됩니다.

8개의 링크들을 묶을 때 마지막 세 비트가 사용할 링크를 결정합니다. 그리고 4개의 링크들을 묶을 때 마지막 두 비트가 결정하고, 2개의 링크들을 묶을 때 마지막 한 비트가 결정합니다. 만약 7개, 6개, 5개, 3개의 링크들을 묶을 때는 어떻게 될까요? [표 3-8]은 이러한 상황에서의 링크 간의 로드 밸런싱 비율을 보여줍니다.

[표 3-8] ▶
링크 수별 링크 간 로드 밸런싱의 비율

링크 수(개)	링크 간 로드 밸런싱 비율
7개	세 비트를 보되 (0~6의)7개의 링크를 2:1:1:1:1:1:1 비율로 로드 밸런싱
6개	세 비트를 보되 (0~5의)6개의 링크를 2:2:1:1:1:1 비율로 로드 밸런싱
5개	세 비트를 보되 (0~4의)5개의 링크를 2:2:2:1:1 비율로 로드 밸런싱
3개	세 비트를 보되 (0~2의)3개의 링크를 3:3:2 비율로 로드 밸런싱

이더채널로 묶은 링크 중에서 한 링크가 고장나면 수 밀리초(millisecond) 만에 나머지 링크들 간에서 [표 3-8]의 비율로 로드 밸런싱합니다. 이더채널을 묶을 수 있는 포트의 조건은 다음과 같습니다. 물론 이더채널을 처음부터 지원하지 않는 포트들도 있습니다.

- 액세스 링크로 구현한다면 동일 VLAN에 속할 것

- 트렁크로 구현한다면 동일하게 트렁크로 구현할 것

- 모든 포트들의 속도와 듀플렉스 타입이 동일할 것

- 포트에 브로드캐스트 한계값(한계값을 초과하는 브로드캐스트는 수신하지 않음)을 구현하면 모든 포트들을 동일하게 구현할 것

- 트렁크로 구현한다면 동일한 VLAN 범위(트렁크에서 전달될 수 있는 VLAN 번호를 지정할 수 있음)를 구현할 것

- 다이내믹 VLAN(Dynamic VLAN)을 구현하지 말 것

- 포트 시큐리티(Port Security)를 구현하지 말 것

LACP(Link Aggregation Control Protocol)는 IEEE802.3ad로 정의된 표준 프로토콜로, 위의 조건이 일치하는지 확인한 후 [예 3-3]과 같은 설정 모드를 비교하여 이더채널로 묶을 수 있는지 결정합니다. 'switch(config-if)#channel-protocol lacp'와 'switch(config-if)#channel-group 그룹 번호 mode(on / passive / active)' 이고, 채널 모드가 active일 때 상대 스위치에게 먼저 물어봅니다. 그리고 passive일 때는 상대 스위치가 먼저 말을 걸기 전에는 가만히 있기 때문에 두 스위치를 모두 passive로 구현하면 이더채널이 생성되지 않습니다. 'switch(config-if)#lacp port-priority 우선 순위' 명령은 다음과 같이 사용됩니다. [그림 3-32]와 같이 10개의 링크들을 이더채널로 구성했을 때 이더채널로 묶을 수 있는 개수는 최대 8개입니다. 따라서 포트 우선 순위가 높은 포트들부터 이더채널로 묶이고, 링크가 다운되면 포트 우선 순위가 높은 순서대로 이더채널로 묶입니다.

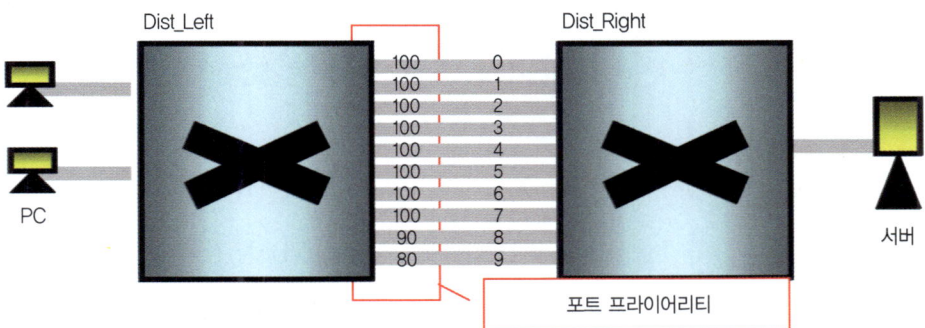

[그림 3-32] ▶
포트 우선 순위의 사용 방식

[예 3-3] ▶
LACP 니고시에이션 프로토콜과
모드 구현하기

```
Switch(config)#interface fastethernet 0/1
Switch(config-if)#channel-protocol lacp
Switch(config-if)#channel-group 채널_번호 mode {passive / active}
Switch(config-if)#lacp port-priority 우선 순위
```

PAgP(Port Aggregation Protocol)는 LACP와 같은 시스코 고유의 프로토콜입니다. [예 3-4]의 'switch(config-if)#channel-group 그룹 번호 mode {auto / desirable}'에서 채널 모드가 desirable일 때 상대 스위치에게 먼저 물어봅니다. 그리고 auto일 때는 상대 스위치가 먼저 말을 걸기 전에는 가만히 있기 때문에 두 스위치를 모두 auto로 구현하면 이더채널이 생성되지 않습니다. LACP와 같은 포트 우선 순위 설정 / 명령이 없습니다.

[예 3-4] ▶
PAgP 니고시에이션
프로토콜과 모드 구현하기

```
Switch(config)#interface fastethernet 0/1
Switch(config-if)#channel-protocol pagp
Switch(config-if)#channel-group 채널_번호 mode {auto / desirable}
```

Lesson 08

VLAN 간 라우팅, VLAN 간 레이어 3 스위칭

VLAN은 네트워크로, VLAN 간의 통신을 위해 라우터가 필요합니다. VLAN 간 라우팅을 위해서 라우터와 스위치를 연결하는 다음과 같은 세 가지 방법이 있습니다.

첫 번째 방법은 다수의 액세스 링크들을 사용하는 것입니다. 즉 [그림 3-33]처럼 라우터는 VLAN마다 IP 주소를 가지고 있습니다.

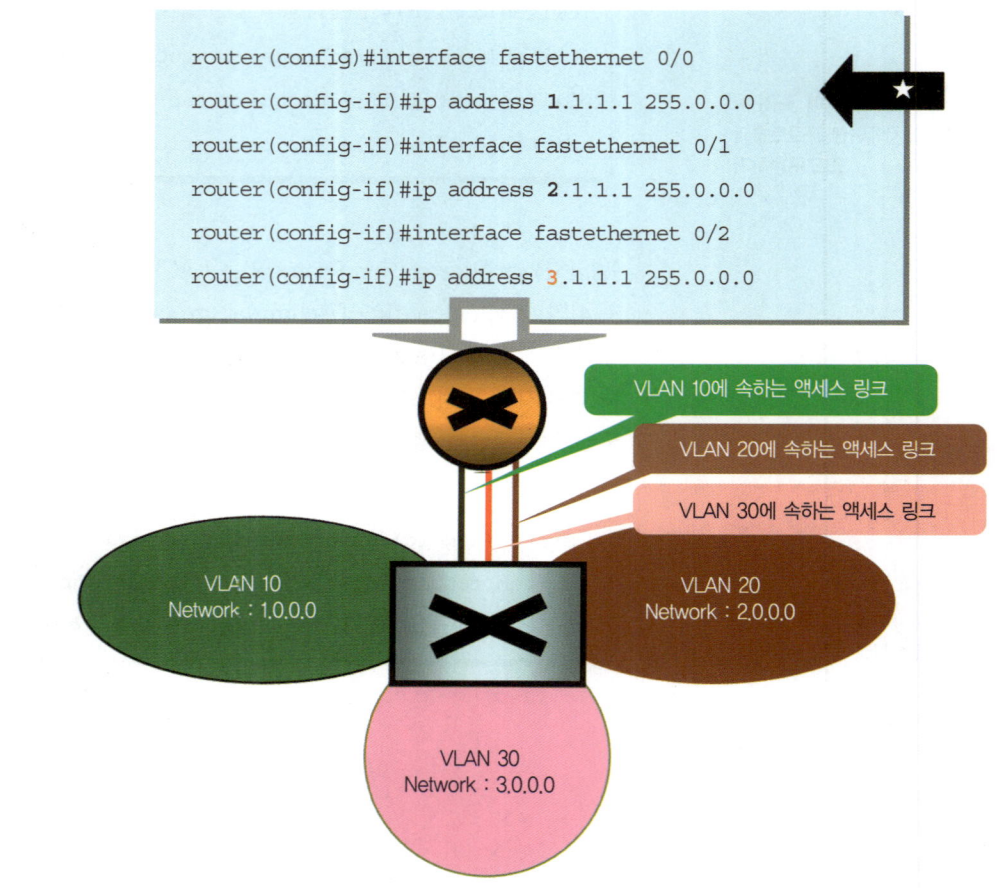

[그림 3-33] ▶
액세스 링크 사용하기

두 번째 방법은 트렁크를 사용하는 것입니다. 다수의 VLAN 트래픽을 수용하는 것이 트렁크입니다. 따라서 첫 번째 방법과 달리 [그림 3-34]와 같이 하나의 물리적인 링크(fastethernet 0/0)만 필요하고, VLAN의 수만큼의 서브인터페이스들로 나눕니다.

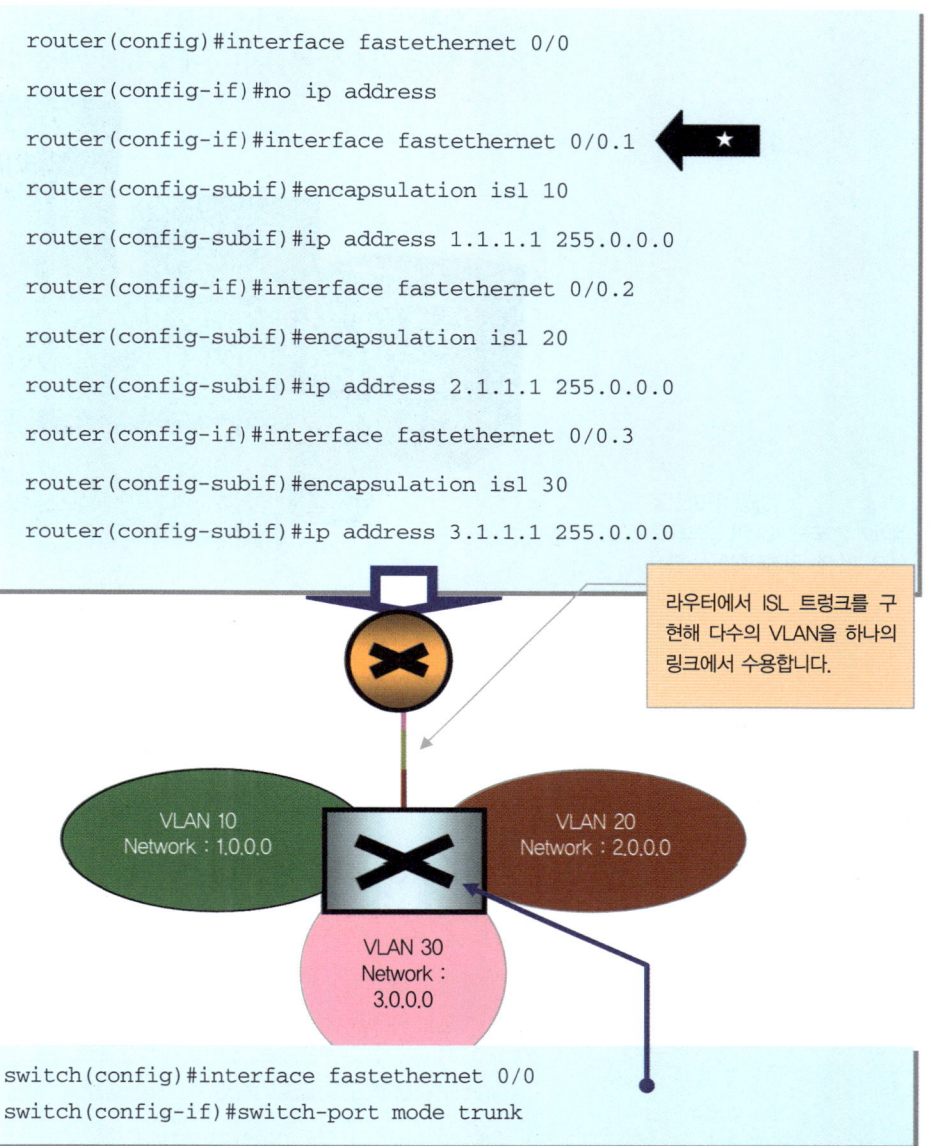

[그림 3-34] ▶
트렁크 사용하기

세 번째 방법은 멀티레이어(Multi-Layer) 스위치를 사용하는 것입니다. 스위칭과 VLAN 간 라우팅을 한 장비 안에서 수행하는 장비가 멀티레이어 스위치입니다.

멀티레이어 스위치는 [그림 3-35]와 같이 일부 인터페이스들을 레이어 2 포트로 사용하고, 또 일부 포트들을 레이어 3 포트로 사용합니다. 포트를 레이어 2로 사용할 것인지, 레이어 3으로 사용할 것인지는 [예 3-5]와 [예 3-7]의 명령을 사용합니다.

[그림 3-35] ▶
레이어 2 또는 레이어 3 포트로 설정 가능한 멀티레이어 스위치

레이어 2로 구현된 포트는 레이어 2 스위치와 동일하게 VLAN을 구현할 수 있고, 브로드캐스트가 들어오면 같은 VLAN에 속하는 모든 포트들로 내보냅니다. 레이어 3으로 구현된 포트에는 라우터와 마찬가지로 IP 주소를 할당하고, 브로드캐스트가 들어오면 다른 포트들로 내보내지 않습니다.

레이어 3 포트 구현하기

디폴트로, 카탈리스트 3550, 4500의 모든 포트들은 레이어 2 포트로 동작합니다. 포트를 레이어 3 포트로 구현하려면 [예 3-5] 명령을 사용합니다. [예 3-5]의 no switchport 명령은 포트를 레이어 2 모드에서 레이어 3 모드로 바꿉니다.

```
Switch(config)#interface fastethernet 3/1
Switch(config-if)#no switchport
Switch(config-if)#ip address 1.1.1.1 255.0.0.0
```

[예 3-5] ▶
레이어 3 포트로 설정하는 명령

디폴트로, 카탈리스트 6500은 모든 포트들이 레이어 3 포트로 동작하기 때문에 [예 3-6]과 같이 no switchport 명령이 필요 없습니다.

```
Switch(config)#interface fastethernet 3/1
Switch(config-if)#ip address 1.1.1.1 255.0.0.0
```

▶ [예 3-6]
카탈리스트 6500의 모든 포트는 기본적으로 레이어 3 포트로 동작합니다.

레이어 2 포트 구현하기

디폴트로, 카탈리스트 6500의 모든 포트들이 레이어 3 모드이기 때문에 레이어 2 모드로 전환하려면 switchport 명령을 사용합니다. [예 3-7]는 스위치 포트들을 레이어 2 스위치로, '액세스 링크, VLAN 1' 으로 구현합니다.

```
Switch(config)#interface fastethernet 3/1
Switch(config-if)#switchport
Switch(config-if)#switchport mode access
Switch(config-if)#switchport access vlan 1
Switch(config)#interface fastethernet 3/2
Switch(config-if)#switchport
Switch(config-if)#switchport mode access
Switch(config-if)#switchport access vlan 1
Switch(config)#interface fastethernet 3/3
Switch(config-if)#switchport
Switch(config-if)#switchport mode access
Switch(config-if)#switchport access vlan 1
```

▶ [예 3-7]
카탈리스트 6500 포트를 레이어 2 포트로 전환하는 명령

디폴트로, 카탈리스트 3550, 4500의 모든 포트들은 레이어 2 포트로 동작합니다.

SVI 포트 구현하기

[그림 3-36]과 같이 3개의 VLAN으로 나누었다면 각 VLAN에 속하는 라우터의 주소는 어디에 구현해야 할까요? [그림 3-33]과 [그림 3-34]의 ★ 표시와 같이 IP를 구현할 수 있는 레이어 3 포트가 없습니다. 이 경우 'SVI(Switched Virtual Interface)' 라고 부르는 가상의 인터페이스를 만들고 이 인터페이스에 IP 주소를 할당합니다.

Chapter 03 LAN 디자인

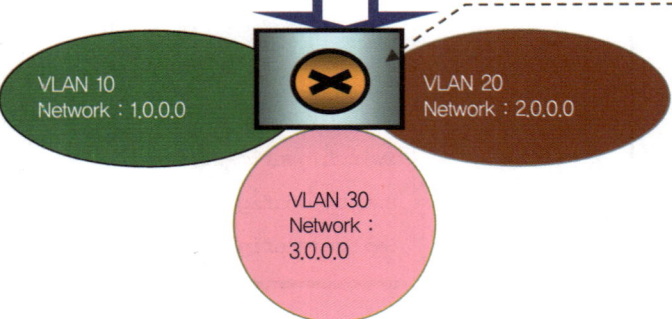

[그림 3-36] ▶
멀티레이어 스위치의 SVI

Lesson 09 패스트 스위칭이 빠른 이유

라우터나 L3 스위치 등의 대부분의 네트워크 장치는 CPU 기반의 프로세서 스위치와 ASIC 기반의 패스트 스위치를 갖습니다. 만능 계산기에 해당하는 CPU를 갖는 프로세서 스위치는 소프트웨어만 바꾸면 라우팅 외에 압축, 암호화, NAT(Network Address Translation), 터널링, QoS(Quality of Services), 필터링, 기타 보안 등의 다양한 기능을 제공합니다. 이러한 소프트웨어 기반의 장비에 다양한 기능들을 적용하면 속도는 당연히 느려집니다.

[표 3-9]와 [그림 3-37]의 장비들은 특정 기능만 수행하는 ASIC을 가진 하드웨어 기반의 장비입니다. 이러한 장비들 때문에 그림에서의 WAN 블록이 복잡해지거나 길어지겠지만 프로세서 스위치 때문에 병목 현상이 발생할 가능성은 줄어듭니다.

[표 3-9] 하드웨어 기반의 장비와 기능

장비명	기능
패스트 스위치	라우팅을 전문적으로 하는 장비
방화벽	필터링과 NAT 기능과 그 밖의 보안 기능
VPN 장비	터널링과 암호화를 통한 VPN 기능
QoS 장비	패킷 QoS 기능
압축 장비	압축과 압축 풀기 기능
IPS, IDS	기타 보안

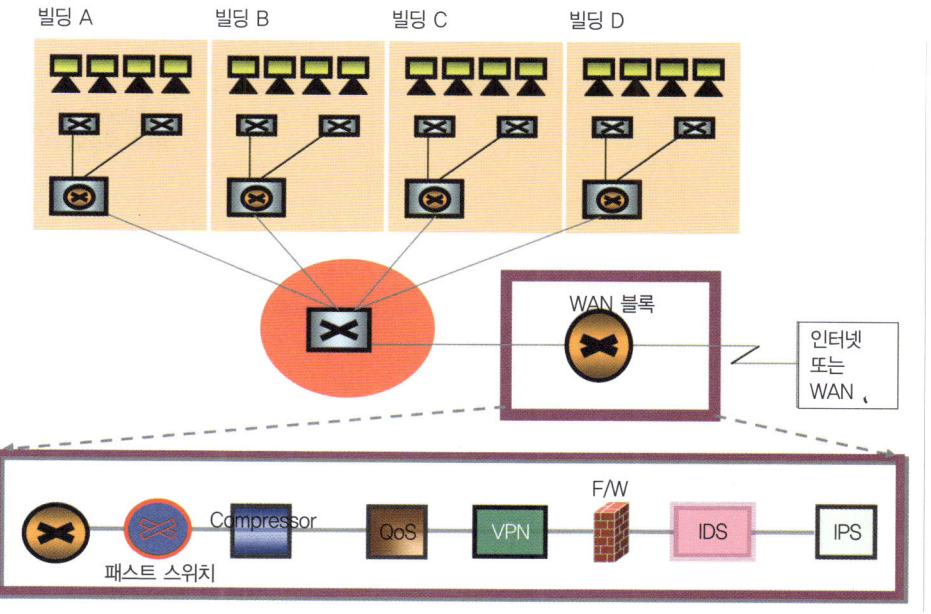

[그림 3-37] 라우터의 부하를 덜어주는 하드웨어 기반의 장비

패스트 스위치를 사용한다면 프로세서 스위치와 패스트 스위치의 기능은 [표 3-10]과 같이 나뉩니다. 라우팅 테이블을 만드는 일은 기존의 소프트웨어 기반의 프로세서 스위치만 수행할 수 있지만, 라우팅은 패스트 스위치가 수행합니다. 일종의 분업이 일어납니다.

[표 3-10] ▶
프로세서 스위치와
패스트 스위치의 분업

프로세서 스위치	패스트 스위치
소프트웨어 기반의 장비	하드웨어 기반의 장비
라우팅 테이블을 만듭니다.	라우팅합니다.

따라서 패스트 스위칭을 위해서는 기존의 소프트웨어 기반의 프로세서 스위치와 하드웨어 기반의 패스트 스위치가 모두 필요하다는 것을 기억해야 합니다. 시스코의 패스트 스위칭 방식을 'CEF 스위칭' 이라고 하는데, CEF 스위칭을 위해서 다음과 같은 모듈들이 별도로 있어야 합니다.

- MSFC3 라우터 카드를 장착한 카탈리스트 6500 슈퍼바이저 720 모듈
- MSFC2 라우터 카드를 장착한 카탈리스트 6500 슈퍼바이저 2 모듈
- 카탈리스트 4500 슈퍼바이저 3과 4
- 카탈리스트 3550 패밀리

시스코에서는 [그림 3-38]과 같이 소프트웨어 기반의 프로세서 스위치는 '레이어 3 엔진', 하드웨어 기반의 패스트 스위치는 '레이어 3 포워딩 엔진' 이라고 합니다. 레이어 3 포워딩 엔진은 라우팅 테이블을 다운로드해서 '레이어 3 포워딩 엔진' 이라고 하고, ARP 테이블을 다운로드해서 어드제이선시 테이블을 만듭니다.

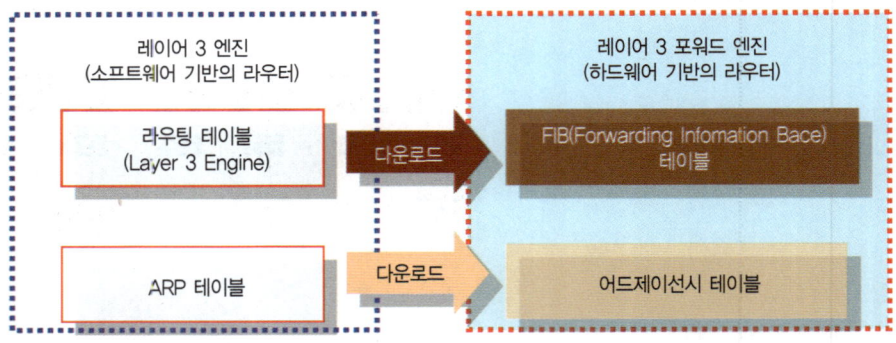

[그림 3-38] ▶
패스트 스위치의
구성 요소와 테이블

패스트 스위치는 하드웨어 기반의 라우팅에다가 다음과 같은 특징 때문에 속도가 더욱 빨라집니다.

32스텝(2진수 기반의 데이터베이스) → 4스텝(10진수 기반의 데이터베이스)

라우팅을 위해 라우팅 테이블 목적지 주소와 패킷의 목적지 주소를 대조하는 작업이 필요합니다. 통상적인 소프트웨어 기반의 라우터는 2진수 기반의 데이터베이스를 구축하기 때문에 [그림 3-39]와 같이 32자리의 IP 주소를 대조하기 위해 32스텝이 소요됩니다. 그러나 CEF 스위칭은 10진수 기반의 데이터베이스를 사용하므로 네 자리의 IP 주소를 대조하기 위해 단지 4스텝만 소요됩니다.

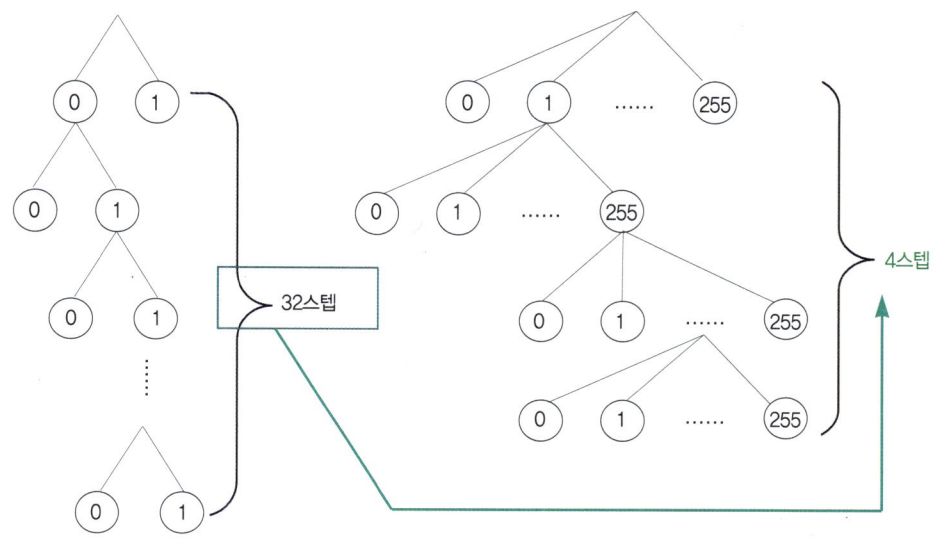

[그림 3-39] ▶
2진수 기반과 10진수 기반의 데이터베이스 대조 작업 비교

'보다 구체적인 정보를 위에' 원칙

라우터가 [그림 3-40]의 왼쪽과 같은 라우팅 테이블을 가졌을 때 11.1.1.1로 가려고 하는 패킷은 4.1.1.1로 보내집니다. 왜냐하면 네 가지 정보 중에서 11.1.1.1 /32 정보가 가장 구체적이기 때문입니다. 만약 11.1.1.1 /32 정보가 없다면 다음의 구체적인 정보를 따릅니다. 11.1.1.0 /24 정보가 다음으로 구체적이므로 넥스트 홉 3.1.1.1로 보내집니다. 이렇게 패킷의 목적지 정보가 여러 개 있을 때는 '가장 구체적인(자상한) 정보'를 따르기 때문에 목적지 정보를 라우팅 테이블의 첫 번째 칸에서 만나도 보다 구체적인 정보가 아래 칸에 있는지를 확인하기 위해 항상 라우팅 테이블의 마지막까지 뒤져보아야 합니다.

이것을 개선하기 위해 레이어 3 포워딩 엔진은 레이어 3 엔진의 라우팅 테이블을 다운로드할 때 [그림 3-40]과 같이 구체적인 정보를 위쪽에 배치합니다. 따라서 테이블의 맨 마지막까지 뒤질 필요가 없이 그냥 첫 번째 매칭되는 정보를 따르므로 이것을 통해 더 이상의 프로세스를 불필요하게 소모하지 않습니다.

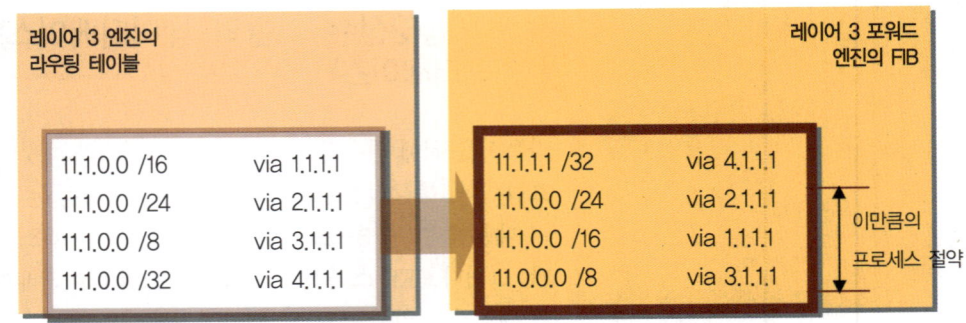

[그림 3-40] ▶
FIB 테이블에서는 좀 더 구체적인 정보를 위쪽에 배치합니다.

참고로 다음과 같은 경우에는 레이어 3 포워딩 엔진에서 처리할 수 없는 경우입니다. 하드웨어에서 스위칭될 수 없는 패킷들은 FIB 테이블에 'CEF 펀트(Punt)'라고 표시되고, 즉시 레이어 3 엔진으로 보내집니다.

- FIB에 라우팅(목적지 네트워크과 넥스트 홉) 정보가 없을 때
- FIB 테이블이 가득 차서 더 이상의 목적지 네트워크 정보를 포함하지 못할 때
- IP 패킷의 Time To Live 필드가 0이 되어 패킷을 소멸시켜야 할 때
- 라우터의 인터페이스마다 MTU(Maximum Transmission Unit)를 초과하여 패킷을 잘라야 할 때
- ICMP Redirect 메시지를 보내야 할 때
- IP, IPX 외에 지원하지 않는 인캡슐레이션 타입일 때 (예) Appletalk
- 패킷들에 대한 압축과 암호화가 필요할 때
- 액세스 리스트에 로그 옵션을 붙였을 때(로그 옵션이 있을 때 패킷들이 액세스 리스트에 걸릴 때마다 콘솔 화면에 표시)
- NAT(Network Address Translation)를 구현했을 때

Lesson 10

HSRP, VRRP, GLBP

한 네트워크에 2대의 라우터가 있어도 PC/서버에는 디폴트 게이트웨이를 1대만 설정할 수 있기 때문에 결국 1대의 라우터만 사용합니다.

디스트리뷰션 계층 라우터는 다른 네트워크로 향하는 트래픽이 반드시 거쳐야 하는 길목이므로, 중요한 네트워크에서는 디스트리뷰션 계층의 라우터를 이중화합니다. 이 경우 2대의 라우터를 모두 활용할 수 있는 솔루션은 HSRP(Hot Standby Routing Protocol), VRRP(Virtual Router Redundancy Protocol), GLBP(Gateway Load Balancing Protocol) 프로토콜입니다. VRRP는 표준 프로토콜이고, HSRP와 GLBP는 시스코 고유의 프로토콜입니다.

HSRP(Hot Standby Routing Protocol)

PC들의 디폴트 게이트웨이 주소는 물리적인 라우터의 주소가 아니라 물리적인 2대의 라우터를 대표하는 가상 라우터 주소로 설정합니다. 가상 IP 주소에 해당하는 가상 MAC 주소는 다음의 규칙에 따라 정해집니다.

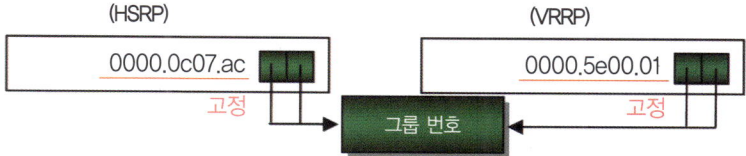

[그림 3-41] ▶
HSRP/VRRP의 가상 MAC 주소

[그림 3-42]의 구현을 보면 그룹별로 우선 순위값이 정해지는데, 그룹 안에서 우선 순위값이 높은 라우터를 '액티브(Active) 라우터', 낮은 라우터를 '스탠바이(Standby) 라우터'라고 합니다. 'Chapter 01. 데이터의 흐름'에서 설명한 데이터의 흐름을 기억해 보면 PC는 디폴트 게이트웨이 IP 주소에 해당하는 2계층 주소를 알기 위해 ARP 브로드캐스트를 보냅니다. ARP 리플라이를 라우터가 하고 HSRP 환경에서는 ARP 리플라이를 액티브 라우터가 합니다.

[그림 3-42]의 구현 예를 보세요. 네트워크에서 2대의 라우터를 2개의 그룹으로 구분된 PC들이 공평하게 사용하기 위해서 HSRP를 2개의 그룹으로 나누었습니다. 예에서 VLAN 10은 갑돌이 라우터를 액티브 라우터로 설정하고, VLAN 20은 갑순이 라우터를 액티브 라우터로 설정했습니다. 따라서 외부 네트워크로 나갈 때 VLAN 10에서 출발한

패킷은 갑돌이 라우터를 통하고, VLAN 20에서 출발한 패킷은 갑순이 라우터를 통할 것입니다.

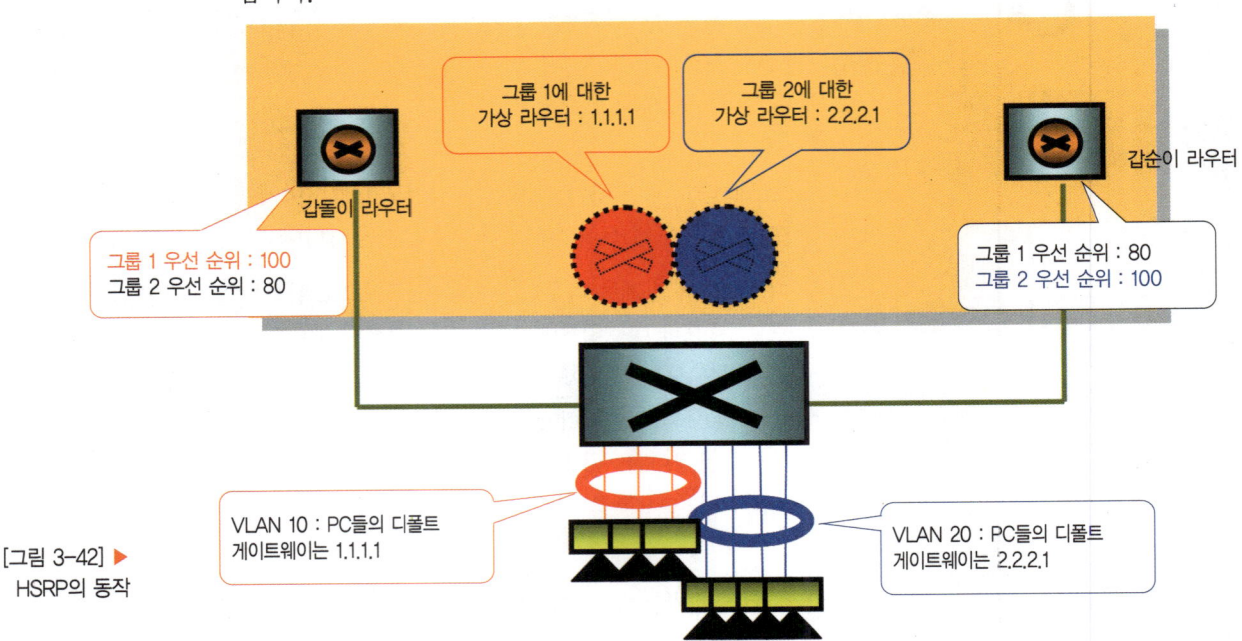

[그림 3-42] ▶
HSRP의 동작

[예 3-8]은 갑돌이 라우터와 갑순이 라우터에서 구현한 예입니다. 그룹 번호와 가상 IP 주소를 일치시키고 우선 순위 값을 다르게 지정하면 됩니다.

갑돌이 라우터의 구현

```
Router(config)#Interface vlan 10
Router(config-if)#ip address 1.1.1.2 255.0.0.0
Router(config-if)#standby 1 ip 1.1.1.1
Router(config-if)#standby 1 priority 100
Router(config-if)#standby 1 preempt
Router(config)#Interface vlan 20
Router(config-if)#ip address 2.1.1.2 255.0.0.0
Router(config-if)#standby 2 ip 2.1.1.1
Router(config-if)#standby 2 priority 80
```

갑순이 라우터의 구현

```
Router(config)#Interface vlan 10
Router(config-if)#ip address 1.1.1.3 255.0.0.0
Router(config-if)#standby 1 ip 1.1.1.1
Router(config-if)#standby 1 priority 80
Router(config)#Interface vlan 20
Router(config-if)#ip address 2.1.1.3 255.0.0.0
Router(config-if)#standby 2 ip 2.1.1.1
Router(config-if)#standby 2 priority 100
Router(config-if)#standby 2 preempt
```

[예 3-8] ▲
그룹별 HSRP의 구현 예

- **standby 1 ip 1.1.1.1** : HSRP 그룹 1에 대한 가상 라우터의 주소는 1.1.1.1

- **standby 1 priority 100** : HSRP 그룹 1에 대한 각 라우터의 우선 순위 설정

- **standby 1 preempt** : 액티브 라우터가 다운되면 스탠바이 라우터가 이 역할을 대신하는데, 이전의 액티브 라우터가 다시 업(Up)이 되었을 때 다시 액티브 라우터 역할을 맡을 수 있도록 합니다. 이 명령이 없으면, 다시 업되어도 스탠바이 상태로 계속 남아있습니다.

마지막으로 인터페이스 트래킹(Interface Tracking)에 대해 알아보겠습니다. [그림 3-43]에서는 갑돌이 라우터가 액티브 라우터입니다. 갑돌이 라우터가 다운되면 갑순이 라우터를 거쳐 1.1.1.0 /24 네트워크로 가겠지만 액티브 라우터인 갑돌이 라우터의 interface serial 0이 다운되면 어떻게 될까요? 이때는 액티브 라우터가 다운된 것은 아니므로 [그림 3-43]의 A 경로와 같이 갑돌이 라우터를 거친 후 세컨드 베스트 루트인 갑순이 라우터를 거쳐서 1.1.1.0 /24 네트워크에 도착합니다. 이때 [그림 3-43]의 'standby 1 track serial 0 50' 명령과 같이 인터페이스 트래킹을 구현하면 액티브 라우터의 트래킹 대상이 되는 인터페이스가 다운되었을 때 설정한 값 50만큼 자신의 우선 순위를 낮추기 때문에 갑순이 라우터가 액티브 라우터가 되어 A 경로 대신 B 경로를 선택합니다.

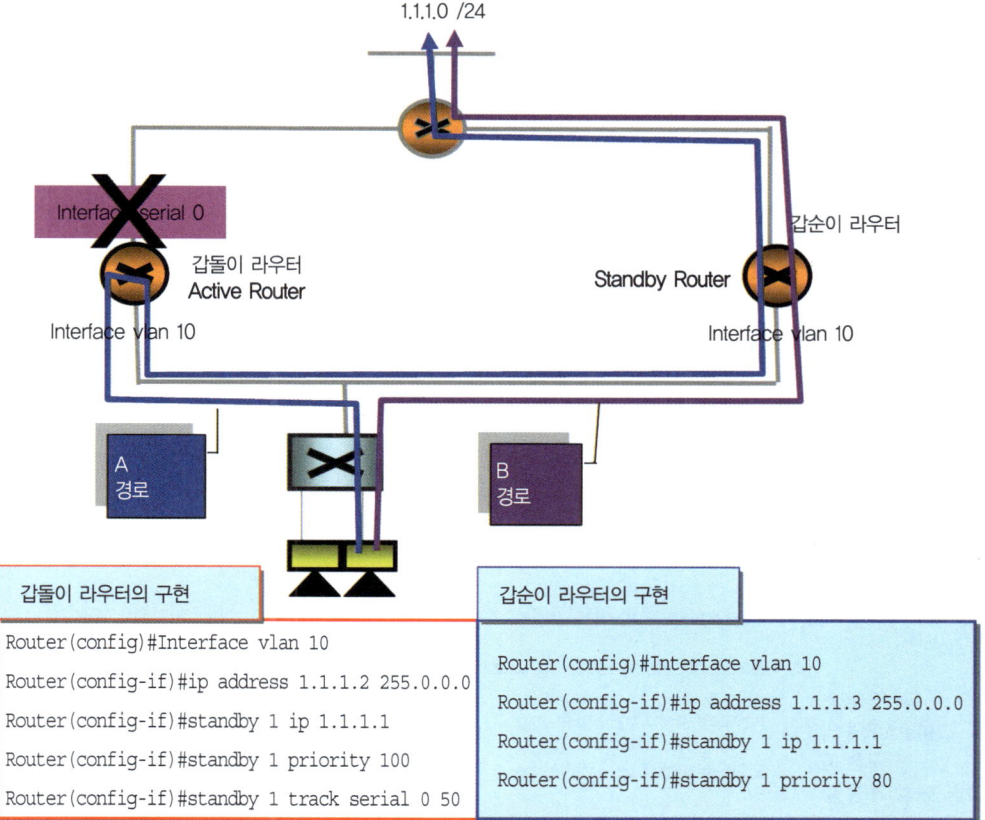

[그림 3-43] ▶ 인터페이스 트래킹

VRRP(Virtual Router Redundancy Protocol)

HSRP는 시스코 프로토콜이지만, VRRP는 IETF 표준 RFC 2338로 정의된 표준 프로토콜입니다. VRRP의 동작과 구현은 HSRP와 거의 비슷합니다. 다만 [표 3-11]과 같이 용어와 파라미터가 약간 다릅니다.

비교 항목	HSRP	VRRP
액티브 라우터의 이름	'액티브 라우터'라고 부릅니다. HSRP 그룹 안에서 가장 높은 우선 순위를 가진 라우터가 액티브 라우터가 됩니다.	'마스터 라우터'라고 부릅니다. VRRP 그룹 안에서 가장 높은 우선 순위를 가진 라우터가 마스터 라우터가 됩니다.
그룹 범위와 우선 순위 범위	HSRP 그룹 넘버의 범위는 0~255이고, 우선 순위 범위는 0~255입니다 (디폴트는 100).	VRRP 그룹 넘버의 범위는 0~255이고, 우선 순위의 범위는 1~254입니다 (디폴트는 100).
가상 라우터의 MAC 주소	가상 라우터의 MAC 주소는 0000.0c07.acxx이고, xx는 HSRP 그룹 번호입니다.	가상 라우터의 MAC 주소는 0000.5e00.01xx이고, xx는 VRRP 그룹 번호입니다.
메시지 간격	HSRP 헬로 메시지는 3초마다 보내집니다.	VRRP 어드버타이즈먼트는 1초마다 보내집니다.
프리엠프트(Preempt)의 구현 가능 여부	지원 가능합니다.	지원 가능합니다.
인터페이스 트래킹 기능	인터페이스 트래킹 매커니즘이 있습니다.	인터페이스 트래킹 매커니즘이 있습니다.

[표 3-11] ▶
HSRP와 VRRP 비교하기

[예 3-9]는 VRRP의 구현 예입니다.

갑돌이 라우터의 구현	갑순이 라우터의 구현
Router(config)#Interface vlan 10	Router(config)#Interface vlan 10
Router(config-if)#ip address 1.1.1.2 255.0.0.0	Router(config-if)#ip address 1.1.1.3 255.0.0.0
Router(config-if)#vrrp 1 ip 1.1.1.1	Router(config-if)#vrrp 1 ip 1.1.1.1
Router(config-if)#vrrp 1 priority 100	Router(config-if)#vrrp 1 priority 80
Router(config-if)#vrrp 1 preempt	Router(config)#Interface vlan 20
Router(config)#Interface vlan 20	Router(config-if)#ip address 2.1.1.3 255.0.0.0
Router(config-if)#ip address 2.1.1.2 255.0.0.0	Router(config-if)#vrrp 2 ip 2.1.1.1
Router(config-if)#vrrp 2 ip 2.1.1.1	Router(config-if)#vrrp 2 priority 100
Router(config-if)#vrrp 2 priority 80	Router(config-if)#vrrp 2 preempt

[예 3-9] ▶
그룹별 VRRP의 구현 예
([그림 3-42]와 동일)

GLBP(Gateway Load Balancing Protocol)

GLBP는 HSRP와 VRRP가 가진 다음과 같은 단점을 극복하기 위한 시스코 프로토콜입니다. 즉 HSRP와 VRRP가 한 네트워크에 포함된 2대의 라우터를 동시에 사용하기 위해 그룹별로 나뉘었지만, 각각의 그룹에서 발생하는 트래픽의 양이 같지는 않을 것입니다. 만약 그룹 1에서 발생하는 트래픽이 99%이고, 그룹 2에서 발생하는 트래픽이 1%에 불과하다면 결국 한 라우터에만 트래픽이 집중될 것입니다.

이 문제를 해결하기 위해 [그림 3-44]와 같이 GLBP는 라우터마다 다른 가상 MAC 주소를 할당합니다. HSRP와 VRRP에서는 가상 MAC 주소는 1개뿐이었습니다. AVG(Active Virtual Gateway)는 우선 순위가 가장 높은 라우터로서 HSRP나 VRRP의 액티브 라우터와 같이 ARP 요청에 대해 가상 MAC 주소로 ARP 응답합니다. 이때 AVG는 그룹 내 라우터의 가상 MAC 주소를 번갈아 알려줍니다. 따라서 같은 그룹에 속한 PC/서버에서 발생한 트래픽이라고 해도 서로 다른 라우터를 거칠 수 있게 합니다. GLBP에서는 라우터를 'AVF(Active Virtual Forwarder)'라고 합니다.

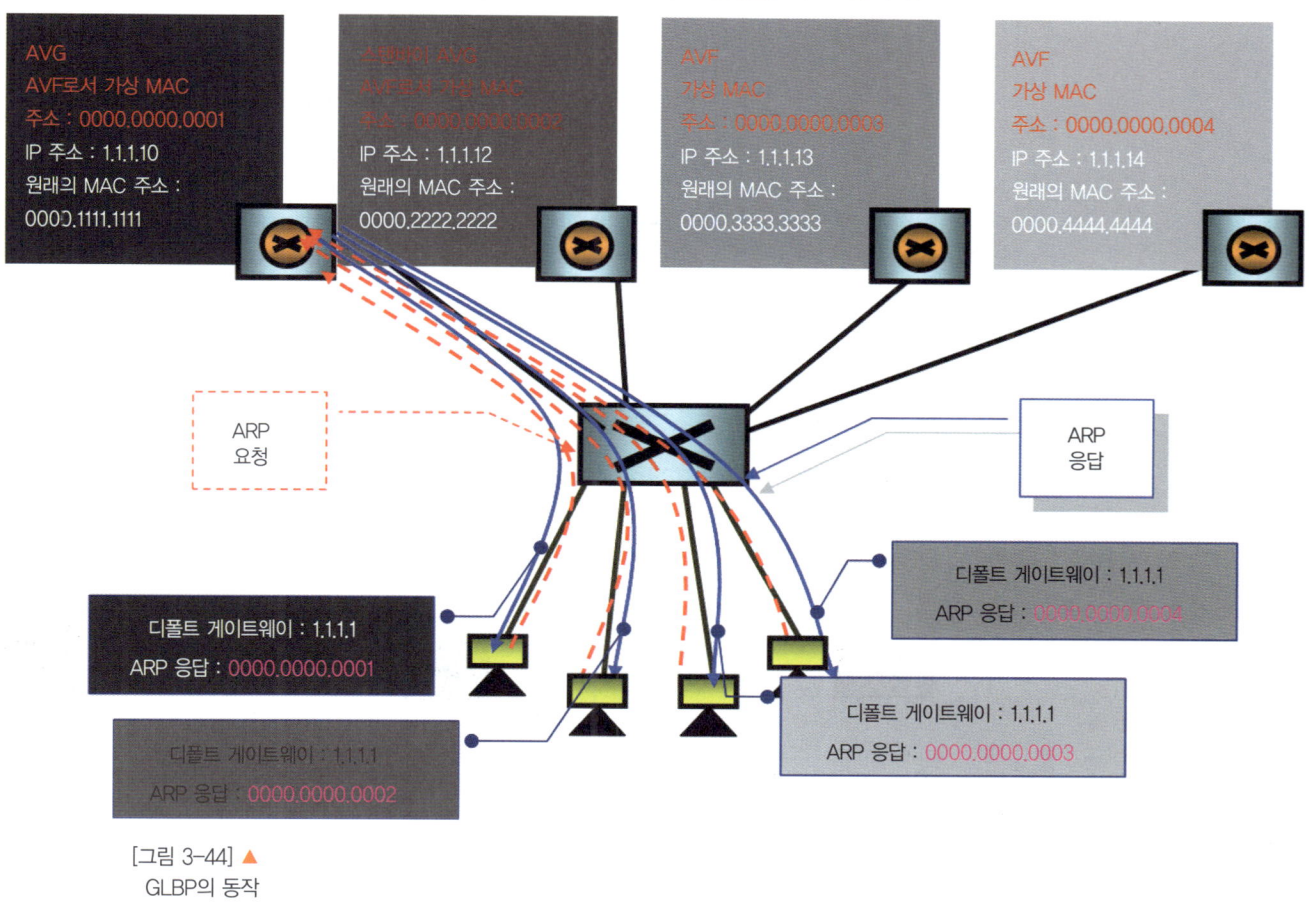

[그림 3-44] ▲
GLBP의 동작

[예 3-10]은 GLBP의 구현 예입니다. GLBP를 구현하기 위해 'glbp 1 ip 1.1.1.1' 명령으로 가상 IP 주소를 구현합니다. 이 IP 주소는 PC/서버들의 디폴트 게이트웨이가 됩니다. AVG가 되기 위해서는 다른 라우터들보다 우선 순위가 높아야 하고, 'glbp 1 priority 150' 명령어를 사용합니다. AVG에서 라운드 로빈, 웨이티드, 호스트 기준의 로드 밸런싱 방법을 설정합니다. 'glbp 1 load-balancing(round-robin/weighted/host-dependent)' 명령을 사용합니다.

- **라운드 로빈(Round Robin)** : 가장 간단한 로드 밸런싱 방법으로, 각각의 ARP 요청에 대해 AVF의 가상 MAC 주소를 순서대로 응답하기 때문에 그룹 안의 모든 AVF들은 공평하게 트래픽 양을 처리합니다.

- **웨이티드(Weighted)** : AVF마다 다른 웨이트를 구현했을 때의 로드 밸런싱 방법입니다. AVF에 설정된 웨이트 비율에 따라 AVG가 가상 MAC 주소 응답 비율을 다르게 합니다. 결과적으로 웨이트 비율만큼 라우터의 트래픽 처리비율이 정해집니다.

- **호스트 기준(Host-dependent)** : 특정 PC/서버에게는 항상 특정 AVF의 가상 MAC 주소로 ARP 응답합니다. 따라서 특정 PC/서버는 항상 같은 AVF를 사용합니다.

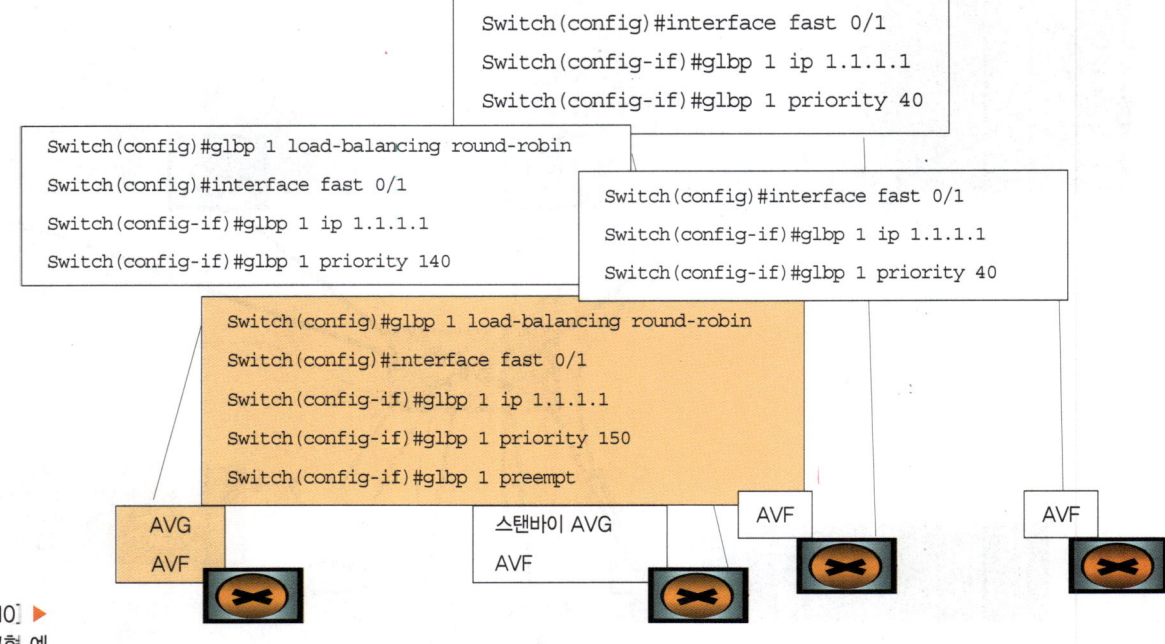

[예 3-10] ▶ GLBP의 구현 예

Lesson 11 무선 LAN

무선(Wireless) LAN은 초기 투자 비용과 느린 속도의 한계가 있었지만, IEEE 802.11b 표준부터 11Mbps 속도를 제공하면서 광범위한 영역에서 이동성, 구축의 유연성 및 신속성, 유지 보수의 편의성 및 비용 절감 등 다양한 장점 때문에 호텔, 캠퍼스, 공항, 커피숍 등에서부터 출발하여 넓게 확산되고 있습니다. 무선 LAN을 구축하기 위해서 노트북에는 802.11 프로토콜을 지원하고, 채널 선택 기능을 가진 무선 LAN 카드가 있어야 하고, 수신 세기가 가장 센 AP에 대한 전파 선택 기능을 통해 채널을 자동으로 선택할 수 있어야 합니다. 이 밖에도 액세스 포인트(AP ; Access Point)는 IEEE 802.11b, SNMP, DHCP, IEEE 802.1d 프로토콜을 지원하고, AP 간의 로밍을 지원할 수 있어야 합니다.

CSMA/CA(Carrier Sense Multiple Access/Collision Avoidanced)는 무선 LAN에서 일반적으로 사용되는 전송 알고리즘으로, 다음과 같은 방식으로 동작합니다. [그림 3-45]에서 송신 장비와 수신 장비는 노트북이나 AP가 될 수 있습니다.

- 노트북이 AP에게 RTS(Request To Send)를 보내 보낼 데이터가 있다는 것을 알립니다.

- 다른 노트북이 데이터를 보내고 있다면 AP로부터 CTS(Clear To Send, 접속 허가)를 받지 못합니다. 이 경우 노트북은 일정 회수만큼 RTS를 보낸 후 그래도 CTS를 받지 못하면 일정 시간을 대기한 후 다시 RTS를 보냅니다.

- 한 노트북과 AP 간에 통신중일 때 다른 노트북은 일정 시간(2대의 장비 간 데이터 전송 시간)만큼 채널을 이용할 수 없기 때문에 데이터를 전송할 수 없습니다.

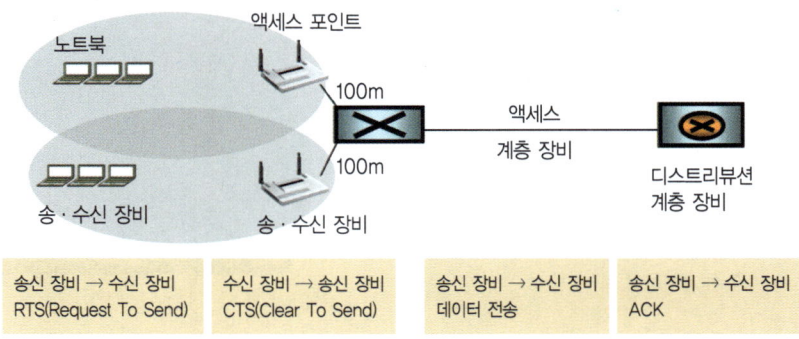

[그림 3-45] 무선 LAN 구성과 CSMA/CA의 원리

전송 매커니즘으로 CSMA/CA를 사용하기 때문에 하나의 AP가 하나의 채널에서 수용할 수 있는 노트북의 수는 트래픽의 양에 따라 달라지겠지만 대략 10~30대 내외입니다. 유선 LAN에서 감안하지 않았던 고려 사항으로 액세스 포인트와 노트북 간 거리에 비례하여 급격히 증가하는 신호 감쇄, 다양한 경로를 거친 수신 전파에 의한 신호 왜곡, 유사 주파수를 사용하는 다른 장치 간의 전파 간섭 문제가 무선 LAN의 서비스 범위를 제한합니다. 대체로 100m를 초과할 수 없고, 건물 모양, 건축 재료, 간섭 유발체 등의 다양한 변수에 의해 범위는 달라집니다. IEEE 802.1b 프로토콜은 [그림 3-46]과 같은 주파수 채널들을 사용합니다.

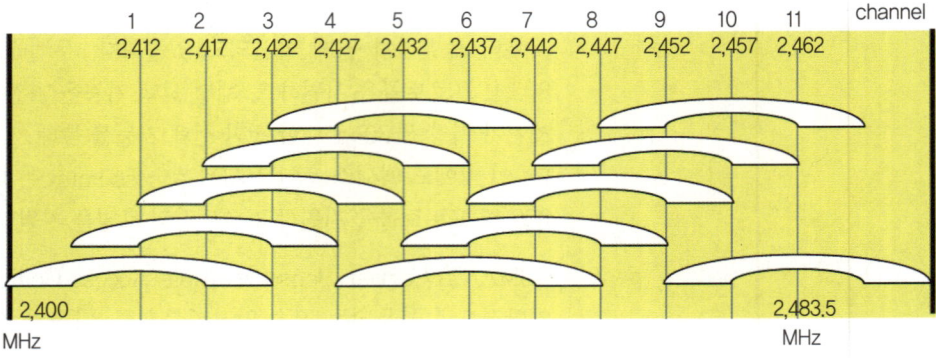

[그림 3-46] ▶
무선 LAN 채널의 구성 예

무선 LAN은 전파 전달의 한계 때문에 서비스 범위가 한정적이지만, 이 때문에 동일한 주파수를 다른 서비스 범위에서 재사용할 수 있다는 장점이 생깁니다. [그림 3-47]은 1, 6, 11채널에 대한 '주파수 재사용' 예입니다. 현장에서 1과 6, 11채널을 주로 사용하는 것은 [그림 3-46]과 같이 다른 채널들과 전혀 겹치지 않아 간섭이 가장 적기 때문입니다.

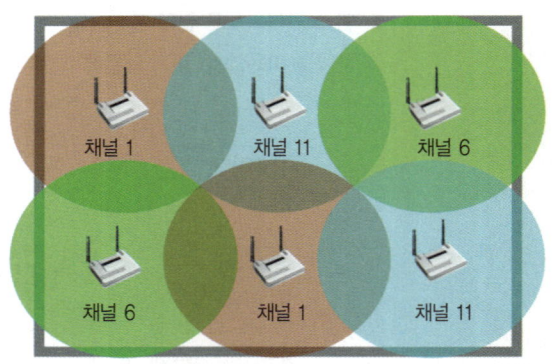

[그림 3-47] ▶
주파수 재사용의 예

여러 층에 유저들이 존재할 때 [그림 3-48]과 같이 액세스 포인트의 서비스 범위를 정할 수 있습니다. 신호가 겹치는 서비스 범위에서는 유저 디바이스가 신호가 보다 강한 액세스 포인트쪽을 자동으로 선택합니다.

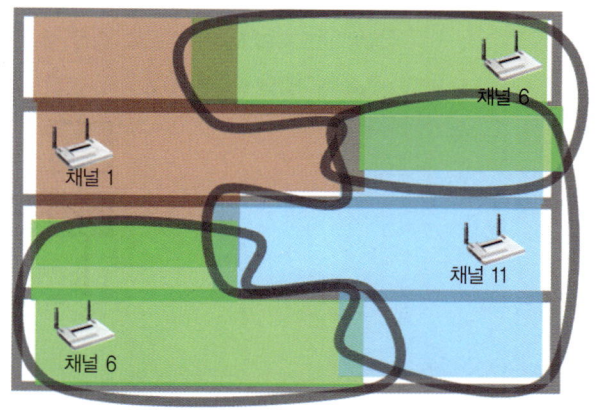

[그림 3-48] ▶
빌딩에서 액세스 포인트 배치하기

[그림 3-49]는 전파의 직진성(방향성)을 제공하는 지향성 안테나를 사용했을 때의 액세스 포인트의 배치 형태입니다.

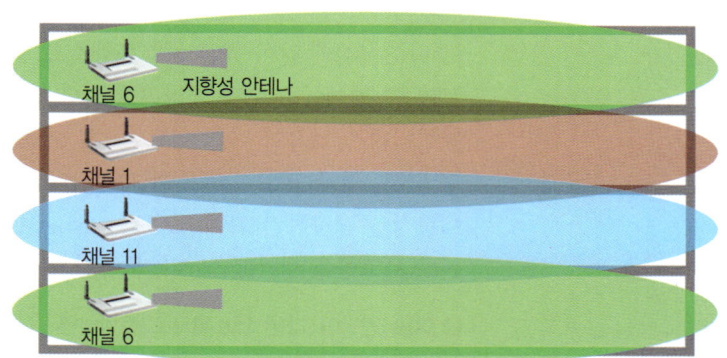

[그림 3-49] ▶
지향성 안테나를 사용한 경우

로밍(Roaming)

이동성은 무선 LAN이 제공하는 가장 강력한 특징입니다. [그림 3-50]과 같이 동일한 브로드캐스트 도메인 안에서 발생하는 것을 '레이어 2 로밍'이라고 합니다. 로밍 도메인은 같은 브로드캐스트 도메인에 있고 같은 SSID를 사용하는 AP들로 정의할 수 있는데, 다음과 같은 절차를 따릅니다.

❶ AP1은 노트북이 다른 지역으로 로밍했음을 판단하는데, 이것은 신호 강도, 프레임 ACK의 부재, 비컨(Beacon) 시그널의 누락 등을 보고 결정합니다.

❷ AP1은 노트북으로 향하는 데이터가 도착하면 버퍼링합니다.

❸ AP2는 노트북이 로밍해 왔다는 것을 AP1에게 알립니다.

❹ AP1은 AP2에게 버퍼링된 데이터를 보냅니다.

❺ 제조사에 따라 다르지만 시스코의 경우 AP2에서 목적지 주소는 AP1의 주소로, 출발지 주소는 이동해온 노트북의 MAC 주소로, 송신 주소로 맞춘 유니캐스트나 멀티캐스트를 보내 스위치들의 MAC 주소 테이블을 수정합니다.

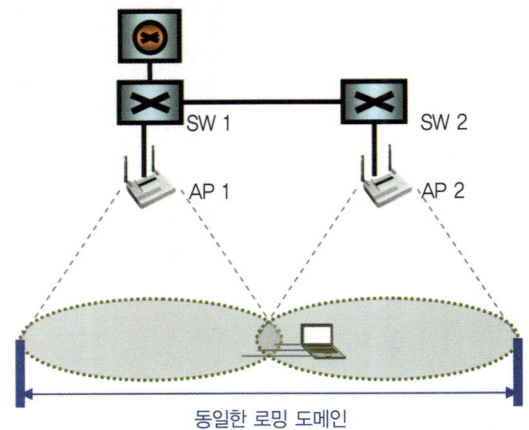

[그림 3-50] ▶
레이어 2 로밍

[그림 3-51]과 같이 다른 브로드캐스트 도메인(다른 네트워크, 다른 로밍 도메인) 간의 로밍을 '레이어 3 로밍'이라고 합니다. 호스트의 IP 주소는 고정되어 있기 때문에 VoIP 전화기나 노트북이 다른 네트워크로 이동할 경우 단말의 새로운 위치로 패킷을 전달할 수 없고, 결국 TCP 연결은 해제됩니다. 이러한 문제를 해결하고 네트워크 간의 단말의 이동성을 제공하기 위해 IETF(Internet Engineering Task Force)에서 'Mobile IP' 라는 프로토콜을 제안했습니다. 모바일 IP 프로토콜은 다음과 같이 동작합니다.

❶ 이동 단말이 다른 네트워크로 로밍하면 '다른 네트워크의 라우터'가 보낸 IRDP(ICMP Router Discovery Prctocol) 메시지에 의해 '다른 네트워크의 라우터'의 존재를 감지하고, '다른 네트워크의 라우터'에 [그림 3-51]과 같이 등록 요청 메시지를 보내 자신을 등록합니다.

❷ 이 등록 메시지는 [그림 3-51]과 같이 '원래 네트워크의 라우터'에 전달되어 '원래 네트워크의 라우터'에도 등록됩니다.

❸ '다른 네트워크의 라우터'는 이동 단말의 원래 네트워크 '원래 네트워크의 라우터'와 통신하여 '원래 네트워크의 라우터'와 터널을 만듭니다.

❹ 이동 단말을 향하는 패킷은 라우팅에 의해 '원래 네트워크의 라우터'에 도착하고, '원래 네트워크의 라우터'는 터널을 통해 '다른 네트워크의 라우터'에게 전달하고 '다른 네트워크의 라우터'는 등록된 이동단말을 확인하고 이동 단말에게 패킷을 보냅니다.

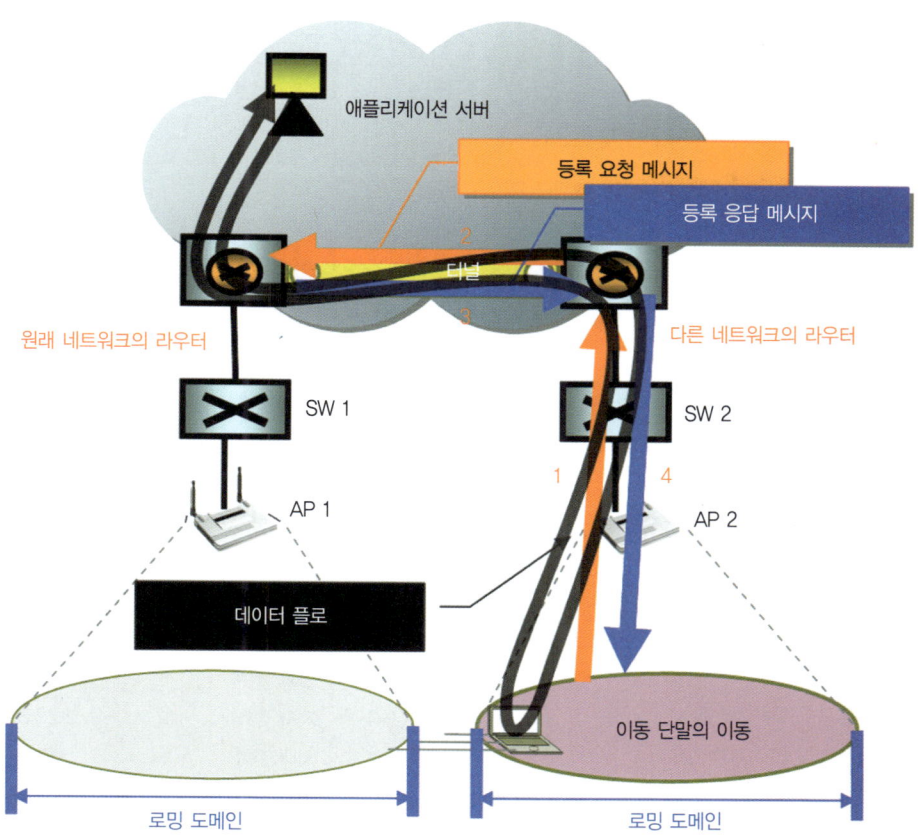

[그림 3-51] ▶
레이어 3 로밍

Lesson 12

VoIP(Voice over IP) 구성안

VoIP(Voice over IP)는 기존의 PSTN을 통한 음성 전화 서비스를 IP 데이터망에 수용해서 비교적 고가인 음성 통화료를 줄입니다. VoIP는 전화망과 데이터망을 통합 관리하여 비용을 감소시킵니다. [표 3-12]와 같이 음성 통화 비용을 줄일 수도 있고, IP 기반의 음성 회의, VMS 등의 다양한 부가 서비스를 사용하여 업무 생산성을 향상시킬 수도 있습니다.

서울 본사	국내 지사
• 위치 : 서울	• 위치 : 서울, 부산, 포항, 울산, 여수 목포
• 인원 : 1,000여 명	• 인원 : 1,000여 명

구분	통화 내역	VoIP 도입 전(원)	VoIP 도입 후(원)
요금 현황	지사 전화	23,000,000	0
	시내 전화	10,000,000	6,000,000
	시외 전화	7,000,000	5,000,000
	이동 전화	25,000,000	23,000,000
	국제 전화	12,000,000	10,000,000
	합계	77,000,000	44,000,000
절감액(원)			33,000,000
절감률(%)			43.0

[표 3-12] ▶ VoIP 도입 전과 후의 전화 요금 비교

[그림 3-52]를 보세요. VoIP폰은 IP망에 직접 연결할 수 있지만, VoIP를 지원하지 않는 기존의 전화기는 PBX에 연결됩니다. PBX는 기존 전화기를 IP망에 연결하기 위한 게이트웨이 역할을 합니다. VoIP망에만 연결할 수도 있지만, PSTN망에도 연결하는 것은 다음과 같은 세 가지 이유가 있습니다.

❶ 모든 음성 통화망이 VoIP Only망이 되었다면 PSTN망에 연결할 필요가 없지만, PSTN망에만 연결된 단말들과 통화하기 위해 연동이 필요합니다. 이러한 이유 때문에 모든 지사에서 각각 연결할 것이 아니라 본사 한 곳에서만 해도 됩니다.

❷ VoIP망 가입자들은 VoIP망에서만 사용하는 전화번호(예를 들어 070으로 시작하는 번호)가 따로 있습니다. 그러나 고객들 중에는 영업상 기존의 전화를 고수하려는 경우가 있습니다. 이 경우 기존의 전화번호를 유지하기 위해 통화료가 들지 않는 받는 전화는 PSTN망을 통하도록 합니다.

❸ VoIP망에 대한 백업을 위해 PSTN망을 유지합니다. IP망에 문제가 발생하는 경우 자동으로 VoIP 게이트웨이를 거치도록 합니다.

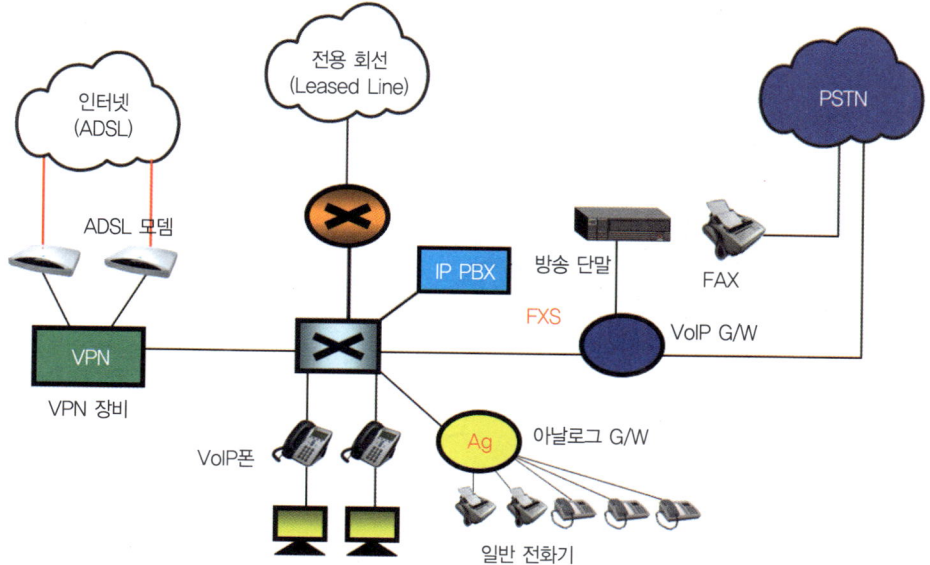

[그림 3-52] ▶
VoIP망(지사)의 예

PSTN망에서 전화 프로토콜은 전통적으로 크게 '음성 데이터'와 '시그널링'으로 구분됩니다. 전화기를 들거나, 놓거나, 전화번호 버튼을 누르면 시그널링 메시지가 전달됩니다. 통화로가 열리면 음성 데이터가 지나갑니다. VoIP망에서 H.323, SIP, MGCP와 같은 프로토콜은 시그널링 메시지를 전달하기 위한 프로토콜이고, RTP는 음성 메시지를 전달하는 프로토콜입니다. [그림 3-53]에서 VoIP 서버는 H.323이나 SIP과 같은 시그널링 메시지에 대한 교환기입니다. RTP 데이터는 라우터를 통해 교환(전달)됩니다. 시그널링 메시지가 교환을 위해 반드시 본사의 H.323 서버나 SIP 서버, 즉 VoIP 서버를 거쳐야 하지만, RTP 메시지는 라우터를 거쳐서 다이렉트로 교환됩니다.

Chapter 03 | LAN 디자인

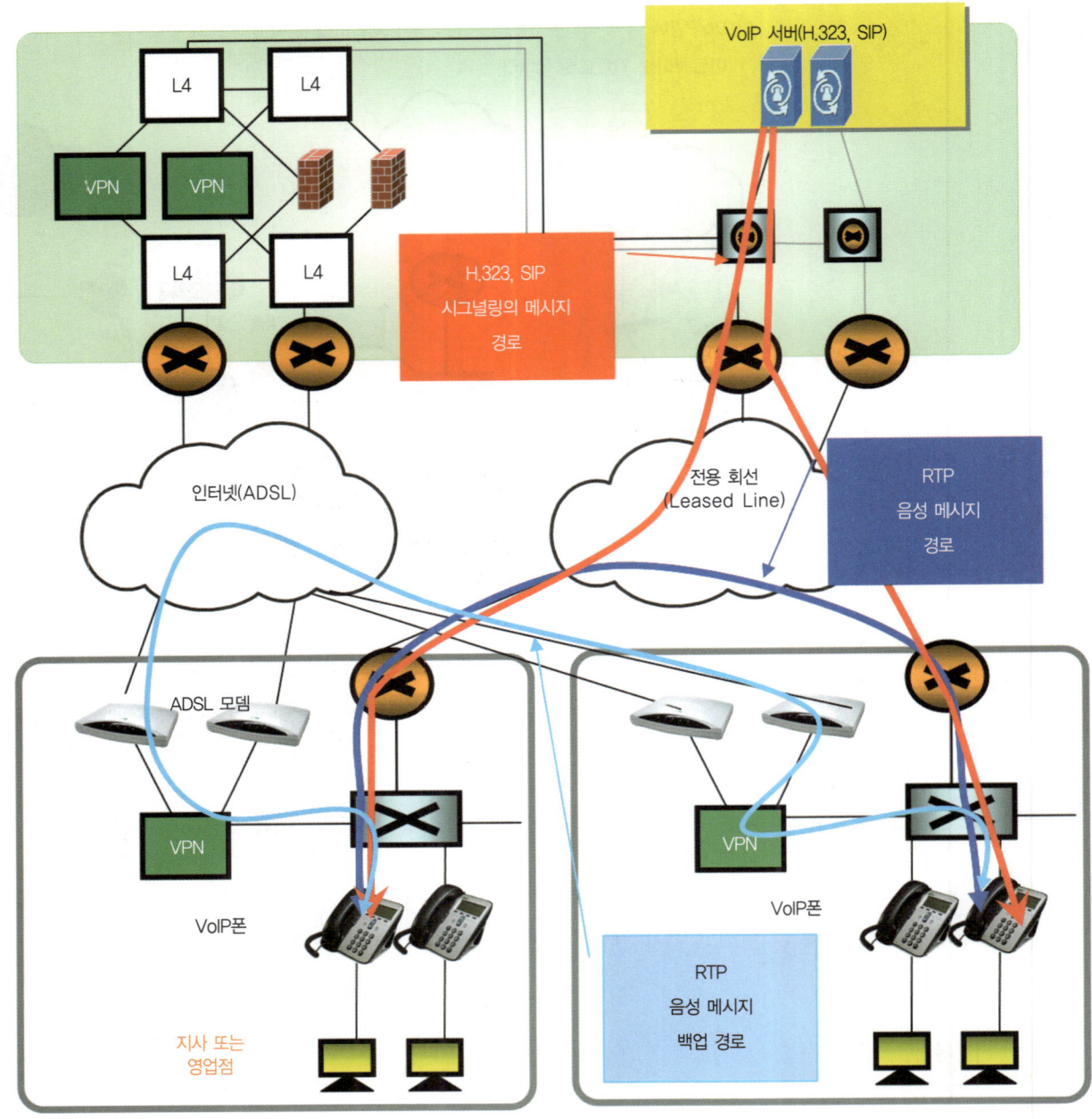

[그림 3-53] ▲
VoIP망(본사 + 지사)의 구성

PBX, IP PBX, IP Centrex 서비스 비교하기

[그림 3-54]는 앞에서 설명한 대규모 VoIP망과는 달리 한 사이트에서 구성되는 소규모 VoIP망입니다. IP PBX가 H.323이나 SIP 서버입니다. 게이트웨이는 아날로그 전화기를 VoIP망과 PSTN망에 연동하기 위한 장비입니다. IVR(Interactive Voice Response, 자동 응답) 서버와 VMS(Voice Messaging Service), Conference 서버를 활용하여 부가 서비스를 제공합니다.

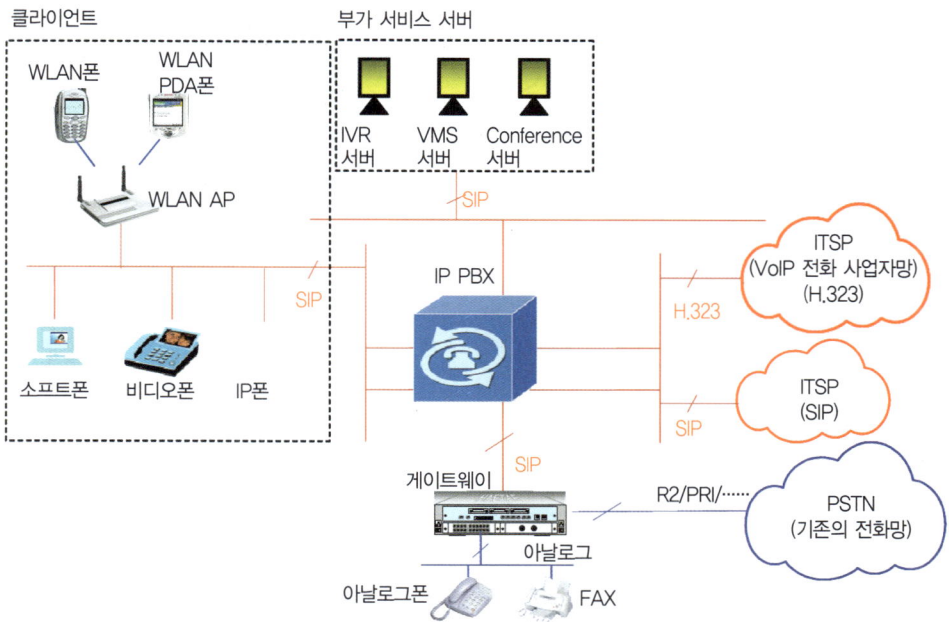

[그림 3-54] ▶
IP PBX의 구성

IP Centrex 서비스는 삼성네트웍스와 SK네트웍스와 같은 VoIP 사업자가 제공하는 서비스입니다. [그림 3-55]와 같이 IP PBX의 기능을 서비스 제공업자에게 이관했다고 생각할 수 있습니다. 이러한 변경은 단지 IP PBX 장비에 대한 유지 보수를 포함하는 관리 기능을 이관한 것이 아니라 회사에서 이용하는 모든 VoIP 서비스에 대한 책임을 넘긴 것입니다. 따라서 VoIP 서비스는 보다 안정적으로 관리되고, 전문가에 의한 서비스를 받을 수 있습니다.

[그림 3-55]는 PSTN망과 VoIP망을 연동시키는 시그널링 게이트웨이와 트렁크 게이트웨이가 있습니다. 전화는 음성 데이터가 전달되기 전에 시그널 메시지에 의해 통화로가 연결되어야 합니다. 시그널 메시지는 ISUP 프로토콜을 통해 시그널링 게이트웨이로 전달된 후 소프트 스위치쪽에서 스위칭되어 VoIP망에 있는 목적지 단말까지 전달됩니다. '여보세요'와 같은 음성 데이터는 E1 프로토콜을 통해 트렁크 게이트웨이로 넘어와서 MGCP 프로토콜을 통해 소프트 스위치(교환 장비)를 거칠 필요 없이 다이렉트로 목적지 단말까지 전달됩니다.

VoIP 프로토콜은 SIP이 대세이지만, 소프트 스위치는 [그림 3-55]와 같이 다양한 프로토콜들(SCTP, MGCP, H.323. SIP 등)을 수용하여 스위칭하기 때문에 VoIP 사업자의 중심 장비입니다. IP Centrex에서 넘어온 VoIP 시그널과 음성 데이터는 다른 VoIP 사업자망을 통해 목적지 단말로 갑니다. PSTN망과의 연동은 PSTN망으로부터의 음성 데이터를 수신하기 위해서도 사용됩니다.

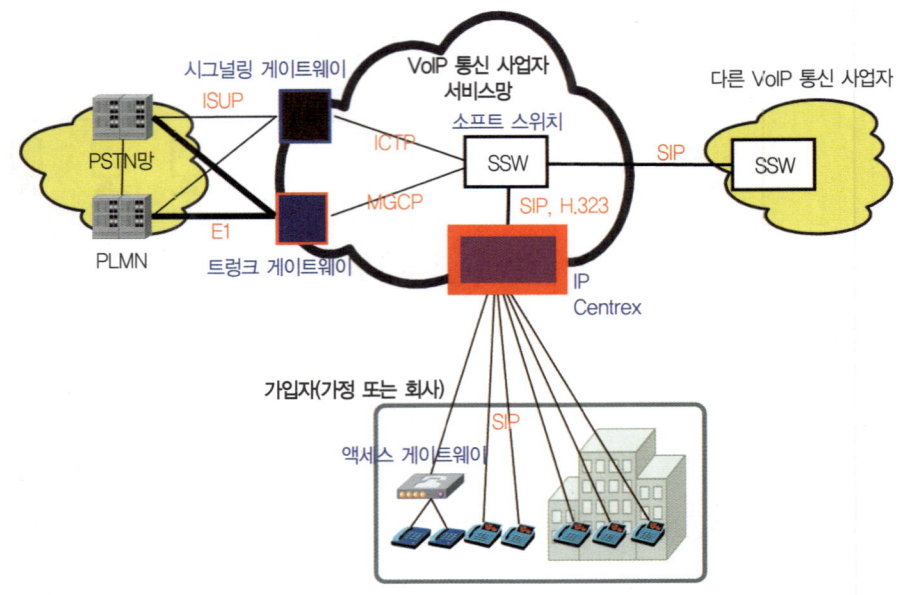

[그림 3-55] ▶
IP Centrex 서비스

IP Centrex 장비는 다수의 고객들을 수용하는 장비로 성능이 좋은 IP PBX의 개념으로 생각할 수 있으나, 여기에서 한 발 더 나아가 IP PBX보다 훨씬 다양한 [표 3-13]과 같은 부가 기능을 제공할 수 있습니다. 사실은 이보다 훨씬 많은 서비스를 IP Centrex 장비는 제공할 수 있지만, 서비스 프로바이더에서 관리, 요금 책정 등의 이유로 한정된 서비스만 제공하고 있습니다.

부가 서비스			내용
기본 제공		내 전화 설정 보기	서비스 설정 확인
	내 전화	개인 정보 관리	홈페이지 비밀번호, 휴대폰 번호, 이메일 주소 등의 기본 정보 변경 및 관리
		기능 단축 번호 보기	부가 기능별 단축 번호 확인
		전화 설정용 일정 입력	서비스 설정에 사용되는 일정 입력
	통화 내역 조회		최근 3개월 간의 통화/요금 조회
	전화번호부 관리	전화번호부	회사/개인 전화번호부 관리
		간편 번호	자주 쓰는 전화번호 8개 또는 100개를 간편 번호로 지정
		아웃룩 연동	아웃룩 연락처를 콜메이트에서 이용

[표 3-13] IP Certrex 부가 서비스의 예

	부가 서비스		내용
기본 제공	발신 번호 표시	상대방 발신 번호 표시, 내 발신 번호 표시 제한, 상대방 발신 번호 표시 제한 풀기, 번호 표시 제한 전화 수신 거부	상대방 발신 번호 표시, 내 발신 번호 표시 제한, 상대방 발신 번호 표시 제한 풀기, 번호 표시 제한 전화 수신 거부
	내선 통화	당겨받기	그룹 내부 또는 특정 동료에게 걸려온 전화 당기기
		끼어들기	기존의 통화에 참여하기
		자동 통화 연결	통화 종료 시점에 자동 연결하기
	통화 관리	통화 대기	통화중 다른 전화 받기
		통화 착신	내 전화와 지정한 전화로 동시 착신
		콜 릴레이	최대 5개의 전화기에 순차적으로 착신
		중요 전화 알림	특정 일자, 특정 전화번호에 다른 벨소리 적용
		마지막 통화 연결	마지막 수신 또는 발신 전화로 다른 전화 연결
	착신 전환	착신 전환	미리 지정한 다른 번호로 착신
		통화중 착신 전환	통화중 걸려온 전화에 대해 미리 지정한 다른 번호로 착신
		부재중 착신 전환	부재중 걸려온 전화에 대해 미리 지정한 다른 번호로 착신
		선택적 착신 전환	특정 일자, 번호의 전화에 대해 미리 지정한 다른 번호로 착신
	수신 제한	수신 거부	모든 전화 수신 거부
		선택적 수신 허용	지정한 번호만 수신
		선택적 수신 거부	지정한 번호만 거부
	리모트 오피스		외부 전화기로 IP Centrex 서비스 이용
	전화 관리자용 서비스		그룹 설정, 번호 할당, 통화 환경 관리, 사용자 관리
옵션	SMS		단문 메시지 송·수신
	인터넷 FAX		문서를 전자화하여 송·수신
	음성 사서함		부재중 음성 메시지 보관
	통화 연결음		설정 음원을 통화 연결할 때 제공
	통화 대기음		설정 음원을 통화 대기할 때 제공
	음성 자동 안내		외부에서 걸려온 전화에 대해 교환원 없이 자동 안내
	폰 플러스		하나의 전화번호에 여러 대의 전화기를 연결 사용
	멀티넘버		1대의 전화기에 2개의 전화번호까지 사용

Lesson 13 LAN 네트워크가 다운되지 않는 이유

네트워크 디자인에서 가장 중요한 주제는 속도(Performance)와 가용성(Availability)입니다. 가용성이란, 365일×24시간 동안 죽지 않는 네트워크를 통해 비즈니스 연속성을 제공하는 것입니다. 가용성은 이중화된 장비와 이중화를 위한 프로토콜 때문에 가능합니다. [표 3-14]는 Hierarchical 3 레이어에서 이중화를 위해 사용되는 프로토콜들을 정리한 것입니다.

[표 3-14] ▶
영역마다 사용되는
이중화 프로토콜들

이중화가 필요한 영역	이중화를 가능하게 하는 프로토콜
액세스 계층와 디스트리뷰션 계층	STP(PVST)
디스트리뷰션 계층의 라우터	HSRP나 VRRP 또는 GLBP
코어 계층	OSPF, EIGRP, ISIS 등의 라우팅 프로토콜들

액세스 계층에서 디스트리뷰션 계층을 연결하는 구간에서는 STP 프로토콜을 사용합니다. [그림 3-56]은 VLAN별로 STP의 루트 스위치를 다르게 배치한 후 VLAN별로 이동하는 경로를 다르게 하여 링크 간 로드 밸런싱을 제공합니다.

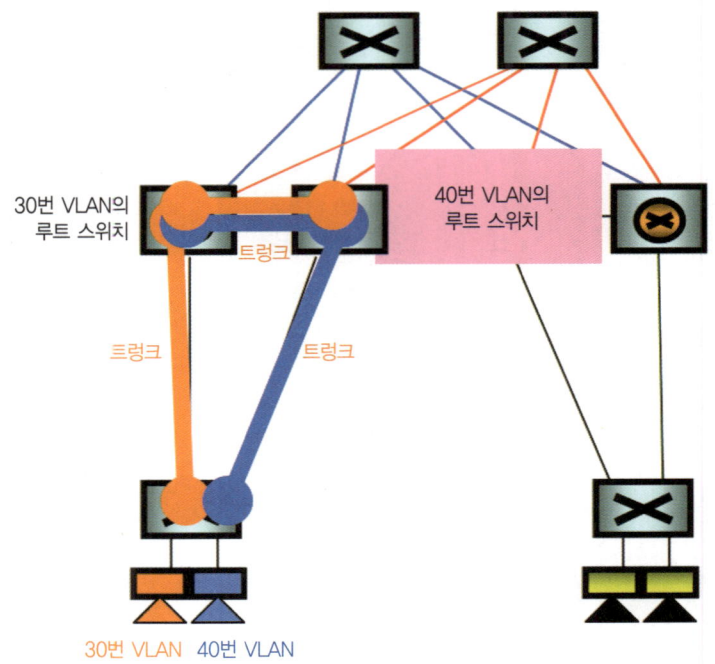

[그림 3-56] ▶
VLAN별로 루트 스위치를 다르게
한 경우의 VLAN별 이동 경로

STP 프로토콜은 링크에 변화가 생긴 경우 컨버전스 시간이 최대 50초까지 될 수 있고, STP 프로세스를 위한 장비와 대역폭에서 로드를 덜어주기 위해 [그림 3-57]과 같이 STP를 사용하지 않는 것도 좋은 방법입니다. 30번 VLAN이나 40번 VLAN에서 네트워크로 들어온 브로드캐스트도 디스트리뷰션 장비 간을 VLAN 50에 속하는 액세스 링크로 구현했기 때문에 스위칭 루프는 더 이상 일어나지 않습니다. 따라서 STP 프로토콜은 필요 없습니다. 이때 VLAN 50에 속하는 브로드캐스트는 돌 수 있으므로 [그림 3-57]에서 보이는 2개의 트렁크에서 VLAN 50에 속한 브로드캐스트가 구현되어 지나지 못하게 해야 합니다. 디스트리뷰션 계층 간의 링크를 여전히 사용하면서도 STP 프로토콜을 사용하지 않음으로써 여러 가지 장점을 확보할 수 있는 좋은 방법입니다.

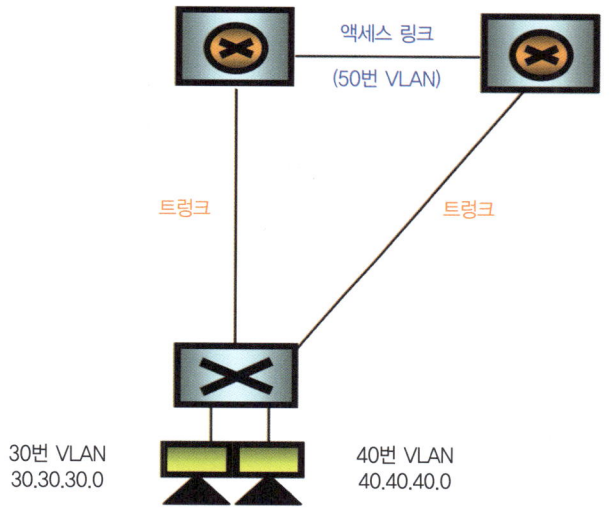

[그림 3-57] ▶
액세스-디스트리뷰션 구간에서 STP 프로토콜을 사용하지 않는 경우

디스트리뷰션 계층에서의 라우팅 기능은 [그림 3-58]과 같이 HSRP, VRRP, GLBP와 같은 프로토콜에 의해 이중화됩니다.

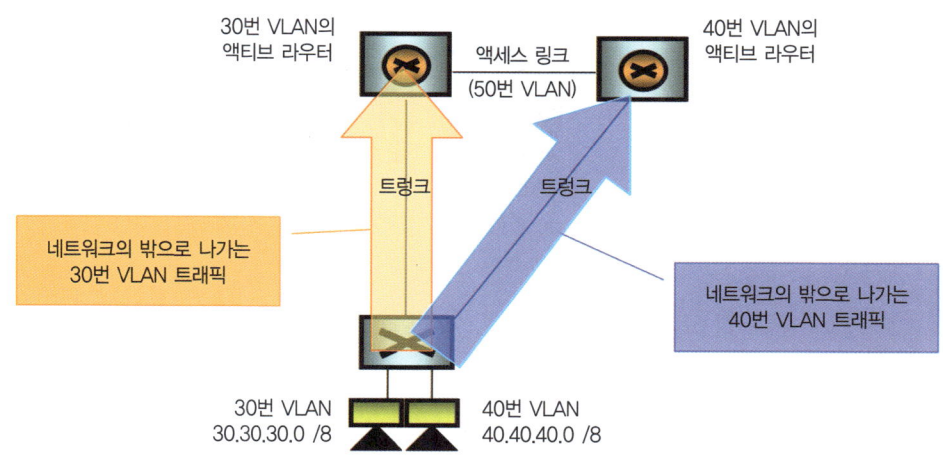

[그림 3-58] ▶
디스트리뷰션 계층에서의 라우팅 이중화

[그림 3-59]에서 코어 계층 스위치(코어_1 스위치와 코어_2 스위치)들은 레이어 2 스위치를 사용하기 때문에 네트워크를 나누지 못합니다. 따라서 코어_1 스위치에 연결된 4개의 라인은 모두 같은 네트워크에 속하고, 코어_2 스위치에 연결된 4개의 라인도 모두 같은 네트워크에 속합니다. 코어 계층 스위치들에 연결된 선들의 대역폭은 보통 동일하게 맞추기 때문에 빌딩 A_1 라우터(또는 빌딩 A_2 라우터) 라우팅 테이블에는 100.100.100.0/24 네트워크에 대해 4개의 넥스트 홉, 1.1.1.3, 1.1.1.4, 2.2.2.3, 2.2.2.4가 잡히고, 4개의 넥스트 홉들 간에서 트래픽은 분산됩니다.

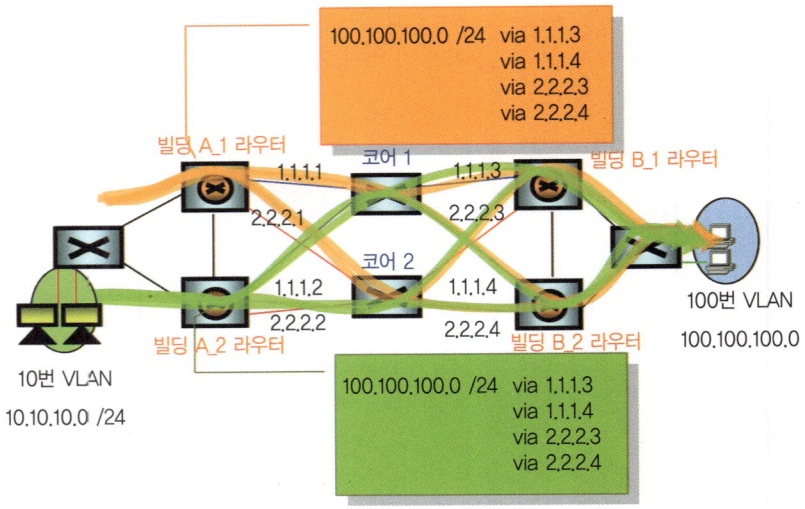

[그림 3-59] ▶
코어 계층에서의 트래픽 로드 밸런싱

100번 VLAN에서 출발하여 10번 VLAN으로 돌아오는 트래픽의 흐름도 [그림 3-60]과 같습니다.

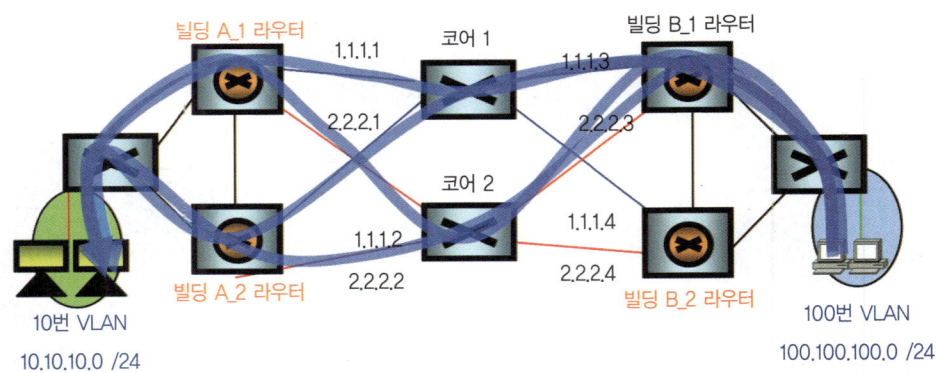

[그림 3-60] ▶
반대 방향의 트래픽 로드 밸런싱

이러한 각 계층의 장비의 이중화와 이중화 프로토콜 때문에 [그림 3-61]처럼 13곳이 고장 나도 10.10.10.0 /24 네트워크와 100.100.100.0 /24 네트워크는 통신이 가능합니다.

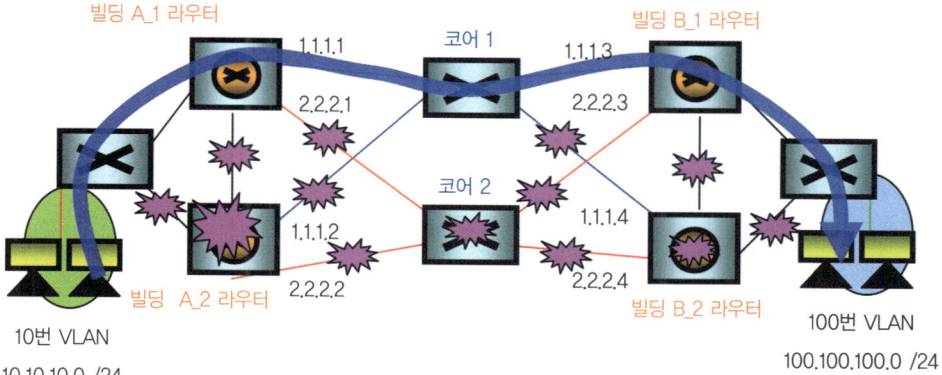

[그림 3-61] ▶
LAN 네트워크의 가용성

[그림 3-62]는 5개의 빌딩으로 구성된 네트워크에서의 트래픽 흐름의 예입니다.

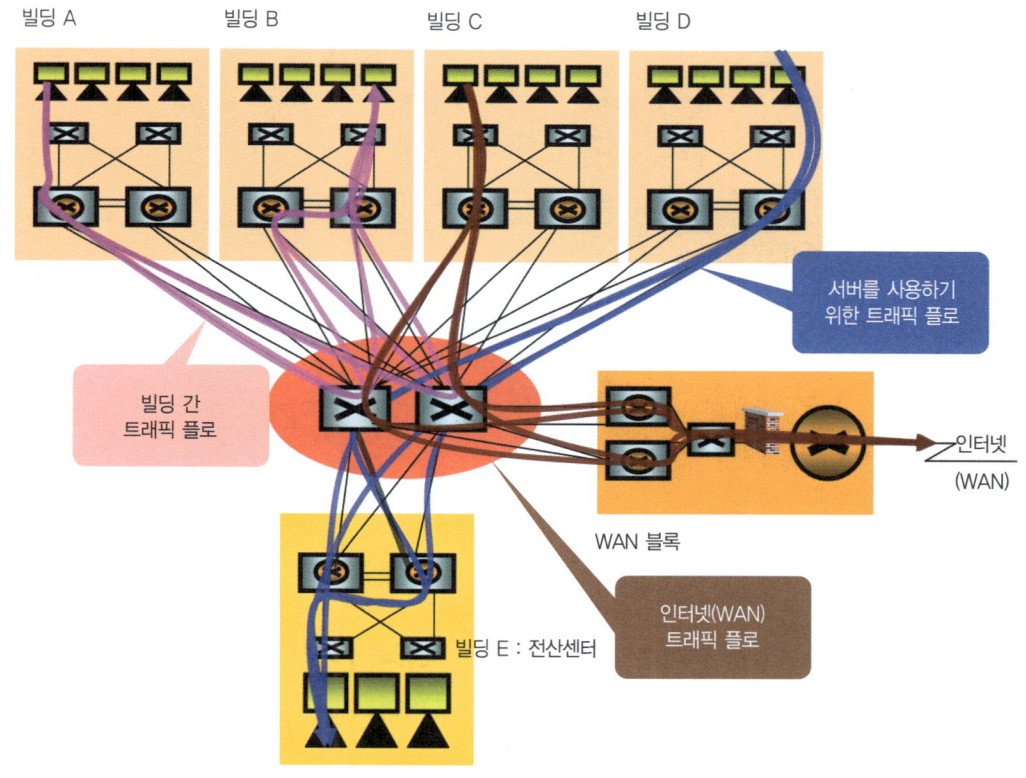

[그림 3-62] ▶
트래픽 플로

Lesson 14 거대 LAN 네트워크의 구성

지금까지 배운 지식으로 거대 LAN 네트워크를 디자인할 수 있을까요? IP 주소 디자인, 라우팅 프로토콜과 WAN, 네트워크 보안이라는 주제를 배워야 하겠지만, LAN 네트워크 지식을 정리하는 차원에서 거대 LAN 네트워크의 예를 소개하겠습니다.

[그림 3-63]은 100층 규모의 LAN 네트워크입니다. 원래 건물이 1개만 존재할 때는 코어 스위치가 필요 없다고 했으나, 100층 건물을 B1~B10층, 1~25층, 26~50층, 51~75층, 76~100층의 5개의 스위칭 블록(다시 말해서 5개의 건물)으로 나누었기 때문에 코어 블록이 존재합니다.

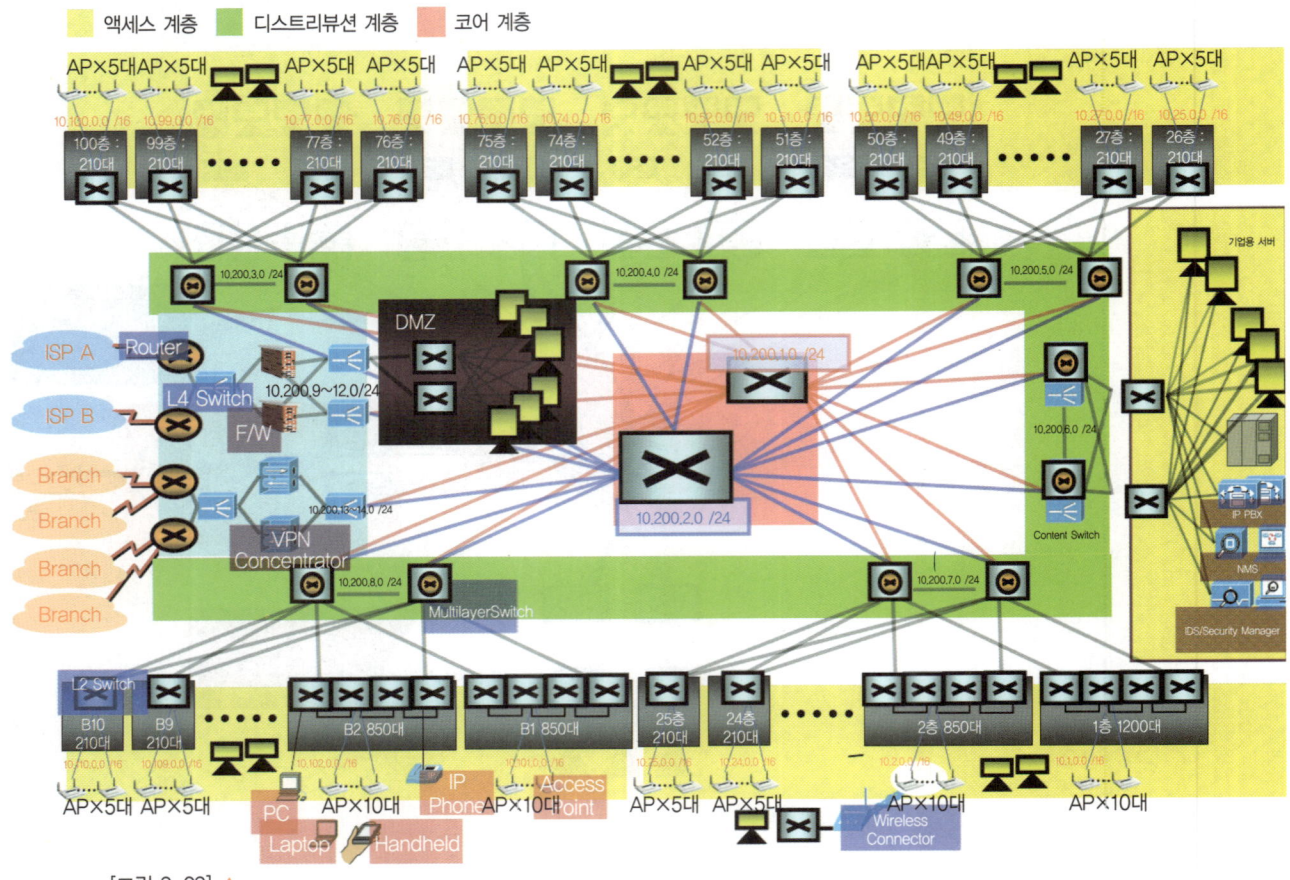

[그림 3-63] ▲
100층 규모의 거대 LAN 네트워크

[그림 3-64]는 영역별로 구분하여 표시한 것입니다. 스위칭 블록은 하나의 건물로 봐도 되고, 서버 블록은 전산 센터 건물로 간주해도 됩니다.

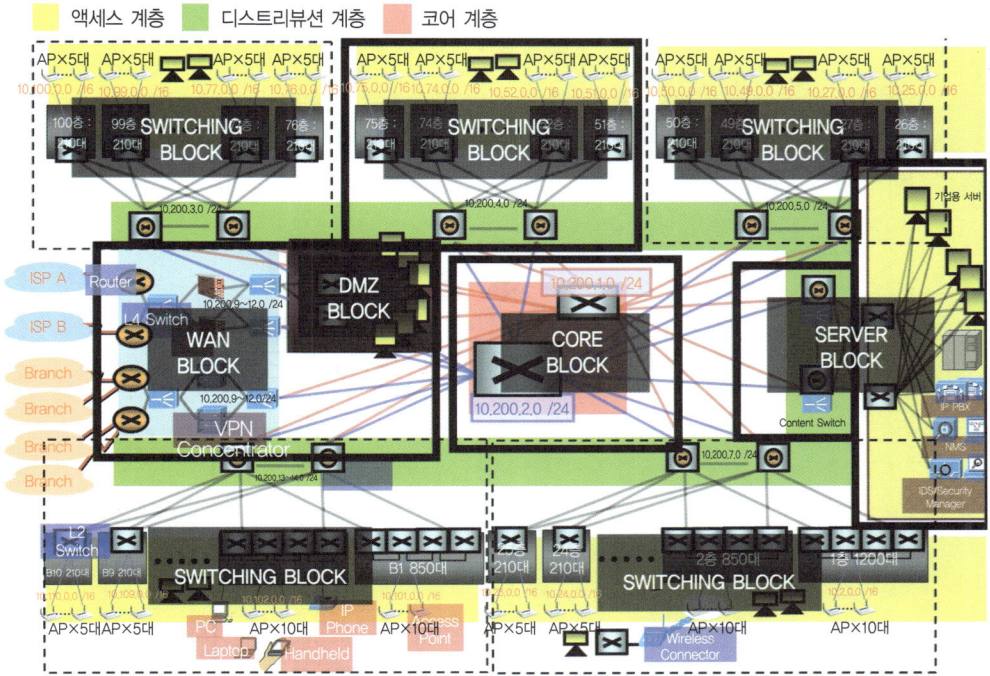

[그림 3-64] ▶
블록들

[그림 3-65]는 트래픽 흐름을 보여줍니다. 선의 굵기에 따라 10Mbps, 100Mbps, 1Gbps, 10Gbps를 배치합니다.

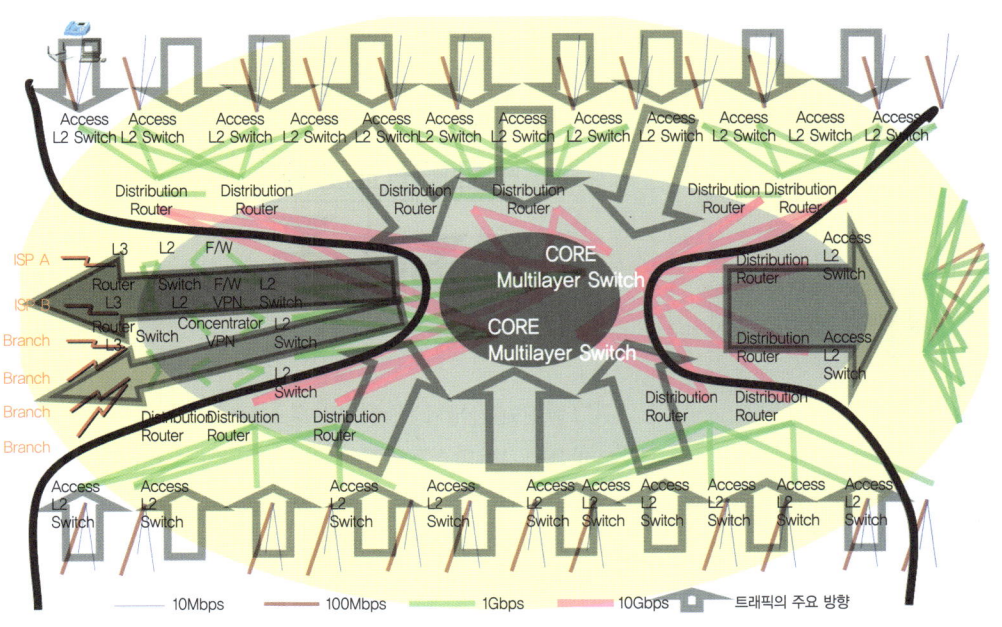

[그림 3-65] ▶
트래픽 패턴과 대역폭 산정하기

이제 이미 든 예에서 프로토콜과 솔루션들이 어떻게 적용되는지, 장비들은 어떻게 연결되고 구성되는지 자세히 살펴봅시다. 우선 각각의 스위칭 블록의 액세스 계층부터 살펴볼까요? [그림 3-36]을 살펴보면 포트 수가 부족하기 때문에 2대의 스위치가 연결되어 액세스 계층을 구성하고 있습니다. PC들에는 10Mbps를 할당하고, 서버에게는 100Mbps를 할당합니다. 단말과 스위치는 유지 보수의 편리성 때문에 패치 판넬(Patch Panel)을 통해 연결되고, 액세스 계층과 디스트리뷰션 계층 장비를 연결하는 링크는 UTP 케이블의 100m 거리 제한 때문에 광케이블을 사용하며, 1Gbps를 사용하고 FDF를 통해 연결합니다.

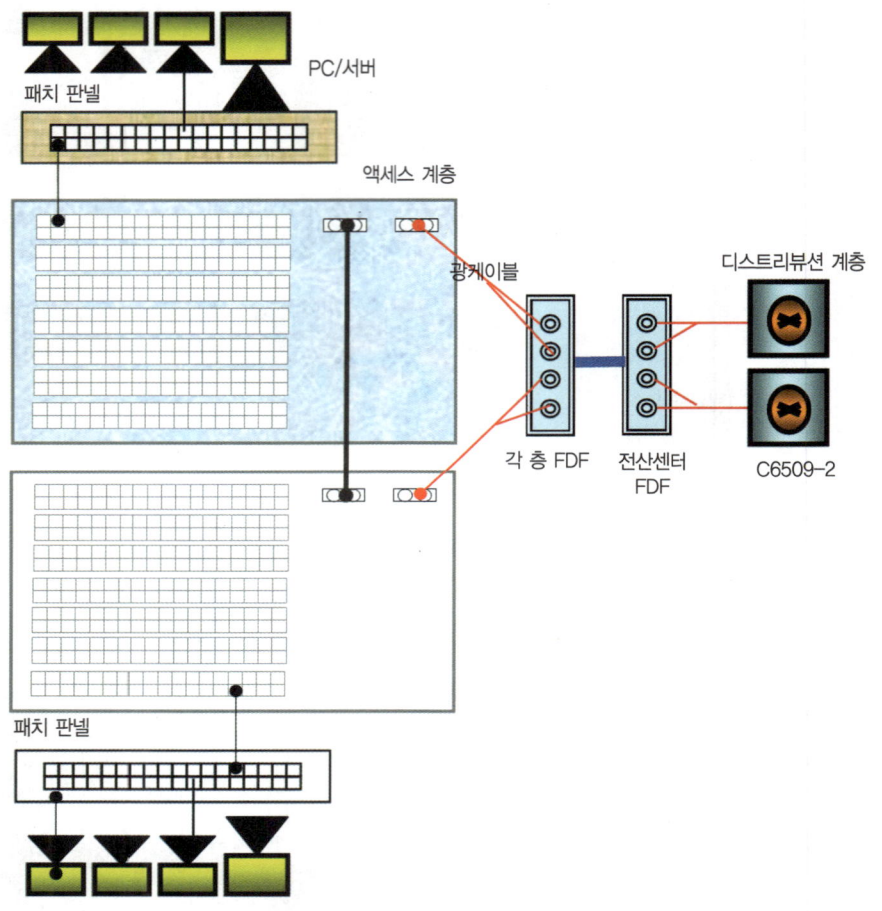

[그림 3-66] ▶
액세스 계층과
디스트리뷰션 계층 간의 연결

[그림 3-67]에서 액세스와 디스트리뷰션 계층 사이에서는 '1번 디스트리뷰션 계층 스위치'와 '2번 디스트리뷰션 계층 스위치' 사이의 링크를 다른 VLAN(예에서 VLAN 1000)에 소속된 액세스 링크로 구현해서 VLAN 74 브로드캐스트가 더 이상 돌 수 없기 때문에 STP 프로토콜을 사용하지 않습니다. 그래서 STP 프로토콜의 토폴로지가 변화할 경우 50초 지연 문제가 없습니다. VTP 프로토콜을 사용하되 모든 스위치들을 VTP 트랜스페어런트 모드로 구현하고, 이것을 통해 VTP 서버가 다운되었을 때의 위험을 피했습니다.

VRRP 프로토콜을 사용하되, 홀수 층은 '1번' 디스트리뷰션 계층 라우터를 사용하고, 짝수 층은 2번 디스트리뷰션 계층 라우터를 사용하도록 구현했습니다. 또한 1번 디스트리뷰션 계층 스위치와 2번 디스트리뷰션 계층 스위치 사이의 1Gbps 링크를 8개의 링크로 연결하되, 이더채널로 구현하여 8Gbps(풀 듀플렉스로 16Gbps)의 속도를 제공합니다.

포트가 부족해서 2대의 액세스 계층 스위치를 연결한 구성에서는 액세스 계층 스위치들을 연결하는 링크([그림 3-67]에서 A 링크)가 고장났을 때 각 스위치에 연결된 PC/서버 간의 통신은 불가능하다는 단점이 있습니다. 또한, 같은 VLAN 안이기 때문에 라우터를 통한 통신도 불가능하다는 점에 주의해야 합니다.

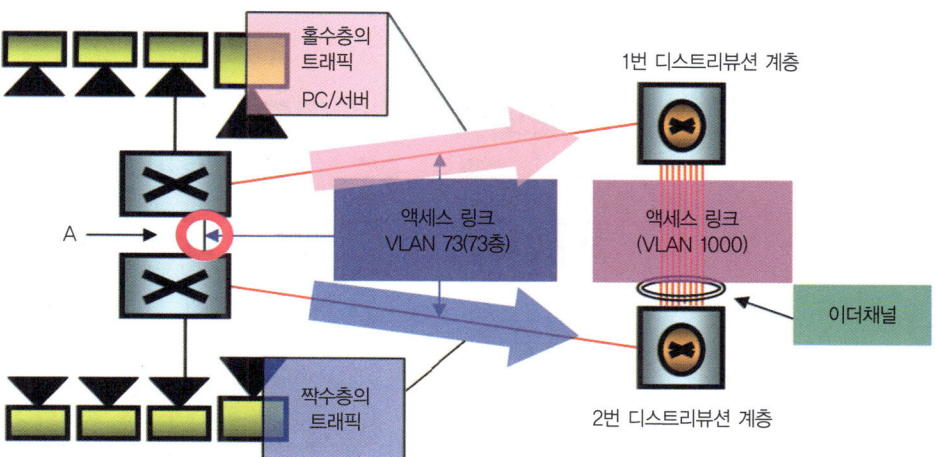

[그림 3-67] ▶
액세스와 디스트리뷰션 계층에서 적용한 솔루션

[그림 3-68]과 같이 코어 계층은 2대의 스위치를 사용하여 연결했습니다. 디스트리뷰션 계층 - 코어 계층 - 디스트리뷰션 계층에서는 OSPF 라우팅 프로토콜을 사용했고, 디스트리뷰션 계층 장비 간의 네트워크에는 9개의 네트워크(10.10.10.0, 10.10.11.0, 10.10.12.0, 10.10.13.0, 10.10.14.0, 10.10.15.0, 10.10.16.0, 10.10.17.0, 10.10.18.0)가 보입니다. 코어 스위치 1에 연결된 모든 링크와 장비는 10.10.17.0 /24 네트워크에 속하고, 코어 스위치 2에 연결된 모든 링크와 장비는 10.10.18.0 /24 네트워크에 속합니다.

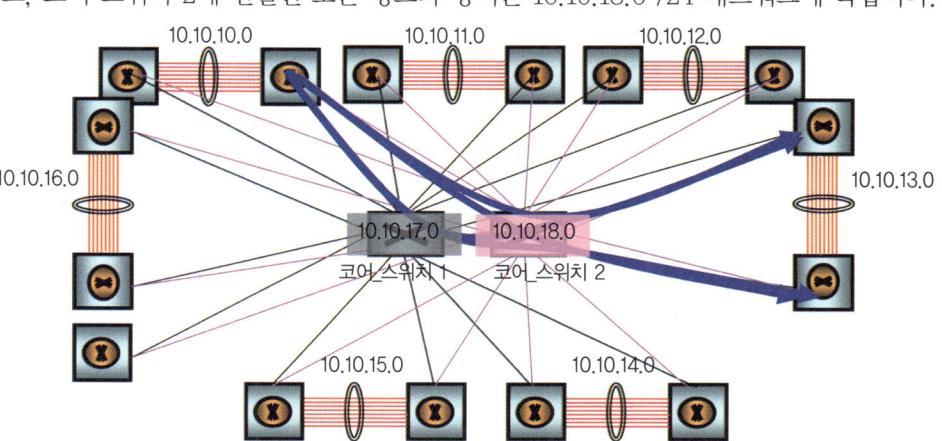

[그림 3-68] ▶
코어 계층에서의 네트워크 구성과 라우팅 프로토콜

트래픽의 흐름 그리기

Problem 1

[그림 3-69]에서 다음에 해당하는 트래픽의 흐름을 그리세요.

❶ 빌딩 A와 빌딩 C 간의 트래픽 흐름

❷ 빌딩 D와 빌딩 E 간의 트래픽 흐름(클라이언트-사내 서버 간의 트래픽 흐름)

❸ 빌딩 B와 인터넷 또는 지사 간의 트래픽 흐름

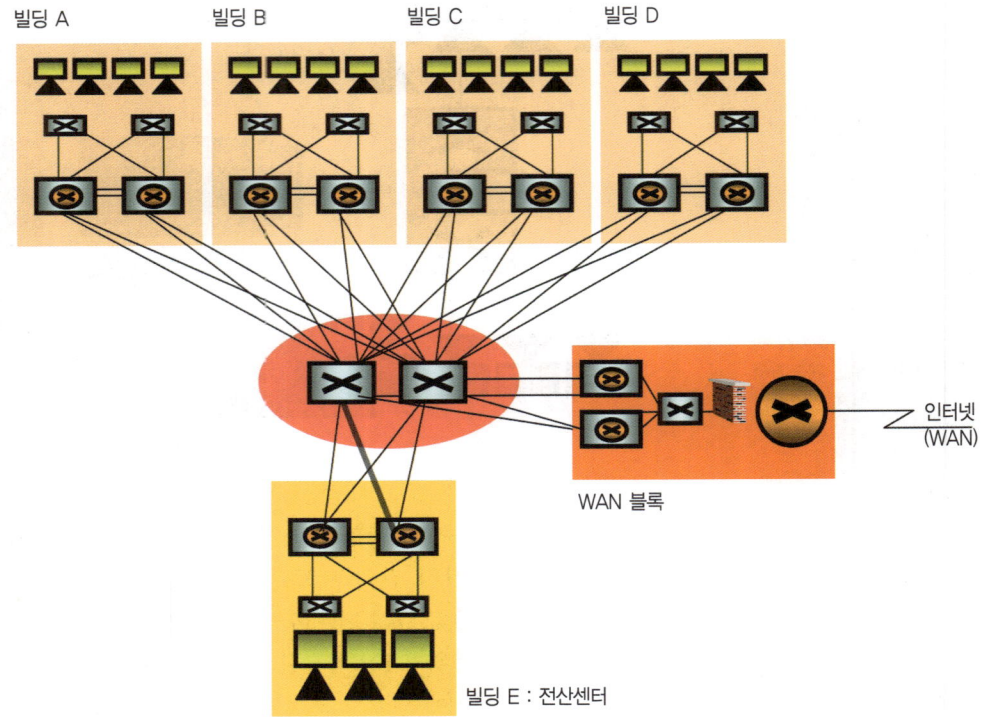

[그림 3-69] ▶
트래픽 흐름 그리기

Solution 1

정답은 [그림 3-70]과 같습니다.

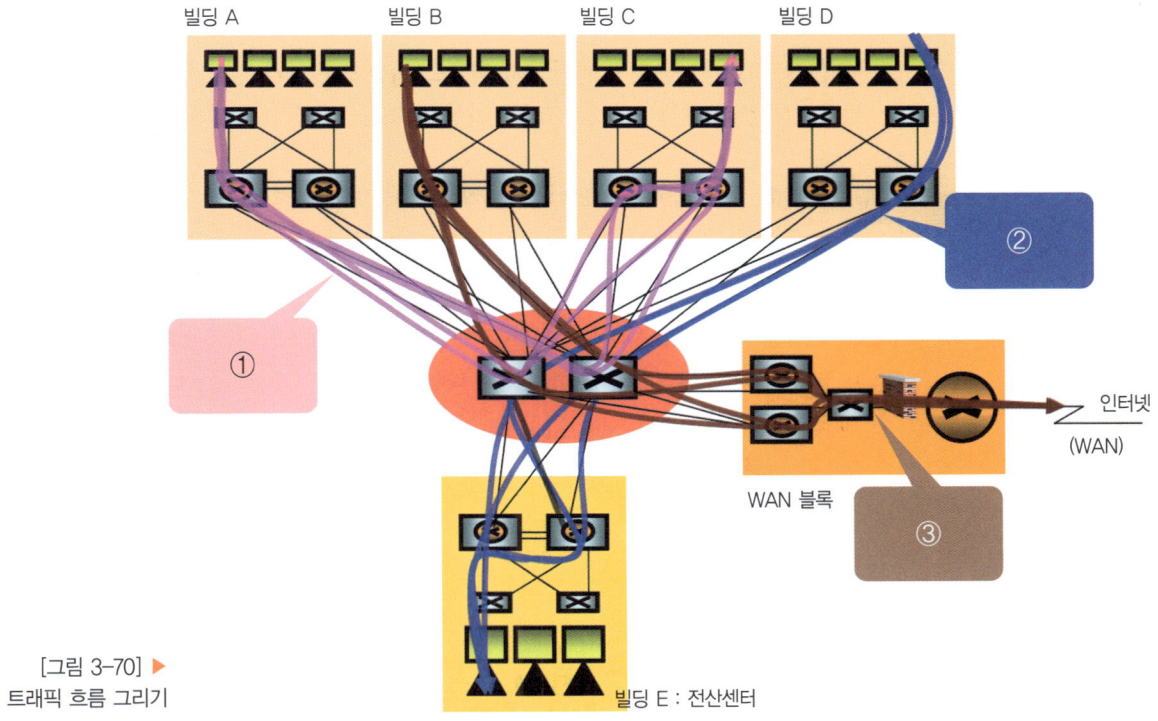

[그림 3-70] ▶
트래픽 흐름 그리기

네트워크의 구성 & 솔루션

Problem 2

[그림 3-71]에서 30층의 빌딩들의 액세스 계층 스위치와 빌딩의 디스트리뷰션 계층의 멀티레이어 장비와 코어 계층 장비의 설정을 다음의 조건을 따라하세요.

> **조건 1** : 디스트리뷰션 계층의 2대의 라우터 간은 이더채널로 구성하되 LACP 프로토콜을 사용하고, 트렁크로 구현하지 말고 별도의 VLAN을 구성하여 STP 프로토콜이 필요 없게 하세요. (STP 프로토콜은 스위칭 루프가 일어나는 환경에서 필요합니다.)
>
> **조건 2** : VTP 트랜스페어런트 모드로 구현하여 VTP 서버가 다운되었을 때의 위험을 피하고, 각 층은 서로 다른 VLAN으로 나누세요.
>
> **조건 3** : 디스트리뷰션 계층 라우터에서 VRRP를 구현하되, 짝수 층은 오른쪽 라우터를 사용하고, 홀수 층은 왼쪽 라우터를 사용하세요. 그리고 라우팅 프로토콜은 RIP를 사용하세요.

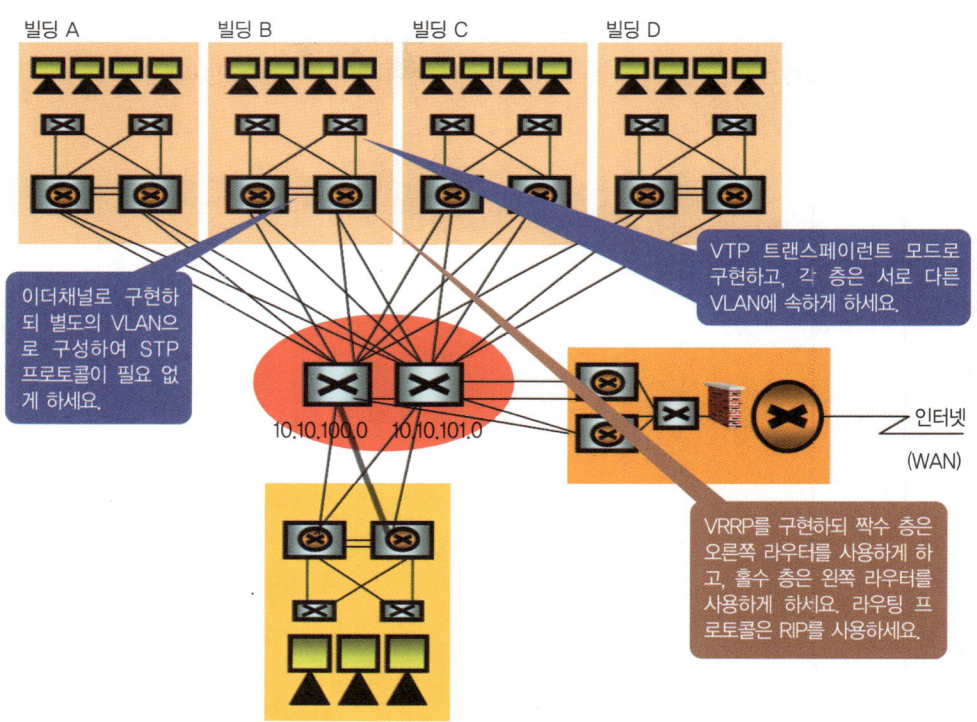

[그림 3-71] ▶
네트워크 구성의 예

Solution 2

구현 솔루션은 다음과 같습니다. 모든 빌딩(A, B, C, D, E)에서 액세스 계층의 스위치 구현은 동일합니다. 모든 포트들이 동일한 VLAN에 속하기 때문에 아무런 구현이 필요 없고 제조 당시의 디폴트 구현으로 충분합니다. 모든 포트들은 1번 VLAN으로 동일한 VLAN에 속해 있습니다.

코어 계층의 스위치 구현도 손댈 것 없이 디폴트 구현으로 충분합니다. 모든 포트는 1번 VLAN에 속해 있습니다.

디스트리뷰션 계층의 2계층 스위치와 3계층 라우터에서는 [예 3-11]과 [예 3-12]와 같이 구현해야 합니다.

디스트리뷰션 계층의 왼쪽 라우터 모듈

```
ip cef

interface Vlan 1
    ip address 10.10.1.2 255.255.255.0
    vrrp 1 priority 150 preempt
    vrrp 1 ip 10.10.1.1

interface Vlan 2
    ip address 10.10.2.2 255.255.255.0
    vrrp 2 priority 50
    vrrp 2 ip 10.10.2.1

interface Vlan 3
    ip address 10.10.3.2 255.255.255.0
    vrrp 3 priority 150 preempt
    vrrp 3 ip 10.10.3.1
                ⋮

interface Vlan 30
    ip address 10.10.30.2 255.255.255.0
    vrrp 30 priority 50
    vrrp 30 ip 10.10.30.1

interface Vlan 200
    ip address 10.10.200.1 255.255.255.0

router rip
version 2
network 10.0.0.0

interface gigabitethernet 3/1
    ip address 10.10.100.1 255.255.255.0

interface gigabitethernet 3/2
    ip address 10.10.101.1 255.255.255.0
```

디스트리뷰션 계층의 오른쪽 라우터 모듈

```
ip cef

interface Vlan 1
    ip address 10.10.1.3 255.255.255.0
    vrrp 1 priority 50
    vrrp 1 ip 10.10.1.1

interface Vlan 2
    ip address 10.10.2.3 255.255.255.0
    vrrp 2 priority 150 preempt
    vrrp 2 ip 10.10.2.1

interface Vlan 3
    ip address 10.10.3.3 255.255.255.0
    vrrp 3 priority 50 preempt
    vrrp 3 ip 10.10.3.1
                ⋮

interface Vlan 30
    ip address 10.10.30.3 255.255.255.0
    vrrp 30 priority 150
    vrrp 30 ip 10.10.30.1

interface Vlan 200
    ip address 10.10.200.2 255.255.255.0

router rip
version 2
network 10.0.0.0

interface gigabitethernet 3/1
    ip address 10.10.100.2 255.255.255.0

interface gigabitethernet 3/2
    ip address 10.10.101.2 255.255.255.0
```

[예 3-11] ▶ 디스트리뷰션 계층의 라우터 구현하기

단지기 B

디스트리뷰션 계층의 왼쪽 스위치 모듈	디스트리뷰션 계층의 오른쪽 스위치 모듈
| ```
Vtp domain nw_design_test
Vtp mode transparent
Vlan 1
Vlan 2
  ⋮
Vlan 30
Vlan 200

interface fastethernet 1/0
switchport access vlan 1
interface fastethernet 1/1
switchport access vlan 2
  ⋮
interface fastethernet 1/30
switchport access vlan 30

interface fastethernet 2/1
Switch(config-if)# switchport access vlan 200
Switch(config-if)#channel-protocol lacp
Switch(config-if)#channel-group 1 mode on
interface fastethernet 2/2
Switch(config-if)# switchport access vlan 200
Switch(config-if)#channel-protocol lacp
Switch(config-if)#channel-group 1 mode on
  ⋮
interface fastethernet 2/8
Switch(config-if)# switchport access vlan 200
Switch(config-if)#channel-protocol lacp
Switch(config-if)#channel-group 1 mode on
``` | ```
Vtp domain nw_design_test
Vtp mode transparent
Vlan 1
Vlan 2
  ⋮
Vlan 30
Vlan 200

interface fastethernet 1/0
switchport access vlan 1
interface fastethernet 1/1
switchport access vlan 2
  ⋮
interface fastethernet 1/30
switchport access vlan 30

interface fastethernet 2/1
Switch(config-if)# switchport access vlan 200
Switch(config-if)#channel-protocol lacp
Switch(config-if)#channel-group 1 mode on
interface fastethernet 2/1
Switch(config-if)# switchport access vlan 200
Switch(config-if)#channel-protocol lacp
Switch(config-if)#channel-group 1 mode on
  ⋮
interface fastethernet 2/8
Switch(config-if)# switchport access vlan 200
Switch(config-if)#channel-protocol lacp
Switch(config-if)#channel-group 1 mode on
``` |

[예 3-12] ▲
디스트리뷰션 계층의
　스위치 구현하기

O/× Quiz & Solution

Chapter 03의 주요 개념을 O/× 퀴즈를 통해 복습해 보겠습니다.

Quiz

틀린 문제에 ×표, 맞는 문제에 O표 하시오.

순서	문제	O/×
1	스위치의 블로킹된 포트가 네트워크 링크의 변화에 따라 포워딩 상태가 될 때는 조금도 기다리는 법이 없다.	
2	STP의 선택이 안 된 링크에서 스위치 ID가 높은 쪽 포트가 블로킹된다.	
3	PORT별로 VLAN을 구성하는 방법은 다이내믹 VLAN이다.	
4	다이내믹 VLAN은 VMPS 서버가 필요하고 현장에서 많이 사용한다.	
5	VLAN 선언 정보를 맞추는 프로토콜은 STP이다.	
6	VTP 프로토콜의 불안정성 때문에 VTP 서버 모드로 구현한다.	
7	VTP 프루닝을 사용하면 대역폭을 효율적으로 사용할 수 있다.	
8	스위칭 루프 문제를 해결하는 프로토콜은 STP이다.	
9	스위칭 루프는 브로드캐스트 스톰, 1번 보낸 패킷이 여러 번 도착하는 현상, 불안정한 스위칭 테이블 문제를 일으킨다.	
10	9의 세 가지 문제에 대한 해결책은 동일하다.	
11	STP가 포트 블로킹을 하려면 제일 먼저 루트 스위치를 결정해야 한다.	
12	STP가 포트 블로킹을 위해 교환하는 프레임은 STP 어드버타이즈먼트이다.	
13	STP에서 루트 스위치가 결정되면 BPDU의 패스 코스트만 비교하여 루트 포트를 결정한다.	
14	IEEE 802.1Q가 STP 프로토콜의 일종이다.	
15	STP의 두 가지 문제는 블로킹된 포트를 사용하기 전에 스위치가 50초를 기다려야 하는 문제와 루트 스위치를 이중화할 수 없다는 점이다.	
16	블로킹된 포트를 사용하기 전에 스위치가 50초를 기다려야 하는 문제를 RSTP를 사용해서 해결할 수 있다.	
17	PVST와 MST 중 PVST가 낫다.	
18	스위치끼리 다수의 링크로 연결해도 스위칭 루프가 일어나지 않게 하는 솔루션은 이더채널이다.	
19	이더채널의 로드 밸런싱 방법은 목적지 주소, 출발지 주소, 목적지 포트, 출발지 포트, 목적지 2계층 주소, 출발지 2계층 주소 또는 두 항목의 XOR 값에 의해 결정하는 등 다양하다.	
20	이더채널에서 트렁크의 구현 여부, 다이내믹 VLAN의 구현 여부, 트렁크에서 VLAN의 구현 범위, 이더채널 구현 모드를 비교하여 양쪽 스위치 간에 트렁크로 묶일 수 있는지를 결정하는 프로토콜은 IEEE 802.1Q이다.	
21	PAgP와 LACP는 같은 목적을 가진 프로토콜이다.	
22	VLAN이 다르면 네트워크도 달라져야 하므로 VLAN 간의 통신을 위해서는 반드시 라우터가 필요하다.	

개념 정비소

순서	문제	O/X
23	멀티레이어 스위치의 포트들은 VLAN 설정, 트렁크 설정을 할 수 있는 2계층 스위치 포트로 사용할 수도 있고, IP 주소를 설정할 수 있는 3계층 라우터 포트로도 사용할 수 있다.	
24	레이어 3 스위치가 레이어 3 스위칭을 하려면 소프트웨어 기반의 라우터가 필요 없다.	
25	CEF 스위칭은 '가장 구체적인 정보를 아래에' 원칙을 통해 스위칭 속도를 빠르게 한다.	
26	라우터 2대를 1대처럼 사용하게 하는 프로토콜은 MST이다.	
27	HSRP, VRRP, GLBP는 모두 같은 목적으로 사용되는 프로토콜로, GLBP가 표준 프로토콜이다.	
28	GLBP는 가상 MAC 주소를 라우터마다 다르게 할당한다는 점에서 HSRP, VRRP와 구분된다.	
29	HSRP와 VRRP의 구현 방법은 완전히 다르다.	
30	GLBP를 사용하면 같은 그룹 안에서도 다른 라우터를 거쳐서 라우팅될 수 있다는 것이 HSRP, VRRP와 구분된다.	
31	IEEE 802.11b는 무선 LAN 프로토콜이다.	
32	주파수 재사용이란, 인접 셀에서 동일한 주파수를 사용하는 방식으로 제공하는 것을 말한다.	
33	디스트리뷰션 계층의 라우터에서 사용되는 프로토콜은 HSRP, VRRP, GLBP이다.	
34	액세스 계층와 디스트리뷰션 계층 간에서 사용되는 이중화 프로토콜은 OSPF, EIGRP, ISIS이다.	
35	디스트리뷰션 계층 라우터와 다른 건물의 디스트리뷰션 계층의 라우터 사이에서 라우팅 프로토콜을 통해 로드 밸런싱을 제공한다.	
36	Hierarchical 3 Layer 모델을 사용하면 아무리 큰 네트워크라고 해도 쉽게 디자인할 수 있다.	

Soltuion

순서	설명	O/X
1	스위치의 블로킹된 포트가 네트워크 링크의 변화에 따라 포워딩 상태가 될 때는 최대 50초까지 기다릴 수 있는데, 이것이 STP 프로토콜의 문제점 중 하나이다. 이것을 해결하기 위해 RSTP, 타이머 줄이기, STP를 아예 사용하지 않기 등의 방법이 있다.	×
2	STP를 선택하지 않은 링크에서 스위치 ID가 높은 쪽 포트가 블로킹된다.	O
3	PORT별로 VLAN을 구성하는 방법은 스태틱 VLAN이고, MAC 주소별 VLAN을 구성하는 방법은 다이내믹 VLAN이다.	×
4	다이내믹 VLAN은 VMPS 서버가 필요하고, VMPS 서버의 MAC 주소별 VLAN 매핑 테이블 관리가 쉬운 작업이 아니기 때문에 현장에서 거의 사용하지 않는다. 네트워크를 디자인할 때 속도를 올리는 솔루션, 가용성을 제공하는 솔루션, 보안을 높이는 솔루션과 함께 관리 용이성은 중요한 기준이 된다.	×
5	VLAN 선언 정보를 맞추는 프로토콜은 VTP이다. STP는 스위칭 루프를 막기 위해 포트 블로킹을 하는 프로토콜이다.	×
6	VTP 프로토콜의 불안정성 때문에 VTP 프로토콜과 구현하지 않은 것과 비슷한 효과를 제공하는 VTP 트랜스페어런트 모드를 사용한다.	×
7	VTP 프루닝을 사용한다면 트렁크에서 쓸데 없이 스위치에서 전달되는 브로드캐스트를 줄여서 대역폭을 효율적으로 사용할 수 있다.	O
8	스위칭 루프 문제를 해결하는 프로토콜은 STP이다.	O
9	스위칭 루프는 브로드캐스트 스톰, 한 번 보낸 패킷이 여러 번 도착하는 현상, 불안정한 스위칭 테이블 문제를 일으킨다.	O
10	9의 세 가지 문제에 대한 해결책은 '포트 블로킹'으로 동일하다. 스위칭 루프 환경에서 포트 블로킹을 하는 프로토콜은 STP이다.	O
11	STP가 포트 블로킹을 하려면 제일 먼저 루트 스위치를 결정해야 한다.	O
12	STP가 포트 블로킹을 위해 교환하는 프레임은 BPDU(Bridge Protocol Data Unit)이다.	×
13	STP에서 루트 스위치가 결정되면 BPDU의 패스 코스트, 이전 스위치의 ID, 이전 스위치의 포트 ID를 차례대로 비교하여 루트 포트를 결정한다.	×
14	IEEE 802.1Q는 트렁크 인캡슐레이션 프로토콜이고, IEEE 802.1d, IEEE802.1s(MST), IEEE 802.1w(RSTP) 등이 STP 프로토콜의 일종이다.	×
15	STP의 두 가지 문제는 블로킹된 포트를 사용하기 전에 스위치가 50초를 기다려야 하는 문제와 2개의 링크 중 1개의 링크만 사용하는 문제이다.	×
16	블로킹된 포트를 사용하기 전에 스위치가 50초를 기다려야 하는 문제를 RSTP, STP 사용하지 않기 때문에 맥스에이지/포워드 딜레이 타이머 줄이기를 통해 해결할 수 있다.	O
17	PVST와 MST 중 PVST는 VLAN별로 STP 토폴로지를 구축하고, MST는 VLAN 그룹별로 STP 토폴로지를 구축하기 때문에 MST가 BPDU의 발생량이 적다.	×

순서	설명	O/X
18	스위치끼리 다수의 물리적인 링크들을 하나의 논리적인 링크로 만들기 때문에 스위칭 루프가 일어나지 않게 하는 솔루션은 이더채널이다.	O
19	이더채널의 로드 밸런싱 방법은 목적지 주소, 출발지 주소, 목적지 포트, 출발지 포트, 목적지 2계층 주소, 출발지 2계층 주소 또는 두 항목의 XOR 값에 의해 결정하는 등 다양하다.	O
20	이더채널에서 트렁크의 구현 여부, 다이내믹 VLAN의 구현 여부, 트렁크에서 VLAN의 구현 범위, 이더채널 구현 모드를 비교하여 양쪽 스위치 간에 트렁크로 묶일 수 있는지를 결정하는 프로토콜은 PAgP와 LACP이다.	X
21	PAgP와 LACP는 같은 목적을 가진 프로토콜로, PAgP는 시스코 프로토콜이고, LACP는 표준 프로토콜이다.	O
22	VLAN이 다르면 네트워크도 달라져야 하므로 VLAN 간의 통신을 위해서는 반드시 라우터가 필요하다.	O
23	멀티레이어 스위치의 포트들은 VLAN 설정, 트렁크 설정을 할 수 있는 2계층 스위치 포트로 사용할 수도 있고, IP 주소를 설정할 수 있는 3계층 라우터 포트로 사용할 수도 있다.	O
24	레이어 3 스위치는 레이어 3 스위칭만 할 수 있고, 라우팅 테이블을 만들지 못하기 때문에 소프트웨어 기반의 라우터가 필요하다.	X
25	CEF 스위칭은 '가장 구체적인 정보를 위에' 원칙을 통해 스위칭 속도를 빠르게 한다.	X
26	2대의 라우터를 1대처럼 사용하게 하는 프로토콜은 HSRP, VRRP, GLBP이다.	X
27	HSRP, VRRP, GLBP는 모두 같은 목적으로 사용되는 프로토콜로, VRRP가 표준 프로토콜이다.	X
28	GLBP는 가상 MAC 주소를 라우터마다 다르게 할당한다는 점에서 HSRP, VRRP와 구분된다.	O
29	HSRP와 VRRP의 구현 방법은 거의 비슷하다.	X
30	GLBP를 사용하면 같은 그룹 안에서도 다른 라우터를 거쳐서 라우팅될 수 있다는 것이 HSRP, VRRP와 구분된다.	O
31	IEEE 802.11b는 무선 LAN 프로토콜이다.	O
32	주파수 재사용이란, 인접 셀에서는 동일한 주파수를 사용하지 않지만, 간섭이 일어나지 않을 만큼 멀리 떨어진 셀에서 동일한 주파수를 사용하는 방식이다.	X
33	디스트리뷰션 계층의 라우터에서 사용되는 프로토콜은 HSRP, VRRP, GLBP이다.	O
34	액세스 계층과 디스트리뷰션 계층 간에서 사용되는 이중화 프로토콜은 STP 프로토콜로, 액세스 계층과 이중화된 디스트리뷰션 계층 간의 연결을 모두 사용할 수 있도록 한다.	X
35	디스트리뷰션 계층 라우터와 다른 건물의 디스트리뷰션 계층의 라우터 사이에서 라우팅 프로토콜을 통해 로드 밸런싱을 제공한다.	O
36	Hierarchical 3 Layer 모델을 사용하면 아무리 큰 네트워크라고 해도 쉽게 디자인할 수 있다.	O

Big Network Design

Chapter 04
WAN 디자인

[목표] WAN 네트워크와 LAN 네트워크의 구분은 비용적인 관점에서 보면 명백합니다. WAN 네트워크는 우리 회사에서 구축한 네트워크가 아닙니다. 따라서 네트워크 구성 장비에 대한 초기 투자 비용과 관리 비용이 들지 않는 대신 빌려서 사용해야 하므로 월간 단위의 회선 임대 비용이 발생합니다. 하지만 LAN 네트워크는 정반대입니다. 우리 회사가 직접 구축해야 하는 네트워크이므로 초기 투자 비용과 유지 보수(관리) 비용이 드는 반면, 월간 단위의 회선 비용은 발생하지 않습니다. 이 장에서는 WAN 서비스를 비교하고 WAN 디자인에서 비용, 솔루션, 보안 등의 차원에서 적정한 WAN 서비스를 선택 및 구성할 수 있도록 합니다.

[특징(from ★ to ★★★★★)]

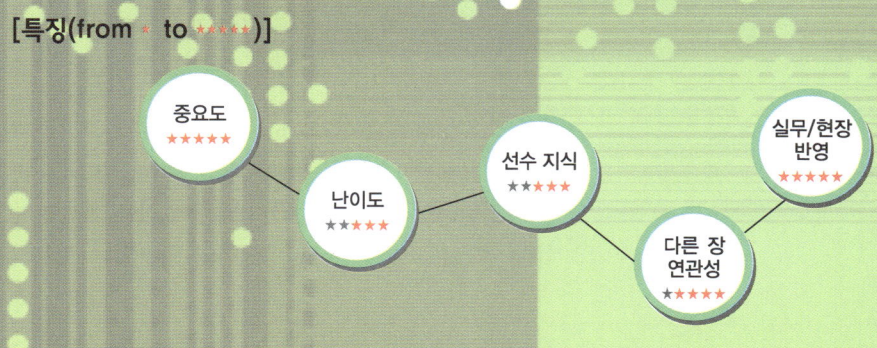

Lesson 01 WAN 서비스의 특징

WAN 서비스는 전용 회선, 패킷 스위칭, 서킷 스위칭, VPN으로 나눕니다. WAN 서비스 중에서 전용 회선 서비스는 전용 회선망 안에 복잡한 스위치를 포함하지 않기 때문에 패킷은 보다 안정적으로 전달됩니다. 하지만 사이트와 사이트(일반적으로 사이트의 WAN 라우터와 WAN 라우터)는 1 대 1(포인트 투 포인트) 연결만 할 수 있기 때문에 비용이 높을 수 밖에 없습니다.

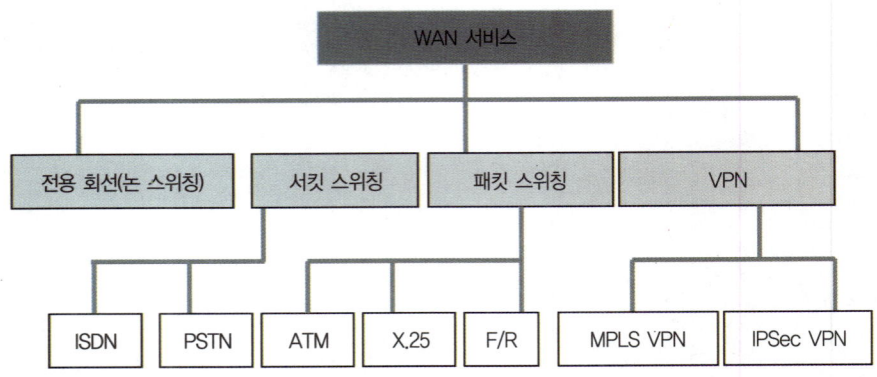

[그림 4-1] ▶
WAN 서비스의 분류

서킷 스위칭 서비스에 속하는 ISDN과 PSTN은 필요할 때만 콜 셋업(Call Setup) 절차를 통해 연결되는데, 시간이 길다는 최대의 약점이 있습니다. 전용 회선 서비스는 항상 연결되어 있어서 콜 셋업 지연이 없습니다. PSTN(전화망) 서비스인 경우 콜 셋업 시간이 ISDN보다 훨씬 길지만, 전 세계에서 가장 큰 망이므로 오지나 인터넷망이 갖춰지지 않은 곳에서도 활용할 수 있습니다.

PSTN이 사용하는 모뎀의 속도는 56Kbps인데, 압축률에 따라 속도는 상향 조정됩니다. ISDN은 64Kbps와 E1(2.048Kbps : 우리나라, 유럽), T1(1.544 Mbps : 북미) 등의 PSTN보다 훨씬 빠른 속도와 콜 설정 시간을 제공하지만, 여전히 '콜 셋업 시간'이 필요하다는 중대한 약점 때문에 거의 사용하지 않습니다. 또한 국내 서비스 사업자의 수익성 악화로 더 이상 서비스하지도 않습니다.

패킷 스위칭망은 본사와 지사 간을 연결하는 가상(버추얼) 서킷을 제공하는 망으로, 물리적인 서킷으로만 구성되는 전용 회선이나 서킷 스위칭망과 구분됩니다. 이러한 버추얼 서킷은 피지컬 서킷 상에 구성되기 때문에 전용 회선에서 제공하지 않는 다양한 구성이 가능합니다. ATM, frame-relay, X.25의 버추얼 서킷은 'PVC(Permanent Virtual Circuit)'와

'SVC(Switched Virtual Circuit)'로 구분됩니다.

이 중에서 PVC 서비스는 전용 회선과 같이 항상 연결된 서비스이고, SVC 서비스는 서킷 스위칭 서비스처럼 평소에는 연결되어 있지 않는 서비스입니다. 이렇게 SVC 서비스는 평소에 연결되어 있지 않기 때문에 데이터 전송 전에 콜 셋업 시간이 필요합니다. SVC 서비스는 평소에 연결되어 있지 않고 필요할 때만 연결하기 때문에 회선 비용이 저렴합니다. 다수의 사이트 간에 소량의 데이터를 주고받을 필요가 있을 때 유용하지만, '콜 셋업을 위해 기다려야 한다'는 치명적 약점을 가지고 있습니다. 그래서 유저들은 거의 사용하지 않으려 하고, 서비스 제공업자들도 이 서비스를 제공하지 않습니다.

X.25는 오래된 기술로 망 품질이 좋지 않았던 시절에 개발되었기 때문에 2계층에서도 4계층 TCP에서 제공하는 것과 유사한 오류와 플로 컨트롤 매커니즘을 제공합니다. 이 때문에 금융 정보와 같은 민감한 정보가 있는 금융 네트워크에서는 X.25 프로토콜을 유지하는 예가 있습니다. 그러나 4계층에 중복된 오류 복구 매커니즘이 있고, 현재의 망은 물리 계층에서의 품질 향상으로 오류율이 개선되었기 때문에 사실상 거의 사용하지 않을 뿐만 아니라 서비스 제공업자는 기존의 고객만 유지하고 더 이상 서비스를 제공하지 않습니다.

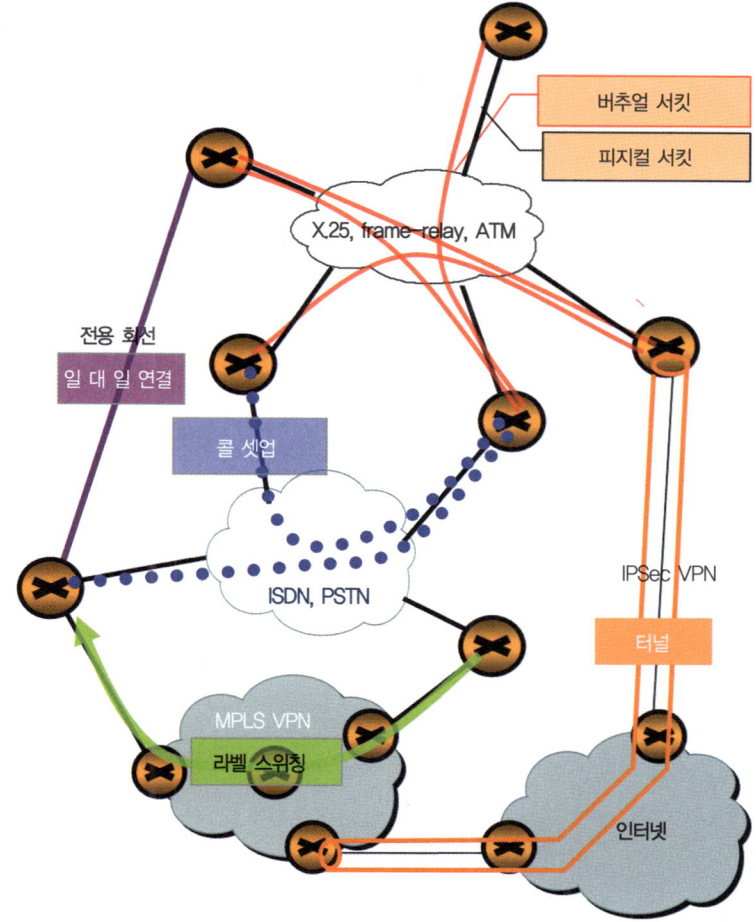

[그림 4-2] ▶
WAN 서비스의 개념

VPN 서비스는 'MPLS VPN 서비스'와 'IPSec VPN 서비스'로 구분합니다. 여기에서 MPLS(Multi-Protocol Label Switching)는 2계층의 빠른 속도(Wire Speed)와 3계층의 라우팅 기법을 접목한 스위칭 기술로, 짧고 고정된 표준 길이(4Byte)의 라벨(Label)을 이용한 스위칭하는 기술입니다.

MPLS의 장점 중 하나는 정책 기반의 QoS(Quality of Service)를 통해 서비스 품질 보장이 가능한 SLA(Service Level Agreement) 서비스를 제공할 수 있다는 점입니다. 이를 통해 서비스 제공업자들은 보안, QoS를 차별화한 다양한 서비스를 제공하고 있습니다. 한편, ADSL 기반의 브로드밴드 IPSec VPN 환경과 비교하여 속도 대비 회선비용이 높습니다.

IPSec VPN망은 공용 인터넷망을 사설 WAN망으로 사용하기 때문에 훨씬 낮은 비용으로 높은 대역폭을 제공할 수 있다는 장점을 가지고 있습니다. 또한 공용 인터넷망을 통과하기 때문에 인증과 암호화 기능이 필수적입니다. 따라서 비용이 화두인 고객들에게는 대세가 되는 서비스입니다.

IPSec VPN은 Site-to-Site, Client-to-Site의 두 가지 방식이 있습니다. 이 중에서 Site-to-Site VPN은 VPN 장비와 VPN 장비 사이에서 터널링과 암호화가 제공되기 때문에 매우 안정적인 보안 서비스를 제공하고, 유저 PC에서 설정이 필요 없기 때문에 편리합니다. 반면 Client-to-Site VPN은 VPN 장비와 VPN 소프트웨어를 설치한 PC 사이에서 암호화를 제공하기 때문에 모든 PC에 VPN 클라이언트 소프트웨어를 설치, 관리 및 유지 보수를 해야 하므로 불편합니다. 따라서 통상 본사-지사를 연결할 때는 Site-to-Site VPN을 사용하고, 재택 근무나 출장 업무와 같이 일시적인 목적을 위해서는 Client-to-Site VPN을 사용합니다.

비용 외에도 WAN 서비스를 선택할 때는 지원되는 속도, 속도 대비 비용, 기술의 안정성, 관리 용이성, 보안성, 서비스의 범위, 인증, QoS, 트래픽 셰이핑(Traffic Shaping) 등의 솔루션의 지원 여부 등이 선택의 기준이 됩니다.

Lesson 02

WAN 인캡슐레이션

LAN과 WAN의 다양한 2계층 인캡슐레이션들의 포맷은 비슷합니다. [그림 4-3]의 이더넷 II 인캡슐레이션을 보세요. 'Flag' 필드에는 이더넷 II 프레임이 시작된다는 것을 표시하는데, 수신 장치는 이 필드를 보고 0인지, 1인지를 구분하기 위한 클록(Clock)을 맞춥니다.

'Address' 필드에는 목적지 2계층 주소와 출발지 2계층 주소가 오고, 'Type' 필드는 3계층 프로토콜의 종류를 표시합니다. LAN과 WAN의 2계층 인캡슐레이션들은 모두 비슷한데 스위칭 및 인캡슐레이션을 정의하는 2계층 프로토콜들이 서로 영향을 주며 발전해왔기 때문입니다.

[그림 4-3] ▶
이더넷 II 인캡슐레이션 포맷

| Flag | Address | Type | Data | FCS | Flag |

전용 회선, 패킷 스위칭, 서킷 스위칭 서비스에서 사용하는 인캡슐레이션은 [그림 4-4]와 같습니다.

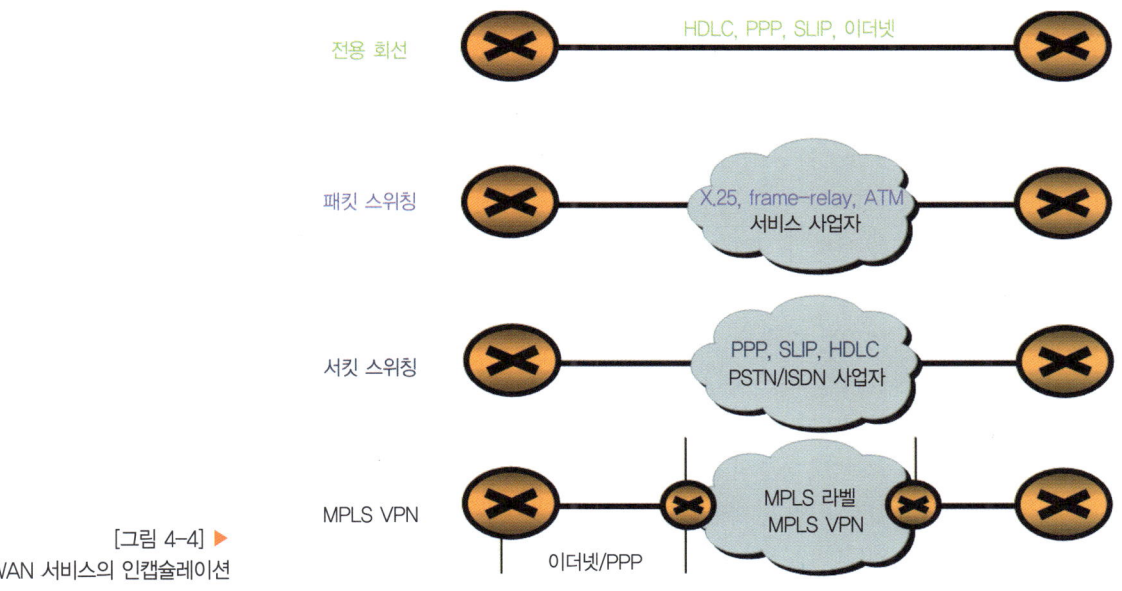

[그림 4-4] ▶
WAN 서비스의 인캡슐레이션

HDLC와 PPP

전용 회선과 서킷 스위칭 네트워크에서 사용할 수 있는 HDLC 인캡슐레이션은 [그림 4-5]와 같이 시스코 HDLC와 표준 HDLC가 있습니다. 시스코 HDLC는 표준 HDLC에 없는 'Proprietary' 필드가 있는데, 여기에 상위 계층, 즉 3계층 프로토콜 종류를 표시할 수 있습니다. 이 때문에 IP, IPX 등의 다양한 3계층 프로토콜에 속하는 데이터를 실어나를 수 있습니다. WAN 회선으로 연결되는 두 장비는 반드시 동일한 인캡슐레이션을 사용합니다. 이때 표준 HDLC와 시스코 HDLC는 같이 사용할 수 없다는 점에 주의하세요.

전용 회선은 스위치가 없는 망의 서비스이기 때문에 포인트 투 포인트 연결만 가능하므로 2계층 주소가 없습니다. 따라서 HDLC나 PPP의 'Address' 필드는 무의미한 숫자로 채워집니다. 이더넷은 원래 LAN 네트워크에 사용되는 2계층 기술이지만, 광전송 기술의 발달과 이더넷의 단순성, 속도 등의 장점 때문에 '메트로 이더넷(Metro Ethernet)'이라는 이름으로 WAN에 포함됩니다. 국내 서비스 제공업자들은 단지 포인트 투 포인트 메트로 이더넷 서비스만 제공하기 때문에 전용 회선에 포함해서 판매하고 있습니다.

시스코 HDLC

| Flag | Address | Control | Proprietary | Data | FCS | Flag |

표준 HDLC

| Flag | Address | Control | Data | FCS | Flag |

[그림 4-5] ▶ 두 종류의 HDLC 인캡슐레이션

시스코 장비는 표준 HDLC를 지원하지 않기 때문에 HDLC를 사용하지 못할 경우(시스코 HDLC를 지원하지 않는 장비와 연결할 경우)에는 [그림 4-6]과 같은 PPP를 구현합니다.

PPP

| Flag | Address | Control | Protocol | Data | FCS | Flag |

[그림 4-6] ▶ PPP 인캡슐레이션

PPP는 커넥션 설정 과정에서 HDLC가 제공하지 않는 다양한 기능을 제공합니다. 예를 들어 압축, 인증(Authentication), 멀티링크 기능을 제공합니다. 이러한 기능은 그야말로 옵션이기 때문에 사용할 수도, 사용하지 않을 수도 있습니다. 또한 압축 기능을 사용한다고 해도 다수의 압축 프로토콜이 있기 때문에 'LCP(Link Control Protocol)'라고 부르는 옵션 확인 단계를 거칩니다. 그 결과, 두 장비의 PPP 옵션이 일치할 때만 회선이 살아납니다(Up). 참고로 이 PPP 압축은 소프트웨어 기반이어서 선에서의 속도는 단축되지만, 압축 프로세스로 인해 장비에서 속도가 늘기 때문에 압축 효과가 미미합니다.

인증 기능은 확인하기 위해서 ISDN이나 PSTN의 공용 네트워크에서 많이 사용합니다. [그림 4-7]의 멀티링크는 다수의 물리적인 링크들을 묶어서 하나의 가상 링크로 만든다는 측면에서 LAN의 이더채널 프로토콜과 유사합니다.

라우팅 테이블에는 하나의 목적지에 대해 최대 6개의 베스트 루트가 올라올 수 있기 때문에 일곱 번째 링크는 사용할 수 없습니다. 이에 대한 솔루션은 PPP 멀티링크입니다. [그림 4-7]은 멀티링크를 구현한 예입니다. Serial 0~Serial 3까지 4개의 인터페이스를 하나의 인터페이스로 묶어서 가상 인터페이스, interface multilink 1을 만들고 IP 주소도 가상 인터페이스에 할당합니다.

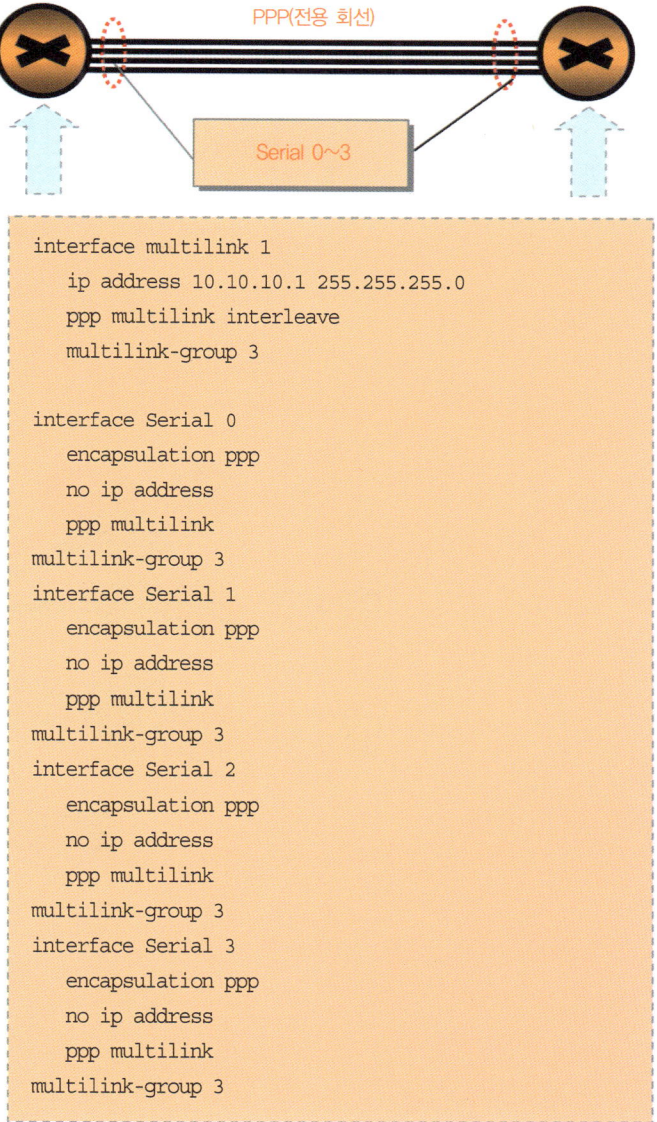

[그림 4-7] ▶
멀티링크의 기능

frame-realy

frame-relay 프레임도 PPP, 이더넷 II 등의 다른 프레임들과 크게 다르지 않습니다. [그림 4-8]에서 'Address' 필드에는 'DLCI(Data Link Connection Identifier)'라고 부르는

frame-relay 주소가 들어가고, 'Control' 필드에는 FECN(Forward Explicit Congestion Notification), BECN(Backward Explicit Congestion Notification, DE (Discard Eligibility) 등의 필드들이 포함됩니다. FECN은 frame-relay망의 대역폭이 과부하되었을 때 frame-relay 스위치가 목적지 라우터에게 해당 사실을 알리는데, FECN을 받았을 때 2-way 커뮤니케이션에서 반대 방향의 데이터 흐름(예. TCP ACK)을 늦추는 방식으로 트래픽의 양을 조절합니다.

BECN은 frame-relay망에 대역폭이 적체되었을 때 프레임의 송신 라우터에게 적체 사실을 알려서 정해진 수준으로 트래픽의 양을 줄이도록 합니다. 송신 라우터에서 특정 네트워크, 특정 포트/프로토콜, 특정 크기를 가진 패킷의 DE비트를 1로 세팅할 수 있습니다. 이러한 프레임들은 frame-relay망이 적체되었을 때 frame-relay 스위치에서 먼저 폐기됩니다.

[그림 4-8] ▶ frame-relay 프로토콜의 프레임 포맷

| Flag | Address & Control | Data | FCS | Flag |

frame-relay의 주소인 DLCI는 버추얼 서킷 입구와 출구에 각각 하나씩 할당됩니다. [그림 4-9]와 같은 경우에 모두 120, 370, 490, 110, 210, 310, 25, 410의 8개의 DLCI 주소가 할당됩니다.

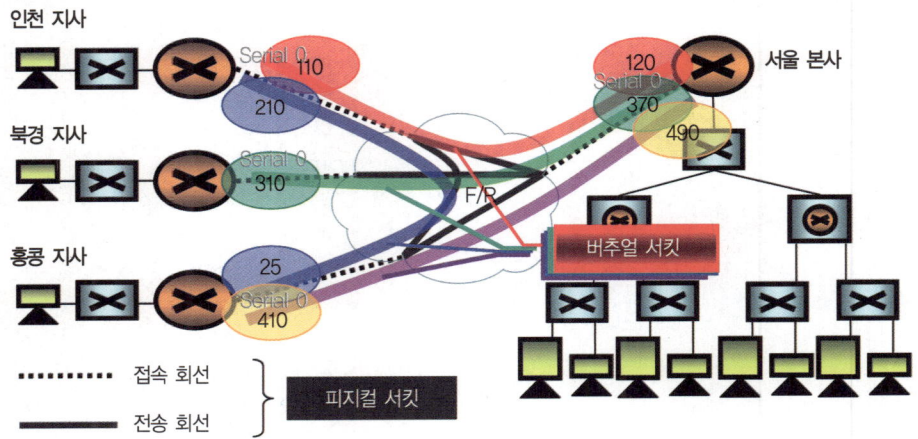

[그림 4-9] ▶ frame-relay망에서 DLCI 할당하기

ATM

ATM 프레임은 어떨까요? 다른 프로토콜들의 프레임의 크기에 비해 ATM은 53Byte에 불과합니다. 53Byte 중에서 헤더가 5Byte나 차지하기 때문에 오버헤더 비율이 높은 편입니다. ATM은 [그림 4-10]의 VPI(Virtual Path Identifier)와 VCI(Virtual Channel Identifier)가 주소 역할을 합니다. 그리고 컨트롤 필드에서 CLP(Cell Loss Priority) 필드는 frame-relay의 DE비트와 유사한 역할을 하고, PT(Payload Type) 필드는 frame-relay의 FECN/BECN과 같이 ATM망에서의 컨제스천 발생 여부를 표시합니다.

ATM 주소인 VPI/VCI는 VC(버추얼 서킷)의 입구와 출구에 각각 한 쌍씩 할당됩니다.

| VPI/VCI & Control | Data | CRC |

[그림 4-10] ▶
ATM 인캡슐레이션

[그림 4-11]의 경우에 모두 500-120, 500-370, 500-490, 100-10, 100-11, 200-20, 300-31, 300-34의 8쌍의 VPI/VCI 주소가 서비스 제공업자에 의해 할당됩니다.

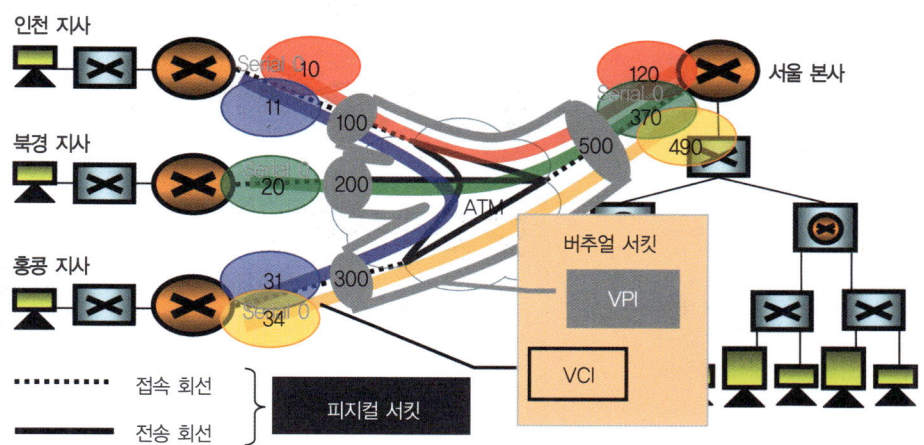

[그림 4-11] ▶
ATM 주소의 할당

보통, 2계층 프로토콜들은 2계층뿐만 아니라 별도의 1계층을 정의하는데, 시그널링 방법도 다릅니다. 2계층 프로토콜들의 경계가 되는 라우터는 2계층 인캡슐레이션을 변환하는 미디어 트랜스레이션(Media Translation)뿐만 아니라 1계층의 시그널 컨버전(Signal Conversion)도 수행합니다.

X.25

X.25 서비스는 3계층 프로토콜로, 2계층에서는 [그림 4-12]와 같은 LAPB(Link Access Protocol Balanced) 프로토콜을 사용합니다. IP 데이터를 X.25망을 통해 보낸다면 3계층 인캡슐레이션이 X.25 인캡슐레이션 한 번, IP 인캡슐레이션 한 번, 이렇게 두 번 일어납니다. [그림 4-12]의 X.25 필드에는 최대 14자리로 구성되는 X.25 주소와 플로 컨트롤을 위한 필드입니다. 2계층 'Control' 필드는 커넥션 설정과 플로 컨트롤을 담당하고, 'Address' 필드는 X.25 스위치, 즉 DCE쪽을 향하는 패킷인지 또는 라우터, 즉 DTE쪽을 향하는 패킷인지를 표시합니다.

[그림 4-12] ▶
X.25와 LAPB
인캡슐레이션 필드

| Flag | Address | Control | X.25 필드 | IP 필드 + Data | FCS | Flag |

X.25 프로토콜의 주소(X.121 주소)는 최대 14자리로 구성되는데, 장비별로 하나의 주소를 가집니다. 하나의 물리적인 링크에는 최대 4,096개의 버추얼 서킷이 들어올 수 있습니다. 동시에 4096 곳에서 접속할 수 있다는 의미입니다.

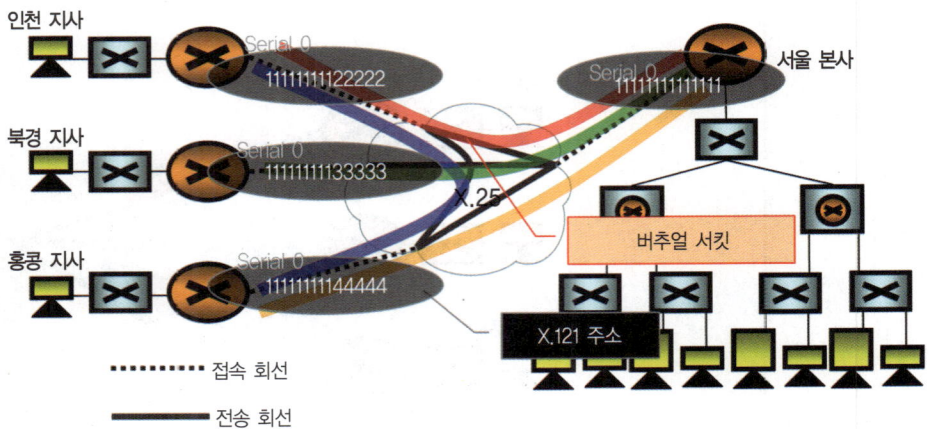

[그림 4-13] ▶
X.25 프로토콜의 X.121 주소의 할당 예

MPLS VPN

MPLS VPN 서비스는 망에 접속하는 방법에 따라 전용 회선 접속 방법과 이더넷 접속 방식으로 나뉩니다. [그림 4-14]에서 768Kbps, 512Kbps, 10Mbps 속도가 표시된 구간이 접속 구간입니다. 전용 회선, ATM, frame-relay 서비스와 달리 MPLS VPN망에 접속할 수 있는 회선만 구입하면 본사와 지사 간의 풀 메시(Full Mesh) 연결이 가능하기 때문에 필요한 회선 수가 줄어서 비용을 줄일 수 있습니다. 이것은 기본적으로 라우터를 통한 연결로 일 대 일 버추얼 서킷이 필요 없기 때문입니다. 또한 다양한 QoS 기능을 제공하므로 보이스 데이터나 중요 데이터에 치명적인 컨제스천을 방지할 수 있습니다.

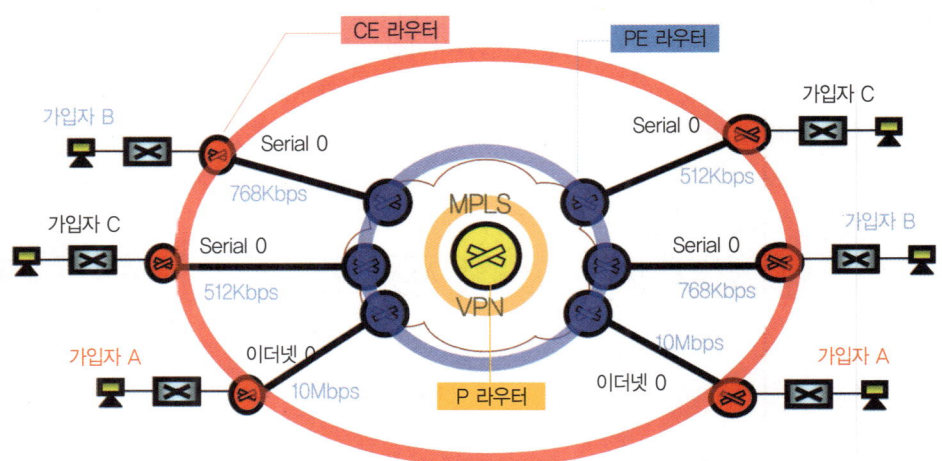

[그림 4-14] ▶
MPLS VPN망의 구성

MPLS에서는 라우터를 'LSR(Lable Switching Router)'로 부릅니다. LSR은 IP 라우팅 프로토콜을 이용하여 라우팅 정보를 교환하고, LDP(Label Distribution Protocol)를 통해 라벨 정보를 교환하여 라벨 포워딩 테이블(LFIB ; Label Forwarding Table)을 만듭니다. [그림 4-14]에서 MPLS망의 라우터들은 CE(Customer Edge) 라우터, PE(Provider Edge) 라우터, P(Provider) 라우터로 구분되는데, PE 라우터에서 라벨 포워딩 테이블을 보고 라벨을 끼워넣습니다. 목적지 네트워크 정보가 라우터마다 다른 라벨 번호와 매핑되기 때문에 라우터를 통과할 때마다 라벨 번호는 바뀌고, MPLS VPN망의 경계인 PE 라우터에서 CE 라우터로 보내기 전에 라벨은 제거됩니다.

고객의 네트워크를 'VPN 사이트'라고 합니다. PE 라우터는 RD(Route Distinguisher) 고객들의 네트워크 정보를 구분하고 VPN 사이트마다 분리된 라우팅 테이블을 갖기 때문에 고객 네트워크들 간을 격리시켜서 보안성을 확보합니다. [그림 4-15]에서 78, 87, 12와 같은 빨간색 라벨은 목적지 네트워크에 대해 각각의 라우터가 할당받은 고유 번호입니다. 하나의 네트워크에 대해 각각의 라우터는 다른 고유(라벨) 번호를 할당하므로 빨간색 라벨은 라우터를 통과할 때마다 계속 바뀝니다.

라우터는 IP 주소를 기반으로 하는 소프트웨어 기반의 라우팅을 하는 대신 독립된 라벨 스위칭 전용의 하드웨어 칩을 이용한 하드웨어 기반의 라우팅을 통해 속도를 향상시킵니다. [그림 4-15]에서 34로 표시되는 파란색 라벨은 MPLS망을 공유하는 각각의 가입자, 즉 VPN 사이트들을 구분하기 위한 것입니다. 가입자들 간의 트래픽은 파란색 라벨을 통해 구분되므로 공통으로 사용되는 MPLS망에서 독립성을 유지할 수 있습니다.

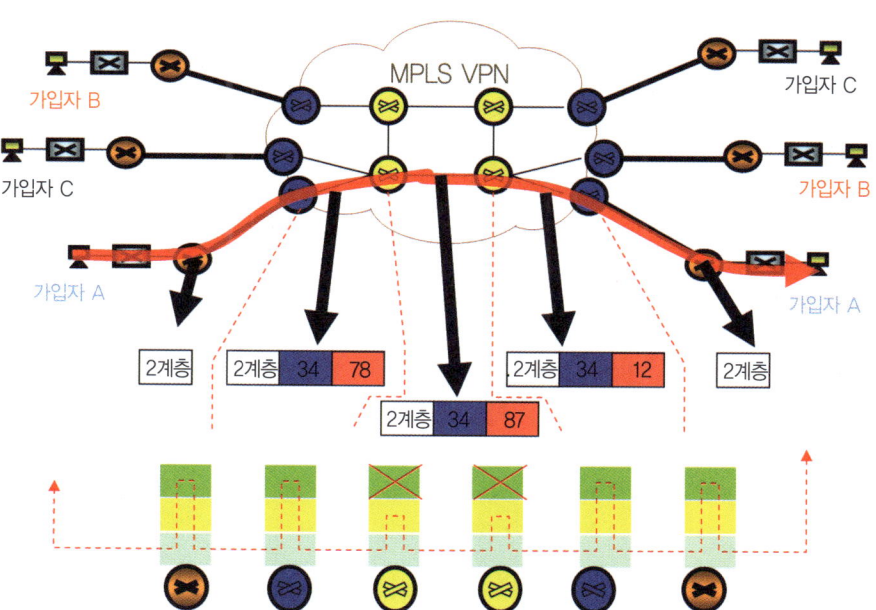

[그림 4-15] ▶
MPLS VPN망의 라벨 스위칭

MPLS망의 라벨은 [그림 4-16]과 같이 2계층 헤더와 3계층 헤더의 사이에 삽입되고, 모두 4Byte로 구성됩니다. 그리고 MPLS 라벨 정보와 스위칭 루프를 막기 위한 TTL(Time-To-Live) 필드, QoS(Quality of Service)를 위한 필드와 라벨 스태킹 여부를 표시하기 위한 필드로 구성됩니다. 라벨 스태킹을 사용한다면 4Byte MPLS 라벨 필드가 하나 더 추가됩니다.

[그림 4-16] ▶
MPLS VPN 라벨의 위치

2계층 헤더	MPLS 라벨	3계층 헤더 + 데이터

IPSec VPN

인터넷은 '독점의 네트워크가 아닌 공용의 네트워크' 입니다. 우리 네트워크를 LAN과 WAN으로 나눈다면, LAN은 내가 장비를 구매하고 구축한 네트워크이고, WAN은 서비스 제공업자로부터 빌린 네트워크입니다.

지금까지 설명한 WAN의 종류와 달리 IPSec VPN은 공용의 인터넷을 우리 네트워크처럼 사용할 수 있는 기술입니다. 인터넷을 사설 네트워크처럼 사용하자면 두 가지 기술이 필요합니다. 즉 터널링과 보안입니다. IPSec VPN은 적용 범위에 따라 Site-to-Site VPN과 Client VPN으로 구분됩니다. Site-to-Site VPN은 본사와 지사를 인터넷을 통해 연결할 때 사용하고, Client VPN은 재택 근무나 출장시 회사 서버에 접속하려는 목적으로 사용하기 때문에 인증(데이터의 무결성 확인) 과정이 필수입니다.

[그림 4-17]은 Site-to-Site VPN의 예입니다. Site-to-Site VPN은 터널링과 암호화 기술을 사용합니다. 터널링은 기술적으로는 IP 인캡슐레이션을 2번 하는 것입니다. 터널이 시작되는 VPN 장비에서 새로운 IP 헤더와 ESP((Encapsulating Security Payload) 헤더를 추가하는데, 새로운 IP 헤더의 출발지 주소는 VPN 장비의 주소([그림 4-17]에서 1.1.1.1, 인터넷의 시작점)가 되고, 목적지 주소는 상대 VPN 장비의 주소([그림 4-17]에서 2.2.2.2, 인터넷의 종결점)가 됩니다. 새로운 IP 헤더의 주소는 VPN 장비와 VPN 장비 사이의 인터넷 구간을 통과하기 위한 목적으로만 사용되기 때문에 출발지 VPN 장비에서 생성되고, 목적지 VPN 장비에서 폐기됩니다. 새로운 IP 헤더를 이용하여 출발지 VPN 장비와 목적지 VPN 장비 사이의 공용 인터넷을 통과하기 때문에 '터널링' 이라고 합니다.

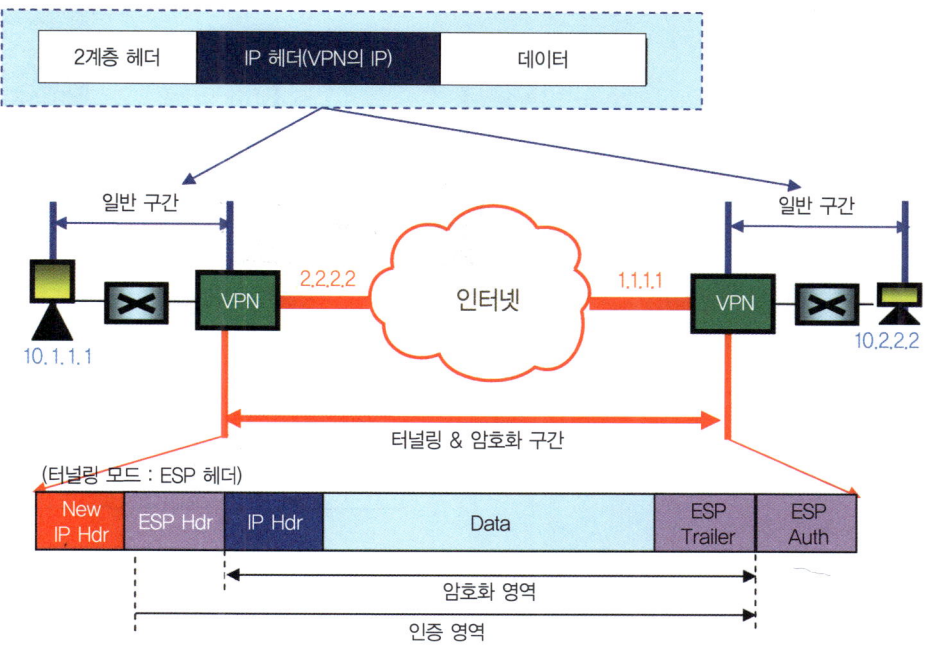

[그림 4-17] ▶
Site-to-Site VPN의 구성

ESP 헤더는 IPSec 프로토콜의 핵심입니다. 이 프로토콜은 패킷의 데이터 부분을 암호화 하고, 기타 보안 대책(anti-replay, man-in-the-middle 등에 대한)을 위해 HMAC과 같은 프로토콜에 의한 인증 기능을 제공합니다. 인증 기능이란, 목적지 VPN 장비에서 암호화 한 후의 데이터에 대해 변형되지 않았음을 확인하는 것입니다. ESP 프로토콜은 인증 기능만 제공하는 AH(Authentic-ation Header) 프로토콜과 같이 사용할 수도 있고, 암호화와 인증 기능을 제공하는 ESP 프로토콜만 사용할 수도 있습니다. VPN 솔루션이 암호화를 수행하려면 주기적으로 암호화 키를 교환해야 합니다. 키 교환이 실패하면 VPN이 제대로 동작하지 못하거나 외부 공격의 대상이 될 수 있습니다. IPSec은 키 교환을 위해 IKE(Internet Key Exchange) 프로토콜을 사용합니다.

[그림 4-18]을 보세요. Client VPN 구성 예로, 터널링을 사용하지 않고 암호화와 인증 기술만 사용합니다. [그림 4-17]의 터널링을 위해 새로운 IP 헤더가 포함된 Client-to-Site 용 VPN 인캡슐레이션을 '터널링 모드 헤더'라고 하고, [그림 4-18]과 같이 새로운 IP 헤더가 생략된 클라이언트용 VPN 인캡슐레이션을 '트랜스포트 모드 헤더'라고 합니다.

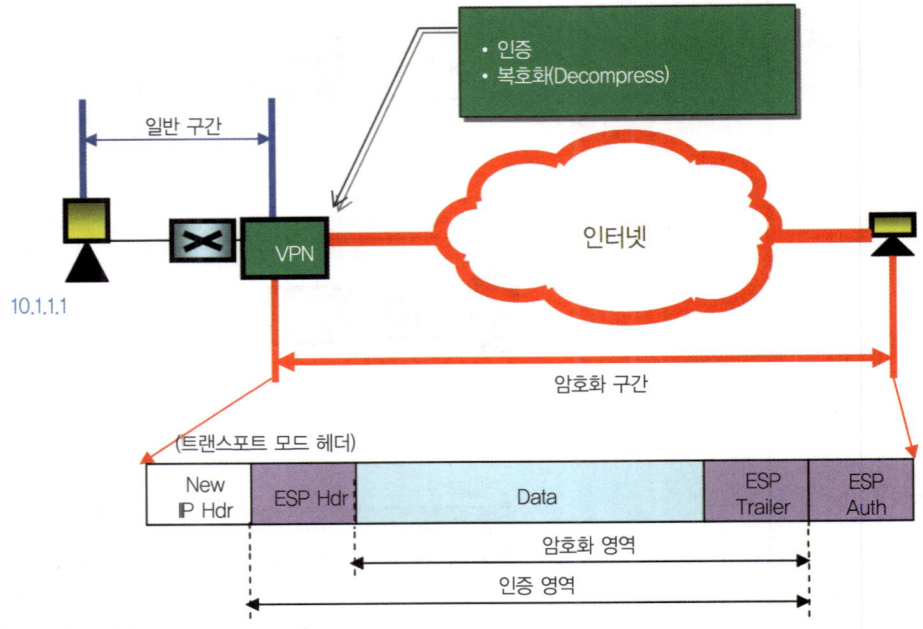

[그림 4-18] ▶
Client VPN의 구성

Client VPN은 클라이언트 소프트웨어의 버전 및 패치 관리의 어려움, 사용자의 다양한 하드웨어, 운영체제 버전 및 패치 상태에 따른 설치의 어려움, 장애가 발생했을 때 정확한 해결책 제시의 어려움이 있습니다. 이에 대해 별도의 VPN용 소프트웨어 없이 기본 웹 브라우저만 있으면 되는 솔루션이 있습니다. 어디에서든지 간편하게 VPN에 접속할 수 있는 SSL VPN은 별도의 VPN 소프트웨어가 필요한 IPSec VPN보다 사용 및 관리가 편리하고 비용도 절감할 수 있기 때문입니다. 따라서 SSL VPN이 적어도 Client VPN 서비스의 시장의 대세가 될 전망입니다. 시장 조사 기관인 메타그룹이 발표한 자료에 의하면 향후 1~2년 안에 80% 이상을 차지할 것으로 전망하고 있습니다.

지금까지 설명한 WAN 서비스의 경쟁력을 살펴봅시다. ATM 기술은 장비 가격이 비교적 비싸고, 속도 대비 가격 경쟁력도 frame-relay, IPSec VPN보다 높지 않습니다. 한편, MPLS VPN과 ATM은 다양한 QoS(Quality of Service) 기능을 제공하여 애플리케이션별로 서비스 수준을 차별화할 수 있습니다.

X.25 기술은 2계층과 3계층에서 재전송 매커니즘을 중복해서 제공하기 때문에 최강의 신뢰성을 제공합니다. 하지만 이것이 속도가 느려지는 원인이 되며, 더 이상 국내에서는 이 서비스를 신규가입자에게 제공하지 않습니다.

패킷 스위칭 기술 중에서 frame-relay 서비스가 인기 있는 기술이었지만, 최대 강점인 가격 경쟁력이 IPSec VPN보다 떨어지기 때문에 경쟁에서 밀리고 있습니다. 사실 모든 WAN 서비스에 비해 IPSec VPN의 가격 경쟁력이 높습니다. 가격 경쟁력은 QoS, SLA, 보안 등의 특별한 요구가 없는 일반 기업에서는 가장 중요한 기준이므로 IPSec VPN에 의한 Site-to-Site 구성을 많이 적용하고 있습니다.

Lesson 03 WAN 서비스의 요금 체계

[표 4-1]의 요금표는 2008년 현재 기준이며, WAN 서비스별로 요금의 기준을 살펴보려는 것입니다. 전용 회선 요금의 기준은 속도와 더불어 거리가 주요 기준이 됩니다. 자세한 요금표는 KT(www.kt.co.kr)와 LG의 사이트를 참고하세요.

전용 회선

전용 회선의 회선 요금은 거리와 속도에 비례하는데, 제공되는 속도 2.4Kbps~2.5Gbps까지 다양합니다. 표에서 '수용 구역 내'란 두 사이트가 ISP의 동일 액세스 장비를 통해 연결되는 경우입니다. [표 4-1]은 LG 전용 회선 요금표의 일부입니다.

구분		중속(단위 : 원/월)				
		128Kbps	192Kbps	256Kbps	384Kbps	512Kbps
시내 (Km)	수용 구역 내	144,800	186,100	246,000	287,000	341,900
	1~6	163,800	210,500	278,000	324,400	386,600
	7~12	170,000	218,500	288,700	336,900	401,400
	13 이상	176,300	226,700	299,400	349,300	416,300
시외 (Km)	-10	281,000	361,300	481,800	562,100	682,500
	-30	495,600	637,200	849,600	991,300	1,203,700
	-50	692,000	889,800	1,186,400	1,384,200	1,680,800
	-100	1,103,100	1,418,300	1,891,100	2,206,200	2,679,000
	-200	1,350,900	1,736,900	2,316,000	2,701,900	3,281,000
	-300	1,514,200	1,946,800	2,595,700	3,028,400	3,677,300
	-400	1,635,000	2,102,200	2,803,000	3,270,100	3,971,000
	400 초과	1,716,600	2,207,200	2,942,900	3,433,300	4,169,100

[표 4-1] ▶ 전용 회선 요금표

[표 4-2]와 같은 이더넷 방식의 전용 회선도 인캡슐레이션 타입만 다를 뿐 포인트 투 포인트로만 연결하기 때문에 전용 회선 카테고리에 속합니다. 전용 회선과 마찬가지로 가격은 거리와 속도에 비례합니다.

구분		이더넷 DLS 고속(단위 : 원/월)				
		2Mbps	4Mbps	5Mbps	6Mbps	8Mbps
시내 (Km)	수용 구역 안	745,200	1,291,400	1,564,500	1,698,600	1,966,800
	1~6	842,400	1,460,100	1,768,900	1,920,600	2,223,800
	7~12	874,800	1,516,200	1,836,800	1,994,300	2,309,200
	13~	907,200	1,572,200	1,904,700	2,068,000	2,394,500
시외 (Km)	~10	1,509,700	2,616,800	3,170,300	3,442,100	3,985,600
	~30	2,662,500	4,614,800	5,590,900	6,070,200	7,028,600
	~50	3,717,700	6,444,000	7,807,100	8,476,300	9,814,700
	~100	5,925,700	10,271,200	12,443,900	13,510,600	15,643,800
	~200	7,256,800	12,578,300	15,239,000	16,545,200	19,157,600
	~300	8,133,400	14,097,800	17,080,000	18,544,000	21,472,000
	~400	8,782,900	15,223,400	18,443,600	20,024,500	23,186,300
	400~	9,221,200	15,983,200	19,364,100	21,023,900	24,343,500

[표 4-2] ▶
이더넷 방식의
전용 회선 요금표

frame-relay

frame-relay 서비스의 요금 기준을 보면 접속 속도(Access Rate)와 전송 속도(CIR ; Commited Information Rate)로 구분되고, 국내/국외와 속도에 비례합니다. [그림 4-18]에서 총 회선 요금은 다음과 같이 계산됩니다.

> **총 회선 요금**
> 서울 본사의 frame-relay망 접속 요금+인천 지사의 접속 요금+북경 지사의 접속 요금+홍콩 지사의 접속 요금+서울 본사와 인천 지사 간 전송 요금+서울 본사와 북경 지사 간 전송 요금+서울 본사와 홍콩 지사 간 전송 요금+인천 지사와 북경 지사 간 전송 요금+인천 지사와 홍콩 지사 간 전송 요금+북경 지사와 홍콩 지사 간 전송 요금

접속 속도와 전송 속도는 어느 정도의 속도로 구입하는 것이 적절할까요? 이 경우 본사의 접속 속도, 지사의 접속 속도, 전송 속도로 나누어서 계산합니다. [그림 4-19]에서 대부분의 트래픽은 본사와 지사 간에 발생합니다. 따라서 지사 간의 연결은 백업을 위한 구성이라고 가정했을 때 본사의 경우를 제외한 모든 접속 속도는 최번시에 필요한 최대 대역폭에 맞추고, 비교적 고가인 전송 속도는 필요한 대역폭의 평균에 맞추는 것이 일반적입니다. 다만 트래픽이 몰리는 허브에 해당하는 서울 본사의 접속 속도는 각 지사로부터 오는 모든 전송 속도의 합으로 계산하는 것이 보통입니다.

frame-relay 서비스의 가장 큰 특징은 접속 속도와 전송 속도가 다르기 때문에 라우터가 보낸 프레임을 frame-relay 스위치에서 망 내부의 대역폭 여유에 따라 처리할 수도,

처리하지 못할 수도 있다는 것입니다. 백업 링크로 사용되는 각 지사 간의 연결을 위해 '제로 CIR(0 전송 속도)' 속도를 적용할 수 있습니다. 이것은 frame-relay망에 여유가 있을 때만 트래픽을 받아줄 수 있는 서비스로, 가격이 저렴하다는 장점 때문에 백업 회선에 많이 사용합니다.

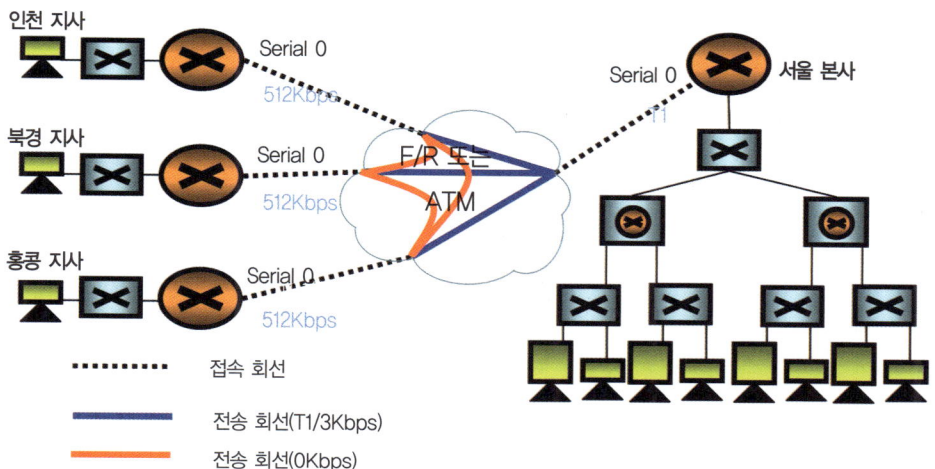

[그림 4-19] ▶
frame-relay 구간에서의
회선 요금 계산 예

frame-relay 서비스의 요금 체계를 보면 접속 속도(Access Rate)와 전송 속도(CIR ; Commited Information Rate)로 구분합니다. 또한 국내 연결인지, 국외 연결인지에 따라 다릅니다. 이것은 다국적 frame-relay망도 구성할 수 있다는 것을 의미합니다. frame-relay를 통해 인터넷을 접속할 때 접속 회선 속도에 비례하여 요금을 부과합니다. [표 4-3], [표 4-4], [표 4-5]는 LG의 frame-relay 요금 기준입니다.

[표 4-3] ▶
frame-relay 접속 회선료
(고객의 단말 설비에서
회사의 교환기까지의 접속하는
회선 설비에 대한 요금)

속도(Kbps)	56/64	128	192	256	384
요금(원)	290,000	446,000	603,000	776,000	1,045,000
속도(Kbps)	512	768	1,024	1,544	2,028
요금(원)	1,316,000	1,671,000	2,000,000	2,584,000	3,665,000

[표 4-4] ▶
frame-relay 국제 관문 접속료
(국제 서비스 이용자에 대한
국제 관문 설비 이용 대가로
부과되는 요금)

속도(Kbps)	56/64	128	192	256	384
요금(원)	621,000	1,180,000	1,677,000	2,111,000	3,105,000
속도(Kbps)	512	768	1,024	1,544	
요금(원)	3,974,000	5,216,000	6,210,000	8,135,000	

속도(Kbps)	0	4	8	9.6
국내(원)	73,000	85,000	93,000	97,000
국내(원)	716,000	832,000	909,000	948,000
속도(Kbps)	12	14.4	16	19.2
국내(원)	102,000	106,000	112,000	118,000
국내(원)	1,006,000	1,045,000	1,103,000	1,161,000
속도(Kbps)	24	28	32	38.4
국내(원)	132,000	138,000	144,000	158,000
국내(원)	1,296,000	1,355,000	1,413,000	1,548,000
속도(Kbps)	48	56/64	128	192
국내(원)	171,000	197,000	364,000	532,000
국내(원)	1,683,000	1,935,000	3,580,000	5,225,000
속도(Kbps)	256	320	384	448
국내(원)	697,000	863,000	1,030,000	1,195,000
국내(원)	6,850,000	8,475,000	10,120,000	11,750,000
속도(Kbps)	512	576	640	705
국내(원)	1,363,000	1,530,000	1,698,000	1,865,000
국내(원)	13,390,000	15,035,000	16,680,000	18,315,000
속도(Kbps)	768	832	896	960
국내(원)	2,031,000	2,277,000	2,364,000	2,529,000
국내(원)	19,950,000	21,585,000	23,220,000	24,855,000
속도(Kbps)	1,024			
국내(원)	2,697,000			
국내(원)	26,490,000			

[표 4-5] ▶ 전송 회선료(전송 회선의 PLL(Permenent Logical Link)별 부과 요금)

속도(Kbps)	56/64	128	256	512	1,544
요금(원)	663,000	887,000	1,280,000	1,739,000원	2,908,000

[표 4-6] ▶ 인터넷 접속 전송 회선료(접속 회선의 속도에 따라 부과)

ATM

ATM 회선 요금도 frame-relay 서비스와 마찬가지로 접속 속도와 전송 속도와 구분하여 매깁니다. [그림 4-21]에서 총 회선 요금은 다음과 같이 계산됩니다.

> **총 회선 요금**
> 서울 본사의 ATM망 접속 요금 + 인천 지사의 접속 속도 + 북경 지사의 접속 요금 + 홍콩 지사의 접속 요금 + 서울 본사 와 인천 지사 간 전송 요금 + 서울 본사와 북경 지사 간 전송 요금 + 서울 본사와 홍콩 지사 간 전송 요금 + 인천 지사와 북경 지사 간 전송 요금 + 인천 지사와 홍콩 지사 간 전송 요금 + 북경 지사와 홍콩 지사 간 전송 요금

접속 속도와 전송 속도를 결정하는 방법은 frame-relay 스위치와 동일합니다. frame-relay 서비스에서 백업 링크로 사용되는 각 지사 간의 연결을 위해 '0 CIR' 이라는 서비스는 ATM의 UBR(Unspecified Bit Rate) 서비스와 비슷합니다. LG에서는 ATM 서비스와 frame-relay 서비스의 요금 기준을 동일하게 가져가고 있습니다.

KT에서 ATM 서비스는 좀 더 다양합니다. KT ATM 서비스는 ATM의 QoS 기능을 활용하여 [표 4-7]과 같은 서비스로 나뉩니다.

[표 4-7] ▶ QoS 수준에 따라 나뉘는 KT의 ATM 서비스

서비스 종류	특징
PVC-CBR	이용자 간에 고정적인 통신 회선을 설정하여 정해진 대역폭 범위 안에서 회선을 이용할 수 있는 서비스로, 기존의 전용 회선 형태와 유사합니다.
PVC-VBR	이용자 간에 고정적인 통신 회선을 설정하여 평균 셀 전송 속도(SCR)와 최대 셀 전송 속도(PCR)로 정의된 대역폭 범위 안에서 회선을 이용할 수 있는 서비스로, VBR과 비슷한 특성을 가진 frame-relay망과의 연동에 적합합니다.
PVC-UBR	최대 셀 전송 속도(PCR)의 범위 안에서 대역폭을 가변적으로 제공하는 서비스로, 보장 대역폭이 없고 frame-relay의 제로 CIR과 유사합니다.

● PVC/PVP CBR 전송료

CBR(Constant Bit Rate)은 일정한 속도로 규정 속도를 보장하는 서비스로, LG는 이 서비스만 제공합니다. 즉 요금은 ATM망에 대한 접속 구간에 대한 접속 속도와 ATM망 내부의 속도인 전송 속도를 구분하되, 거리와 속도에 비례합니다. 규정된 전송 속도를 보장합니다.

● PVC/PVP rt-VBR 전송료

CBR 전송료에 [표 4-8]과 같은 BR(Burst Ratio) 값을 곱하여 요금을 결정합니다. BR 값은 평균 전송 속도인 SCR(Sustainable Cell Rate)을 최대 전송 속도인 PCR로 나눈 값입니다. 평균 전송 속도를 최대 전송 속도보다 훨씬 낮은(BR 값이 높게) 속도를 적용하면 최번시에 컨제스천의 원인이 됩니다.

[표 4-8] ▶ PVC/PVPrt-VBR 전송료율

Burst Ratio(PCR/SCR)	BR=1	BR=2	BR=3	BR=4	BR=5
rt-VBR 전송료 비율	0.95	0.90	0.85	0.80	0.75

● PVC/PVP nrt-VBR 전송료

Rt-VBR과 nrt-VBR 서비스의 차이는 rt-VBR이 최대 지연 시간을 보장하고, nrt-VBR은 최대 지연 시간을 보장하지 않습니다. 따라서 nrt-VBR이 조금 저렴합니다. CBR 전송료에 BR값에 따라 다음의 요금 비율을 적용합니다.

[표 4-9] ▶ PVC/PVPnrt-VBR 전송료율

Burst Ratio(PCR/SCR)	BR=1	BR=2	BR=3	BR=4	BR=5
nrt-VBR 전송료 비율	0.90	0.85	0.80	0.75	0.70

- **PVC/PVP UBR 전송료**

PCR을 기준으로 CBR 전송료에 0.65를 곱하기 때문에 가장 쌉니다. 이 밖에 frame-relay 연동 서비스와 인터넷 접속 서비스 등을 제공합니다.

ISDN

ISDN 서비스는 국내 주요 ISP들에서는 더 이상 제공되지 않습니다. 서킷 스위칭망과 패킷 스위치 SVC망의 최대 단점인 콜 셋업 시간 때문에 가입자가 줄고 있기 때문입니다.

MPLS VPN

국내의 MPLS VPN망은 기본적으로 라우터(스위치로 구성할 수도 있습니다)로 구성된 망이기 때문에 가상 서킷의 구성이 필요 없습니다. 기본적으로 접속만 하면 어디든지 라우팅되고, 망 안의 대역폭 자원은 공유되기 때문에 요금 기준은 다른 서비스보다 간단합니다. 즉 거리와 관계 없이 [그림 4-20]과 같이 접속 속도만으로 산정됩니다. 접속 방법은 전용 회선 방법과 이더넷 전용 회선의 두 가지가 있습니다. 접속만 하면 전송 회선 수와 관계 없이 본/지사 간 풀 메시 연결이 가능하기 때문에 본/지사의 수가 급격히 증가하고 사이트 간의 연결에 이중화를 요구할 때 비용면에서 가장 효율적인 서비스입니다.

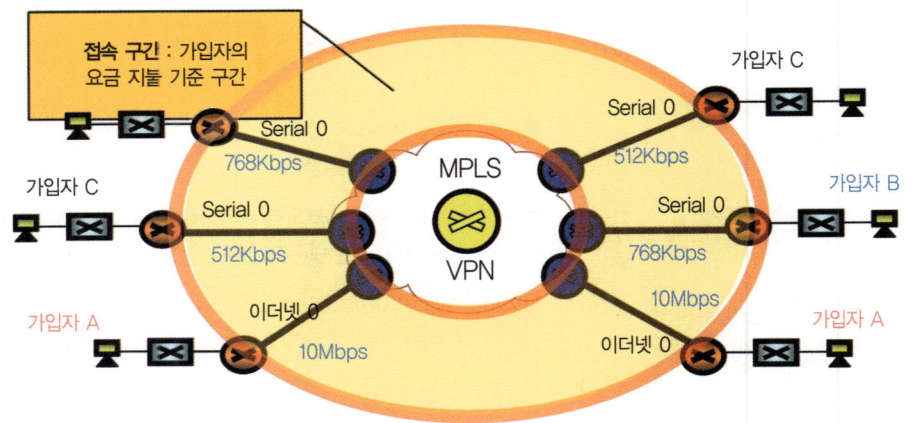

[그림 4-20] ▶
MPLS VPN의 요금 구조

[표 4-10]과 [표 4-11]은 KT MPLS VPN 요금표의 일부입니다. 로컬 라우팅은 연결할 두 사이트가 동일한 PE 라우터(접속 라우터)를 통해 연결될 때를 말합니다. 즉 지역적으로 동일한 PE 라우터의 관할 범위에 들어가는 두 사이트를 연결할 때입니다.

[표 4-10]과 [표 4-11]을 보면 BUSINESS, PREMIUM, P-PLUS 서비스가 있습니다. 즉 QoS 수준, 원하는 수준의 응답 시간이나 패킷 손실률 약속을 지키는 SLA(Service Level Agreement) 수준, 인터넷 접속 여부, 보안 수준, 모니터링이나 진단/분석 등의 관리 서비스 수준 등의 부가 서비스입니다. MPLS의 기본적인 기술로는 망 내부에서 버추

얼 서킷이나 피지컬 서킷으로 특정 대역폭을 보장하지 않고 망에서 트래픽 경합이 일어나기 때문에 발생한 서비스입니다.

[표 4-10] ▶
전용 회선 접속 방식
(단위 : 천 원/월)

구분		56/64K	128K	256K	512K	1024K	1544K	2048K	45M
BUSINESS	일반(천 원)	389	558	788	1,168	1,592	1,992	2,616	협정가
	로컬 라우팅	151	199	341	483	682	853	1,135	협정가
PREMIUM	일반	486	697	985	1,460	1,990	2,490	3,270	협정가
	로컬 라우팅	176	231	396	562	793	992	1,320	협정가
P-PLUS	일반	-	-	-	-	-	-	-	-
	로컬 라우팅	-	-	-	-	-	-	-	-

[표 4-11] ▶
이더넷 접속 방식
(단위 : 천 원/월)

구분		1M	2M	5M	10M	20M	30M	40M	50M	100M
BUSINESS	일반	1,288	2,009	2,766	4,122	6,092	9,120	10,080	11,094	22,920
	로컬 라우팅	620	975	1,345	1,717	2,611	3,780	4,322	4,826	8,469
PREMIUM	일반	1,610	2,510	3,457	5,152	7,620	11,400	13,042	15,532	25,220
	로컬 라우팅	720	1,134	1,565	1,996	3,036	4,395	5,025	5,612	9,847
P-PLUS	일반	-	-	-	-	-	-	-	-	-
	로컬 라우팅	-	-	-	-	-	-	-	-	-

IPSec VPN

IPSec VPN 서비스는 각 사이트의 인터넷 접속 요금과 터널링과 암호화를 제공할 VPN 장비 구축 비용이 듭니다. 서비스 제공업자들은 VPN 장비에 대한 임대 서비스를 제공합니다. IPSec VPN은 MPLS VPN, 전용 회선, frame-relay, ATM, X.25에 대해서 가격 경쟁력이라는 커다란 장점을 가지고 있습니다.

[표 4-12]는 MPLS VPN 회선 대비 IPSec VPN 전환시 비용 절감 정도를 나타냅니다. WAN 회선을 선택할 때 금융, 기밀 등의 중요 데이터를 취급하지 않는 대부분의 회사들은 비용이 가장 큰 선택 기준입니다. 이러한 측면에서 IPSec VPN은 다른 서비스와 비교 우위에 있으며, WAN 서비스의 주류가 되고 있습니다. [표 4-13]을 보면 초기 투자 이후 6개월이 지나면 MPLS VPN보다 비용 개선 효과가 있다는 것을 알 수 있습니다. 만약 거리에 요금이 연동되는 전용 회선과 비교한다면 ROI(Return of Investment) 기간이 더욱 빨라집니다. 현재의 기업 WAN망에서 IP Sec VPN이 대세인 이유입니다.

(단위 : 원, 부가세 별도)

구분	MPLS VPN		IPSec VPN	
	회선 속도(Kbps)	월 사용료(원)	회선 속도(Kbps)	월 사용료(원)
본사	2,048	2,616,000	• 하향 : 2,048 • 상향 : 512	60,000
지사 1	128	558,000		60,000
지사 2	128	558,000		60,000
지사 3	128	558,000		60,000
합계		4,290,000		240,000

[표 4-12] ▶ 회선 속도 및 회선 사용료의 비교

(단위 : 원, 부가세 별도)

구분	MPLS VPN		IPSec VPN		누계 차액(원)
	금액(원)	누계(원)	금액(원)	누계(원)	
투자비(장비)	–	–	26,037,000	26,037,000	26,037,000
1월 회선비	4,290,000	4,290,000	240,000	26,277,000	21,987,000
6월 회선비	4,290,000	25,740,000	240,000	27,477,000	1,737,000
12월 회선비	4,290,000	51,480,000	240,000	28,917,000	−22,563,000
18월 회선비	4,290,000	77,220,000	240,000	30,357,000	−46,863,000
24월 회선비	4,290,000	102,960,000	240,000	31,797,000	−71,163,000
30월 회선비	4,290,000	128,700,000	240,000	33,237,000	−95,463,000
36월 회선비	4,290,000	154,440,000	240,000	34,677,000	−119,763,000

◀ 브레이크 이븐 포인트

[표 4-13] ▶ 비용 절감 효과

Lesson 04 포인트 투 포인트 WAN 연결과 멀티포인트 WAN 연결

Non-switching 서비스망에 스위치가 없는 전용 회선 서비스는 네트워크에 스위치가 없기 때문에 [그림 4-21]과 같이 포인트 투 포인트 연결만 가능합니다. WAN 네트워크를 연결하는 선을 스위치를 통해 공유하는 것이 아니라 포인트 투 포인트 연결(일 대 일 연결)만 가능해서 물리적 회선과 장비를 독점으로 사용하기 때문에 회선 비용이 올라갑니다.

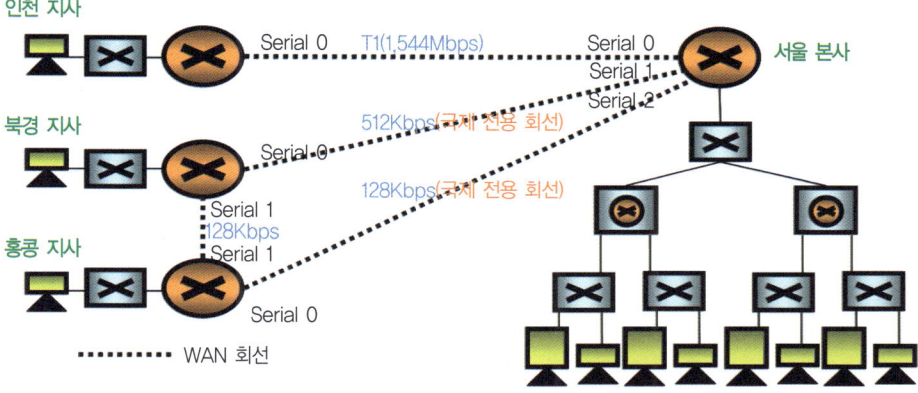

[그림 4-21] ▶
전용 회선의
포인트 투 포인트 WAN 연결

본/지사	라우터의 인터페이스	인터페이스별 IP 주소
서울 본사	Serial 0	10.10.10.1 /24
	Serial 1	10.10.20.1 /24
	Serial 2	10.10.30.1 /24
인천 지사	Serial 0	10.10.10.2 /24
북경 지사	Serial 0	10.10.20.2 /24
	Serial 1	10.10.40.1 /24
홍콩 지사	Serial 0	10.10.30.2 /24
	Serial 1	10.10.40.2 /24

이에 비해 frame-relay나 ATM, X.25, MPLS VPN, ISDN, PSTN, IPSec VPN과 같은 스위칭 서비스는 포인트 투 포인트 연결과 멀티포인트 연결이 모두 가능합니다. 먼저 ATM, X.25, frame-relay 서비스의 연결 형태를 살펴봅시다. [그림 4-22]는 frame-relay의 멀티포인트 구성 예입니다.

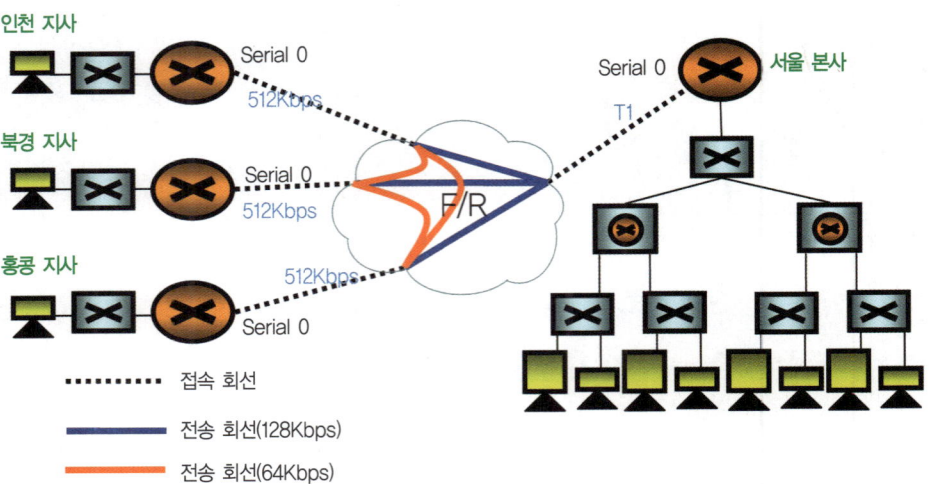

[그림 4-22] ▶
frame-relay의 멀티포인트
연결하기

본/지사	라우터의 인터페이스	인터페이스별 IP 주소
서울 본사	Serial 0	10.10.10.1 /24
인천 지사	Serial 0	10.10.10.2 /24
북경 지사	Serial 0	10.10.10.3 /24
홍콩 지사	Serial 0	10.10.10.4 /24

[그림 4-22]의 예는 각각의 본사와 지사들을 풀 메시(Full Mesh) 버추얼 서킷으로 연결했습니다. 풀 메시는 모든 사이트들을 일 대 일, 즉 직접 연결하기 때문에 지사 사이트들 간에 통신을 할 때도 본사를 경유할 필요가 없다는 장점이 있습니다. 반면 frame-relay망에서 다수의 버추얼 서킷을 구입([그림 4-22]에서는 6개의 버추얼 서킷)해야 하므로 회선 비용이 올라갑니다. 이러한 풀 메시 연결 외에 [그림 4-24]와 같은 파샬 메시(Partial Mesh) 토폴로지와 [그림 4-23]와 같은 허브 앤 스포크(Hub & Spoke) 토폴로지가 있습니다.

[그림 4-24]의 파샬 메시 토폴로지는 모든 지사들을 본사와 직접 연결하는 외에는 인천 지사와 홍콩 지사 간만 직접 연결하여 부분적인 메시 형태를 보입니다. 중요한 사이트 간은 직접 연결하고, 그 외의 버추얼 서킷은 비용을 고려하여 생략합니다. [그림 4-23]의 허브 앤 스포크 토폴로지는 모든 지사들을 본사와 직접 연결하고, 지사 간의 연결을 생략한 형태입니다.

원래 frame-relay 스위치에 연결된 모든 장비들은 하나의 네트워크에 속합니다. [그림 4-22]에서 IP 주소 표를 보면 메인 인터페이스에 같은 네트워크에 속하는 IP 주소를 할당했습니다. [그림 4-23]을 자세히 살펴보면 서울 본사에서 Serial 0 메인 인터페이스를 Serial 0.1, Serial 0.2, Serial 0.3이라는 다수의 서브인터페이스로 분할했습니다. 각각의 서브인터페이스는 다른 네트워크에 속합니다.

서브인터페이스는 포인트 투 포인트 서브인터페이스와 멀티포인트 서브인터페이스의 두 종류가 있습니다. 포인트 투 포인트 서브인터페이스는 서브인터페이스에 하나의 버추얼 서킷만 수용할 수 있고, 멀티포인트 서브인터페이스는 다수의 버추얼 서킷을 수용할 수 있다는 것이 다릅니다. 이를 통해 서울 본사-인천 지사, 서울 본사-북경 지사, 서울 본사-홍콩 지사를 연결하는 각각의 버추얼 서킷들은 다른 네트워크에 속하게 할 수 있습니다.

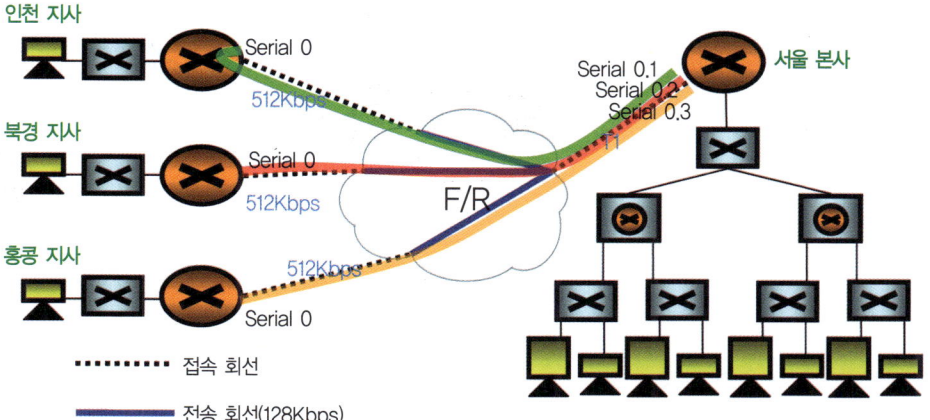

[그림 4-23] ▶
frame-relay Hub & Spoke 환경의 포인트 투 포인트 서브인터페이스 구현하기

본/지사	라우터의 인터페이스	인터페이스별 IP 주소
서울 본사	Serial 0.1(포인트 투 포인트 서브인터페이스)	10.10.10.1 /24
	Serial 0.2(포인트 투 포인트 서브인터페이스)	10.10.20.1 /24
	Serial 0.3(포인트 투 포인트 서브인터페이스)	10.10.30.1 /24
인천 지사	Serial 0	10.10.10.2 /24
북경 지사	Serial 0	10.10.20.2 /24
홍콩 지사	Serial 0	10.10.30.2 /24

[그림 4-24]는 인천 지사와 홍콩 지사 간의 새로운 버추얼 서킷 때문에 인천 지사와 홍콩 지사 라우터에서 메인 인터페이스를 2개의 서브인터페이스로 나눈 경우입니다. 모든 버추얼 서킷들은 모두 다른 네트워크에 속합니다. [그림 4-24]의 버추얼 서킷의 색깔은 같은 네트워크인지, 다른 네트워크인지를 표시합니다. 이것은 다음의 예에서도 마찬가지입니다.

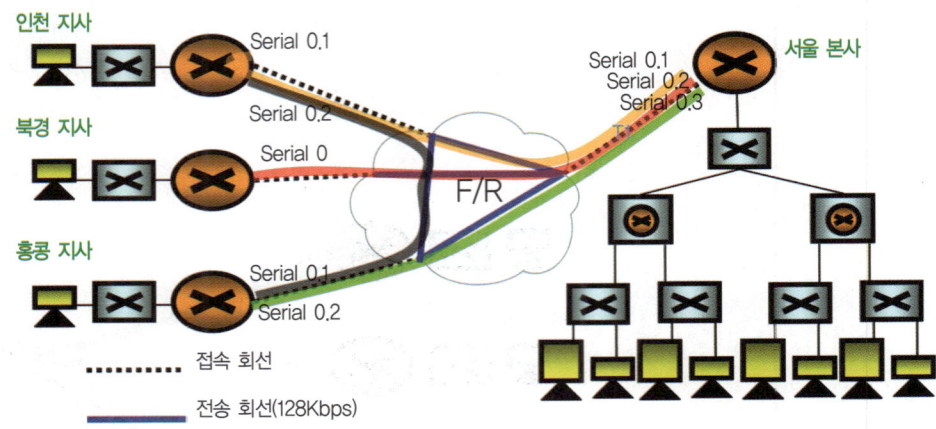

[그림 4-24] ▶
frame-relay 파샬 메시 환경에서 포인트 투 포인트 서브인터페이스 구현하기

본/지사	라우터의 인터페이스	인터페이스별 IP 주소
서울 본사	Serial 0.1(포인트 투 포인트 서브인터페이스)	10.10.10.1 /24
	Serial 0.2(포인트 투 포인트 서브인터페이스)	10.10.20.1 /24
	Serial 0.3(포인트 투 포인트 서브인터페이스)	10.10.30.1 /24
인천 지사	Serial 0.1(포인트 투 포인트 서브인터페이스)	10.10.10.2 /24
	Serial 0.2(포인트 투 포인트 서브인터페이스)	10.10.40.1 /24
북경 지사	Serial 0	10.10.20.2 /24
홍콩 지사	Serial 0.1(포인트 투 포인트 서브인터페이스)	10.10.40.2 /24
	Serial 0.2(포인트 투 포인트 서브인터페이스)	10.10.30.2 /24

패킷 스위칭망에서 포인트 투 포인트 외에 멀티포인트 서브인터페이스를 구현할 수 있습니다. 포인트 투 포인트 서브인터페이스는 하나의 버추얼 서킷을 수용하지만, 멀티포인트 서브인터페이스는 메인 인터페이스와 같이 다수의 버추얼 서킷을 수용할 수 있습니다. [그림 4-25]에서 서울 본사의 Serial 0.1 인터페이스는 서울 본사 - 인천 지사와 서울 본사 - 북경 지사를 위한 다수의 버추얼 서킷을 수용하기 때문에 멀티포인트 서브인터페이스로 구현해야 합니다. 그리고 서울 본사의 Serial 0.2 인터페이스는 서울 본사 - 홍콩 지사 버추얼 서킷, 1개만 수용하기 위한 포인트 투 포인트 서브인터페이스로 설정합니다. 지사들의 서브인터페이스는 각각 하나의 버추얼 서킷만 수용하면 됩니다.

[그림 4-25]에서는 초록색 네트워크와 빨간색 네트워크, 주황색 네트워크와 같이 3개의 네트워크들이 있습니다. 북경 지사를 보세요. 메인 인터페이스, Serial 0을 사용하고 서브인터페이스를 활용하고 있지 않습니다. 메인 인터페이스에 수용된 버추얼 서킷들이 다른 네트워크에 속하지 않는다면 굳이 서브인터페이스를 사용할 필요가 없습니다.

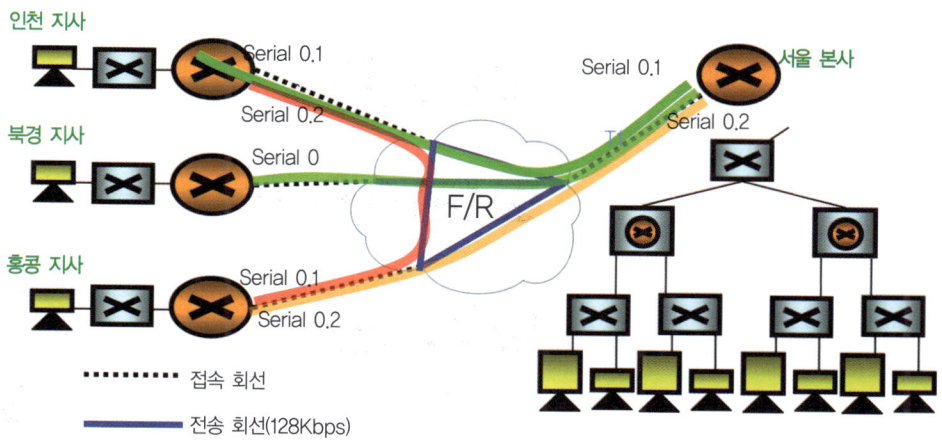

[그림 4-25] ▶
frame-relay 파샬 메시 환경에서 서브인터페이스 구현하기

본/지사	라우터의 인터페이스	인터페이스별 IP 주소
서울 본사	Serial 0.1(멀티포인트 서브인터페이스)	10.10.10.1 /24
	Serial 0.2(포인트 투 포인트 서브인터페이스)	10.10.20.1 /24
인천 지사	Serial 0.1(포인트 투 포인트 서브인터페이스)	10.10.10.2 /24
	Serial 0.2(포인트 투 포인트 서브인터페이스)	10.10.30.1 /24
북경 지사	Serial 0	10.10.10.3 /24
홍콩 지사	Serial 0.1(포인트 투 포인트 서브인터페이스)	10.10.30.2 /24
	Serial 0.2(포인트 투 포인트 서브인터페이스)	10.10.20.2 /24

[그림 4-26]과 같이 초록색 네트워크와 빨간색 네트워크의 2개만으로 구성할 수도 있습니다. 이 경우 홍콩 지사는 서브인터페이스를 사용하지 않고 메인 인터페이스로 두거나, 사용한다면 하나의 멀티포인트 서브인터페이스로 구현할 수 있습니다. 서울 본사를 보세요. 서울 본사는 3개의 버추얼 서킷이 들어오고 다른 네트워크에 속하기 때문에 서브인터페이스를 구현해야 합니다. 그 다음에는 10.10.10.0 네트워크에 2개의 버추얼 서킷이 속하기 때문에 멀티포인트 서브인터페이스로 구현합니다. 10.10.20.0 네트워크에는 1개의 버추얼 서킷이 속하므로 포인트 투 포인트 서브인터페이스로 구현합니다.

이와 같이 필요한 다수의 버추얼 서킷들이 같은 IP 네트워크에 속한다면 메인 인터페이스 또는 멀티포인트 서브인터페이스에 한꺼번에 수용하고, 다른 IP 네트워크에 속한다면 다른 멀티포인트 서브인터페이스나 포인트 투 포인트 서브인터페이스에 별도로 수용해야 합니다. 2개 이상의 버추얼 서킷은 멀티포인트 서브인터페이스나 메인 인터페이스에서 수용해야 하고, 1개의 버추얼 서킷은 포인트 투 포인트 서브인터페이스, 멀티포인트 서브인터페이스, 메인 인터페이스에서 모두 수용할 수 있습니다. frame-relay에서는 특정 라우터의 하나의 인터페이스에서 필요한 버추얼 서킷 수와 서브인터페이스 수와 IP 주소 수가 다를 수 있으므로 이것을 산정할 줄 아는 것이 매우 중요합니다. 덧붙여서 설명하자면 IP 주소는 서브인터페이스마다 1개씩 필요하고 frame-relay 주소인 DLCI 번호는 버추얼 서킷의 입구마다 1개씩 필요합니다.

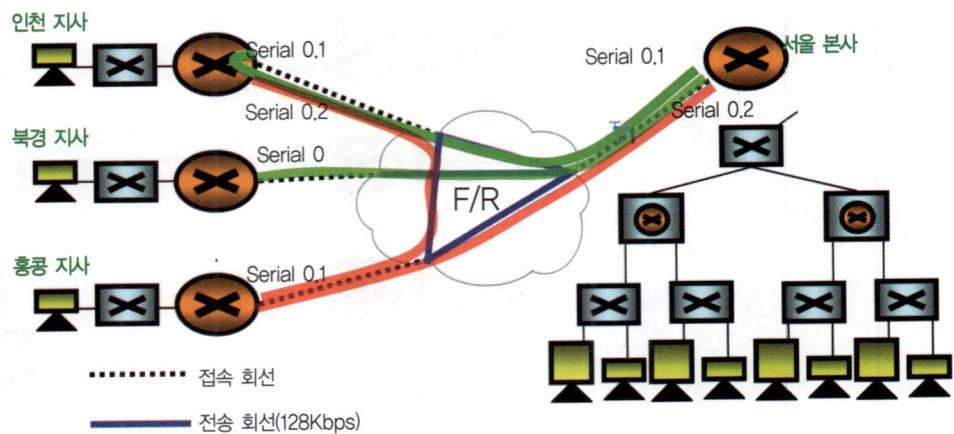

[그림 4-26] ▶
frame-relay 파샬 메시 환경에서 멀티포인트 서브인터페이스 구현하기

본/지사	라우터의 인터페이스	인터페이스별 IP 주소
서울 본사	Serial 0.1(멀티포인트 서브인터페이스)	10.10.10.1 /24
	Serial 0.2(포인트 투 포인트 서브인터페이스)	10.10.20.1 /24
인천 지사	Serial 0.1(포인트 투 포인트 서브인터페이스)	10.10.10.2 /24
	Serial 0.2(포인트 투 포인트 서브인터페이스)	10.10.20.2 /24
북경 지사	Serial 0	10.10.10.3 /24
홍콩 지사	Serial 0.1(멀티포인트 서브인터페이스) 또는 Serial 0	10.10.20.3 /24

버추얼 서킷들을 하나의 네트워크로 묶어도 좋지만, 라우팅 프로토콜 영역을 구분할 필요가 있거나, 라우팅의 기준이 되는 밴드위스를 인터페이스에 설정하려고 하지만 버추얼 서킷마다 밴드위스가 다를 때는 버추얼 서킷을 다른 인터페이스(즉 네트워크)에 수용할 필요가 있습니다.

X.25, ATM 패킷 스위칭망도 frame-relay와 같이 포인트 투 포인트 또는 멀티포인트 서브인터페이스를 활용해서 다양하게 구성할 수 있습니다.

서킷 스위칭망은 통신 경로를 버추얼 서킷 대신 '채널'이라고 합니다. ISDN의 BRI 인터페이스는 2개의 채널을 제공하기 때문에 멀티포인트 연결이 가능합니다. PRI 인터페이스 중에서 E1은 30개의 채널을 제공하고, T1은 23개의 채널을 제공하기 때문에 멀티포인트 구성이 가능합니다.

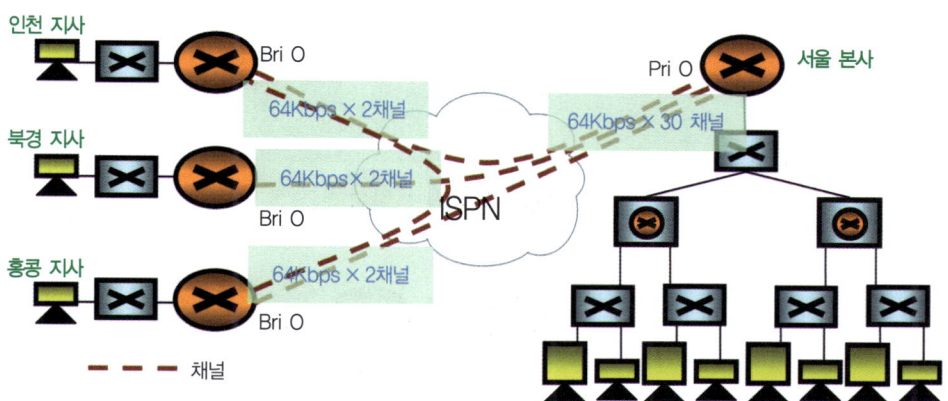

본/지사	라우터의 인터페이스	인터페이스별 IP 주소
서울 본사	PRI 0	10.10.10.1 /24
인천 지사	BRI 0	10.10.10.2 /24
북경 지사	BRI 0	10.10.10.3 /24
홍콩 지사	BRI 0	10.10.10.4 /24

[그림 4-27] ▶
ISDN 구현의 예

MPLS VPN 서비스는 IP(3계층), ATM(2계층), frame-relay(2계층)와 같은 다양한 프로토콜에서 구현할 수 있기 때문에 2계층이나 3계층 MPLS VPN 서비스로 구분할 수 있습니다.

2계층 MPLS VPN은 'VPLS(Virtual Private LAN Service)'라고도 하는데, 포인트 투 포인트 방식으로 터널링을 구성합니다. 여기에서는 PE(Provider Edge) 장비와 CE(Customer Edge) 장비가 특별한 관계가 없고 PE는 CE로부터 수신한 프레임을 목적지 네트워크로 단순히 전달하는 역할만 합니다. VPLS는 2계층 MPLS 기술이므로, 지리적으로 떨어져 있는 여러 사이트들이 마치 하나의 LAN 스위치에 연결되어 있는 것과 같은 효과를 제공합니다. 그리고 3계층 MPLS VPN과 달리 IP 외에 다른 3계층 프로토콜(IPX, AppleTalk 등)을 수용할 수 있습니다. ISP는 가입자의 라우팅 정책에 관여할 필요가 없습니다. 그러나, 초기 단계의 기술로 현재 국내 ISP에서는 이 서비스를 제공하지 않습니다.

3계층 MPLS VPN망의 라우팅은 BGP(Border Gateway Protocol) 라우팅 프로토콜을 중심으로 한 IP 네트워크 체계로, RD(Route Distinguisher)로 가입자를 구분하여 같은 회사내(VPN) 라우터끼리만 라우팅 정보를 교환하도록 합니다. PE 라우터와 CE 라우터가 IGP 라우팅 정보를 교환하고, PE 라우터 간에는 BGP 라우팅 정보로 변환하여 교환하는 구조입니다.

MPLS VPN과 IPSec VPN 서비스는 요금 체계상 접속료만 내면 되기 때문에 보안 이슈가 없다면, 본사와 지사 연결에 있어서 기본적으로 풀 메시로 연결합니다. 따라서 포인트 투 포인트 서비스와 더불어 멀티포인트 서비스가 제공됩니다.

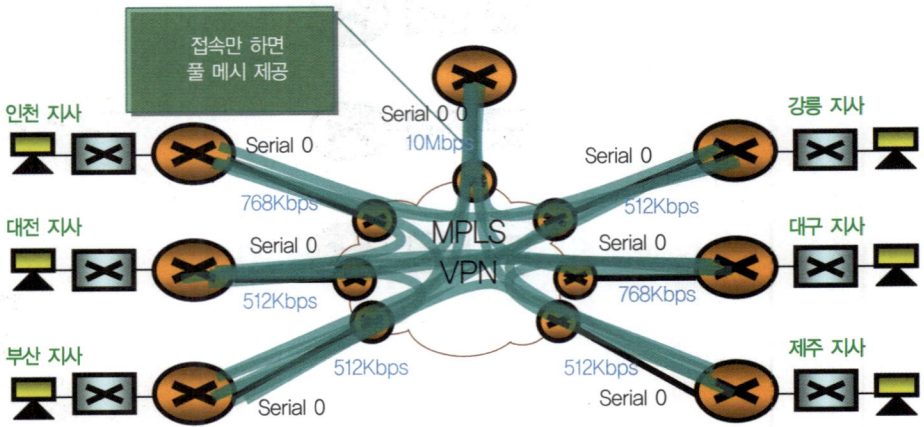

[그림 4-28] ▶
MPLS VPN 망의 구현 예

IPSec VPN 서비스는 가격 경쟁력 때문에 WAN 서비스의 대세가 되고 있습니다. 전용회선, ATM, frame-relay, MPLS VPN 등의 다른 WAN 서비스는 독립적인 망을 보유하고 있지만, IPSec VPN 서비스는 인터넷이라고 하는 공용망을 마치 사설 WAN망처럼 사용하게 해서 비용 절감 효과를 줍니다. 언제 어디에서나 인터넷에 접속할 수 있다면, 본사와 지사 간의 연결뿐만 아니라 클라이언트 PC와 본사 간의 연결도 가능합니다. 그리고 인터넷의 접속만 가능하다면 VPN 장비에서 터널을 구성하여 포인트 투 포인트 또는 멀티포인트를 자유롭게 연결할 수 있습니다.

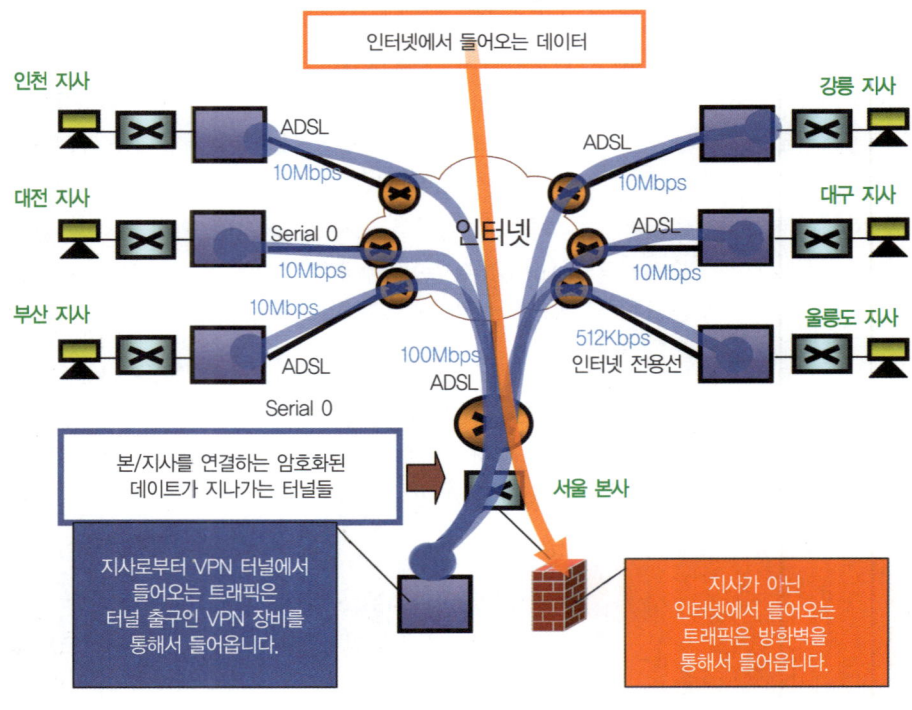

[그림 4-29] ▶
IPSec VPN망의 구현 예

Lesson 05

WAN 대역폭 산정하기

[그림 4-30]에서 서버와 클라이언트는 WAN 네트워크를 통해 연결되어 있습니다. 클라이언트가 만족스러운 서비스를 제공받는다는 것은 한 마디로 응답 시간(Response Time)이 기대 수준 이상으로 제공된다는 의미입니다. 응답 시간은 고객의 요청(Request)이 서버에게 전달되고, 클라이언트가 원하는 데이터를 읽어오기까지 걸리는 시간입니다. 응답 시간은 다음과 같이 계산됩니다.

● **총 응답 시간**
클라이언트 처리 시간 + (클라이언트에서 서버 방향의) 네트워크 이동 시간 + 서버 처리 시간 + (서버에서 클라이언트 방향) 네트워크 이동 시간

유저가 만족할 만한 응답 시간을 내려면 클라이언트, 서버, 네트워크의 속도를 같이 개선해야 합니다. 이 중에서 네트워크 이동 시간에 영향을 미치는 요소는 무엇일까요? 네트워크 장비의 CPU, 메모리 등의 성능, 대역폭, 이동 거리입니다. 대역폭이 개선되면 속도도 개선되겠지만, 거리는 개선할 수 있는 요소가 아닙니다. 따라서 통상 100Km당 10ms 정도의 지연이 발생한다고 봅니다.

또한 WAN 서비스망에서 얼마나 많은 스위치를 통과하느냐, 얼마나 많은 라우터를 통과하느냐도 네트워크 이동 시간에 영향을 미칩니다. WAN 스위치 1대당 10ms 정도, 라우터 1대당, 20ms 정도 지연됩니다.

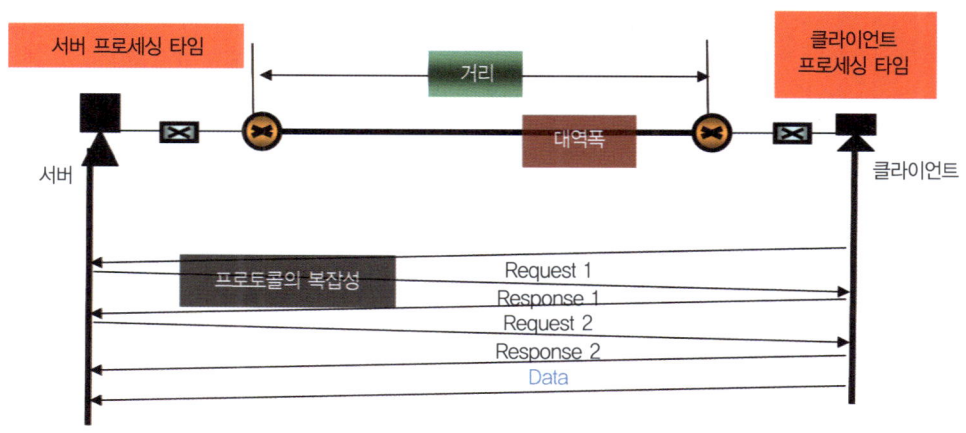

[그림 4-30] ▶
응답 시간을 결정하는 요소

이 밖에 응답 시간에 영향을 끼치는 것은 데이터 통신에 사용되는 각 계층별 프로토콜의 복잡성입니다. 클라이언트와 서버 간의 데이터 전송은 한 번의 데이터 왕복(Turn)으로 끝나는 것이 아니라 서버에서 클라이언트에 대한 복잡한 인증 절차(유저와 패스워드 확인), 파일 찾기 등과 같은 부수적인 작업 때문에 다수의 메시지 왕복 절차가 필요합니다. 이러한 절차는 클라이언트와 서버 간에 사용되는 프로토콜의 복잡성에 의해 결정되는 것으로, 응답 시간이 길어지는 요인이 됩니다.

응답 시간이 유저의 기대 수준 이하일 때 우선 원인이 무엇인지 찾아내는 것이 중요한데, 다음의 문제 해결 방법론을 잘 살펴봅시다.

❶ 서버와 같은 네트워크에 있는 클라이언트에 따라서 응답 속도가 빠르기도 하고 느리기도 하다면, 일단 서버의 성능을 의심할 필요 없이 특정 클라이언트에 문제가 있겠죠.

❷ 서버와 다른 네트워크에 있는 성능이 우수한 클라이언트는 응답 시간이 빠르지만, 성능이 낮은 클라이언트는 응답 시간이 느리다면 클라이언트의 성능을 의심해야 합니다.

❸ 서버와 다른 네트워크의 모든 클라이언트의 응답 시간이 나쁘다면 네트워크의 대역폭이나 서버의 성능, 애플리케이션 프로토콜의 복잡성을 의심해야 합니다.

❹ 서버와 다른 네트워크의 클라이언트들이 특정서버에 대해서만 응답 시간이 나쁘다면 서버의 성능이나 애플리케이션 프로토콜의 복잡성을 의심해야 합니다.

이러한 절차를 비롯한 다양하고 논리적인 의심을 통해 일단 원인이 어디에 있는지를 밝혀내는 것이 중요합니다. 이러한 절차는 Opnet과 같은 다양한 툴로 쉽게 측정할 수 있는데, 클라이언트에서 서버 간의 데이터의 Request와 Response 메시지를 모아서 응답 시간을 자동으로 계산합니다. [그림 4-31]에서 A는 실제 측정 수치이고, B~E는 시뮬레이션 결과입니다. 이때 B는 1.544Mbps 대역폭에서 90% Utilization 조건이고, C는 2.048Mbps 대역폭에서 67% Utilization 조건이며, D는 4Mbps 대역폭에서 32% Utilization 조건이고, E는 10Mbps 대역폭에서 13% Utilization 조건입니다.

총 응답 시간 중에서 파란색 막대는 클라이언트와 서버에서 소요된 시간으로, 대역폭이나 Utilization과 상관 없는 항목이기 때문에 어느 경우에나 동일합니다. 노란색 막대는 순수하게 전송에 소요된 시간으로, 대역폭이 향상될수록 데이터를 가져오는 데 걸리는 시간이 줄어들므로 소요된 시간도 줄어드는 것을 보여줍니다. 빨간색 막대는 컨제스천이 유발하는 TCP 프로토콜의 재전송 소요 시간, 즉 프로토콜의 복잡성으로 인한 시간입니다. 대역폭이 높고 Utilization이 낮을수록 전송 시간과 컨제스천에 의한 소요 시간이 줄어듭니다.

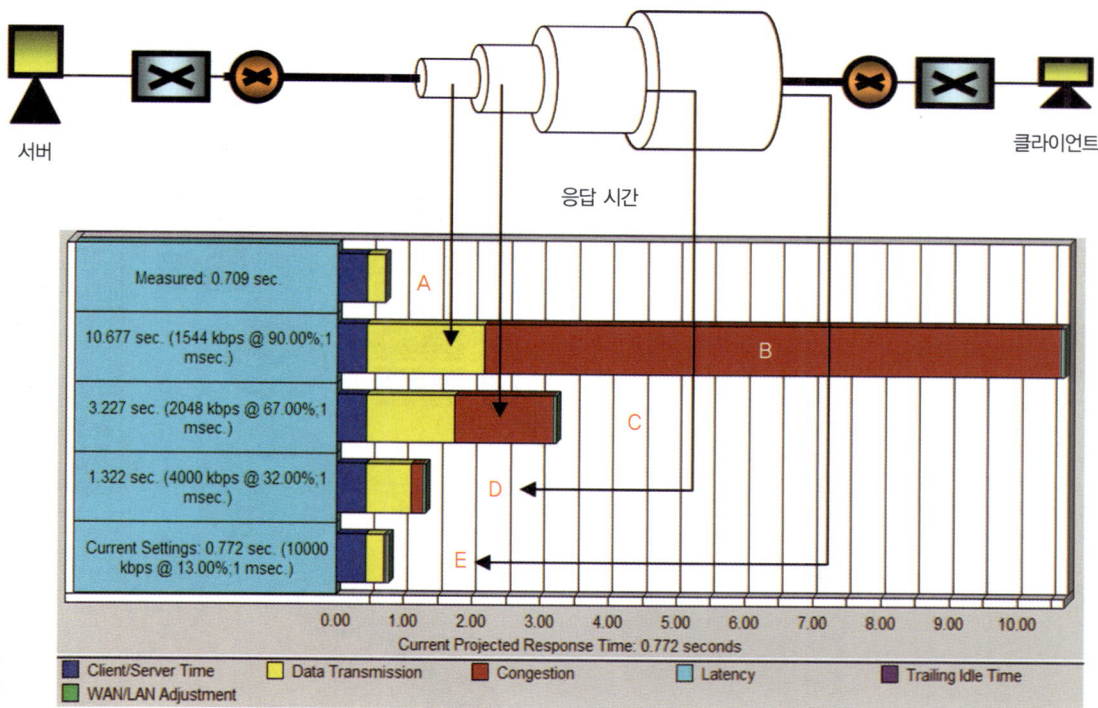

[그림 4-31] ▶
대역폭에 따른
응답 시간의 변화

대역폭이 올라가면 전송 소요 시간도 줄고, Utilization도 낮아져서 재전송으로 인한 지연 시간을 줄일 수 있기 때문에 대역폭은 응답 시간(Response Time)에 중요한 성능 요인이 됩니다. LAN 대역폭은 10Mbps, 100Mbps, 1,000Mbps, 1,0000Mbps로 WAN 대역폭보다 훨씬 넓습니다. 통상적으로 80% 이상의 트래픽이 인터넷을 향한다고 볼 때 [그림 4-32]와 같이 트래픽은 디스트리뷰션 계층과 코어 계층, WAN 라우터를 거쳐 인터넷으로 나갑니다. 따라서 입력과 출력 대역폭의 부조화가 가장 심한 WAN 대역폭과 LAN 대역폭의 경계가 되는 WAN 라우터는 컨제스천의 최우선적인 감시 대상입니다. 즉 WAN 라우터의 WAN쪽 링크의 대역폭 사용량과 WAN 라우터의 CPU와 메모리 사용량을 제일 먼저 체크해 봅니다. Hierarchical 3 레이어의 코어 계층 스위치도 '바다'에 해당하는 트래픽을 처리하는 장치이므로 의심해 볼 만합니다. 또한 코어 계층 스위치의 모든 인터페이스의 대역폭도 의심해야 하는 영역입니다.

Chapter 04 WAN 디자인

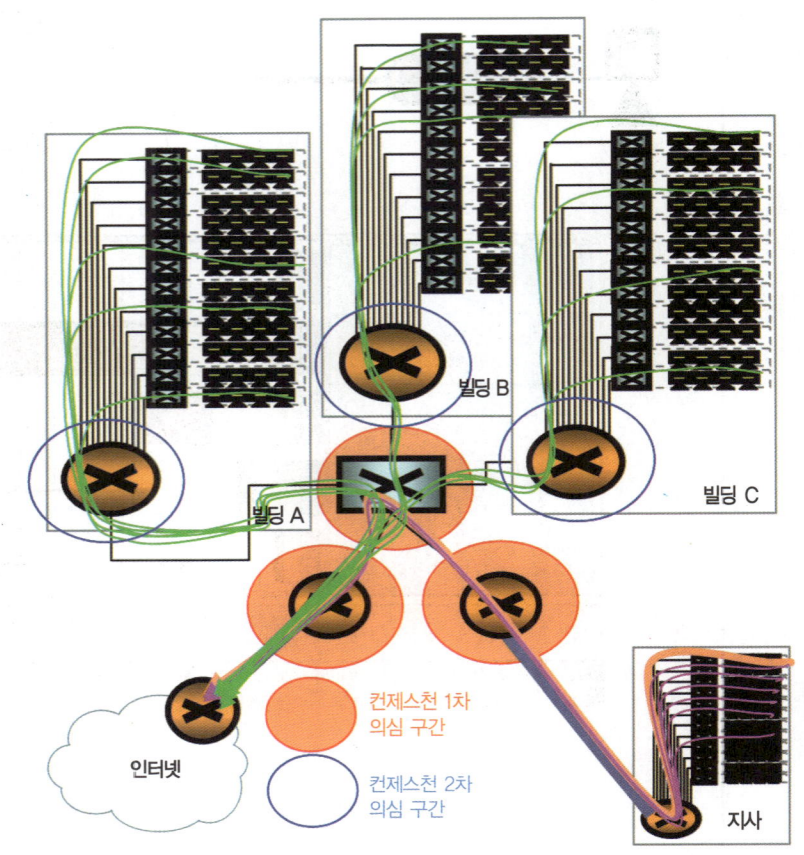

[그림 4-32] ▶
1차 의심 장비 또는 대역폭

어느 한 회사의 네트워크를 점검하기 위한 진단과 분석을 한다고 가정해 봅시다. 이때 대부분의 문제를 해결하는 단초를 제공하는 사람은 컨설턴트가 아니라 네트워크의 '네' 자도 모르는 일반 사용자입니다. 예를 들어 다음과 같은 불만이 있다고 가정해 봅시다.

- **문제 1** : 지사에서 인터넷 접속을 비롯한 전산센터의 서버를 사용하는 유저들의 불만이 많습니다.
- **문제 2** : 본사의 C 건물의 12층 근무자들이 모든 서버를 사용하는 데 불만이 많습니다.
- **문제 3** : 전체적으로 C 애플리케이션을 사용하는 데 불만이 많습니다.

[그림 4-33]과 같이 문제 1의 원인은 지사 내의 통신에 문제가 없을 경우 본사와 지사 간의 WAN의 대역폭 부족으로 생각해 볼 수 있습니다. 문제 2의 원인은 건물 C의 12층 네트워크의 브로드캐스트 비율(일반적으로 10% 이하가 되어야 함)과 액세스 계층 스위치와 디스트리뷰션 계층 라우터 간의 대역폭 부족을 의심할 수 있습니다. 만약 건물 C의 모든 유저들이 불만을 가진다면 건물 C의 디스트리뷰션 계층 장비의 성능(일반적으로 CPU 평균 사용률이 70% 이하가 되어야 함)과 디스트리뷰션 계층 장비와 코어 계층 스위치 사이의 대역폭을 의심할 수 있습니다. 문제 3에 대해서는 다른 애플리케이션에 대

해 아무 문제가 없기 때문에 C 애플리케이션을 서비스하는 서버의 하드웨어 성능이나 서버와 스위치 간의 대역폭, 애플리케이션의 설정을 의심해야 합니다. 이렇게 처음에는 Show 명령이나 분석 툴 없이 논리만 가지고도 대략적인 원인에 대한 가설을 세울 수 있어야 신속하게 문제가 되는 지점을 찾을 수 있습니다.

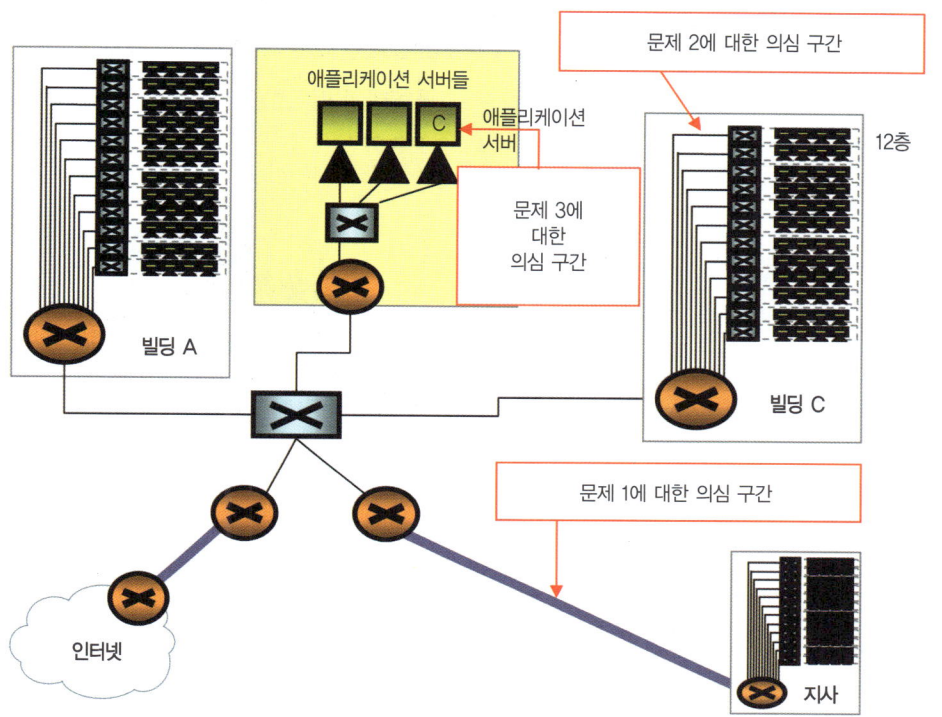

[그림 4-33] ▶ 문제의 원인

[그림 4-34]에 소개하는 것은 JFFNMS(www.jffnms.com)라는 무료 툴로, SNMP(Simple Network Management Protocol)를 이용하여 대역폭을 측정할 수 있습니다. 초록색 선은 유입(Inbound) 트래픽의 사용량을 표시하고, 파란색 선은 유출(Outbound) 트래픽의 사용량을 표시하는데, 둘 다 평균 사용량이 70%를 초과할 때 대역폭을 업그레이드할 필요가 있습니다. 대역폭은 응답 시간의 핵심 요소로서 JFFNMS와 같은 툴을 현장에서 많이 사용하고 있습니다.

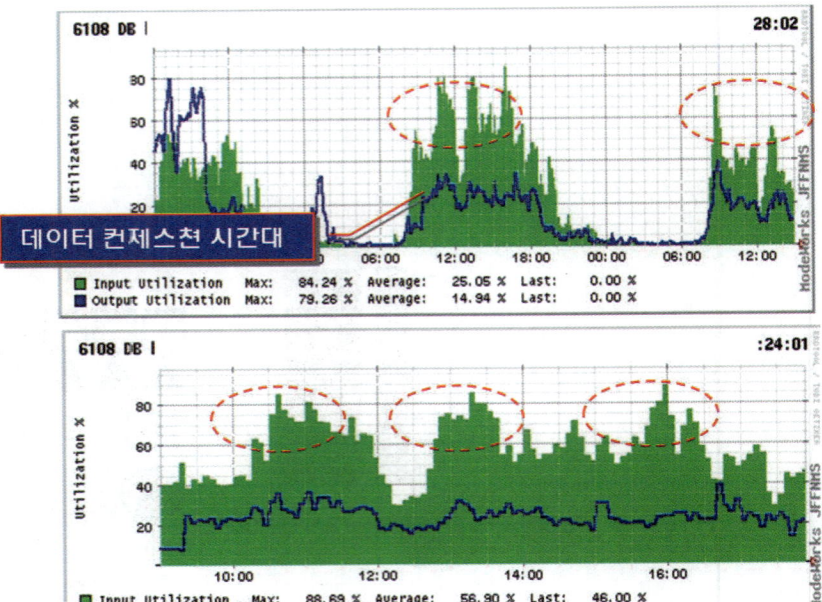

[그림 4-34] ▶
JFFNMS에 의한
대역폭의 측정 예

이 밖에 라우터의 show interface 명령을 통해서도 대역폭이 적정한지를 알 수 있습니다. [예 4-1]에서 빨간색으로 표시된 부분을 중심으로 보면 Serial0 is up, line protocol is up 은 인터페이스의 상태를 표시하는 것으로, Serial 0도 up, line protocol도 up이 되어 있어야 인터페이스를 사용할 수 있습니다. 전자의 up 상태는 '물리 계층에 문제가 없음'을, 후자의 up은 '데이터 링크 계층에 문제가 없음'을 의미합니다. 그리고 rely 255/255는 회선 품질과 관련된 수치로, 라우터는 WAN의 반대쪽에 연결된 라우터에게 10초마다 Keepalive 메시지를 보내 회선의 품질을 측정합니다. 255/255는 255개의 Keepalive를 보냈을 때 255개의 Keppalive가 돌아왔다는 의미입니다. 즉 회선 품질이 '매우 좋음'을 의미합니다.

라우터의 인터페이스로 들어오는 패킷은 해당 인터페이스에서 CRC로 체크한 후 라우팅과 미디어 트랜스레이션, 그 밖의 기타 처리를 위해 주 메모리 영역으로 이동하고, 아웃풋 인터페이스의 메모리로 이동하여 CRC를 더한 후에 다음 장비로 보냅니다.

Input queue 0/75/0 (size/max/drop)의 drop은 인풋 인터페이스에서 주 메모리로의 이동이 매끄럽지 못하다는 의미입니다. Input queue drop 수치가 높다는 것은 라우터의 CPU나 메인 메모리의 용량이 부족하여 모든 인터페이스로부터 몰려오는 패킷을 제때에 처리하지 못해서 '라우터 성능에 문제가 있음'을 뜻합니다. 한편 output queue drop은 아웃풋 인터페이스의 큐에 쌓여 있는 패킷을 신속하게 선을 통해 보내야 하는데, 선의 대역폭이 낮아서 전송이 제때 이루어지지 못하므로 큐가 차서 패킷을 폐기하는 것입니다. 따라서 output queue drop의 수치가 높다는 것은 인터페이스에 연결된 선의 대역폭을 업그레이드해야 한다는 의미입니다.

```
RouterA#show int serial 0
Serial0 is up, line protocol is down
Hardware is HD64570
Internet address is 10.1.1.1/24
MTU 1500 bytes, BW 1544 Kbit, DLY 20000 usec, rely 255/255, load 1/255
Encapsulation HDLC, loopback not set, keepalive set (10 sec)
Last input never, output 00:00:01, output hang never
Last clearing of "show interface" counters never
Input queue: 0/75/0 (size/max/drops)
Queueing strategy: weighted fair
Output queue: 0/1000/64/0 (size/max total/threshold/drops)
Conversations 0/2/256 (active/max active/max total)
Reserved Conversations 0/0 (allocated/max allocated)
5 minute input rate 0 bits/sec, 0 packets/sec
5 minute output rate 0 bits/sec, 0 packets/sec
0 packets input, 0 bytes, 0 no buffer
Received 0 broadcasts, 0 runts, 0 giants, 0 throttles
0 input errors, 0 CRC, 0 frame, 0 overrun, 0 ignored, 0 abort
497 packets output, 12565 bytes, 0 underruns
0 output errors, 0 collisions, 167 interface resets
0 output buffer failures, 0 output buffers swapped out
330 carrier transitions
DCD=up DSR=up DTR=up RTS=up CTS=up
```

[예 4-1] ▶
show interface

대역폭이 부족하면 응답 시간이 악화되어 유저들의 생산성은 감소합니다. 반대로 대역폭이 남으면 필요 이상의 회선 비용을 지불하게 되어 낭비 요소가 됩니다. 따라서 적정한 WAN 대역폭을 유지하는 것이 생산성이나 비용 측면에서 중요합니다. 아울러 구축할 때에 적용했던 WAN 대역폭을 안정화 단계에서 지속적으로 관찰하여 최적의 대역폭 수준으로 유지하는 것이 중요합니다. 마찬가지로 라우터의 [예 4-2]와 같이 CPU의 평균 사용량이 70%를 넘는다면 라우터를 업그레이드할 시기가 되었다고 판단합니다.

```
>#sh process cpu

CPU utilization for five seconds: 80%; one minute: 70%; five minutes: 75%

  PID Runtime(ms)    Invoked     uSecs   5Sec    1Min    5Min   TTY Process

   1      0             1          0    0.00%   0.00%   0.00%   0 Chunk Manager

   2   13028         853749       15    0.00%   0.00%   0.00%   0 Load Meter

생략
```

[예 4-2] ▶
라우터의 show process cpu의 결과

애플리케이션 응답 시간과 네트워크 성능의 상관 관계

네트워크의 성능과 응답 시간(Response Time)은 매우 밀접한 관련이 있습니다. 예를 들어 100KBytes의 웹 페이지에 대한 전송 시간을 가정해 봅시다. 2초 안에 이것을 전송하려면 최소한 0.4Mbps의 네트워크 전송 속도가 필요합니다. 100KBytes를 비트 단위로 환산하기 위해 8을 곱하면 800Kilobits이기 때문입니다. 트랜스포트 계층의 오버헤더 때문에 사실은 이것보다 높은 대역폭이 필요합니다. IP 헤더는 각각의 패킷마다 20Bytes를 더하고, TCP 헤더는 최소한 20Bytes를 더합니다. 이렇게 패킷 사이즈는 필요한 대역폭의 양에 매우 큰 영향을 줍니다. 패킷의 평균 사이즈가 100KB라면 IP 헤더는 필요한 대역폭의 20%를 차지합니다. 효율을 위해 대부분의 대용량 파일 전송이 필요한 애플리케이션들은 보다 큰 패킷 사이즈를 사용하려고 합니다.

[그림 F-1]은 한 페이지를 전송하기 위한 패킷의 네트워크 안의 흐름을 보여줍니다. 웹 페이지를 요청하는 유저 입장에서의 응답 시간은 다음과 같은 네 부분으로 나뉩니다.

- 클라이언트에서 서버로 향하는 요청 전달 시간
- 서버가 패킷을 보내기 시작하는 데 걸리는 시간
- 전체 파일을 전송하는 데 걸리는 시간
- 클라이언트의 패킷 처리 시간

이를 위해 전송되는 패킷에 오류가 없다는 것과 유실되지 않다는 것 등 기타 다른 계층별 오류가 없다고 가정합니다.

SLA(Service Level Agreement)는 특정 애플리케이션에 대해서 특정 수준 이상의 응답 시간이나 오류 발생률을 원하는 고객에게 WAN 서비스 제공업자가 제공하는 서비스 수준 보장 계약입니다. 일반적으로 가격이 비싸지는 대신, 보장 조건 이하의 서비스가 제공될 때는 요금 할인 또는 면제됩니다.

서버와 클라이언트가 병목 현상을 겪지 않는다고 가정할 때 SLA를 결정하는 주요 요소는 클라이언트에서 서버로 Request를 보내는 데 걸리는 One-way Delay와 네트워크에서 파일을 전송하는 데 걸리는 시간입니다. 네트워크 SLA가 'd' ms의 One-way Delay와 초당 'b' bps의 전송률을 가진다고 가정할 때 800Kilobits 페이지에 대한 응답 시간은 다음과 같습니다.

$2d + (800/b)\,ms$

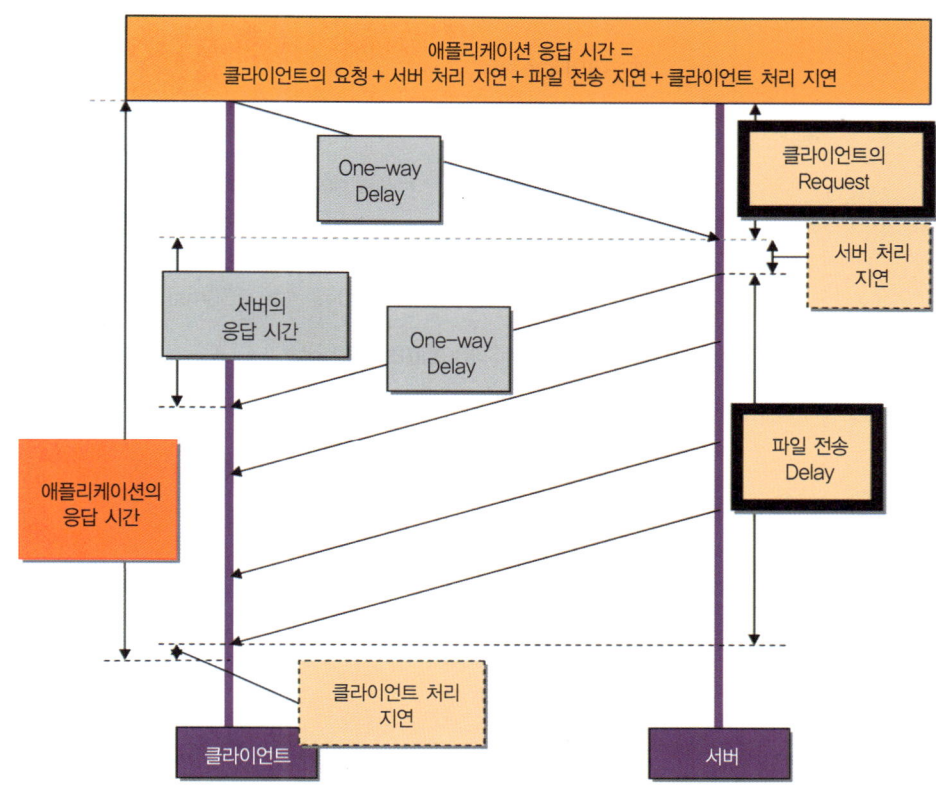

[그림 F-1] ▶
웹 페이지를 요청할 때의
패킷 교환

응답 시간을 결정하는 어떠한 네트워크 지연과 전송률의 조합도 SLA 조건을 충족시키기 위해 10초를 초과해서는 안 된다고 가정합시다. 이때, 네트워크 운용자가 [표 F-1]과 같은 세 종류의 애플리케이션의 응답시간에 관한 SLA 조건을 충족시키는 대역폭을 찾아봅시다.

[표 F-1] ▶
애플리케이션별
응답 시간 조건

애플리케이션	Request의 평균 크기(bits)	파일 크기 (bits)	응답 시간 조건 (초)	One-way Delay (ms)
Transaction	1,600	4,000	1	100
파일 다운로드	800	1,600,000	10	100
웹 전송	2,400	800,000	2	100

▲
애플리케이션별
SLA 조건

이왕이면 다홍치마 F

One-way Delay의 측정 결과가 평균 100ms라면, 세 가지 애플리케이션을 만족시키기 위한 대역폭 b는 다음과 같습니다.

- Transaction 애플리케이션에 대해 7Kbps,

    왜냐하면 200ms(One-way delay×2)+5,600(Request+파일 크기의 합)/b

    =1초(응답 시간 조건)

    5,600/b=0.8초(800ms=1초-200ms)

    b=7,000bit/초=7(Kbps)

- 파일 다운로드를 위해 163Kbps,

    왜냐하면 200ms(One-way delay×2)+1,600,800(Request+파일 크기의 합)/b

    =10초(응답 시간 조건)

    1,600,800/b=9.8초(9,800ms=10초-200ms)

    b=163,346bit/초=163(Kbps)

- 웹 전송을 위해 446Kbps가 필요합니다.

    왜냐하면 200ms(One-way delay×2)+802,400(Request+파일 크기의 합)/b

    =2초(응답 시간 조건)

    802,400/b=1.8초(1,800ms=2초-200ms)

    b=445,777bit/초=446(Kbps)

- 결과적으로 네트워크에서 총 필요한 밴드위스는 616Kbps 입니다.

    왜냐하면, 616=7+163+446

따라서, One-way Delay가 100ms 조건에서 네트워크가 최소 616Kbps 이상의 대역폭을 적용하면, 애플리케이션 레벨에서 필요로 하는 조건을 충족시킬 수 있습니다.

Lesson 06 WAN의 구성 사례

[그림 4-35]에서는 본사와 지사를 연결할 때 원거리 지사와는 frame-relay 서비스를 주로 사용하고, 시내에 존재하는 지사와는 전용 회선으로 구성했습니다. 전용 회선 서비스는 시내 구간과 같이 근거리일 경우에는 frame-relay 서비스보다 요금이 저렴하기 때문입니다. [그림 4-35]에서 파란색으로 표시된 대역폭은 접속 속도, 즉 Access Rate이고, 빨간색으로 표시된 대역폭은 frame-relay망의 전송 속도, 즉 CIR입니다. 일반적으로 보안성을 높이기 위해 지사에서는 인터넷에 직접 접속하지 않고 본사를 거치도록 합니다.

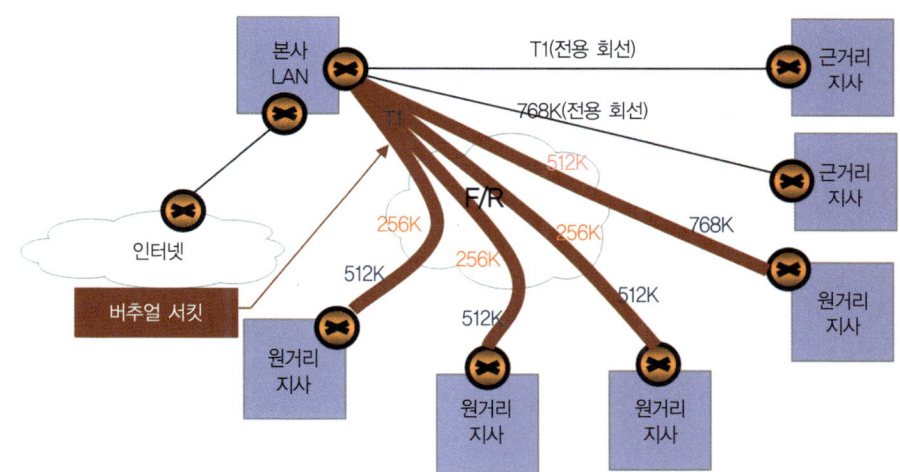

[그림 4-35] ▶
frame-relay와 전용 회선의 구성 예

[그림 4-36]은 본사와 지사들 간을 frame-relay로 구성한 예입니다. 허브 앤 스포크(Hub & Spoke) 토폴로지로 지사와 지사 간의 통신은 반드시 본사를 거쳐야 합니다. 지사와 지사를 직접 연결할 수 있지만, 회선 비용이 올라갑니다. 또한 본사와 지사를 연결하는 유일한 회선이 끊어지면 지사는 고립될 것입니다.

Chapter 04   WAN 디자인

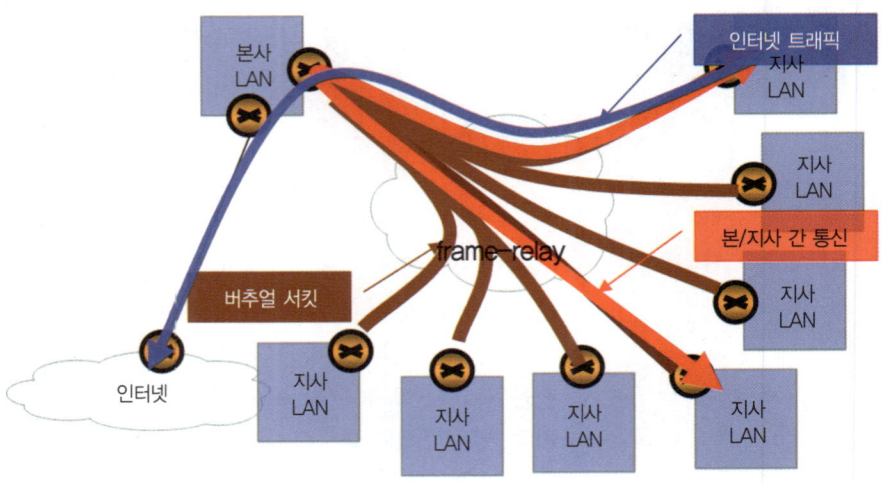

[그림 4-36] ▶
frame-relay Hub & Spoke
토폴로지의 구성 예

[그림 4-37]은 본사와 지사들 간을 파샬 메시(Partial Mesh) 토폴로지의 frame-relay 망을 구성한 예입니다. 이중화를 위해 중요 지사들 간을 백업으로 연결했습니다.

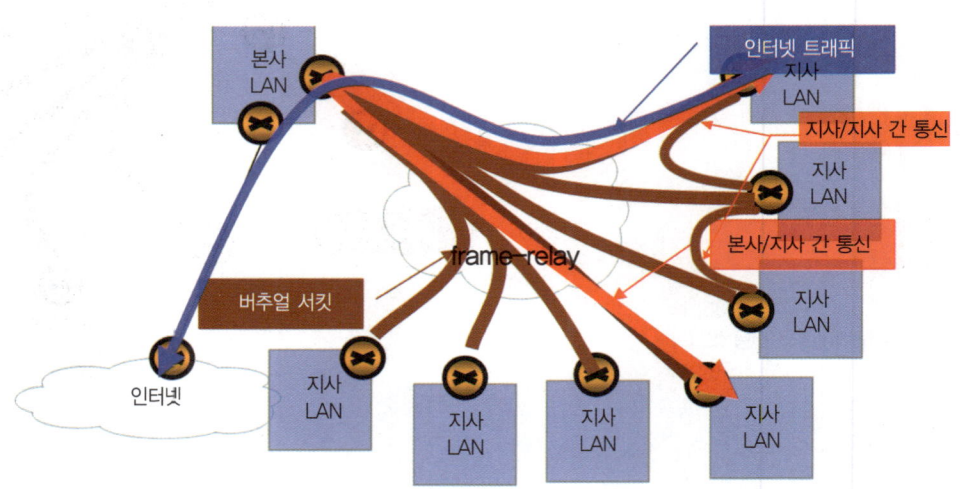

[그림 4-37] ▶
frame-relay 파샬 메시의
구성 예

[그림 4-38]은 [그림 4-37]의 frame-relay 대신 MPLS VPN망으로 변경한 것입니다. 회선 비용 부담을 줄이면서 지사 간의 통신을 위해 본사를 거칠 필요 없이 직접 통신하고, 다른 지사를 통해 본사와의 통신을 유지할 수도 있습니다. 그리고 인터넷 접속도 본사를 거치지 않고 MPLS VPN망을 통해 직접 연결할 수 있는데 보안 수준은 낮아질 수 있기 때문에 자체적인 보안의 정책을 적용하기 위해 본사를 거친 다음 인터넷에 접속하게 할 수도 있습니다. MPLS VPN은 기본적으로 풀 메시를 제공합니다.

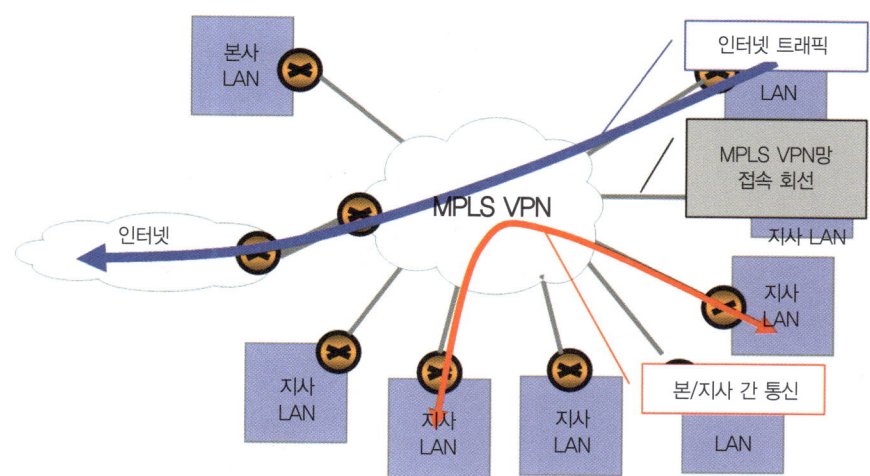

[그림 4-38] ▶
MPLS VPN의 구성 예

[그림 4-39]는 본사와 한 곳의 지사를 연결하고 있습니다. 본사와 지사는 2개의 전용 회선을 통해 연결되는데, T1 회선은 주 회선이고, 512K 회선은 백업 회선입니다. 서비스 제공업자들도 백업 회선을 평소에 사용하지 않고 주 회선이 고장났을 때만 사용하기 때문에 50% 이상의 할인율을 제공합니다. 인터넷 접속은 본사와 지사가 각각 별도의 인터넷 접속 회선을 통해 접속하고 있습니다. 인터넷 접속 포인트가 늘어남에 따라 인터넷 접속 속도는 개선되겠지만, 보안 수준은 낮아집니다.

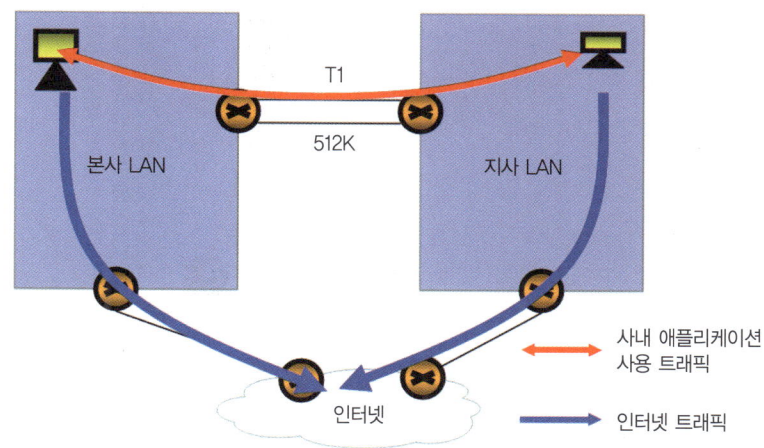

[그림 4-39] ▶
본사와 지사의 연결과
인터넷 접속 구성의 예

[그림 4-40]에서는 인터넷에서 VPN을 구성하여 전용 회선 512K를 대신해서 VPN 서비스를 백업 회선으로 사용할 수도 있습니다. 물론 VPN 장비를 새로 구입해야 하는 부담이 있지만, 회선 비용의 감소 때문에 일정 시간이 지나면 비용이 좀 더 효율적입니다.

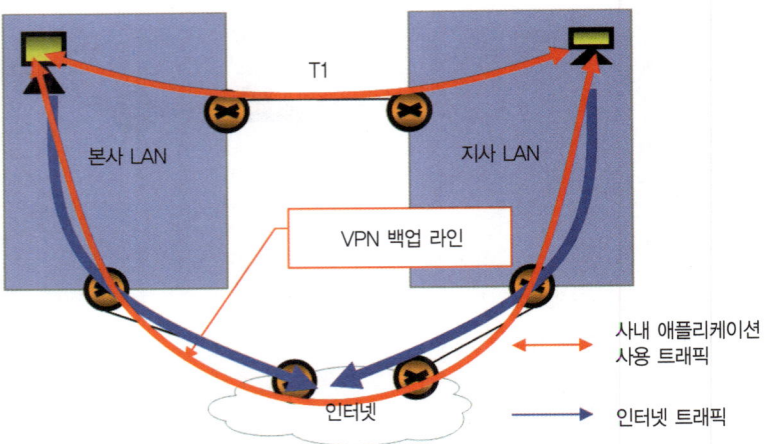

[그림 4-40] ▶
전용 회선과 IPSec VPN 및 인터넷 접속 구성의 예

[그림 4-41]의 구성은 한 걸음 더 나아가서 VPN의 기술 향상과 인터넷 접속 속도의 비용 대비 효율성을 감안하여 T1 전용 회선을 생략하고 VPN 서비스만 사용하는 것보다 일반적인 경우입니다.

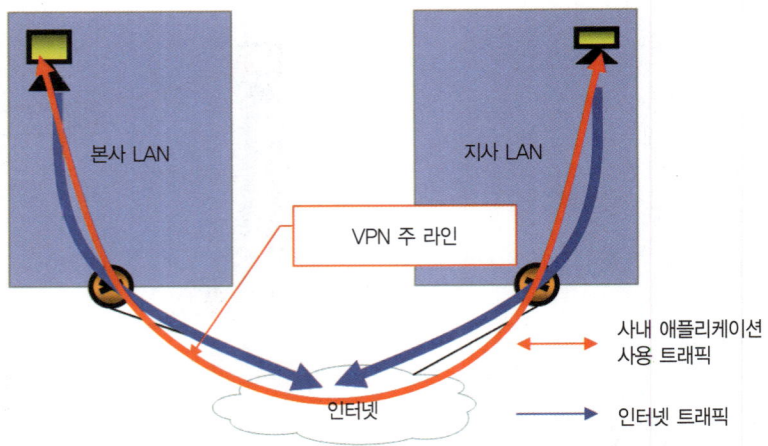

[그림 4-41] ▶
IPSec VPN과 인터넷 접속의 구성 예

[그림 4-42]는 MPLS VPN망을 본/지사들을 연결하는 1차 WAN 서비스로 사용하고, 인터넷 VPN(IPSec VPN)을 백업 WAN 서비스로 사용하고 있습니다. 보안성을 위해 인터넷 접속은 반드시 본사를 거치도록 되어 있습니다. 물론 보안을 위해 본사에는 방화벽이나 IPS 등의 보안 장치를 배치합니다. 각 지사 네트워크에서 라우터와 VPN 장치(라우터 기능 포함) 사이에는 VRRP를 구현하여 MPLS VPN망에 연결된 라우터의 VRRP 우선

순위를 높게 설정한 후 MPLS VPN 서비스를 주 서비스로 사용하게 합니다. 또한 VRRP Interface Tracking 기능도 구현하여 MPLS VPN 회선에 문제가 발생했을 때 인터넷 VPN 서비스를 사용하게 합니다.

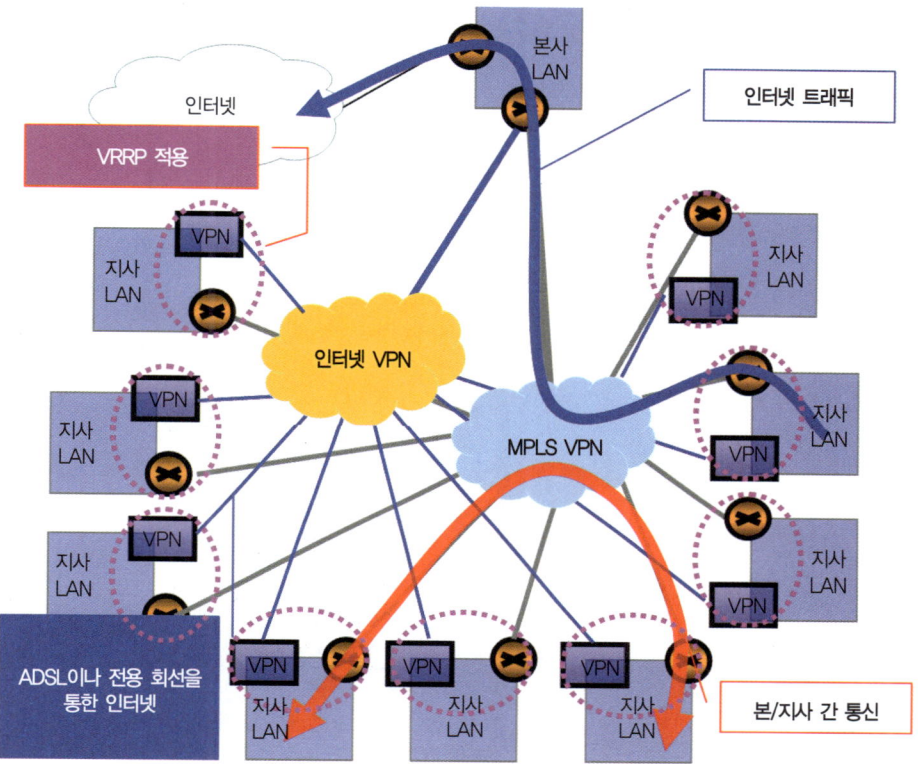

[그림 4-42] ▶
MPLS VPN과 IPSec VPN과 인터넷 접속의 구성 예

[그림 4-43]은 금융/회계/물류 관련 사업을 하는 회사의 WAN 네트워크 구성입니다. 이 경우 그룹웨어나 메일, 인터넷 접속을 위한 트래픽은 MPLS VPN 서비스를 주로 사용하게 하고, 금융/회계/물류 정보는 전용 회선을 주로 사용하게 독립시켰습니다. 별도로 분리한 이유는 보안 정책을 편리하게 적용하면서 중요 트래픽이 필요로 하는 적정한 응답 시간을 제공하기 위해서입니다. MPLS VPN 라인이나 전용 회선 라인이 고장났을 때는 고장이 나지 않은 라인을 사용하기 때문에 백업 효과도 있습니다.

Chapter 04 WAN 디자인

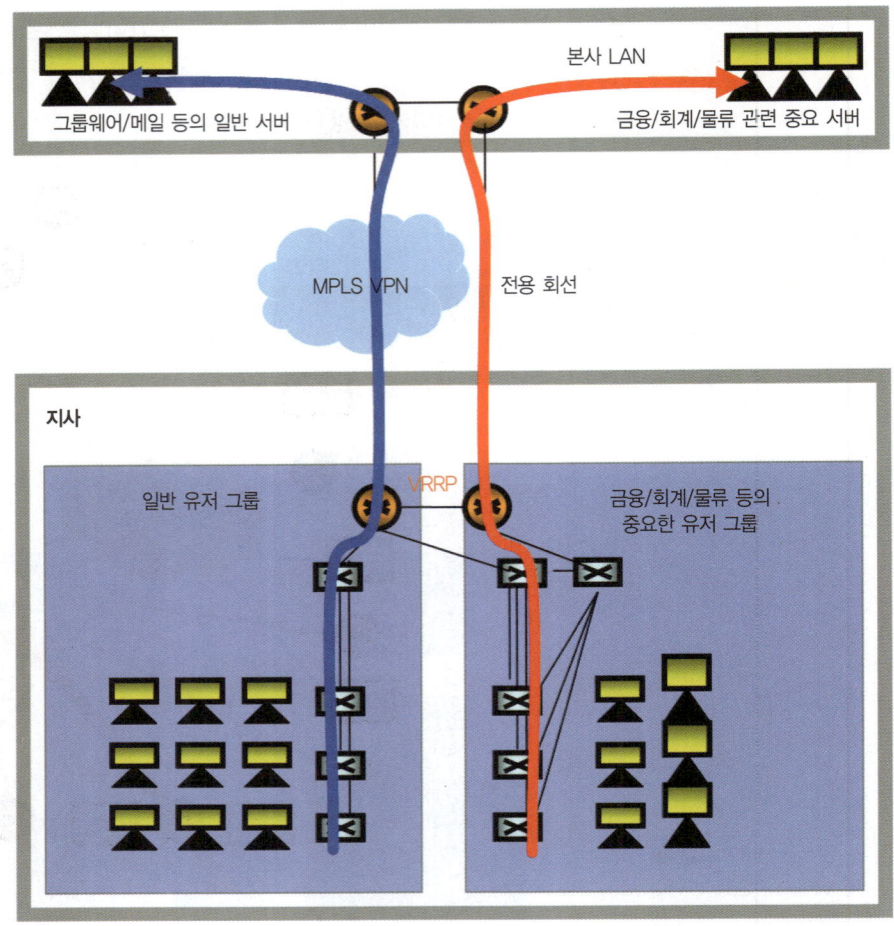

[그림 4-43] ▶
MPLS VPN과
전용 회선의 구성 예

[그림 4-44]는 일반 지사 그룹을 위해 인터넷 VPN을, 중요 지사 그룹을 위해 MPLS VPN 서비스를 사용하고, 가장 중요한 트래픽이 교환되는 지사와는 두 회선을 다른 서비스 제공업자의 전용 회선 서비스로 사용하는 등 기존 장비의 VPN 지원 여부, 회선 비용 내역, 투자 내역, 비용 대비 효과 비교에 의해 다양하게 결정한 경우입니다. [그림 4-44]는 일시적인 접속이나 소용량의 트래픽이 전달되는 지사를 인터넷 VPN으로 구성했습니다. 그리고 안정적인 서비스와 보안성이 필요한 트래픽을 위해서는 전용 회선을 이중으로 구성했습니다. 그러나 이후에 비용이 이슈가 되면 전용 회선은 MPLS VPN으로, MPLS VPN은 인터넷 VPN으로 검증 과정을 거쳐서 장기적으로 전환할 수 있습니다.

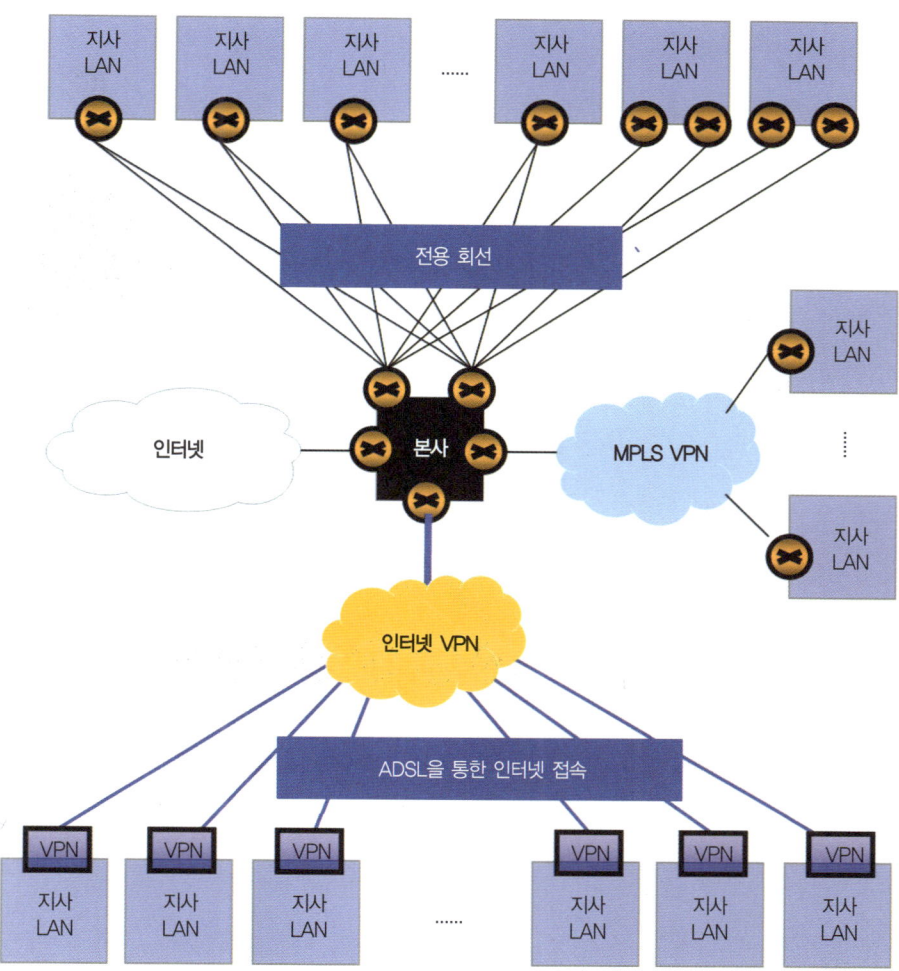

[그림 4-44] ▶
전용 회선, MPLS VPN, IPSec
VPN 혼합 구성의 예

[그림 4-45]는 지사와 본사 간의 연결을 KT와 데이콤 MPLS VPN망에 같은 대역폭을 배치하여 로드 분산하는 구조입니다. 서비스 제공업자의 MPLS VPN망에도 문제가 생길 수 있기 때문에 로드 분산과 백업 효과도 제공합니다.

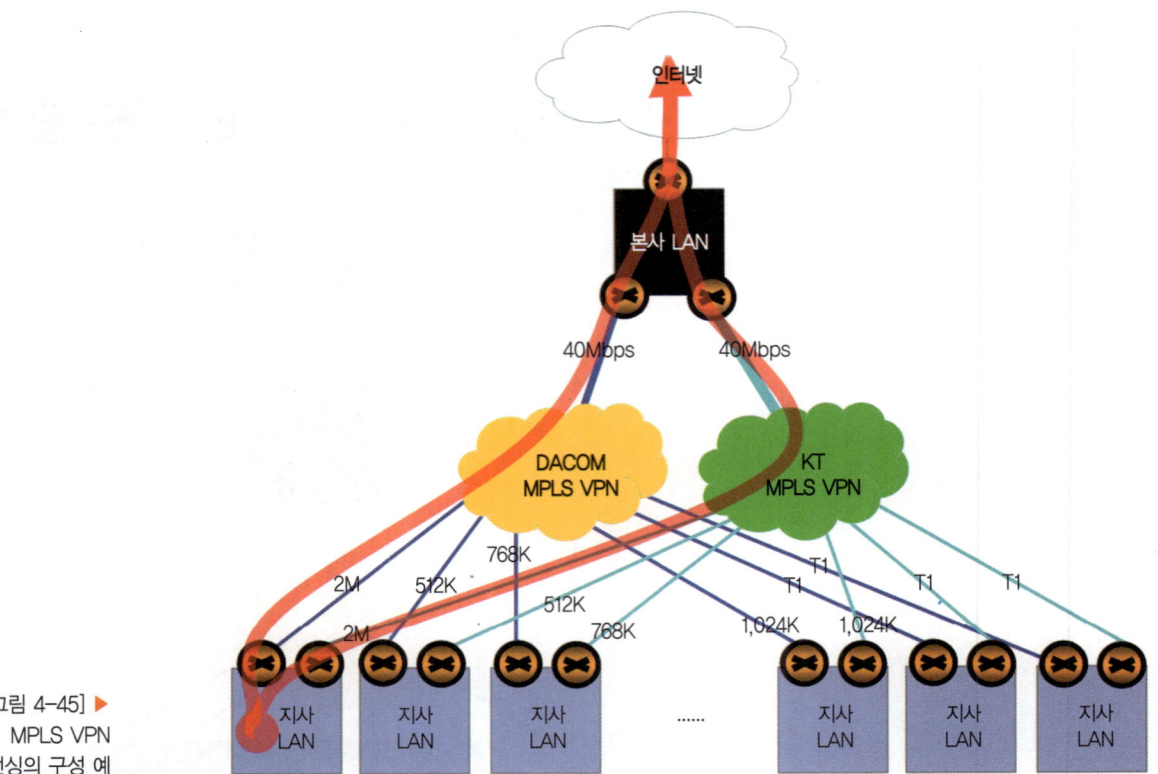

[그림 4-45] ▶
MPLS VPN
로드 밸런싱의 구성 예

DR(Disaster Recovery)

DR 솔루션은 재해 때문에 중단된 정보 기술 서비스를 복구하기 위해 주 센터의 데이터를 재해복구센터로 실시간 복제하는 솔루션입니다. 911 테러 당시 DR센터를 갖춘 회사와 그렇지 못한 회사 간에는 업무 정상화 시간이나 피해 규모에 엄청난 차이가 있었습니다.

DR 솔루션이 동작하려면 [그림 G-1]과 같이 물리적으로 떨어진 장소에 DR센터가 필요합니다. 소프트웨어 방식의 DR 솔루션의 경우 서버에 설치된 소프트웨어에서 작업 명령을 내리면 트랜잭션 로그 메시지를 감지하여 트랜잭션 단위의 데이터를 수집합니다. 트랜잭션 단위의 데이터는 압축하여 DR센터로 전송합니다. 이것을 받은 DR센터의 서버는 압축을 풀고, 트랜잭션 단위의 데이터로 복원한 후 DR센터의 저장 장치에 반영합니다.

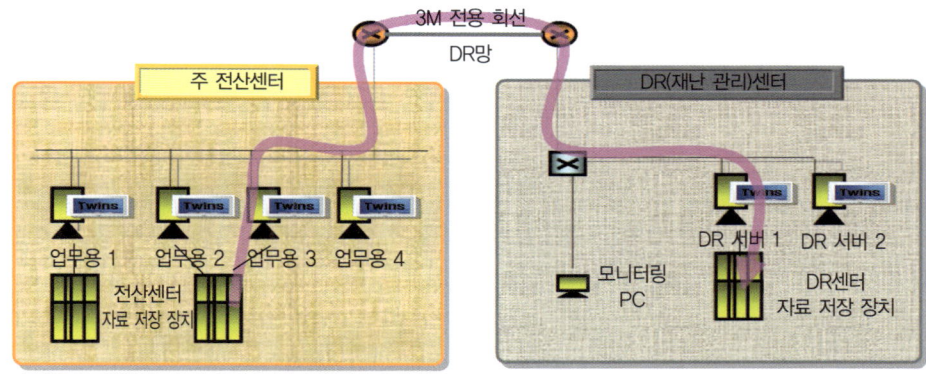

[그림 G-1] ▶
주 전산센터와 DR센터

DR 솔루션은 [표 G-1]과 같이 크게 스토리지 기반 HW 방식, 서버 기반의 SW 방식, 스토리지 가상화 장비를 이용한 가상화 방식으로 나뉩니다. 또한 SW 방식은 장치 기반 복제 방식과 DB 기반 복제 방식으로 분류되며, 적용 환경 및 구축 목표에 따라 솔루션을 결정하여 적용합니다.

이왕이면 다홍치마 G

구분	소프트웨어 방식		하드웨어 방식	가상화 방식
	장치 기반	DB 기반		
기반 플랫폼	스토리지 종류에 무관 → 서버에서 프로그램 구현		특정 스토리지 기반 → 스토리지에서 프로그램 구현	스토리지 종류에 무관 → 가상화 장비 필요
인터페이스	TCP/IP(일반 네트워크)		ESCON, Fiber Channel(장거리 연결을 위하여 광통신 사용)	TCP/IP, Fiber Channel
장점	• 하드웨어 방식과 유사 • 손쉬운 구성	• 필요한 네트워크의 대역폭이 좁음 • 복제 DB 활용 가능	서버의 자원(CPU, 메모리)에 영향을 미치지 않음	• 이기종 스토리지 통합 관리 • 기존 장비 활용 가능
단점	• 서버 성능(CPU, 메모리)에 영향을 줌 • DR을 위한 서버마다 솔루션 설치해야 함 • 서버 OS에 제한적		• 스토리지의 종류는 동일 기종이어야 함 • Internal HDD 복제 불가	• 장비 이중화 필요 • 실제 적용 사례 적음 • Internel HDD 복제 불가
주요 솔루션	Veritas VVR, Fujitsu TDMF	SharePlex, Twins911	EMC SRDF, HDS TrueCopy, IBM PPRC	Storage SVM, DataCoreSansymphony, Falconstor Ipstore

[표 G-1] ▶ DR 솔루션의 구현 방식

DR과 관련하여 두 가지 중요한 용어가 있습니다. 바로 RTO(Recovery Time Objective)와 RPO(Recovery Point Objective)입니다. RTO는 재해 발생 후, 데이터 복구에 걸리는 시간 목표입니다. RPO는 재해 발생 후, 재해가 발생 전 어느 순간까지 복구할 것인지에 대한 것입니다. 예를 들어 주문이나 재무 정보와 같은 중요 데이터일 경우에는 재해 발생 순간까지의 모든 데이터를 복구하고, 주차관리 정보와 같이 중요하지 않은 데이터일 경우에는 재해 발생 24시간 이전수준까지 데이터를 복구한다는 목표가 RPO의 예에 속합니다.

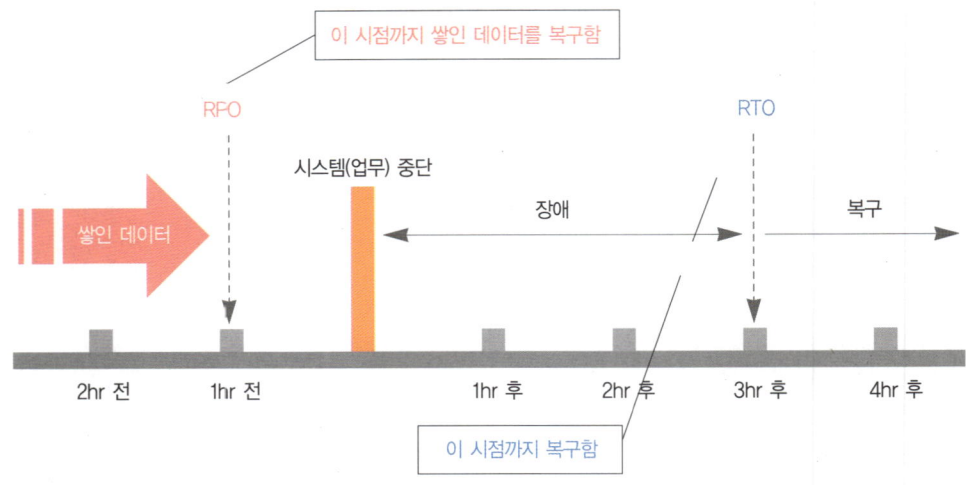

[표 G-2] ▶ RTO & RPO

[표 G-2]와 같이 회사가 보유한 시스템 별 RTO와 RPO 목표에 따라, DR 센터의 백업 시스템 운용방식과 데이터 백업 주기가 달라 집니다. 예를 들어, 요구하는 RTO 기준이 '즉시 복구'이고, RPO 수준이 '재해 시점'이라면 Mirror 사이트 방식으로 구축합니다. Mirror 사이트는 주 전산센터와 동일한 수준의 시스템을 DR 센터에 구축하여 주 전산센터와 DR 센터의 시스템을 액티브-액티브로 모두 사용합니다. Hot 사이트는 주 전산센터와 동일한 수준의 시스템을 구축하고 실시간 백업하지만, DR 센터의 시스템 들은 스탠바이 상태로 유지합니다. Warm 사이트는 중요한 시스템만 DR 센터에서 구축하고, Cold 사이트는 DR 센터에 시스템을 보유하지 않고 백업 데이터만 보관하고 재해 시 시스템을 준비하여 복구하는 형태입니다. 이렇게 조직별 RTO와 RPO 목표에 따라 DR 센터의 구축 수준을 결정합니다.

[표 G-3] ▶
요구 RTO와 RPO별 DR 센터의 시스템 운용 방식과 데이터백업(정보통신부 정보시스템 재해복구지침 참조)

시스템운용방식	DR 센터의 백업 시스템 구성			RTO 기준	RPO 기준
	장치 기반		데이터 백업방식		
Mirror 사이트	주 전산센터와 동일한 수준의 시스템 구축하여 액티브-액티브로 사용		실시간 백업	즉시	재해시점
HOT 사이트	주 전산센터와 동일한 수준의 시스템을 구축하여 스탠바이로 유지		실시간 백업	수시간	재해시점
Warm 사이트	DR 센터에 중요한 시스템만 보유		주기적 백업 (수시간~1일)	수일 ~수주	수시간~ 1일전
Cold 사이트	DR 센터에 시스템을 보유하지 않거나 최소로 보유		주기적 백업 (수일~수주)	수주~수개월	수주~ 수개월 전

회사에 IT 예산이 많다면 모든 시스템 들에 대해 Mirror 사이트를 구축할 수 있으나, 그러한 경우는 드물기 때문에 중요 시스템과 중요하지 않은 시스템을 구분하여 DR 센터를 구축할 필요가 있습니다. 이때, DR 센터를 어떻게 구축할 것인지(어떤 시스템 운용방식과 데이터 백업 주기(방식)를 어떻게 할 것인가?)를 결정해야 합니다.

이를 위해 다음과 같은 과정이 필요합니다. 우선, 각각의 시스템의 중요도를 평가하는데 그 기준에는 다음과 같은 것들이 있습니다.

● 매출 및 이익 기여도

● 법적 문제 발생여부와 영향도

● 고객 서비스에 영향도

● 종업원 사기와 생산성에 대한 영향도

이왕이면 다홍치마 G

이러한 판단기준은 조직의 업종과 규모에 따라 그 중요도가 다르기 때문에 가중치 계산 방법 중 하나인 Ranking Method(Centroid 방법)에 의한 가중치 0.52, 0.27, 0.14, 0.0625를 적정하게 할당합니다. 다음으로 [표 G-3]과 각각의 시스템들에 대한 손실영향도를 계산해냅니다. 예를 들어, 재무 시스템의 손실영향도 3.3=(0.52×1)+(0.27×5)+ (0.14×1)+(0.0625×4) 공식에 의해 계산됩니다.

구분	시스템 중요도 판단 기준				손실 영향도
	매출 및 이익	법적문제	고객서비스영향	직원 생산성	
가중치	0.52	0.27	0.14	0.0625	
재무	1	5	1	4	3.3
재고	3	2	4	3	3.3
영업	5	5	5	5	4.4
교육	1	1	1	4	1.2
구매	3	3	3	4	3.3

[표 G-4] ▶ 손실영향도에 의한 권고 DR 시스템 운용방식의 결정

[표 G-4]와 같이 고객의 요구 RTO 수준과 RPO 수준을 조사하여 요구 DR 시스템운용방식을 판정합니다. 여기에서 현재 DR 시스템 운용방식과 요구 DR 시스템운용방식과의 갭을 발견하게 됩니다. 이때, [표 G-3]에서 계산된 손실 영향도와 예산, 고객과의 조정을 거쳐 권고 DR 시스템운용방식을 최종 결정합니다.

시스템	현재 RTO	현재 RPO	현재 DR 시스템운용방식	요구 RTO	요구 RPO	요구 DR 시스템운용방식	권고 DR 시스템운용방식
재무	1일	1일	Warm 사이트	즉시	재해시점	Mirror 사이트	Warm 사이트
재고	1주	2주	운용 안함	1일	1일	Warm 사이트	Warm 사이트
영업	1일	1주	운용 안함	즉시	재해시점	Mirror 사이트	Mirror 사이트
교육	1월	없음	운용 안함	1일	1일	Warm 사이트	데이터 백업만
구매	1주	3주	데이터백업만	1일	1일	Warm 사이트	Warm 사이트

[표 G-5] ▶ 고객의 요구 DR 시스템운용 방식과 현재 DR 시스템 운용 방식

권고 DR 시스템운용방식의 결과는 3개의 시스템에는 Warm 사이트를, 1개의 시스템은 Mirror 사이트를 구축하라는 결과가 나왔습니다만, 이렇게 다르게 할 경우 관리와 투자에 중복이 발생할 수 있으므로 특별히 관리해야 할 중요한 시스템이 없다면 하나의 운용 방식으로 결정합니다. 즉, 예에서는 Warm 사이트로 결정할 수 있습니다.

인터넷 VPN으로 변경할 때 회선 비용 절감 효과 계산하기

Problem

1. 기존의 네트워크는 전용 회선을 사용하고 있습니다. 회선 비용은 'Lesson 04. WAN 서비스의 요금 체계[표 4-1]'의 요금표를 참고하여 VPN 서비스로 변경할 때의 회선 비용 절감 효과를 계산하세요. (VPN 장비 투자 비용은 사이트당 3,000,000원으로, 본사는 18,000,000원으로 가정합니다. 인터넷 접속 회선 비용은 60,000원으로 가정합니다.)

2. [표 4-14]를 채우세요.

구분	기존		VPN	
	회선 속도(Kbps)	본/지사 간 거리(Km)	회선 속도(Kbps)	월 사용료(원)
본사 – 지사 1	512	200	2,048 (하향) 512 (상향)	60,000
본사 – 지사 2	512	200		60,000
본사 – 지사 3	512	500		60,000
본사 – 지사 4	512	500		60,000
본사 – 지사 5	512	100		60,000
본사 – 지사 6	128	100		60,000
본사 – 지사 7	128	100		60,000
본사 – 지사 8	128	100		60,000
본사 – 지사 9	128	100		60,000
합계				600,000

구분	기존		VPN		누계 차액(원)
	금액(원)	누계(원)	금액(원)	누계(원)	
투자비					
1월 회선비					
2월 회선비					
3월 회선비					
4월 회선비					
5월 회선비					
6월 회선비					
7월 회선비					
8월 회선비					
9월 회선비					
10월 회선비					
11월 회선비					
12월 회선비					

[표 4-14] ▶ 비교 표

Solution

1. VPN 장비의 초기 투자 비용은 다음과 같습니다.

- 본사 : 18,000,000원
- 지사 : 3,000,000 × 9 곳 = 27,000,000원
- 총계 : 45,000,000 = 18,000,000 + 27,000,000

2. [표 4-14]와 같이 투자 3개월차부터 전용 회선보다 효율적인 비용으로 BEP(Break Even Point)를 달성 가능합니다. 1년에 약 1.99 정도의 비용 개선 효과가 있습니다.

구분	기존			VPN	
	회선 속도(Kbps)	본/지사 간 거리(Km)	요금	회선 속도(Kbps)	월 사용료(원)
본사 - 지사 1	512	200	3,281,000	2,048 (하향) 512 (상향)	60,000
본사 - 지사 2	512	200	3,281,000		60,000
본사 - 지사 3	512	500	4,169,100		60,000
본사 - 지사 4	512	500	4,169,100		60,000
본사 - 지사 5	512	100	2,679,000		60,000
본사 - 지사 6	128	100	1,103,100		60,000
본사 - 지사 7	128	100	1,103,100		60,000
본사 - 지사 8	128	100	1,103,100		60,000
본사 - 지사 9	128	100	1,103,100		60,000
합계			21,992,000		600,000

구분	기존		VPN		누계 차액 (천 원)
	금액(천 원)	누계(천 원)	금액(천 원)	누계(천 원)	
장비 투자비			45,000	45,000	
1월 회선비	21,992	21,992	600	45,600(45,000+600)	23,608
2월 회선비	21,992	43,983	600	46,200(45,600+600)	2,217
3월 회선비	20,355	65,976	600	46,800	-19,176(BEP통과)
4월 회선비	20,355	87,968	600	47,400	-40,568
5월 회선비	21,992	109,960	600	48,000	-61,960
6월 회선비	21,992	131,952	600	48,600	-83,352
7월 회선비	21,992	153,944	600	49,200	-104,744
8월 회선비	21,992	175,936	600	49,800	-126,136
9월 회선비	21,992	197,928	600	50,400	-147,528
10월 회선비	21,992	219,920	600	51,000	-168,920
11월 회선비	21,992	241,912	600	51,600	-190,316
12월 회선비	21,992	263,904	600	52,200	-211,704

[표 4-15] ▶ 비교 표(해답)

12개월 내 2억 이상 이익

O/× Quiz & Solution

Chapter 04의 주요 개념을 O/× 퀴즈를 통해 복습해 보겠습니다.

Quiz

틀린 문제에 ×표, 맞는 문제에 O표 하시오.

순서	문제	O/×
1	WAN 서비스를 이용한다면 유지 보수 비용이 발생한다.	
2	전용 회선에서 사용하는 인캡슐레이션은 HDLC와 PPP이다.	
3	HDLC는 멀티링크, 압축, 인증 등의 다양한 옵션 기능을 제공한다.	
4	라벨 스위칭으로 라우팅 속도를 향상시키는 것은 MPLS VPN이다.	
5	인터넷 접속을 통해 본사와 지사를 연결하는 것은 MPLS VPN이다.	
6	각각의 2계층 인캡슐레이션들은 헤더의 구성에서 크게 차이가 난다.	
7	MPLS VPN은 MPLS VPN망에 접속하기만 하면 본사와 지사 간에 풀 메시로 연결할 수 있다.	
8	ATM, frame-relay, X.25는 서킷 스위칭망에 속한다.	
9	서킷 스위칭 서비스의 최대 단점은 콜 셋업할 때 지연이 발생하는 것이다.	
10	패킷 스위칭 서비스의 PVC 서비스도 콜 셋업 지연이 발생한다.	
11	전용 회선의 요금은 속도에만 비례한다.	
12	frame-relay와 ATM의 회선 임대 비용은 전송 속도와 접속 속도를 구분하여 별도로 지불해야 한다.	
13	빈번하지 않은 트래픽 교환을 위해 무수히 많은 지점들을 저렴한 비용으로 연결할 수 있는 방법은 전용 회선이다.	
14	ATM에서 풀 메시 토폴로지로 구성하지만, 허브 앤 스포크(Hub & Spoke) 토폴로지로 구성해도 비용은 같다.	
15	AH와 ESP 헤더는 인터넷을 사설 네트워크처럼 사용하기 위해 반드시 필요한 보안 솔루션이다.	
16	UBR, ABR, VBR은 frame-relay 서비스의 종류이다.	
17	총 응답 시간은 클라이언트와 서버의 처리 시간과 네트워크 이동 시간을 합친 것이다.	
18	네트워크 이동 시간은 대역폭과 거리에 비례한다.	
19	대역폭이 남거나 부족하면 결국 비용이 발생한다.	
20	MPLS VPN 기술은 터널링과 암호화이다.	
21	Client VPN의 약점은 관리가 어렵다는 것이다.	
22	WAN 서비스를 결정하는 주요한 요인은 비용과 기술의 안정성이다. 비용 측면에서 인터넷 VPN 서비스는 주류 WAN 서비스가 될 것이다.	

Solution

순서	설명	O/X
1	WAN 서비스를 이용한다면 회선 임대 비용이 발생하고, 유지 보수 비용은 LAN에서 발생한다.	X
2	전용 회선에서 사용하는 인캡슐레이션은 HDLC와 PPP이다.	O
3	PPP는 멀티링크, 압축, 인증 등의 다양한 옵션 기능을 제공하지만, HDLC는 제공하지 않는다.	X
4	라벨 스위칭으로 라우팅 속도를 향상시키는 것은 MPLS VPN으로, 라우터를 스위치처럼 사용하는 방식이다.	O
5	인터넷 접속을 통해 본사와 지사를 연결하는 것은 IPSec VPN이다. MPLS VPN은 별도의 MPLS VPN망을 거친다.	X
6	각각의 2계층 인캡슐레이션들은 헤더의 구성에서 크게 차이가 나지 않는다. 심지어 이더넷과 같은 LAN 인캡슐레이션와 WAN 인캡슐레이션도 주소와 상위 계층의 프로토콜을 표시하기 위한 필드로 구성되는 등 크게 차이가 나지 않는다.	X
7	MPLS VPN은 MPLS VPN망에 접속하기만 하면 망 특성상 본사와 지사 간에 풀 메시로 연결할 수 있다.	O
8	ATM, frame-relay, X.25는 패킷 스위칭망에 속하고, PSTN, ISDN이 서킷 스위칭망에 속한다.	X
9	서킷 스위칭 서비스의 최대 단점은 콜 셋업할 때 지연이 발생하는 것으로, 이것 때문에 거의 사용하지 않는다.	O
10	패킷 스위칭 서비스의 SVC 서비스는 서킷 스위칭 서비스와 비슷하여 필요할 때만 연결하기 때문에 콜 셋업 지연이 발생한다. PVC 서비스는 전용 회선과 비슷하여 항상 연결되어 있는 서비스이다.	X
11	전용 회선의 요금은 속도와 거리에 비례한다.	X
12	frame-relay와 ATM의 회선 임대 비용은 전송 속도와 접속 속도를 구분하여 별도로 지불한다.	O
13	빈번하지 않은 트래픽 교환을 위해 무수히 많은 지점들을 저렴한 비용으로 연결할 수 있는 방법은 서킷 스위칭 서비스나 IPSec VPN 서비스이다.	X
14	ATM에서 풀 메시 토폴로지로 구성하지만, 허브 앤 스포크(Hub & Spoke) 토폴로지로 구성했을 때는 ATM망에 전송 구간을 추가로 구입해야 하기 때문에 회선 비용이 다르다.	X
15	AH와 ESP 헤더는 인터넷을 사설 네트워크처럼 사용하기 위해 반드시 필요한 보안 솔루션이다. AH는 인증(이용자 확인)을 위해 필요하고, ESP는 암호화를 위해 필요하다.	O/X
16	UBR, ABR, VBR은 ATM 서비스의 종류이다.	X
17	총 응답 시간은 클라이언트와 서버의 처리 시간과 네트워크 이동 시간을 합친 것이다.	O
18	네트워크 이동 시간은 대역폭과 거리에 비례한다.	O
19	대역폭이 남으면 회선 비용을 낭비하고, 부족하면 생산력 저하로 기회 비용이 발생한다.	O
20	IPSec VPN 기술은 터널링과 암호화로 요약할 수 있다.	X
21	Client VPN의 약점은 관리가 어렵다는 것이다.	O
22	WAN 서비스를 결정하는 주요한 요인은 비용과 기술의 안정성이다. 비용 측면에서 인터넷 VPN 서비스는 주류 WAN 서비스가 될 것이다.	O

Big Network Design

Chapter 05

IP 디자인

[목표] IPv4(1981년 개발) 주소는 두 부분(네트워크 주소와 호스트 주소)의 32bit 숫자로 구성되어 있습니다. IP 주소 중에서 가장 작은 주소는 0.0.0.0이고, 가장 큰 주소는 255.255.255.255인데 A, B, C, D, E의 5개의 클래스로 구분합니다. 차세대 IP인 IPv6은 128 비트 주소 길이로 IPv4의 주소 고갈 문제를 해결하고, NAT, PAT, VLSM과 같은 기술은 현재의 32비트 IP 주소 체계를 계속 이용하면서 IP 주소의 고갈 문제를 해결합니다.

[특징(from ★ to ★★★★★)]

Lesson 01 IP 주소와 관련된 두 가지 문제

IP 네트워크가 커지면서 IP 주소와 관련하여 다음과 같은 두 가지 문제가 있습니다.

❶ IP 주소가 거의 남지 않았습니다.

❷ IP 네트워크의 수가 많아집니다. 이것은 전달해야 하는 라우팅(네트워크) 정보량이 늘어나서 라우팅 테이블을 만드는 데 장비와 대역폭에 부담을 주고, 라우팅 테이블이 너무 길어지기 때문에 라우팅을 위한 시간이 많이 걸릴 수 있다는 것입니다.

FLSM(Fixed-Length Subnet Mask)은 네트워크마다 필요한 IP 주소의 수가 다른 데도 불구하고 같은 길이의 서브넷 마스크를 사용해서 IP 주소를 낭비합니다. 이에 비해 VLSM(Variable-Length Subnet Mask)은 네트워크마다 필요한 만큼만 IP 주소의 수를 수용할 수 있는 서브넷 마스크를 사용해서 IP 주소의 낭비를 막습니다.

VLSM은 NAT(Network Address Translation), IPv6와 함께 IP 주소 고갈에 대한 솔루션입니다. [그림 5-1]을 보세요. VLSM을 이용한다면 네트워크의 수가 늘어나기 때문에 라우팅 테이블의 길이는 길어지고, 라우팅 테이블이 길어지면 라우팅 처리 시간이 길어집니다. VLSM으로 인한 새로운 문제를 해결하기 위한 대책이 루트 서머라이제이션(Route Summarization)입니다. 루트 서머라이제이션은 라우팅 정보를 요약하여 라우팅 정보의 양과 라우팅 테이블의 길이를 줄입니다.

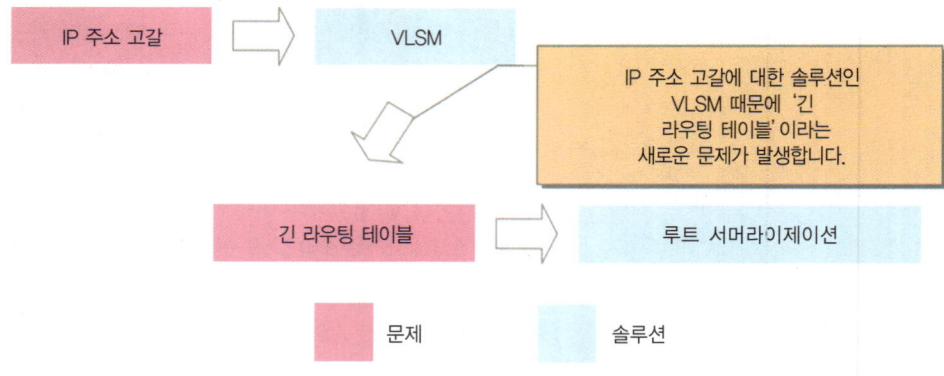

[그림 5-1] ▶
IP 관련 문제와 솔루션

IP 고갈 문제를 해결하기 위한 솔루션으로 [표 5-1]과 같이 NAT(Network Address Solution), Private 망에 대한 IP 주소 할당(Address Allocation for Private Internets), VLSM(Variable-Length Subnet Masks), IPv6가 있습니다.

[표 5-1] ▶
IF 주소 고갈 문제에 대한 솔루션

IP 주소 고갈 문제를 다루는 RFC	설명
Variable-Length Subnet Masks, RFC1812	다양한 길이의 서브넷 마스크를 사용하는 것(OSPF, Integrated IS-IS EIGRP, BGP 라우팅 프로토콜에서 지원)
Network Address Translation, RFC1631	NIC이 할당하는 공인 주소가 아니라 Private IP 주소를 사용하여 공인 주소가 필요한 인터넷에 접속할 필요가 있는 경우 공인 주소로 변환하는 것
Address Allocation for Private Internets, RFC1918	NIC이 할당한 공인 주소는 인터넷을 상호 연결하는 데 사용. 조직(망) 안에서 사용한다면 공인 주소 없이 다음의 사설 주소 구간을 사용 • A 클래스 주소 중 10.0.0.0~10.255.255.255 영역 사용 • B 클래스 주소 중 172.16.0.0~172.31.255.255 영역 사용 • C 클래스 주소 중 192.168.0.0~192.168.255.255 영역 사용

※ NIC : Network Information Center-IP 할당기관

IP 고갈 문제를 해결하기 위해 VLSM을 사용한다면 네트워크의 수가 늘어나기 때문에 라우팅 업데이트의 양은 늘고, 라우팅 테이블의 길이는 길어집니다. 따라서 대역폭이나 라우터의 CPU, 메모리에 부하를 줍니다.

이러한 '긴 라우팅 테이블' 문제를 해결하기 위한 솔루션은 [표 5-2]와 같습니다. Hierarchical Addressing은 각 호스트 주소 대신 호스트 주소를 대표하는 네트워크 대표 주소로 라우팅 테이블을 만들어서 라우팅 테이블 길이를 줄인다는 아이디어입니다. 이러한 네트워크 대표 주소를 요약하여 라우팅 테이블을 보다 짧게 하는 것이 루트 서머라이제이션과 CIDR입니다.

[표 5-2] ▶
'큰 라우팅 테이블' 문제에 대한 솔루션

'긴 라우팅 테이블' 문제에 대한 솔루션	설명
Hierarchical Addressing	Hierarchical Addressing에 속하는 IP 주소는 네트워크와 호스트, 이렇게 두 부분으로 나뉩니다. 라우팅 테이블에는 네트워크의 대표 주소와 서브넷 마스크만 올리므로 라우팅 테이블이 짧아집니다.
루트 서머라이제이션 RFC 1518	라우팅 테이블에 올라온 다수의 네트워크 정보(대표 주소)를 모아서 하나의 정보로 요약하는 것입니다. 라우팅 테이블은 더욱 짧아집니다.
CIDR(Classless Interdomain Routing), RFC 1518, 1519, 2050	A, B, C 클래스의 디폴트 서브넷 마스크를 사용하는 대신 서브넷 마스크를 사용해서 서브네팅(서브넷 마스크 길이가 길어짐, 예) /24→/27, /30)을 통해 주소 낭비를 막고 슈퍼네팅(서브넷 마스크 길이가 짧아짐, 예) /24→/20)을 통해 루트 서머라이제이션을 통해 라우팅 테이블 길이를 짧게 할 수 있습니다.

Lesson 02 서브네팅

서브넷 마스크를 왜 사용할까요? IP 주소는 네트워크와 호스트의 두 부분으로 나뉩니다. 같은 네트워크에 속하는 호스트들은 IP 주소 중에서 네트워크 부분이 동일합니다. 라우터의 라우팅 테이블에는 네트워크의 모든 호스트 주소를 대표하는 대표 주소만 올라오고, 라우터는 이 라우팅 테이블을 기준으로 패킷에게 목적지 네트워크를 찾아주는 장비입니다. 라우터들 때문에 패킷은 목적지 네트워크에 도착하고, 목적지 네트워크에 있는 다수의 장비들 중에 최종 목적지 장비를 찾는 것은 CSMA/CD(풀 듀플렉스일 때는 사용 안 함), ARP와 스위칭의 몫입니다.

네트워크의 대표 주소는 해당 네트워크의 호스트 주소 중 첫 번째 주소입니다. 예를 들어 10.0.0.0~10.255.255.255의 호스트 주소가 있다면 10.0.0.0이 네트워크를 대표하는 주소입니다. 이러한 대표 주소만 올라오기 때문에 라우팅 테이블의 길이는 대폭 짧아집니다.

IP 주소가 네트워크과 호스트의 두 부분으로 나뉘기 때문에 'Hierarchical Address'라고 하고, IP 주소의 네트워크과 호스트 부분의 경계는 [그림 5-2]와 같이 다양합니다. 이더넷 MAC 주소는 이러한 구분이 없기 때문에 'Flat Address'라고 합니다.

[그림 5-2] ▶
IP 주소의 네트워크 부분과
호스트 부분의 경계

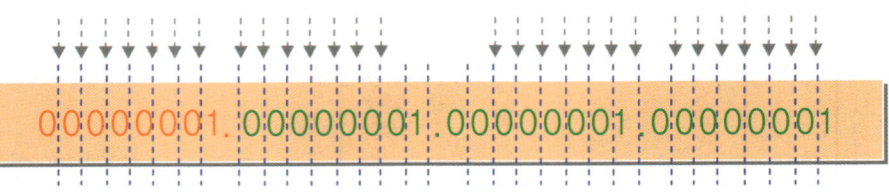

서브넷 마스크는 IP 주소의 네트워크와 호스트 부분의 경계가 어디인지를 표시하는 일종의 기호입니다. IP 주소에 서브넷 마스크를 겹쳤을 때 서브넷 마스크가 2진수로 '1' 자리가 겹쳐지는 IP 주소 부분은 네트워크 부분이고, '0' 자리가 겹쳐지는 IP 주소 부분은 호스트 부분입니다. [그림 5-3]의 예에서 1.2.3.4 중에서 1까지가 네트워크 자리이고, 나머지 2.3.4는 호스트 자리입니다.

[그림 5-3] ▶
IP 주소와 서브넷 마스크의 예 ①

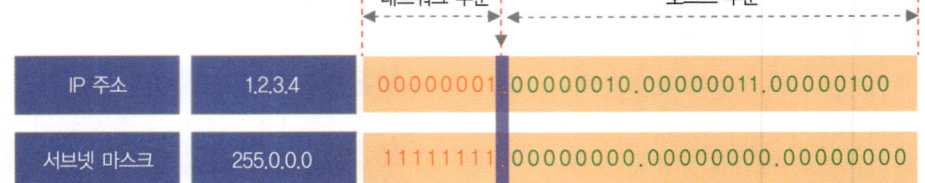

서브넷 마스크의 네트워크 부분이 늘어나면 쓸 수 있는 네트워크의 수는 늘어나고, 반대로 각 네트워크에서 수용할 수 있는 호스트의 수는 줄어듭니다. 예를 들어 서비스 제공업자로부터 1.0.0.0, 255.0.0.0 주소를 할당받은 회사가 네트워크에 적용할 서브넷 마스크를 [그림 5-4]와 같이 255.255.0.0을 사용하면, 1.0.0.0 네트워크에서 1.255.0.0 네트워크까지 활용 가능한 네트워크 수는 늘어납니다. 이렇게 서브넷 마스크의 확장으로 생성된 새로운 네트워크들을 '서브넷(Subnet)'이라고 합니다. [그림 5-4]와 같이 원래 8칸인 네트워크 부분이 16칸으로 늘어나면서 새로 생긴 서브 네트워크의 수는 2^8(256)개입니다. 각 서브넷의 호스트 주소 영역은 남아있는 비트들이 됩니다. 예를 들어 1.1.0.0 서브넷의 호스트 주소 영역은 1.1.0.0~1.1.255.255로, 2^8(256)개입니다.

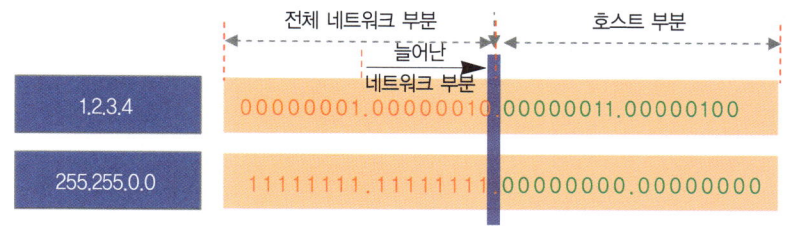

[그림 5-4] ▶
IP 주소와 서브넷 마스크의 예 ②

IP 주소와 서브넷 마스크는 2진수로 32비트 길이입니다. IP 주소와 서브넷 마스크는 일반적으로 10진수로 표시하는데, 서브넷 마스크는 2진수로 표기하기도 합니다.

서브넷 마스크 255.0.0.0이 2진수로는 11111111.00000000.00000000.00000000로 표시되고, '1'의 비트 수가 8개이므로 '/8'로 표시할 수 있습니다. 255.255.255.0은 2진수로는 11111111.11111111.11111111.00000000로, 1비트 수가 24개이므로 '/24'로 표시합니다.

IP 주소는 첫 10진수 자리가 무엇이냐에 따라 [표 5-4]와 같은 클래스로 구분합니다. 클래스 A~클래스 E가 정의되어 있지만, 클래스 A, B, C는 유니캐스트 주소이고, 클래스 D는 멀티캐스트 주소로 사용하며, 클래스 E는 연구용으로 사용합니다. IP 주소의 클래스별 영역은 [표 5-3]과 같습니다. RIP이나 IGRP와 같은 클래스풀 라우팅 프로토콜들은 라우팅 테이블에 꼭 필요한 서브넷 마스크 정보를 교환하지 않습니다. 이렇게 서브넷 마스크가 필요한 상황에서 서브넷 마스크를 별도로 표시하지 않는다면 디폴트 서브넷 마스크(Default Subnet Mask)를 적용합니다. (다음 장에서 자세히 설명)

[표 5-3] ▶
IP 주소의 디폴트 서브넷 마스크

IP의 첫 10진수 자리가	IP의 첫 2진수 자리가	클래스	디폴트 서브넷 마스크
001~126인 경우	0인 경우	A	255.0.0.0
128~191인 경우	10인 경우	B	255.255.0.0
192~223인 경우	110인 경우	C	255.255.255.0
224~239인 경우	1110인 경우	D	해당 없음
240~254인 경우	11110인 경우	E	

Lesson 03

VLSM을 이용한 IP 디자인

다수의 네트워크에서 고정된 길이, 즉 같은 길이의 서브넷 마스크를 일률적으로 적용하는 대신 다양한 길이의 서브넷 마스크를 사용하면 IP 주소의 낭비를 최소화할 수 있습니다. [그림 5-5]에서 ISP(LG데이콤, KT와 같은 인터넷 서비스 제공자)는 자신이 보유한 공인 IP 주소 영역을 각 고객들에게 분배합니다. 예를 들어 [그림 5-5]와 같이 원래의 IP 주소 188.10.0.0 /16 네트워크를 8비트만큼 네트워크 자리를 확장하여, (/24 서브넷 마스크를 사용하여) 다시 말해서 서브네팅하여 고객들에게 할당했습니다.

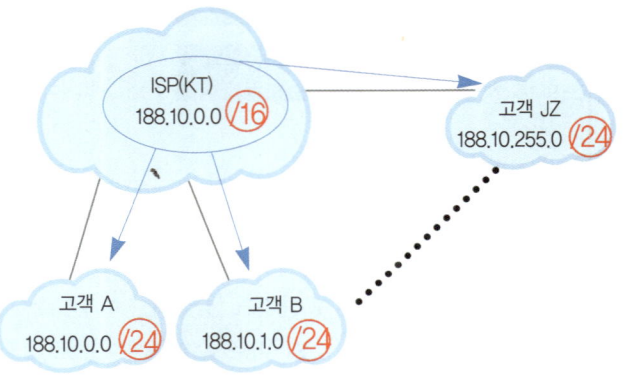

[그림 5-5] ▶
ISP가 고객들에게 공인 주소를 할당한 예

ISP가 가지고 있던 188.10.0.0 /16 네트워크는 [그림 5-5]와 같이 ISP의 고객들에게 서브네팅(서브넷 마스크를 1차 확장)하여 할당했습니다. 그리고 188.10.0.0 /24 서브넷을 할당받은 고객 A의 네트워크는 한 네트워크로 구성된 것이 아니라 [그림 5-6]과 같이 '다양한 호스트 수를 가진 다수의 네트워크'로 구성되어 있습니다.

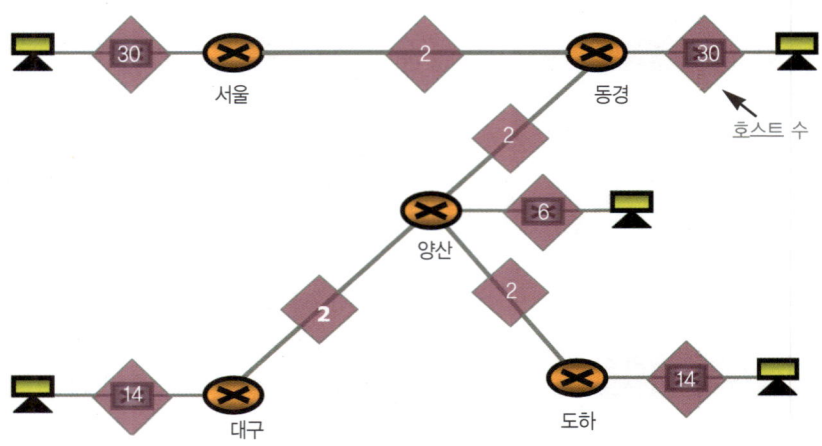

[그림 5-6] ▶
고객 A의 실제 네트워크의 구성 예

고객 A는 188.10.0.0 /24 주소를 ISP로부터 할당받았습니다. 188.10.0.0 /24는 2^8(256)개의 호스트가 들어갈 수 있는 하나의 네트워크입니다. 그러나 고객은 [표 5-4]와 같이 다양한 호스트 수가 들어가는 총 9개의 네트워크로 구성되어 있습니다.

[표 5-4] ▶ [그림 5-6]에서 필요한 호스트와 네트워크의 수

구분	도시	호스트 수	네트워크 수
LAN	서울, 동경	30	2(서울과 동경)
	대구, 도하	14	2(대구와 도하)
	양산	6	1(양산)
WAN	서울-동경, 동경-양산, 양산-대구, 양산-도하	2	4(서울-동경, 동경-양산, 양산-대구, 양산-도하)

188.10.0.0 /24라는 하나의 네트워크를 다양한 서브넷 마스크를 가진 9개의 네트워크로 분할할 필요가 있습니다. 그리고 [그림 5-7]과 같이 네트워크 분할 작업을 'IP 주소 디자인'이라고 합니다.

[그림 5-7] ▶ IP 주소 디자인은 네트워크 분할 작업입니다.

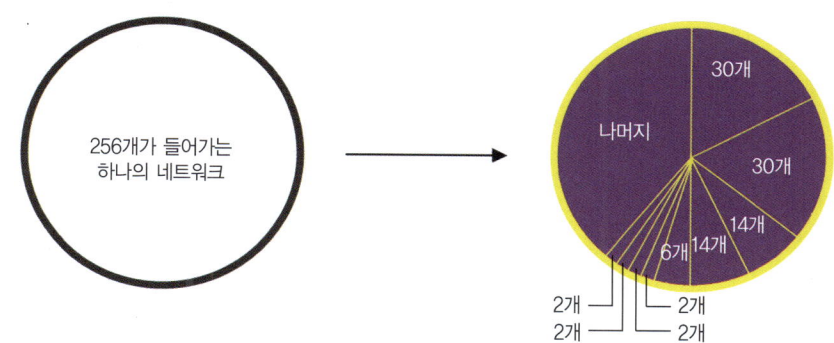

IP 주소 디자인의 첫 단계는 각 네트워크에서 필요로 하는 호스트 수를 기준으로 서브넷 마스크를 계산하는 것인데, 실제로 한 번 해 봅시다.

서브넷 마스크 계산하기

각 네트워크의 서브넷 마스크를 계산할 때는 항상 호스트 수가 많은 네트워크부터 먼저 계산합니다. 반대로 계산하면 주소 영역의 중간 부분을 사용할 수 없는 경우가 생기는데, 한 번 해 보세요.

서울, 동경(30 호스트 네트워크)

30 호스트를 수용하는 서브넷 마스크를 구해봅시다. 2^5하면 32 호스트 수가 나옵니다. 서브넷 마스크를 결정하는 숫자는 2^5 중에서 5입니다. 32비트인 서브넷 마스크 자리에서 호스트 자리는 '5칸'이 되어야 한다는 의미입니다. 따라서 서브넷 마스크는 11111111.11111111.11111111.11100000, 즉 /27이고, 10진수로는 255.255.255.224입니다.

대구, 도하(14 호스트 네트워크)

14 호스트를 수용하기 위해서 2^4 하면 16 호스트 수가 나옵니다. 서브넷 마스크를 결정하는 숫자는 2^4 중에서 4입니다. 즉 호스트 자리는 '4칸'이 되어야 한다는 의미입니다. 따라서 서브넷 마스크는 11111111.11111111.11111111.11110000, 즉 /28이고, 10진수로는 255.255.255.240입니다.

양산(6 호스트 네트워크)

6 호스트를 수용하기 위해서 2^3하면 8 호스트 수가 나옵니다. 서브넷 마스크를 결정하는 숫자는 2^3 중에서 3입니다. 즉 호스트 자리는 3칸이 되어야 합니다. 따라서 서브넷 마스크는 11111111.11111111.11111111.11111000, 즉 /29이고, 10진수로는 255.255.255.248입니다.

WAN(2 호스트 네트워크)

2 호스트를 수용하기 위해 2^2하면 4 호스트 수가 나옵니다. 서브넷 마스크를 결정하는 숫자는 2^2 중에서 2입니다. 따라서 필요한 호스트 자리는 '2칸' 입니다. 따라서 서브넷 마스크는 11111111.11111111.11111111.11111100, 즉 /30이고, 10진수로 나타내면 255.255.255.252입니다.

각 네트워크 주소 영역에 속하는 주소 중에서 첫 번째 주소는 네트워크 대표 선수로, 서브넷 마스크와 함께 라우팅 테이블에 올라갑니다. 서브넷마스크는 라우팅 테이블의 네트워크 대표 주소가 얼마나 큰 주소 영역을 표시하는지 알려 줍니다. 라우팅 테이블에 129.2.0.0 /16 정보가 있다고 가정하면 이 한 줄의 정보는 정보는 129.2로 시작하는 모든 IP 주소 영역을 포함합니다. 즉 129.2.0.0부터 129.2.255.255까지의 주소를 포함합니다.

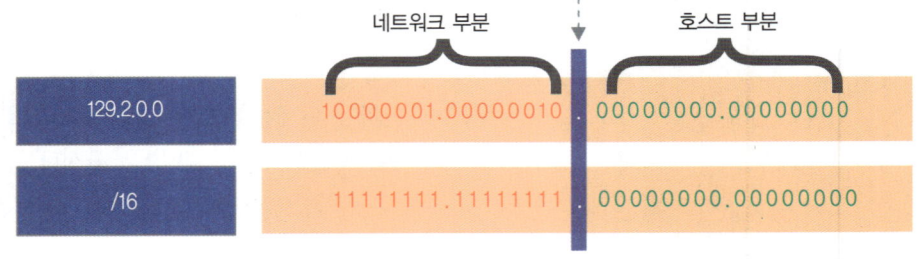

[그림 5-8] 라우팅 정보의 해석

네트워크 주소 영역 중에서 마지막 주소는 Directed Broadcast주소로 사용합니다. 따라서 사용할 수 있는 유니캐스트 주소의 네트워크의 전체 가용 주소 범위에서 맨 앞 주소와 맨 끝 주소, 2개를 제외해야 합니다. 위의 결과를 정리하면 [표 5-5]와 같습니다. 서브넷 마스크는 네트워크에 속한 호스트 수에 의해 결정되므로, 익숙해지면 서브넷 마스크는 호스트 수만 알아도 곧 바로 도출할 수 있습니다.

[표 5-5] 각 네트워크의 서브넷 마스크

구간	호스트 수		서브넷 마스크
서울/동경 LAN	30	/27	255.255.255.224
대구/도하 LAN	14	/28	255.255.255.240
양산 LAN	6	/29	255.255.255.248
WAN	2	/30	255.255.255.252

IP 주소 디자인

각 네트워크의 서브넷 마스크를 구했으니 이제 IP 주소를 디자인 합니다. 각 서브넷에 속하는 주소 중에서 첫 번째 주소는 서브넷을 대표하는 주소로, 라우팅 테이블에 올라옵니다. 서브넷의 마지막 주소는 각 서브넷을 위한 Directed Broadcast 주소용으로 사용합니다. 따라서 필요한 유니캐스트 수를 계산할 때 서브넷마다 2개의 주소를 제외하고 계산해야 합니다. 188.10.0.0 네트워크는 원래 B 클래스 주소로 /16 서브넷 마스크를 사용하지만, ISP에 의해 1차 서브네팅되어 고객에게 분배합니다(여기에서는 '/24'로). '/24'로 1차 서브네팅된 주소는 고객 네트워크에서 2차 서브네팅됩니다. 이러한 2차 서브네팅된 다시 말해, 새롭게 한 번 더 확장된 네트워크 자리를 'VLSM 서브넷 자리' 라고 하여 구분하기도 합니다.

서울 LAN

서울 LAN 구간의 IP 주소를 찾으려면 188.10.0.0 255.255.255.224를 2진수로 변환해야 합니다. [그림 5-9]와 같이 서울 LAN의 서브넷 마스크를 2진수로 표시하고, 밑에 IP 주소를 2진수로 표시합니다. 첫 번째 서브넷은 확장된 서브넷 자리(VLSM 서브넷 자리, 그림에서 3칸)가 2진수로 모두 0(000)인 네트워크입니다. 이 서브넷의 호스트 주소 영역은 호스트 자리가 모두 0인 00000부터 호스트 자리가 모두 1인 11111까지입니다.

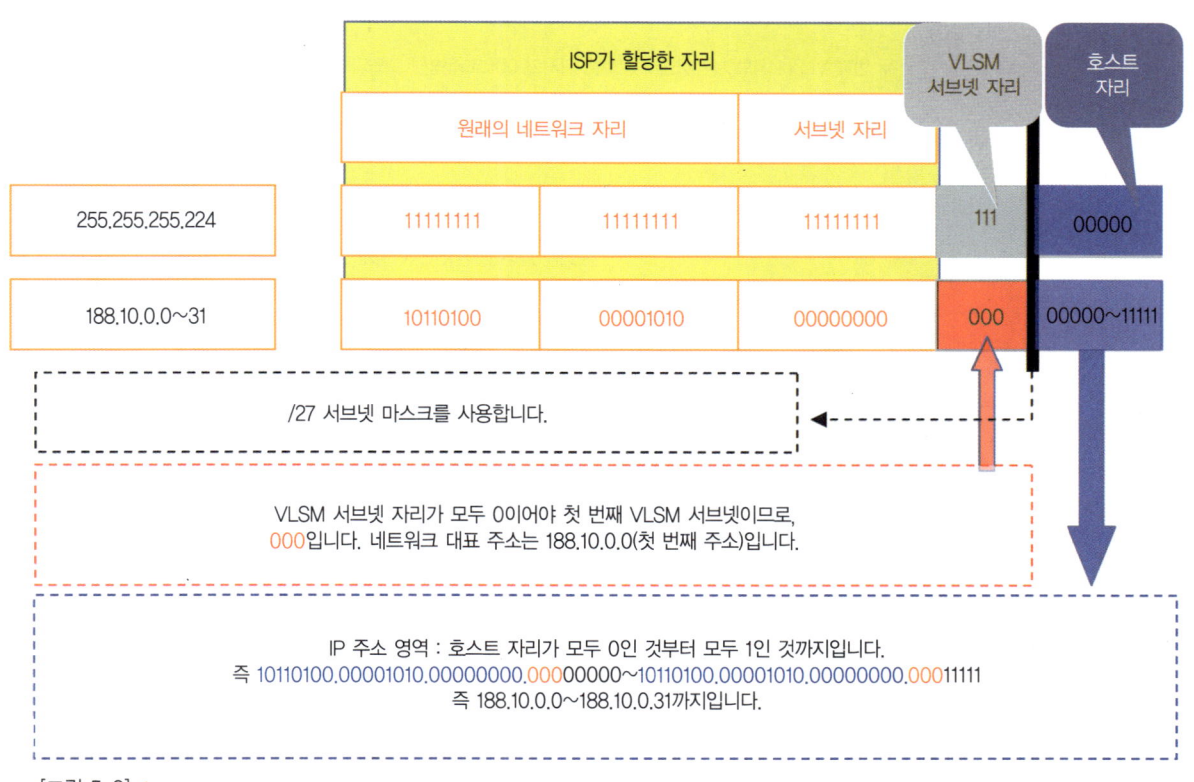

[그림 5-9] ▲
서울 LAN 네트워크의 IP 디자인

Chapter 05   IP 디자인

동경 LAN

동경 LAN 구간은 [그림 5-10]과 같이 서울 LAN 주소의 다음 영역을 사용합니다. 첫 번째 VLSM 서브넷 자리가 000(서울 서브넷에서 사용한 자리)이었으므로 동경에서 사용할 두 번째 VLSM 서브넷 자리는 000(서울 서브넷) 다음인 001입니다. 네트워크의 호스트 주소 영역은 호스트 자리가 모두 0인 00000부터 호스트 자리가 모두 1인 11111까지입니다.

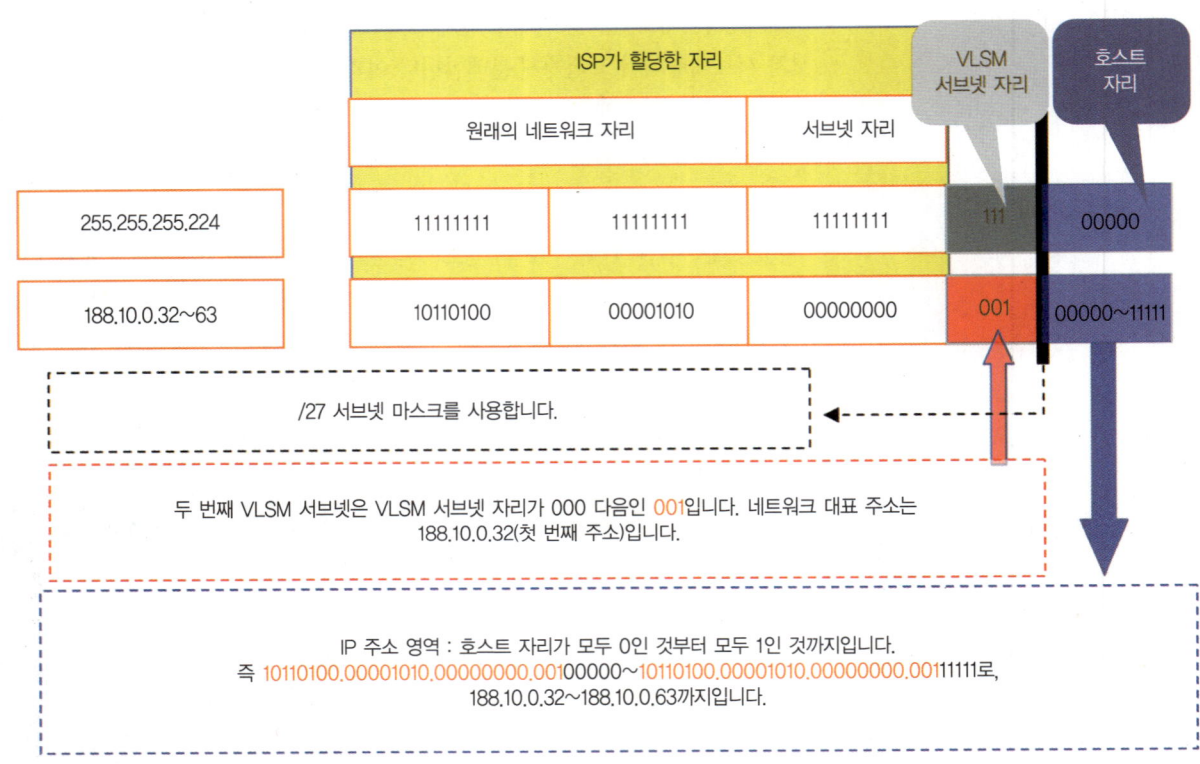

[그림 5-10] ▲
동경 LAN 네트워크의
주소 디자인

대구 LAN

대구 LAN 주소는 [그림 5-11]과 같이 동경 LAN 구간의 다음 영역을 사용해야 합니다. 동경에서 10110100.00001010.00000000.00111111까지의 주소를 사용했고, VLSM 서브넷 자리만 볼 때 0011까지 사용했기 때문에 그 다음 2진수는 0100이 됩니다. 10110100.00001010.00000000.0100 VLSM 서브넷의 호스트 주소 영역은 10110100.00001010.00000000.01000000~10110100.00001010.00000000.01001111까지입니다.

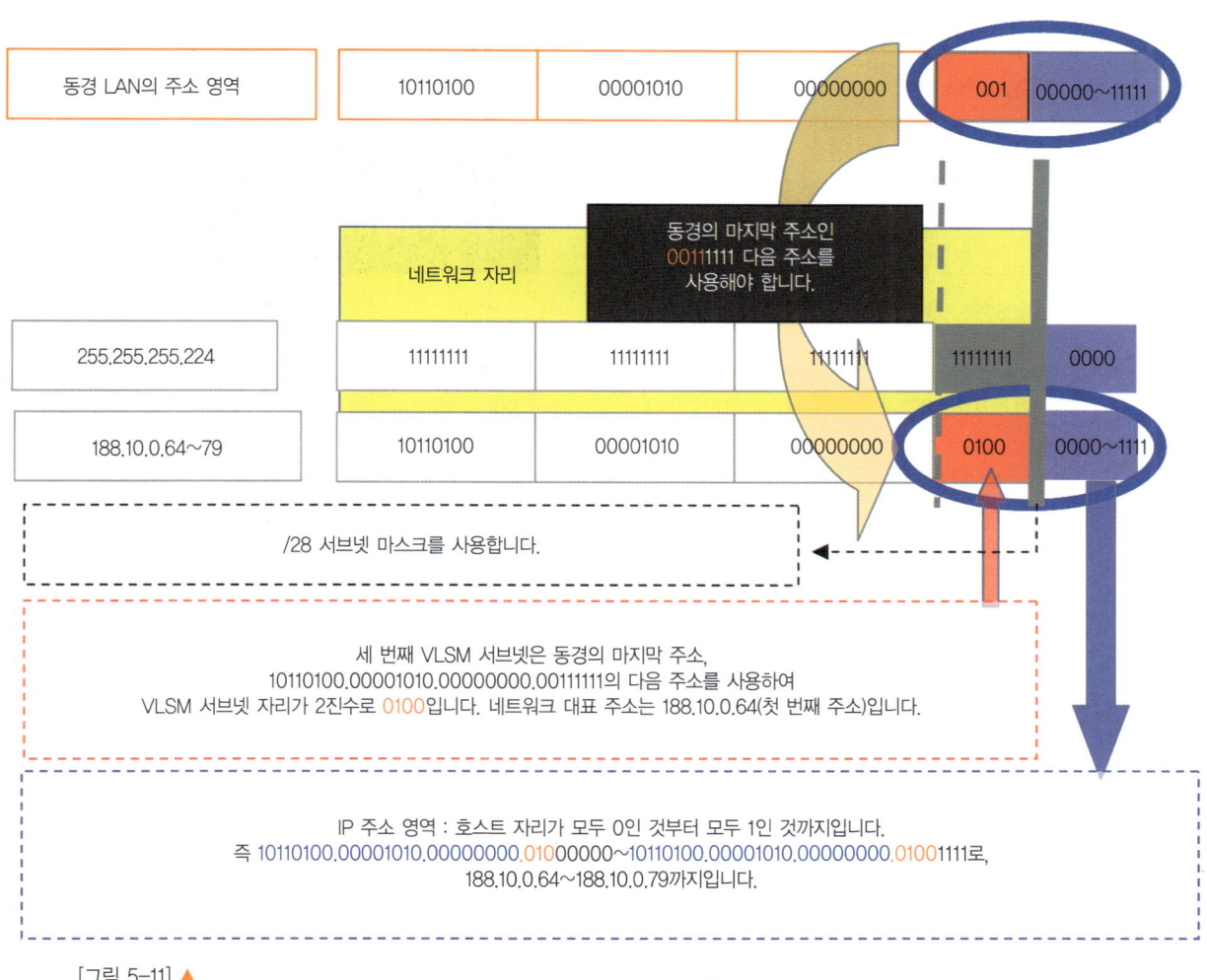

[그림 5-11] ▲
대구 LAN 네트워크의 주소 디자인

도하 LAN

도하 LAN 구간은 [그림 5-12]와 같이 대구 LAN 구간의 다음의 주소를 사용해야 합니다. 대구에서 10110100.00001010.00000000.01001111까지의 주소를 사용했기 때문에 VLSM 서브넷 자리만 볼 때 0100까지 사용했으므로 그 다음 2진수는 0101이 됩니다. 10110100.00001010.00000000.0101 VLSM 서브넷의 호스트 주소 영역은 10110100.00001010.00000000.01010000~10110100.00001010.00000000.0101 1111까지입니다.

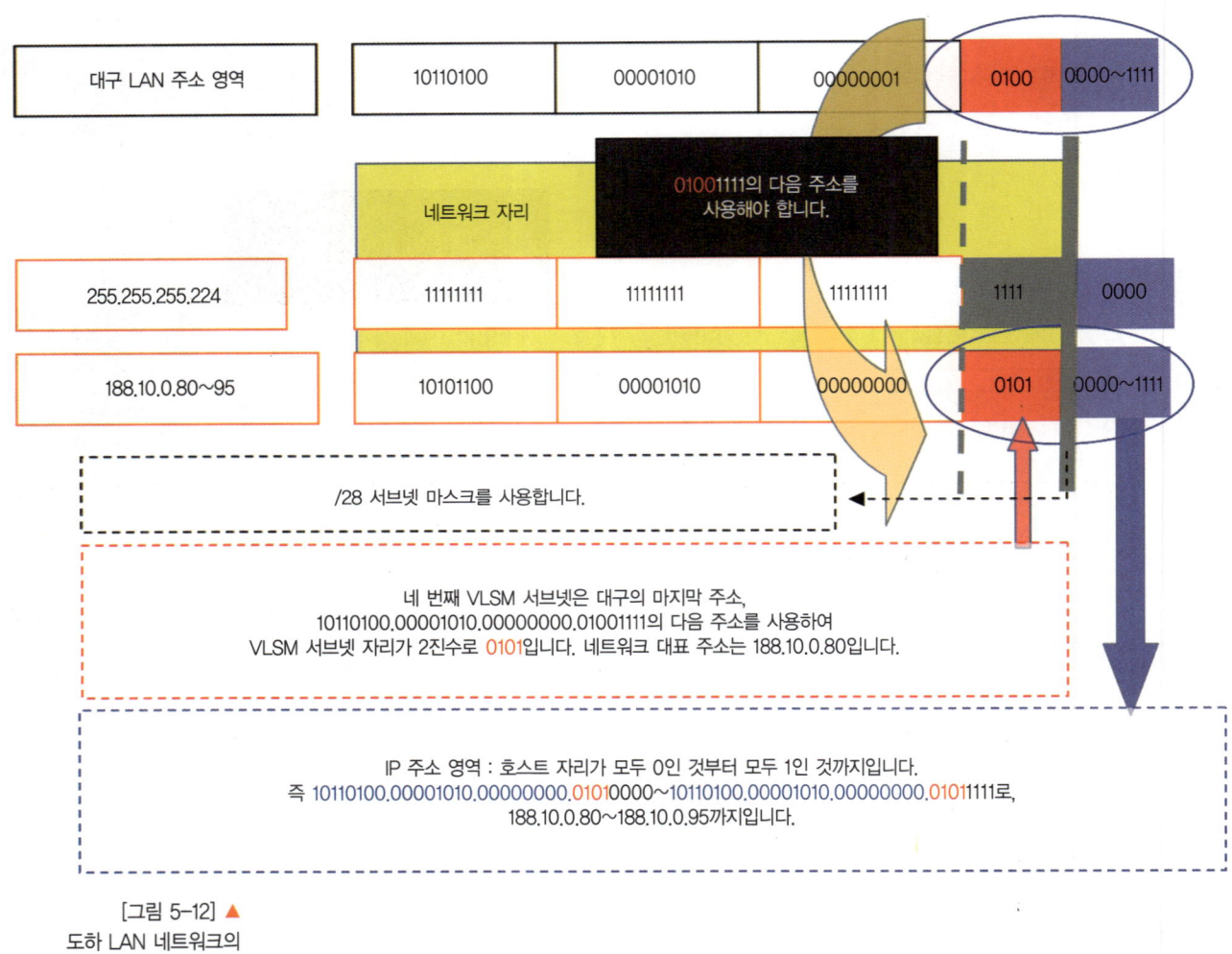

[그림 5-12] ▲
도하 LAN 네트워크의
주소 디자인

양산 LAN

양산 LAN 구간은 [그림 5-13]과 같이 도하 LAN 구간의 다음의 주소를 사용해야 합니다. 도하에서 10110100.00001010.00000000.01011111까지의 주소를 사용했기 때문에 VLSM 서브넷 자리만 볼 때 01011까지 사용했으므로 그 다음 2진수는 01100이 됩니다. 10110100.00001010.00000000.01100 VLSM 서브넷의 호스트 주소 영역은 10110100. 00001010.00000000.01100000~10110100.00001010.00000000.01100111까지입니다.

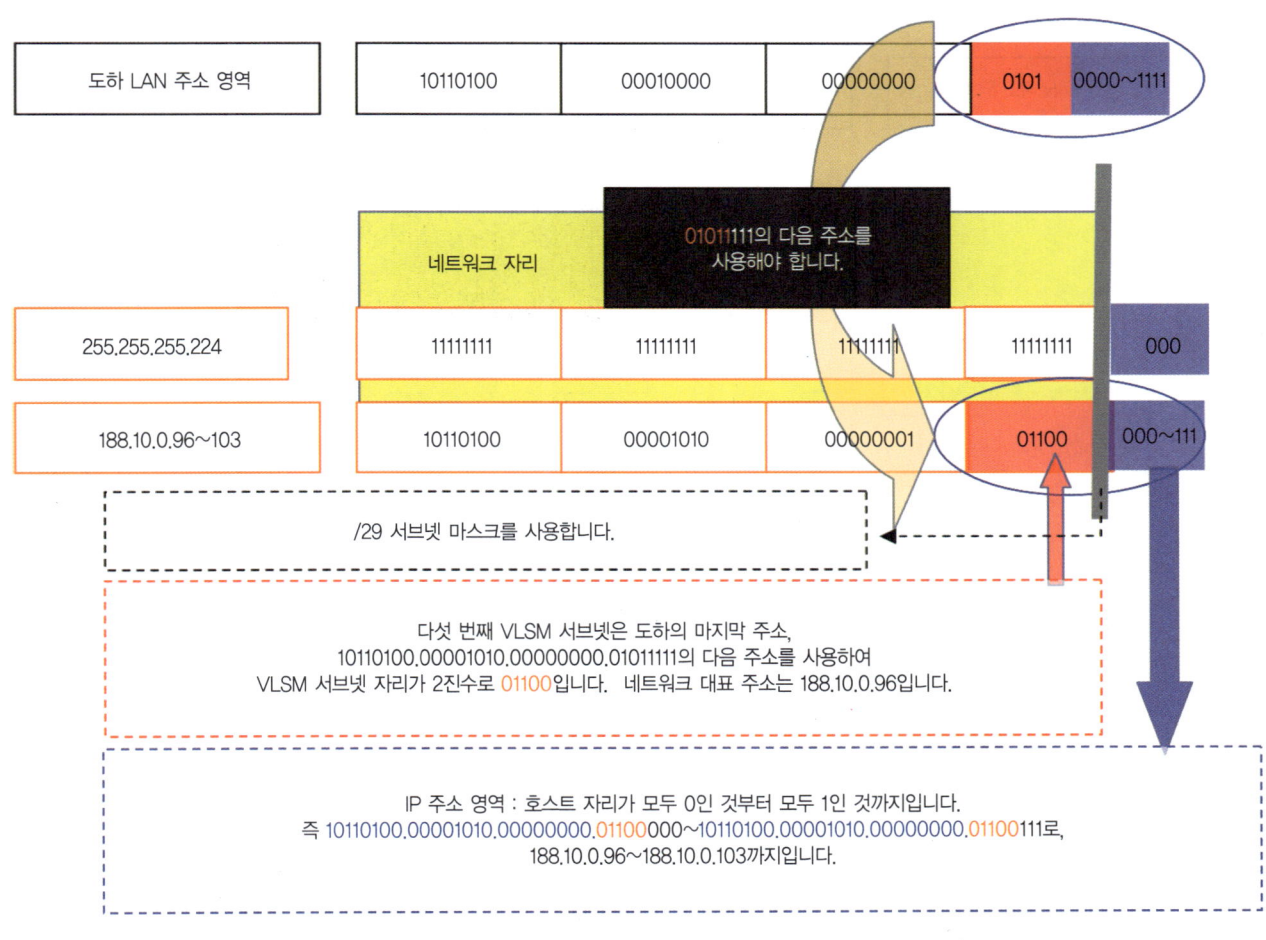

[그림 5-13] ▲
양산 LAN 네트워크의
주소 디자인

Chapter 05 IP 디자인

4개의 WAN

4개의 WAN 구간은 [그림 5-14]와 같이 양산 LAN 구간의 다음 주소를 사용해야 합니다. 양산에서 10110100.00001010.00000000.01100111까지의 주소를 사용했기 때문에 WAN VLSM 서브넷 자리만 볼 때 011001까지 사용했으므로 그 다음 2진수는 011010이 됩니다. 10110100.00001010.00000000.011010 VLSM 서브넷의 호스트 주소 영역은 10110100.00001010.00000000.01101000~10110100.00001010.00000000.01101011까지 입니다.

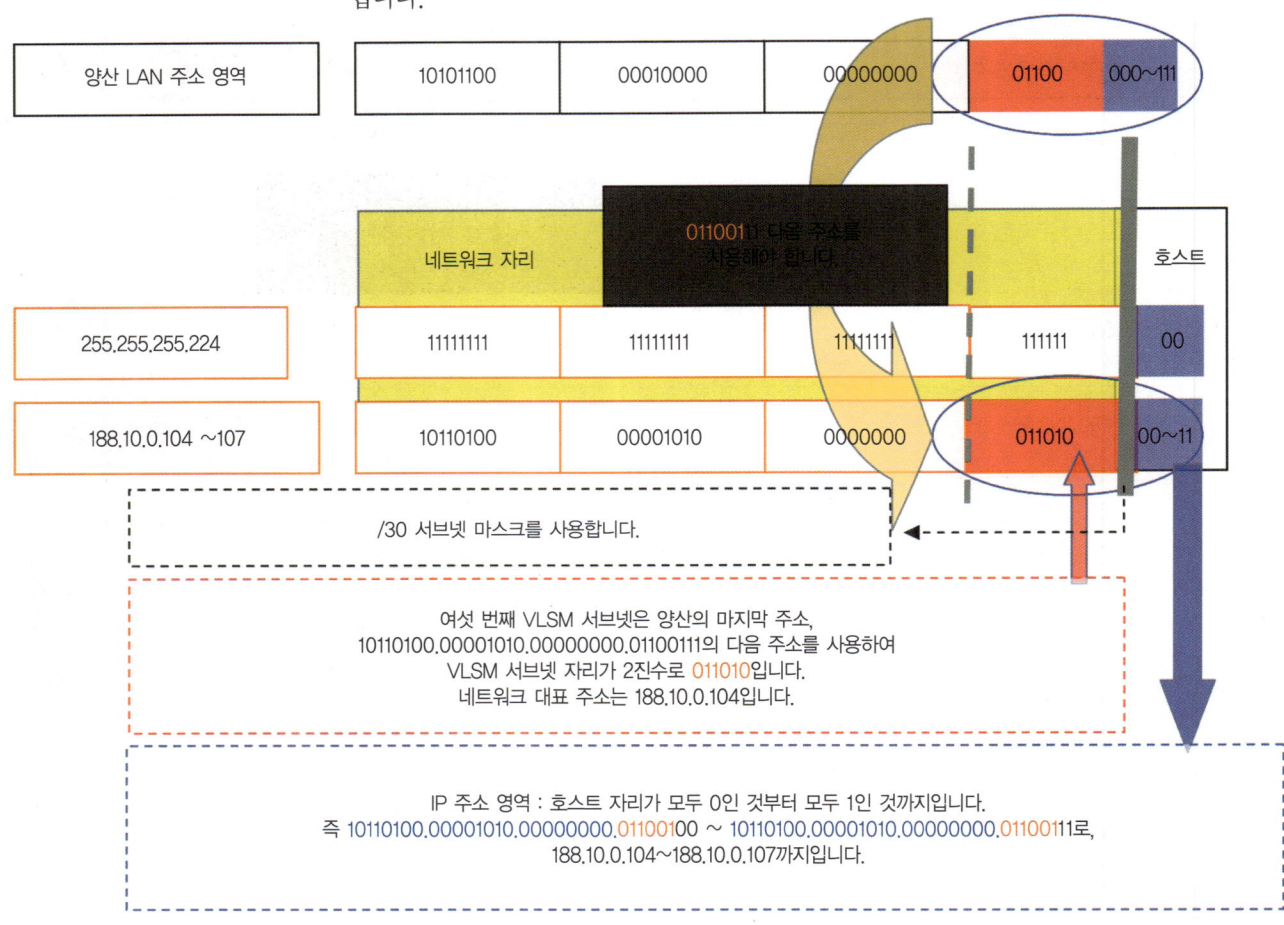

[그림 5-14] ▲
WAN 네트워크의 주소 디자인

[그림 5-15]와 같이 두 번째 WAN도 같은 원리로 10110100.00001010.00000000. 01101011 다음의 네트워크인 10110100.00001010.00000000.01101100 네트워크로 10110100.00001010.00000000.01101100~10110100.00001010.00000000.01101111까지 사용하면 됩니다. 그리고 세 번째 WAN은 10110100.00001010.00000000.011011 다음 네트워크인 10110100.00001010.00000000.011100 네트워크로 10110100. 00001010.00000000.01110000~10110100.00001010.00000000.01110011까지이고, 네 번째 WAN은 10110100.00001010.00000000.01110000 다음 네트워크인 10110100. 00001010.00000000.01110100 네트워크로 10110100.00001010.00000000. 01110100~10110100.00001010.00000000.01110111을 사용합니다.

[그림 5-15] ▶
두 번째, 세 번째, 네 번째 WAN 네트워크의 주소 디자인

188.10.0.108~111	10110100	00001010	00000001	011011	00~11
188.10.0.112~115	10110100	00001010	00000001	011100	00~11
188.10.0.116~119	10110100	00001010	00000001	011101	00~11

[표 5-6] ▶
VLSM을 이용한
IP 주소 디자인의 결과

구간	호스트 수	서브넷 마스크	IP 주소 영역
서울 LAN	30	/27	188.10.0.0~31
동경 LAN	30	/27	188.10.0.32~63
대구 LAN	14	/28	188.10.0.64~79
도하 LAN	14	/28	188.10.0.80~95
양산 LAN	6	/29	188.10.0.96~103
서울–동경 WAN	2	/30	188.10.0.104~107
동경–양산 WAN	2	/30	188.10.0.108~111
양산–대구 WAN	2	/30	188.10.0.112~115
양산–도하 WAN	2	/30	188.10.0.116~119

VLSM의 장점
서브넷 마스크의 길이가 네트워크에서 수용하는 호스트의 수에 따라 달라집니다. 이것은 네트워크마다 장비에 할당되지 않은 채 낭비되는 IP 주소의 수를 줄이는데, 이것이 VLSM의 장점입니다.

> **참고**
>
> VLSM의 반대되는 것이 FLSM(Fixed-Length Subnet Mask)입니다. 모든 네트워크 동일한 길이의 서브넷 마스크를 사용하는 것입니다. 이렇게 되면 가장 많은 IP 주소가 필요한 네트워크의 서브넷 마스크 길이에 다른 보다 적은 수의 IP가 필요한 네트워크도 맞추어야 합니다. 여기에서 IP의 낭비가 발생합니다.

VLSM을 이용한 IP 주소 디자인

Problem

연습을 통해 VLSM을 이용한 IP 주소 디자인을 완전히 이해해 봅시다. 1.1.1.0 /24 네트워크로 VLSM을 이용하여 [그림 5-16] 네트워크를 디자인해 보세요.

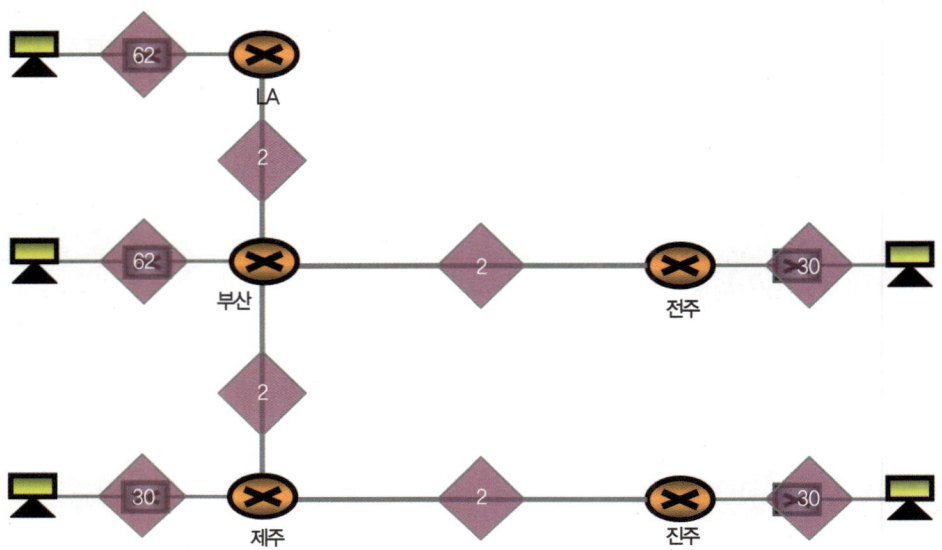

[그림 5-16] ▶
IP 주소 디자인 시나리오

Solution

서브넷 마스크는 [그림 5-17]과 같이 결정됩니다.

LA 62 ⊂ 64 = 2^6 → 호스트 자리는 6칸 필요 11111111.11111111.11111111.11000000 = 255.255.255.224 = /26	**부산** 62 ⊂ 64 = 2^6 → 호스트 자리는 6칸 필요 11111111.11111111.11111111.11000000 = 255.255.255.224 = /26
진주 30 ⊂ 32 = 2^5 → 호스트 자리는 5칸 필요 11111111.11111111.11111111.11100000 = 255.255.255.248 = /27	**전주** 30 ⊂ 32 = 2^5 → 호스트 자리는 5칸 필요 11111111.11111111.11111111.11100000 = 255.255.255.248 = /27
제주 30 ⊂ 32 = 2^5 → 호스트 자리는 5칸 필요 11111111.11111111.11111111.11100000 = 255.255.255.248 = /27	**모든 WAN** 2 ⊂ 4 = 2^2 → 호스트 자리는 2칸 필요 11111111.11111111.11111111.11111100 = 255.255.255.252 = /30

[그림 5-17] ▶ Problem 1의 서브넷 마스크 계산하기

다음으로 IP 주소를 디자인해 보면 호스트 수가 많은 네트워크부터 IP 주소를 할당해야 합니다. 따라서 LA 서브넷은 /24에서 2칸 더 네트워크 자리가 확장된 /26으로, 네트워크의 서브넷 주소는 00000001.00000001.00000001.00입니다. 결국 IP 주소 영역은 00000001.00000001.00000001.00 네트워크의 가장 작은 주소인 00000001.00000001.00000001.00000000부터 00000001.00000001.00000001.00111111까지입니다.

부산 서브넷은 00000001.00000001.00000001.01000000~00000001.00000001.00000001.01111111까지입니다.

진주 서브넷은 /27로, 00000001.00000001.00000001.10000000 네트워크로 00000001.00000001.00000001.10000000에서 00000001.00000001.00000001.10011111까지입니다.

전주 서브넷은 /27로, 00000001.00000001.00000001.10100000 네트워크로 00000001.00000001.00000001.10100000에서 00000001.00000001.00000001.10111111까지입니다.

제주 서브넷은 /27로, 00000001.00000001.00000001.11000000 네트워크로 00000001.00000001.00000001.11000000에서 00000001.00000001.00000001.11011111까지입니다.

모든 WAN 서브넷은 /30으로, 첫 번째 WAN 네트워크는 00000001.00000001.00000001.11100000 네트워크로 00000001.00000001.00000001.11100000에서 00000001.00000001.00000001.11100011까지와 다음 네트워크인 00000001.00000001.00000001.11100100에서 00000001.00000001.00000001.11100111까지와 다음 네트워크인 00000001.00000001.00000001.11101000에서 00000001.00000001.00000001.11101011까지와 다음 네트워크인 00000001.00000001.00000001.11101100에서 00000001.00000001.00000001.11101111까지입니다.

VLSM을 이용한 IP 주소 디자인 결과는 [표 5-7]과 같습니다.

[표 5-7] ▶
Problem 1에 대한 VLSM을 이용한 IP 주소 디자인 결과

구간	서브넷 마스크	IP 주소 영역
LA	255.255.255.192	1.1.1.0~63
부산	255.255.255.192	1.1.1.64~127
진주	255.255.255.224	1.1.1.128~159
전주	255.255.255.224	1.1.1.160~191
제주	255.255.255.224	1.1.1.192~223
LA - 부산	255.255.255.252	1.1.1.224~227
부산 - 전주	255.255.255.252	1.1.1.228~231
부산 - 제주	255.255.255.252	1.1.1.232~235
제주 - 진주	255.255.255.252	1.1.1.236~239

Lesson 04 루트 서머라이제이션

거대 네트워크에는 수많은 네트워크 주소가 있습니다. 라우터가 이러한 모든 라우팅(네트워크) 정보를 대책 없이 라우팅 테이블에 유지해야 한다는 것은 라우터에 부하를 높이고 결국 라우팅 속도를 저하시킵니다. 이때 라우팅 정보를 합치는 것을 '요약(Aggregation)' 또는 '슈퍼네팅(Supernetting)'이라고 하는데, 나누는 개념의 '서브네팅'에 반대됩니다.

루트 서머라이제이션(Route Summarization)은 [그림 5-18]과 같이 라우팅 테이블에 올라온 일련의 네트워크 정보(200.1.0.0 /24~200.1.255.0 /24)를 하나의 요약 주소(200.1.0.0 /16)로 묶어서 보내는 것입니다.

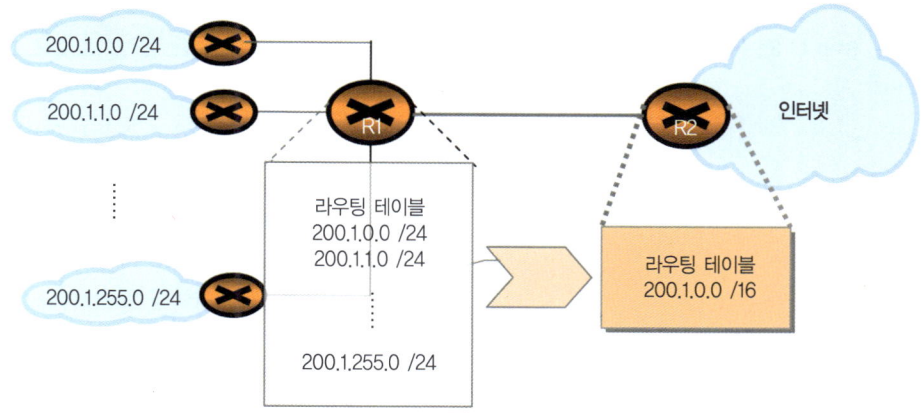

[그림 5-18]
루트 서머라이제이션의 예 ①

[그림 5-18]에서 R1의 라우팅 테이블과 R2의 라우팅 테이블을 비교해 봅시다. R1의 라우팅 테이블의 길이는 256라인이었지만 R2의 라우팅 테이블 길이는 1개의 라인으로 줄었습니다. 이것은 R1에서 루트 서머라이제이션하여 R2에게 보내면 라우팅 업데이트 양도 줄어들지만, R2라우터에서 라우팅 프로세스 부하를 줄여줍니다. R2뿐만 아니라 인터넷쪽에 있는 모든 라우터들은 256라인 대신 1라인만 유지하면 됩니다. R2는 짧은 라우팅 테이블을 유지하면 되므로 CPU/메모리 자원을 절약할 수 있고, 전달할 정보량이 줄기 때문에 대역폭도 절약됩니다.

루트 서머라이제이션의 또 다른 이점이 있습니다. 200.1.0.0 /16이라는 요약된 정보는 R1이 만든 가짜 정보로 다운될 수 없는 네트워크입니다. 따라서 실제로 존재하는 특정 네트워크, 200.1.40.0 /24의 Flapping(링크의 업다운)이 지속되어도 R2로는 전달되지 않습니다. R2에게 전달한 가짜 네트워크(200.1.0.0 /16)는 죽지 않기 때문입니다. 이것을 통해 네트워크 자원은 적게 소모되지만, 200.1.40.0 /24 네트워크가 다운되었을 때 200.1.40.0 /24 네트워크를 향하는 패킷은 R1까지는 전달된 후 R1에서 폐기됩니다. 원래는 네트워크가 죽으면 이 정보가 R2까지 전달되면서 R2에서 해당 네트워크 정보가 사라집니다. 그리고 라우팅 테이블에 목적지 네트워크 정보가 없다면 패킷은 폐기되기 때문에 R2에서 폐기될 것입니다.

루트 서머라이제이션 방법은 다음과 같습니다.

Step 1 우선 [그림 5-19]와 같이 R1의 라우팅 테이블에 보이는 네트워크 자리를 2진수로 변환합니다.

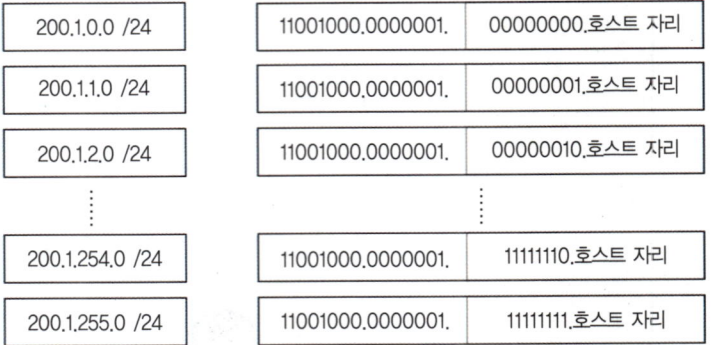

[그림 5-19] ▶
Step 1 : 2진수로 변경하기

Step 2 2진수로 변환된 네트워크 자리 중에서 [그림 5-20]과 같이 같은 비트와 서로 다른 비트의 경계를 찾아내어 루트 서머라이제이션 마스크(Route Summarization Mask)를 찾습니다. 루트 서머라이제이션 마스크는 서브넷 마스크와 관련이 없는 독립적인 개념입니다. 루트 서머라이제이션할 다수의 네트워크가 같은 비트를 가지고 있다면 1비트로 표시하고, 다른 비트를 가지고 있다면 0비트로 표시합니다.

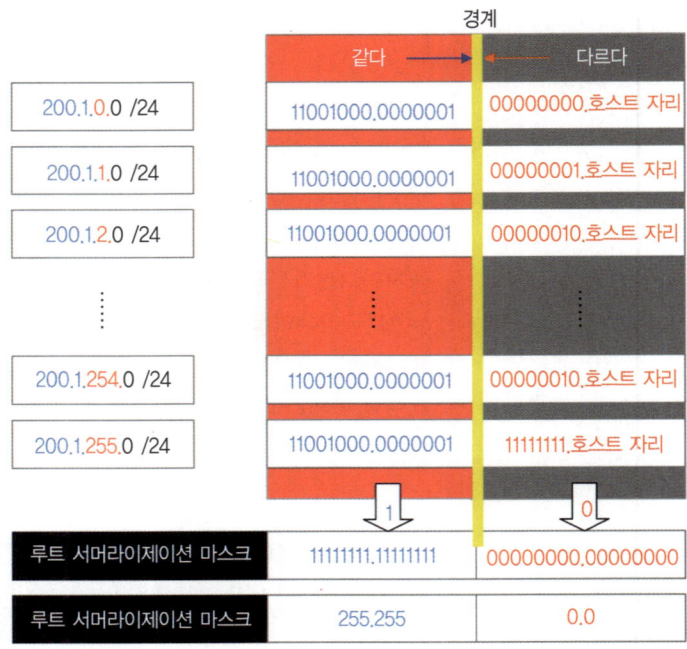

[그림 5-20] ▶
Step 2 : 같은 비트와 다른 비트의 경계 결정하기

Step 3 R1에서 사용하는 명령어는 라우팅 업데이트를 하는 라우팅 프로토콜마다 다릅니다. EIGRP의 경우 [예 5-1]의 명령을 사용하는데, 200.1.0.0은 요약되는 네트워크 정보 중 첫 번째 네트워크 주소이고, 255.255.0.0은 루트 서머라이제이션 마스크입니다. interface serial 0은 요약 정보를 보내는 기준점으로, Interface serial 0의 밖으로 내보낼 때 루트 서머라이제이션이 됩니다.

[예 5-1] ▶
Step 3 : EIGRP 라우팅 프로토콜을 돌릴 때의 루트 서머라이제이션 명령의 예

```
router(config)#interface serial 0
router(config-router)#ip summary-address eigrp 100 200.1.0.0 255.255.0.0
```

두 번째 예인 [그림 5-21]을 봅시다. R1에서 어떻게 루트 서머라이제이션하면 R2에서 1라인의 네트워크 정보로 요약되어 보일까요?

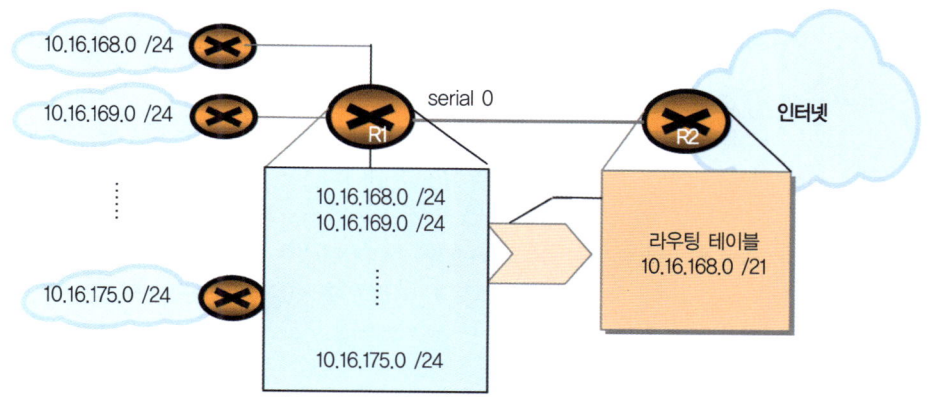

[그림 5-21] ▶
루트 서머라이제이션의 예 ②

Step 1 [그림 5-22]처럼 R1의 라우팅 테이블에 보이는 네트워크 자리를 2진수로 변환합니다.

[그림 5-22] ▶
Step 1 : 2진수로 변경하기

10.16.168.0 /24	00001010.00010000.10101	000.호스트 자리
10.16.169.0 /24	00001010.00010000.10101	001.호스트 자리
10.16.170.0 /24	00001010.00010000.10101	010.호스트 자리
10.16.171.0 /24	00001010.00010000.10101	011.호스트 자리
10.16.172.0 /24	00001010.00010000.10101	100.호스트 자리
10.16.173.0 /24	00001010.00010000.10101	101.호스트 자리
10.16.174.0 /24	00001010.00010000.10101	110.호스트 자리
10.16.175.0 /24	00001010.00010000.10101	111.호스트 자리

Step 2 2진수로 변환된 네트워크 자리 중에서 [그림 5-23]과 같이 같은 비트와 서로 다른 비트의 경계를 찾아내어 루트 서머라이제이션 마스크를 찾습니다.

10.16.168.0 /24	00001010.00010000.10101	000.호스트 자리
10.16.169.0 /24	00001010.00010000.10101	001.호스트 자리
10.16.170.0 /24	00001010.00010000.10101	010.호스트 자리
10.16.171.0 /24	00001010.00010000.10101	011.호스트 자리
10.16.172.0 /24	00001010.00010000.10101	100.호스트 자리
10.16.173.0 /24	00001010.00010000.10101	101.호스트 자리
10.16.174.0 /24	00001010.00010000.10101	110.호스트 자리
10.16.175.0 /24	00001010.00010000.10101	111.호스트 자리
루트 서머라이제이션 마스크	11111111.11111111.11111	000.00000000
루트 서머라이제이션 마스크	255.255.248	.0

[그림 5-23] ▶
Step 2 : 같은 비트와 서로 다른 비트의 경계 찾기

Step 3 R1에서 사용하는 명령어는 라우팅 프로토콜마다 다릅니다. EIGRP의 경우 [예 6-2]와 같이 구현합니다.

[예 5-2] ▶
EIGRP 라우팅 프로토콜을 돌릴 때의 루트 서머라이제이션 명령의 예

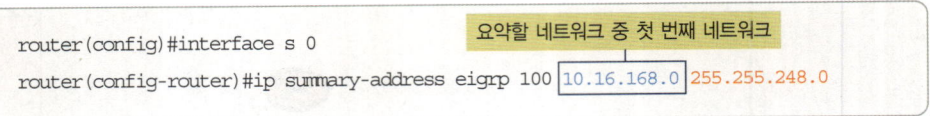

```
router(config)#interface s 0
router(config-router)#ip summary-address eigrp 100 10.16.168.0 255.255.248.0
```
요약할 네트워크 중 첫 번째 네트워크

루트 서머라이제이션을 사용하여 라우팅 정보를 보내고 싶다면 RIPv2, OSPF, Integrated IS-IS, BGP와 같은 라우팅 프로토콜을 사용해야 됩니다.

Lesson 05 NAT

사설 IP는 IPv4 주소의 고갈 문제에 대한 솔루션 중 하나입니다. IP 주소 중에서 10.0.0.0~10.255.255.255, 172.16.0.0~172.31.255.255, 192.168.0.0~192.168.255.255 구간은 Private Address에 속합니다. Private Address 영역에 속하는 주소는 전 세계 모든 조직의 내부에서 공통적으로 사용하기 때문에 인터넷과 같은 Public Address 영역에서는 절대 사용해서는 안 됩니다. 이것은 다수의 다른 집이 같은 주소를 가지는 것과 같습니다.

인터넷과 같은 Public Address 영역의 라우팅 테이블에 Private Address 영역은 보이지 않습니다. 따라서 (Private Address 영역 간의 통신에서는 상관없지만) Private Address 영역과 Public Address 영역 간의 통신을 위해서는 [그림 5-24]와 같이 패킷이 Public Address 영역으로 나가기 전에 Private IP는 Public IP로 변경해야 합니다. 이와 같이 Private Address 영역과 Private Address 간의 변환 작업을 'NAT(Network Address Translation)' 라고 합니다.

[그림 5-24]에서는 (NAT 때문에) 외부 라우터에서 사설 IP, 10.1.1.1은 보이지 않습니다. 대신 공인 영역에서 공인 주소로 변환되어 라우팅할 수 있는 공인 IP, 20.1.1.1로 봅니다.

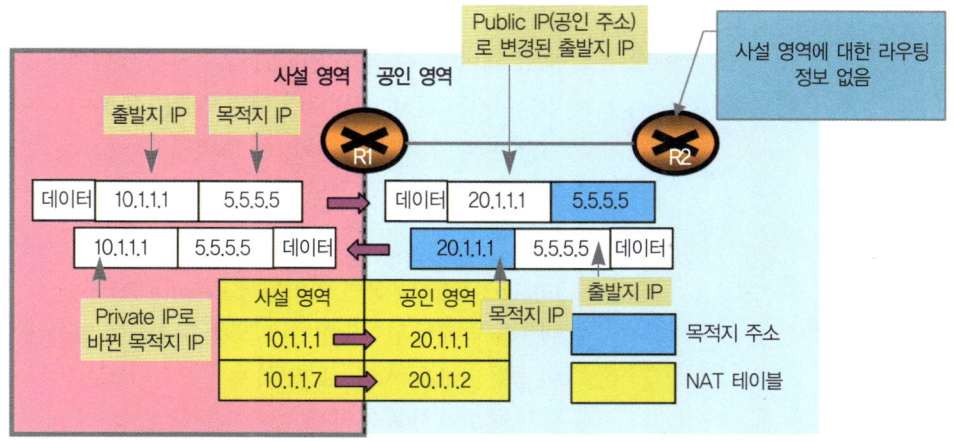

[그림 5-24] ▶ NAT의 개념

NAT를 사용한다면 [그림 5-25]와 같이 조직 안에서 필요한 공인 IP는 장비 수만큼이 아니라 사설 영역과 공인 영역 간의 동시 커넥션 수만큼만 있으면 되기 때문에 공인 IP를 절약합니다.

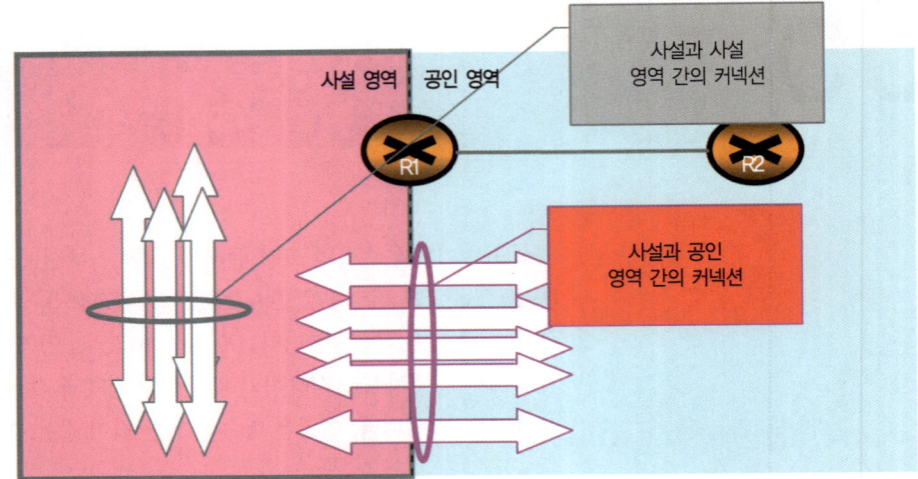

[그림 5-25] ▶
NAT를 사용할 때 필요한 공인 주소의 수

NAT 테이블이 만들어지는 방향이 있습니다. 패킷이 Private Address 영역에서 Public Address 영역으로 나갈 때 NAT 테이블이 만들어집니다. NAT 테이블은 일종의 열쇠입니다. Dynamic NAT라는 이름에서 유추해 볼 수 있듯이 NAT 테이블은 시간에 따라 Private IP에 할당되는 Public IP가 달라집니다. 이것은 열쇠가 계속 바뀌는 것과 같습니다. 예를 들어 웹 서비스의 경우 Public Address 영역의 웹 서버를 향해 Private Address 영역에서 HTTP Request가 나가면서 NAT 테이블이 만들어지고 HTTP Reply 데이터가 NAT 테이블을 참고하여 들어올 수 있습니다. 그러나 Public Address 영역에서는 Private Address 영역의 웹 서버로 HTTP Request가 들어올 수 없습니다.

NAT 테이블, 즉 열쇠가 Public Address 영역에서 Private Address로 패킷이 들어올 때는 만들어지지 않고, 그렇다면 이미 만들어진 NAT 테이블을 추측해야 하는데 거의 불가능합니다. 따라서 Public Address 영역에서는 Private Address 영역으로의 커넥션을 만들 수 없기 때문에 일종의 보안 기능이 생깁니다. 이와 같이 NAT는 주소 절약 외에 보안 기능을 가집니다.

Public Address 공인 영역에서 Private Address 영역으로 패킷을 보내려면 NAT 테이블 내용을 밖에서 알아맞힐 수 있도록 고정되어 있어야 합니다. 웹 서버나 메일 서버, VoIP 서버 등은 Public Address 영역에서 접속할 필요가 있는 서버들입니다. 따라서 이러한 서버들의 주소에 대해서 NAT 테이블을 고정시켜야 하는데, 이것을 'Static NAT'라고 합니다. 그리고 Static NAT를 구현하면 Public Address와 Private Address 주소에 대한 일 대 일 NAT 매핑 테이블이 만들어집니다.

PAT

PAT(Port Address Translation)는 [그림 5-26]과 같이 NAT 테이블에 4계층 헤더의 출발지 포트 번호를 포함해서 1개의 Public Address만으로 다수의 Private Address를 구분하기 때문에 필요한 Public Address의 수를 대폭 줄일 수 있으므로 사실은 PAT를 많이 사용합니다. 이것은 NAT 테이블에서 4계층 헤더의 출발지 포트 번호를 포함하기 때문에 가능합니다.

서버로 향할 때 PC가 랜덤하게 생성시킨 출발지 포트 번호는 거꾸로 서버에서 데이터를 가져올 때는 목적지 포트가 됩니다. 이 목적지 포트 번호가 무엇인지에 따라 다른 Private IP로 매핑되기 때문에 1개의 Public Address만 있어도 됩니다.

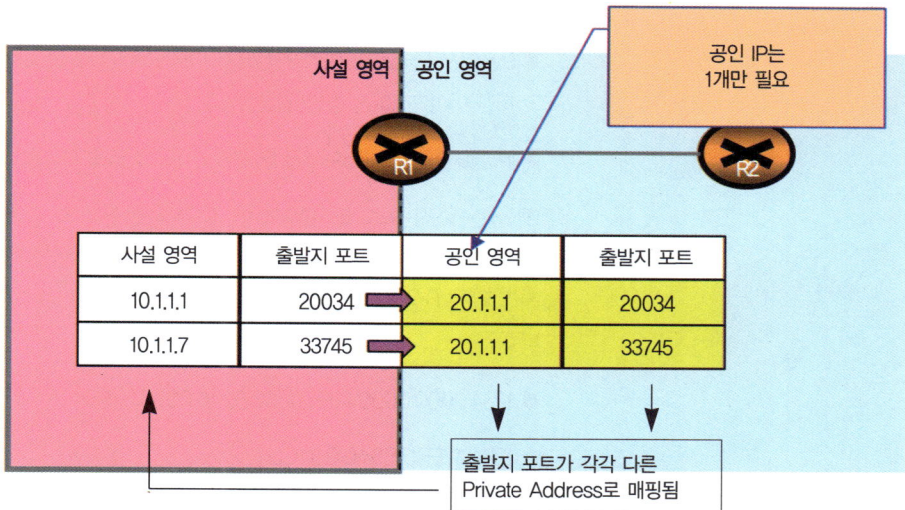

[그림 5-26] ▶
PAT의 개념

Lesson 06 IPv6

IPv6는 IPv4에 비해 다음과 같은 핵심적인 특징을 갖습니다.

- IPv4의 32bit에서 IPv6의 128bit 주소길이로 늘어났습니다. 약 3.4×10^{38}(340,282,366,920,938,463,374,607,432,768,211,456개)로, 지구상의 모든 사람들에게 5×10^{28}개의 주소를 제공할 수 있습니다.
- IPv4보다 헤더는 간단합니다.
- Pv4에서 IPv6로의 이행 과정에서 이중 스택(Dual Stack), 터널링(Tunneling) 등 두 가지 주소 체계에 대한 마이그레이션 방법이 있습니다.
- IPv4와 마찬가지로 모바일 IP, IPSec 프로토콜을 사용할 수 있습니다.

IPv6는 16진수로 표시하며 네 자리씩 콜론으로 구분합니다. 다음 2개의 주소들은 모두 같은 주소로 표기법만 다를 뿐입니다. 즉 연속되는 0은 ::으로 표시할 수 있고, 앞에서부터 시작되는 0을 생략할 수도 있습니다. 즉, 0003을 3으로 표시하거나 0000을 0으로 표기합니다.

- 1234:0000:0000:14FB:0003:89A0:0000:34CD
- 1234::12FB:3:89A0:0:34CD

그러므로 0:0:0:0:0:0:13.1.68.3과 0:0:0:0:0:0:FFFF:129.144.52.38 주소는 ::13.1.68.3와 ::FFFF:129.144.52.38로 표기할 수 있습니다.

IPv6 주소의 유형에는 표와 같이 유니캐스트(1:1), 애니캐스트(1:가장 가까운 곳), 멀티캐스트((1:多) 주소가 있고 브로드캐스트는 없습니다.

[표 5-8] ▶ IPv6 주소의 유형

구분	IPv4와 비교	개념	설명
유니캐스트	IPv4에 있음	1:1	한 곳의 송신지에서 한 곳의 수신지로 보내는 경우
애니캐스트	IPv4에 없음	1:가장 가까운 곳	송신자는 주소 그룹에 속하는 모든 유저들 중에서 가장 가까운 유저에게 보낼 수 있습니다.
멀티캐스트	IPv4에 있음	1:多	멀티캐스트 주소 그룹에 속하는 모든 유저에게 보내는 경우

애니캐스트 주소는 [그림 5-27]과 같이 다수의 동일한 HTTP 서버에 애니캐스트 주소를 할당합니다. 우리나라에 있는 유저는 우리나라에 있는 HTTP 서버에, 호주에 있는 유저는 호주의 HTTP 서버에 접속합니다. 라우터가 애니캐스트를 수신하면 멀티캐스트 라우팅 프

로토콜에 의해 발견된 애니캐스트 목적지 중에서 가장 가까운 곳으로 보냅니다. 멀티캐스트 라우팅 프로토콜에 의해 전송 경로(Distribution Tree)가 만들어질 경우 멀티캐스트는 멀티캐스트 주소를 가진 클라이언트가 있는 다수의 네트워크로 전달되는 1:多 통신에 사용되고, 애니캐스트 주소는 한 곳으로 전달되는 일 대 일 통신에 사용된다는 면에서 다릅니다.

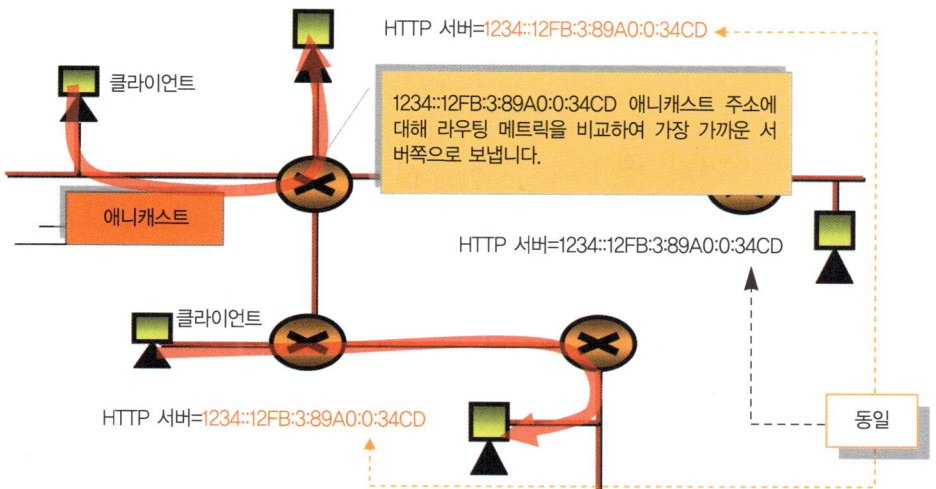

[그림 5-27] ▶
애니캐스트의 개념

IPv6 헤더 포맷은 [그림 5-28]과 같습니다. 괄호 안은 각각의 필드의 길이로 단위는 'bit'입니다.

버전(4)	트래픽 클래스(Traffic Class)(8)	플로 라벨(Flow Label)(2.0)
데이터 길이(Payload Length)(16)	다음 헤더(8)	홉 리미트(Hop Limit)(8)
출발지 주소(Source Address) (128)		
목적지 주소(Destination Address) (128)		

[그림 5-28] ▶
IPv6 헤더 포맷

- **버전(4비트)** : IPv6임을 표시합니다.

- **트래픽 클래스(1Byte)** : IPv4의 큐잉을 위한 ToS(Type of Service) 필드와 같은 기능을 제공합니다.

- **플로 라벨(20bit)** : 플로 라벨은 1과 FFFFFF(Hex) 사이의 수로, 출발지 장치가 선택하는 값입니다. 같은 플로 라벨값을 가지는 패킷은 동일한 목적지 주소, 출발지 주소를 비롯한 라우팅 또는 옵션 헤더를 가집니다. 0 값은 플로 라벨을 사용하지 않는다는 것을 표시합니다. 라우터는 다른 헤더를 보지 않고, 플로 라벨만 보고 라우팅하여 라우팅 속도를 향상시킬 수 있습니다.

- **페이로드 길이(2Byte)** : IPv6 패킷의 총 길이

- **다음 헤더(1Byte) 종류** : 4계층 프로토콜의 종류
- **홉 리미트(1Byte)** : 패킷이 통과할 수 있는 최대 라우터 수. 목적지를 찾지 못한 패킷의 순환을 방지하기 위한 것으로, IPv4의 TTL(Time-to-Live) 필드의 역할과 같습니다.
- **송신지 주소(128bit)** : 128bit 길이의 출발지 IPv6 주소
- **목적지 주소(128비트)** : 128bit 길이의 목적지 IPv6 주소

IPv4 주소에서 IPv6 주소로 한번에 전환하기 어려운 상황에서 다음과 같은 과도기적인 마이그레이션 전략을 많이 사용합니다.

듀얼 스택

IPv6의 도입 초기의 경우에 해당합니다. 듀얼 스택(Dual Stack)은 [그림 5-29]와 같이 대부분의 장치는 IPv4만 지원합니다. 그리고 소수 장비만 IPv6을 도입한 상황에서 서버가 IPv4 클라이언트를 위해 IPv4도 지원하고, IPv6 클라이언트를 위해 IPv6도 지원합니다.

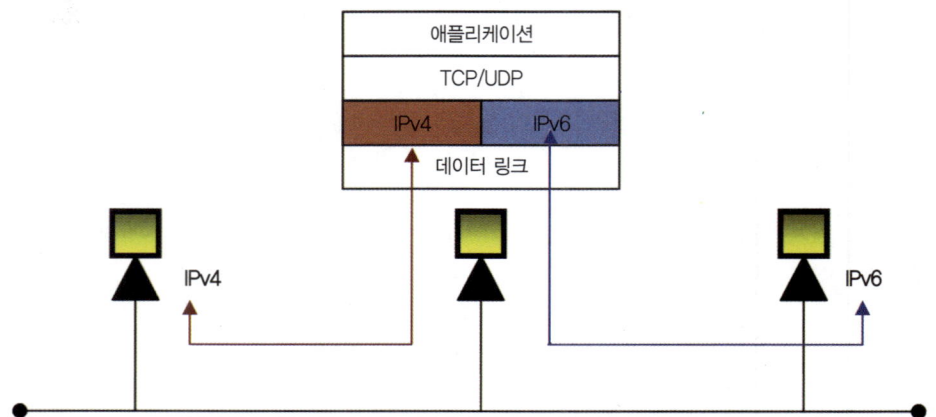

[그림 5-29] 듀얼 스택

터널링

서울 본사와 부산 지사의 LAN 네트워크에는 IPv6을 완전히 도입했지만, [그림 5-30]과 같이 LAN 네트워크를 연결하기 위해 IPv4 인터넷을 사용하는 경우에는 터널링(Tunneling)을 사용합니다. IPv6 인캡슐레이션된 패킷이 IPv6/IPv4 경계 라우터에 도착하면 IPv4 인캡슐레이션을 하나 더 입습니다. 터널링 구간에서는 항상 더블 인캡슐레이션이 일어납니다. IPv4 인캡슐레이션을 이용하여 IPv4를 지원하는 인터넷을 통과하여 반대쪽 IPv4/IPv6 경계 라우터에 도착하면 더 이상 필요 없는 IPv4 인캡슐레이션을 제거하고 IPv6 구간으로 들어갑니다. 이것이 터널링 개념으로, '터널링'이라는 말이 나오면 '이중 인캡슐레이션이 사용되겠구나!' 라고 생각해도 됩니다.

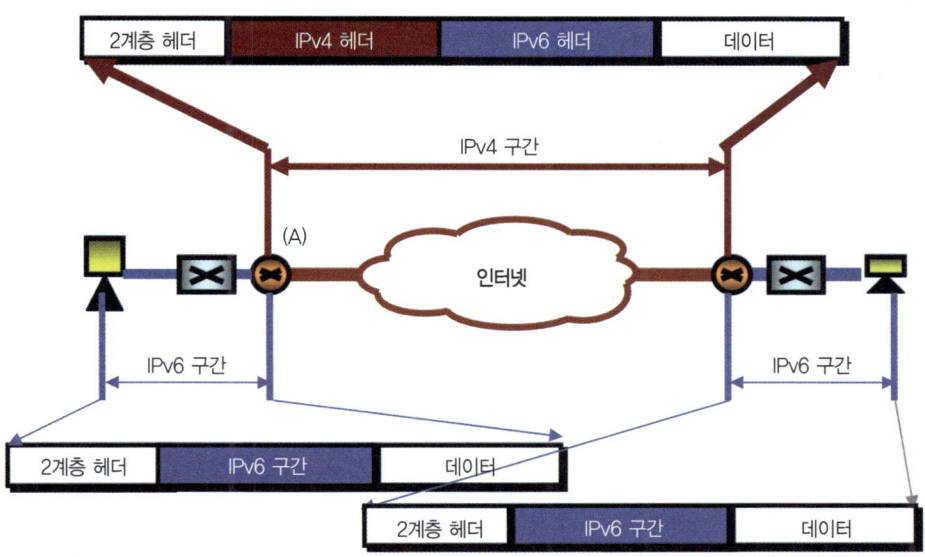

[그림 5-30] ▶
터널링 ①

[그림 5-31]과 같이 오른쪽 LAN 네트워크에 속하는 모든 시스템이 IPv4와 IPv6를 모두 지원한다면 (가)네트워크의 시스템들은 IPv6만 지원하는 네트워크에 보낼 때는 IPv6 패킷을 보내고, IPv4만 지원하는 네트워크에 보낼 때 모두 IPv4 패킷을 보냅니다. (B)라우터에 도착한 IPv6 패킷은 IPv4 인터넷 구간을 통과하기 위해 IPv4 옷을 하나 더 입습니다. 이때, [그림 5-30]과 같이 IP 4 헤더의 목적지 주소는 IPv4 구간의 경계 라우터인 A 라우터의 주소가 됩니다.

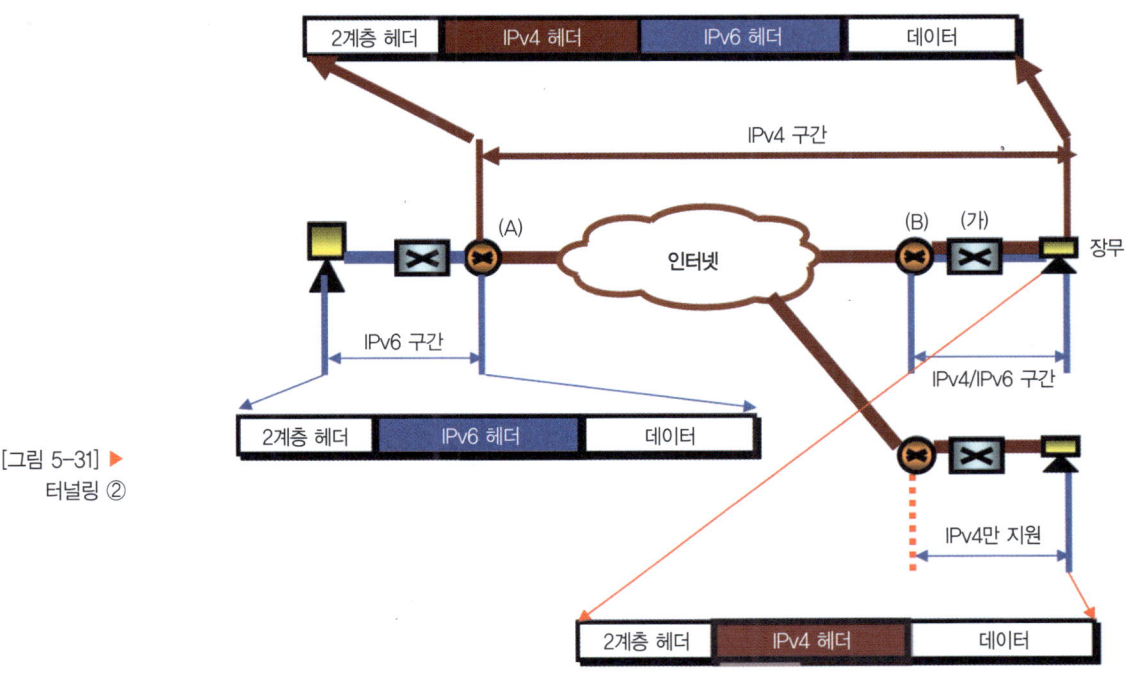

[그림 5-31] ▶
터널링 ②

헤더 변환

대부분의 시스템이 IPv6을 지원하지만 아직 IPv4 주소를 사용하는 시스템이 일부 존재할 때 사용합니다. 즉 IPv6 마이그레이션의 성숙 단계에서 사용합니다. IPv6와 IPv4의 경계 라우터에서 마치 NAT(Network Address Translation)를 수행하듯이 일 대 일 매핑 테이블을 가지고 양방향 주소 변환을 수행합니다. NAT가 내부 네트워크에서 외부 네트워크 방향의 트래픽에 대해서만 NAT 테이블을 만들지만, 헤더 변환 장치는 양방향의 트래픽에 대해서 IPv4 : IPv6 주소 매핑 테이블을 만듭니다.

IPv6 주소를 사용하려면 IPv4와는 다른 다음과 같은 라우팅 프로토콜이 필요합니다.

- **IGP(Internet Gateway Protocol) 계열** : RIPng(RIP 버전 2를 기반으로 한 프로토콜), OSPFv3(IPv4의 OSPF와 유사), Integrated IS-IS v6(IPv4의 Integrated IS-IS와 동일)
- **EGP(Exterior Gateway Protocol) 계열** : BGPv4+(BGPv4의 기능 확장)

대개 IPv4를 위한 라우팅 프로토콜을 약간 수정해서 사용하지만 거의 유사합니다.

Lesson 07 기타 IP 관련 솔루션

IP 주소와 관련된 다양한 솔루션이 있습니다. 다음과 같은 솔루션은 현장에서 많이 사용합니다.

IP Unnumbered

시리얼 인터페이스에서 IP 주소를 할당하지 않고 IP 프로토콜을 사용하려면 ip unnumbered 명령을 이용해야 합니다.

[그림 5-32]를 보세요. 시리얼 0 인터페이스에 IP를 설정하지 않습니다. 시리얼 0 인터페이스에서 출발한 패킷의 출발지 주소는 ip unnumbered 명령의 다음에 명시된 인터페이스의 주소인 1.1.1.1입니다.

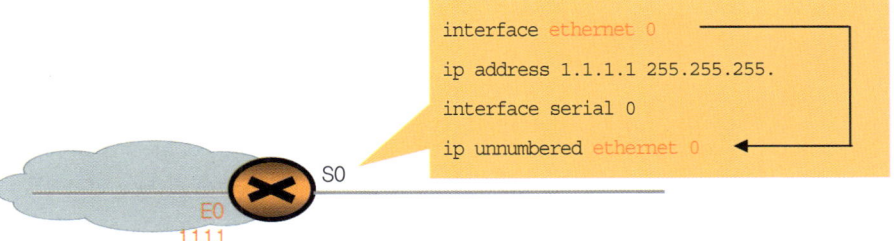

[그림 5-32] ▶ IP Unnumbered

IP Unnumbered는 다음과 같은 조건에서 사용할 수 있거나 사용할 수 없습니다.

- HDLC, PPP, LAPB, Frame Relay, SLIP 인캡슐레이션을 사용하는 인터페이스, 터널 인터페이스에서 구현할 수 있습니다. X.25 또는 SMDS 인터페이스에서는 구현할 수 없습니다.

- 해당 인터페이스는 독립된 주소를 가지지 않습니다. 따라서 인터페이스 상태를 점검하기 위해 핑을 사용할 수는 없지만, SNMP(Simple Network Management Protocol)를 사용할 수 있습니다.

- 3계층 주소와 2계층 주소의 매핑이 필요한 LAN과 WAN의 멀티포인트 인터페이스에는 적용할 수 없습니다. 즉 WAN의 포인트 투 포인트 인터페이스에만 적용합니다.

Helper Addressing

애플리케이션에 따라 다르겠지만 클라이언트가 서버의 서비스를 찾으려고 할 때 브로드캐스트를 많이 사용합니다. [그림 5-33]을 보세요. 클라이언트가 서버에게 브로드캐스트를 보내지만 서버와 클라이언트는 다른 네트워크에 있기 때문에(라우터가 브로드캐스트를 막기 때문에) 서버는 클라이언트의 서버를 찾는 브로드캐스트를 받지 못합니다. 이때 라우터의 클라이언트쪽 인터페이스에 헬퍼 어드레스(Helper Address)를 구현하면 클라이언트가 보낸 브로드캐스트는 헬퍼 어드레스 주소를 향하는 유니캐스트로 변경되어 서버에 도착합니다.

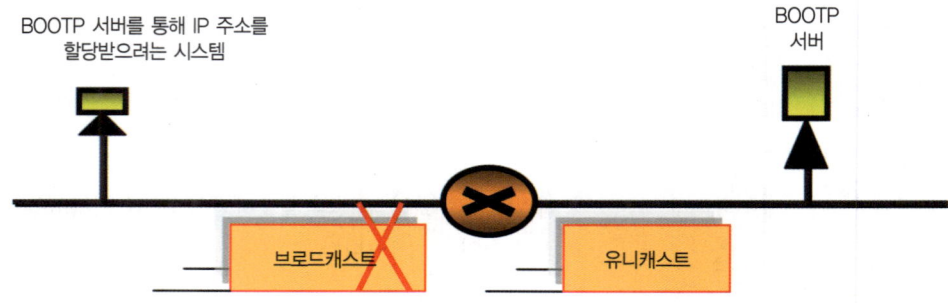

[그림 5-33] 헬퍼 어드레싱

헬퍼 어드레스를 구현하는 방법은 다음과 같습니다. 브로드캐스트를 받는 라우터의 인터페이스에 [그림 5-34]와 같이 'ip helper-address' 명령을 사용합니다. 헬퍼 어드레스는 유니캐스트 주소 또는 Directed Broadcast 주소일 수 있습니다. 'ip helper-address'가 구현되면 다음 8개의 UDP 포트를 사용하는 애플리케이션에 기본적으로 적용됩니다.

- TFTP(69)
- DNS(53)
- Time(37)
- NetBIOS name service(137)
- NetBIOS datagram service(138)
- BOOTP server(67)
- BOOTP client(68)
- TACACS(49)

이 외의 애플리케이션에 헬퍼 어드레스를 적용하려면 [그림 5-34]와 같이 'ip forward-protocol' 명령을 사용하여 새로운 포트 번호를 추가할 수 있고, 'no IP forward-protocol' 명령을 사용하면 제외할 수 있습니다.

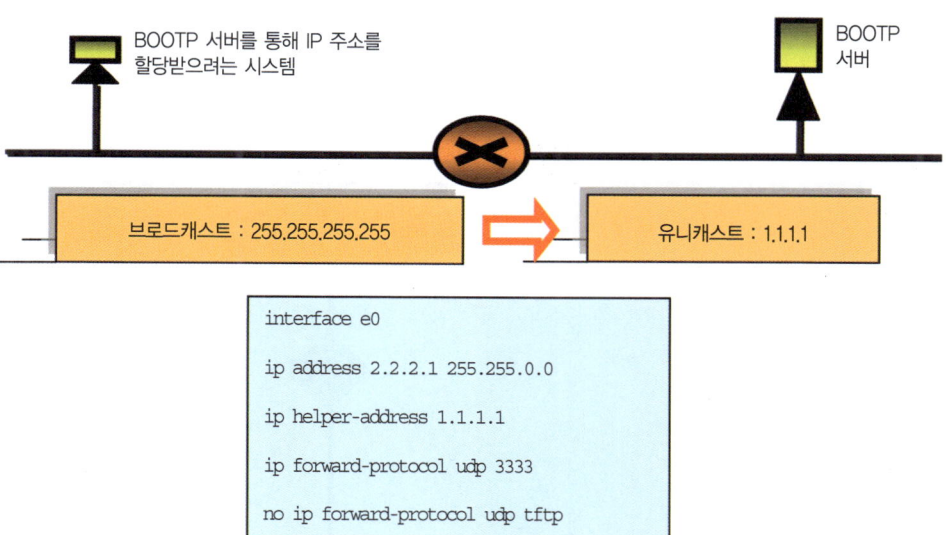

[그림 5-34]
ip forward protocol 명령의 사용 예

Directed Broadcast 주소는 해당 네트워크 주소의 맨 마지막 주소입니다. 이때 Directed Broadcast 주소로 보내면 한 번만 보내도 해당 네트워크에서는 브로드캐스트와 같이 동작하기 때문에 해당 네트워크의 모든 유저들이 받을 수 있습니다. 따라서 네트워크 자원을 절약합니다. [그림 5-35]의 예를 보세요. [그림 5-34]는 클라이언트가 서버를 찾기 위한 기능이지만, [그림 5-35]은 서버가 동일한 데이터를 같은 네트워크에 있는 유저들에게 주기적으로 보내는 환경에서 Directed Broadcast를 사용하는 예입니다.

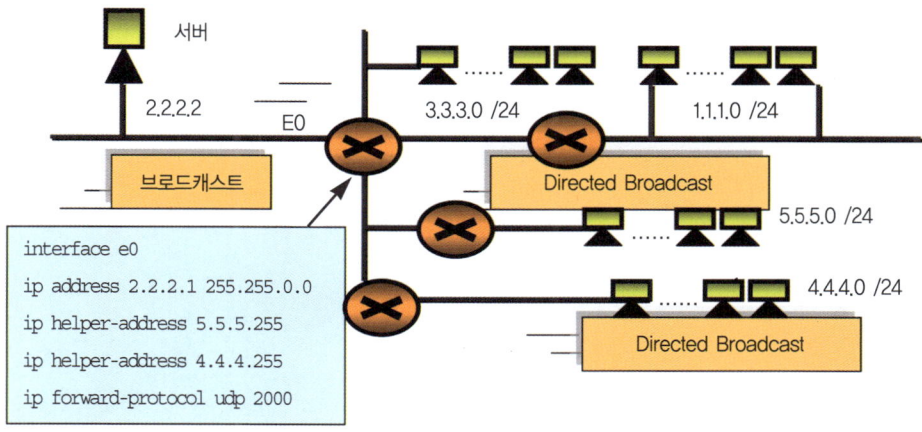

[그림 5-35]
다이렉트 브로드캐스트 헬퍼 어드레싱

VLSM을 이용한 IP 주소 디자인

Problem 1

첫 번째 IP 주소 디자인 시나리오를 봅시다. 1.1.0.0 /16 네트워크로 VLSM을 이용하여 [그림 5-36] 네트워크를 디자인해 보세요.

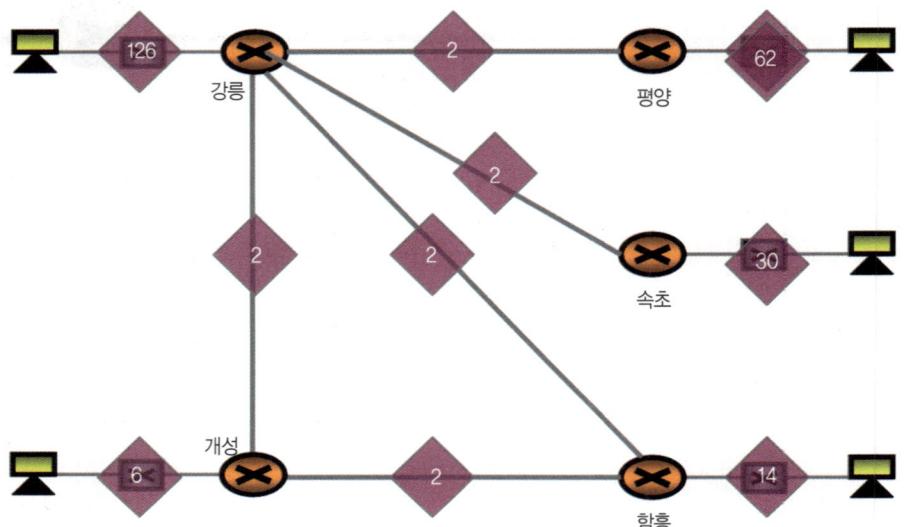

[그림 5-36] ▶
IP 주소 디자인 시나리오 ①

Solution 1

서브넷 마스크는 [그림 5-37]과 같이 결정됩니다.

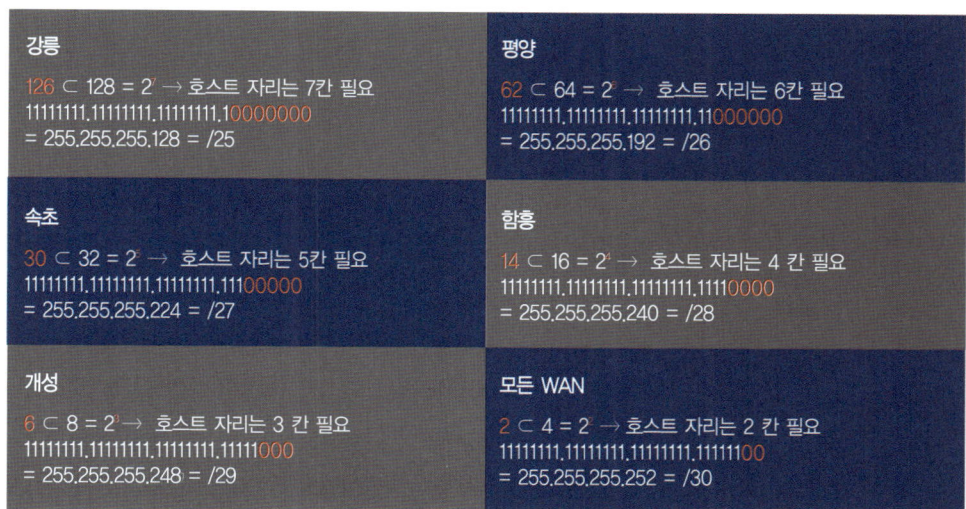

[그림 5-37] ▶
Problem 1의 서브넷 마스크 계산하기

다음으로 IP 주소를 디자인해 보면 호스트 수가 많은 네트워크부터 IP 주소를 할당해야 합니다. 따라서 강릉 서브넷은 /16에서 9칸 더 네트워크 자리가 확장된 /25로, 네트워크의 서브넷 주소는 00000001.00000001.00000000.0입니다. 결국 IP 주소 영역은 00000001.00000001.00000000.0 네트워크의 가장 작은 주소인 00000001.00000001.00000000.00000000부터 00000001.00000001.00000000.01111111까지입니다.

평양 서브넷은 /26이므로 00000001.00000001.00000001.00000000.10000000 네트워크로 00000001.00000001.00000000.10000000~00000001.00000001.00000000.10111111까지입니다.

속초 서브넷은 /27이므로 00000001.00000001.00000000.11000000 네트워크로 00000001.00000001.00000000.11000000에서 00000001.00000001.00000000.11011111까지입니다.

함흥 서브넷은 /28이므로 00000001.00000001.00000000.11100000 네트워크로 00000001.00000001.00000000.11100000에서 00000001.00000001.00000000.11101111까지입니다.

개성 서브넷은 /29이므로 00000001.00000001.00000000.11110000 네트워크로 00000001.00000001.00000000.11110000에서 00000001.00000001.00000000.11110111까지입니다.

첫 번째 WAN 서브넷은 /30이므로 00000001.00000001.00000000.11111000 네트워크로 00000001.00000001.00000000.11111000에서 00000001.00000001.00000000.11111011까지입니다.

두 번째 WAN 서브넷은 /30이므로 00000001.00000001.00000000.11111100 네트워크로 00000001.00000001.00000000.11111100에서 00000001.00000001.00000000.11111111까지입니다.

세 번째 WAN 서브넷은 /30이므로 00000001.00000001.00000001.00000000 네트워크로 00000001.00000001.00000001.00000000에서 00000001.00000001.00000001.00000011까지입니다.

네 번째 WAN 서브넷은 /30이므로 00000001.00000001.00000001.00000100 네트워크로 00000001.00000001.00000001.00000100에서 00000001.00000001.00000001.00000111까지입니다.

다섯 번째 WAN 서브넷은 /30이므로 00000001.00000001.00000001.00001000 네트워크로 00000001.00000001.00000001.00001000에서 00000001.00000001.00000001.00001011까지입니다.

VLSM을 이용한 IP 주소 디자인 결과는 [표 5-9]와 같습니다.

구간	서브넷 마스크	IP 주소 영역
강릉	255.255.255.128	1.1.0.0~127
평양	255.255.255.192	1.1.0.128~191
속초	255.255.255.224	1.1.0.192~223
함흥	255.255.255.240	1.1.0.224~239
개성	255.255.255.248	1.1.0.240~247
강릉 - 평양	255.255.255.252	1.1.0.248~251
강릉 - 속초	255.255.255.252	1.1.0.252~255
강릉 - 함흥	255.255.255.252	1.1.1.0~1.1.1.3
강릉 - 개성	255.255.255.252	1.1.1.4~1.1.1.7
개성 - 함흥	255.255.255.252	1.1.1.8~1.1.1.11

[표 5-9] ▶
Problem 1에 대한 VLSM을 이용한 IP 주소 디자인의 결과

Problem 2

두 번째 IP 주소 디자인 시나리오를 봅시다. 1.1.0.0 /16 네트워크로 VLSM을 이용하여 [그림 5-38] 네트워크를 디자인해 보세요.

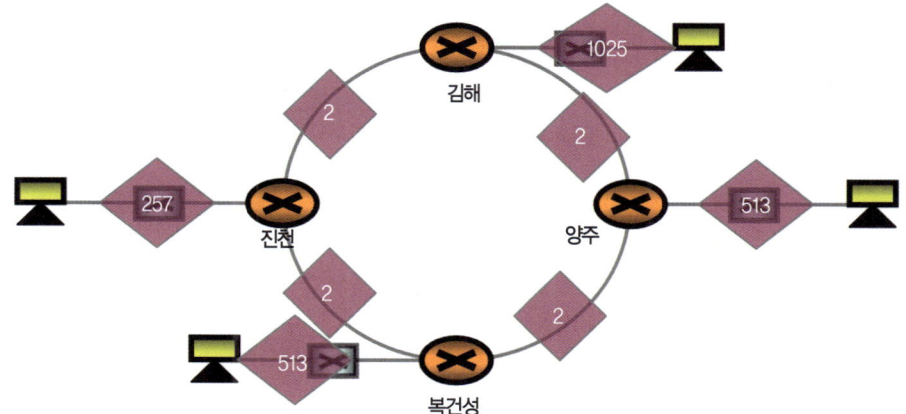

[그림 5-38] ▶
IP 주소 디자인 시나리오 ②

Solution 2

서브넷 마스크는 [그림 5-39]와 같이 결정됩니다.

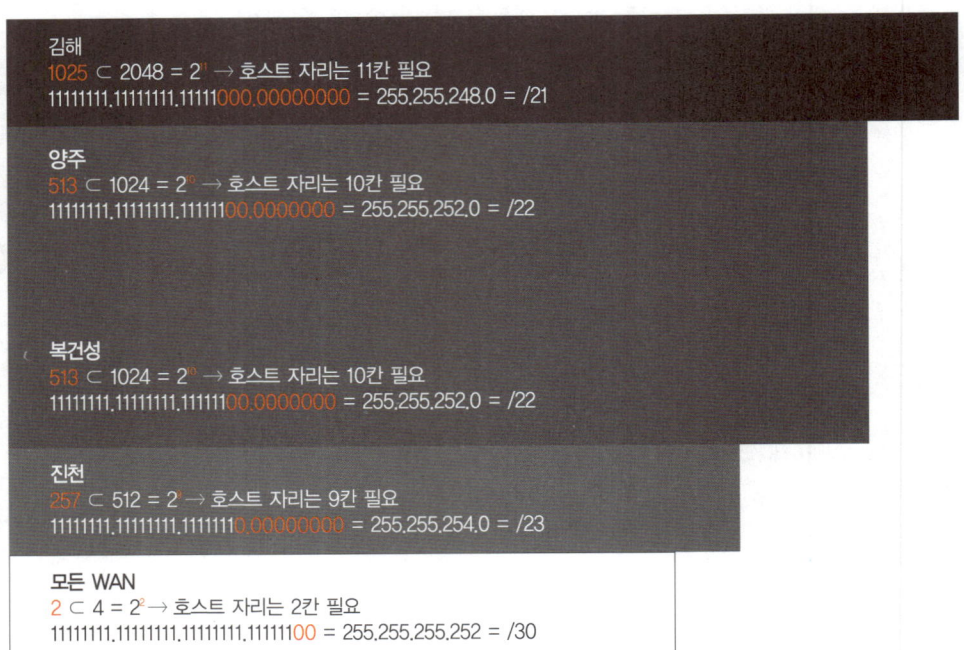

[그림 5-39] ▶
Problem 2의 서브넷 마스크 계산하기

이렇게 서브넷 마스크를 할당하면 김해 서브넷의 경우 실제로 필요한 IP 수는 1,025 개인데, /21이 할당되어 2048개의 IP가 할당되므로 1,023(=2,048-1,025)개의 IP 주소가 낭비됩니다. 양주와 복건성 서브넷의 경우 실제로 필요한 IP의 수는 513개인데, /22가 할당되어 1,024개의 IP가 할당되므로 511(=1,024-513)개의 IP 주소가 낭비됩니다.

진천 서브넷의 경우 실제로 필요한 IP의 수는 257개인데, /23이 할당되어 512개의 IP가 할당되므로 255(=512-257)개의 IP 주소가 낭비됩니다. 이것을 피하기 위해 한 네트워크에 두 범위의 주소를 할당하는데, [그림 5-40]과 같이 하나의 네트워크에 2개의 서브넷 영역이 들어오고, 라우터 인터페이스에는 2개의 주소 영역에 속하는 주소를 모두 할당해야 (2개의 주소 영역에 속하는 PC/서버의 디폴트 게이트웨이 주소)합니다. 이때 라우터에 할당하는 두 번째 주소를 '세컨더리 주소(Secondary Address)'라고 하고 [그림 5-40]과 같이 구현됩니다. 2개의 네트워크 정보가 모두 라우팅 테이블에 올라와서 전달됩니다. 김해에는 1,025개의 IP가 필요하므로 1,022 호스트를 수용하는 네트워크와 IP 여유를 위한 254 호스트를 수용하는 두 네트워크 주소를 할당했습니다.

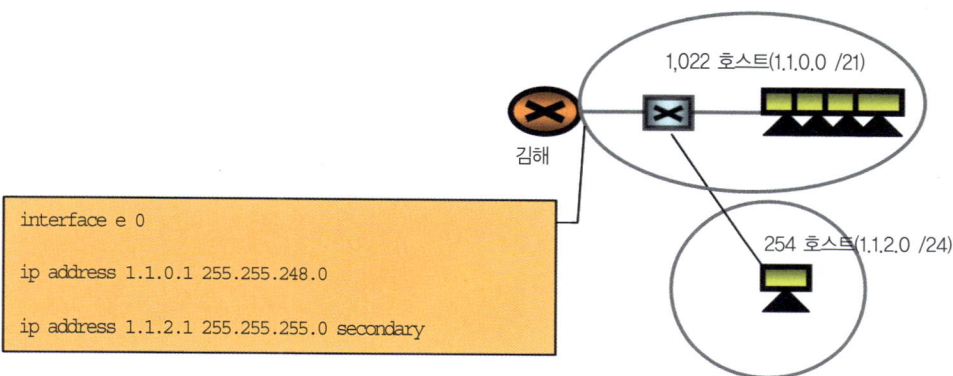

[그림 5-40] ▶
세컨더리 IP 주소

따라서, 이 경우 과도한 IP 낭비를 피하기 위해 [표 5-10]과 같이 서브넷 마스크를 할당할 수 있습니다.

[표 5-10] ▶
IP 낭비를 피하기 위한 사로운 서브넷 마스크 할당하기

지역	필요한 호스트 수	서브넷 마스크
김해	1,022 호스트 수용 네트워크 + 254 호스트 수용 네트워크	255.255.252.0 또는 /22 255.255.255.0 또는 /24
양주	510 호스트 수용 네트워크 + 62 호스트 수용 네트워크	255.255.254.0 또는 /23 255.255.255.192 또는 /26
복건성	510 호스트 수용 네트워크 + 62 호스트 수용 네트워크	255.255.254.0 또는 /23 255.255.255.192 또는 /26
진천	254 호스트 수용 네트워크 + 30 호스트 수용 네트워크	255.255.255.0 또는 /24 255.255.255.224 또는 /27
모든 WAN	2 호스트 수용 네트워크	255.255.255.252 또는 /30

굳히기

다음으로 IP 주소를 디자인해 보면 호스트 수가 많은 네트워크부터 IP 주소를 할당합니다.

김해 서브넷은 /16에서 6칸 더 네트워크 자리가 확장된 /22로, 네트워크의 서브넷 주소는 00000001.00000001.00000000.00000000입니다. 결국 IP 주소 영역은 00000001. 00000001.00000000~00000001.00000001.00000011.11111111까지입니다.

양주 서브넷은 /16에서 7칸 더 네트워크 자리가 확장된 /23으로, 네트워크의 서브넷 주소는 00000001.00000001.00000100.00000000입니다. 결국 IP 주소 영역은 00000001. 00000001.00000100.00000000~00000001.00000001.00000101.11111111까지입니다.

복건성 서브넷은 /16에서 7칸 더 네트워크 자리가 확장된 /23으로, 네트워크의 서브넷 주소는 00000001.00000001.00000110.00000000입니다. 결국 IP 주소 영역은 00000001.00000001. 00000110.00000000~00000001.00000001.00000111.11111111까지입니다.

김해의 두 번째 서브넷에 /24를 할당합니다. 김해 서브넷은 /16에서 8칸 더 네트워크 자리가 확장된 /24로, 네트워크의 서브넷 주소는 00000001.00000001.00001000.00000000입니다. 결국 IP 주소 영역은 00000001.00000001.00001000.00000000~00000001.00000001. 00001000.11111111까지입니다.

진천의 /24 서브넷을 할당합니다. 김해 서브넷은 /16에서 8칸 더 네트워크 자리가 확장된 /24로, 네트워크의 서브넷 주소는 00000001.00000001.00001001.00000000입니다. 결국 IP 주소 영역은 00000001.00000001.00001001.00000000~00000001.00000001. 00001001.11111111까지입니다.

양주의 두 번째 서브넷에 /26을 할당합니다. 김해 서브넷은 /16에서 10칸 더 네트워크 자리가 확장된 /26으로, 네트워크의 서브넷 주소는 00000001.00000001.00001010. 00000000입니다. 결국 IP 주소 영역은 00000001.00000001.00001010.00000000 ~00000001.00000001.00001010.00111111까지입니다.

복건성의 두 번째 서브넷에 /26을 할당합니다. 김해 서브넷은 /16에서 10칸 더 네트워크 자리가 확장된 /26으로, 네트워크의 서브넷 주소는 00000001.00000001.00001010. 01000000입니다. 결국 IP 주소 영역은 00000001.00000001.00001010.01000000 ~00000001.00000001.00001010.01111111까지입니다.

진천의 두 번째 서브넷에 /27을 할당합니다. 김해 서브넷은 /16에서 11칸 더 네트워크 자리가 확장된 /27로, 네트워크의 서브넷 주소는 00000001.00000001.00001010.10000000입니다. 결국 IP 주소 영역은 00000001.00000001.00001010.100000000~00000001.00000001.00001010.10011111까지입니다.

첫 번째 WAN 서브넷은 /30으로, 00000001.00000001.00001010.10100000 네트워크로 00000001.00000001.00001010.10100000에서 00000001.00000001.00001010.10100011까지입니다.

두 번째 WAN 서브넷은 /30으로, 00000001.00000001.00001010.10100100 네트워크로 00000001.00000001.00001010.10100100에서 00000001.00000001.00001010.10100111까지입니다.

세 번째 WAN 서브넷은 /30으로, 00000001.00000001.00001010.10101000 네트워크로 00000001.00000001.00001010.10101000에서 00000001.00000001.00001010.10101011까지입니다.

네 번째 WAN 서브넷은 /30으로, 00000001.00000001.00001010.10101100 네트워크로 00000001.00000001.00001010.10101100에서 00000001.00000001.00001010.10101111까지입니다.

이진수를 십진수로 바꾼 IP 주소 디자인 결과는 [표 5-11]과 같습니다.

구간	서브넷 마스크	IP 주소 영역
김해	255.255.252.0	1.1.0.0~1.1.3.255
	255.255.255.0	1.1.8.0~1.1.8.255
양주	255.255.254.0	1.1.4.0~1.1.5.255
	255.255.255.192	1.1.10.0~1.1.10.63
복건성	255.255.254.0	1.1.6.0~1.1.7.255
	255.255.255.192	1.1.10.64~1.1.10.127
진천	255.255.255.0	1.1.9.0~1.1.9.255
	255.255.255.224	1.1.10.128~1.1.10.159
김해~양주	255.255.255.252	1.1.10.160~1.1.10.163
양주~복건성	255.255.255.252	1.1.10.164~1.1.10.167
복건성~진천	255.255.255.252	1.1.10.168~1.1.10.171
진천~김해	255.255.255.252	1.1.10.172~1.1.10.175

[표 5-11] ▶
Problem 2에 대한 VLSM을 이용한 IP 주소 디자인의 결과

굳히기

Problem 3

[그림 5-41]에서 Private Address 10.0.0.0 /8 네트워크를 사용하여 주소를 디자인해 보세요. 각 네트워크의 IP 장비 수는 [그림 5-41]을 참조하세요. 단, 주소 자원이 풍부한 Private Address를 적용하기 때문에 공인 IP 주소처럼 VLSM을 사용하지 않아도 됩니다. 또한 라우팅 프로토콜과 관련하여 루트 서머라이제이션을 고려하지 마십시오.

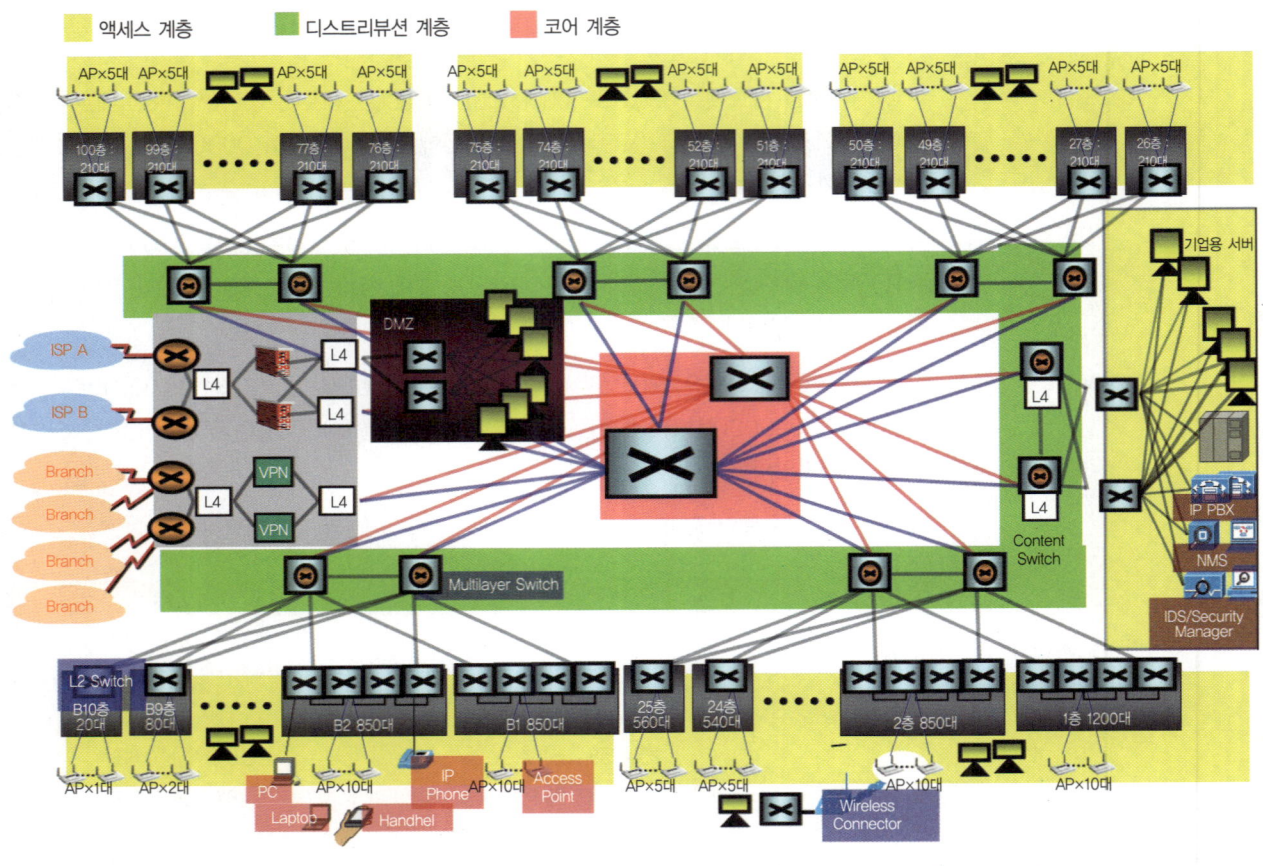

[그림 5-41] ▲
IP 주소 디자인 시나리오 ③

Solution 3

주소 디자인의 예는 [그림 5-42]와 같습니다.

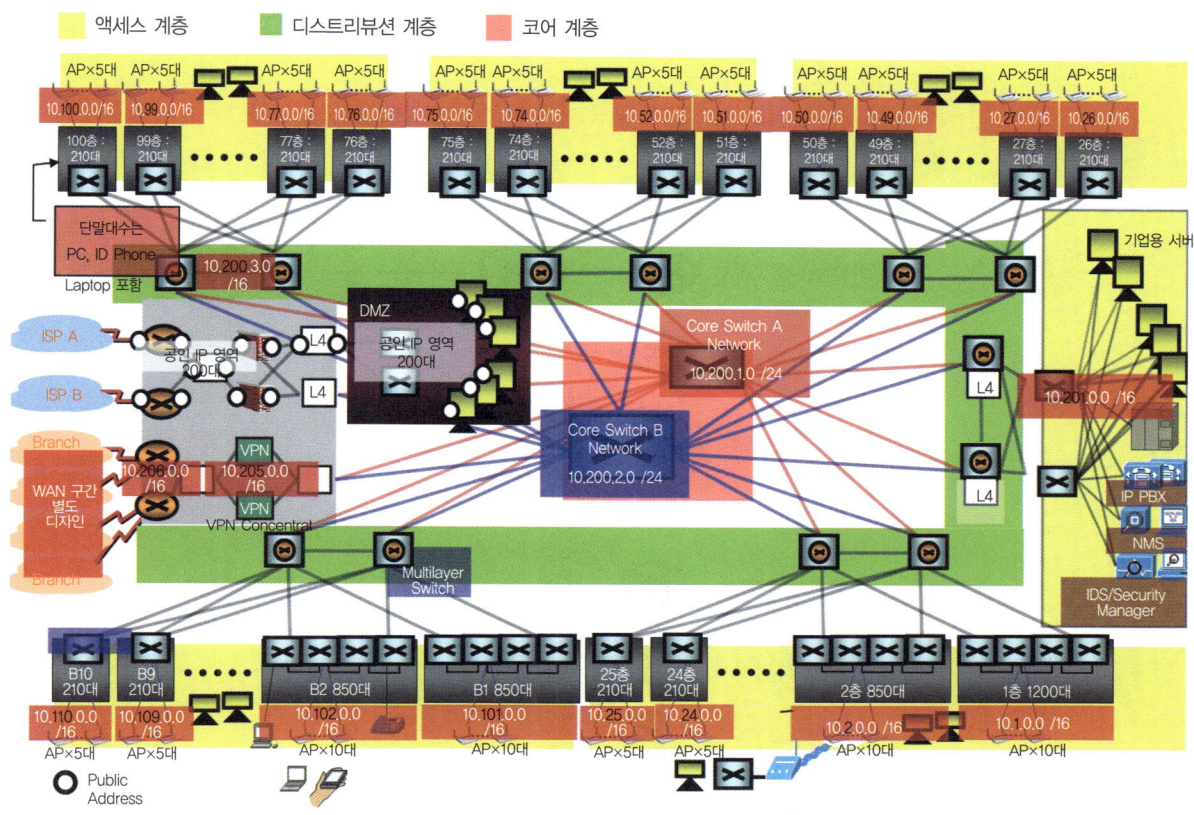

[그림 5-42] ▲
[그림 5-41]에 대한 IP
주소 디자인의 예

루트 서머라이제이션 연습

Problem 1

첫 번째 루트 서머라이제이션(Route Summarization) 시나리오를 봅시다. [그림 5-43]에서 보이는 네트워크 정보를 R1에서 루트 서머라이제이션하세요.

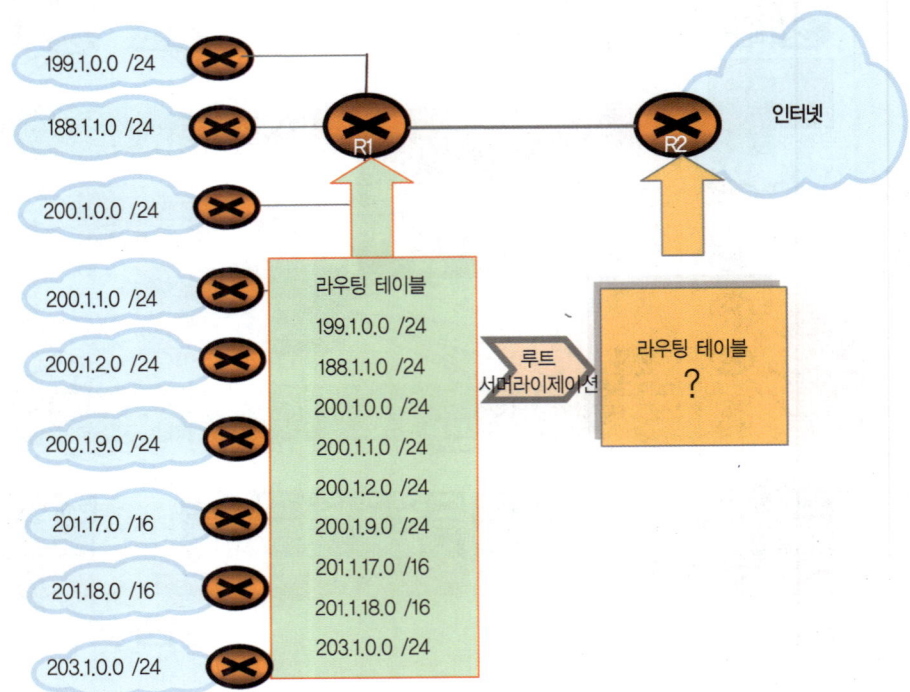

[그림 5-43] ▶
루트 서머라이제이션의 예 ①

Solution 1

루트 서머라이제이션의 절차는 다음과 같습니다.

Step 1 [그림 5-44]와 같이 R1의 라우팅 테이블에 보이는 네트워크 자리를 2진수로 변환합니다.

네트워크	2진수 변환
199.1.0.0 /24	11000111.0000001. 00000000.호스트 자리
188.1.1.0 /24	10111100.0000001. 00000001.호스트 자리
200.1.0.0 /24	11001000.0000001. 00000000.호스트 자리
200.1.1.0 /24	11001000.0000001. 00000001.호스트 자리
200.1.2.0 /24	11001000.0000001. 00000010.호스트 자리
200.1.9.0 /24	11001000.0000001. 00001001.호스트 자리
201.1.17.0 /24	11001001.0000001. 00010001.호스트 자리
201.1.18.0 /24	11001001.0000001. 00010010.호스트 자리
203.1.0.0 /24	11001011.0000001. 00000000.호스트 자리

[그림 5-44] ▶
Step 1 : 2진수로 변경하기

Step 2 2진수로 변환된 네트워크 중에서 루트 서머라이제이션의 대상이 되는 네트워크끼리 묶습니다. 묶인 다수의 네트워크에서 [그림 5-45]처럼 같은 비트와 서로 다른 비트의 경계를 찾아내어 루트 서머라이제이션 마스크를 찾습니다. 루트 서머라이제이션 마스크에서 동일한 자리는 1비트로, 서로 다른 영역은 0비트로 표시합니다.

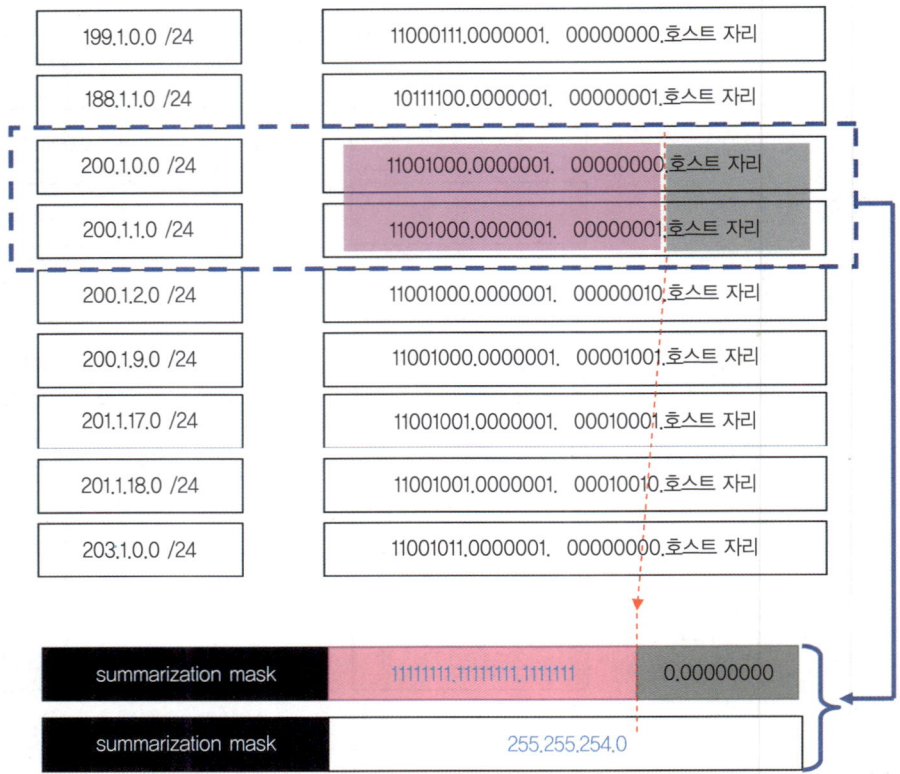

[그림 5-45] ▶
Step 2 : 같은 비트와 서로 다른 비트의 경계 찾기

결국 다수의 네트워크가 있지만 루트 서머라이제이션할 수 있는 네트워크는 200.1.0.0 /24와 200.1.1.0 /24의 두 가지 네트워크뿐입니다. 결과는 200.1.0.0 255.255.254.0입니다. R1에서 루트 서머라이제이션 명령을 통해 구현하는데, 명령어는 네트워크 정보를 실어나르는 라우팅 프로토콜에 따라 다릅니다.

Problem 2

두 번째 루트 서머라이제이션 시나리오를 봅시다. [그림 5-46]에서 보이는 네트워크 정보를 R1에서 루트 서머라이제이션하세요.

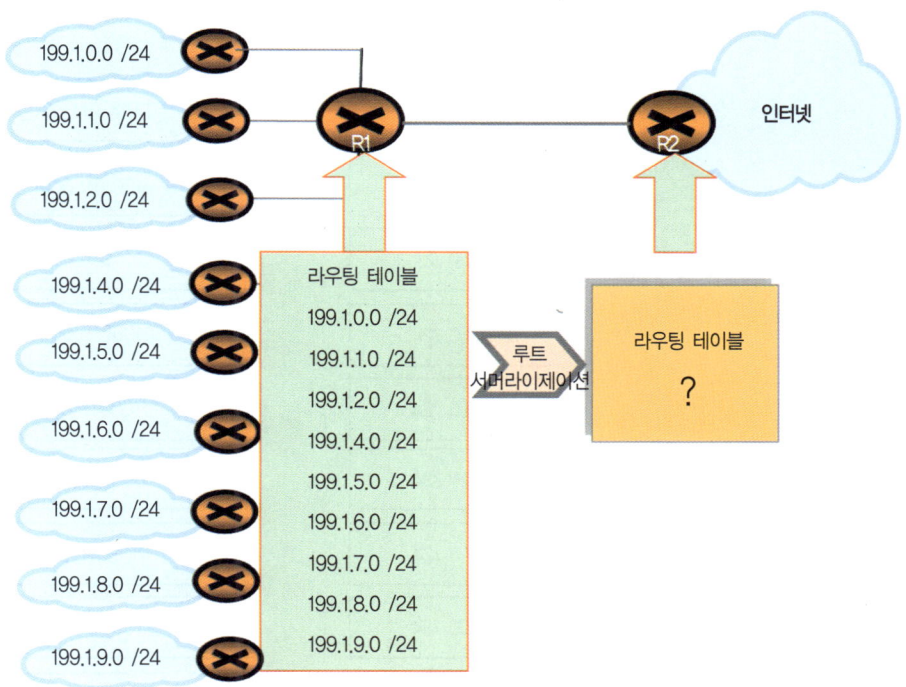

[그림 5-46] ▶
루트 서머라이제이션의 예 ②

Solution 2

루트 서머라이제이션의 절차는 다음과 같습니다.

Step 1 [그림 5-47]과 같이 R1의 라우팅 테이블에 보이는 네트워크 자리를 2진수로 변환합니다.

199.1.0.0 /24	11000111.0000001. 00000000.호스트 자리
199.1.1.0 /24	11000111.0000001. 00000001.호스트 자리
199.1.2.0 /24	11000111.0000001. 00000010.호스트 자리
199.1.4.0 /24	11000111.0000001. 00000100.호스트 자리
199.1.5.0 /24	11000111.0000001. 00000101.호스트 자리
199.1.6.0 /24	11000111.0000001. 00000110.호스트 자리
199.1.7.0 /24	11000111.0000001. 00000111.호스트 자리
199.1.8.0 /24	11000111.0000001. 00001000.호스트 자리
199.1.9.0 /24	11000111.0000001. 00001001.호스트 자리

[그림 5-47] ▶
Step 1 : 2진수로 변경하기

Step 2 2진수로 변환된 네트워크 중에서 루트 서머라이제이션의 대상이 되는 네트워크끼리 묶습니다. 묶인 다수의 네트워크에서 [그림 5-48]과 같이 동일한 비트와 서로 다른 비트의 경계를 찾아서 루트 서머라이제이션 마스크를 찾습니다. 루트 서머라이제이션 마스크에서 동일한 자리는 1비트로 표시하고, 서로 다른 영역은 0비트로 표시합니다.

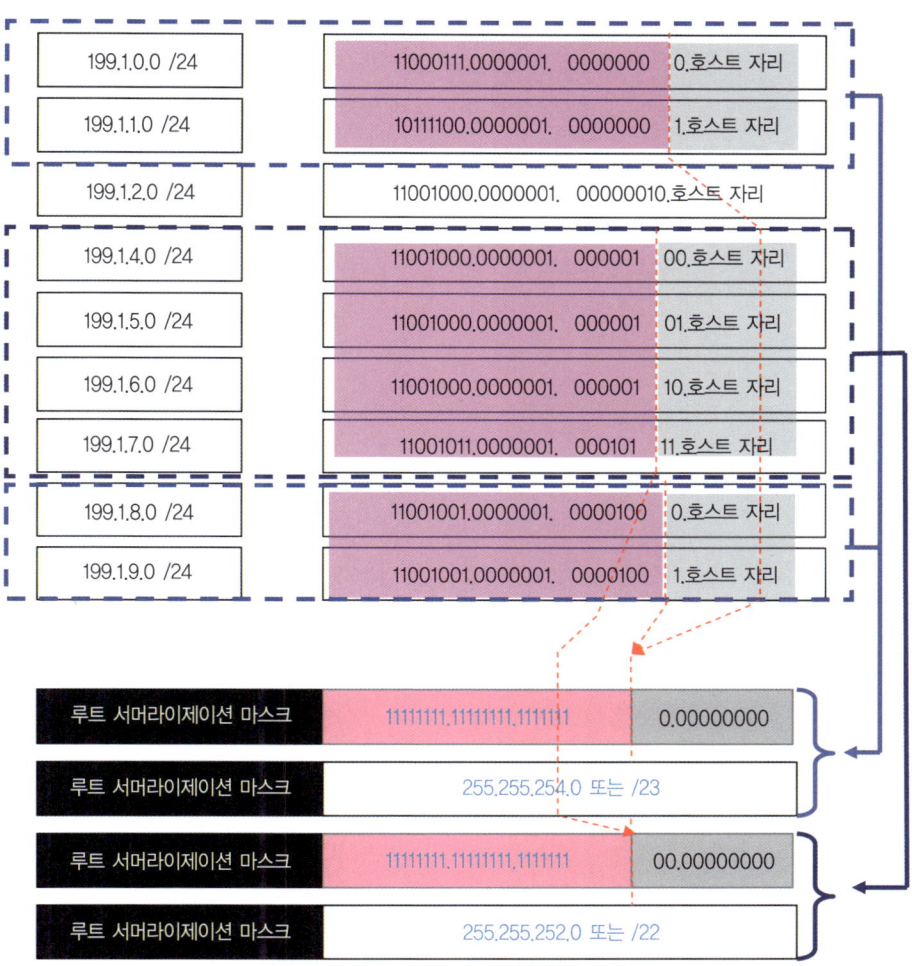

[그림 5-48]
Step 2 : 같은 비트와 서로 다른 비트의 경계찾기

다지기 A

199.1.0.0 /24와 199.1.1.0 /24 네트워크를 묶어서 199.1.0.0 255.255.254.0이 되고, 199.1.4.0 /24, 199.1.5.0 /24, 199.1.6.0 /24, 199.1.7.0 /24 네트워크를 묶어서 199.1.4.0 255.255.252.0이 되며, 199.1.8.0 /24와 199.1.9.0 /24 네트워크를 묶어서 199.1.8.0 255.255.254.0이 됩니다. 199.1.9.0 /24 네트워크 대신 199.1.3.0 /24 네트워크(그림에서 없는 네트워크)를 할당했다면 199.1.0.0 /24~199.1.7.0 /24 네트워크는 199.1.0.0 255.255.224.0으로 루트 서머라이제이션이 가능했을 것입니다. 즉 루트 서머라이제이션을 위해 중간에 비지않게 연속해서 할당해야 합니다.

O/× Quiz & Solution

Chapter 05의 주요 개념을 O/× 퀴즈를 통해 복습해 보겠습니다.

Quiz

틀린 문제에 ×표, 맞는 문제에 O표 하시오.

순서	문제	O/×
1	IP 주소와 관련된 두 가지 주요 이슈는 IP 주소 고갈 문제와 라우팅 테이블의 길이 문제이다.	
2	IPv6 주소는 126Byte 길이이다.	
3	애니캐스트의 개념은 IPv4에서 먼저 도입되었다.	
4	Directed Broadcast는 특정 네트워크의 모든 유저들에게 동일한 데이터를 보낼 때 유니캐스트보다 유리하다.	
5	/30 서브넷 마스크를 사용하는 네트워크에는 2개의 호스트를 할당할 수 있다.	
6	Directed Broadcast를 브로드캐스트나 유니캐스트로 전환하는 기능은 헬퍼 어드레싱이다.	
7	IP Unnumbered는 라우팅 테이블의 길이에 대한 솔루션이다.	
8	루트 서머라이제이션(Route Summarization)은 IP 주소 고갈에 대한 솔루션이다.	
9	VLSM(Variable Length Subnet Mask)은 IP 주소 고갈에 대한 솔루션이다.	
10	A 클래스 주소가 C 클래스 주소보다 기본적으로 많은 호스트를 수용할 수 있다.	
11	E 클래스 주소가 멀티캐스트 용도로 사용한다.	
12	IPv4의 첫 비트가 0이면 A 클래스에 속하는 주소이다.	
13	NAT에 의한 외부에서 내부로 통신 불가 조건을 극복하는 것이 스태틱 NAT이다.	
14	듀얼 스택, 터널링, 헤더 변환은 IPv4 → IPv6 전환 전략이다.	
15	/24 서브넷 마스크를 사용하는 네트워크에는 254개의 호스트를 할당할 수 있다.	
16	PAT를 사용하면 NAT를 사용할 때보다 공인 IP가 많이 필요하다.	
17	루트 서머라이제이션을 위해 IP 서브넷을 비연속적으로 할당하는 것이 좋다.	
18	멀티캐스트는 IPv4에만 있고 IPv6에는 없다.	
19	Directed Broadcast 주소는 해당 네트워크의 맨 앞 주소이다.	
20	헬퍼 어드레싱은 TFTP(69), DNS(53), Time(37), NetBIOS Name Service(137), NetBIOS Datagram Service(138), BOOTP Server(67), BOOTP Client(68), TACACS(49)의 8개 서비스에만 적용할 수 있습니다.	

Solution

순서	설명	O/X
1	IP 주소와 관련된 두 가지 주요 이슈는 IP 주소 고갈 문제와 라우팅 테이블의 크기 문제이다.	O
2	IPv6 주소는 126bit 길이이다.	X
3	애니캐스트의 개념은 IPv6에서 먼저 도입되었다.	X
4	Directed Broadcast는 특정 네트워크의 모든 유저들에게 동일한 데이터를 보낼 때 유니캐스트보다 유리하다.	O
5	/30 서브넷 마스크를 사용하는 네트워크에는 2개의 호스트를 할당할 수 있다.	O
6	브로드캐스트를 Directed Broadcast나 유니캐스트로 전환하는 기능은 헬퍼 어드레싱이다.	X
7	IP Unnumbered는 IP 주소 고갈에 대한 솔루션이다.	X
8	루트 서머라이제이션(Route Summarization)은 '큰 라우팅 테이블' 문제에 대한 솔루션이다.	X
9	VLSM(Variable Length Subnet Mask)은 IP 주소 고갈에 대한 솔루션이다.	O
10	A 클래스 주소가 C 클래스 주소보다 기본적으로 많은 호스트를 수용할 수 있다.	O
11	D 클래스 주소가 멀티캐스트 용도로 사용한다.	X
12	IPv4의 첫 비트가 0이면 A 클래스에 속하는 주소이다.	O
13	NAT에 의한 외부에서 내부로 통신 불가 조건을 극복하는 것이 스태틱 NAT이다.	O
14	듀얼 스택, 터널링, 헤더 변환은 IPv4 → IPv6 전환 전략이다.	O
15	/24 서브넷 마스크를 사용하는 네트워크에는 254개의 호스트를 할당할 수 있다.	O
16	NAT를 사용하면 PAT를 사용할 때보다 공인 IP가 많이 필요하다. PAT는 PAT 테이블을 만들 때 4계층의 출발지 포트 번호를 추가하여 하나의 공인 IP만 있어도 주소를 변환할 수 있다.	X
17	루트 서머라이제이션을 위해 IP 서브넷을 연속적으로 할당해야 한다.	X
18	멀티캐스트는 IPv4와 IPv6이 모두 있다.	X
19	Directed Broadcast 주소는 해당 네트워크의 맨 뒤의 주소이다.	X
20	헬퍼 어드레싱은 TFTP(69), DNS(53), Time(37), NetBIOS Name Service(137), NetBIOS Datagram Service(138), BOOTP Server(67), BOOTP Client(68), TACACS(49)의 8개 서비스 외에 모든 서비스에 적용할 수 있다.	X

Big Network Design

Chapter 06

라우팅 프로토콜 디자인 I

[목표] 라우터는 3계층 주소를 기반으로 패킷이 가야 할 목적지를 찾아주는 장비입니다. 3계층 주소를 기반으로 패킷의 길을 찾아주는 것을 '라우팅'이라고 하고, 라우터가 라우팅을 위해 유지하는 테이블을 '라우팅 테이블'이라고 합니다. 그러면 라우터는 라우팅 테이블을 어떻게 만들까요?
라우팅 테이블에 올라오는 정보는 크게 내가 남(다른 라우터)에게 가르쳐준 정보와 남이 나에게 가르쳐준 정보로 나뉩니다. 라우터는 라우터끼리 직접 연결된 네트워크 정보를 교환하여 라우팅 테이블을 만듭니다.

[특징(from ★ to ★★★★★)]

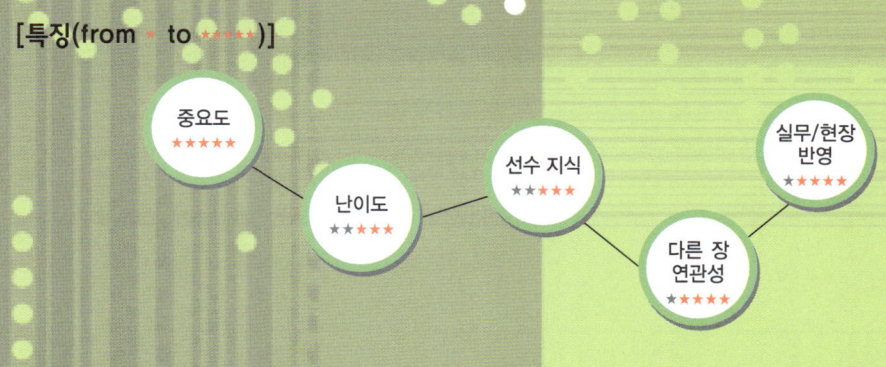

Lesson 01 라우팅이란 무엇인가요

라우터는 다음과 같이 두 가지 작업을 합니다.

- 라우팅 테이블을 만듭니다.
- 라우팅을 합니다.

[그림 6-1]은 show ip route 명령으로 확인할 수 있는 한 줄의 라우팅 테이블을 보여줍니다. 사람이 손수 라우팅 테이블을 만들 수도 있고, 라우터끼리 라우터에 직접 연결된 네트워크 정보를 주고받아서 라우팅 테이블을 만들 수도 있습니다. 목적지 네트워크에 대한 다양한 경로가 있어도 라우팅 테이블에는 베스트 루트만 올라옵니다. 베스트 루트를 선정하는 기준은 다양하고, 최대 6개의 베스트 루트가 올라올 수 있습니다.

여러 개의 베스트 루트가 올라오면 라우터는 모든 경로를 골고루 사용하는 로드 밸런싱(Load Balancing)을 합니다. LAN 스위치는 스위칭 테이블에 프레임의 목적지 정보가 없을 때 모든 포트로 내보내는데, 이것을 '언논 유니캐스트 플러딩(Unknown Unicast Flooding)'이라고 합니다. 라우터는 라우팅 테이블에 패킷의 목적지 정보가 없을 때 패킷을 버립니다. 3계층 프로토콜인 ICMP를 지원하는 대부분의 서버나 라우터는 패킷을 버릴 때 언제나 패킷의 출발지에 ICMP Destination Unreachable 메시지를 보냅니다.

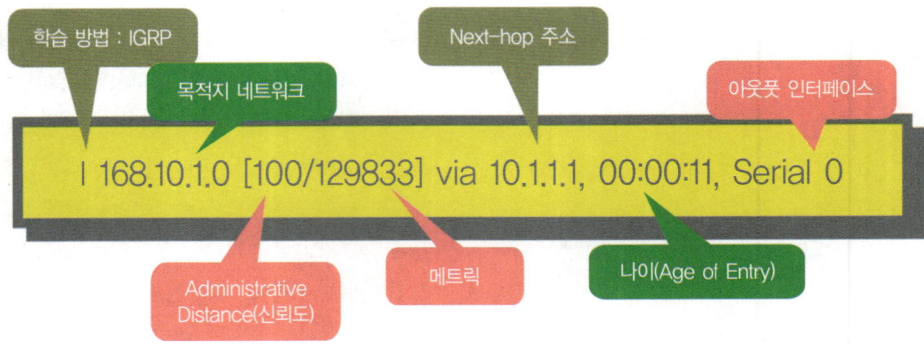

[그림 6-1] 라우팅 테이블의 포맷

- **라우팅 테이블을 만든 방법** : 라우팅 프로토콜 종류 또는 스태틱 루트(사람이 손수 만든 경우)를 표시합니다.
- **목적지 네트워크** : 목적지 네트워크 정보입니다.
- **어드미니스트레이티브 디스턴스(Administrative Distance)** : 라우팅 테이블을 만든 방법(스태틱 루트 또는 라우팅 프로토콜)의 신뢰도를 말합니다.

- **메트릭(metric)**: 어드미니스트레이티브 디스턴스(정보의 신뢰도)와 메트릭(목적지까지의 거리)을 비교하여 목적지로 가는 베스트 루트를 찾습니다.
- **Next-hop 주소**: 목적지 네트워크에 가기 위해 다음으로 거쳐야 할 다음 라우터 주소, 즉 베스트 루트를 말합니다.
- **나이(Age of entry)**: 루트 정보가 얼마나 오래되었는지 표시합니다.
- **아웃풋 인터페이스(Output interface)**: 목적지 네트워크에 가기 위해 라우터를 떠날 때 사용할 인터페이스입니다.

라우터는 3계층 장비로, 3계층 이하의 모든 기능을 수행합니다. 3계층의 기본 동작은 '라우팅' 입니다. 2계층에서는 미디어 트랜스레이션, 1계층에서는 약해진 신호를 증폭시킵니다.

라우팅 테이블 만들기

라우팅 테이블의 라우팅 즉, 네트워크 정보는 직접 연결된 네트워크에 대한 정보와 직접 연결되지 않은 네트워크에 대한 정보로 나뉩니다. 직접 연결된 네트워크에 대한 정보는 인터페이스만 살면 라우팅 테이블에 올라옵니다. 직접 연결되지 않는 네트워크에 대한 정보가 올라오려면 같은 라우팅 프로토콜을 라우터에 구현하거나, 사람이 명령을 통해 라우팅 테이블을 만들어 주어야 합니다. 라우팅 프로토콜이 구현된 라우터들은 라우팅 업데이트 메시지를 통해 네트워크 정보를 교환하여 라우팅 테이블을 만듭니다.

라우팅 프로토콜을 구현한 라우터는 라우팅 정보를 교환하기 전에 네이버(Neighbor 또는 Relationship)를 찾는데, 네이버는 라우팅 업데이트를 직접 교환하는 대상이 되는 라우터입니다. BGP 라우팅 프로토콜을 제외하고, 네이버는 직접 연결된 라우터 중에서 네이버 조건을 따져 선택됩니다. 라우팅 프로토콜은 네이버를 찾고, 네이버가 살아있음을 확인하기 위해 주기적인 헬로 메시지(OSPF, IS-IS, EIGRP 라우팅 프로토콜의 경우)나 주기적인 라우팅 업데이트(RIP, IGRP 라우팅 프로토콜의 경우)를 교환합니다.

[그림 6-1]의 라우팅 테이블 형식을 다시 살펴보면 via 10.1.1.1은 목적지 네트워크로 가기 위해 다음으로 거쳐야 할 라우터의 IP 주소 외에 목적지 네트워크 정보를 나에게 준 네이버의 IP 주소이기도 합니다. 헬로나 주기적인 라우팅 업데이트 메시지가 전달되지 않는다면 네이버 라우터가 다운되었다고 판단하고, 네이버 라우터를 통해 갈 수 있는 모든 네트워크 정보를 라우팅 테이블에서 삭제합니다.

라우팅 프로토콜을 구현하면 라우터들은 직접 연결된 네트워크 정보를 교환합니다. 즉 직접 연결된 네트워크에 관한 정보는 다른 라우터에게 알려주어야 하고, 직접 연결되지 않은 네트워크에 대한 정보는 다른 라우터가 내게 알려줍니다. BGP는 직접 연결되지 않아도 등록만 하면 알려줍니다. 라우터끼리 자신이 알고 있는 것(연결된 네트워크에 대한 정보)을 알려줍니다. 결과적으로 모든 라우터들은 모든 네트워크 정보를 알게 됩니다.

라우팅 또는 L3 스위칭

라우팅은 [그림 6-2]와 같이 각각의 네트워크에 대해 베스트 루트를 가진 라우팅 테이블을 참고하여 패킷을 보냅니다.

Step 1 패킷이 인바운드 인터페이스에 들어오면 프레임의 FCS 필드를 보고 정상 여부를 조사한 후 (비정상인 경우 폐기) 다음 프로세싱을 위해 메모리에 둡니다.

Step 2 인바운드 인터페이스 메모리에서 대기하던 패킷은 라우팅 프로세스를 위해 메인 메모리로 옮깁니다. 라우팅 테이블을 보고 아웃바운드 인터페이스를 결정합니다.

Step 3 미디어 트랜스레이션 프로세스, 즉 다음 네트워크에서 사용하는 2계층 프로토콜에 따라 새로운 2계층 인캡슐레이션 또는 옷을 입힙니다. 이 과정에서 2계층 출발지와 목적지 주소도 바뀝니다. 출발지 주소는 아웃바운드 인터페이스의 2계층 주소가 되고, 목적지 주소는 라우팅 테이블의 Next-hop 주소가 되지만, 라우팅 테이블에는 3계층 주소인 IP 주소가 보입니다. Next-hop 주소 자리의 2계층 주소를 알기 위해 ARP 프로토콜을 이용하거나 사람이 직접 3계층 주소에 대한 2계층 주소를 매핑해주어야 합니다.

Step 4 아웃바운드 인터페이스로 옮겨진 패킷은 새 FCS 필드를 더한 후 프레임을 내보냅니다.

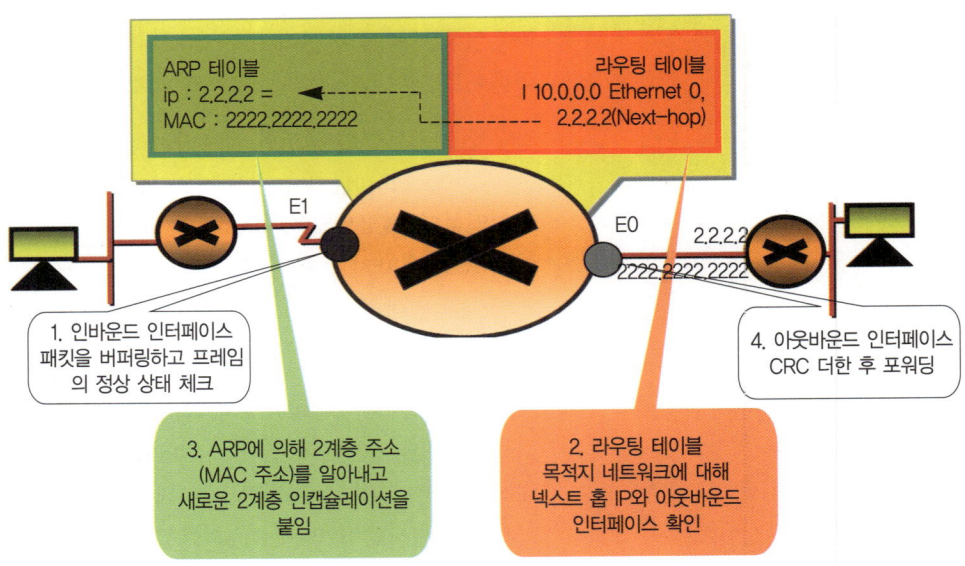

[그림 6-2] ▶ 라우팅 또는 레이어 3 스위칭 과정

라우팅 테이블에 올라오는 라우팅 정보는 학습 방법에 따라 [그림 6-3]과 같이 커넥티드(Connected) 정보와 런드(Learned) 정보로 나뉩니다. 커넥티드 정보는 직접 연결되어 있기 때문에 내(라우터)가 다른 라우터에게 알려주는 정보이고, 런드 정보는 직접 연결되어 있지 않기 때문에 남이 나(라우터)에게 알려주는 정보입니다. 런드 정보는 다시 사람이 알려준, 즉 네트워크 관리자(남)가 직접 설정한 스태틱 정보와 다른 라우터(남)가 알려

준 다이내믹 정보로 구분합니다. 다이내믹 정보는 라우팅 프로토콜을 설정했을 때 올라옵니다. 라우팅 프로토콜들은 클래스풀 라우팅 프로토콜 계열에 속할 수도 있고, 클래스리스 라우팅 프로토콜 계열에 속할 수도 있습니다.

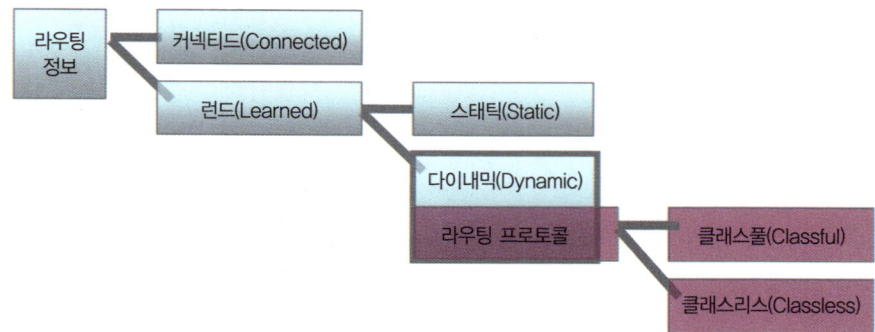

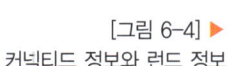
[그림 6-3] ▶
라우팅 정보의 분류

커넥티드 네트워크는 '직접 연결되어 있는 네트워크' 이기 때문에 다른 라우터로부터 배울(Learning) 필요가 없고, 사람이 설정할 필요가 없습니다. [그림 6-4]에서 라우터 AAA에게 10.0.0.0 /8과 20.0.0.0 /8, 라우터 BBB에게 20.0.0.0 /8과 30.0.0.0 /8, 라우터 CCC에게 30.0.0.0 /8과 40.0.0.0 /8 네트워크는 각각의 라우터에 직접 연결된 네트워크(Connected Route)입니다. 즉 라우터 AAA 입장에서 30.0.0.0 /8과 40.0.0.0 /8, 라우터 BBB 입장에서 10.0.0.0 /8과 40.0.0.0 /8, 라우터 CCC 입장에서 10.0.0.0 /8과 20.0.0.0 /8 네트워크는 직접 연결되지 않은 네트워크이기 때문에 스태틱 또는 다이내믹의 두 가지 방법 중에서 하나로 배워야할(Learned) 정보입니다.

[그림 6-4] ▶
커넥티드 정보와 런드 정보

스태틱 정보는 네트워크 관리자가 가르쳐주는(직접 설정하는) 정보이고, 다이내믹 정보는 다른 라우터가 가르쳐주는 정보입니다. 스태틱 루트는 [그림 6-5]와 같이 'ip route 목적지_네트워크_대표_주소 목적지_네트워크_서브넷_마스크 목적지_네트워크에_가기_위해_다음으로_거쳐야 할_라우터_주소' 명령을 사용합니다. [그림 6-5]에서 보면 AAA 라우터는 ISP(KT, LG데이콤, 하나로통신과 같은 인터넷 서비스 제공자에 연결된 고객의 라우터이고, 30.0.0.0/8 네트워크는 고객 네트워크입니다. AAA 라우터 입장에서는 모든 네트워크, 다시 말해서 인터넷으로 가기 위해서 ISP 라우터인 20.1.1.2에게 보내야 합니다.

모든 네트워크를 표시하는 네트워크와 서브넷 마스크 표시를 표시할 때 '0.0.0.0 0.0.0.0' 표현을 사용합니다. AAA 라우터의 'ip route 0.0.0.0 0.0.0.0 20.1.1.2' 명령은 모든 네트워크에 대해 20.1.1.2로 보내겠다는 라우팅 정보를 생성합니다. ISP 라우터 입장에서는 30.0.0.0/8 네트워크에 대해서만 넥스트 홉 라우터가 20.1.1.1로 설정해야 되므로, 'ip route 30.0.0.0 255.0.0.0 20.1.1.1' 명령을 사용합니다.

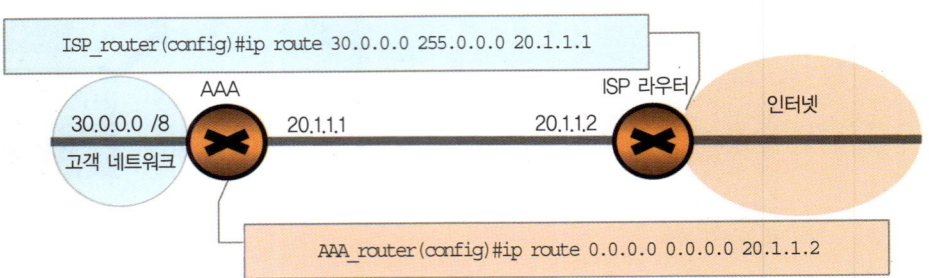

[그림 6-5] ▶
스태틱 루트 컨피규레이션의 예

[예 6-1]은 스태틱 루트로만 각 라우터의 라우팅 테이블을 만든 예입니다. 직접 연결되지 않은 네트워크 정보를 라우팅 테이블에 올리는 두 가지 방법, 즉 스태틱과 다이내믹 중에서 어떤 방법이 더 우수할까요? 잠시 후에 설명할 하나의 목적지 네트워크에 대해 다양한 경로를 가지는 경우를 제외하면 라우팅 프로토콜에 의해 라우팅 업데이트가 대역폭 자원을 소비하고, 라우팅 프로세스가 라우터의 CPU/메모리를 소비하기 때문에 스태틱 루트를 우선으로 설정하는 것이 좋습니다.

ISP_AA, ISP_BB, ISP_CC, WAN_라우터, Firewall(라우팅도 수행해야 함) Dist_router의 스태틱 루트 구현은 [예 6-1]과 같습니다. 특히 WAN_라우터에서 ISP_AA쪽을 주 경로로 사용하고, ISP_BB쪽을 백업 경로로 사용하기 위해 [예 6-1]에서 빨간색 밑줄 표시의 어드미니스트레이티브 디스턴스(Administrative Distance, 이하 AD) 값을 조정합니다. 이 값은 라우팅 정보의 신뢰도를 표시하는 값으로, 값이 작을수록 신뢰있는 정보가 되어 베스트 루트로 선택합니다.

```
[ISP_AA]
ISP_AA(config)#ip route 20.20.20.0 255.255.255.0 11.1.1.2
[ISP_BB]
ISP_BB(config)#ip route 20.20.20.0 255.255.255.0 12.1.1.2
[ISP_CC]
ISP_CC(config)#ip route 20.20.20.0 255.255.255.0 13.1.1.2
[WAN_router]
WAN_router(config)#ip route 0.0.0.0 0.0.0.0 11.1.1.1 10
WAN_router(config)#ip route 0.0.0.0 0.0.0.0 12.1.1.1 20
WAN_router(config)#ip route 50.50.0.0 255.255.0.0 13.1.1.1
[Firewall]
Firewall(config)#ip route 0.0.0.0 0.0.0.0 20.20.20.1
Firewall (config)#ip route 10.10.10.0 255.255.255.0 10.10.10.2
[Dist_router]
Dist_router(config)#ip route 0.0.0.0 0.0.0.0 10.10.10.1
```

[예 6-1] ▶
[그림 6-6]의 각 라우터에서 스태틱 루트 구현하기

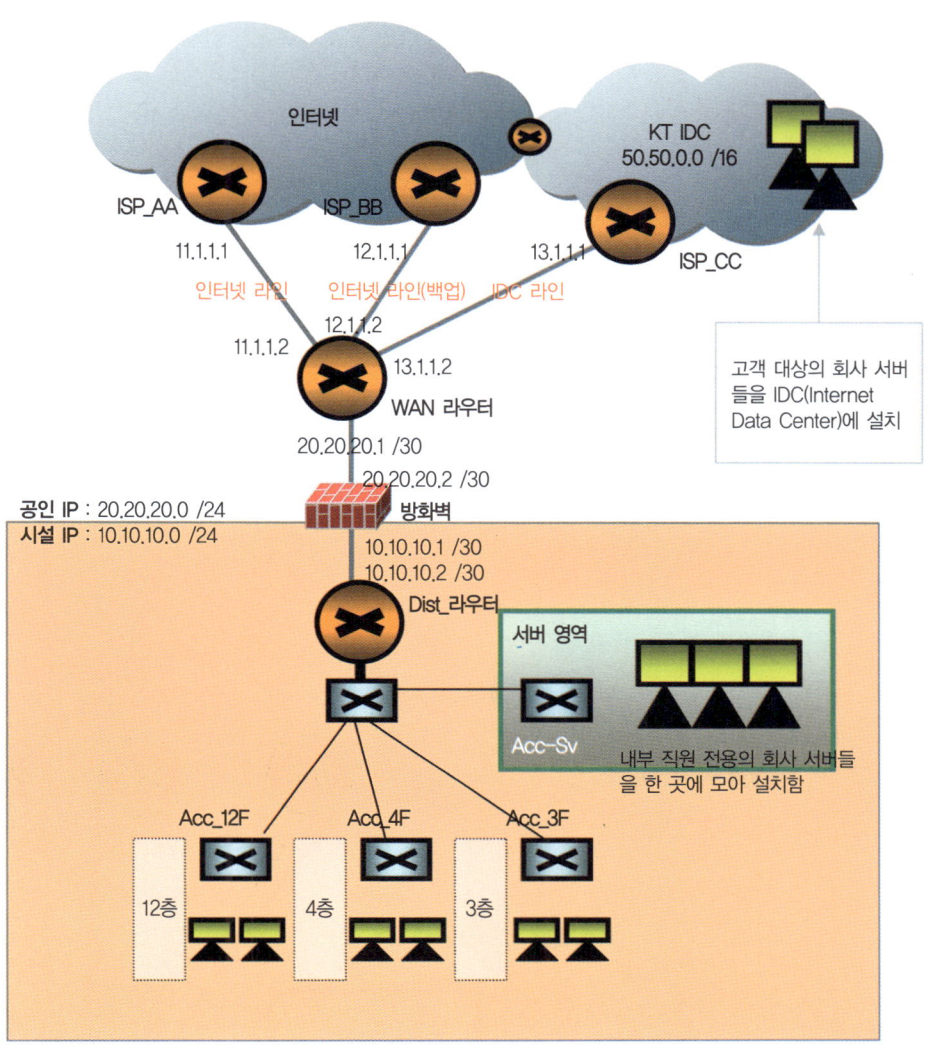

[그림 6-6] ▶
실제 스태틱 루트 구현의 예

[그림 6-7]을 보세요. 스태틱 루트와 라우팅 프로토콜(RIP, IGRP, OSPF)이 하나의 라우터에 설정되었고, 네트워크마다 다른 라우팅 프로토콜을 돌리고 있습니다. 같은 네트워크에 속하는 라우터들은 네이버들로서 동일한 라우팅 프로토콜을 돌려야 합니다. 라우터는 각각의 목적지 네트워크마다 최상의 경로를 찾아내는 일을 합니다. WAN_라우터 입장에서 볼 때 50.50.50.0 /24 네트워크에 대해 4개의 경로가 있습니다. 이 경우 WAN_라우터는 각 경로에 대한 AD 값과 메트릭(Metric)을 비교하여 베스트 루트를 결정합니다. 둘 중 먼저 AD를 비교하는데, 둘 다 낮을수록 좋은 값입니다. [표 6-1]은 라우팅 프로토콜과 스태틱 루트에 대한 기본적인 AD 값을 보여주는데 설정을 통해 바꿀 수 있습니다. 다이내믹 루트보다는 스태틱 루트의 AD 값이 낮고, 보통 복잡한 메트릭을 사용하는 라우팅 프로토콜의 AD 값이 단순한 메트릭을 사용하는 라우팅 프로토콜의 AD 값보다 낮습니다.

[표 6-1] 라우팅 프로토콜별 AD(Administrative Distance) 값

루트 소스	기본 AD값	루트 소스	기본 AD값
Connected Interface	0	OSPF	110
Static(아웃바운드 인터페이스)	0	IS-IS	115
Static(다음 라우터 주소)	1	RIP v1, v2	120
ELGRP Summary	5	EGP	140
External BGP	20	External EIGRP	170
Internal EIGRP	90	Internal BGP	200
IGRP	100	Unknown	255

따라서, [그림 6-7]에서는 IGRP(AD=100)보다 EIGRP(AD=90) 라우팅 프로토콜에 의한 경로(다음 라우터 CC와 DD인 경로)가 더 우선합니다. 그리고 EIGRP 라우팅 프로토콜에 의한 두 경로(다음 라우터 CC와 DD인 경로) 중에서는 다음 라우터가 DD인 경로가 (메트릭=500) 다음 라우터가 CC인 경로(메트릭=1000)보다 최상의 경로로 선택됩니다.

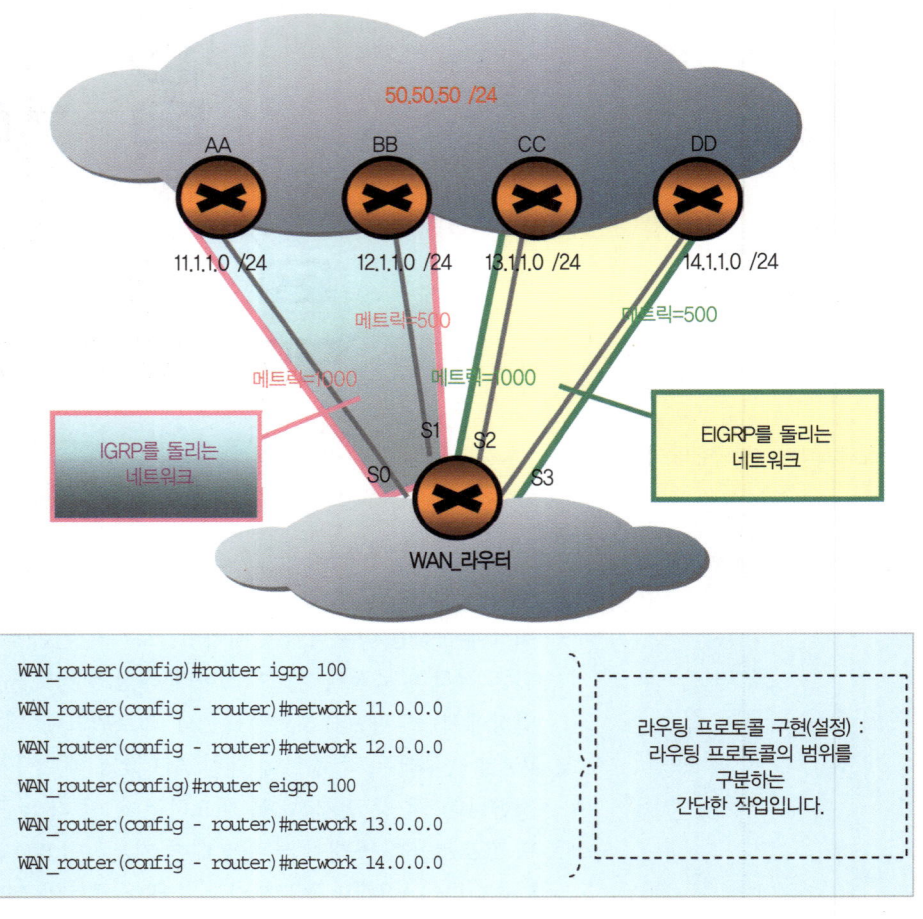

[그림 6-7] 최상의 경로 예

WAN_라우터의 라우팅 테이블에는 50.50.50.0 /24 네트워크에 대한 정보가 [예 6-2]와 같이 4개의 경로 중 (via 13.1.1.2) 경로(베스트 루트)가 올라옵니다. [예 6-2]에서 [80/100]에서 80은 AD 값이고 500은 메트릭으로, 이 두 값은 해당 루트 정보가 왜 최상의 경로인가를 보여줍니다. D는 DUAL 알고리듬을 사용하는 EIGRP 라우팅 프로토콜을 표시하는 정보입니다.

[예 6-2] ▶
[그림 6-7]의 WAN_라우터의 라우팅 테이블

> D 50.50.50.0 /24 [80 /500] via 14.1.1.2, 00:00:11, Serial 3

[예 6-3]은 [그림 6-7]의 WAN_라우터에 라우팅 프로토콜 대신 스태틱 루트를 설정한 예입니다. 스태틱 루트 설정의 마지막에 표시된 100, 90, 80, 70이 AD 값입니다. 이 값이 낮을수록 최상의 경로가 되므로 라우팅 테이블에 14.1.1.2(다음 라우터 주소) 루트가 최상의 경로입니다. 이렇게 다이내믹 루트와 스태틱 루트를 모두 구현할 수 있는 환경에서는 대역폭, CPU/메모리의 낭비를 막고, 관리가 쉬우며, 안정적이라는 측면에서 스태틱 루트를 구현해야 합니다.

[예 6-3] ▶
[그림 6-7]의 WAN_라우터에 스태틱 루트를 구현한 경우의 최상의 경로

```
WAN_router(config)#ip route 50.50.50.0 255.255.255.0 11.1.1.2 100
WAN_router(config)#ip route 50.50.50.0 255.255.255.0 12.1.1.2 90
WAN_ router(config)#ip route 50.50.50.0 255.255.255.0 13.1.1.2 80
WAN_ router(config)#ip route 50.50.50.0 255.255.255.0 14.1.1.2 70  ← 최상의 경로
```

스태틱 루트 설정으로 경로 간 로드 밸런싱을 하고 싶다면 [예 6-4]와 같이 AD 값을 일치시키면 됩니다. 또는 AD 값을 따로 구현하지 않으면 [표 6-1]과 같이 디폴트 AD 값 1이 모든 스태틱 루트에 동일하게 적용되기 때문입니다.

[예 6-4] ▶
[그림 6-7]의 WAN_라우터에 스태틱 루트로 로드 밸런싱을 구현한 경우

```
WAN_ router(config)#ip route 50.50.50.0 255.255.255.0 11.1.1.2 100
WAN_ router(config)#ip route 50.50.50.0 255.255.255.0 12.1.1.2 100
WAN_ router(config)#ip route 50.50.50.0 255.255.255.0 13.1.1.2 100
WAN_ router(config)#ip route 50.50.50.0 255.255.255.0 14.1.1.2 100
```
← 4개의 경로를 모두 사용

[예 6-4]와 같은 로드 밸런싱의 구현으로 [예 6-5]와 같이 라우팅 테이블에는 4개의 경로가 모두 올라옵니다. 라우팅 테이블에는 동일 네트워크에 대해 최대 6개의 루트(경로)까지 올라올 수 있습니다.

[예 6–5] ▶
[예 6–4]를 구현한 후의
WAN_라우터
([그림 6–7]의 라우팅 테이블)

```
S 50.50.50.0 [100/- ] via 11.1.1.2, 00:00:11, Serial 0
S 50.50.50.0 [100/- ] via 12.1.1.2, 00:00:11, Serial 1
S 50.50.50.0 [100/- ] via 13.1.1.2, 00:00:11, Serial 2
S 50.50.50.0 [100/- ] via 14.1.1.2, 00:00:11, Serial 3
```

스태틱 루트를 설정하는 대신 라우팅 프로토콜을 사용하는 이유

[그림 6–8]에서 AA 라우터는 9.0.0.0 /8에 대해 CC쪽을 베스트 루트로 잡고, BB쪽을 백업 루트로 잡습니다. BB 라우터는 DD쪽을 베스트 루트로 잡고, AA쪽을 백업 루트로 잡습니다. 두 가지를 가정해 보겠습니다.

● 첫째, 2개의 주 경로가 동시에 고장나는 경우는 어떻게 될까요?

AA와 BB는 모두 백업 루트를 사용하고, 9.0.0.0 /8 네트워크로 가려고 하는 패킷은 AA와 BB 사이에서 왔다 갔다 하는 패킷 루프가 일어납니다. 만약 라우팅 프로토콜에 의한 다이내믹 업데이트가 있었다면 다운된 경로와 관련된 네트워크 정보가 라우팅 테이블에서 사라지기 때문에, 패킷 루프가 일어나지 않을 것입니다.

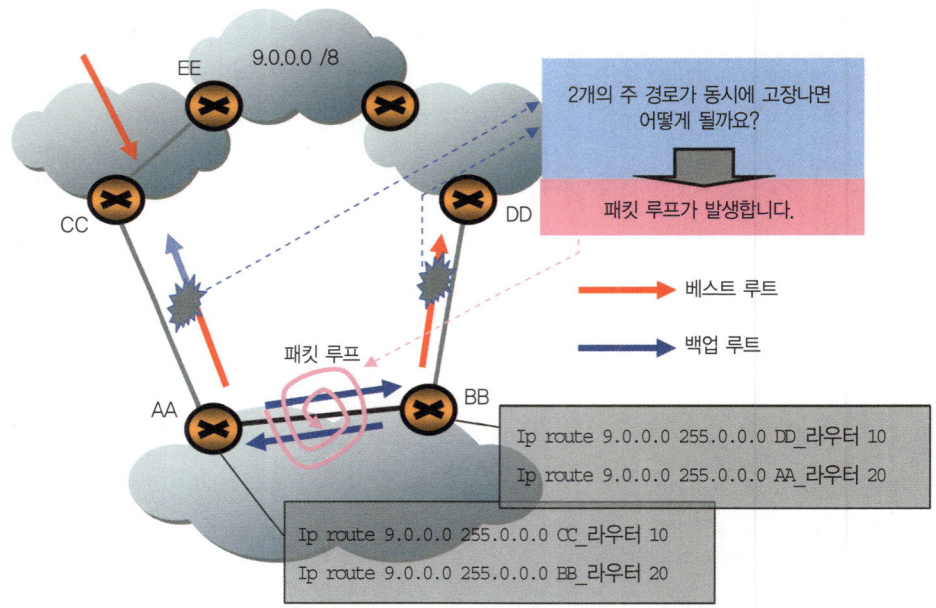

[그림 6–8] ▶
백업 경로를 동시에 사용하면
발생할 수 있는 패킷 루프

● 둘째, 이번에는 CC 라우터와 EE 라우터 사이의 링크만 고장났다고 가정해 보겠습니다.

AA 라우터는 9.0.0.0 /8 네트워크에 대해 CC 라우터에게 패킷을 보냅니다. 하지만 다음 링크가 고장났기 때문에 CC 라우터도 AA 라우터와 같이 각각의 네트워크에 대해 백업 루트를 스테이틱 루트로 설정했다고 가정합니다. 이때, CC 라우터는 세컨드 베스트 루트인 AA 라우터에게 보내고 AA 라우터는 9.0.0.0 /8 네트워크에 대해 베스트 스테이틱 루트가 살아있으므로 다시 CC 라우터에게 보내므로 패킷은 AA 라우터와 CC 라우터 사이에서 순환합니다. 라우팅 프로토콜에 의한 다이내믹 라우팅을 한다면, AA 라우터는 CC 라우터와 EE 라우터를 연결하는 링크의 고장을 라우팅 업데이트에 의해 알고 있을 것이므로 패킷을 라우터 CC에게 보내지 않고, 바로 BB 라우터 → DD 라우터 방향으로 보냅니다. 패킷은 쓸데없는 여행을 하지 않았을 것입니다. 이렇게 멀티패스(Multi-path) 환경에서 스태틱 라우팅을 한다면 어떤 약점이 있을 수 있는가를 이해하고 있어야 합니다.

스태틱 루트는 사람이 구현하는 정보로, 한 번 구현하면 사람이 바꾸기 전에는 변하지 않습니다. 라우팅 프로토콜에 의한 헬로, 라우팅 업데이트와 같은 백그라운드 트래픽을 발생시키지 않기 때문에 대역폭과 CPU, 메모리에 부하를 주지도 않습니다. 컨버전스 타임이란, 네트워크가 다운되거나 살아났을 때 라우팅 정보를 수정하여 라우팅 테이블을 다시 만드는 데 걸리는 시간으로, 컨버전스 타임 동안은 라우팅이 중단됩니다. 스태틱 루트는 항상 고정된 정보이기 때문에 컨버전스 타임도 걸리지 않습니다. 스태틱 루트는 [그림 6-8]과 같은 다중 경로 환경이 아니라면 적극적으로 사용해야 합니다.

Lesson 02 라우팅 프로토콜별 메트릭

다수의 라우팅 프로토콜들에 의해 같은 네트워크 정보가 중복되어서 도착한다면 라우팅 프로토콜의 AD 값을 비교하여 베스트 루트를 고릅니다. 하나의 라우팅 프로토콜만 운영할 때 하나의 네트워크 정보에 대한 다양한 루트가 있다면 어떻게 베스트 루트를 골라낼까요? 각 루트들의 메트릭(Metric) 값을 비교하여 베스트 루트를 고릅니다.

[표 6-2]는 라우팅 프로토콜별 메트릭들로, 낮은 메트릭 값을 제공하는 루트가 베스트 루트입니다. Hop은 라우터의 수이고, Cost는 대역폭의 역수입니다. 따라서 Cost를 메트릭으로 사용하는 라우팅 프로토콜은 결국 대역폭이 베스트 루트를 선정하는 기준입니다. Delay는 라우터의 인터페이스에서 소요되는 패킷 처리 때문에 발생하는 지연 시간입니다. BGP 메트릭은 'Chapter 07. 라우팅 프로토콜 디자인 II'에서 자세히 소개합니다.

[표 6-2] ▶
라우팅 프로토콜별 메트릭

라우팅 프로토콜	메트릭
RIP	Hop
IGRP	Bandwidth, Delay(옵션 : Reliability, Load, MTU)
OSPF	Cost
EIGRP	Bandwidth, Delay(옵션 : Reliability, Load, MTU)
BGP	MED, Local Prefrence, AS Path 등
IS-IS	Cost

라우터는 가장 낮은 메트릭 값을 가진 경로를 베스트 루트로 선택하여 라우팅 테이블에 올립니다. 베스트 루트가 다수라면 트래픽은 로드 밸런싱됩니다.

▌RIPv1[RIPv2]와 메트릭

RIP의 메트릭은 Hop 수입니다. 즉 목적지까지 가장 적은 수의 라우터를 거치는 경로가 베스트 루트입니다. [그림 6-9]의 WAN_router의 라우팅 테이블을 보면 5.5.5.0 네트워크에 대한 하나의 베스트 루트만 올라와 있습니다. 넥스트 홉이 1.1.1.1인 경로(hop=1)가 넥스트 홉이 2.2.2.1인 경로(hop=2)와 3.3.3.1인 경로(hop=3)에 비해 좀 더 낮은 메트릭 값을 제공하기 때문에 베스트 루트가 됩니다.

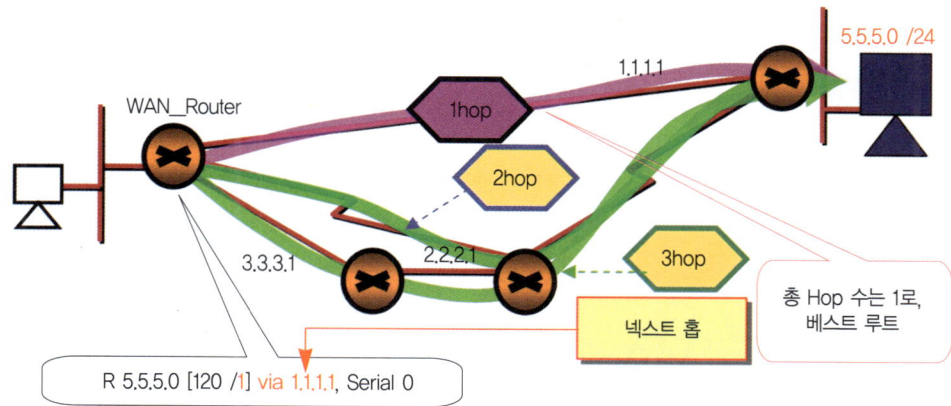

[그림 6-9] ▶
RIP과 Hop 메트릭

OSPF [IS-IS]와 메트릭

OSPF의 메트릭은 Cost입니다. Cost는 bandwidth를 10^8으로 나눈 값입니다. [그림 6-10]의 WAN_router의 라우팅 테이블을 보면 5.5.5.0 네트워크에 대한 베스트 루트는 하나입니다. 넥스트 홉, 즉 다음 라우터의 주소가 2.2.2.1인 경로의 메트릭(cost=20)이 넥스트 홉이 1.1.1.1인 경로(cost=30)와 3.3.3.1인 경로(cost=45)보다 좋은 메트릭 값을 제공하기 때문에 베스트 루트가 됩니다. IS-IS 라우팅 프로토콜도 Cost를 메트릭으로 사용합니다.

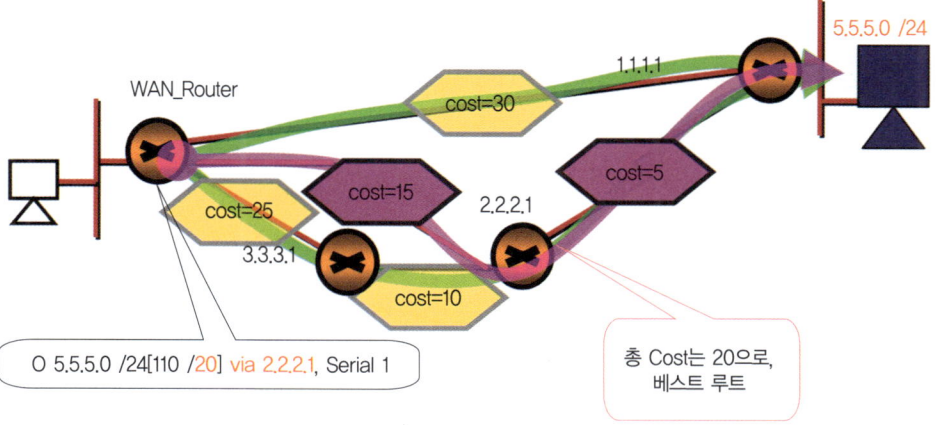

[그림 6-10] ▶
OSPF와 Cost 메트릭

EIGRP [IGRP]와 메트릭

EIGRP는 메트릭으로 bandwidth와 delay의 더하기 값(Composite Metric)을 사용합니다. 그런데 bandwidth와 delay에 대한 조건에 주의해야 합니다. 즉 bandwidth는 목적지 네트워크까지의 거치는 네트워크 중에서 최저 bandwidth를, delay는 거치는 모든 네트워크 delay의 누적값을 사용합니다. EIGRP 메트릭 계산 공식에서 k1과 k3은 각각

bandwidth와 누적 delay에 곱해지는 가중치로, 디폴트 값은 모두 1입니다. 이 값을 조정하여 bandwidth 또는 누적 delay의 상대적인 중요도를 올리거나 내릴 수 있습니다.

EIGRP_메트릭 = [(10,000,000 / [최저 bandwidth(kbps)*k1])+누적 delay*k3]*256

[그림 6-11]의 EIGRP 라우팅 프로토콜을 설정한 WAN_router의 라우팅 테이블을 봅시다. 5.5.5.0 네트워크에 하나의 경로만 올라와 있습니다. 다음 라우터가 1.1.1.1인 경로의 메트릭(5,120,000=($\frac{10,000,000}{1,000}$ + 10,000)×256)이 다음 라우터가 2.2.2.1인 경로(메트릭=30,720,000)와 3.3.3.1인 경로(메트릭=7,680,000)보다 낮기(좋기) 때문에 베스트 루트가 됩니다.

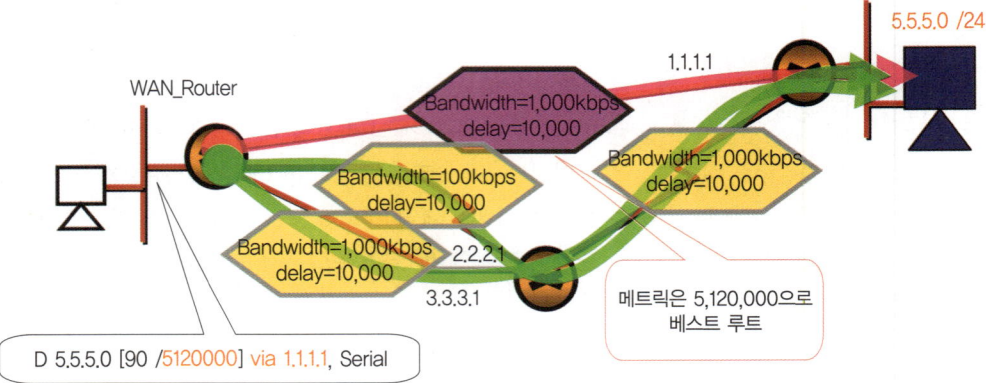

[그림 6-11]
EIGRP 라우팅 프로토콜과 코스트 메트릭

참고로 IGRP 라우팅 프로토콜의 메트릭 계산 공식은 다음과 같습니다. k1과 k2의 디폴트 값은 1입니다. IGRP 메트릭은 EIGRP 메트릭 값의 $\frac{1}{256}$입니다.

IGRP_메트릭 = {(10,000,00/ 최저 bandwidth(kbp×k1)+누적 delay×k3)}

Lesson 03 라우팅 프로토콜의 첫 번째 분류 방법

런드 루트는 '스태틱 루트'와 '다이내믹 루트'로 나눕니다. 스태틱 루트는 사람이 가르쳐준 것이고, 다이내믹 루트는 다른 라우터가 가르쳐준 정보입니다. 다이내믹 루트 정보가 올라오려면 라우팅 프로토콜을 구현해야 합니다. 라우팅 프로토콜은 '클래스풀 라우팅 프로토콜(Classful Routing Protocol)'과 '클래스리스 라우팅 프로토콜(Classless Routing Protocol)'로 나눌 수 있습니다.

클래스풀 라우팅 프로토콜(Classful Routing Protocol)

RIP version1과 IGRP만 클래스풀 라우팅 프로토콜에 속합니다. 클래스풀 라우팅 프로토콜과 클래스리스 라우팅 프로토콜의 차이는 간단합니다. 클래스풀 라우팅 프로토콜은 라우팅 테이블에 올라와야 하는 중요한 정보 즉, 목적지 네트워크 정보, 서브넷 마스크 정보, 메트릭 정보 중에서 서브넷 마스크 정보를 전달하지 않습니다. 예를 들어 네트워크 정보는 동일하지만, 서브넷 마스크 길이가 다른 다음의 경우를 보세요. 10.0.0.0 /8과 10.0.0.0 /16과 10.0.0.0 /24는 각각 10.0.0.0~10.255.255.255까지의 2^{24}개의 IP를 포함하는 정보, 10.0.0.0 10.0.255.255까지의 2^{16}개의 IP를 포함하는 정보와 10.0.0.0~10.0.0.255까지의 2^{8}개의 IP를 포함하는 다른 정보입니다.

서브넷 마스크는 라우팅 정보의 범위를 나타내는 필수적인 항목입니다. 클래스풀 라우팅 프로토콜은 서브넷 마스크 항목을 전달하지 않기 때문에 라우터는 서브넷 마스크를 추측합니다.

클래스풀 라우팅 프로토콜의 서브넷 마스크 추측 방법을 설명하기 전에 '클래스', '같은 Major 네트워크', '서로 다른 Major 네트워크'의 용어를 정리하겠습니다. 우선 '클래스'부터 정리하면 IP 주소 네 칸 중에서 첫 번째 칸의 주소에 따라 클래스가 달라지고, 클래스별로 다음과 같이 디폴트 서브넷 마스크가 정해져 있습니다. 디폴트 서브넷 마스크란 별도로 표시하지 않았을 때 사용하는 기본적인 서브넷 마스크입니다.

- **A 클래스** : 1~126(IP의 첫 칸) → 디폴트 서브넷 마스크 = /8
- **B 클래스** : 128~191(IP의 첫 칸) → 디폴트 서브넷 마스크 = /16
- **C 클래스** : 192~223(IP의 첫 칸) → 디폴트 서비넷 마스크 = /24

A 클래스는 IP 주소의 첫 칸이 0~126이 속하고, B클래스는 128~191, C클래스는 192~223이 속합니다. A 클래스와 B 클래스 사이의 127.0.0.0~127.255.255.255 주소는 루프백(Loopback) 주소로 사용합니다. 루프백 주소는 네트워크 관련 테스트를 위해 시스템 내부에서 사용하는 일종의 가상 네트워크 주소로 사용합니다.

다음으로 '같은 Major 네트워크'의 개념을 정리하면 A 클래스에 속하는 주소의 경우, /8 (이진수 8칸)까지 일치할 경우에는 같은 Major 네트워크에 속합니다. B 클래스에 속하는 주소일 때는 앞에서부터 16칸까지 일치해야 하고, C 클래스 주소는 디폴트 서브넷 마스크 길이인 /24까지 일치해야 '같은 Major 네트워크에 속한다'라고 합니다.

라우팅 업데이트할 때 서브넷 마스크 정보를 전달하지 않는 클래스풀 라우팅 프로토콜은 다음의 두 가지 경우에 다른 방법으로 서브넷 마스크를 추측합니다.

방법 1 전달되는 네트워크(라우팅 정보의)가 전달받는 라우터에 직접 연결된 네트워크와 같은 Major 네트워크에 속할 때의 서브넷 마스크 추측

[그림 6-12]를 보면 라우터에 직접 연결된 네트워크와 같은 Major 네트워크에 속하는 정보가 전달됩니다. 이 경우 클래스풀 라우팅 프로토콜은 직접 연결된 네트워크와 같은 서브넷 마스크를 적용합니다. 그런데 다양한 서브넷 마스크 길이 정보가 전달되어도 이러한 일률적인 원칙 때문에 틀린 서브넷 마스크 정보가 올라올 수 있을 것입니다. 그래서 라우터는 네이버 라우터가 틀린 서브넷 마스크 정보를 올릴 수 있는 경우 라우팅 정보를 아예 보내지 않습니다. [그림 6-12]에서 R2가 R3에게 10.2.1.0(실제로는 '/24')와 10.1.1.0(실제로는 '/24') 정보를 보내면 R3는 R3에 연결된 네트워크와 같은 Major 네트워크에 속하는 정보를 받았기 때문에 연결된 네트워크의 서브넷 마스크 /16을 적용합니다. 그렇기 때문에 이렇게 잘못된 서브넷 마스크 정보를 적용할 수 있는 경우에는 아예 라우팅 정보를 보내지 않습니다. [그림 6-12]의 경우에 R2는 10.2.1.0 /24와 10.1.1.0 /24 정보를 10.3.0.0 /16 네트워크를 통해서 R3에게 보내지 않습니다. 마찬가지로 R2는 10.3.0.0 /16과 10.4.0.0 /16 정보를 10.2.1.0 /24 네트워크를 통해서 R1에게 보내지 않습니다.

이렇게 일부 정보가 전달되지 않다보니 유일하게 R2의 라우팅 테이블만 모든 네트워크 정보를 가질 수 있습니다. 그렇다면 모든 라우터들이 모든 네트워크 정보를 가질 수 있으려면 어떻게 해야 할까요? 해답은 다음과 같습니다.

> **클래스풀 라우팅 프로토콜을 돌릴 때,** 같은 Major 네트워크 주소를 할당할 때는 같은 서브넷 마스크를 사용해야 합니다.

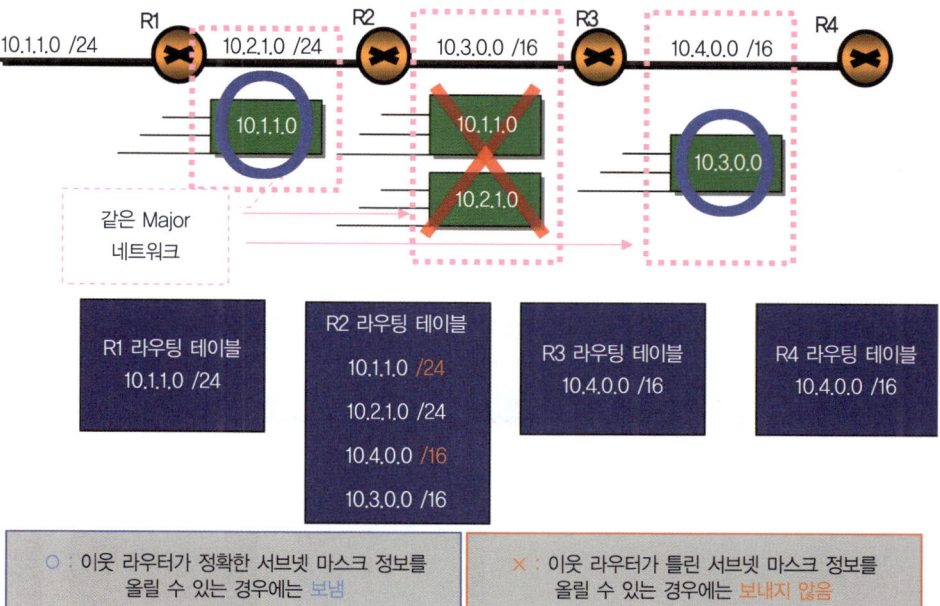

[그림 6-12] ▶
클래스풀 라우팅 프로토콜의
서브넷 마스크 결정
(같은 Major 네트워크)

| 방법 2 | 전달되는 네트워크(라우팅 정보의)가 전달받는 라우터에 연결된 네트워크와 서로 다른 Major 네트워크에 속할 때의 서브넷 마스크 추측

[그림 6-13]을 보면 라우터는 직접 연결된 네트워크와 다른 Major 네트워크에 속하는 정보가 전달됩니다. 이 경우 클래스풀 라우팅 프로토콜을 돌리는 라우터는 직접 연결된 네트워크를 제외하고는 디폴트 서브넷 마스크를 적용하기 때문에 라우팅 테이블에는 [그림 6-13]과 같이 틀린 서브넷 마스크 정보가 올라옵니다.

[그림 6-13] ▶
클래스풀 라우팅 프로토콜의
서브넷 마스크 결정
(다른 Major 네트워크)

이제 정리해 보겠습니다. 클래스풀 라우팅 프로토콜에서 IP 주소를 주의깊게 할당하지 않으면 틀린 서브넷 마스크가 올라오거나, 아예 네트워크 정보가 올라오지 않을 수 있습니다. 따라서 서브넷 마스크는 정확하게, 네트워크 정보가 빠짐 없이 라우팅 테이블에 올라오려면 다음과 같이 IP 주소를 할당해야 합니다. 그 결과, [그림 6-14]와 같이 정확하게 빠짐 없이 올라오는 것을 확인할 수 있습니다.

첫째, 같은 Major 네트워크(여기서는 10.x.x.x 네트워크)를 연속적으로 배치해야 합니다.

둘째, 같은 Major 네트워크들의 서브넷 마스크는 동일(여기서는 모두 /24)해야 합니다.

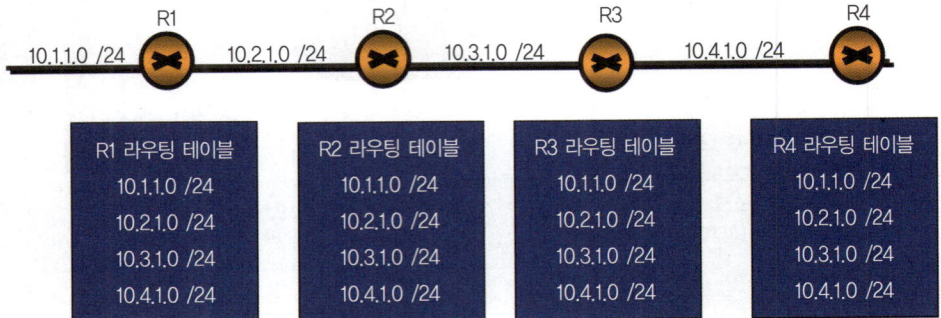

[그림 6-14] ▶
같은 Major 네트워크에 같은 서브넷 마스크를 사용한 경우

같은 Major 네트워크를 연속적으로 배치한다는 것은 다른 Major 네트워크가 중간에 끼어들지 않음을 뜻합니다. 같은 Major 네트워크를 연속적으로 배치하지 않은 [그림 6-15]의 경우(11.x.x.x 옆에 10.x.x.x, 10.x.x.x 옆에 11.x.x.x)를 통해 어떤 문제가 일어나는지 확인해 보겠습니다. 이 경우 모든 라우터에서 틀린 서브넷 마스크 정보가 올라오는 문제가 발생합니다. R2의 라우팅 테이블을 주목하세요. 실제로는 11.1.0.0 /16과 11.2.0.0.1 /16으로 엄연히 다른 네트워크이지만 같은 Major 네트워크가 연속되지 않았으므로 R2는 두 네트워크를 모두 11.0.0.0 /8의 동일한 네트워크(정보)로 인식합니다.

R2는 11.0.0.0 /8 정보를 R1과 R3에서 동시에 받는 격입니다. 이 경우 베스트 루트만 라우팅 테이블에 올릴 것이므로 메트릭이 좋은 쪽이 올라옵니다. [그림 6-15]에서는 S1 인터페이스쪽이 나은 메트릭을 제공하기 때문에 S1쪽이 베스트 루트로 선정되었습니다. 결과적으로 R2에서는 11.1.0.0 /16과 11.2.0.0 /16, 두 네트워크로 가려는 패킷을 모두 S1쪽으로 보냅니다. 만약 메트릭이 같으면 S0와 S1, 두 인터페이스가 모두 올라옵니다. R2에서 2개의 인터페이스가 모두 올라올 경우 11.1.0.0 /16 또는 11.2.0.0 /16으로 향하는 트래픽은 로드 밸런싱 때문에 50%만 정확하게 목적지에 갈 수 있습니다. 만약에 S0 인터페이스 쪽이 나은 메트릭을 제공한다면 가려는 패킷도 모두 S0 쪽으로 보냅니다. 따라서 라우팅은 제대로 동작할 수도 있고, 제대로 동작하지 않을 수도 있지만 이건 아닙니다.

[그림 6-15]
같은 Major 네트워크를 비연속적으로 배치한 경우

클래스풀 라우팅 프로토콜을 돌리겠다면 IP 주소를 할당할 때 두 가지 조건을 지켜야 합니다. 이러한 조건을 지키려다 보면 다음과 같은 약점이 드러납니다. 즉 '모든 네트워크에 서브넷 마스크가 동일해야 한다.' 라는 조건을 충족시키려다 보니 VLSM(Variable Length Subnet Mask)을 사용할 수 없게 되죠. 즉, [그림 6-16]과 같이 결국 IP 주소를 낭비합니다. 결론적으로 IP 주소가 고갈되다시피 한 현실에서 공인 IP 영역은 클래스풀 라우팅 프로토콜을 적용하지 않습니다. 즉 클래스풀 라우팅 프로토콜은 사설 네트워크용이라는 한계가 있습니다.

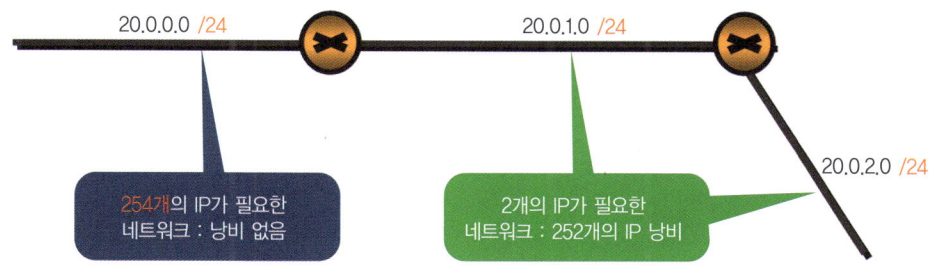

[그림 6-16]
클래스풀 라우팅 프로토콜을 사용할 때의 주소 낭비

클래스리스 라우팅 프로토콜

OSPF, EIGRP, RIP Version 2, Integrated IS-IS, BGP는 클래스리스 라우팅 프로토콜에 속합니다.

클래스풀 라우팅 프로토콜의 여러 가지 단점을 극복하도록 디자인되었기 때문에 클래스리스 라우팅 프로토콜을 '2세대 라우팅 프로토콜'이라고 합니다. 클래스풀 네트워크 환경에서 가장 심각한 한계는 라우팅을 업데이트할 때 서브넷 마스크 정보를 교환하지 않기 때문에 생깁니다. 그래서 클래스풀 라우팅 프로토콜을 돌리는 라우터는 [표 6-3]과 같은 두 가지 방법으로 서브넷 마스크를 추측합니다.

상황	서브넷 마스크 추측
라우터의 Ⓐ인터페이스에 연결된 네트워크와 같은 Major 네트워크에 속하는 정보를 Ⓐ인터페이스를 통해 받았을 때	라우팅 업데이트를 받는 Ⓐ인터페이스의 서브넷 마스크가 적용됩니다.
라우터의 Ⓐ인터페이스에 연결된 네트워크와 다른 Major 네트워크에 속하는 정보를 Ⓐ인터페이스를 통해 받았을 때	디폴트 서브넷 마스크가 적용됩니다.

[표 6-3] ▶ 클래스풀 라우팅 프로토콜의 서브넷 마스크 추측 방법

이러한 서브넷 마스크 추측 방법은 오류 가능성이 있습니다. 따라서 네트워크 관리자는 모든 Major 네트워크를 연속적으로(Contiguous) 배치하면서 같은 서브넷 마스크를 사용하도록 해야 하고, 이러한 과정에서 IP 주소를 낭비하게 됩니다. 그러나 클래스리스 라우팅 프로토콜은 클래스풀 라우팅 프로토콜과 달리 서브넷 마스크 정보를 교환하기 때문에, 서브넷 마스크를 추측할 필요도 없고, 추측 오류를 감안한 IP나 서브넷 마스크 할당에 제약 조건도 없습니다. 따라서 [그림 6-17]과 같이 VLSM을 적용할 수 있으므로 IP 주소도 낭비되지 않습니다.

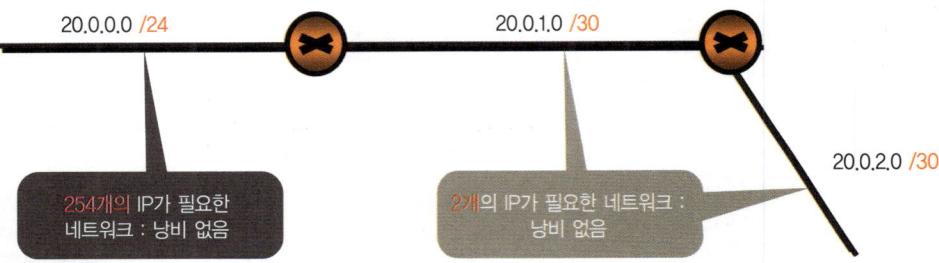

[그림 6-17] ▶ 클래스리스 라우팅 프로토콜을 사용할 때 VLSM 적용하기

클래스리스 라우팅 프로토콜은 VLSM을 지원하기 때문에 IP 주소를 낭비하지 않습니다. 클래스풀 라우팅 프로토콜은 VLSM을 지원하지 않기 때문에 (FLSM - Fixed Length Subnet Mask : 같은 길이의 서브넷 마스크 사용) IP 주소가 낭비됩니다.

Lesson 04 라우팅 프로토콜의 또 다른 분류 방법

라우팅 프로토콜은 클래스풀 계열과 클래스리스 계열로 구분하지만, [그림 6-18]과 같이 나눌 수도 있습니다. 라우팅 프로토콜은 AS 간에 사용하는지, AS 안에서만 사용하는지에 따라 EGP(Exterior Gateway Protocol)와 IGP(Interior Gateway Protocol)로 나눕니다.

이 중에서 AS(Autonomous System)는 하나의 관리 영역에 속하는 모든 라우터의 집합으로 정의됩니다. 쉽게 말해서 하나의 조직 안에 있는 모든 라우터들의 집합이죠. KT, 데이콤, 하나로통신과 같은 ISP도 하나의 AS집합이고, ISP의 각 고객도 하나의 AS집합입니다. 각 AS는 AS 번호를 가지는데, IP 주소와 같이 IANA에서 중복되지 않게 관리합니다. AS(Autonomous System)를 기준으로 AS 간에 라우팅 정보 교환을 위해 사용하는 라우팅 프로토콜을 'EGP(Exterior Gateway Protocol)'라고 하는데, BGP가 속합니다. AS 안에서만 사용되는 프로토콜을 'IGP(Interior Gateway Protocol)'라고 합니다. EGP(BGP)에 대해서는 'Chapter 07. 라우팅 프로토콜 디자인 II'에서 설명할 것이고, 이 장에서는 IGP를 다룹니다.

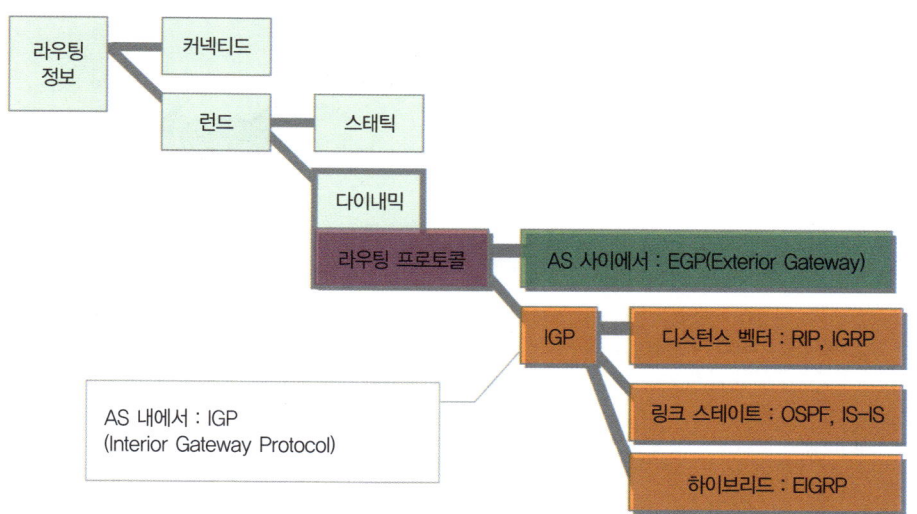

[그림 6-18] ▶
라우팅 정보의 또 다른 분류 방식

IGP 계열의 라우팅 프로토콜은 라우팅 알고리즘에 따라 디스턴스 벡터(Distance Vector), 링크 스테이트(Link-state), 하이브리드(Hybrid) 계열로 구분합니다. 라우팅 알고리즘에 따라 라우팅 정보 교환 방식과 라우팅 테이블을 만드는 방식이 달라집니다. 디스턴스 벡터에 RIP, IGRP가 속하고, 링크 스테이트에 OSPF, IS-IS가 속하고 하이브리드에 EIGRP가 속합니다.

Lesson 05 디스턴스 벡터 라우팅 프로토콜

디스턴스 벡터 라우팅 프로토콜의 라우팅 업데이트 방식은 주정뱅이와 같습니다. 주정뱅이가 같은 이야기를 계속 반복하듯이 [그림 6-19]와 같이 전체 라우팅 테이블(자기가 아는 모든 것)을 주기적으로(변화가 일어나지 않아도 반복해서 계속) 브로드캐스팅합니다. RIP의 업데이트 주기는 30초이고, IGRP는 90초입니다. 주정뱅이 방식의 라우팅 업데이트는 대역폭을 많이 소모합니다. [그림 6-19]에서 RIP을 돌린다고 가정하면 10.0.0.0 네트워크는 R1에서는 0Hop으로 올라옵니다.

R1은 +1(Hop 수를)을 해서 인접 라우터에게 주기적으로 보냅니다. 이 정보를 받은 R2도 +1을 해서(2Hop으로) 인접 라우터에게 주기적으로 보냅니다. 디스턴스 벡터 계열의 라우팅 프로토콜을 돌리는 라우터의 라우팅 테이블은 가만히 생각해 보면 자신이 만드는 것이 아니라 네이버 라우터가 만든다는 것('+1' 해서 보내주니까, 받아서 그대로 라우팅 테이블에 올리기만 하면 됨)을 알 수 있습니다.

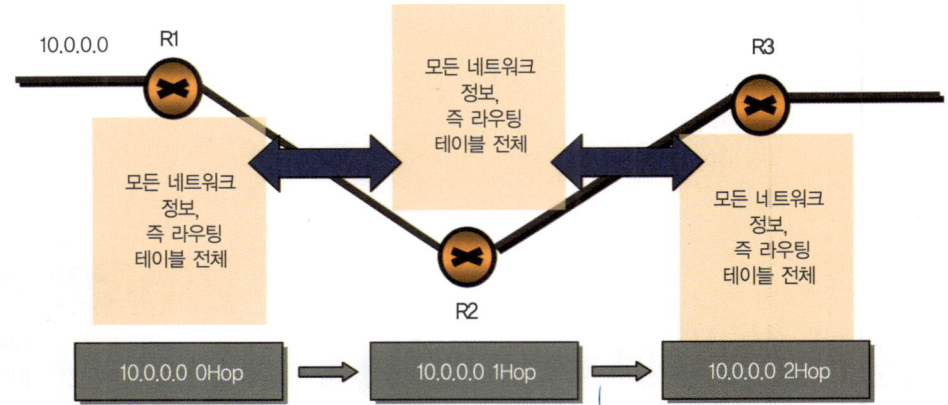

[그림 6-19] 디스턴스 벡터 라우팅 프로토콜의 라우팅 업데이트

네트워크 장비나 선이 업 또는 다운 상태로 바뀌는 것을 '토폴로지의 변화' 라고 합니다. 토폴로지의 변화가 일어나면 라우팅 테이블의 내용도 바뀌어야 합니다. 토폴로지에 변화가 일어나고 토폴로지의 변화를 반영한 새로운 라우팅 테이블을 만드는 데 걸리는 시간을 '컨버전스 타임(Convergence Time)' 이라고 합니다.

컨버전스 타임은 짧을수록 좋습니다. RIP의 30초, IGRP의 90초 주기(라우팅 정보를 실어나르는 마을버스가 30초 또는 90초마다 왔다 갔다 한다는 이야기죠.)의 라우팅 업데이트의 경우 [그림 6-20]에서 8.8.8.0 네트워크 정보가 R3에 도착하는 데 걸리는 시간은

RIP이면 라우팅 업데이트가 R1에서 즉시 출발하지 않고, R2에서도 즉시 출발하지 못한 경우에는 최대 60초가 소요됩니다. IGRP의 경우 90초+90초로 최대 180초가 소요됩니다. 따라서 컨버전스 타임이 매우 긴 편입니다.

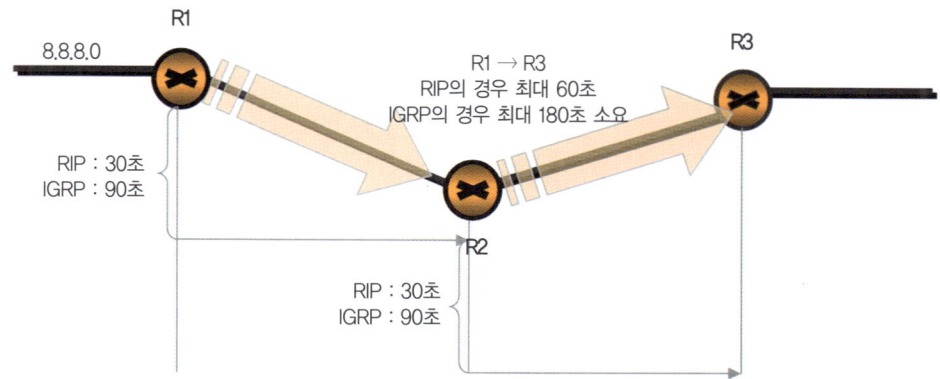

[그림 6-20] ▶
디스턴스 벡터 라우팅
프로토콜의 컨버전스 타임

[그림 6-21]은 라우팅 업데이트 패킷의 포맷입니다. [그림 6-21]에서 추측할 수 있듯이 라우팅 테이블을 만드는 프로세스는 네트워크 계층에 있지 않습니다. 참고로 IGRP는 9번의 프로토콜 번호를 가지는 트랜스포트 계층(Transport Layer) 프로토콜이고, RIP은 520번의 포트 번호를 가지는 애플리케이션 계층(Application Layer) 프로토콜입니다. 라우팅 테이블을 만드는 작업은 상위 계층에서 일어나지만, 라우팅 자체는 3계층에 속하는 프로세스입니다.

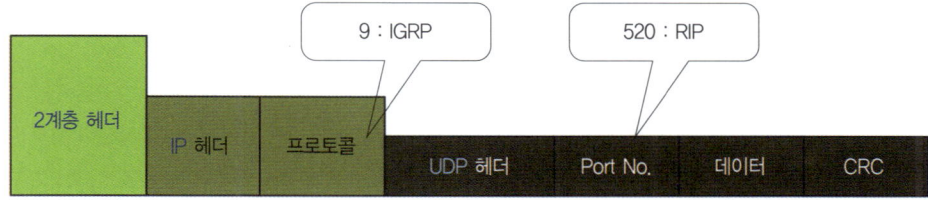

[그림 6-21] ▶
RIP과 GRP의 라우팅 테이블
만들기는 OSI 7계층 중
몇 계층에서 일어나는지 살펴보기

[표 6-4]는 로드 밸런싱의 여부, VLSM의 지원 여부, 메트릭에 대한 디스턴스 벡터 프로토콜에 대한 비교표입니다. EIGRP의 알고리즘은 디스턴스 벡터 계열의 알고리즘을 사용하기 때문에 디스턴스 벡터 계열에 포함시키기도 합니다.

특징	RIP v1	RIP v2	IGRP	EIGRP
컨버전스 타임				
컨버전스 타임	깁니다.	깁니다.	깁니다.	짧습니다.
로드 밸런싱				
Equal-paths	O	O	O	O
Unequal-paths	×	×	O	O
라우팅 일반				
VLSM 지원	×	O	×	O
라우팅 알고리즘 이름	Bellman-Forward	Bellman-Forward	Bellman-Forward	DUAL
메트릭	홉(Hops)	홉(Hops)	복합	복합
Hop Count Limit[최대 홉(네트워크 한계)]	16	16	255	255
Scalability네트워크(적용 규모)	中	中	大	大

[표 6-4] ▶ 디스턴스 벡터 계열의 라우팅 프로토콜 비교

이 표의 숨은 뜻은 'RIP, IGRP는 잘 사용하지 않는다' 입니다.

- RIP Version 1은 [표 6-4]와 같이 단점이 많은 프로토콜로, 라우터가 링크 스테이트나 하이브리드 계열의 라우팅 프로토콜을 지원하지 않거나, 서버가 RIP 업데이트 정보를 이용하여 라우터를 인식하는 환경 등 특별한 이유가 없는 한 사용하지 않습니다. RIP Version 1은 가장 기본적인 표준 프로토콜이기 때문에 대부분의 라우터에서 지원합니다.

- RIP Version 2는 RIP Version 1과 특징이 동일하지만, 클래스리스 라우팅 프로토콜에 속하기 때문에 VLSM을 지원한다는 점이 개선되었습니다.

- IGRP와 EIGRP는 시스코에서만 지원하는 프로토콜입니다. IGRP는 RIP가 유사한 치명적인 단점을 가지는 한편, 표준 프로토콜이 아니기 때문에 현장에서 사용 빈도가 가장 적은 프로토콜입니다. 대신 EIGRP는 디스턴스 벡터 계열의 라우팅 프로토콜이 가지는 단점을 극복한 프로토콜입니다. IGRP와 마찬가지로 표준 프로토콜이 아니라는 점이 가장 큰 단점입니다.

로드 밸런싱

로드 밸런싱(Load Balancing) 방법에는 [표 6-4]와 같이 이퀄 패스(Equal Path) 로드 밸런싱과 언이퀄 패스(Unequal Path) 로드 밸런싱의 두 가지가 있습니다. 라우팅 테이블에는 각 목적지에 가기 위한 최상의 경로가 올라오는데, 최대 6개의 경로까지 올라올 수 있습니다. 라우터는 해당 목적지로 가려는 패킷들을 모든 경로들을 골고루 사용하여 로드 밸런싱하는데, 이것이 이퀄 패스 로드 밸런싱입니다. 언이퀄 패스 로드 밸런싱은 시스코 고유의 프로토콜인 IGRP와 EIGRP에서 지원되는데, [그림 6-22]와 같이 R1에서 8.0.8.0/24 네트워크로 가는 경로가 1Mbps, 2Mbps, 4Mbps의 3개가 있을 때 이퀄 패스 로드 밸런싱을 사용한다면, 4Mbps 경로만 라우팅 테이블에 올라옵니다. 그러나 'traffic-share balanced' 명령과 'variance' 명령으로 [그림 6-22]와 같이 언이퀄 패스 로드 밸런싱을 구현하면 R1에서 8.0.8.0 /24 네트워크로 패킷을 보낼 때 대역폭이 좋거나 나쁜 경로를 모두 동시에 사용할 수 있습니다. 이때 [그림 6-22]에서 variance 값이 4라면 제일 좋은 대역폭을 기준으로 4배 작은 대역폭을 가진 링크까지 사용하겠다는 것입니다. 만약 variance 값이 2라면 가장 좋은 대역폭을 기준으로 2배 작은 대역폭을 가진 링크까지 사용하겠다는 의미입니다. variance 값이 1이라면 가장 좋은 대역폭만 사용하겠다는 것이므로 언이퀄 패스 로드 밸런싱을 사용하지 않겠다는 의미입니다. 언이퀄 패스 로드 밸런싱은 4Mbps, 2Mbps, 1Mbps의 경로에 동일한 양의 패킷을 보내는 것이 아니라 4Mbps 링크에 4개의 패킷을 보낼 때 2Mbps 링크에는 패킷 2개, 1Mbps 링크에서 패킷 1개을 보내 좋은 링크를 좋은 만큼 쓰게 합니다.

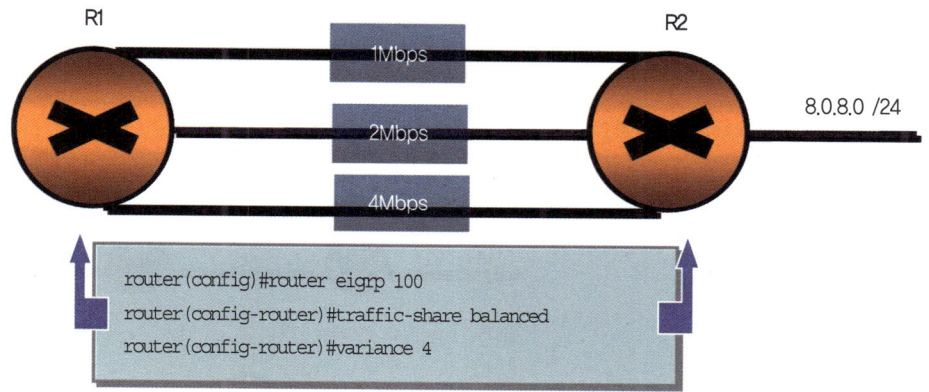

[그림 6-22] ▶
언이퀄 패스 로드 밸런싱
(Unequal-Path Load Balancing)

RIP, IGRP는 벨만-포워드 알고리즘을 사용하고, EIGRP는 DUAL 알고리즘을 사용합니다. 디스턴스 벡터 알고리즘은 링크 스테이트 알고리즘보다 단순하기 때문에 CPU 부하가 적게 발생하는데 거의 유일한 장점입니다.

라우팅 루프

디스턴스 벡터 계열의 라우팅 프로토콜의 주기적인 라우팅 업데이트와 플러시 타이머(Flush Timer) 때문에 라우팅 루프(Routing Loop)가 발생합니다. [그림 6-23]에서 10.1.0.0 네트워크를 보면 네트워크가 살아있을 때는 라우팅 테이블은 안정적입니다. 링크 스테이트나 하이브리드 라우팅 프로토콜은 헬로(Hello) 패킷과 즉각적인 라우팅 업데이트를 통해 라우팅 정보의 신뢰성을 보장하지만, 디스턴스 벡터 라우팅 프로토콜은 주기적인 업데이트를 통해 '정보가 유효함'을 확인해 줍니다.

유효함이란, 해당 정보가 아직 사용할 수 있다는 의미입니다. 즉 인밸리드 타이머(Invalid Timer) 안에 자신이 보유한 라우팅 정보가 반복되어 네이버로부터 수신되지 않으면, 해당 네트워크 정보는 유효하지 않은 것으로 판단하여 더 이상 사용하지 않습니다. 또한 플러시 타이머 안에도 반복되지 않으면 라우팅 테이블에서 삭제합니다. 인밸리드 타이머의 디폴트 값으로 RIP은 180초, IGRP는 270초를, 플러시 타이머의 디폴트 값으로 RIP은 240초, IGRP는 270초를 적용하고 변경 가능합니다. [그림 6-23]과 같이 플러시 타이머가 지나 삭제된 네트워크 정보는 (해당 네트워크에 직접 연결된 라우터는 정보 전달을 멈춘다 하더라도) 다른 라우터들은 여전히 해당 네트워크 정보를 가지고 유통시키고 있습니다. 현재 최상의 Hop 값을 가진 네트워크 정보는 플러시 타이머 이후에 라우팅 테이블에서 사라지지만, [그림 6-23]의 R2와 같이 R3-R4-R3을 경유한 정보(5Hop)가 들어옵니다. 이 정보도 플러시 타임내에 다시 받지 못하기 때문에 이번에는 R1을 경유한 정보(7Hop)가 들어옵니다. 다운된 네트워크로 가려는 패킷은 라우터들 사이에서 뱅뱅 돕니다. 여인은 이미 떠났는데(네트워크는 다운되었는데), 아마 언젠가는 돌아올 것이라는 소문(다운된 네트워크에 대한 정보)만 도는 것과 같습니다. 안타깝게도 여인이 돌아오리라 예상되는 기간(Hop)은 점점 더 길어지는군요.

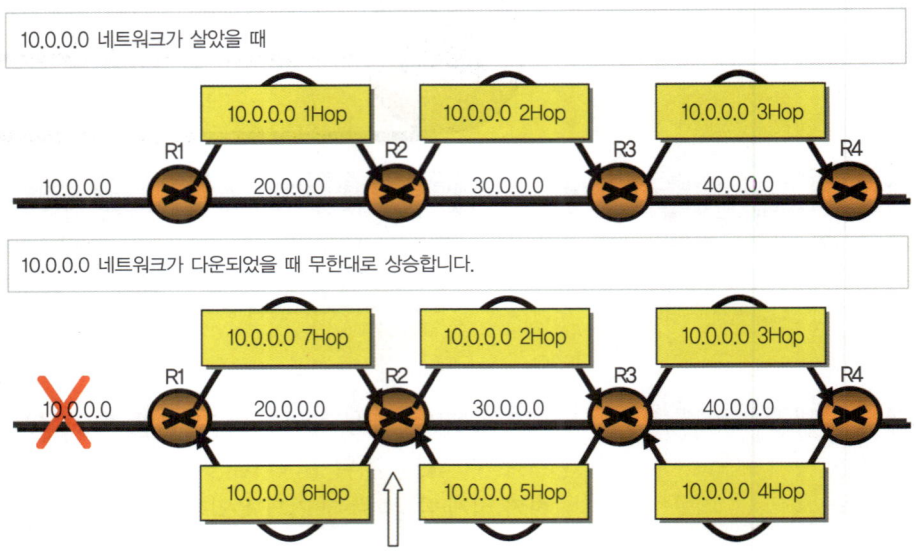

[그림 6-23] ▶
디스턴스 벡터 프로토콜의
라우팅 루프

R2 : 10.0.0.0 네트워크가 다운되었으므로 더 이상 10.0.0.0 네트워크에 대한 1Hop짜리 네트워크 정보를 플러시 타이머 안에 R1으로부터 공급받을 수 없습니다. 따라서 1Hop짜리 정보는 지워지는 대신, R3-R4-R3를 거쳐서 들어온 5Hop짜리 정보가 들어옵니다. 5Hop짜리 정보도 플러시 타이머 안에 반복되지 않으면 삭제되기 때문에 R2-R1-R2 경로를 거친 7Hop짜리 라우팅 업데이트가 들어옵니다. 이런 현상은 모든 라우터에서 공통적으로 발생합니다.

결국 라우팅 루프란, 라우팅 테이블 안에 다운된 네트워크에 대한 메트릭이 끊임 없이 상승하는 현상입니다. 다운된 네트워크에 대한 정보가 유통되다 보니 모든 라우터들은 아직도 10.0.0.0 네트워크가 살아있다고 착각하여 해당 네트워크를 향하는 패킷은 뱅글뱅글 돌게 됩니다.

디스턴스 벡터 라우팅 프로토콜들의 단점인 라우팅 루프를 피하기 위해 주기적으로 반복하지 않는 링크 스테이트나 하이브리드 계열의 라우팅 프로토콜을 사용하면 됩니다. 한편 디스턴스 벡터 계열의 라우팅 프로토콜들도 다음과 같은 솔루션을 사용하여 라우팅 루프를 막습니다.

● 최대 메트릭

가장 단순한 방법입니다. 라우팅 루프의 현상은 메트릭이 끊임 없이 상승하기 때문에 최대 메트릭 값을 정해놓고, 기준 값을 초과하면 루프가 발생했다고 간주한 후 기준 Hop 수 이상을 가진 네트워크 정보를 아예 폐기해버립니다. 디스턴스 벡터 프로토콜 중에서 RIP이 이 방법을 사용하는데, RIP의 최대 메트릭은 16Hop입니다. 떠난 여인은 16개월 정도만 기다립시다. 이것 때문에 RIP의 또 하나의 약점이 발생하는데, RIP은 16Hop 이상의 대형 네트워크에는 적용할 수 없다는 점입니다.

● 홀드다운 타이머

홀드다운 타이머(Hold-down Timer)는 메트릭 값이 조금이라도 올라가면(나빠지면) 루프가 일어났다고 판단하고 홀드다운 타임 동안 대기했다가 상승한 메트릭 값을 라우팅 테이블에 반영하는 루프 방지 대책입니다. 즉, 매트릭이 나빠지면 라우팅 루프를 피하기 위해 홀드다운 타임동안은 보다 나빠진 매트릭 정보를 가진 네트워크에 대한 라우팅을 잠시 중단합니다. 홀드다운 타임의 디폴트 값으로 RIP은 180초, IGRP는 280초를 적용합니다. 홀드다운 타이머 때문에 패킷 루프를 지연시키고, 일시적으로 업/다운을 반복하는 네트워크가 안정화되기까지 기다린다는 장점이 있지만, 이것 때문에 컨버전스 타임이 길어집니다.

[그림 6-24]와 같은 RIP 라우팅 프로토콜 환경을 보십시오. R2는 10.0.0.0 네트워크에 대해 R1을 거쳐서 가는 경로(Hop=1)를 베스트 루트로 선택하지만, R1-R2 링크가 다운되면 R3를 경유해야 합니다. 그러나 메트릭이 1Hop에서 2Hop으로 나빠졌기 때문에 홀드다운 타임 동안은 R2의 라우팅 테이블에 반영하지 않습니다. 따라서 대안 경로(Via R3)가 있어도 홀드다운 타임 동안은 사용하지 않습니다. 즉 홀드다운 타임만큼 컨버전스는 지연됩니다. 이 경우 홀드다운 타임을 R2에서 디스에이블시킬 수 있습니다. 결과적으로 컨버전스 타임은 줄어들겠지만 라우팅 루프가 일어날 가능성은 높아집니다.

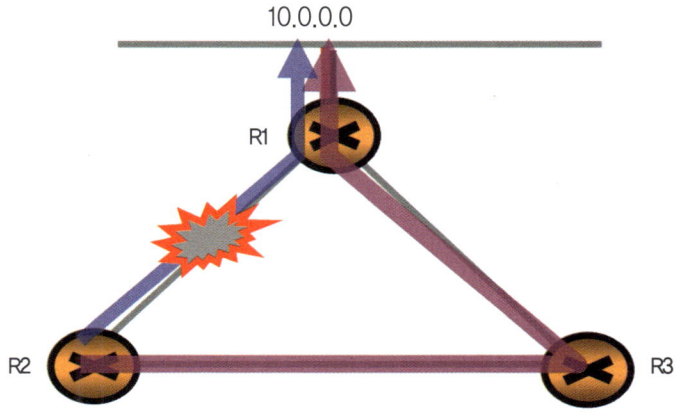

[그림 6-24] ▶
홀드다운 타이머와
컨버전스 타임

● 스플릿 호라이즌 & 루트 포이즌

스플릿 호라이즌(Split Horizon)은 라우팅 업데이트의 전달 방향을 지키도록 해서 라우팅 업데이트가 돌지 못하도록 하는 루프 방지 대책입니다. 즉 [그림 6-25]에서 10.1.0.0 /16 네트워크 정보는 왼쪽에서 오른쪽으로 전달되는 정보로, 반대 방향의 흐름은 방향 오류에 속합니다. 내가 다 잘 알고 있는 그녀 이야기를 남이 아는 듯이 하는 것과 같습니다.

루트 포이즌(Route Poisoned) 솔루션은 다운된 네트워크에 대한 정보(Poisoned Route)만큼은 주기 업데이트가 아니라 즉시 업데이트(Flash Update)하여 다운된 네트워크 정보가 다른 라우터에 남아있지 못하도록 합니다. 틀린 소문이 돌지 않게 하는 것입니다.

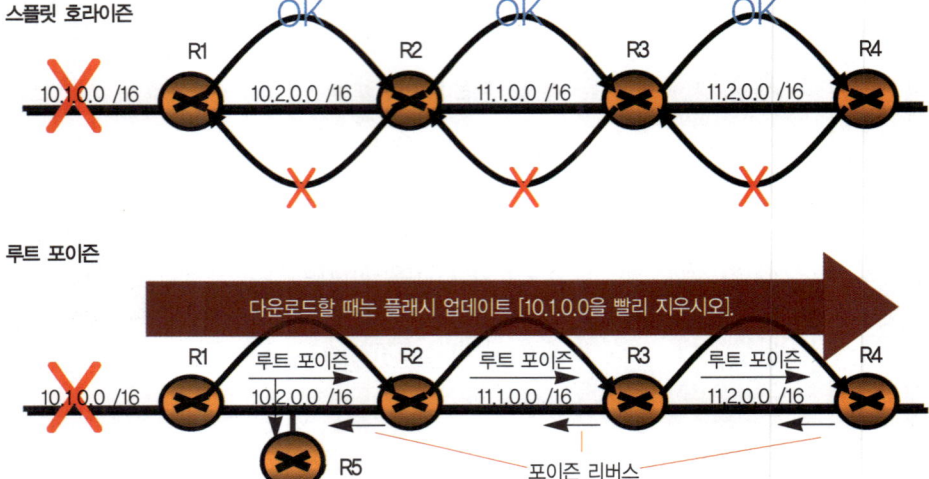

[그림 6-25] ▶
라우팅 루프를 방지하기 스플릿 호라이즌과 루트 포이즌

● 포이즌 리버스

마지막으로 포이즌 리버스(Poison Reverse)는 [그림 6-25]의 아래 그림에서 R1과 R2 사이가 LAN 네트워크라서 R1, R2 외에 다른 다수의 라우터(R5)가 더 있다고 가정할 때 R1이 전달한 루트 포이즌 브로드 캐스트 정보를 R5가 전달받지 못할 수도 있습니다. 중요한 정보인데 말입니다. 그러나 루트 포이즌 정보를 전달받은 모든 라우터들은 루트 포이즌 정보를 받은 네트워크쪽으로 루트 포이즌 정보를 반복합니다. 이것이 네트워크에 속하는 모든 라우터들이 루트 포이즌 정보를 모두 수신하도록 하는 포이즌 리버스입니다. 루트 포이즌 정보를 모든 라우터가 확실히 수신하도록 하는 일종의 안전 장치인 셈이죠.

Lesson 06
링크 스테이트 라우팅 프로토콜 vs 하이브리드 라우팅 프로토콜

[그림 6-26]을 보세요. 링크 스테이트 라우팅 프로토콜의 라우팅 업데이트는 다음과 같습니다. 토폴로지에 변화가 발생했을 때 변화가 일어나자마자 변화가 일어난 부분 정보를 멀티캐스트로 보냅니다. 디스턴스 벡터 라우팅 프로토콜의 라우팅 업데이트는 변화가 발생하지 않아도 라우팅 업데이트 주기를 기다려서 모든 정보를 브로드캐스트로 보내기 때문에 링크 스테이트와 상반되는데, [그림 6-26]과 같습니다.

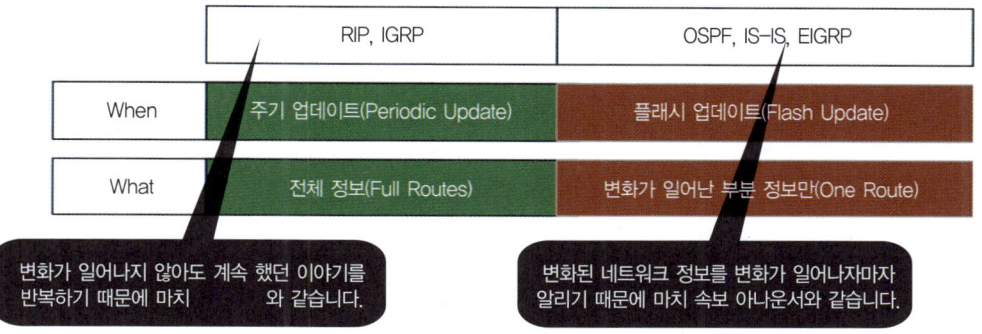

[그림 6-26] 디스턴스 벡터와 링크 스테이트 라우팅 프로토콜의 라우팅 업데이트 비교

[표 6-5]는 링크 스테이트 프로토콜이 갖는 특성을 비교한 표입니다. EIGRP는 대부분 링크 스테이트 특성을 가지므로 링크 스테이트 프로토콜에 포함시키기도 합니다. OSPF와 IS-IS가 사용하는 라우팅 알고리즘은 다익스트라 알고리즘(Dijkstra Algorithm)입니다. EIGRP는 DUAL 알고리즘을 사용합니다.

특징	OSPF	IS-IS	EIGRP
일반적인 특징			
하이르키컬 라우팅(에어리어 사용 여부)	O	O	X
모든 루트 정보를 가지는가?	O	O	O
속보 아나운서와 같은 라우팅 업데이트	O	O	O
VLSM 지원 여부	O	O	O
루트 서머라이제이션			
명령어에 의한 루트 서머라이제이션	O	O	O
자동 루트 서머라이제이션	X	X	O
라우팅			
라우팅 알고리즘 이름	다익스트라(Dijkstra)	다익스트라(Dijkstra)	DUAL
메트릭	Cost	Cost	복합
최대 홉 한계	무한대	1,024	255
네트워크는 얼마나 커질 수 있나?	大	最大	大

[표 6-5] 링크 스테이트 라우팅 프로토콜의 비교

하이어라르키컬 토폴로지(Hierarchical Topology)는 에어리어(Area)를 사용하는 토폴로지입니다. 네트워크를 묶어서 하나의 에어리어가 되고 에어리어들을 묶어서 하나의 AS가 됩니다. 라우터는 자신이 속한 에어리어의 모든 링크들, 링크들의 상태, 코스트 값을 교환하여 애리어에 대한 일종의 상세 지도를 그립니다. 하지만 다른 에어리어에 대해서는 모든 링크들에 대한 지도를 보유하지 않고 다른 에어리어에 대한 이러이러한 네트워크(링크)가 있다고 하는 이정표만 가지기 때문에 라우터가 관리해야 할 정보의 양과 라우팅 업데이트에 필요한 대역폭 사용량을 줄일 수 있습니다.

컨버전스 타임

컨버전스 타임은 네트워크의 업/다운 등의 변화가 일어나고, 이러한 변화가 반영된 새로운 라우팅 테이블을 만드는 데 걸리는 시간입니다. 물론 컨버전스 타임이 짧을수록 우수한 라우팅 프로토콜입니다. [그림 6-27]을 보면 컨버전스 타임은 다음의 세 가지로 구성되는 것을 알 수 있습니다.

❶ 네트워크 다운을 판단하는 데 걸리는 시간
WAN 네트워크에서는 선이나 버추얼 서킷을 통해 킵어라이브 패킷을 교환하고, 디폴트 교환 주기는 10초입니다. R2 입장에서 직접 연결된 인터페이스가 고장나면 즉시 '네트워크 다운'을 감지하지만, 10.1.0.0 네트워크에서 R1쪽 인터페이스나 R1이 고장났을 때는 3개의 킵어라이브가 도착하지 않았을 때 '네트워크 다운'으로 판단합니다.

❷ R2는 R3에게 10.1.0.0 네트워크의 다운되었음을 라우팅 업데이트를 통해 알려줍니다.
링크 스테이트나 하이브리드뿐만 아니라 디스턴스 벡터 프로토콜(루트 포이즌 때문에)도 네트워크가 다운되었을 때 즉시 업데이트합니다.

❸ R3는 라우팅 업데이트를 수신한 후 디스턴스 벡터 라우팅 프로토콜은 라우팅 테이블을 만들고, 링크 스테이트나 하이브리드 라우팅 프로토콜은 토폴로지 테이블을 만듭니다.
OSPF나 IS-IS 프로토콜은 다익스트라 알고리즘 계산을 통해 토폴로지 테이블에서 베스트 루트만 골라 라우팅 테이블을 만듭니다. 다익스트라 알고리즘을 돌리기 전에는 spf-delay 시간 동안 지연시키는데, 디폴트 시간은 5초입니다. 왜냐하면 너무 잦은 업데이트로 CPU나 메모리에 대한 과부하로 라우터가 다운되는 것을 방지하기 위해서입니다. spf holdtime은 두 SPF 알고리즘 계산 사이의 간격으로, 이러한 타이머는 컨버전스 타임을 늘리는 원인이 됩니다. 디스턴스 벡터 계열의 라우팅 프로토콜은 홀드다운 타이머를 사용하기 때문에 네트워크에 대한 메트릭이 나빠진 경우 홀드다운 타임 이후에 라우팅 테이블에 반영되기 때문에 컨버전스 타임이 길어집니다.

킵어라이브가 다시 도착하면 R2는 R3에게 라우팅 업데이트를 보냅니다. 링크 스테이트나 하이브리드 라우팅 프로토콜은 즉시 보내지만, 디스턴스 벡터 라우팅 프로토콜은 주기적으로 보내기 때문에 컨버전스 타임이 길어집니다.

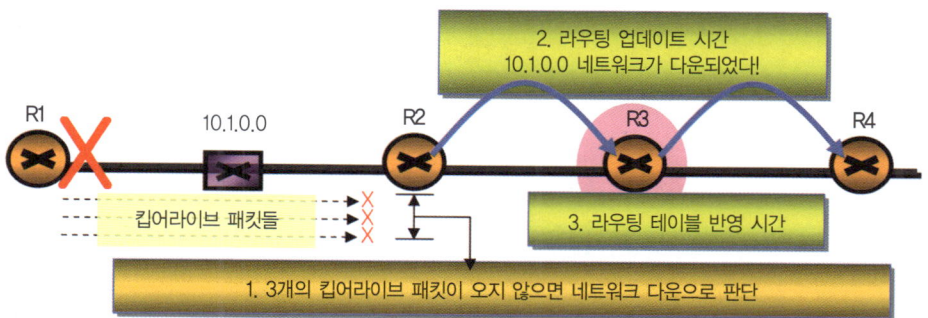

[그림 6-27] ▶
컨버전스 타임을 구성하는 시간

킵어라이브 타이머, 홀드다운 타이머, spf delay 타이머, spf holdtime 타이머, hello 타이머 등 라우팅 프로토콜이 사용하는 타이머들은 컨버전스 타임을 결정합니다. 이러한 타이머를 줄인다면 컨버전스 타임도 줄어듭니다.

라우팅 프로토콜은 네이버끼리 라우팅 정보를 교환하여 라우팅 테이블을 만듭니다. 디스턴스 벡터 프로토콜은 네이버를 찾는 절차와 조건이 없지만, 링크 스테이트나 하이브리드 라우팅 프로토콜은 네이버를 찾기 위해 헬로 패킷을 주기적으로 교환하고, 헬로 패킷을 통해 네이버가 될 수 있는지를 체크하여 네이버가 됩니다. 헬로 패킷이 데드 인터벌(헬로 인터벌의 3~4배) 안에 도착하지 않으면, 네이버가 다운되었다고 간주하고 네이버를 통해 갈 수 있는, 즉 네이버가 넥스트 홉인 모든 네트워크 정보를 라우팅 테이블에서 삭제합니다.

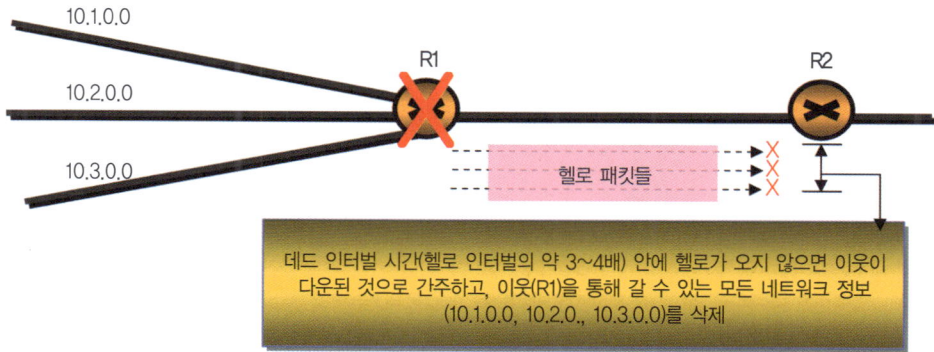

[그림 6-28] ▶
헬로 패킷

디스턴스 벡터 라우팅 프로토콜은 베스트 루트만 갖는 라우팅 테이블만 보유합니다. 링크 스테이트나 하이브리드 라우팅 프로토콜은 헬로를 통해 네이버 테이블을 만듭니다. 그 다음에는 애어리어 내의 각 링크(선)에 대한 코스트 값을 수집하여 토폴로지 테이블을 만듭니다. [그림 6-29]와 같이 토폴로지 테이블은 각 네트워크에 대한 상세 지도에 해당됩니다. 라우터가 소속된 에어리어에 대해서는 상세한 지도(●, ■, ▲ 네트워크에 대한 제일 좋은 길, 그 다음 좋은 길 등의 모든 경로 정보)를 갖지만 다른 에어리어에 대해서는 이정표 수준 정도의 정보(○, ☆, △ 네트워크 정보가 ◇에어리어에 있음)를 갖습니다. 토폴로지 테이블을 만든 후 알고리즘을 돌려서 베스트 루트를 골라서 라우팅 테이블을 만듭니다. 라우팅 테이블만 갖고, 다른 라우터가 라우팅 정보를 만들어 주기 때문에 새로운 정보가 올 때까지 기다려야 하는 디스턴스 벡터 라우팅 프로토콜과는 달리 링크 스테이트나 하이브리드 라우팅 프로토콜은 베스트 루트가 다운되면 토폴로지 테이블에 있는 세컨드 베스트 루트를 즉시 사용할 수 있기 때문에 컨버전스 타임이 짧아집니다.

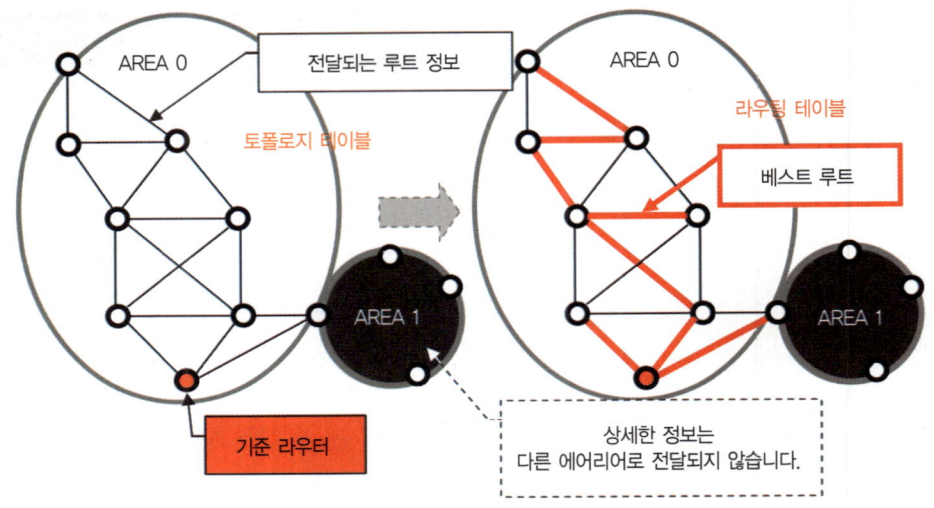

[그림 6-29] ▶
(링크 스테이트 & 하이브리드)
토폴로지 테이블과
라우팅 테이블의 관계

OSPF, IS-IS, EIGRP는 클래스리스 라우팅 프로토콜에 속하므로 VLSM을 지원합니다. 루트 서머라이제이션(Route Summarization)은 다수의 라우팅 정보를 하나의 정보로 보내는 것입니다. 루트 서머라이제이션은 라우팅 프로세스에 의해 소모되는 대역폭, CPU, 메모리의 양을 줄입니다.

RI의 단점, OIE의 장점

RIP과 IGRP는 많은 단점을 가진 프로토콜로, [표 H-1]은 RIP의 단점을 정리한 표입니다. OSPF, IS-IS, EIGRP는 [표 H-2]와 같이 RIP과 정반대입니다. OSPF, IS-IS, EIGRP는 한 마디로 RIP의 단점을 극복한 프로토콜들로 현장에서 많이 사용하는 프로토콜입니다.

IGRP는 RIP의 특징과 유사합니다. 다만 메트릭으로 홉(Hop) 대신 대역폭(Bandwidth)을 사용한다는 점과 최대 홉이 255라는 점이 RIP과 달리 우수한 점입니다. 하지만 다른 특징이 RIP과 동일하고, 표준 프로토콜이 아니라는 치명적인 단점이 있어서 RIP보다 덜 사용하는 프로토콜입니다.

[표 H-1] ▶
RIP의 약점

항목	RIP의 약점	설명
1	클래스풀 라우팅 프로토콜	RIP은 클래스풀 라우팅 프로토콜 계열에 속하므로 VLSM을 지원하지 않고, 결과적으로 IP가 낭비됩니다.
2	디스턴스 벡터 계열	주정뱅이 스타일의 라우팅 업데이트로, 대역폭을 과다 소모합니다.
3	긴 컨버전스 타임	주기적인 라우팅 업데이트와 홀드 타임 등의 타이머를 사용해서 컨버전스 타임이 깁니다.
4	불합리한 메트릭	대역폭(속도)이 메트릭인 다른 라우팅 프로토콜에 비해 홉(라우터) 수를 메트릭으로 사용해서 좀 더 빠른 길(대역폭이 우수한 길)을 사용하지 못할 수 있습니다.
5	최대 15홉의 소규모 네트워크용	라우팅 루프를 피하기 위한 방법으로, 최대 15홉까지만 유효한 정보입니다. 라우팅 테이블에 올라오므로 16홉 이상의 대규모 네트워크에는 사용할 수 없습니다.

[표 H-2] ▶
OSPF, Integrated IS-IS, EIGRP의 특징

항목	OSPF, Integrated IS-IS, EIGRP의 특징	설명
1	클래스리스 라우팅 프로토콜	클래스리스 라우팅 프로토콜 계열에 속하므로 VLSM을 지원하고, 결과적으로 IP가 낭비되지 않습니다.
2	속보 아나운서 스타일(링크 스테이트 라우팅 프로토콜 방식)의 라우팅 업데이트	속보 아나운서 스타일(링크 스테이트 라우팅 프로토콜 방식)의 라우팅 업데이트로 대역폭의 사용을 최소화합니다.
3	짧은 컨버전스 타임	변화가 일어났을 때 변화가 일어난 부분만 보내므로(Event-Triggered) 컨버전스 타임이 짧습니다.
4	대역폭 기반의 메트릭	대역폭을 메트릭으로 사용해서 빠른 길이 라우팅 테이블에 올라옵니다.
5	홉 제한이 없거나 아주 큼	OSPF는 제한이 없고, IS-IS는 1,024홉, EIGRP는 최대 255홉까지의 네트워크 정보가 올라오므로 대규모 네트워크에서 사용할 수 있습니다.

OSPF, Integrated IS-IS, EIGRP 라우팅 프로토콜의 패킷 포맷

OSPF와 EIGRP 라우팅 업데이트는 IP 패킷에 실어보내고, Integrated IS-IS 라우팅 업데이트는 OSI(Open System Interconnection)의 표준 패킷을 사용합니다. [그림 H-1]과 같이 IP 인캡슐레이션 필드의 프로토콜 번호 자리가 89이면 OSPF 라우팅 업데이트가, 88이면 EIGRP 라우팅 업데이트가 패킷 페이로드(Packet Payload) 자리에 옵니다. BGP는 TCP를 사용하고 네이버를 네트워크 관리자가 설정하기 때문에 네이버가 인접할 필요가 없는 유일한 프로토콜입니다. TCP 통신을 하는 클라이언트와 웹서버가 인접할 필요가 없다는 것을 상기하십시오.

● **OSPF, IGRP, EIGRP 패킷**

| 프레임 헤더 | IP 헤더 | 프로토콜 번호 | 포트 번호 | 패킷 페이로드 | CRC |

> 프로토콜 번호 자리가 89이면 OSPF, 라우팅 업데이트 정보가 88이면 EIGRP, 9이면 IGRP 라우팅 업데이트 정보가 패킷 페이로드 자리에 옵니다.

● **IS-IS 패킷**

| 프레임 헤더 | 0x81 | IS-IS 헤더 | 패킷 페이로드 |

> IP 패킷이 아니라 OSI(Open System Interconnection) 표준 패킷을 사용하고, IS-IS 헤더의 첫 바이트가 0x81이면 IS-IS 패킷입니다. (0x82는 ES-IS 패킷이고, 0x81이면, CLNP 패킷입니다.)

● **RIP, BGP 패킷**

| 프레임 헤더 | IP 헤더 | 프로토콜 번호 | 포트 번호 | 패킷 페이로드 | CRC |

> 목적지 포트 번호 자리가 520이면 RIP 정보이고, 179이면 BGP 정보입니다. RIP은 UDP를, BGP는 TCP를 사용합니다.

[그림 H-1] OSPF, EIGRP, Integrated IS-IS의 패킷 포맷

Lesson 07
Integrated IS-IS 개념 정복하기

디스턴스 벡터 계열의 라우팅 프로토콜보다 우수한 링크 스테이트나 하이브리드 계열의 라우팅 프로토콜들 중에서, Integrated IS-IS는 EIGRP와 달리 표준 프로토콜이고, 이후에 설명하는 OSPF에 비교되는 몇 가지 장점 때문에 가장 뛰어난 프로토콜이라고 알려져 있습니다.

Integrated IS-IS에서 PC나 서버를 'ES(End System)'라고 하고, 라우터를 'IS(Intermediate System)'라고 합니다. IS-IS는 CLNP(Connectionless Network Protocol) 패킷에 대한 라우팅 프로토콜이고, Integrated IS-IS는 CLNP와 더불어 IP 패킷에 대한 라우팅 프로토콜입니다. 참고로 EIGRP는 IP, IPX, AppleTalk를 동시에 지원할 수 있습니다. RIP, IGRP, OSPF, BGP는 IP만 라우팅한다는 점에서 비교되는 부분입니다.

Integrated IS-IS를 돌린다면 [그림 6-30]과 같은 세 가지 IS-IS 패킷(IS-IS 패킷, ES- IS 패킷, CLNP 패킷)과 더불어 IP 패킷이 네트워크에서 목격될 수 있지만 통상 IP 패킷과 IS-IS 패킷만 목격됩니다. 현실적으로 3계층에서 CLNP를 필요로 하는 애플리케이션을 거의 사용하지 않기 때문에 라우터간의 라우팅 업데이트를 위한 IS-IS 패킷과 IP 패킷(IP 기반의 애플리케이션 데이터 패킷)만 볼 수 있습니다.

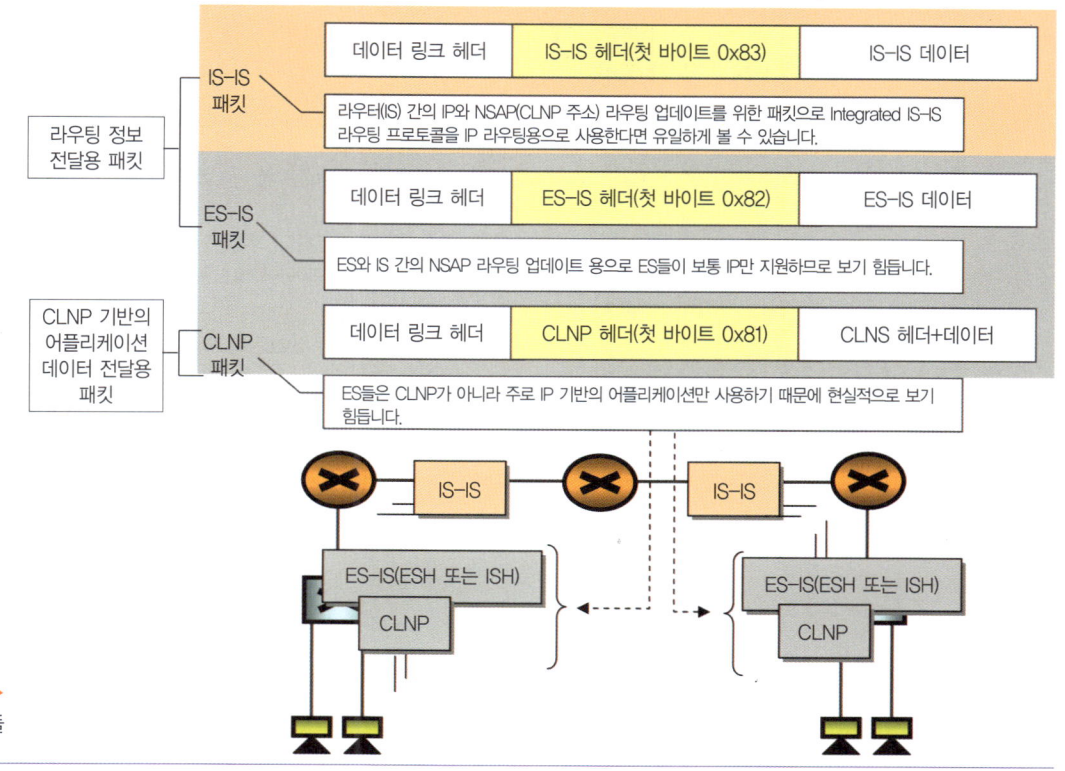

[그림 6-30] ▶ IS-IS 패킷들

IP 환경에서는 ES(PC)에 디폴트 게이트웨이 주소를 설정하고, ARP에 의해 디폴트 게이트웨이 주소에 해당하는 2계층 주소를 찾아냅니다. CLNP 기반의 애플리케이션을 ES가 사용한다면, IP 환경과 크게 다른 다음과 같은 일이 일어납니다. CLNP 환경에서는 ES-IS 간에는 [그림 6-31]과 같이 ESH(ES Hello)와 ISH(IS Hello)를 교환하는데, 자신의 NSAP(CLNP가 사용하는 주소) 주소와 레이어 2-레이어 3 주소(NSAP)의 매핑 정보 등을 교환합니다. ES는 이를 통해 가장 가까운 라우터를 찾고, 라우터는 ES를 찾고 에어리어의 다른 라우터들에게 ES 주소를 [그림 6-30]의 IS-IS 패킷을 통해 전달합니다.

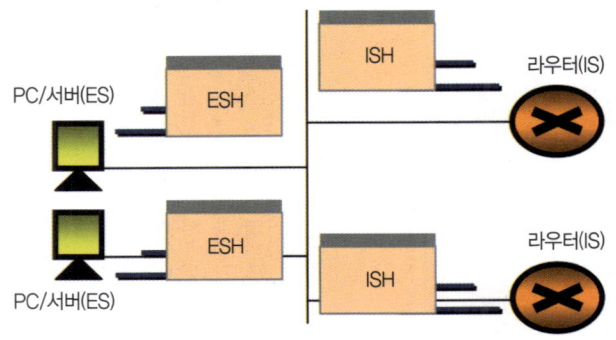

[그림 6-31] ▶
Integrated IS-IS의 IS와 ES 간의 헬로 : ISH & ESH

Integrated IS-IS는 프로토콜은 NSAP 주소를 사용하는데, NSAP 주소는 [그림 6-32] 와 같은 포맷을 가집니다. NSEL는 서비스의 종류를 표시하고, 00일 때 라우터 주소에 해당합니다.

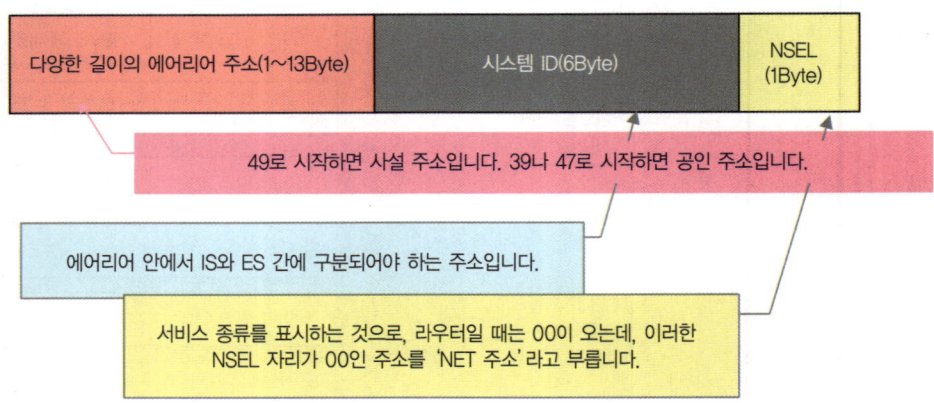

[그림 6-32] ▶
Integrated IS-IS의 주소 포맷
(NSAP)

현실적으로 대부분의 ES들은 CLNP는 지원하지 않고 IP만 지원하기 때문에 NSAP 주소를 할당할 필요가 없습니다. 즉 ES에서 CLNP 기반의 애플리케이션을 사용하지 않는 IP only-환경에서는 Integrated IS-IS를 돌리는 라우터들만 NSAP 주소를 가집니다. [그림 6-33]은 Integrated IS-IS 도메인에서 NSAP 주소 디자인의 예로, '49.1000', '49.2000', '49.3000', '49.4000'의 4개의 에어리어가 보입니다. 에어리어 주소는 같은 에어리어에 속하는 모든 IS와 ES에 동일해야 하고, 시스템 ID는 에어리어 안에 모든 IS와 ES들끼리 중복되어서는 안 됩니다.

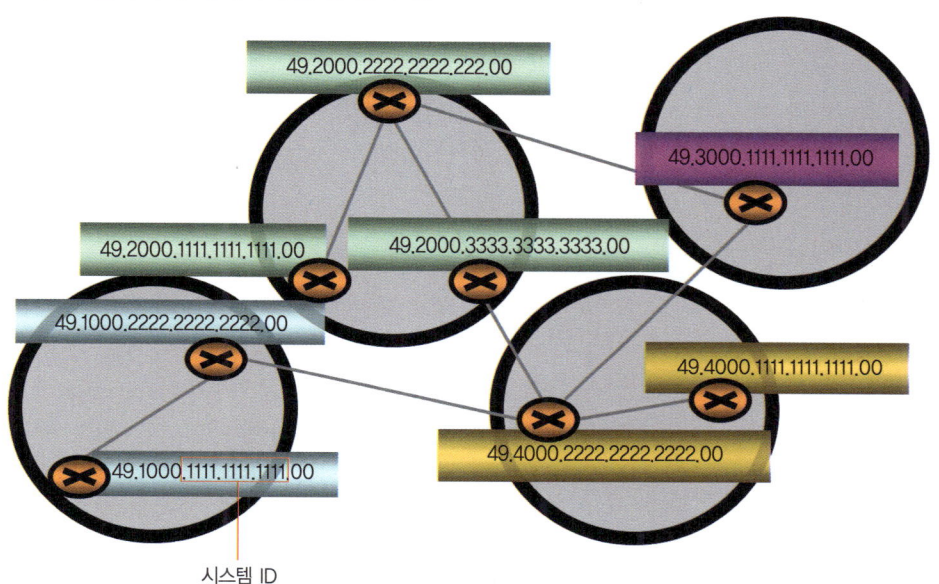

[그림 6-33] ▶
Integrated IS-IS의 NSAP 주소 디자인의 예

Lesson 08
OSPF, Integrated IS-IS, EIGRP 라우팅 프로토콜의 네이버 테이블 만들기

OSPF, Integrated IS-IS, EIGRP 라우터들은 라우팅 테이블을 만들기 전에 네이버를 찾아냅니다. 헬로 프로토콜은 헬로 패킷을 통해 네이버(Neighbor Relationship)를 찾아낼 책임이 있습니다. 헬로 패킷은 IP 멀티캐스트 주소를 사용하여 라우터들 간에 주기적으로 교환됩니다. 네이버 라우터는 직접 연결된 라우터들 중에서 다음과 같은 조건을 비교하여 선택됩니다.

OSPF

OSPF의 헬로 패킷에 들어가는 정보는 [그림 6-34], [표 6-6]과 같습니다. 중요한 것은 네이버가 되기 위한 조건인데, '헬로/데드 인터벌(헬로/Dead Interval)', '에어리어 ID(Area-ID)', '인증 패스워드(Authentication Password)', '스터브 에어리어 선언(Stub Area flag)'는 반드시 일치해야 합니다. OSPF 헬로는 224.0.0.5와 224.0.0.6 멀티캐스트 주소를 사용합니다.

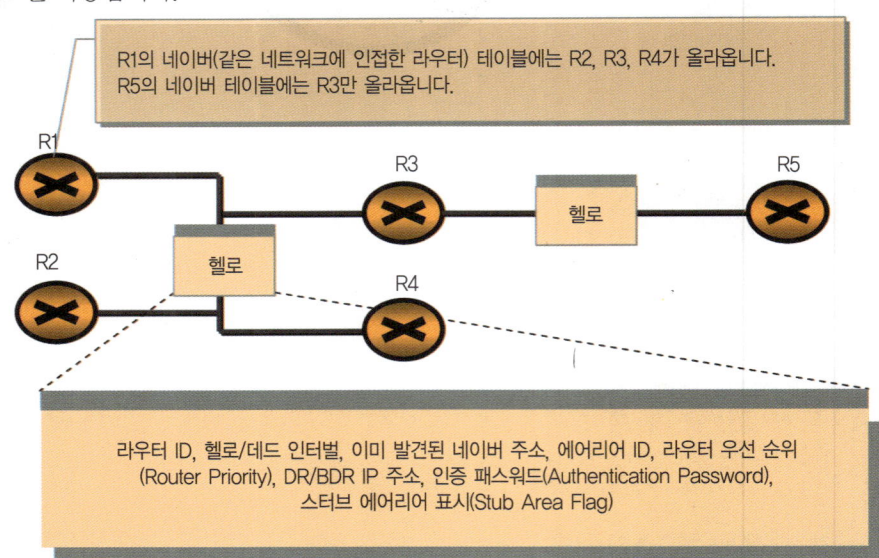

[그림 6-34] ▶
OSPF 헬로 패킷에 들어가는 정보

OSPF 헬로 패킷에 포함된 정보는 [표 6-6]과 같습니다.

구분	설명	일치해야 네이버가 될 수 있다.
라우터 ID	AS(Autonomous System : OSPF 프로토콜을 돌리는 라우터들) 안에서 라우터를 확인하는 IP 주소. 살아있는 인터페이스의 IP 주소 중 가장 높은 것을 선택합니다. 예를 들어 200.1.1.1과 100.1.1.1 중에서 200.1.1.1이 라우터 ID가 됩니다. 라우터 ID는 네이버를 확인하고 라우팅 업데이트(Link-state Update)시 라우터를 구분하기 위해 사용하거나, DR/BDR을 선정하기 위해 사용합니다.	NO
헬로/데드 인터벌	헬로 인터벌은 라우터가 헬로 패킷을 보내는 주기(LAN 네트워크에서 기본적으로 10초)입니다. 데드 인터벌은 네이버가 다운되었다고 판단하기 전에 기다리는 시간(헬로를 기다리는 시간 : 기본적으로 헬로 인터벌의 4배)입니다.	YES
이미 발견된 네이버 IP 주소	이미 발견된 네이버 IP 주소	NO
에어리어 ID	네이버 라우터는 같은 네트워크에 대해 같은 에어리어 번호(에어리어 ID)로 설정되어야 합니다.	YES
라우터 우선 순위	DR과 BDR을 선택할 때 비교되는 라우터의 8bit 우선 순위(Priority) 값	NO
DR/BDR IP 주소	이미 정해졌다면 DR과 BDR IP 주소가 들어갑니다.	NO
인증 패스워드	인증 패스워드를 설정했다면 네이버 라우터들은 같은 패스워드를 교환해야 합니다.	YES
스터브 에어리어 선언 표시(플래그)	하나의 에어리어를 스터브 에어리어(Stub Area : 추후 설명)로 설정한다면, 같이 설정해야 네이버가 될 수 있습니다.	YES

[표 6-6] ▶
OSPF 헬로 패킷에 들어가는 정보

헬로 패킷의 주기는 미디어의 종류에 따라 [표 6-7]과 같이 다른데, 보통 홀드 타임은 헬로 주기의 3~4배 정도입니다. 디폴트 헬로 인터벌과 홀드 타임을 변경하려면 다음의 명령을 사용합니다.

- ip ospf hello-interval
- ip ospf dead interval

• 헬로 인터벌 : 10초 • 데드 인터벌 : 40초	브로드캐스트 네트워크 : 이더넷, 토큰링, FDDI 등의 LAN 포인트 투 포인트(Point-to-Point) 네트워크
• 헬로 인터벌 : 30초 • 데드 인터벌 : 120초	NBMA 네트워크 : 프레임 릴레이, ATM, X.25

[표 6-7] ▶
CSPF 헬로 패킷의 주기

OSPF 네이버를 확인하는 명령은 show ip ospf neighbors로, [예 6-6]의 결과와 같습니다.

[예 6-6]
OSPF에서 네이버를 확인하는
명령 : show ip ospf neighbor

```
R1#show ip ospf neighbor

NeighborID      Pri    State         Dead Time    Address    Interface
192.168.0.10    1      FULL/DROTHER  0:01:50      10.1.1.1   Ethernet 0
192.168.0.11    0      FULL/DROTHER  0:01:30      10.1.1.2   Ethernet 0
192.168.0.12    1      FULL/BDR      0:01:55      10.1.1.3   Ethernet 0
```

LAN 네트워크와 WAN 네트워크 중에서 프레임 릴레이, ATM, X.25 네트워크는 멀티포인트(또는 멀티액세스) 네트워크에 속합니다. 포인트 투 포인트 네트워크는 네트워크에 2대의 라우터만 존재하지만, 멀티포인트 네트워크는 다수의 라우터가 존재합니다. [그림 6-35]를 보면 멀티액세스 네트워크에서 OSPF는 DR/BDR(Designated Router/Backup Designated Router)을 선정합니다. 마치 마을마다(네트워크마다) 이장이 있는 것과 같습니다.

네트워크에 업 또는 다운 또는 코스트의 변경과 같은 토폴로지(라우팅 정보) 변화가 발생하면 라우터는 변경된 정보를 담은 라우팅 업데이트를 DR에게만 보냅니다. 그리고 DR은 네트워크의 모든 라우터에게 보냅니다. DR에게 보낼 때 사용하는 멀티캐스트 주소는 224.0.0.6이고, DR이 보낼 때 사용하는 주소는 224.0.0.5입니다. 링크 스테이트 프로토콜에서 같은 에어리어의 모든 라우터들은 동일한 토폴로지 테이블(지도)을 유지하고, 그 토폴로지 테이블을 기준으로 각 라우터 입장에서의 베스트 루트를 골라내어 라우팅 테이블을 만듭니다. [그림 6-35]에서 R1, R2, R3, R4 라우터들은 모든 라우터가 아니라 DR과만 토폴로지 테이블(지도)을 일치시키면 되기 때문에 [그림 6-45]와 같은 복잡한 라우팅 업데이트를 줄여줍니다.

포인트 투 포인트 네트워크에는 2명이 사는 마을이라 DR이 없습니다. DR은 라우터의 우선 순위(기본값=1)가 가장 높은 라우터가 되고, 우선 순위가 같다면 라우터의 ID(살아 있는 인터페이스의 IP 중 가장 높은 주소. 만약 루프백 주소를 가졌다면 낮아도 루프백 주소가 라우터 IP가 됨)를 비교하여 가장 높은 라우터가 됩니다. BDR은 프라이오리티 또는 라우터 ID가 두 번째 높은 라우터가 되는데, DR이 다운되었을 때 DR의 역할을 대행합니다.

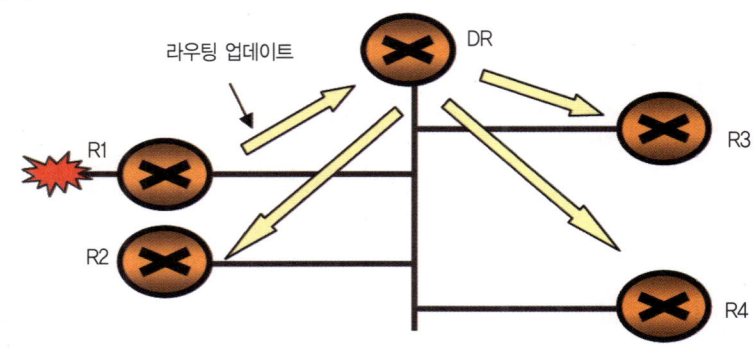

[그림 6-35]
멀티액세스 네트워크에서
DR 선정하기

Integrated IS-IS

IIH(IS-IS Hello) 패킷은 [그림 6-31]과 같이 ES와 IS 간에 주고받는 것(헬로(ESH와 ISH)) 외에 [표 6-8]과 같이 에어리어 안의 라우터들의 네이버 관계를 위한 레벨 1 IIH(IS-IS Hello)와 에어리어 간의 라우터들의 네이버 관계 설정을 위한 레벨 2 IIH가 있습니다.

[표 6-8] ▶
Integrated IS-IS 헬로 패킷들

IS-IS 헬로 패킷	설명
레벨 1 IIH	레벨 1 네이버 관계(Level 1 Adjacencies)를 설정하기 위해 사용합니다.
레벨 2 IIH	레벨 2 네이버 관계(Level 2 Adjacencies)를 설정하기 위해 사용합니다.

IS-IS 헬로는 LAN에서 레벨 1인 경우 0180.c200.0014 멀티캐스트(All L1 ISs) 주소를 사용하고, 레벨 2인 경우 0180.c200.0014 멀티캐스트(All L2 ISs) 주소를 사용합니다. Integrated IS-IS의 LAN 헬로 패킷에 들어가는 정보는 [그림 6-36]과 같습니다. 이때 네이버 라우터들 간에 '(시스템) ID 길이', 라우터에 구현 가능한 '최대 에어리어 주소', '인증 패스워드'는 상호간에 반드시 일치해야 네이버가 될 수 있다는 것이 중요합니다.

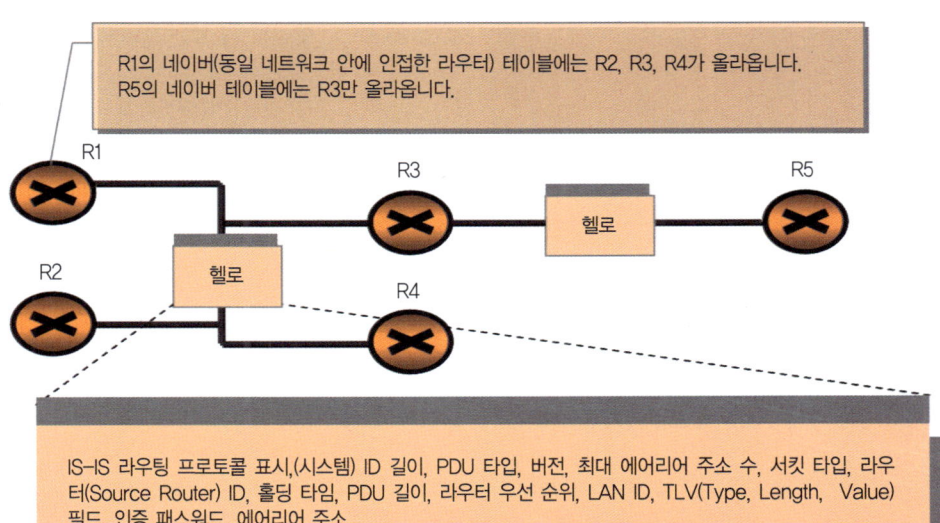

[그림 6-36] ▶
Integrated IS-IS의 LAN 헬로 패킷에 들어가는 정보

Integrated IS-IS 헬로 패킷에 포함된 정보는 [표 6-9]와 같습니다.

구분	설명	일치해야 네이버가 될 수 있다.
IS-IS 라우팅 프로토콜 표시	Integrated IS-IS 라우팅 프로토콜 패킷이라는 것을 표시하는 필드	NO
(시스템) ID 길이	에어리어에서 시스템을 구분하는 주소로, 주소의 길이가 일치해야 합니다.	YES
PDU 타입	PDU(Packet Data Unit) 타입으로, 라우터끼리 라우팅 업데이트 교환을 위해 사용하는 IS-IS PDU인지, PC/서버와 라우터 간에 CLNP 환경에서 ARP 대신 사용하는 ES-IS PDU인지, 일반 CLNP 데이터 패킷인지 구분합니다. [그림 6-30] 참조	NO
버전	프로토콜 버전	NO
최대 에어리어 주소 수	한 라우터에서 구현할 수 있는 최대 에어리어 수(시스코에서는 기본 3, 최대 255로 설정 가능)	YES
서킷 타입	네이버와의 연결 서킷의 타입이 레벨 1인지, 레벨 2인지 표시합니다. 네이버와 에어리어 주소가 다르면 레벨 2 네이버가 되고, 에어리어 주소가 동일하면 기본적으로 레벨1/2 네이버가 됩니다.	YES
라우터 ID(Source ID)	헬로 패킷을 보낸 라우터의 시스템 ID	NO
홀딩 타임	네이버 라우터가 다운되었다고 판단하기 전에 헬로 패킷을 기다리는 시간(OSPF의 데드 인터벌에 해당)	NO
PDU 길이	헤더를 포함하는 전체 PDU의 길이	NO
우선 순위	LAN에서 DIS를 선정하는 기준 값(DIS는 OSPF의 DR에 해당)	NO
LAN ID	LAN에 있는 DIS의 ID	NO
로컬 서킷 ID	링크를 구분하는 서킷 ID	NO
TLV 필드	에어리어 주소, (LAN) 이미 발견된 네이버의 MAC(SNPA) 주소, 패스워드	NO 패스워드(YES)

[표 6-9] ▶ Integrated IS-IS의 LAN 헬로 패킷에 들어가는 정보

헬로 패킷의 주기는 디폴트로 10초(DIS와는 3.3초 사용)이고, 홀드 타임은 헬로 주기의 3배 정도입니다. 디폴트 헬로 인터벌과 홀드 타임을 변경하려면 다음의 명령을 사용합니다. 홀드 타임은 헬로 인터벌에 헬로 멀티플라이어를 곱한 값으로 정해집니다.

- isis hello-interval
- isis hello-multiplier

네이버 관계가 맺어졌는지 확인하는 명령은 show clns neighbors로, [예 6-7]을 참고하세요.

```
R3#show clns neighbor
System ID         Interface   SNPA            State   Holdtime   Type    Protocol
1921.6800.1001    Se1         PPP             Up      28         L2      IS-IS
0100.1001.0001    Et0         1111.1111.1111  Up      28         L1      IS-IS
0100.1001.0002    Et0         1111.1111.abcd  Up      38         L1      IS-IS
0100.1001.0003    Et0         1111.1111.3456  Up      18         L1      IS-IS
```

[예 6-7] ▶
Integrated IS-IS에서 네이버를 확인하는 명령 : show clns neighbor

Integrated IS-IS 라우팅 프로토콜도 OSPF 라우팅 프로토콜과 마찬가지로 정확한 라우팅 정보를 중복이나 오류 없이 전달하고, 멀티액세스 네트워크에서 어드제이선시를 단순화하기 위해 [그림 6-33]과 같은 DIS(OSPF의 DR에 해당합니다. 'Pseudonode' 또는 '버추얼 라우터'라고도 합니다)를 선정합니다. OSPF의 BDR에 해당되는 라우터가 없는 대신 DIS와의 헬로 인터벌을 다른 라우터(10초)보다 짧은 3.3초로 DIS가 다운되었을 때 DIS를 재선정하는 데 걸리는 시간을 줄입니다. 라우터 인터페이스의 우선 순위와 MAC 주소(SNPA-SubNetwork Protocol Address)가 높은 순으로 DIS가 선정됩니다.

EIGRP

EIGRP의 헬로 패킷에 들어가는 정보는 [그림 6-37]과 같은데, 중요한 것은 네이버 라우터들 간에 AS 번호, K 값은 상호간에 반드시 일치해야 네이버가 될 수 있습니다. EIGRP 패킷들은 224.0.0.10 멀티캐스트 주소를 사용합니다.

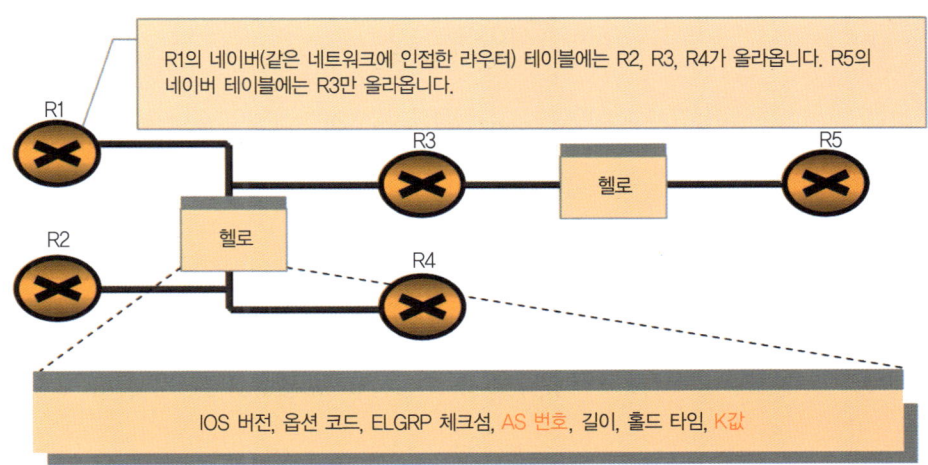

[그림 6-37] ▶
EIGRP의 헬로 패킷에 들어가는 정보

EIGRP 헬로 패킷에 포함된 정보는 [표 6-8]과 같습니다.

구분	설명	일치해야 네이버가 될 수 있다.
IOS 버전	EIGRP 라우팅 프로토콜은 시스코 라우터에서만 제공하는 프로토콜로, 시스코 소프트웨어 버전입니다.	NO
옵션 코드	헬로 패킷일 때 5가 들어갑니다(EIGRP의 다른 패킷들과 구분하기 위해 사용).	NO
EIGRP 체크섬	패킷의 완전성을 검사하기 위한 필드	NO
AS 번호	EIGRP를 구현할 때 사용하는 AS(Autonomous System) 번호	YES
길이	패킷 길이	NO
홀드 타임	네이버가 죽었다고 판단하기 전에 기다리는 시간	NO
패스워드	인증 패스워드를 구현했다면 네이버 라우터들은 같은 패스워드를 교환해야 합니다.	YES
K 값	매트릭에 곱해지는 웨이트(예 : K1 값, K3 값)	YES

[표 6-10] ▶
EIGRP의 헬로 패킷에 들어가는 정보

EIGRP가 구현되었으면 라우터는 주기적으로 멀티캐스트 헬로 패킷을 보냅니다. 헬로 패킷의 주기는 미디어의 종류에 따라 [표 6-11]과 같이 다른데, 보통 홀드 타임은 헬로 주기의 3배 정도입니다. 디폴트 헬로 인터벌과 홀드 타임을 변경하려면 다음의 명령을 사용합니다.

- ip eigrp hello-interval

- ip eigrp hold-time

• 헬로 주기 : 5초 • 홀드 타임 : 15초	• Broadcast media : Ethernet, Token Ring, FDDI • Point-to-point serial link들 : PPP, HDLC, point-to-point F/R, ATM Subinterface • T1 이상의 Bandwidth를 가진 Multipoint Circuit : ISDN PRI, SMDS, F/R
• 헬로 주기 : 60초 • 홀드 타임 : 180초	T1 이하의 Bandwidth를 가진 Multipoint Circuit : ISDN PRI, SMDS, F/R

[표 6-11] ▶
EIGRP 헬로 패킷의 주기

라우팅 프로토콜들이 IP 패킷만 라우팅하지만, Integrated IS-IS가 CLNP와 IP 패킷을 라우팅할 수 있고, EIGRP는 IP, IPX, AppleTalk 패킷을 라우팅할 수 있습니다. 세 패킷을 동시에 라우팅하기 위해서는 IP 네이버 테이블, IPX 네이버 테이블, AppleTalk 네이버 테이블이 별도로 만들어집니다. 또한 IP 토폴로지 테이블, IPX 토폴로지 테이블, AppleTalk 토폴로지 테이블도 별도로 만들어지고, IP 라우팅 테이블, IPX 라우팅 테이블, AppleTalk 라우팅 테이블이 별도로 존재한다는 것을 의미합니다. [예 6-8]과 같이 'show ip eigrp neighbors' 명령은 IP EIGRP 네이버 테이블을 보여줍니다.

```
R1#show ip eigrp neighbors
IP-EIGRP neighbors for process 400

H  Address    Interface  Hold   Uptime    SRTT  RTO  Q    Seq
                         (sec)  (ms)            Cnt       Num

3  100.1.1.1  E0         13     02:15:30  8     200  0    9

2  100.1.1.2  E0         10     05:38:29  29    200  0    6

1  100.1.1.3  E0         13     02:15:30  8     200  0    9

0  100.1.1.4  E0         10     09:38:29  29    200  0    6
```

[예 6-8] ▶
EIGRP에서 네이버를 확인하는
명령 : show ip eigrp
neighbors

EIGRP 네이버 테이블에 보이는 필드에 대한 설명은 다음과 같습니다.

- **Neighbor Address** : 네이버 라우터의 IP 주소

- **Queue** : 전송 전에 큐(Queue)에 대기중인 다섯 가지 EIGRP 패킷(Hello, Update, Query, Reply, Ack) 수. 이 수치가 지속적으로 0보다 높으면 EIGRP 패킷이 제때에 처리되지 못하는 문제가 있다는 의미입니다.

- **SRTT(Smooth Round Trip Timer)** : 네이버와 패킷들을 주고받는 데 걸리는 평균 시간으로, RTO를 계산할 때 사용됩니다.

- **RTO(Retransmit Interval)** : ACK를 기다리는 시간으로, RTO 시간 안에 EIGRP 패킷에 대한 ACK가 도착하지 않으면 EIGRP 패킷을 재전송합니다. SRTT가 높은 네이버에 대해서는 RTO도 높게 계산됩니다.

- **Hold Time** : 네이버 다운으로 판단하기 전에 EIGRP 패킷을 기다리는 남아있는 시간입니다.

EIGRP 네트워크에는 OSPF의 DR, IS-IS의 DIS에 해당되는 라우터가 없습니다.

Lesson 09 NBMA 네트워크에서 네이버 찾기

PC와 서버 등이 브로드캐스트와 멀티캐스트를 보내면 이더넷, 토큰 링, FDDI의 LAN 스위치들은 받은 포트를 제외한 모든 포트로 복사해서 보냅니다. 포인트 투 포인트 네트워크는 스위치가 아예 없는 네트워크로, 이때도 브로드캐스트나 멀티캐스트를 보낼 수 있습니다. 하지만 프레임 릴레이, X.25, ATM WAN 스위치에는 브로드캐스트와 멀티캐스트에 해당되는 주소가 없습니다. 따라서 브로드캐스트와 멀티캐스트 메카니즘도 없기 때문에 'NBMA(Non-Broadcast MultiAccess) 네트워크' 라고 부릅니다.

이러한 NBMA 네트워크에서 OSPF, IS-IS, EIGRP와 관련하여 생각해야 할 것이 있습니다. 멀티캐스트인 헬로 패킷들은 NBMA 네트워크에서 교환될 수 없기 때문에 네이버 테이블이 만들어질 수 없다는 것입니다. 네이버 테이블, 토폴로지 테이블, 라우팅 테이블은 순서대로 만들어지기 때문에 네이버 테이블이 안 만들어지면 토폴로지 테이블과 라우팅 테이블도 만들어질 수 없습니다.

OSPF

라우팅 프로토콜은 [그림 6-38]과 같이 브로드캐스트 네트워크, 포인트 투 포인트 네트워크 또는 NBMA 네트워크 등의 다양한 네트워크에서 사용될 수 있습니다. 그런데 OSPF를 멀티캐스트 헬로가 교환되지 않는 NBMA 네트워크에서는 헬로를 보내기 위해 특별한 설정이 필요합니다.

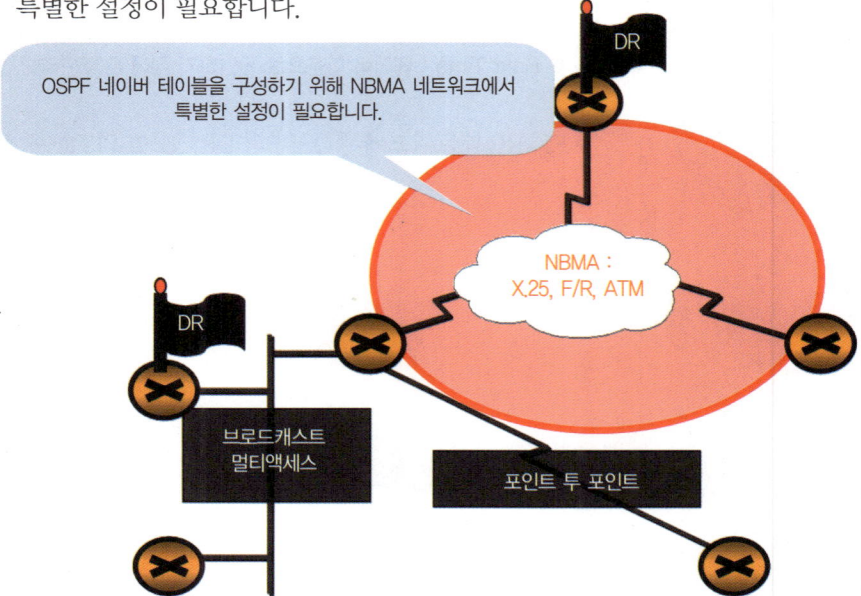

[그림 6-38] OSPF를 구현할 수 있는 다양한 네트워크

브로드캐스트(LAN) 네트워크나, 논 브로드캐스트(NBMA WAN) 네트워크나, 모든 멀티 액세스 네트워크에서는 네트워크 대표 라우터인 DR과 BDR을 선정합니다. 그러나 포인트 투 포인트 네트워크에서는 DR/BDR을 선정하지 않습니다. NBMA(Non-Broadcast Multi-Access) 네트워크는 [그림 6-39]와 [표 6-10]과 같이 다양한 토폴로지를 사용할 수 있습니다. NBMA 네트워크에서 DR을 선정해야 한다면 모든 라우터들과 직접 연결된 라우터를 DR로 선정해야 합니다.

즉 [그림 6-39]의 파샬 메시 토폴로지에서는 R1이, 허브 & 스포크 토폴로지에서는 R2가, 풀메시 토폴로지에서는 모든 라우터가 버추얼 서킷으로 직접 연결되어 있으므로 아무 라우터나 DR로 선정할 수 있습니다.

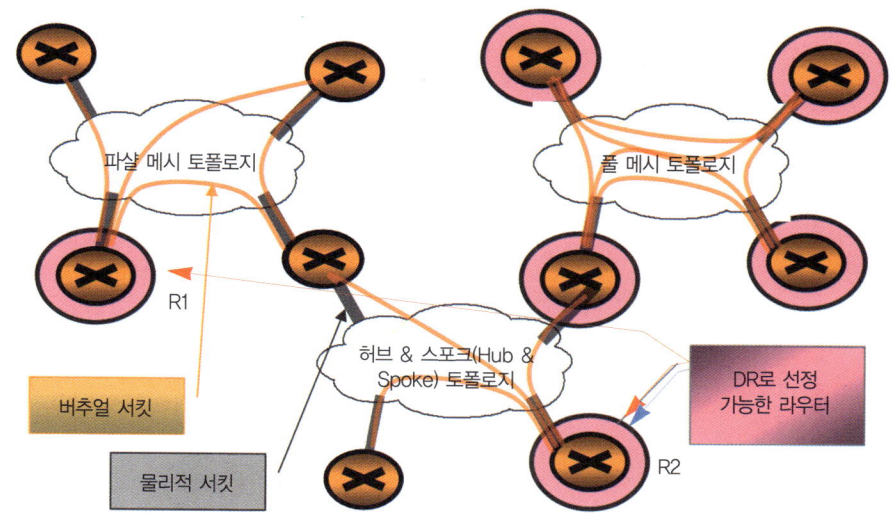

[그림 6-39] ▶
NBMA 네트워크에서 사용할 수 있는 다양한 토폴로지들

[표 6-12] ▶
NBMA 네트워크에서 사용할 수 있는 다양한 토폴로지들의 설명

토폴로지의 종류	설명
풀 메시(Full Mesh) 토폴로지	각 라우터들이 모든 라우터들과 직접 연결됩니다. 회선 비용이 많이 들지만 최고의 리던던시(Redundancy) 환경을 제공합니다.
허브 & 스포크(Hub & Spoke) 토폴로지	리모트(스포크) 라우터들은 중심(허브) 라우터로만 연결됩니다. 가장 적은 수의 버추얼 서킷이 필요하므로 가장 적은 회선 비용이 듭니다.
파샬 메시(Partial Mesh) 토폴로지	모든 라우터가 다른 모든 라우터와 연결된 것은 아니지만, 라우터 간의 트래픽 중요도에 따라 리던던시를 위해 회선을 추가합니다. 풀 메시와 허브 앤 스포크의 중간 형태입니다.

NBMA 네트워크에서는 헬로를 교환할 수 없다는 문제에 대한 해결책을 살펴보겠습니다. RFC2328에는 [표 6-13]과 같이 NBMA 토폴로지에 연결된 라우터의 인터페이스에서 구현할 수 있는 두 가지 표준 모드를 정의합니다. 각각의 모드에서 헬로 교환 솔루션은 조금 다릅니다.

RFC2328 표준 모드	설명
NBMA(Non-Broadcast MultiAccess) 모드	• NBMA 이름에서 보듯이 DR이 필요한 멀티액세스 네트워크이기 때문에 파샬 메시나 허브 & 스포크 토폴로지를 적용한 경우에 허브 라우터(모든 라우터와 직접 연결된 라우터)를 DR로 설정해야 합니다. • 논 브로드캐스트 네트워크로 동작하기 때문에 헬로는 전달되지 않습니다. 따라서 네이버 테이블을 만들지 못하기 때문에 네이버를 설정해야 합니다. • OSPF를 구현한 NBMA 네트워크에서 인터페이스의 디폴트 모드입니다.
포인트 투 멀티포인트 (Point-to-Multipoint) 모드	• DR이 필요 없는 포인트 투 포인트 네트워크와 같이 동작(풀 메시, 파셜 메시나 허브 & 스포크 토폴로지인 경우에도 DR을 설정할 필요가 없습니다.) • 헬로는 (프레임 릴레이) 맵 테이블을 참조하여 유니캐스트로 전달되기 때문에 네이버를 설정할 필요가 없습니다. • NBMA 모드보다 간편합니다.

[표 6-13] ▶
OSPF NBMA 토폴로지에서 구현 가능한 두 가지 표준 모드

NBMA 모드에서 OSPF는 DR/BDR을 선정합니다. [그림 6-40]에서는 모든 라우터와 연결된 R4가 DR이 되어야 하기 때문에 'IP OSPF Priority 10' 명령으로 기본 프라이오리티를 '1'에서 '10'으로 설정하여 DR로 만들었습니다. 또한 네트워크 관리자가 네이버를 직접 설정하여 네이버 테이블을 만들어야 합니다. 이때부터 네이버들은 헬로를 유니캐스트로 주고받습니다. NBMA 네트워크에서 OSPF를 구현하면 'ip ospf mode non-brodcast' 명령이 들어갑니다(즉 NBMA 모드가 디폴트입니다).

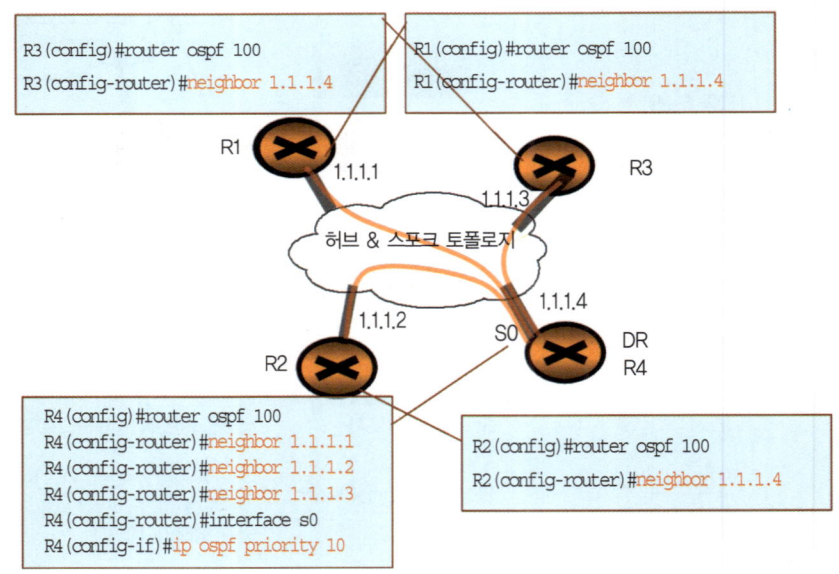

[그림 6-40] ▶
OSPF NBMA 네트워크에서 필요한 네이버 구현하기

NBMA 네트워크에서 [그림 6-41]과 같이 구현되는 포인트 투 멀티포인트(Point-to-Multipoint) 모드는 포인트 투 포인트 네트워크처럼 DR이 존재하지 않고, 네이버도 프레임 릴레이 맵 테이블을 참조하여 헬로를 포인트 투 포인트 버추얼 서킷을 통해 보냅니다. 따라서 관리자가 네이버를 설정할 필요도 없습니다. 다만 3계층 주소와 2계층 주소의 매핑을 할 때 'frame-relay map ip ip_주소 dlci_주소 broadcast' 명령에서 'broadcast' 옵션을 빠뜨리면 안 됩니다.

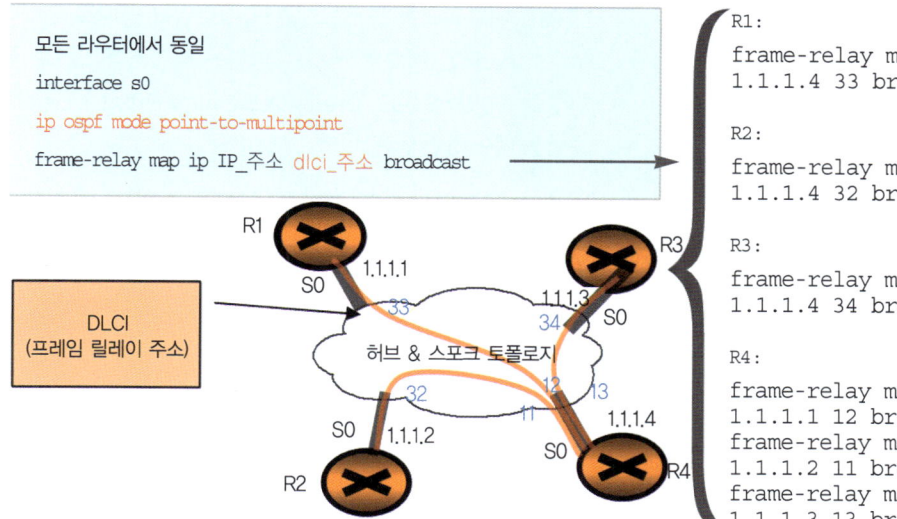

[그림 6-41] ▶
OSPF NBMA 네트워크에서 포인트 투 멀티포인트 모드 구현하기

Integrated IS-IS

Integrated IS-IS는 브로드캐스트 네트워크, 포인트 투 포인트(Point-to-Point) 네트워크, 2개의 네트워크로 구분합니다. NBMA 네트워크를 [그림 6-42]와 같이 브로드캐스트 네트워크로 설정하면 다수의 포인트 투 포인트 서브 인터페이스로 구현하는 것보다 간단하고 안정적입니다.

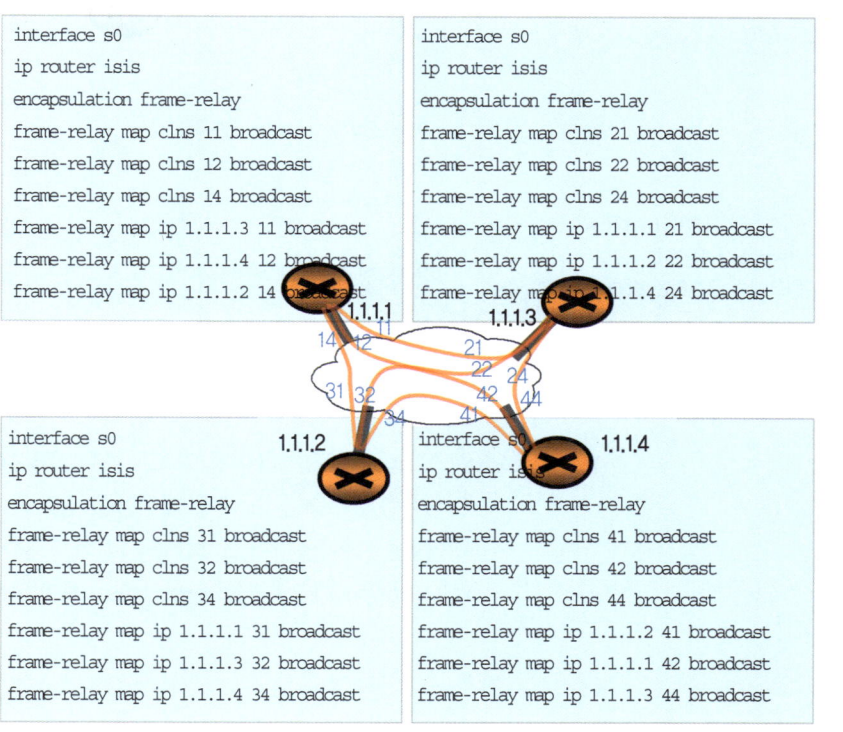

[그림 6-42] ▶
Integrated IS-IS를 NBMA 네트워크에서 구현하는 방법 ①

NBMA 네트워크를 브로드캐스트 네트워크 형태로 구성하려면 OSPF처럼 라우터의 성능이 우수하고, 모든 버추얼 서킷이 연결된 라우터를 DIS로 설정해야 하며, [그림 6-42]와 같이 설정할 수 있습니다. 'frame-relay map clns 1.1.1.x OO broadcast' 명령에서 broadcast 옵션을 빠뜨리면 안 됩니다.

NBMA 네트워크가 각 버추얼 서킷을 포인트 투 포인트 네트워크의 형태로 구성하려면 각각의 버추얼 서킷은 다른 네트워크가 되어야 합니다. 포인트 투 포인트 네트워크이기 때문에 OSPF처럼 DIS는 필요 없으며, [그림 6-43]과 같이 설정할 수 있습니다.

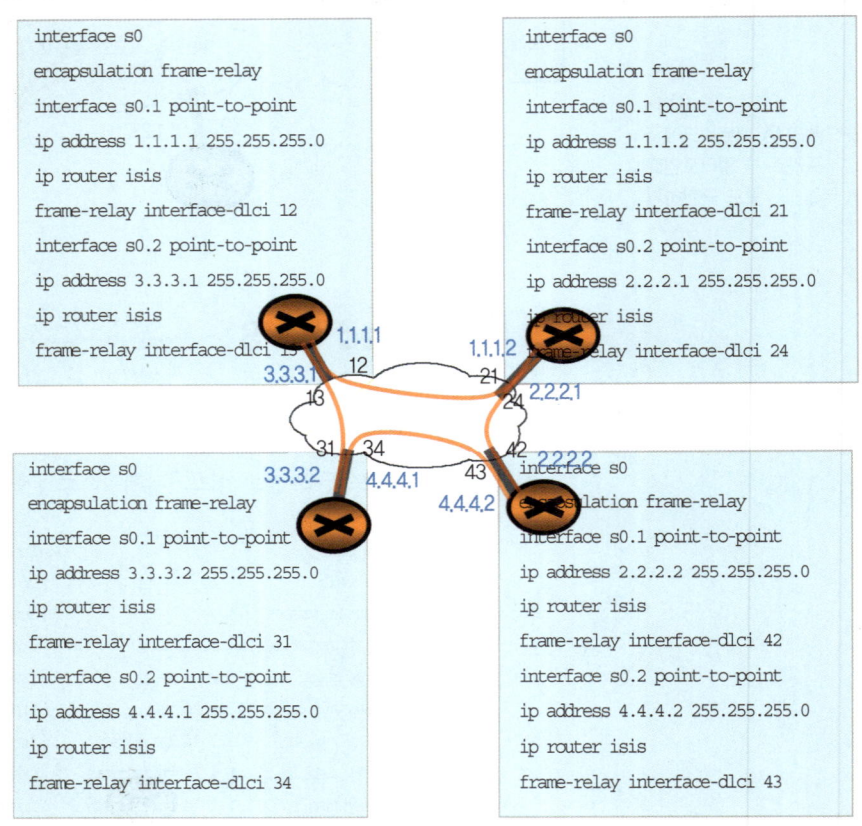

[그림 6-43]
Integrated IS-IS를 NBMA 네트워크에서 구현하는 방법 ②

EIGRP

시스코의 EIGRP 라우팅 프로토콜은 NBMA 네트워크에서 아무런 설정을 해주지 않아도 3계층/2계층 주소 매핑 테이블을 참조하여 네이버 후보를 찾아내고 헬로를 교환하여 네이버를 찾아냅니다. [그림 6-44]의 3계층 주소와 2계층 주소의 매핑 명령, 'frame-relay map ip 1.1.1.4 33 broadcast'에서 broadcast 옵션을 빠뜨리면 안 됩니다.

모든 라우터에 다음의 명령을 동일하게 구현하는데 EIGRP에서 특별히 구현할 것이 없습니다.

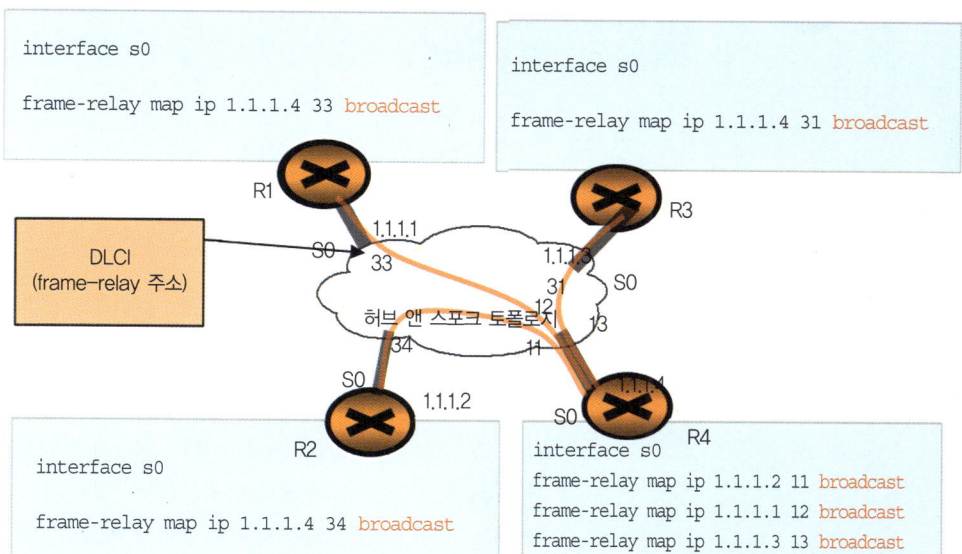

[그림 6-44] ▶
EIGRP를 NBMA 네트워크에서 구현하는 방법

EIGRP에는 OSPF의 DR의 개념이나 Integrated IS-IS의 DIS의 개념이 없습니다.

Lesson 10

OSPF, Integrated IS-IS, EIGRP 라우팅 프로토콜의 패킷들, 라우터와 에어리어의 종류

OSPF, Integrated IS-IS, EIGRP 프로토콜은 라우팅 프로토콜을 만들기 전에 토폴로지 테이블을 만들고, 토폴로지 테이블을 만들기 전에 네이버 테이블을 만듭니다. 라우팅 프로토콜들은 이러한 테이블들을 만들기 위해 다양한 패킷들을 교환합니다. 이러한 패킷들의 종류와 역할은 라우팅 프로토콜끼리 유사합니다.

특히 OSPF, Integrated IS-IS 프로토콜은 하이어라르키컬 라우팅 프로토콜에 속합니다. 하나의 AS(Autonomous System, 회사나 대학과 같이 동일 관리자가 관리하는 네트워크 영역)가 너무 많은 수의 라우터들과 네트워크로 구성되었다면, 각 네트워크에 대해서 모든 경로 정보를 관리해야 하는(다시 말해서 토폴로지 테이블(지도)을 만들고 유지해야 하는) 라우팅 프로토콜로서는 CPU, 메모리, 대역폭에 과부하를 일으킬 수 있습니다. 하이어라르키컬 라우팅 프로토콜은 이러한 문제를 해결하기 위해 AS를 여러 개의 에어리어로 구분하고, 에어리어 내의 네트워크에 대해서만 각 라우터에 연결된 링크, 링크의 IP, 링크의 상태, 링크 코스트, 연결 구조(토폴로지) 정보를 유지합니다. 그리고 에어리어 간에는 각 네트워크에 대한 이정표(○, △, □ 네트워크는 예를 들어 1.1.1.1 에어리어 경계 라우터를 통해 갈 수 있다는 정도의 정보) 수준의 정보만 교환하여 CPU, 메모리, 대역폭의 부하를 줄입니다.

OSPF

OSPF 프로토콜이 사용하는 패킷들은 [표 6-14]와 같이 크게 다섯 종류로 나뉩니다.

패킷	설명
Hello	네이버 테이블을 만들기 위해 직접 연결된 라우터들 간에 교환합니다.
DBD(DDP ; Database Description Packet)	토폴로지 테이블을 만들기 위해 교환합니다. LSA가 토폴로지 테이블의 구체적인 내용을 담고 있다면 DBD는 라우팅 정보(링크 스테이트) ID/ LSA 타입, 정보를 줄 라우터의 주소, 정보(링크 스테이트)가 얼마나 새로운 것인가 하는 것을 나타내는 순서 번호를 포함합니다.
LSR(LSA Request)	DBD를 수신한 후 순서 번호를 보고 새로운 링크 스테이트 정보로 판단될 때 LSR을 보내 토폴로지 테이블 작성에 필요한 네트워크(라우팅) 정보들을 요청합니다.
LSA(Link State Advertisement)	LSR에 대해 토폴로지 테이블의 모든 네트워크 정보를 보내기 위해 LSA를 사용합니다.
LSAck(LSA Acknowledgement)	LSAck는 DBD, LSA를 받았을 때 상대에게 제대로 수신되었다는 것을 표시하기 위해 사용합니다.

[표 6-14] ▶ OSPF 패킷의 종류

OSPF 라우터를 처음 켰을 때 이러한 패킷들이 교환되는 순서는 [그림 6-45]와 같습니다. 헬로를 통해 네이버 테이블을 만들고, DBD, LSR, LSA, LSAck 패킷으로 토폴로지 테이블을 만듭니다. 링크나 라우터에 변화(업 또는 다운)가 일어나지 않았어도 DBD, LSR, LSA, LSAck에 의한 토폴로지 테이블의 정보의 교환은 300초마다 반복합니다. 라우터를 처음 켰을 때는 모든 토폴로지 테이블 정보를 교환하지만, 이후에는 변화가 발생한 링크 정보만 교환합니다.

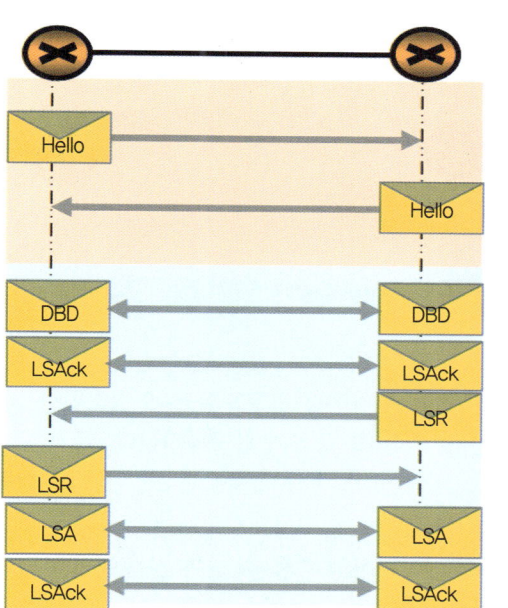

[그림 6-45] ▶
OSFF 패킷이 교환되는 순서

토폴로지 테이블은 에어리어의 모든 링크에 대한 지도 수준의 정보에 해당합니다. 토폴로지 테이블을 만든 후에 알고리즘을 통해 각 네트워크에 대한 베스트 루트를 계산하여 라우팅 테이블을 만듭니다. IS-IS도 같습니다.

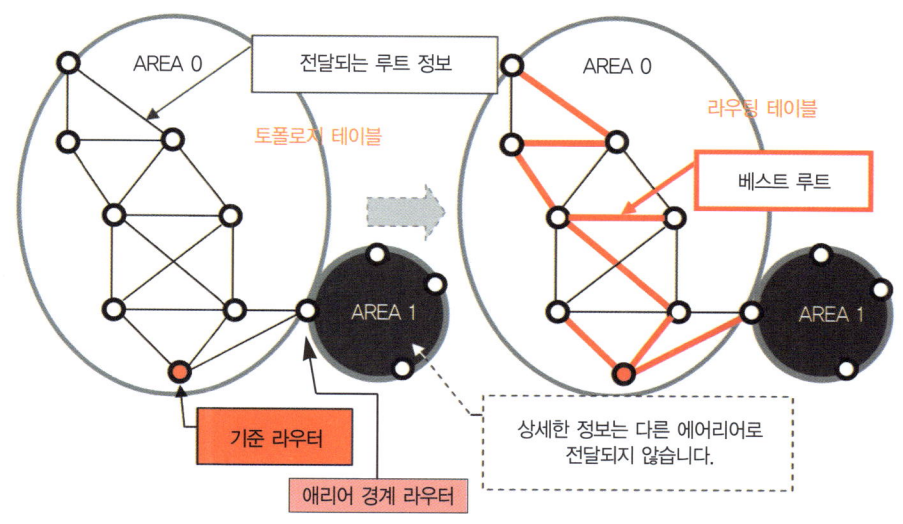

[그림 6-46] ▶
토폴로지 테이블과
라우팅 테이블

AS를 [그림 6-47]과 같이 다수의 에어리어로 나누면 지도 수준의 정보를 가져야 하는 영역이 줄어들기 때문에 OSPF 알고리즘의 계산 빈도와 전달할 LSA의 수가 줄어듭니다. 그리고 에어리어 경계 라우터에서 루트 서머라이제이션(Route Summarization)을 구현하면 라우팅 테이블도 작아집니다. AS를 다수의 에어리어로 나눌 때 모든 에어리어들은 에어리어 0에 직접 연결되어 있어야 합니다. 에어리어 0을 '백본 에어리어(Backbone Area)'라고 합니다.

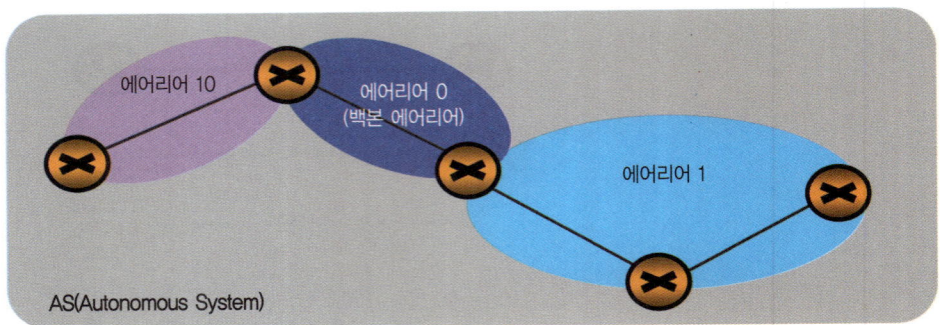

[그림 6-47] ▶
OSPF 에어리어들

Hierarchical 라우팅 프로토콜을 도입하면서, 즉 AS를 에어리어로 나누면서 라우터, LSA, 에어리어의 종류가 다양해집니다.

라우터 타입들

다수의 에어리어로 구성된 OSPF 도메인의 라우터들은 [표 6-15]와 같이 구분됩니다.

타입	설명
내부 라우터(Internal Router)	모든 인터페이스가 같은 에어리어에 속한 라우터
백본 라우터(Backbone Router)	적어도 한 인터페이스가 백본 에어리어에 속한 라우터
ABR(Area Border Router)	에어리어와 에어리어의 경계에 있는 라우터
ASBR(Autonomous System Border Router)	OSPF AS와 다른 라우팅 프로토콜 AS의 경계에 있는 라우터

[표 6-15] ▶
라우터의 타입

[그림 6-48]에서 내부 라우터는 에어리어 10에서 2대, 에어리어 1에서 2대, 에어리어 100에서 1대가 있습니다. 그림에 표시된대로 백본 라우터는 에어리어 0에서 4대가 있고, ABR은 3대가 보이며, ASBR은 1대가 보입니다.

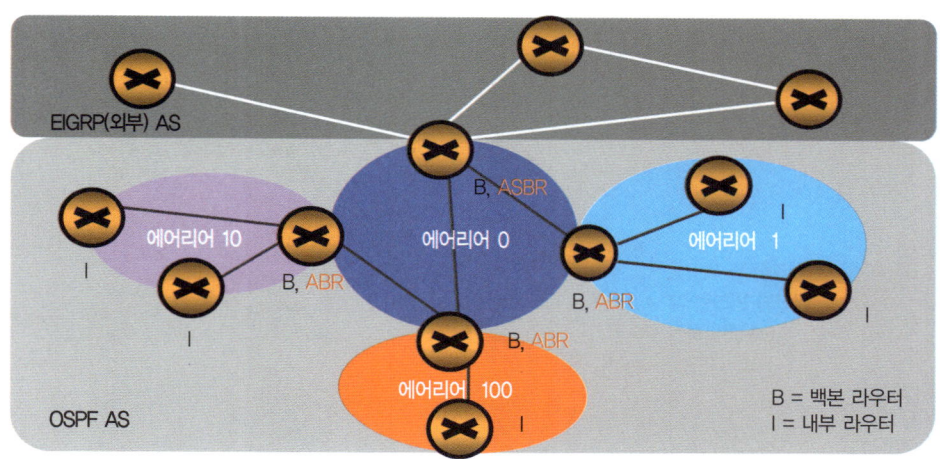

[그림 6-48]
OSPF 라우터의 타입

LSA의 타입

OSPF LSA는 기본적으로 [표 6-16]과 같은 타입으로 나뉩니다.

LSA의 타입(이름)	설명
LSA 1(라우터 링크 엔트리)	각각의 라우터가 DR에게 보내는 것으로, 라우터에 연결된 링크(네트워크)의 상태와 코스트를 포함합니다.
LSA 2(네트워크 링크 엔트리)	멀티액세스 네트워크에 속한 라우터가 보낸 LSA1을 DR이 다시 보내는 것입니다. LSA 1과 LSA 2로 토폴로지 테이블을 만듭니다.
LSA 3/4(서머리 링크 엔트리)	ABR이 보내는 것으로 에어리어 안의 내부 링크의 상태와 최상의 코스트 정보를 포함합니다. 이 정보는 백본 라우터와 다른 ABR들에게 전달됩니다. 특히 ASBR의 위치에 대한 정보를 LSA 타입 4라고 합니다(ASBR이 LSA 1을 보낼 때 옵션 필드의 E비트에 표시해서 에어리어로 보내면 ABR이 ASBR에 대한 LSA 4를 만들어서 다른 에어리어로 보냅니다). LSA 3은 토폴로지 테이블을 거치지 않고 라우팅 테이블에 바로 올라옵니다.
LSA 5(AS 외부 링크 엔트리)	ASBR이 전달하는 것으로, (OSPF) AS 외부 네트워크 정보(ASBR까지의 경로는 LSA 4를 이용하여 계산함)입니다.
LSA 7(NSSA[Not-so-stubby Area] AS 외부 링크 엔트리)	NSSA 내부의 ASBR이 전달하는 것으로, AS 외부 네트워크 정보입니다. NSSA ABR에서 LSA 5로 바뀌어 에어리어의 외부로 전달됩니다.

[표 6-16]
OSPF LSA의 타입

[그림 6-49]의 예를 살펴봅시다. 최초의 링크의 변화를 감지한 R1은 2개의 경로를 통해 ABR 1에게 링크의 변화를 알립니다. DR로 보낸 LSA 타입 1은 DR에 의해 LSA 타입 2로 바뀌어 ABR1에게 전달됩니다.

LSA 타입 2는 ABR 1에 의해 다른 에어리어로 보낼 때는 LSA 타입 3으로 변경해서 보냅니다. LSA 타입 3은 백본 라우터들을 거쳐 다른 에어리어의 ABR 2에 도착하고, ABR 2에 도착한 LSA 타입 3은 에어리어 1 전역에 전달됩니다. ASBR은 AS 안과 밖의 경계가 되는 관문이 되는 중요한 라우터로 ASBR이 자신의 위치를 LSA 1으로 보낼 때 옵션 필드의 E비트에 표시해서 에어리어로 보내면 ABR이 ASBR에 대한 LSA 4를 만들어서 다른 에어리어로 보냅니다.

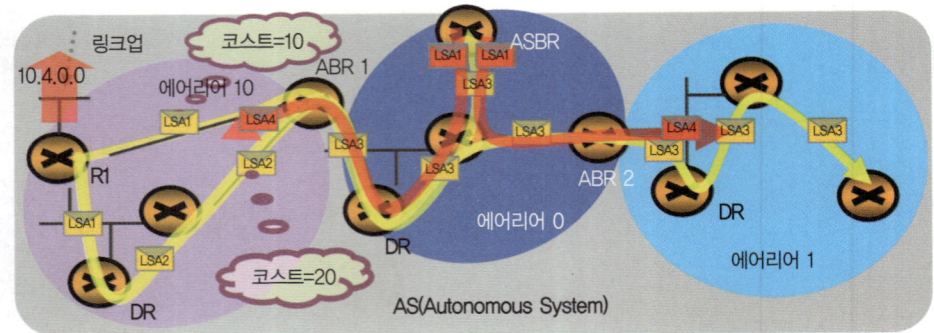

[그림 6-49] ▶
OSPF 링크가 변화할 때 LSA 전달하기

[그림 6-50]에서 ASBR은 OSPF와 다른 라우팅 프로토콜 영역의 경계가 되는 라우터입니다. RIP이나 EIGRP, Integrated IS-IS 프로토콜의 라우팅 정보는 OSPF에서 해석할 수 없으므로 OSPF 정보로 변환해야 하는데, 이것을 '리디스트리뷰션(Redistribution)'이라고 합니다. 이렇게 OSPF 영역으로 리디스트리뷰션된 정보가 LSA 타입 5이고, ASBR

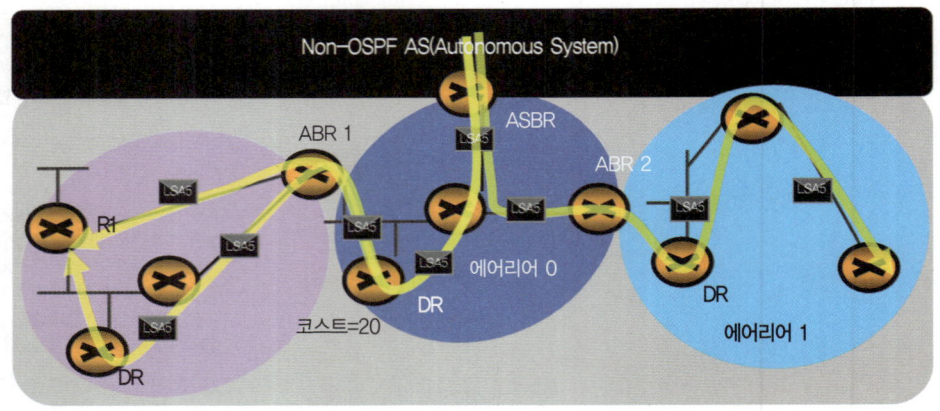

[그림 6-50] ▶
OSPF 도메인에서 LSA 타입 5 전달하기

에서 출발하여 LSA 타입의 변화없이 OSPF AS의 모든 라우터들에게 전달됩니다.

'에어리어의 타입'에서 설명할 스터브 에어리어(Stub Area)나 토털리 스터비 에어리어(Totally Stubby Area)의 내부에는 ASBR을 둘 수 없습니다. 그러나 사정상 스터브 에어리어에 ASBR을 설치해야 할 경우 NSSA로 설정하면 ASBR을 설치할 수 있습니다. NSSA의 내부로는 LSA 타입 5 정보가 들어올 수 없지만, NSSA의 내부에서 외부로는 나갈 수 있습니다. [그림 6-51]에서 NSSA의 ASBR이 보내는 LSA가 LSA 타입 7이고, ABR에서 LSA 타입 5로 변경되어 AS의 모든 라우터로 전달됩니다.

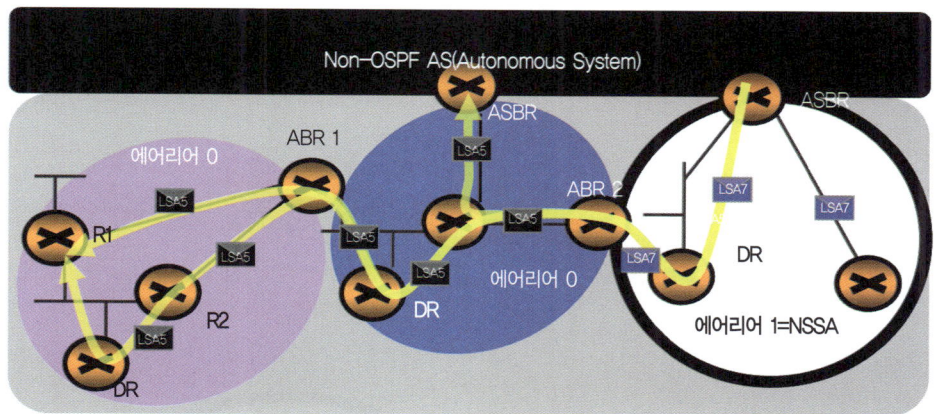

[그림 6-51] ▶
OSPF NSSA에서 LSA 타입 5 전달하기

에어리어의 타입

OSPF는 이미 설명한 스탠더드 에어리어(Standard Area)와 백본 에어리어(Backbone Area) 외에 스터브 에어리어(Stub Area), 토털리 스터비 에어리어(Totally Stubby Area), NSSA(Not-So-Stubby Area)를 정의합니다.

스터브 에어리어로 설정하면 에어리어의 관문인 ABR이 LSA 타입 5를 에어리어 안으로 들여보내지 않는 대신 [그림 6-52]의 라우팅 테이블에서 O*IA로 표시되는 OSPF 디폴트 루트 정보를 들여보냅니다. 스터브 에어리어 안의 라우터들은 이 디폴트 정보 때문에 구체적인 네트워크가 라우팅 테이블에 없어도 패킷을 폐기하지 않고 ABR까지 전달합니다. 이 디폴트 정보는 라우팅 테이블에서 ABR쪽을 향하고 'O IA'로 표시되는 LSA 타입 3이나 4 정보는 여전히 들어올 수 있으므로 R1, R2, R3에서 보입니다.

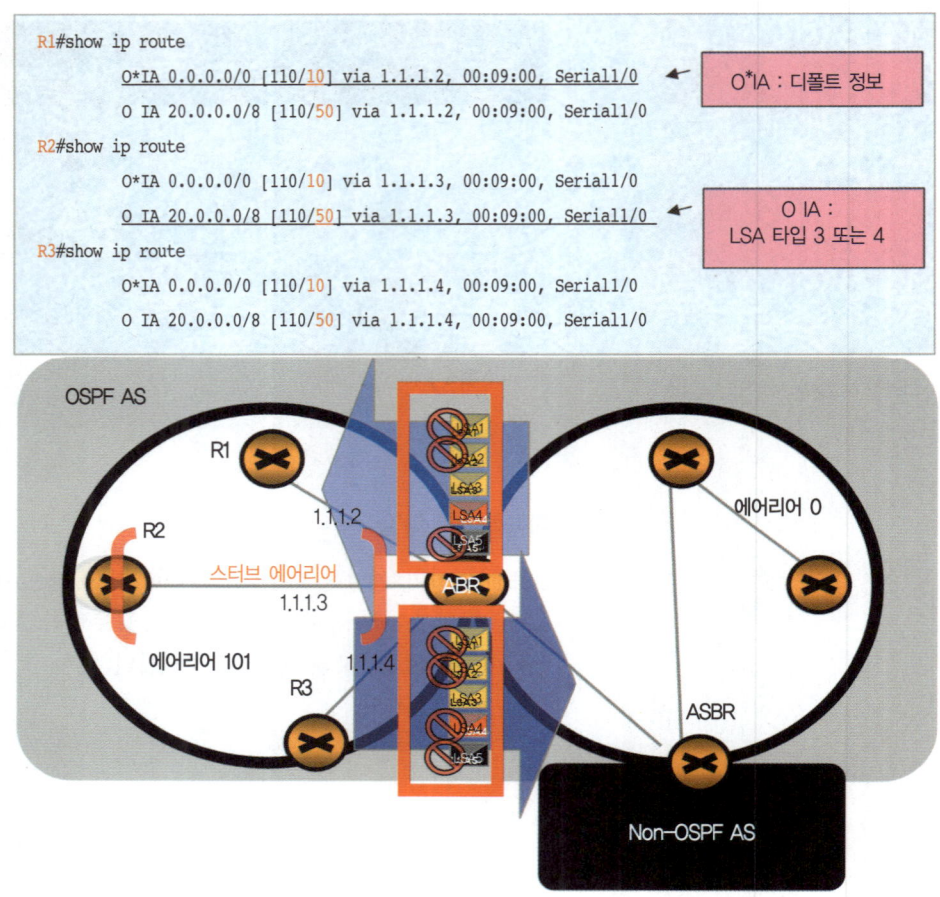

[그림 6-52] ▶
OSPF 에어리어 디자인의 예 :
스터브 에어리어

토털리 스터비 에어리어로 설정하면, ABR에서 LSA 타입 3, LSA 타입 4, LSA 타입 5를 에어리어 안으로 들여보내지 않는 대신 [그림 6-53]의 라우팅 테이블에서 O*IA로 표시되는 OSPF 디폴트 루트 정보를 들여보냅니다. 이 디폴트 정보는 ABR쪽을 향합니다.

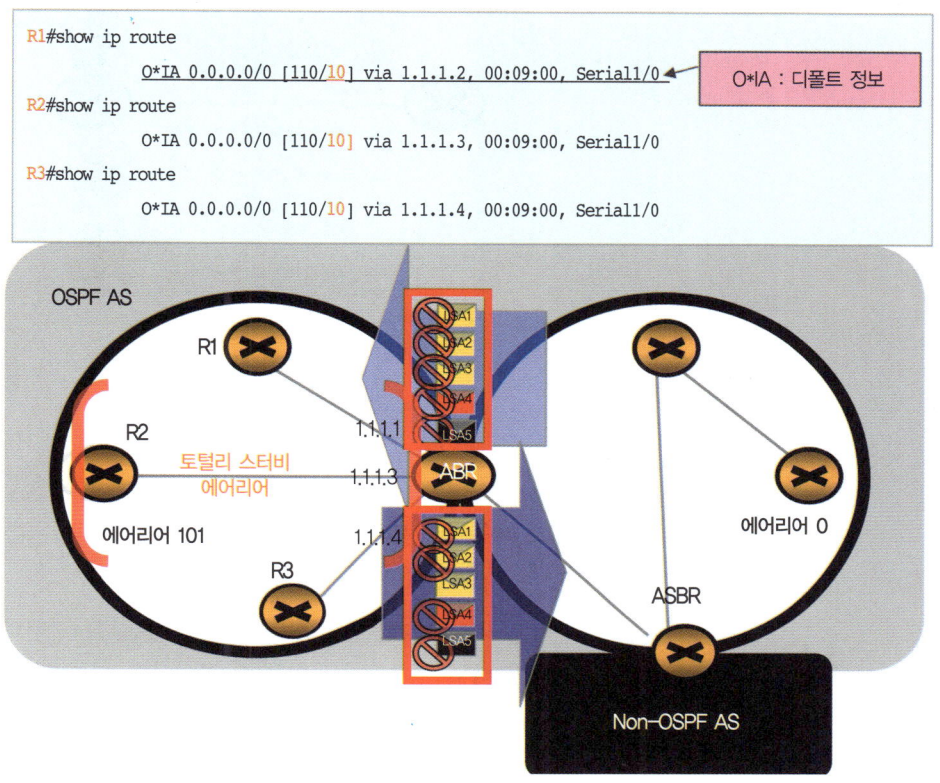

[그림 6-53] ▶
OSPF 에어리어 디자인의 예 :
토털리 스터비 에어리어

[그림 6-54]를 살펴봅시다. 에어리어가 다르면 LSA1이나 2가 다른 에어리어로 넘어갈 수 없고, 에어리어 101에 ASBR이 없으므로 에어리어 0 방향으로 LSA 4나 5가 넘어갈 일이 없습니다. 에어리어 101이 토털리 스터비 에어리어 이기 때문에 에어리어 0에서 에어리어 101로 LSA3, 4, 5가 모두 건너갈 수 없습니다.

ABR을 기준으로 교환되는 라우팅 정보는 에어리어 101에서 에어리어 0 방향으로는 LSA 타입 3뿐이고, 에어리어 0 방향에서 에어리어 101 방향으로는 디폴트 루트 정보뿐입니다. 한편, 이 LSA 타입 3도 그냥 보내는 것이 아니라 루트 서머라이제이션(Route Summarization)을 통해 최대한 줄여야 합니다. 예를 들어 1개로 줄이면 에어리어 간에 교환되는 정보는 각각 1개에 불과합니다.

OSPF 네트워크에서 루트 서머라이제이션을 할 수 있는 라우터는 ABR과 ASBR입니다. 루트 서머라이제이션을 제대로 하려면 IP 할당부터 루트 서머라이제이션을 할 수 있도록 인접한 IP 네트워크를 한 에어리어에 몰아넣어야 합니다.

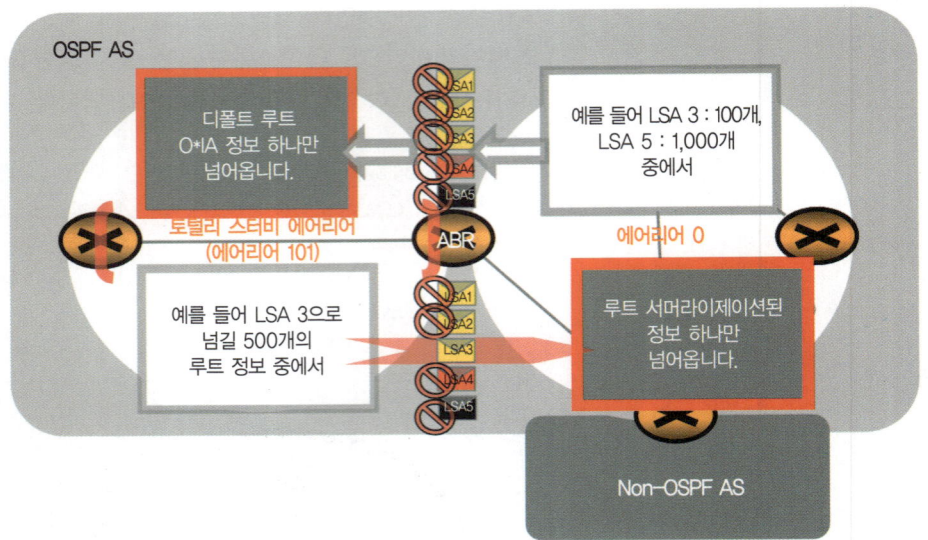

[그림 6-54] ▶
OSPF 에어리어 디자인의 예 :
토털리 스터비 에어리어 +
루트 서머라이제이션

스터브 에어리어나 토털리 스터비 에어리어는 LSA 타입 5가 들어올 수 없는 에어리어이기 때문에 기본적으로 LSA 타입 5가 발견될 수 없습니다. 부득이 ASBR을 설치해야 할 때 [그림 6-55]와 같이 NSSA로 구현합니다.

토털리 NSSA도 있습니다. 토털리 NSSA로 구현하면 [그림 6-55]에서 에어리어 101로 LSA 타입 3, 4, 5가 들어올 수 없습니다. 다른 것은 NSSA와 같습니다.

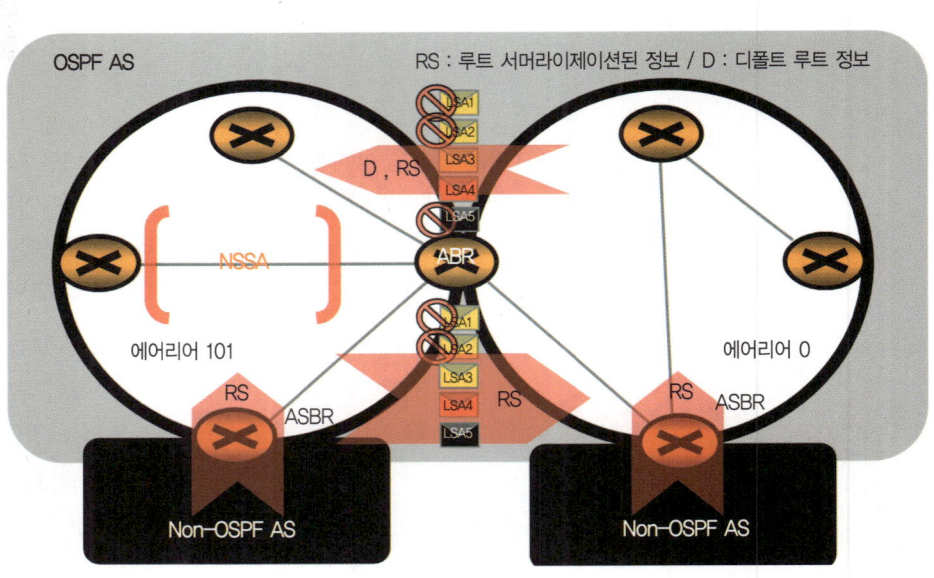

[그림 6-55] ▶
OSPF 에어리어 디자인의 예 :
NSSA

Integrated IS-IS

Integrated IS-IS 프로토콜이 사용하는 패킷들은 [표 6-17]과 같은 크게 네 종류로 나뉩니다.

패킷의 종류	설명
Hello	네이버 테이블을 만들기 위해 직접 연결된 라우터들 간에 교환됩니다. OSPF의 헬로와 동일합니다.
PSNP(Partial Sequence Number PDU)	링크 스테이트 정보에 대한 ACK(Acknowledgement)와 요청(Request)을 보내기 위해 사용하고, OSPF의 LSAck와 LSR의 역할을 합니다.
CSNP(Complete Sequence Number PDU)	토폴로지 데이터베이스의 내용을 동일하게 맞추기 위해 보내는 루트 요약 정보로, OSPF의 DBD 역할을 합니다.
LSP(Link State Packet)	링크 스테이트 정보를 교환하기 위해 사용하고, OSPF의 LSA 역할을 합니다.

[표 6-17] ▶
OSPF 에어리어 디자인의 예 : 토털리 스터비 에어리어+ 루트 서머라이제이션

Integrated IS-IS 라우터를 처음 켰을 때 이러한 패킷들이 교환되는 순서는 [그림 6-56]과 같습니다. 헬로 때문에 네이버 테이블을 만들고 CSNP, PSNP, LSP를 통해 토폴로지 테이블을 만듭니다.

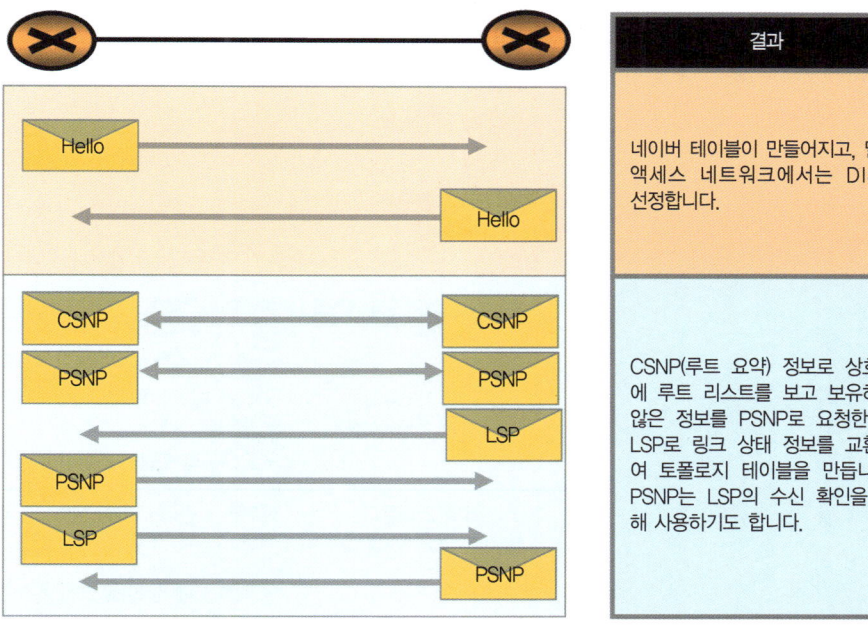

[그림 6-56] ▶
Integrated IS-IS 패킷이 교환되는 순서

헬로는 라우터 간에 교환되는 헬로는 IIH(IS IS Hello)라고 하며, [그림 6-57]과 같이 동일 에어리어 안에서 교환되는 '레벨 1 IIH'와 에어리어 간에 교환되는 '레벨 2 IIH'로

구분됩니다. 레벨 1 헬로(IIH)에 의해 레벨 1 네이버 관계가 맺어지고, 레벨 2 헬로에 의해 레벨 2 네이버 관계가 맺어집니다.

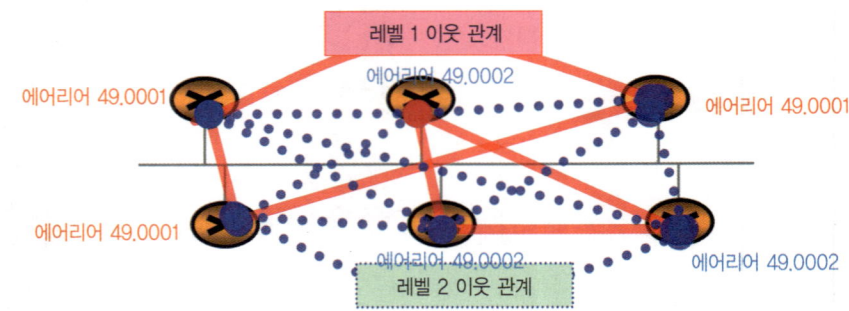

[그림 6-57] ▶
Integrated IS-IS의 IS-IS 헬로 : 레벨 1과 레벨 2

헬로와 마찬가지로 CSNP, PSNP, LSP 모두 '레벨 1'과 '레벨 2'로 구분됩니다. 레벨 1 네이버 간에는 레벨 1 CSNP, 레벨 1 PSNP, 레벨 1 LSP를 주고받고, 레벨 2 네이버 간에는 레벨 2 CSNP, 레벨 2 PSNP, 레벨 2 LSP를 주고받아서 레벨 1 토폴로지 테이블과 레벨 2 토폴로지 테이블을 따로 만듭니다. LAN에서 DIS는 3.3초마다 CSNP(정보 리스트)를 보내 LAN 네트워크의 모든 라우터들이 같은 토폴로지 테이블을 유지하도록 합니다.

Integrated IS-IS도 OSPF처럼 AS를 다수의 에어리어로 나누면, 다익스트라 알고리즘의 계산 빈도와 전달할 LSP의 수가 줄어듭니다. 그리고 에어리어 경계 라우터에서 루트 서머라이제이션을 구현하면 더욱 줄일 수 있다는 기본적인 아이디어는 같습니다. 또한 AS를 '에어리어'로 나누면서 라우터, LSA, 에어리어의 종류가 다음에서 설명하는 것처럼 다양해집니다.

라우터의 타입

Integrated IS-IS 도메인의 라우터 타입은 [표 6-18]과 같습니다.

라우터의 종류	설명
레벨 1 라우터 (Level 1 Router)	• 자신이 속한 에어리어의 라우팅 정보, 즉 레벨 1 라우팅 정보만 수신합니다. • 다른 에어리어에 대해서는 레벨 1/2 라우터를 향한 디폴트 루트 정보만 유지합니다. • OSPF의 토털리 스터비 에어리어의 내부 라우터와 비슷합니다.
레벨 2 라우터 (Level 2 Router)	에어리어 간의 라우팅 정보, 즉 레벨 2 정보만 전달하는 라우터입니다. OSPF의 백본 라우터 역할을 합니다.
레벨 1/2 라우터 (Level 1/2 Router)	• 레벨 1 에어리어를 레벨 2 백본에 연결하는 라우터입니다. • 동일 에어리어의 IS와 ES의 시스템 ID로 구성되는 레벨 1 라우팅 테이블과 함께 다른 에어리어에 대해서는 레벨 2 라우팅 테이블도 갖습니다. • OSPF의 ABR 라우터 역할을 합니다.

[표 6-18] ▶
Integrated IS-IS의 라우터 종류

[그림 6-58]에서 레벨 1 라우터는 3대, 레벨 1/2 라우터는 3대, 레벨 2 라우터는 1대가 보입니다.

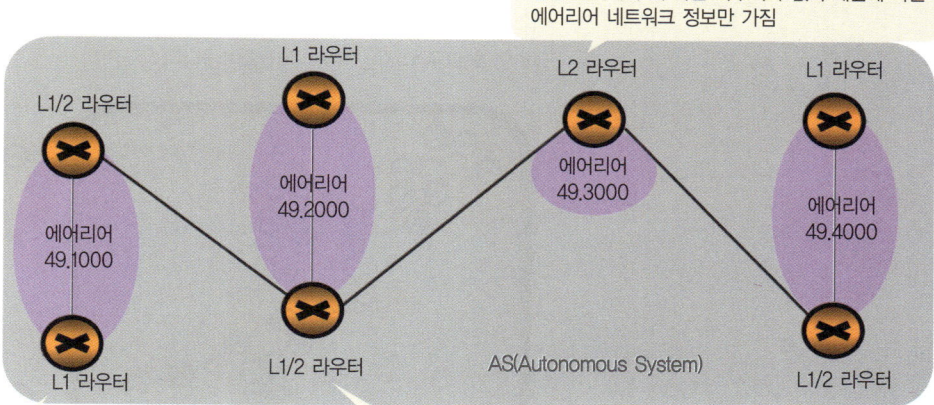

[그림 6-58] ▶
Integrated IS-IS 라우터의 타입

Integrated IS-IS가 OSPF보다 나은 이유

Integrated IS-IS가 OSPF보다 나은 이유는 다음과 같이 세 가지가 있습니다.

첫째, [그림 6-59]와 같이 OSPF는 에어리어의 경계가 라우터이지만, Integrated IS-IS에서는 라우터와 라우터 사이의 선에서 일어납니다. 이것은 아주 중요한 차이가 있는데, OSPF의 ABR은 ABR이 속하는 모든 에어리어에 대한 상세 정보인 토폴로지 테이블을 유지해야 하므로 CPU와 메모리가 많이 소모되지만, Integrated IS-IS에서 L1/L2 라우터(OSPF의 ABR에 해당)에서는 단지 한 에어리어에 대한 토폴로지 테이블만 유지하면 됩니다.

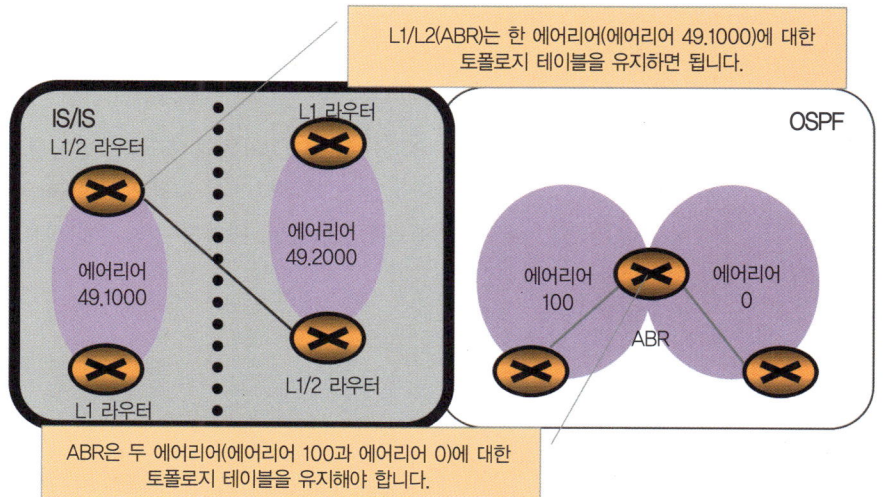

[그림 6-59] ▶
OSPF와 Integrated IS-IS의
에어리어 경계

둘째, OSPF의 경우 AS를 다수의 에어리어로 나눌 때 모든 에어리어들은 에어리어 0에 직접 걸쳐있어야 했지만, Integrated IS-IS는 백본 에어리어의 개념이 없기 때문에 디자인이 좀 더 유연할 수 있습니다. Integrated IS-IS는 [그림 6-60]과 같이 모든 에어리어가 백본 에어리어에 걸쳐있어야 한다는 조건 대신, L2 라우터만 에어리어 간에 끊기지 않고 연결되면 됩니다. 이 경우 L2 라우터에 에어리어들을 연결하면 되므로 디자인에 제약이 줄어듭니다.

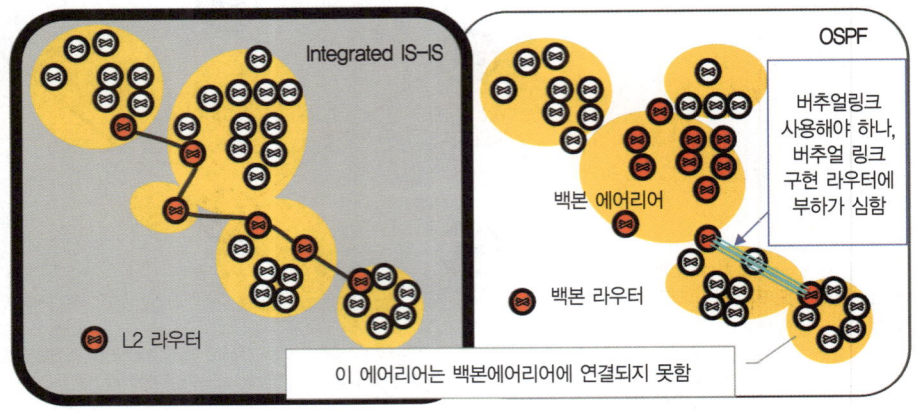

[그림 6-60] ▶
OSPF와 Integrated IS-IS의
에어리어 구성 비교하기

셋째, Integrated IS-IS 프로토콜의 LSP는 기본적으로 [표 6-19]와 같은 타입으로 나뉩니다. OSPF가 LSA 타입이 1~7까지이지만, LSP는 보다 적은 수의 LSP를 유지하므로 하나의 에어리어에 보다 많은 라우터를 수용할 수 있습니다.

LSP의 타입	설명
레벨 1 LSP	레벨 1 어드제이선시(에어리어 내부의 두 라우터 간의 네이버 관계)가 맺어진 라우터끼리 ES 네이버, IS 네이버, 라우팅 정보, 에어리어 주소 정보, 지원 프로토콜(IP나 CLNP) 종류를 교환합니다.
레벨 2 LSP	레벨 2 어드제이선시(다른 에어리어에 속하는 두 라우터 간의 네이버 관계)가 맺어진 라우터끼리 IS 네이버, 라우팅 정보, 외부 라우팅 정보(AS 외부에서 넘어온), 에어리어 주소 정보, 지원 프로토콜 종류를 교환합니다.

[표 6-19] ▶
Integrated IS-IS의 LSP 타입

[그림 6-61]을 봅시다. 최초의 링크의 변화를 감지한 R1은 두 경로를 통해 에어리어 49.0001의 L1/L2 라우터에게 링크의 변화를 알립니다. L1/L2 라우터는 다른 에어리어로 보낼 때 레벨 2 LSP로 변경하여 라우팅 정보를 보냅니다.

레벨 2 LSP는 백본 기능을 하는 레벨 2 라우터들을 통해 다른 에어리어에 전달됩니다. 49.0003 에어리어의 L1/L2 라우터에 도착한 레벨 2 LSP는 레벨 1 기능만 제공하는 내부 라우터들에게 전달되지 않는 대신, 디폴트 정보만 전달됩니다.

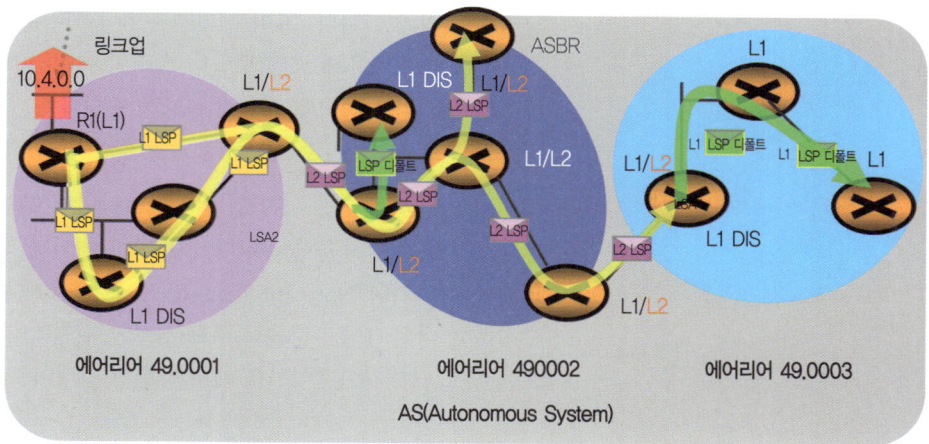

[그림 6-61] ▶
Integrated IS-IS에서
레벨 1 LSP 전달하기

ASBR은 Integrated IS-IS와 다른 라우팅 프로토콜의 경계가 되는 라우터입니다. RIP이나 EIGRP, OSPF의 라우팅 정보는 Integrated IS-IS에서 해석할 수 없으므로 Integrated IS-IS 정보로 변환해야 하는데, 이것을 '리디스트리뷰션'이라고 합니다. 리디스트리뷰션된 정보는 레벨 2 LSP에 속하고, ASBR에서 출발하여 [그림 6-62]와 같이 Integrated IS-IS AS 안에 있는 모든 라우터들에게 전달됩니다.

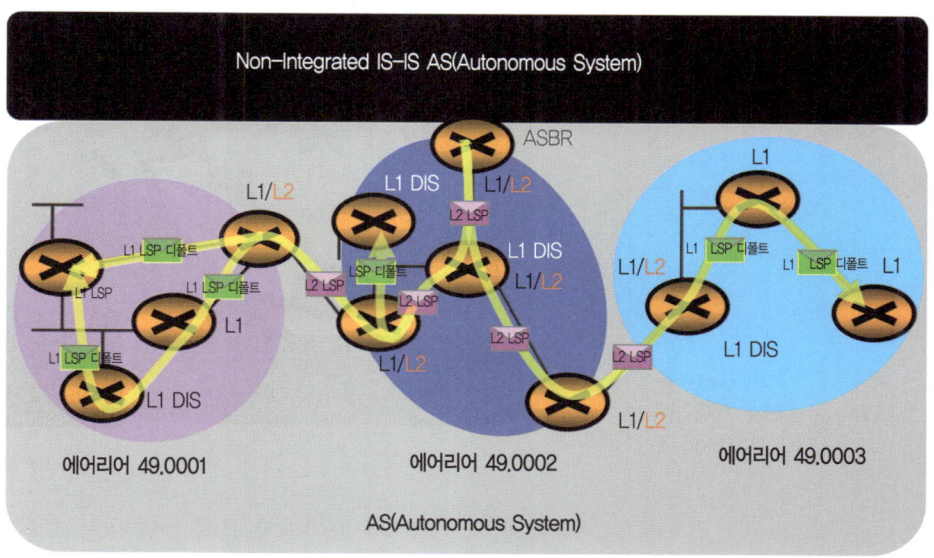

[그림 6-62] ▶
Integrated IS-IS에서
레벨 2 LSP 전달하기

에어리어의 타입

Integrated IS-IS는 OSPF처럼 에어리어에 대한 다양한 이름이 존재하지 않지만, 기능상으로는 비슷합니다. 비교해 보면 Integrated IS-IS에는 OSPF의 백본 에어리어에 해당하는 것이 없습니다. 그리고 레벨 1/2 라우터와 다수의 레벨 1 라우터로 구성된 에어리어는 OSPF로 비유해 보면 토털리 스터비 에어리어에 속합니다. 따라서 에어리어 내부의 라우터들은 외부 정보인 레벨 2 정보를 수신하는 대신 레벨 1 디폴트 정보만 가집니다. 이 디폴트 루트 정보는 L1/L2(OSPF의 ABR에 해당) 라우터쪽을 향합니다.

최적의 Integrated IS-IS망을 디자인한 예로 [그림 6-63]을 봅시다. 에어리어 간에는 레벨 1 LSP를 전달하지 않습니다. 49.0001 에어리어에 속하는 레벨 1 라우터는 다른 에어리어에 속하거나 Non-Integrated IS-IS 영역에서 리디스트리뷰션된 네트워크 정보를 수신하는 대신 레벨 1 디폴트 루트 정보만 수신합니다. 에어리어 간에 전달되는 LSP 2 정보는 루트 서머라이제이션을 해서 라우팅 업데이트의 빈도와 양을 최소화해야 합니다.

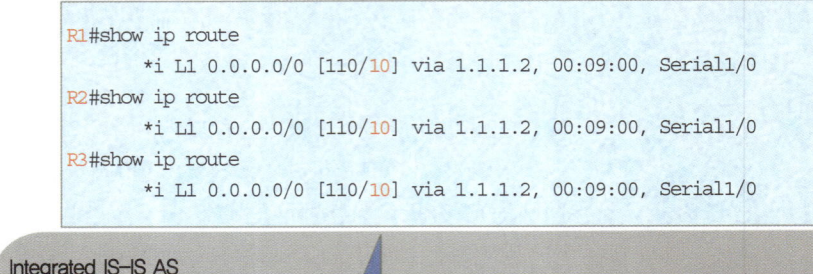

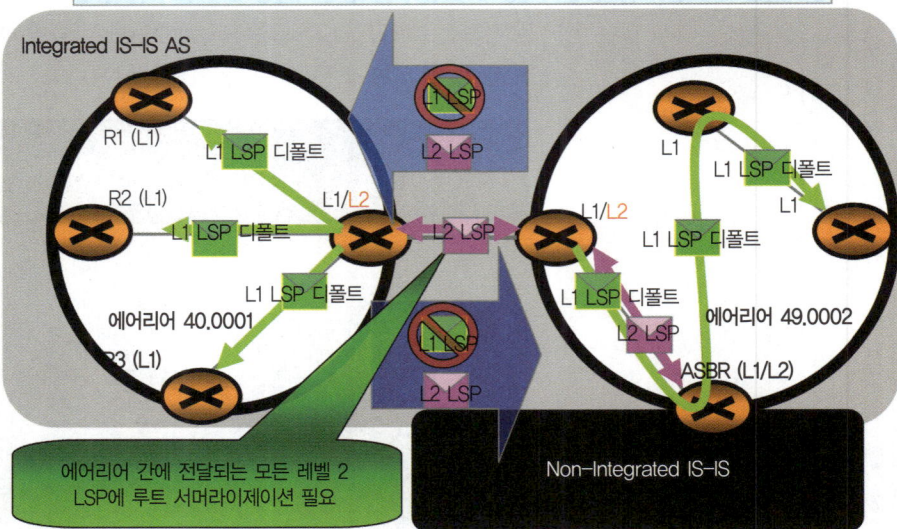

▶ [그림 6-63]
Integrated IS-IS 에어리어 디자인의 예

[그림 6-63]에서 에어리어 간에 전달되는 레벨 2 LSP 정보도 루트 서머라이제이션(Route Summarization)을 통해 최대한 줄입니다. 루트 서머라이제이션은 레벨 2 정보를 L1 라우터에게 보낼 때, 레벨 1 정보를 L2 라우터에게 보낼 때 가능합니다.

EIGRP

EIGRP 프로토콜이 사용하는 패킷들은 다음과 같은 크게 다섯 종류로 나뉩니다.

패킷의 종류	설명
Hello	네이버 테이블을 만들기 위해 직접 연결된 라우터들 간에 교환합니다.
업데이트(Update)	토폴로지 테이블을 만들기 위해 교환합니다. OSPF의 LSA나 Integrated IS-IS의 LSP처럼 토폴로지 테이블을 만듭니다.
쿼리(Query)	라우팅 테이블에서 최상의 경로가 다운되었을 때 토폴로지 테이블의 피저블 석세서(Feasible Successor, 대안의 경로)를 찾습니다. 토폴로지 테이블에 피저블 석세서가 없으면 네이버 라우터에게 대안 경로를 물어보기 위해 보내는 패킷입니다.
리플라이(Reply)	Query 패킷에 대한 응답 패킷입니다.
ACK	Update, Query, Reply에 대한 수신 확인을 위해 사용하는 패킷입니다.

[표 6-20] ▶ EIGRP 패킷의 종류

EIGRP를 구현하고 라우터를 처음 켰을 때 이러한 패킷들이 교환되는 순서는 [그림 6-64]와 같습니다. 헬로를 통해 네이버 테이블을 만들고, OSPF의 DBD나 Integrated IS-IS의 CSNP 교환을 생략하고, 바로 업데이트(Update)를 교환하여 토폴로지 테이블을 만드는데, OSPF나 Integrated IS-IS보다 과정이 훨씬 단순합니다.

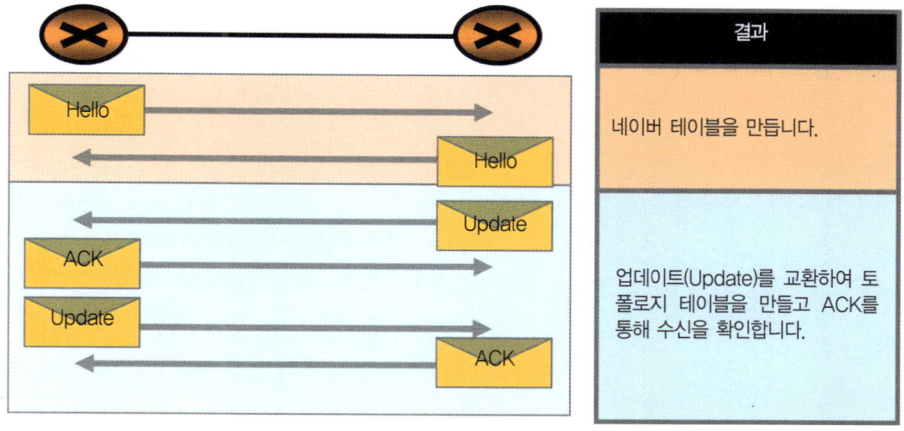

[그림 6-64] ▶ EIGRP 패킷이 교환되는 순서

EIGRP는 OSPF나 Integrated IS-IS의 에어리어 개념이 없습니다. 따라서 에어리어 때문에 발생하는 다양한 라우터 이름도 없습니다. 또한 LSA나 LSP에 해당하는 업데이트도 한 종류뿐이어서 훨씬 간단합니다. 다만 시스코 IOS 12.0 소프트웨어 이후 버전을 사용하는 현재의 라우터들은 스터브(Stub) 라우터를 설정할 수 있습니다. [그림 6-65]에서 R1, R2, R3, R4 라우터를 스터브 라우터로 구현하면 직접 연결된 네트워크 정보를 제외하고는 디폴트 정보만 라우팅 테이블에 올라옵니다.

```
R1#show ip route
    *D 0.0.0.0/0 [110/10] via 1.1.1.2, 00:09:00, Serial1/0
    C  1.1.1.0 /24 is directly connected
    C  20.1.1.0 /24 is directly connected
R2#show ip route
    *D 0.0.0.0/0 [110/10] via 2.2.2.2, 00:09:00, Serial1/0
    C  2.2.2.0 /24 is directly connected
R3#show ip route
    *D 0.0.0.0/0 [110/10] via 3.3.3.2, 00:09:00, Serial1/0
    C  3.3.3.0 /24 is directly connected
R4#show ip route
    *D 0.0.0.0/0 [110/10] via 4.4.4.2, 00:09:00, Serial1/0
    C  4.4.4.0 /24 is directly connected
```

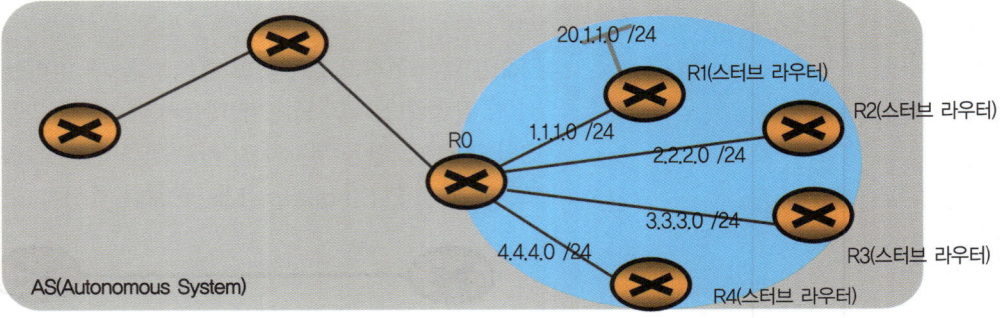

[그림 6-65]
EIGRP 스터브 라우터 구현하기

OSPF나 Integrated IS-IS처럼 에어리어의 개념은 없지만, EIGRP를 구현할 때도 [그림 6-66]과 같이 가상의 에어리어를 구성하는 것이 좋습니다. 가상의 에어리어 간에는 루트 서머라이제이션을 사용해서 라우터의 CPU/메모리나 대역폭 자원을 절약할 수 있도록 합니다. 이러한 루트 서머라이제이션을 사용하려면 IP 주소 디자인을 할 때부터 주소를 연속적으로 배치하는 것이 매우 중요합니다. 예를 들어 에어리어 안에 1.1.1로 시작하는 모든 주소를 하나의 가상 에어리어에 몰아 배치하여 루트 서머라이제이션이 가능하도록 해야 합니다.

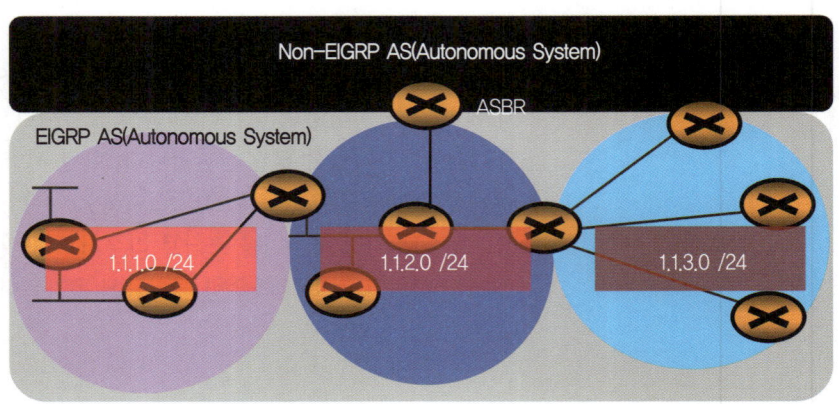

[그림 6-66]
EIGRP의 가상의 에어리어

OSPF는 ABR, ASBR에서 IS-IS는 L1/L2, ASBR에서 루트 서머라이제이션을 할 수 있지만 EIGRP는 모든 라우터의 모든 인터페이스에서 할 수 있습니다. [그림 6-67]을 보세요. 연속된 IP로 묶이는 가상의 에어리어로 구분하고, 특정 에어리어를 스터브 에어리어로 구현한 후 가상의 에어리어 간에는 루트 서머라이제이션 정보만 교환하도록 디자인합니다.

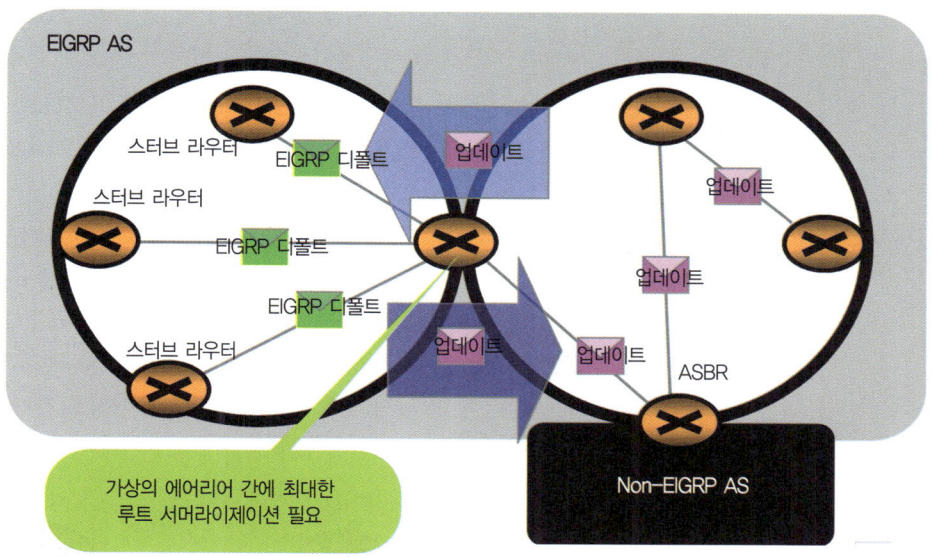

[그림 6-67] ▶
EIGRP 루트 서머라이제이션

DUAL(Diffusing Update Algorithm)과 EIGRP Query 다루기

EIGRP 알고리즘인 DUAL(Diffusing Update Algorithm)은 베스트루트 인 석세서(Successor, FD가 가장 좋음)와 대안 경로로 사용되는 '피저블 석세서(Feasible Successor, 대안 경로)가 되는 조건'을 두어 혹시라도 발생할 수 있는 패킷 루프(Packet Loop, 목적지를 찾아 가는 패킷이 라우터 사이에서 왕복하는) 현상을 100% 방지합니다.

[그림 I-1]에서 10.3.0.0 네트워크에 대한 각 라우터의 토폴로지 테이블은 [표 I-1]과 같습니다. 모든 베스트루트가 아닌 대안 경로들 중에서 피저블 석세서가 되려면 대안 경로의 AD(Advertised Distance : 네이버 라우터가 라우터에게 알려준 메트릭 값으로, 목적지 네트워크까지의 모든 메트릭을 합한 값에서 네이버 라우터와 해당(수신) 라우터 간의 메트릭 값을 제외한 값) 값이 석세서의 FD(Feasible Distance, 라우터에서 목적지 네트워크까지의 총 메트릭의 합) 값보다 작아야 합니다. [그림 I-1]의 R2에서는 VIA R3 경로의 AD 값(2000)이 VIA R1(석세서)의 FD 값(1000)보다 작지 않으므로 피저블 석세서 조건에 들지 못합니다. 따라서 석세서가 죽어도 사용하지 않습니다. 동일한 이유로 R4, R5, R6에서 대안 경로들은 피저블 석세서가 되지 못합니다.

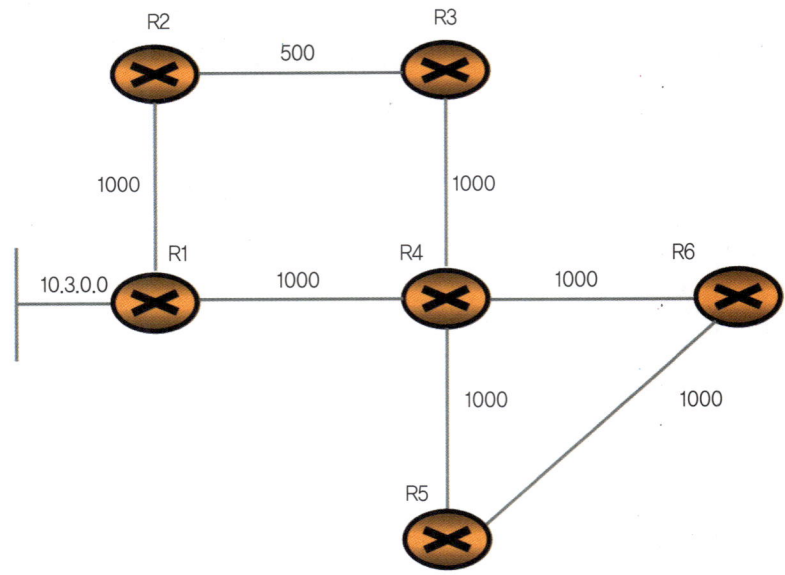

[그림 I-1] ▶
EIGRP DUAL 알고리즘의 예

[그림 I-1]의 라우터들이 가지는 토폴로지 테이블은 [표 I-2]와 같습니다.

라우터	루트	FD(Feasible Distance)	AD(Advertised Distance)	석세서 또는 피저블 석세스
R2	VIA R1	1000	0	석세서
	VIA R3	2500	2000	피저블 석세서 조건에 부합하지 않음
R3	VIA R2	1500	1000	석세서
	VIA R4	2000	1000	피저블 석세서
R4	VIA R1	1000	0	석세서
	VIA R3	2500	1500	피저블 석세서 조건에 부합하지 않음
R5	VIA R4	2000	1000	석세서
	VIA R6	3000	2000	피저블 석세서 조건에 부합하지 않음
R6	VIA R4	2000	1000	석세서
	VIA R6	3000	2000	피저블 석세서 조건에 부합하지 않음

[표 I-1] ▶
[그림 I-1] 라우터들의 토폴로지 테이블

DUAL이 100% 루프 방지 알고리즘인 것은 다음의 이유 때문입니다. [표 I-2]에서 라우터들의 토폴로지 테이블을 보면 R1의 토폴로지 테이블에는 VIA R2와 VIA R4 경로가 올라오지 않습니다. R2에서는 VIA R3 경로가 올라오지 않고, R4에서는 VIA R6와 VIA R5 경로가 올라오지 않습니다. 만약 R1에서 VIA R2 경로를 올리고, 석세서 경로가 죽고 난 후 이 경로를 즉시 사용한다면, 10.3.0.0 네트워크로 가려하는 패킷은 R1과 R2(R2는 VIA R1을 석세서로 결정했기 때문에) 사이에 패킷 루프(핑퐁, 왔다갔다)가 걸립니다. R4에서도 VIA R6나 VIA R5를 토폴로지 테이블에 올리고 석세서가 다운된 후 VIA R5나 VIA R6를 사용한다면, R4와 R5 사이에서 또는 R4와 R6 사이에서 패킷 루프가 걸립니다. Dual은 이외에도 AD가 FD(석세서의) 보다 작을 경우에만 대안 루트인 피저블 석세서로 인정하여 토폴로지 테이블에 올리지만, 이 경우도 다음과 같은 패킷 루프 방지 대책이 있습니다.

즉, [그림 I-2]에서 10.3.0.0 네트워크가 다운되었을 때 석세서 라우터로부터 '루트 포이즌' 정보를 받은 라우터는 석세서에게 '포이즌 리버스'를 보내 석세서의 토폴로지 테이블에서 자신을 통한 경로를 삭제할 것을 주문합니다.

이왕이면 다홍치마 I

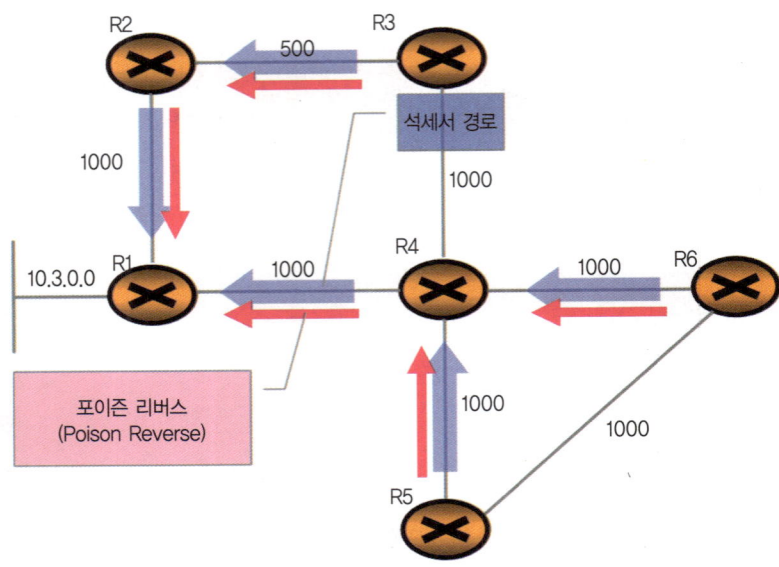

[그림 I-2] ▶
EIGRP DUAL의 포이즌 리버스

 최상의 루트 정보가 라우팅 테이블에서 사라졌을 때 EIGRP에서는 OSPF와 Integrated IS-IS에 없는 적극적인 대처 방법이 있는데, [그림 I-3]과 같이 쿼리(Query) 패킷을 활용하는 것입니다. 즉 OSPF나 Integrated IS-IS는 링크의 다운(Down)이나 업(Up) 또는 링크의 메트릭 변화 정보를 LSA나 LSP를 통해 전달하기 때문에 상대가 주기 전에는 링크의 변화 사실을 모릅니다. EIGRP는 링크의 다운 정보나 업 정보 또는 링크의 메트릭 변화 정보를 업데이트(Update)를 통해 전달하는 것은 같고, 그 밖에 쿼리와 쿼리에 대한 응답 패킷인 리플라이(Reply)를 사용합니다. R1-R2 링크가 고장나면 R2는 토폴로지 테이블에 사용할 만한 피저블 석세서가 있는지 확인합니다. 피저블 석세서가 없다면 쿼리를 모든 네이버 라우터에게 보내는데, 이런 상태를 10.3.0.0 네트워크에 대한 '액티브 상태(Active State)' 라고 합니다.

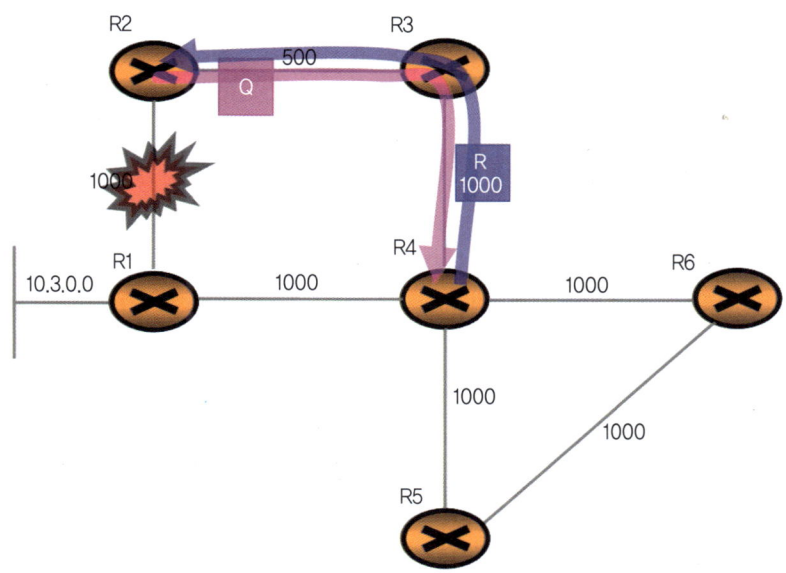

[그림 I-3] ▶
EIGRP의 쿼리 패킷과
리플라이 패킷

R1과 R2 사이의 링크가 죽었을 때 모든 쿼리와 리플라이를 교환한 후의 [그림 I-3] 라우터들의 토폴로지 변화는 [표 I-2]와 같습니다.

라우터	루트	FD(Feasible Distance)	AD(Advertised Distance)	석세서 또는 피저블 석세스
R2	VIA R1	1000	0	삭제
	VIA R3	2500	2000	석세서
R3	VIA R2	1500	1000	삭제
	VIA R4	2000	1000	석세서
R4	VIA R1	1000	0	석세서
	VIA R3	2500	1500	삭제
R5	VIA R4	2000	1000	석세서
	VIA R6	3000	2000	피저블 석세서 조건에 부합되지 않음
R6	VIA R4	2000	1000	석세서
	VIA R6	3000	2000	피저블 석세서 조건에 부합되지 않음

[표 I-2] ▶
[그림 I-3] 라우터들의
토폴로지 테이블

이왕이면 다홍치마 I

이번에는 [그림 I-4]에서 R1-R4 링크가 고장난 경우를 생각해 봅시다. R4는 토폴로지 테이블에 쓸 만한 피저블 석세서가 있는지 확인합니다. 피저블 석세서가 없다면 쿼리를 모든 네이버 라우터에게 보내는데, 이런 상태를 10.3.0.0 네트워크에 대한 '액티브 상태 (Active State)'라고 합니다. R4가 R3에게 보낸 쿼리는 R2의 토폴로지 테이블에서 대안 경로(석세서나 피저블 석세서)가 있기 때문에 R2가 보낸 리플라이 패킷을 받지만, R5와 R6에 보낸 쿼리는 R5와 R6에 대안 경로가 VIA R4 외에는 없기 때문에 돌고 돌아서 결국 자신에게 도착합니다. 이때 R4는 R2가 보낸 리플라이에 의한 경로(VIA R3) 정보로 리플라이(자신이 묻고 답하는군요.)합니다. 이러한 지나가는 리플라이를 받아서 R5와 R6는 자신의 토폴로지 테이블을 수정합니다.

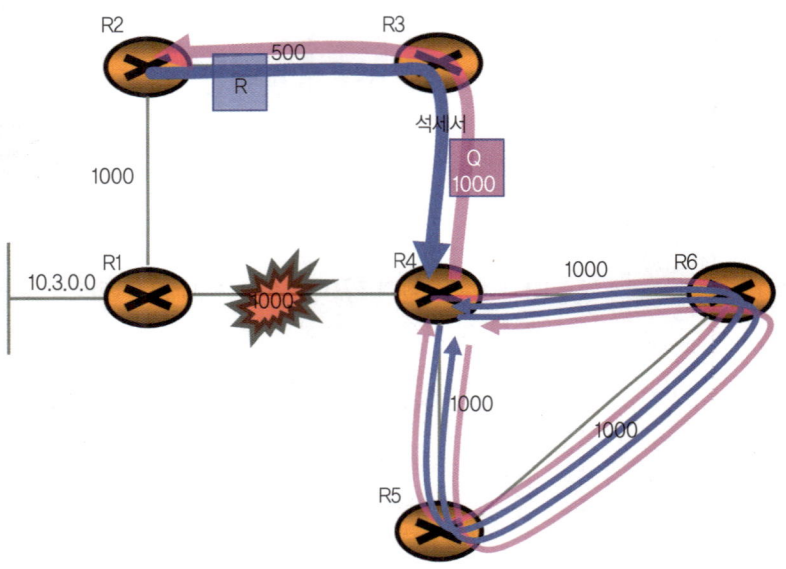

[그림 I-4] ▶
EIGRP DUAL의 링크가 변화할 때 각 라우터들의 동작

R1과 R4 사이의 링크가 다운되었을 때 모든 쿼리와 리플라이가 교환된 후의 [그림 I-4]의 라우터들의 토폴로지 테이블은 [표 I-3]과 같이 변화합니다.

라우터	루트	FD(Feasible Distance)	AD(Advertised Distance)	석세서 또는 피저블 석세스
R2	VIA R1	1000	0	석세서
	VIA R3	2500	2000	삭제
R3	VIA R2	1500	1000	석세서
	VIA R4	2000	1000	삭제
R4	VIA R1	1000	0	삭제
	VIA R3	2500	1500	석세서
R5	VIA R4	3500	2500	석세서
	VIA R6	4500	3500	피저블 석세서 조건에 부합하지 않음
R6	VIA R4	3500	2500	석세서
	VIA R5	4500	3500	피저블 석세서 조건에 부합하지 않음

[표 I-3] ▶ [그림 I-4] 라우터들의 토폴로지 테이블

EIGRP 쿼리를 받았을 때 라우터의 동작은 [표 I-4]와 같이 요약할 수 있습니다.

조건	액션
처음부터 토폴로지 테이블에 쿼리에서 묻는 네트워크 정보가 없을 때	무한대 메트릭(Infinity Metric)으로 (갈 수 없다는 의미로) 리플라이 패킷 보냄
해당 네트워크 정보가 현재 '액티브' 상태일 때	현재의 최상의 경로(무한대 메트릭일 수도 있음)로 리플라이
석세서가 아닌 네이버로부터 쿼리를 수신했을 때	현재의 석세서나 피저블 석세서 경로로 리플라이(없다면 다른 라우터에게 전달)
석세서로부터 쿼리를 수신하고 쿼리를 전달할 네이버가 없을 때	무한대 메트릭으로 리플라이
석세서로부터 쿼리를 수신했을 때	피저블 석세서가 있다면 피저블 석세서 정보로 리플라이

[표 I-4] ▶ 쿼리를 받았을 때 EIGRP 라우터 동작

만약 석세서로부터 쿼리를 수신하고, 리플라이 정보로 사용할 피저블 석세서가 없으면서 다른 네이버들이 있다면, 쿼리는 다른 EIGRP 라우터들에게 전달됩니다. EIGRP 도메인이 다수의 라우터와 이중화를 위한 라인들이 복잡하게 얽혀있다면 쿼리가 전파되는 경로는 길어집니다. 그런데 보낸 모든 쿼리에 대해서 각각의 리플라이를 받아야 한다는 것이 문제입니다. 만약 쿼리를 보내고 3분 안에 리플라이를 수신하지 못한 경우 라우터는 '액티브 상태에서 오도가도 못하는 상태(Stuck-in-Active)'에 빠졌다고 합니다.

이왕이면 다홍치마 I

이때 라우터는 리플라이를 제공하지 못한 라우터와의 네이버 관계를 끊어버립니다. 이것은 한 네트워크의 변화 때문에 해당 네이버와 관련한 네이버 테이블과 토폴로지 테이블을 다시 만들어야 한다는 것을 의미합니다. 이러한 상황의 반복은 네트워크 자원을 과도하게 소모하게 만들어서 결국 EIGRP 네트워크의 효율성을 저하시킵니다. 이것을 극복하기 위해 쿼리가 이동하는 영역을 줄이는데, 다음과 같은 두 가지 방법을 사용합니다.

[그림 I-5]의 예를 보면 10.3.0.0 네트워크가 다운되고 피저블 석세서가 없을 때 라우터가 보낸 쿼리의 궤적입니다. 리플라이가 쿼리의 궤적의 반대 방향으로 다시 발생합니다. 쿼리의 이동 궤적을 제어하지 않으면 EIGRP는 좋은 라우팅 프로토콜 반열에 오르지 못합니다. 쿼리를 멈추기 위해 '루트 서머라이제이션'과 '스터브 에어리어'를 사용할 수 있습니다.

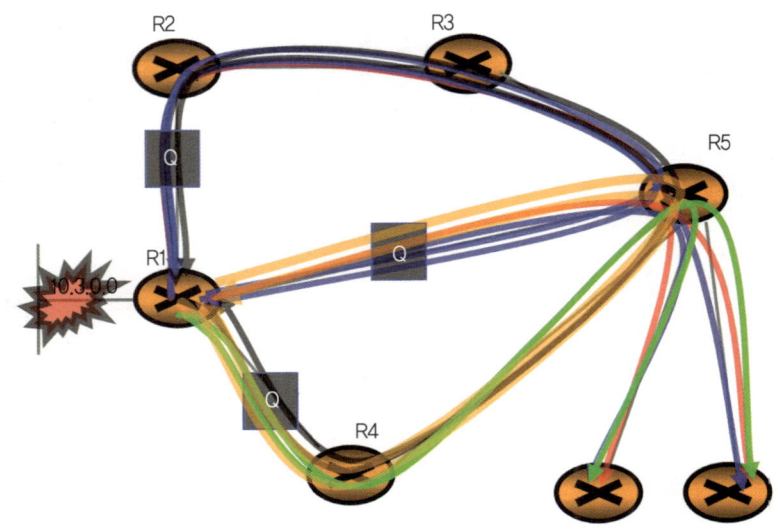

[그림 I-5] ▶
루트 서머라이제이션이나 스터브 에어리어를 구현하지 않았을 때 쿼리와 리플라이 패킷의 궤적

[그림 I-6]과 같이 R2와 R1에서 10.3.0.0 네트워크를 포함하는 루트 서머라이제이션 정보를 만들어서 R3, R4와 R5에 보냈다면, 쿼리는 R3, R4, R5에서 멈추고 더 이상 이동하지 않습니다. 다시 말해서 쿼리는 일종의 가상의 정보(요약된 정보)를 가진 라우터에서 무한대 메트릭으로 리플라이됩니다. 이와 마찬가지로 R3, R4, R5 라우터를 스터브 라우터로 구현하면 쿼리는 더 이상 이동하지 않고 무한대 메트릭으로 리플라이됩니다.

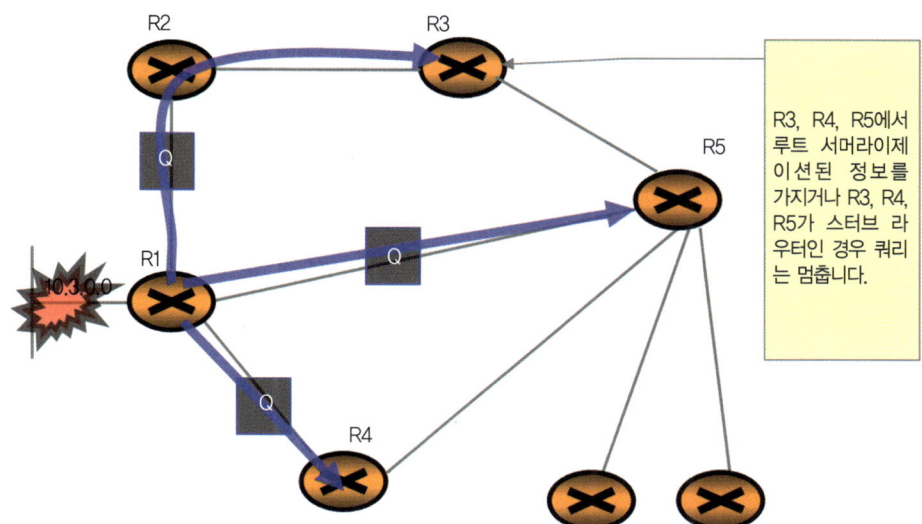

[그림 I-6]
루트 서머라이제이션이나 스터브 에어리어를 구현했을 때 쿼리와 리플라이 패킷의 궤적

EIGRP는 OSPF나 Integrated IS-IS보다 쉽게 구현할 수 있고 알고리즘도 복잡하지 않습니다. 그러나 EIGRP만의 독특한 쿼리 패킷을 제어하지 않는다면 예상치 못한 과부하 때문에 효율적인 디자인이 될 수 없다는 것을 꼭 기억하세요.

Lesson 11

스태틱 루트, OSPF, Integrated IS-IS, EIGRP 라우팅 프로토콜 디자인 및 구현 예

이번 강의에서는 실제 네트워크 예에서 다음과 같은 라우팅 구현을 해봅니다.

- 스태틱 루트 구현만으로 라우팅하기
- OSPF와 Integrated IS-IS와 같은 하이어라르키컬 라우팅 프로토콜에서 에어리어를 다양하게 구성하기
- 다이나믹 라우팅 프로토콜과 스태틱 루트를 적절하게 구현하기
- EIGRP 라우팅 프로토콜 망을 가상의 에어리어로 나누어 구현하기

[그림 6-68]을 보고 그림 ⓐ와 ⓑ의 차이를 확인해보십시오. 그림 ⓑ는 그림 ⓐ에서 볼 수 없었던 라우터와 라우터 간의 직접 연결(그림에서는 Green 링크)이 있습니다. 그런데, 그림 ⓑ와 같이 라우터 간의 연결이 필요할까요? 그림 ⓐ의 트래픽 흐름을 보면 충분히 다중화되어 있습니다. 그림 ⓑ와 같이 갑돌이 라우터와 갑순이 스위치와 다수의 링크가 다운되어도 여전히 통신이 가능합니다. 그림 ⓒ와 같이 공교롭게도 가운데의 두 라우터에 연결된 다섯 개의 링크가 동시에 다운될 때만 Green 링크는 사용됩니다.

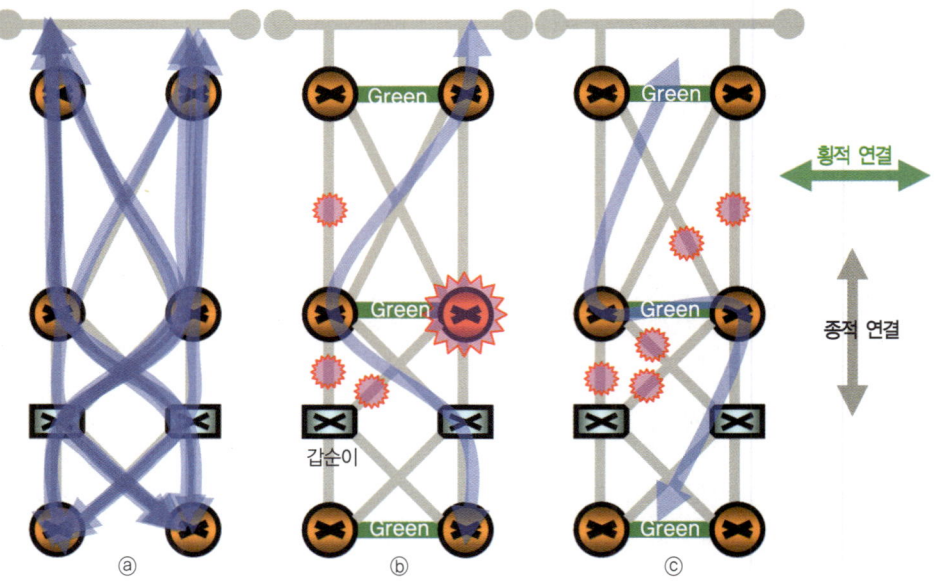

[그림 6-68] 라우팅과 적합한 토폴로지 I

[그림 6-69]의 예를 보십시오. [그림 6-68]의 ⓐ그림과 같이 다양한 종적 연결이 생략된 대신 이것을 보완하기 위해 라우터와 라우터, 스위치와 스위치를 연결하는 횡적 연결이 추가되었습니다. [그림 6-68]의 ⓑ 그림과 [그림 6-69]의 ⓔ 그림을 비교해보면 후자의 경우가 소수의 링크나 장비에 고장이 나도 통신이 불가능해질 수 있음을 확인할 수 있습니다.

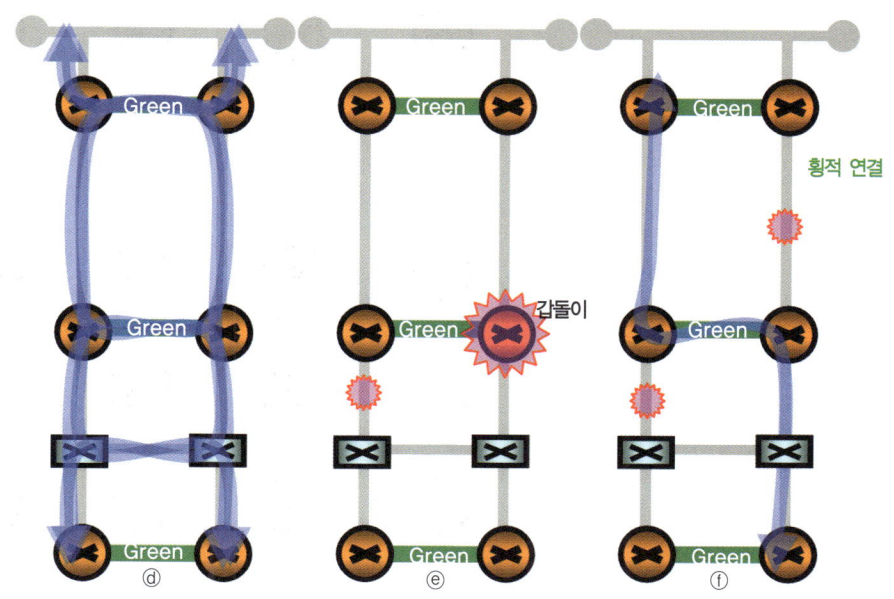

[그림 6-69]
라우팅과 적합한 토폴로지 II

즉, [그림 6-68]과 같이 종적으로 경로가 다양한 경우, 장비 간을 횡적으로 연결하면 토폴로지가 복잡해집니다. 이런 경우, 스태틱 라우팅을 한다면 괜찮습니다만, 라우팅 프로토콜을 돌린다면 네이버 수가 증가하고, 중복된 정보를 자주 받아서 처리해야 하기 때문에 라우팅 테이블을 유지해나가는데 필요한 CPU, 메모리나 대역폭 량이 늘어납니다.

[그림 6-70]에서는 모든 라우터에서 스태틱 루트만 적용한다고 가정해보겠습니다. 그림 ⓖ에서 갑돌이 라우터에 연결된 'ㄱ'과 'ㄴ' 링크가 다운되어도 을순이 라우터는 10.5.0.0 네트워크로 향하는 트래픽을 4개의 경로를 통해 갑돌이 라우터와 을돌이 라우터에게 전달합니다. 을돌이 라우터에 도착한 트래픽은 연결된 모든 링크에 문제가 없기 때문에 10.5.0.0 네트워크에 안착하는데 문제가 없지만, 갑돌이 라우터에 도착한 트래픽은 'ㄱ'과 'ㄴ' 링크가 다운된데다가 마땅한 백업 루트도 없기 때문에 모두 버려집니다.

만약에 스태틱 라우팅이 아니라 다이나믹 라우팅을 돌린다면 그림 ⓗ와 같이 을순이 라우터에서 'ㄱ'과 'ㄴ' 링크의 다운 때문에 갑돌이 라우터를 경유할 수 없다는 것을 알기 때문에 을돌이 라우터에게만 보냅니다. 그림 ⓖ와 같은 상황(스태틱 라우팅)을 해결하기 위해 그림 ⓘ와 같이 라우터 간을 연결하고(그림 ⓘ에서 Green 링크), 이 링크를 백업 링크로 구현하면 해결책이 될 수 있습니다. 스태틱 루트가 백그라운드 트래픽을 없애고, 라우터의 CPU 부하도 줄이지만, 다중의 경로가 존재하는 상황에서 그림 ⓖ에서 설명한 약점이 생기며, 또한 그림 ⓗ와 그림 ⓘ의 동선을 비교해봐도 다이나믹 라우팅이 더 효과적입니다.

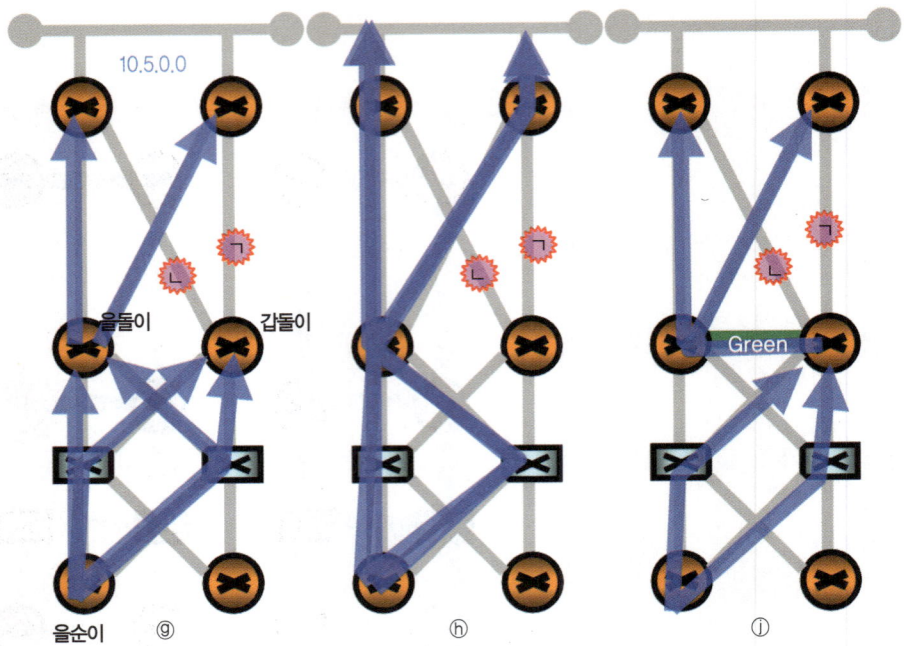

[그림 6-70] ▶
라우팅과 적합한 토폴로지 Ⅲ

[그림 6-71]의 모든 라우터에서 스태틱 루트만으로 라우팅이 되도록 해봅시다. 라우팅 프로토콜을 돌렸을 때 발생하는 백그라운드 트래픽과 CPU, 메모리 자원의 낭비와 관리의 어려움 때문에 현장에서는 스태틱 루트를 최대한 적용하려고 합니다.

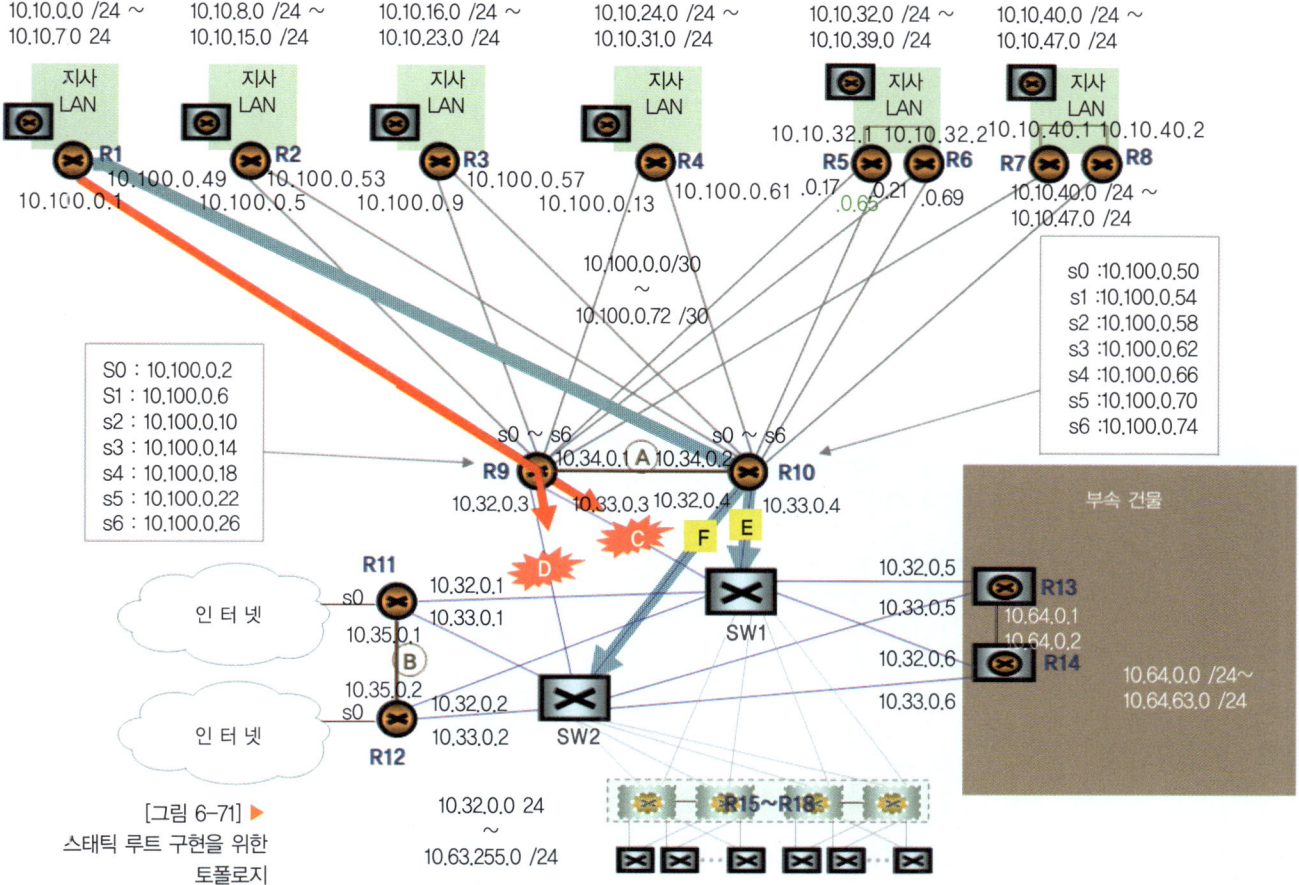

[그림 6-71] ▶ 스태틱 루트 구현을 위한 토폴로지

[그림 6-71]의 모든 라우터에서 스태틱 루트 만을 사용한 라우터의 구현은 [예6-9]와 같습니다. 구현에서 밑줄친 부분은 백업 루트입니다.

```
R1
ip route 0.0.0.0 0.0.0.0 10.100.0.2
ip route 0.0.0.0 0.0.0.0 10.100.0.50

R2
ip route 0.0.0.0 0.0.0.0 10.100.0.6
ip route 0.0.0.0 0.0.0.0 10.100.0.54

R3
ip route 0.0.0.0 0.0.0.0 10.100.0.10
ip route 0.0.0.0 0.0.0.0 10.100.0.58

R4
ip route 0.0.0.0 0.0.0.0 10.100.0.14
ip route 0.0.0.0 0.0.0.0 10.100.0.62

R5
ip route 0.0.0.0 0.0.0.0 10.100.0.18
ip route 0.0.0.0 0.0.0.0 10.100.0.66
ip route 0.0.0.0 0.0.0.0 10.10.32.2   100      → 백업루트

R6
ip route 0.0.0.0 0.0.0.0 10.100.0.22
ip route 0.0.0.0 0.0.0.0 10.100.0.70
ip route 0.0.0.0 0.0.0.0 10.10.32.1   100      → 백업루트

R7
ip route 0.0.0.0 0.0.0.0 10.100.0.26
ip route 0.0.0.0 0.0.0.0 10.10.40.2   100      → 백업루트

R8
ip route 0.0.0.0 0.0.0.0 10.100.0.74
ip route 0.0.0.0 0.0.0.0 10.10.40.1   100      → 백업루트

R9
[인터넷 쪽]
ip route 0.0.0.0 0.0.0.0 10.32.0.1
ip route 0.0.0.0 0.0.0.0 10.32.0.2
ip route 0.0.0.0 0.0.0.0 10.33.0.1
ip route 0.0.0.0 0.0.0.0 10.33.0.2
ip route 0.0.0.0 0.0.0.0 10.34.0.2   100       → 백업루트
```

[R1 쪽]
ip route 10.10.0.0 255.255.248.0 10.100.0.1
ip route 10.10.0.0 255.255.248.0 10.34.0.2   100   → 백업루트

[R2 쪽]
ip route 10.10.8.0 255.255.248.0 10.100.0.5
ip route 10.10.8.0 255.255.248.0 10.34.0.2 100   → 백업루트

[R3 쪽]
ip route 10.10.16.0 255.255.248.0 10.100.0.9
ip route 10.10.16.0 255.255.248.0 10.34.0.2 100   → 백업루트

[R4 쪽]
ip route 10.10.24.0 255.255.248.0 10.100.0.13
ip route 10.10.24.0 255.255.248.0 10.34.0.2 100   → 백업루트

[R5/R6 쪽]
ip route 10.10.32.0 255.255.248.0 10.100.0.17
ip route 10.10.32.0 255.255.248.0 10.100.0.21
ip route 10.10.32.0 255.255.248.0 10.34.0.2 100   → 백업루트

[R7 쪽]
ip route 10.10.40.0 255.255.248.0 10.100.0.25
ip route 10.10.40.0 255.255.248.0 10.34.0.2 100   → 백업루트

[R13/R14 쪽]
ip route 10.64.0.0 255.255.192.0 10.32.0.5
ip route 10.64.0.0 255.255.192.0 10.32.0.6
ip route 10.64.0.0 255.255.192.0 10.33.0.5
ip route 10.64.0.0 255.255.192.0 10.33.0.6
ip route 10.64.0.0 255.255.0.0 10.34.0.2 100   → 백업루트

[R15~R18 쪽] : 생략

R10
[인터넷 쪽]
ip route 0.0.0.0 0.0.0.0 10.32.0.1
ip route 0.0.0.0 0.0.0.0 10.32.0.2
ip route 0.0.0.0 0.0.0.0 10.33.0.1
ip route 0.0.0.0 0.0.0.0 10.33.0.2
ip route 0.0.0.0 0.0.0.0 10.34.0.1   100   → 백업루트

[R1 쪽]
ip route 10.10.0.0 255.255.248.0 10.100.0.49
ip route 10.10.0.0 255.255.248.0 10.34.0.1   100   → 백업루트

Chapter 06 라우팅 프로토콜 디자인 I

[R2 쪽]
ip route 10.10.8.0 255.255.248.0 10.100.0.53
ip route 10.10.8.0 255.255.248.0 10.34.0.1 100   → 백업루트

[R3 쪽]
ip route 10.10.16.0 255.255.248.0 10.100.0.57
ip route 10.10.16.0 255.255.248.0 10.34.0.1 100   → 백업루트

[R4 쪽]
ip route 10.10.24.0 255.255.248.0 10.100.0.61
ip route 10.10.24.0 255.255.248.0 10.34.0.1 100   → 백업루트

[R5/R6 쪽]
ip route 10.10.32.0 255.255.248.0 10.100.0.65
ip route 10.10.32.0 255.255.248.0 10.100.0.69
ip route 10.10.32.0 255.255.248.0 10.34.0.1 100   → 백업루트

[R7 쪽]
ip route 10.10.40.0 255.255.248.0 10.100.0.73
ip route 10.10.40.0 255.255.248.0 10.34.0.1 100   → 백업루트

[R13/R14 쪽]
ip route 10.64.0.0 255.255.192.0 10.32.0.5
ip route 10.64.0.0 255.255.192.0 10.32.0.6
ip route 10.64.0.0 255.255.192.0 10.33.0.5
ip route 10.64.0.0 255.255.192.0 10.33.0.6
ip route 10.64.0.0 255.255.192.0 10.34.0.1 100   → 백업루트

[R15~R18 쪽] : R13/R14 와 유사 (생략)

R11
[인터넷 쪽]
ip route 0.0.0.0 0.0.0.0 s0
ip route 0.0.0.0 0.0.0.0 10.35.0.2 100   → 백업루트

[부속 건물 쪽]
ip route 10.64.0.0 255.255.192.0 10.32.0.5
ip route 10.64.0.0 255.255.192.0 10.33.0.5
ip route 10.64.0.0 255.255.192.0 10.32.0.6
ip route 10.64.0.0 255.255.192.0 10.33.0.6
ip route 0.0.0.0 0.0.0.0 10.35.0.2 100   → 백업루트

[지사 쪽]
ip route 10.10.0.0 255.255.0.0 10.32.0.3
ip route 10.10.0.0 255.255.0.0 10.33.0.3
ip route 10.100.0.0 255.255.0.0 10.32.0.4
ip route 10.100.0.0 255.255.0.0 10.33.0.4

```
ip route 0.0.0.0 0.0.0.0 10.35.0.2  100              → 백업루트

R12
[인터넷 쪽]
ip route 0.0.0.0 0.0.0.0  s0
ip route 0.0.0.0 0.0.0.0 10.35.0.1  100              → 백업루트

[부속 건물 쪽]
ip route 10.64.0.0 255.255.192.0 10.32.0.5
ip route 10.64.0.0 255.255.192.0 10.33.0.5
ip route 10.64.0.0 255.255.192.0 10.32.0.6
ip route 10.64.0.0 255.255.192.0 10.33.0.6
ip route 0.0.0.0 0.0.0.0 10.35.0.1  100              → 백업루트

[지사 쪽]
ip route 10.10.0.0 255.255.0.0 10.32.0.3
ip route 10.10.0.0 255.255.0.0 10.33.0.3
ip route 10.100.0.0 255.255.0.0 10.32.0.4
ip route 10.100.0.0 255.255.0.0 10.33.0.4
ip route 0.0.0.0 0.0.0.0 10.35.0.1  100              → 백업루트

R13
[인터넷 쪽]
ip route 0.0.0.0 0.0.0.0 10.32.0.1
ip route 0.0.0.0 0.0.0.0 10.32.0.2
ip route 0.0.0.0 0.0.0.0 10.33.0.1
ip route 0.0.0.0 0.0.0.0 10.33.0.2
ip route 0.0.0.0 0.0.0.0 10.64.0.2  100              → 백업루트

[지사 쪽]
ip route 10.10.0.0 255.255.0.0 10.32.0.3
ip route 10.10.0.0 255.255.0.0 10.32.0.4
ip route 10.10.0.0 255.255.0.0 10.33.0.3
ip route 10.10.0.0 255.255.0.0 10.33.0.4
ip route 10.10.0.0 255.255.0.0 10.64.0.2  100         → 백업루트
ip route 10.100.0.0 255.255.0.0 10.32.0.3
ip route 10.100.0.0 255.255.0.0 10.32.0.4
ip route 10.100.0.0 255.255.0.0 10.33.0.3
ip route 10.100.0.0 255.255.0.0 10.33.0.4
ip route 10.100.0.0 255.255.0.0 10.64.0.2 100         → 백업루트

R14
[인터넷 쪽]
ip route 0.0.0.0 0.0.0.0 10.32.0.1
ip route 0.0.0.0 0.0.0.0 10.32.0.2
ip route 0.0.0.0 0.0.0.0 10.33.0.1
ip route 0.0.0.0 0.0.0.0 10.33.0.2
```

```
ip route 0.0.0.0 0.0.0.0 10.64.0.1   100           → 백업루트

[지사 쪽]
ip route 10.10.0.0 255.255.0.0 10.32.0.3
ip route 10.10.0.0 255.255.0.0 10.32.0.4
ip route 10.10.0.0 255.255.0.0 10.33.0.3
ip route 10.10.0.0 255.255.0.0 10.33.0.4
ip route 10.10.0.0 255.255.0.0 10.64.0.1   100    → 백업루트
ip route 10.100.0.0 255.255.0.0 10.32.0.3
ip route 10.100.0.0 255.255.0.0 10.32.0.4
ip route 10.100.0.0 255.255.0.0 10.33.0.3
ip route 10.100.0.0 255.255.0.0 10.33.0.4
ip route 10.100.0.0 255.255.0.0 10.64.0.1   100   → 백업루트
R15~R18 은 R13/R14 와 유사합니다.
```

[예 6-9] ▶
[그림 6-71] 라우터의 스태틱 루트 구현

[그림 6-71]에서 다이나믹 라우팅을 사용한다면 어떨까요? ⓒ와 ⓓ 링크가 다운된 상황을 가정해보겠습니다. R1에서 본사로 가는 트래픽은 R1에서 R10으로 바로 갑니다. ⓒ와 ⓓ 링크가 다운된 상황에서 베스트 루트이기 때문입니다. R1-R9-R10 경로가 있어도, 베스트 루트가 아니기 때문에 R1-R10 라인이 다운되기 전에는 사용하지 않습니다. ⓐ와 ⓑ 링크는 횡적 연결에 해당합니다. 다이나믹 라우팅을 적용한다면 종적 연결이 충분히 다중화되어 가용성이 확보되고 있고, 라우팅 오버헤더 문제 때문에 생략하겠지만, 스태틱 구성이기 때문에 연결하였습니다. 즉, [예 6-9]와 같이 스태틱 라우팅을 적용한다면 R1에서 ⓒ와 ⓓ 링크가 다운되어도 R9까지는 보냅니다. R9에서 대안 경로가 없다면 패킷은 모두 폐기됩니다. 이를 막기 위해 ⓐ 링크를 연결하고, R10 방향으로 백업 루트를 설정합니다. 경로가 다소 복잡해도 다이나믹 라우팅에서 볼 수 있는 라우팅 테이블을 만들고 유지하는데 소요되는 라우팅 오버헤더가 없습니다.

[예 6-9]의 스태틱 루트 구현으로 인터넷 트래픽 플로우와 본/지사 간의 트래픽 플로우는 [그림 6-72]와 같습니다. 쓸 데 없이 우회하는 불합리한 라우팅이 발생하지 않고, 다수의 링크가 다운되어도 백업 루트가 살아남아 있는지 몇 개의 링크가 다운된 상황을 가정해보고 스태틱 구현을 수정합니다.

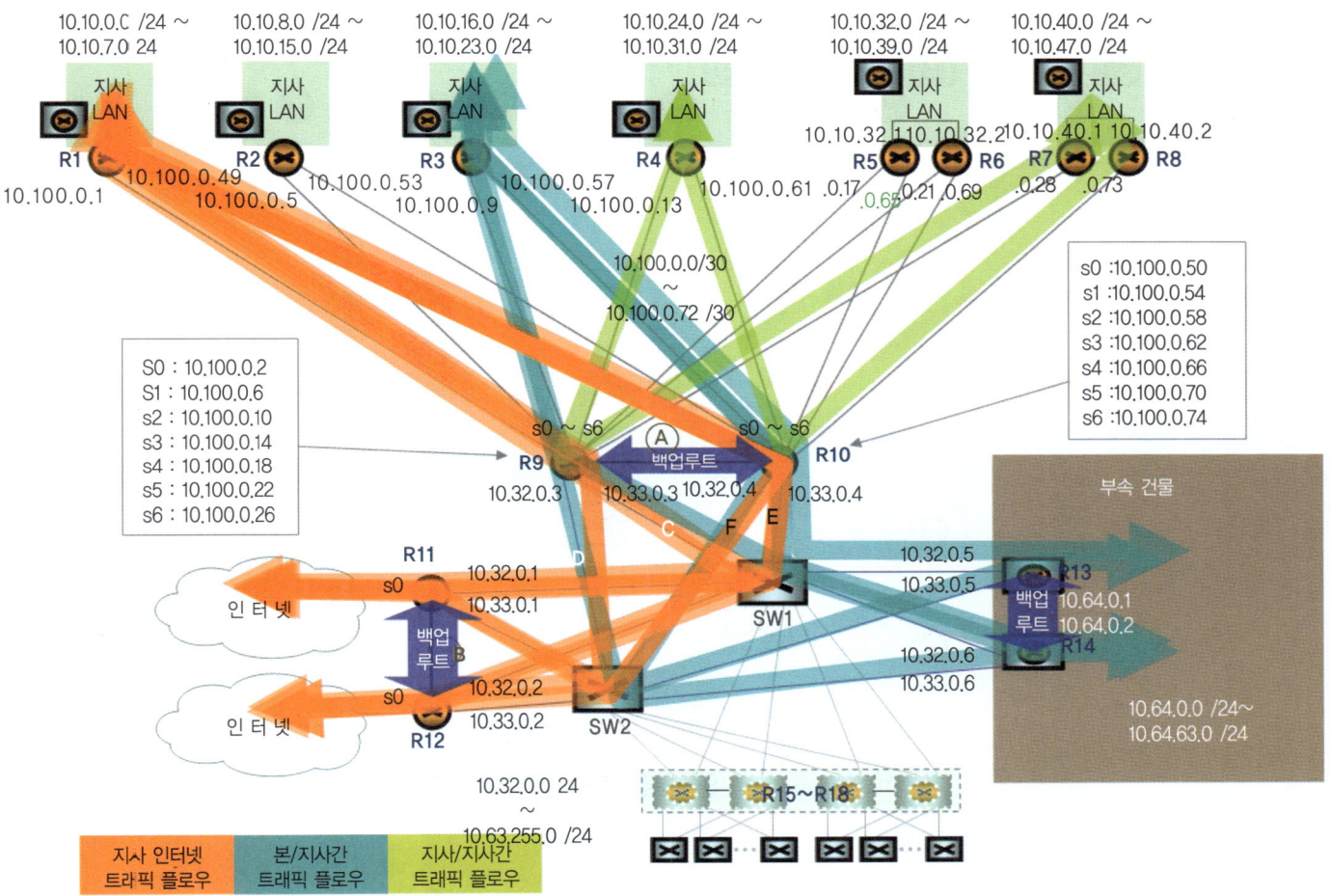

[그림 6-72] ▲
스태틱 구현에 의한
트래픽 플로우

스태틱을 구현했던 동일한 토폴로지 환경에서 OSPF 프로토콜을 구현해봅시다. [그림 6-73]을 이용하여 OSPF 에어리어 디자인을 해보시기 바랍니다. [그림 6-71]에서 보였던 ⓐ와 ⓑ 링크는 보이지 않는군요.

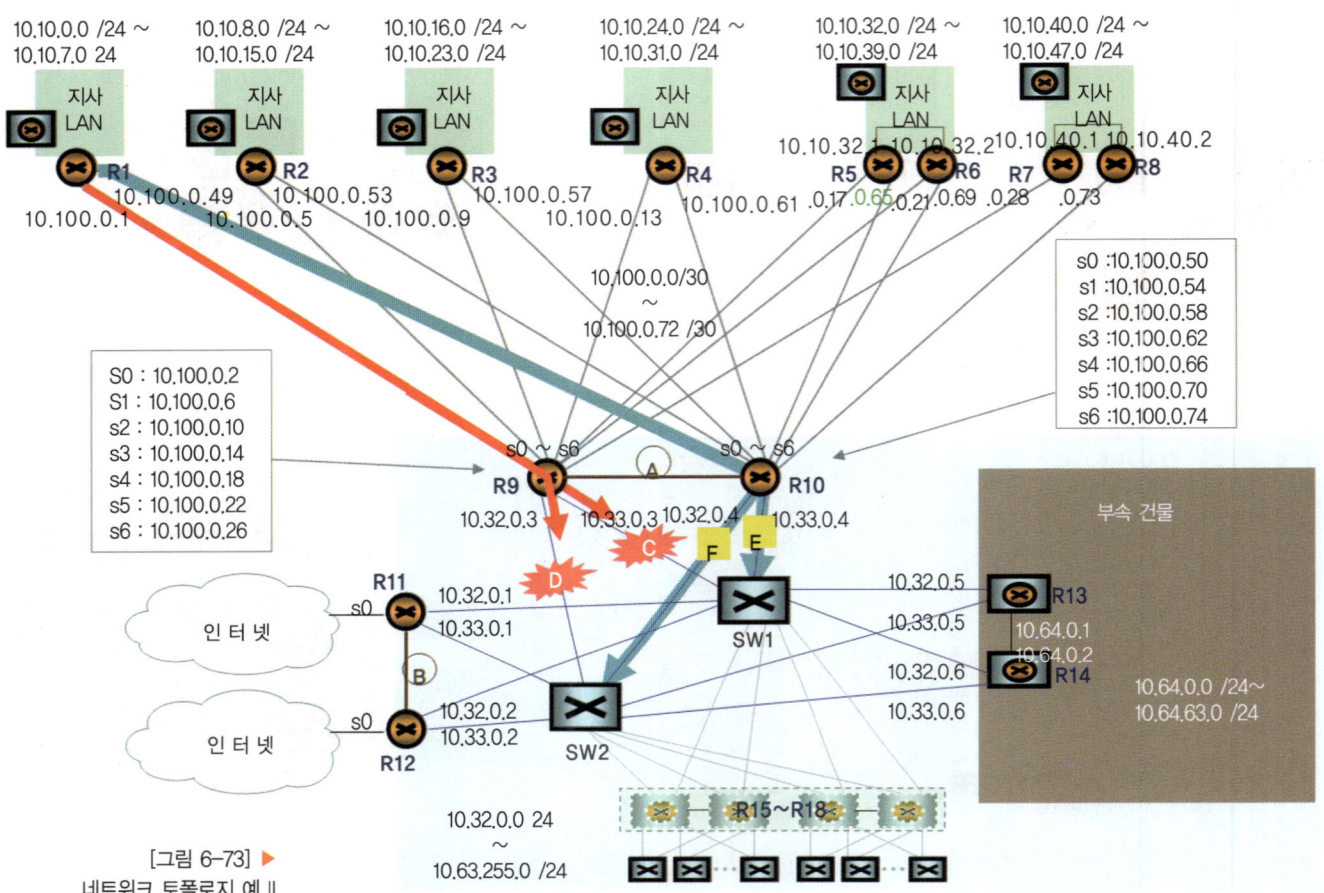

[그림 6-73] ▶
네트워크 토폴로지 예 II

[그림 6-74]는 다수의 지사 들과 WAN 망을 하나의 에어리어로 묶고, 본사의 LAN 망을 하나의 에어리어로 묶었습니다. 다수의 전국지사를 갖는 대형 기업의 망일지라도 이와 같이 두 개의 에어리어로 구성해도 좋습니다. 언제나 에어리어는 연속된 네트워크 주소가 할당되어 있어서 루트 서머라이제이션이 가능해야 하고, 스텁 에어리어 구현을 통해 에어리어 간의 라우팅 업데이트 양을 최소화해야 큰 OSPF 망을 구축할 수 있습니다. 인터넷에 연결된 라우터인 R11과 R12는 우리 회사 네트워크에 대한 모든 정보를 가지고 있을 뿐만 아니라 회사 외부 네트워크에 대해 가장 많은 정보를 가지고 있습니다. 따라서, 'default-information originate always' 명령을 설정하여 OSPF 내의 모든 라우터에 디폴트 정보를 생성시키고 자신을 향하게 합니다. OSPF를 돌리는 모든 라우터들은 구체적인 라우팅 정보가 없을 때, 이 명령을 구현한 라우터에게 패킷을 보냅니다.

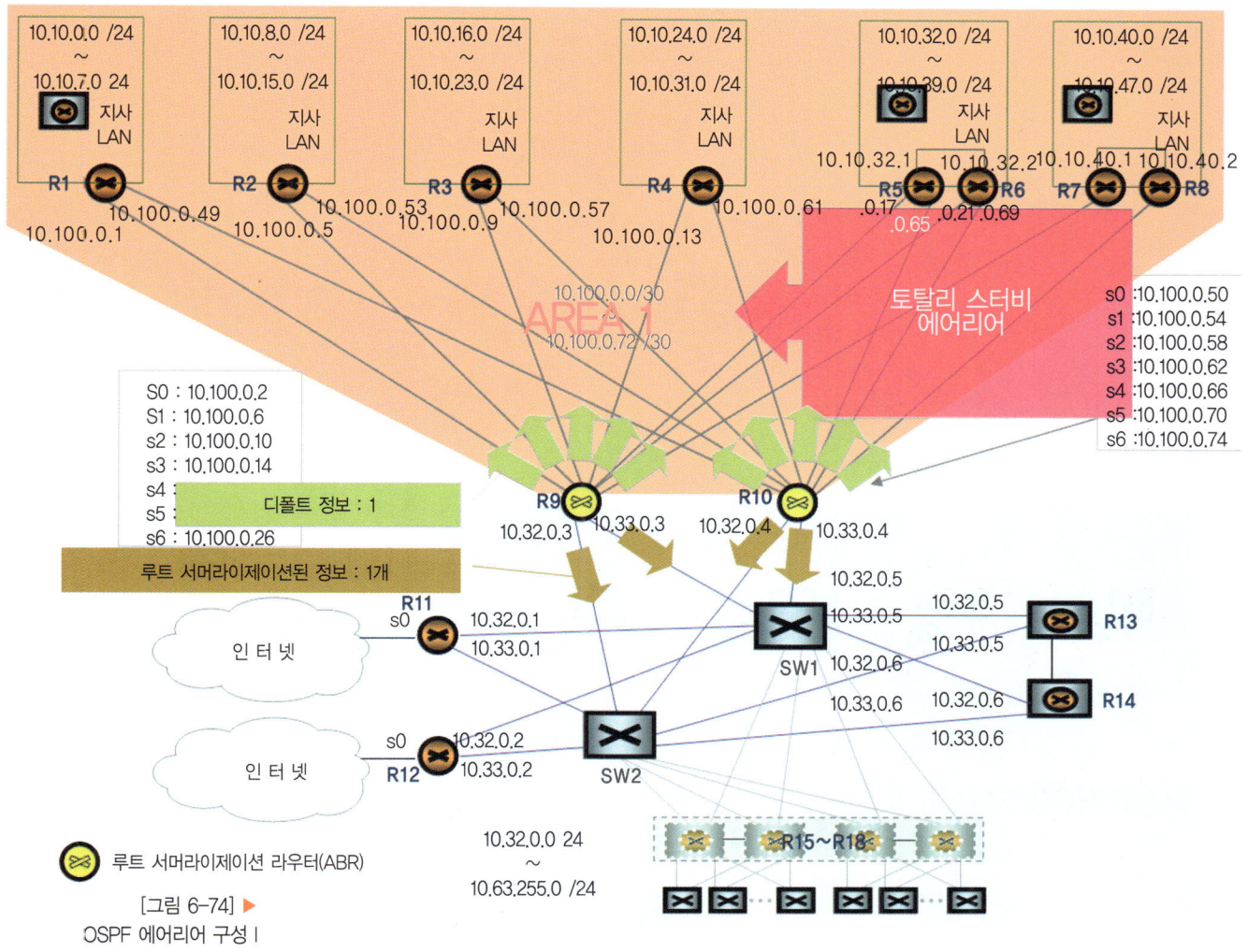

[그림 6-74] ▶
OSPF 에어리어 구성 I

망 규모가 커지고, 불안정한 링크들이 문제가 된다면 루트 업/다운의 영향을 줄이기 위해 에어리어는 보다 작아져야 합니다. 또한, 시스코 사는 에어리어 내의 라우터 수는 최대 50개를 넘지 않아야 한다는 대략적인 에어리어 디자인 가이드를 제시하고 있습니다. 또한, OSPF 라우터 한 대 당 네이버의 수는 60개를 초과하면 안되고, 라우터에 연결될 수 있는 최대 에어리어 수는 3개, 라우터는 2개 이상의 LAN에서 DR 또는 BDR 이 되면 안됩니다. 그러나, 토폴로지의 복잡도나 OSPF 라우터의 성능, 에어리어 타입에 따라 이러한 한계 조건은 조정될 수 있습니다. 예를 들어, 이더넷 환경의 스텁 에어리어에는 훨씬 많은 수(시스코는 2,500개 이상)의 라우터가 올 수도 있습니다.

[그림 6-75]를 보면, 지사 망과 본사 LAN이 커지면서 각각의 지사들과 LAN의 일부를 독립된 에어리어로 분리했습니다. 에어리어 100, 101, 102, 103, 104, 105는 토탈리 스터비 에어리어로 구현하여 디폴트 정보만 들여보내고 토탈리 스터비 에어리어의 정보는

WAN 망의 대역폭을 최소한으로 사용하기 위해 루트 서머라이제이션된 정보를 내보냅니다. 에어리어 10, 11, 12 내부에는 별도의 라우터가 없기 때문에 스텁 에어리어로 구현하지 않았습니다. 에어리어 10을 토탈리 스터비 에어리어로 구성하면 R13과 R14 라우터는 서로에게 디폴트 정보를 생성시키기 때문에 R11과 R12가 보낸 디폴트 정보와 중복되어 인터넷으로 나갈 때는 항상 R13은 R14를 거쳐서 인터넷으로(R11이나 R12를 거쳐) 나갈 수 있기 때문에 주의해야 합니다. 이것은 R5와 R6(또는 R7과 R8)에서도 발생할 수 있습니다. 이것을 해결하기 위해 디폴트 루트의 코스트 값을 조정합니다. R11과 R12가 디폴트 정보를 들여보낼 때, 디폴트 코스트를 R5와 R6(또는 R7과 R8)이 생성시킨 디폴트 정보보다 낮은 코스트 값을 사용합니다. OSPF와 Integrated IS-IS는 에어리어 경계 라우터에서만 루트 서머라이제이션을 할 수 있기 때문에 에어리어 내의 전달할 네트워크 정보가 많을 때는 내부에 라우터가 없어도 독립된 에어리어로 분할합니다.

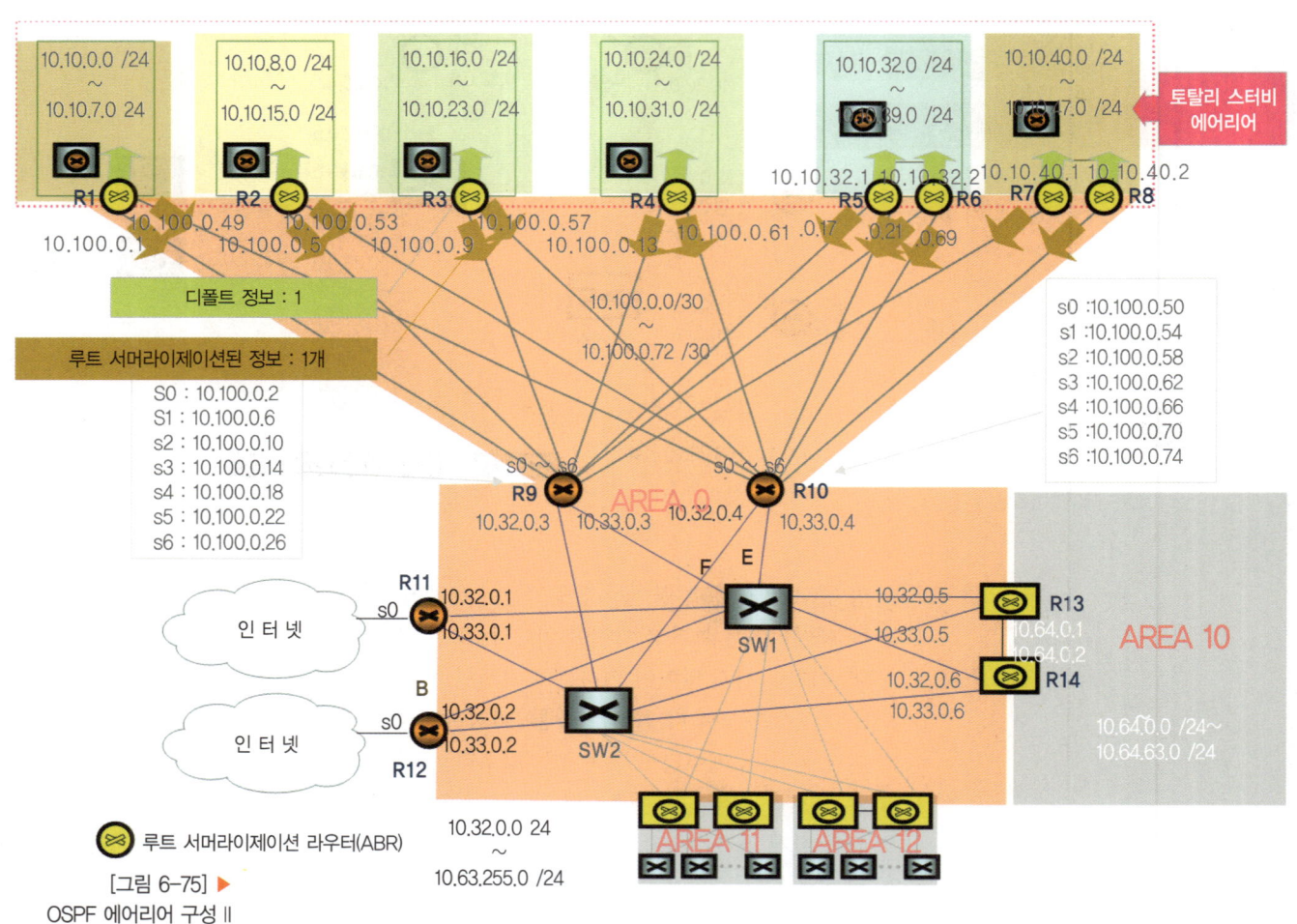

[그림 6-75] ▶
OSPF 에어리어 구성 II

[그림 6-76]은 스태틱 루트와 OSPF를 복합적으로 사용한 경우로 가장 흔히 볼 수 있는 구성입니다. 다이나믹 라우팅이 필요 없는 단일 경로로 구현된 소규모 지사 망과는 스태틱으로 충분합니다. 대규모의 지사가 있을 때, 각각의 지사는 토털리 스터비 에어리어로 구현합니다. WAN 망과 본사 LAN 망은 하나의 백본 에어리어로 묶었습니다.

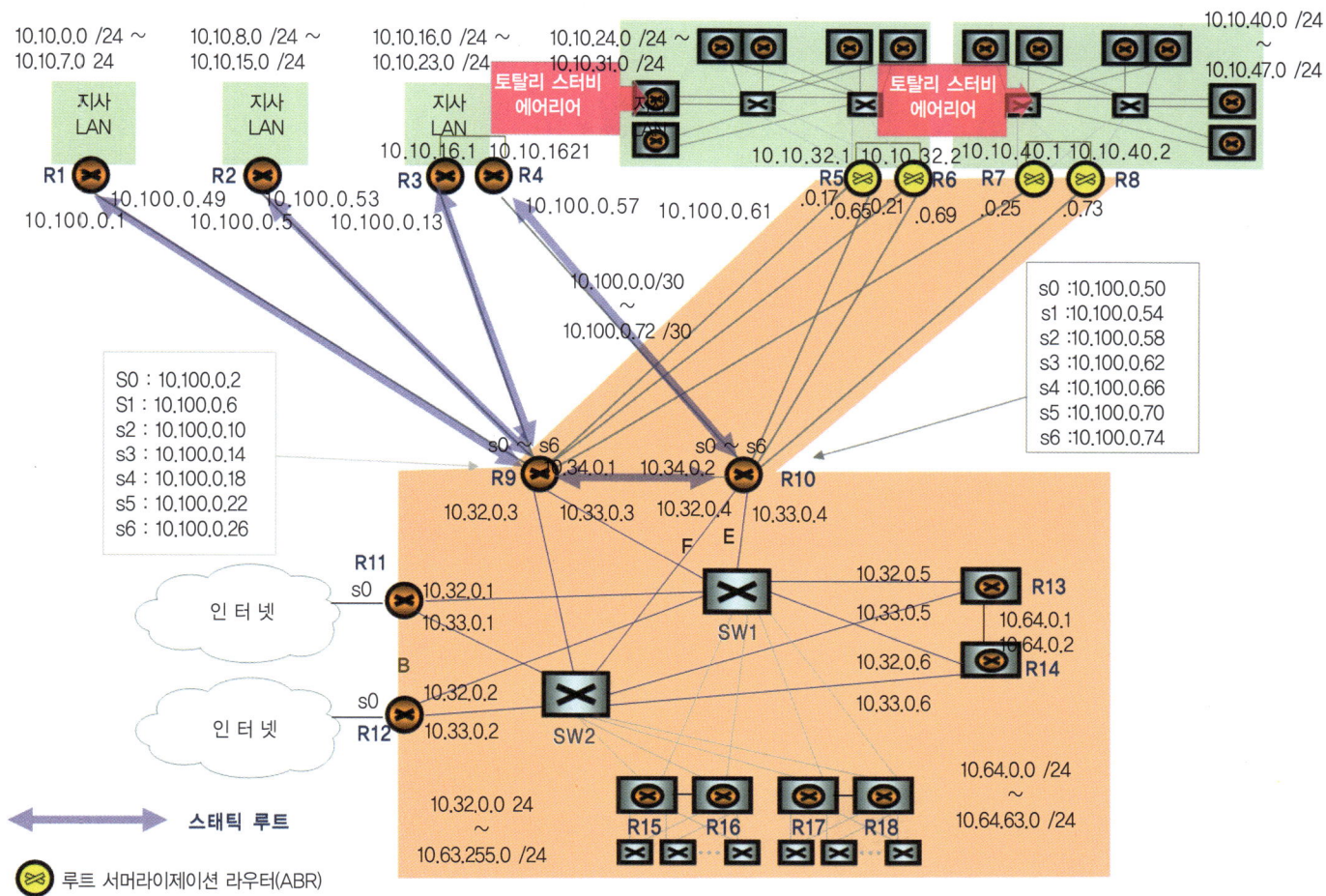

[그림 6-76] ▲
OSPF 에어리어 구성 III

[그림 6-76]의 OSPF와 스태틱 구성은 [예 6-10]과 같이 라우터에서 구현합니다.

```
R1
ip route 0.0.0.0 0.0.0.0 10.100.0.2

R2
ip route 0.0.0.0 0.0.0.0 10.100.0.6

R3
ip route 0.0.0.0 0.0.0.0 10.100.0.58
ip rotue 0.0.0.0 0.0.0.0 10.10.16.2  100
```

R4
```
ip route 0.0.0.0 0.0.0.0 10.100.0.58
ip rotue 0.0.0.0 0.0.0.0 10.10.16.1  100
```

R5
```
router ospf 10
network 10.10.0.0   0.0.255.255   area 104
network 10.100.0.0  0.0.255.255   area 0
area 104 stub no-summary
area 104 default-cost 200
area 104 range 10.10.32.0  255.255.248.0
```

R6
```
router ospf 10
network 10.10.0.0   0.0.255.255   area 104
network 10.100.0.0  0.0.255.255   area 0
area 104 stub no-summary
area 104 default-cost 200
area 104 range 10.10.32.0  255.255.248.0
```

R7
```
router ospf 10
network 10.10.0.0   0.0.255.255   area 105
network 10.100.0.0  0.0.255.255   area 0
area 105 stub no-summary
area 105 range 10.10.40.0  255.255.248.0
```

R8
```
router ospf 10
network 10.10.0.0   0.0.255.255   area 105
network 10.100.0.0  0.0.255.255   area 0
area 105 stub no-summary
area 105 range 10.10.40.0  255.255.248.0
```

R9
```
ip route 10.10.0.0   255.255.248.0  10.100.0.1
ip route 10.10.0.0   255.255.248.0  10.34.0.2  100
ip route 10.10.8.0   255.255.248.0  10.100.0.1
ip route 10.10.8.0   255.255.248.0  10.34.0.2  100
ip route 10.10.16.0  255.255.248.0  10.100.0.1
ip route 10.10.16.0  255.255.248.0  10.34.0.2  100
router ospf 10
network 10.0.0.0  0.255.255.255  area 0
```

R10
```
ip route 10.10.16.0  255.255.248.0  10.100.0.57
```

```
ip route 10.10.16.0   255.255.248.0   10.34.0.1   100
router ospf 10
network 10.0.0.0   0.255.255.255   area 0
```

R11
```
ip route 0.0.0.0   0.0.0.0   s0
router ospf 10
network 10.0.0.0   0.255.255.255   area 0
default-information originate
```

R12
```
ip route 0.0.0.0   0.0.0.0   s0
router ospf 10
network 10.0.0.0   0.255.255.255   area 0
default-information originate
```

R13
```
router ospf 10
network 10.0.0.0   0.255.255.255   area 0
```

R14
```
router ospf 10
network 10.0.0.0   0.255.255.255   area 0
```

R15
```
router ospf 10
network 10.0.0.0   0.255.255.255   area 0
```

R16
```
router ospf 10
network 10.0.0.0   0.255.255.255   area 0
```

R17
```
router ospf 10
network 10.0.0.0   0.255.255.255   area 0
```

R18
```
router ospf 10
network 10.0.0.0   0.255.255.255   area 0
```

[예 6-10] ▶
OSPF 구현[그림 6-76] 참조

이번에는 [그림 6-77]에 Integrated IS-IS 프로토콜을 디자인해봅시다.

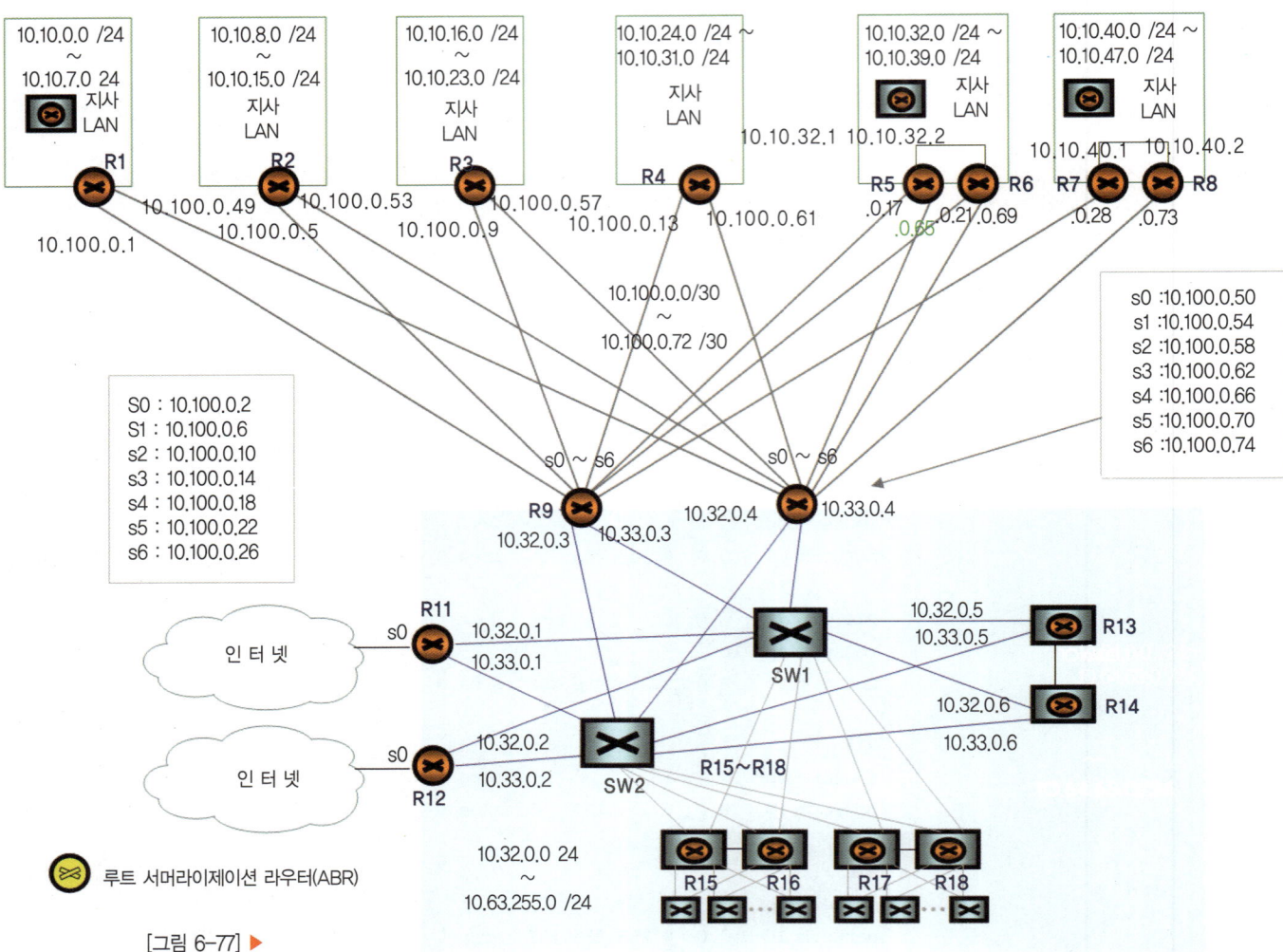

[그림 6-77] ▶
네트워크 토폴로지 예

[그림 6-78]은 각각의 지사 망마다 각각의 에어리어를 할당했습니다. Integrated IS-IS 프로토콜도 에어리어 내부의 라우터는 루트 서머라이제이션을 할 수 없습니다. 에어리어 간을 연결하는 L1/L2 라우터인 R1, R2, R3, R4, R5, R, R7, R8 에서 루트 서머라이제이션하여 R9과 R10에게 보냅니다. R9과 R10에서도 루트 서머라이제이션하여 R1, R2, R3, R4, R5, R6, R7, R8 에게 보냅니다.

R13, R14, R15, R16, R17, R18을 L1 라우터로 구현하면 에어리어 내의 L1/L2 라우터로부터 디폴트 정보만 받습니다. 그러나, 이 상황에서 인터넷에 연결된 라우터 R11과 R12도 외부의 정보를 들여보내는 대신 디폴트 정보 하나만 들여보냅니다. 이때, R9과 R10이 보낸 디폴트 정보와 R11과 R12가 보낸 디폴트 정보 중 메트릭이 좋은 디폴트 정보를

따르기 때문에 지사로 가야 할 패킷이 R11(R12) - R9(R10)을 거쳐서 지사로 갈 수도 있고, 인터넷으로 가야 할 패킷이 R9(R10) - R11(R12)을 거쳐서 인터넷으로 갈 수도 있습니다. 이러한 라우팅 오류를 해결하기 위해 R13 ~ R18 라우터는 디폴트 정보만 수신할 수 있는 L1 라우터가 아니라, 에어리어 외부의 모든 정보를 받을 수 있는 L1/L2 라우터로 구현했습니다.

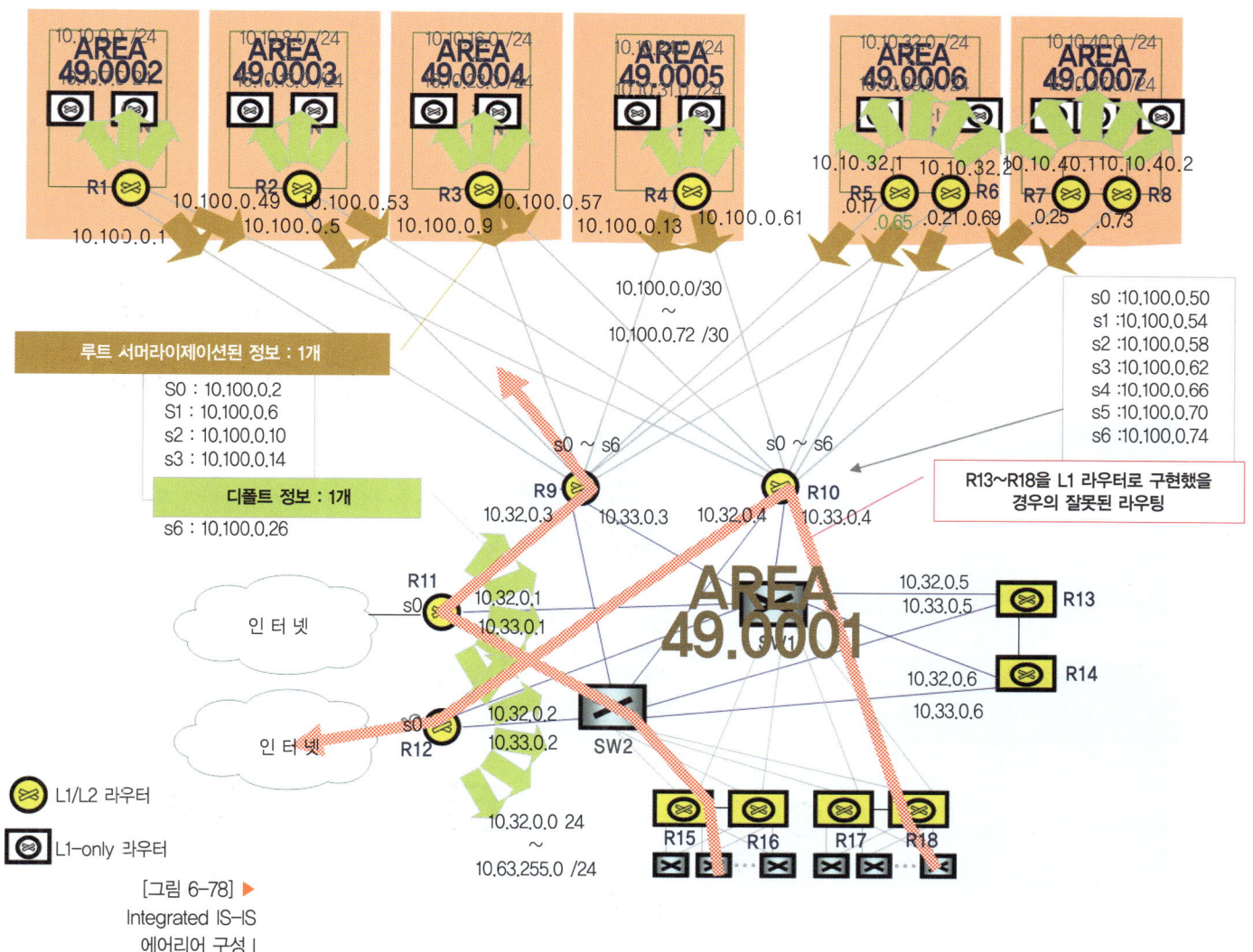

[그림 6-78] ▶
Integrated IS-IS
에어리어 구성 I

[그림 6-79]는 지사 망 규모가 작은 경우 본사의 라우터까지 묶어서 하나의 에어리어로 구성했습니다. R9와 R10은 지사의 모든 라우터 들에게 디폴트 정보 하나만 넘겨줍니다. R11, R12, R13, R14, R15, R16, R17, R18의 본사의 모든 라우터들을 하나의 에어리어 내의 L1/L2 라우터로 구현하면, 레벨 1 어드제이션시와 더불어 레벨 2 어드제이션시를 맺고 LSP1과 LSP 2 정보 모두를 주고 받아야 할 뿐만 아니라, AREA의 경계에서만이 가능한 루트 서머라이제이션을 통해 라우팅 업데이트 량을 최소화할 수 없습니다.

[그림 6-79]의 예는 아예 인터넷 라우터 R11과 R12를 하나의 에어리어로 묶는 등 각각의 건물을 개별적인 에어리어로 묶었습니다. 이를 통해 에어리어 간에는 레벨 2 어드제이션시만 맺고 LSP 2 정보만 교환합니다. 또한 AS 경계의 R11과 R12는 'default-information originate' 명령을 통해 디폴트 정보를 들여보냅니다.

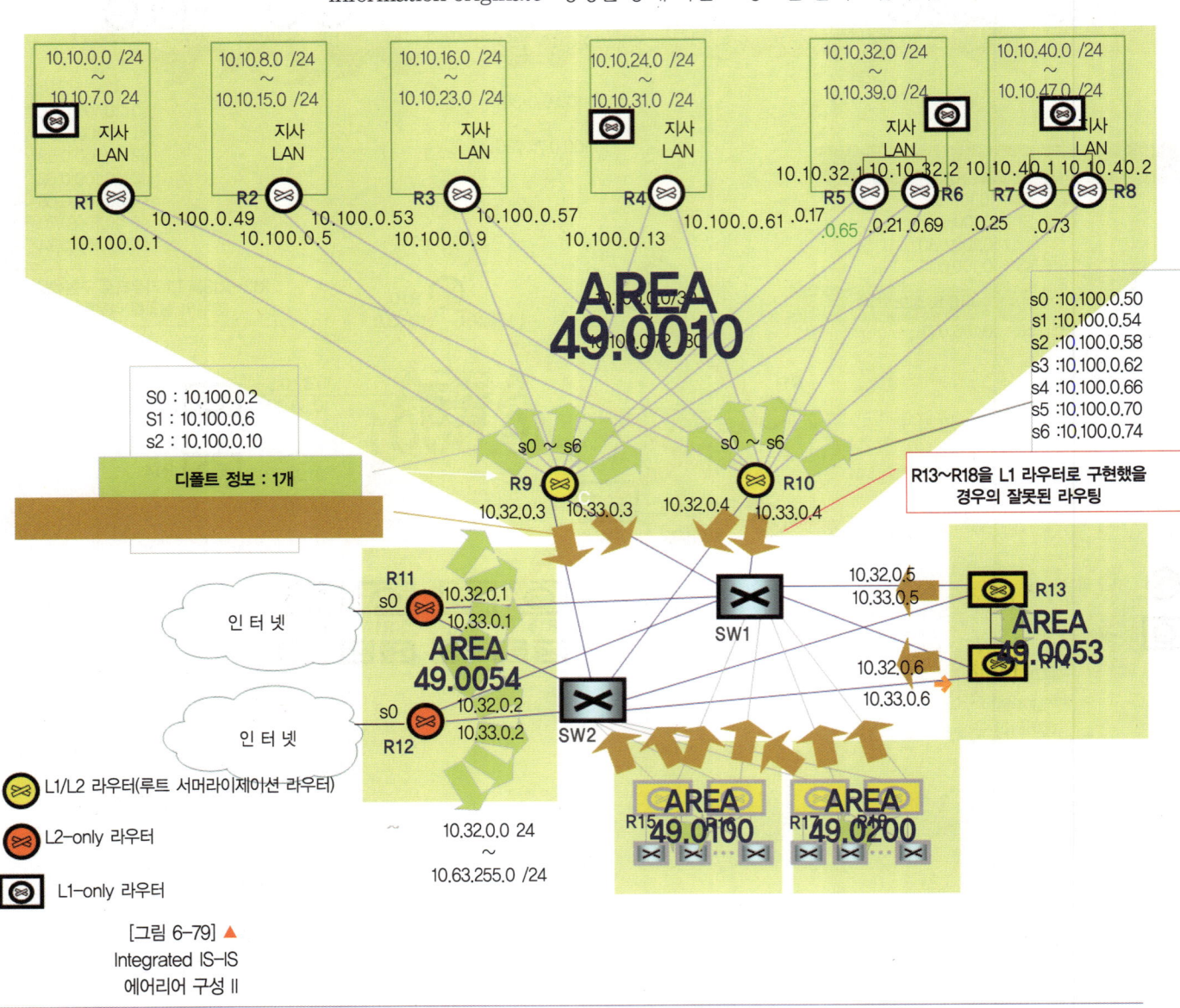

[그림 6-79] ▲
Integrated IS-IS
에어리어 구성 II

[그림 6-79]와 같은 Integrated IS-IS 구현을 위해 [예 6-10]과 같이 라우터에서 구현합니다.

```
R1
interface s0
ip router isis
isis circuit-type level-1
interface s1
ip router isis
isis circuit-type level-1
interface e0        ← 모든 이더넷 인터페이스에 동일하게 구현
ip router isis
isis circuit-type level-1
router isis
net 49.0010.0000.0000.0001.00

R2
interface s0
ip router isis
isis circuit-type level-1
interface s1
ip router isis
isis circuit-type level-1
interface e0        ← 모든 이더넷 인터페이스에 동일하게 구현
ip router isis
isis circuit-type level-1
router isis
net 49.0010.0000.0000.0001.00

R3
interface s0
ip router isis
isis circuit-type level-1
interface s1
ip router isis
isis circuit-type level-1
interface e0        ← 모든 이더넷 인터페이스에 동일하게 구현
ip router isis
isis circuit-type level-1
router isis
net 49.0010.0000.0000.0001.00

R4
interface s0
ip router isis
isis circuit-type level-1
interface s1
```

```
ip router isis
isis circuit-type level-1
interface e0
ip router isis
isis circuit-type level-1
router isis
net 49.0010.0000.0000.0001.00

R5
interface s0
ip router isis
isis circuit-type level-1
interface s1
ip router isis
isis circuit-type level-1
interface e0
ip router isis
isis circuit-type level-1
router isis
net 49.0010.0000.0000.0001.00

R6
interface s0
ip router isis
isis circuit-type level-1
interface s1
ip router isis
isis circuit-type level-1
interface e0
ip router isis
isis circuit-type level-1
router isis
net 49.0010.0000.0000.0002.00

R7
interface s0
ip router isis
isis circuit-type level-1
interface e0
ip router isis
isis circuit-type level-1
router isis
net 49.0010.0000.0000.0001.00

R8
interface s0
ip router isis
```

```
isis circuit-type level-1
interface e0
ip router isis
isis circuit-type level-1
router isis
net 49.0010.0000.0000.0002.00
```

R9
```
interface s0        ← 모든 시리얼 인터페이스에서 동일하게 구현
ip router isis
isis circuit-type level-1
interface s6
ip router isis
isis circuit-type level-1
interface e0
ip router isis
isis circuit-type level-2-only
interface e1
ip router isis
isis circuit-type level-2-only

router isis
net 49.0010.0000.0000.0001.00
summary-address 10.10.0.0 255.255.0.0 level-2
summary-address 10.100.0.0 255.255.0.0 level-2
```

R10
```
interface s0        ← 모든 시리얼 인터페이스에서 동일하게 구현
ip router isis
isis circuit-type level-1
interface s6
ip router isis
isis circuit-type level-1

interface e0
ip router isis
isis circuit-type level-2-only
interface e1
ip router isis
isis circuit-type level-2-only

router isis
net 49.0010.0000.0000.0002.00
summary-address 10.10.0.0 255.255.0.0 level-2
summary-address 10.100.0.0 255.255.0.0 level-2
```

[예 6-12] ▶
EIGRP 구현하기([그림 6-77] 참고)

```
R11
interface e0
ip router isis
interface e1
ip router isis

router isis
net 49.0054.0000.0000.0001.00
is-type level-2

R12
interface e0
ip router isis
interface e1
ip router isis

router isis
net 49.0054.0000.0000.0001.00
is-type level-2

R15
interface e0
ip router isis
isis circuit-type level-2-only
interface e1
ip router isis
isis circuit-type level-2-only
interface e2
ip router isis
isis circuit-type level-1
router isis
net 49.0053.0000.0000.0001.00
summary-address  10.64.0.0  255.255.224.0  level-2

R15
interface e0
ip router isis
isis circuit-type level-2-only
interface e1
ip router isis
isis circuit-type level-2-only
interface e2
ip router isis
isis circuit-type level-1
router isis
net 49.0053.0000.0000.0001.00
summary-address  10.64.0.0  255.255.224.0  level-2
```

[예 6-10] ▶
Integrated IS-IS 구현
[그림 6-79] 참조

이번에는 EIGRP 프로토콜을 구현해봅시다. EIGRP 프로토콜은 에어리어 개념이 없지만, 루트 서머라이제이션을 위해 [그림 6-80]과 같이 가상의 에어리어로 나눌 수 있습니다. 에어리어 경계 라우터에서 루트 서머라이제이션을 구현해야 라우팅 부하를 줄일 뿐만 아니라, 쿼리 패킷의 이동을 제한을 통해 큰 네트워크를 만들 수 있습니다. 또한 가상의 에어리어 내에 스텁 라우터로 구현되면 디폴트 정보만 수신하여 라우팅 업데이트를 줄일 뿐만 아니라, 쿼리 이동을 줄여서 라우팅 컨버전스 타임을 짧게 합니다.

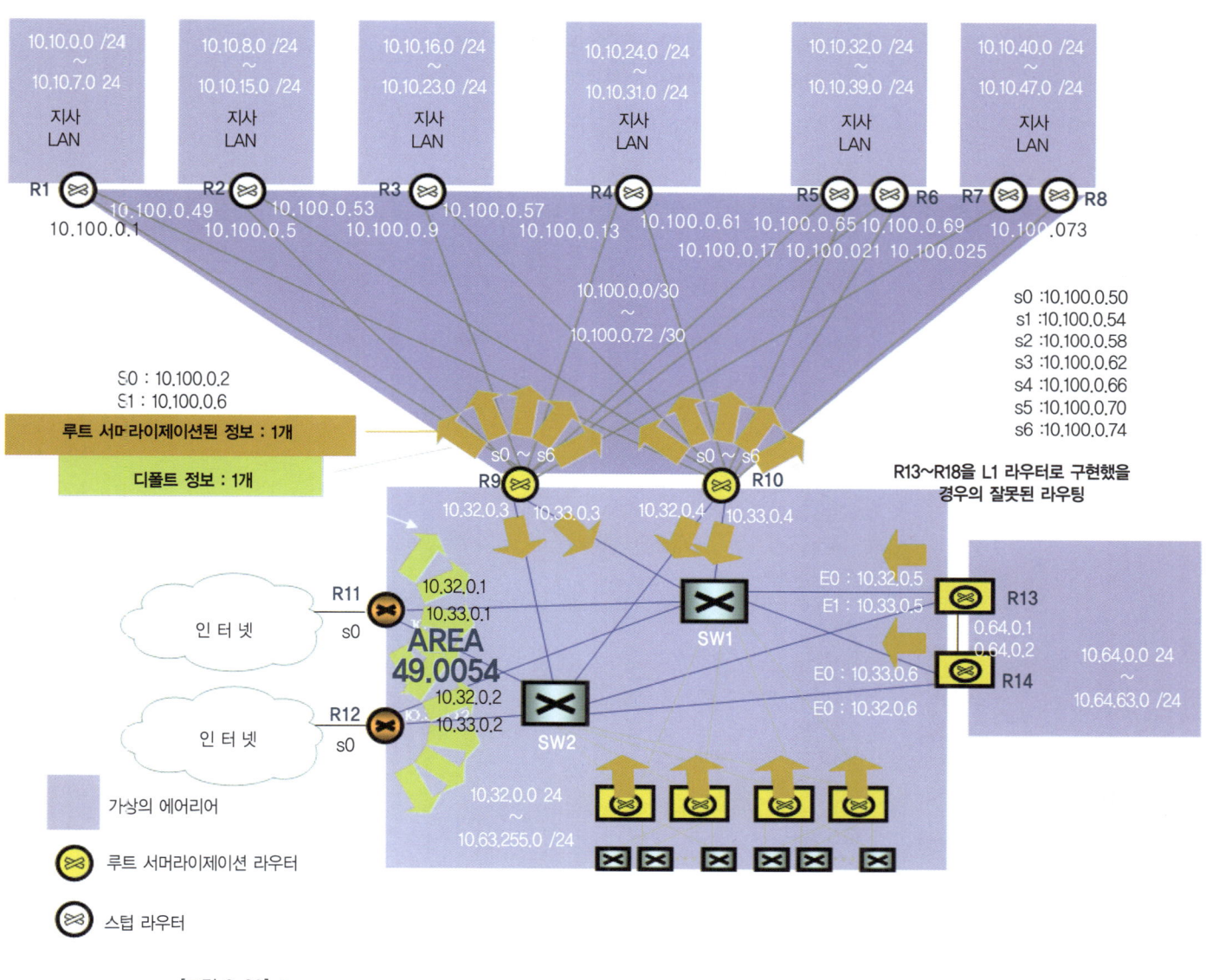

[그림 6-80]
EIGRP 에어리어 구성 II

[그림 6-80] EIGRP 구현을 위해 [예 6-11]과 같이 라우터에서 구현합니다.

```
R1
router eigrp 100
network 10.0.0.0
eigrp stub summary   ← 루트 서머라이제이션된 정보만 네이버(R9, R11)에게 보내고 자신은 디
                       폴트 정보만 수신함
interface s 0
ip eigrp 100 summary-address 10.10.0.0 255.255.248.0
interface s 1
ip eigrp 100 summary-address 10.10.0.0 255.255.248.0


R2
router eigrp 100
network 10.0.0.0
eigrp stub summary
interface s 0
ip eigrp 100 summary-address 10.10.8.0 255.255.248.0
interface s 1
ip eigrp 100 summary-address 10.10.8.0 255.255.248.0


R3
router eigrp 100
network 10.0.0.0
eigrp stub summary
interface s 0
ip eigrp 100 summary-address 10.10.16.0 255.255.248.0
interface s 1
ip eigrp 100 summary-address 10.10.16.0 255.255.248.0


R4
router eigrp 100
network 10.0.0.0
eigrp stub summary
interface s 0
ip eigrp 100 summary-address 10.10.24.0 255.255.248.0
interface s 1
ip eigrp 100 summary-address 10.10.24.0 255.255.248.0


R5
router eigrp 100
network 10.0.0.0
eigrp stub summary
interface s 0
ip eigrp 100 summary-address 10.10.32.0 255.255.248.0
interface s 1
```

```
ip eigrp 100 summary-address 10.10.32.0 255.255.248.0
```

R6
```
router eigrp 100
network 10.0.0.0
eigrp stub summary
interface s 0
ip eigrp 100 summary-address 10.10.32.0 255.255.248.0
interface s 1
ip eigrp 100 summary-address 10.10.32.0 255.255.248.0
```

R7
```
router eigrp 100
network 10.0.0.0
eigrp stub summary
interface s 0
ip eigrp 100 summary-address 10.10.40.0 255.255.248.0
interface s 1
ip eigrp 100 summary-address 10.10.40.0 255.255.248.0
```

R8
```
router eigrp 100
network 10.0.0.0
eigrp stub summary
interface s 0
ip eigrp 100 summary-address 10.10.40.0 255.255.248.0
interface s 1
ip eigrp 100 summary-address 10.10.40.0 255.255.248.0
```

R9
```
router eigrp 100
network 10.0.0.0
interface s 0
ip eigrp 100 summary-address 10.32.0.0 255.254.0.0
interface s 1
ip eigrp 100 summary-address 10.32.0.0 255.254.0.0
interface s 2
ip eigrp 100 summary-address 10.32.0.0 255.254.0.0
interface s 3
ip eigrp 100 summary-address 10.32.0.0 255.254.0.0
interface s 4
ip eigrp 100 summary-address 10.32.0.0 255.254.0.0
interface s 5
ip eigrp 100 summary-address 10.32.0.0 255.254.0.0
interface s 6
```

```
ip eigrp 100 summary-address 10.32.0.0 255.254.0.0
interface e 0
ip eigrp 100 summary-address 10.100.0.0 255.255.128.0
interface e 1
ip eigrp 100 summary-address 10.100.0.0 255.255.128.0

R10
router eigrp 100
network 10.0.0.0
interface s 0
ip eigrp 100 summary-address 10.32.0.0 255.254.0.0
interface s 1
ip eigrp 100 summary-address 10.32.0.0 255.254.0.0
interface s 2
ip eigrp 100 summary-address 10.32.0.0 255.254.0.0
interface s 3
ip eigrp 100 summary-address 10.32.0.0 255.254.0.0
interface s 4
ip eigrp 100 summary-address 10.32.0.0 255.254.0.0
interface s 5
ip eigrp 100 summary-address 10.32.0.0 255.254.0.0
interface s 6
ip eigrp 100 summary-address 10.32.0.0 255.254.0.0
interface e 0
ip eigrp 100 summary-address 10.100.0.0 255.255.128.0
interface e 1
ip eigrp 100 summary-address 10.100.0.0 255.255.128.0

R11
ip route 0.0.0.0 0.0.0.0  s0
router eigrp 100
network 10.0.0.0
redistribute static metric 10000 1000 255 1  1500

R12
ip route 0.0.0.0 0.0.0.0  s0
router eigrp 100
network 10.0.0.0
redistribute static metric 10000 1000 255 1  1500

R13
router eigrp 100
network 10.0.0.0
interface e 0
ip eigrp 100 summary-address 10.64.0.0 255.255.192.0
```

```
interface e 1
ip eigrp 100 summary-address 10.64.0.0 255.255.192.0
interface e 2
ip eigrp 100 summary-address 10.32.0.0 255.254.0.0
interface e 3
ip eigrp 100 summary-address 10.32.0.0 255.254.0.0
```

R14
```
router eigrp 100
network 10.0.0.0
interface e 0
ip eigrp 100 summary-address 10.64.0.0 255.255.192.0
interface e 1
ip eigrp 100 summary-address 10.64.0.0 255.255.192.0
interface e 2
ip eigrp 100 summary-address 10.32.0.0 255.254.0.0
interface e 3
ip eigrp 100 summary-address 10.32.0.0 255.254.0.0
```

Problem 1

라우팅 프로토콜 디자인 연습

[그림 6-81] 실습 시트에서 OSPF 라우팅 프로토콜을 쓰려고 합니다. 적정하게 에어리어로 나누고 필요하다면, 스터브/토털리 스터브 에어리어를 구현하세요(루트 서머라이제이션을 최대한 활용할 수 있도록 에어리어로 디자인하세요).

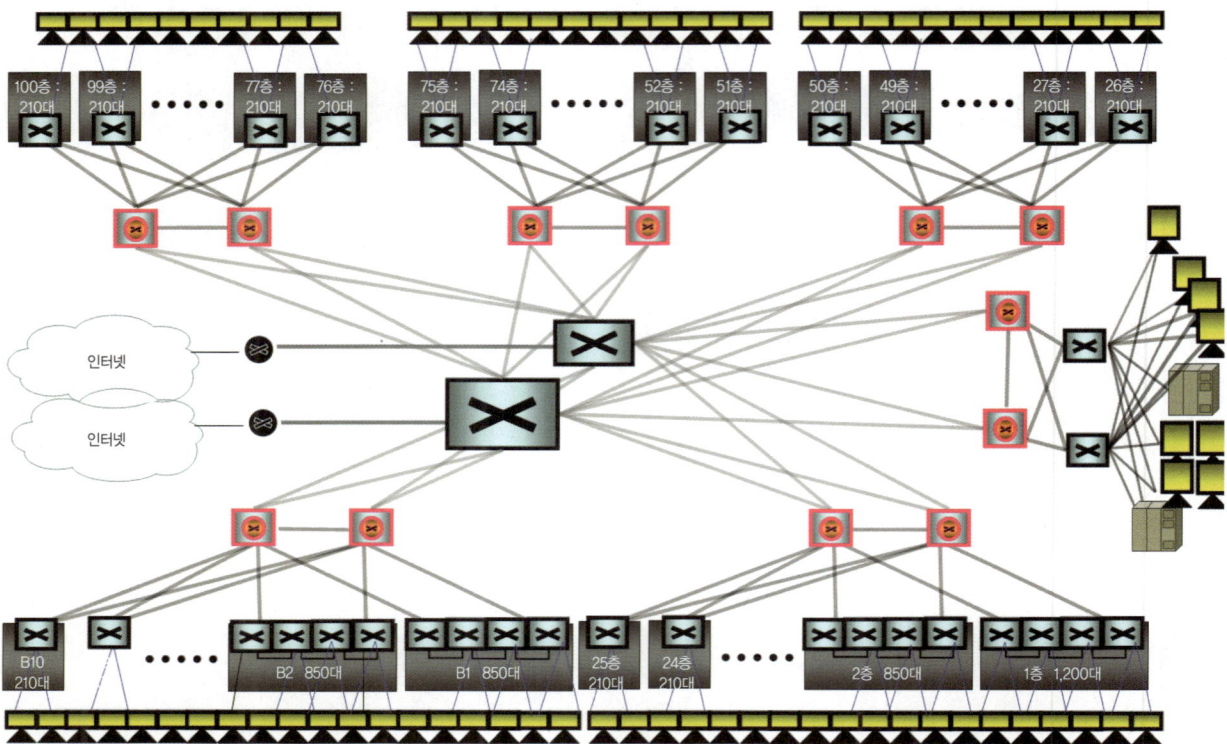

[그림 6-81] ▲
네트워크 실습 시트

Solution 1

OSPF 에어리어 디자인의 예

[그림 6-82]는 OSPF 에어리어 디자인의 예입니다. 라우팅 오버 헤더 트래픽을 줄이기 위해 코어 계층에 연결된 모든 라우터들을 루트 서머라이제이션이 가능한 ABR이 되게 했습니다. 스위칭 블록들을 하나의 에어리어로 구성했고, 스위칭 블록 안에 디스트리뷰션 라우터(ABR) 외에 다른 라우터가 없기 때문에 스터브 에어리어나 토털리 스터브 에어리어로 구현할 필요가 없습니다. 인터넷에 연결하기 위해 인터넷 연결 라우터에서 OSPF 디폴트 루트를 생성시킵니다.

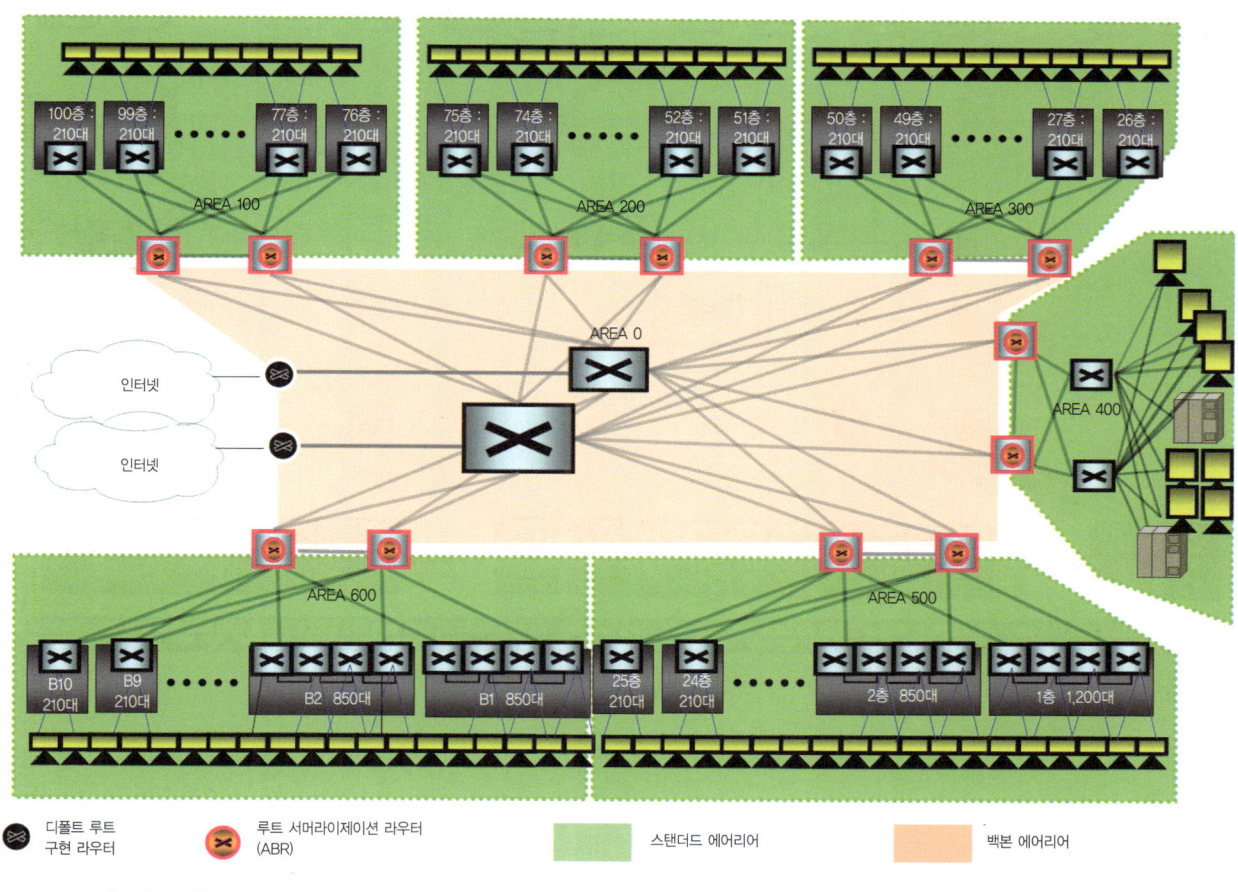

[그림 6-82] ▲
OSPF 에어리어 디자인

Problem 2
라우팅 프로토콜 디자인 연습

[그림 6-83] 실습 시트에서 Integrated IS-IS 라우팅 프로토콜을 사용하여 구성하되, 적정하게 에어리어로 나누고 L1-only 라우터, L2-only 라우터, L1/L2 라우터를 배치하세요. 루트 서머라이제이션을 최대한 활용할 수 있도록 디자인하세요.

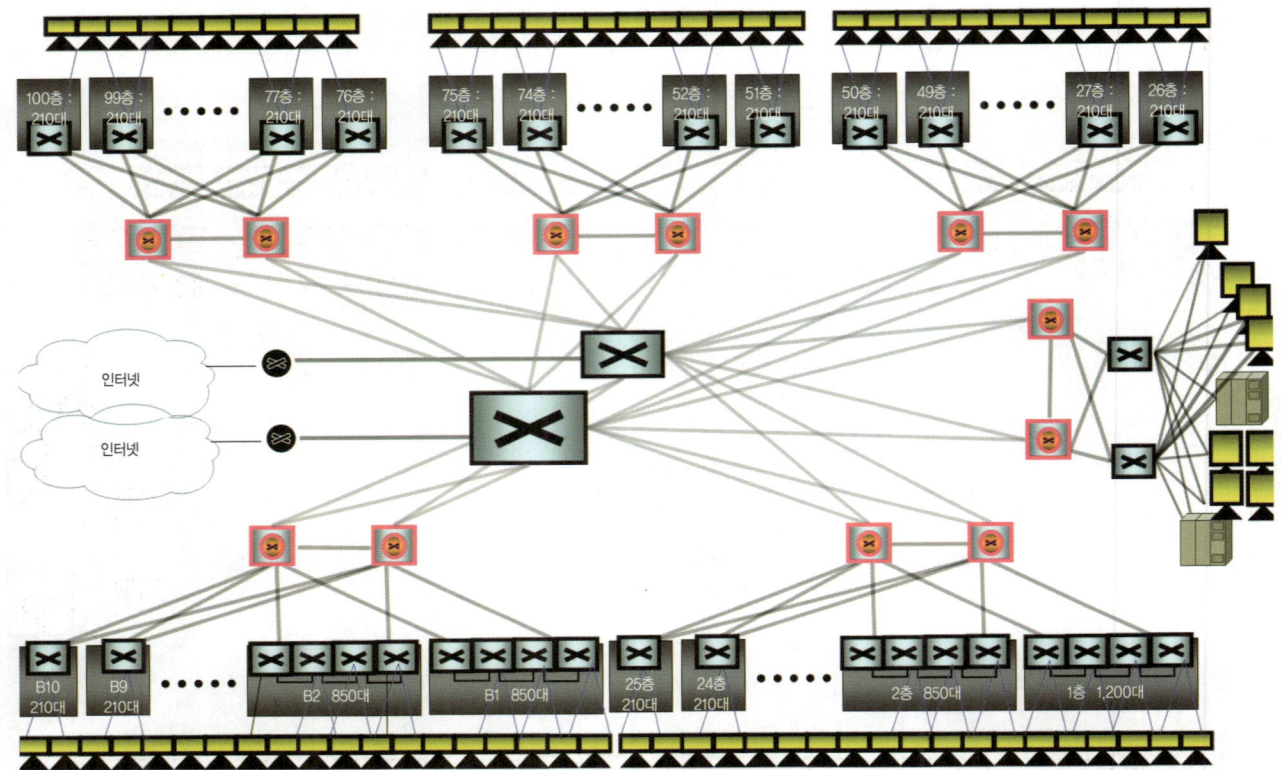

[그림 6-83] ▲
네트워크 실습 시트

Solution 2.

Integrated IS-IS 에어리어 디자인의 예

[그림 6-84]는 Integrated IS-IS 에어리어 디자인의 예입니다. 코어 계층에 라우팅 오버 헤더 트래픽을 줄이기 위해 코어 계층에 연결된 모든 라우터들을 루트 서머라이제이션이 가능한 L1/L2 라우터로 구현했습니다. 스위칭 블록에 있는 두 개의 디스트리뷰션 라우터들을 하나의 에어리어로 구성했습니다. 그리고 인터넷에 연결하기 위해 인터넷 연결 라우터에서 IS-IS 디폴트 루트를 생성시킵니다.

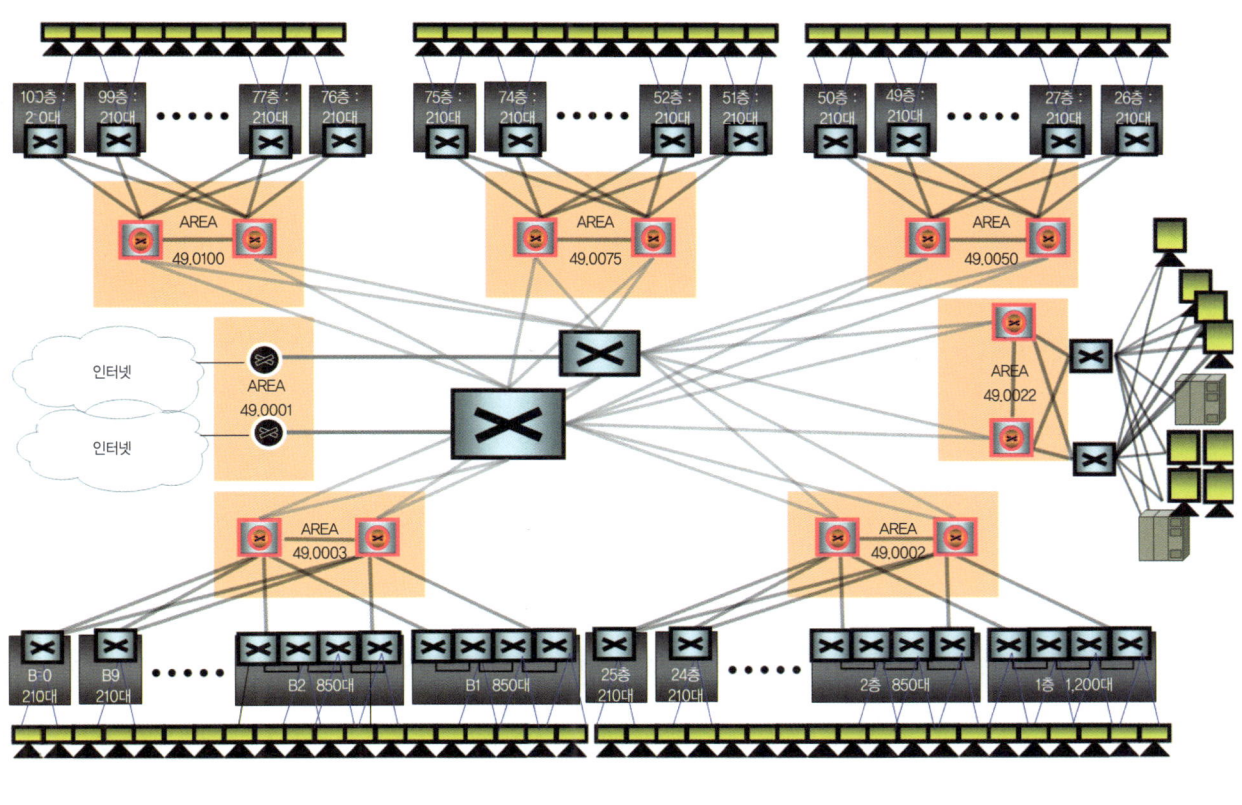

[그림 6-84] ▲
Integrated IS-IS
에어리어 디자인

O/× Quiz & Solution

Chapter 06의 개념을 O/× 퀴즈를 통해 복습해 보겠습니다.

Quiz
틀린 문제에 ×표, 맞는 문제에 O표 하시오.

순서	문 제	O/×
1	라우팅 테이블에 올라오는 정보에는 2계층 주소가 포함된다.	
2	라우터는 초기에 OSI 7계층 기준으로 4~7계층에서 이웃한 라우터와 네이버 관계를 맺는다.	
3	OSPF, IS-IS, EIGRP에서 오픈 메시지를 사용하여 네이버 테이블을 만든다.	
4	라우팅 테이블의 라우팅 정보는 크게 스테이틱과 커넥티드로 나뉜다.	
5	라우팅 프로토콜은 클래스풀 라우팅 프로토콜과 클래스리스 라우팅 프로토콜로 나눌 수 있다.	
6	스테이틱 루트는 런드 중에 사람이 구현한 라우팅 정보이다.	
7	2개의 스태틱 루트 중에서 하나를 어드미니스트래이티브 디스턴스 값을 조정하여 백업 루트로 사용할 수 있다.	
8	라우팅에서 매트릭 값이 낮은쪽이 더 좋은 경로이다.	
9	라우팅 테이블에는 통상 베스트 루트만 올라온다.	
10	RIP의 매트릭은 합리적이다.	
11	클래스풀 라우팅 프로토콜은 라우팅 업데이트할 때 서브넷 마스크 정보도 전달하기 때문에 VLSM(Variabel Length Subnet Mask)를 지원한다.	
12	클래스리스 라우팅 프로토콜을 사용하면 라우팅 업데이트할 때 서브넷 마스크 정보를 전달하지 않기 때문에 추측해야 한다. 이때 정확하게 추측하기 위해서 모든 네트워크는 같은 길이의 서브넷 마스크를 사용해야 하고, IP 주소는 연속되게 할당해야 한다.	
13	OSPF, EIGRP, ISIS, BGP, RIPv2가 클래스리스 라우팅 프로토콜에 포함된다.	
14	라우팅 프로토콜을 구분할 때 클래스풀/클래스리스 외에 또 다른 방법은 디스턴스 벡터/링크 스테이트/하이브리드로 구분하는 것이다.	
15	디스턴스 벡터 계열의 라우팅 프로토콜의 컨버전스 타임이 대체로 링크 스테이트 계열에 비해 짧다.	
16	여러 가지 이점 때문에 RIP은 대형 네트워크에서 사용하는 라우팅 프로토콜이다.	
17	IGRP와 RIP은 라우팅 업데이트할 때 속보 아나운서와 같다.	
18	OSPF는 네이버가 되기 위해 헬로 인터벌이 동일해야 한다.	
19	EIGRP는 네이버가 되기 위해 AS 번호가 동일해야 한다.	
20	IS-IS는 네이버가 되기 위해 주소중 시스템 ID의 길이가 동일해야 한다.	
21	OSPF, EIGRP, ISIS는 별도의 네이버 테이블이 있고 RIP, IGRP는 없다.	
22	NBMA 네트워크에서 OSPF를 구현하는 경우 네이버를 수동으로 찾거나 OSPF 네트워크 모드를 다른 모드로 변경해야 한다.	
23	EIGRP는 에어리어 개념을 사용한다.	

순서	문 제	O/X
24	OSPF는 EIGRP, Integrated IS-IS는 한 종류의 패킷을 사용하여 라우팅 테이블을 유지한다.	
25	OSPF의 모든 에어리어는 에어리어 '0' (백본 에어리어)에 반드시 연결되어 있어야 한다.	
26	확장성 있는 EIGRP 네트워크가 되려면 루트 서머라이제이션을 적절히 사용하고, 스터브/토탈리 스터비 에어리어들을 적절하게 구현하여 에어리어 간에 이동하는 루트의 수를 최소화해야 한다.	
27	EIGRP에서 쿼리 패킷을 보내면 모든 쿼리에 대한 리플라이 패킷이 수신되어야 한다.	
28	리디스트리뷰션은 라우팅 매트릭을 보정하는 것이다.	
29	DUAL 알고리즘을 사용하는 것은 RIP이다.	
30	OSPF와 Integrated IS-IS는 근본적으로 동일한 라우팅 알고리즘을 사용한다.	
31	라우팅 프로토콜마다 사용하는 매트릭 값은 동일하다.	
32	RIPv1과 RIPv2는 클래스리스 라우팅 프로토콜과 디스턴스 벡터 프로토콜에 속한다.	
33	라우팅 프로토콜 고유의 어드미니스트레이티브 디스턴스 값은 조정할 수 있다.	
34	모든 라우팅 프로토콜들은 이퀄 패스 로드 밸런싱만 지원한다.	
35	IGRP와 EIGRP는 표준 라우팅 프로토콜이다.	
36	에어리어의 경계가 장비보다는 선에서 일어나는 것보다 효율적이다.	
37	EIGRP에서 쿼리 패킷이 이동하는 범위를 제한하는 방법이 루트 서머라이제이션과 스터브 에어리어를 구현하는 것이다.	
38	EIGRP에도 가상의 에어리어 개념이 필요하다.	
39	Integrated IS-IS에 헬로는 레벨 1과 레벨 2가 있다.	
40	RIP과 IGRP는 네이버가 되기 위한 조건이 없다.	
41	백본 에어리어는 OSPF에만 있다.	
42	Integrated IS-IS 프로토콜의 경우 에어리어의 경계가 라우터에 있다.	

개념 정비소

Solution

순서	설 명	O/×
1	라우팅 테이블에 올라오는 정보에는 3계층 IP 네트워크 주소 정보를 포함한다.	×
2	라우터는 초기에 OSI 7계층 기준으로 4~7계층에서 이웃한 라우터와 네이버 관계를 맺는다.	O
3	OSPF, IS-IS, EIGRP에서 헬로 메시지를 사용하여 네이버 테이블을 만든다. BGP가 오픈 메시지를 사용하여 네이버 테이블을 만든다.	×
4	라우팅 테이블의 라우팅 정보는 크게 스태틱과 런드 정보로 나뉜다.	×
5	라우팅 프로토콜은 클래스풀 라우팅 프로토콜과 클래스리스 라우팅 프로토콜로 나눌 수 있다.	O
6	스태틱 루트는 런드 중에 사람이 구현한 라우팅 정보이다.	O
7	2개의 스태틱 루트들 중에서 하나를 어드미니스트레이티브 디스턴스 값을 조정하여 백업 루트로 사용할 수 있다.	O
8	라우팅에서 매트릭 값이 낮은 쪽이 더 좋은 경로이다.	O
9	라우팅 테이블에는 통상 베스트 루트만 최대 6개까지 올라온다.	O
10	RIP의 매트릭은 홉으로 Bandwidth(속도)를 보지 않기 때문에 빠른 길이 있어도 사용하지 않는다.	×
11	클래스리스 라우팅 프로토콜은 라우팅 업데이트할 때 서브넷 마스크 정보도 전달하기 때문에 VLSM(Variabel Length Subnet Mask)을 지원한다.	×
12	클래스풀 라우팅 프로토콜을 사용한다면 라우팅 업데이트할 때 서브넷 마스크 정보를 전달하지 않기 때문에 추측해야 한다. 이 경우 정확하게 추측하려면 모든 네트워크는 같은 길이의 서브넷 마스크를 사용해야 하고, 같은 메이저 IP 네트워크는 연속되게 할당해야 한다.	×
13	OSPF, EIGRP, ISIS, BGP, RIPv2가 클래스리스 라우팅 프로토콜에 포함된다.	O
14	라우팅 프로토콜을 구분하는 또 다른 방법은 디스턴스 벡터, 링크 스테이트, 하이브리드이다.	O
15	디스턴스 벡터 계열의 라우팅 프로토콜의 컨버전스 타임은 주기 업데이트 때문에 비교적 길다.	×
16	불합리한 메트릭, 디스턴스 벡터에 속하기 때문에 컨버전스 타임이 길고, 클래스풀에 속하기 때문에 IP 낭비가 발생한다. 그리고 15홉 내의 소형 네트워크에만 사용할 수 있는 등의 여러 가지 약점 때문에 RIP은 작은 네트워크에서 사용하는 라우팅 프로토콜이다.	×
17	IGRP와 RIP은 라우팅 업데이트할 때 주정뱅이와 같고, OSPF, ISIS, EIGRP가 속보 아나운서와 같다.	×
18	OSPF는 네이버가 되기 위해 헬로 인터벌이 동일해야 한다.	O
19	EIGRP는 네이버가 되기 위해 AS 번호가 같아야 한다.	O
20	IS-IS는 네이버가 되기 위해 주소 중에서 시스템 ID의 길이가 동일해야 한다.	O
21	OSPF, EIGRP, ISIS는 별도의 네이버 테이블이 있고 RIP, IGRP는 없다.	O
22	NBMA 네트워크에서 OSPF를 구현하는 경우 네이버를 수동으로 찾거나 OSPF 네트워크 모드를 다른 모드로 변경해야 한다.	O

순서	설 명	O/X
23	EIGRP는 에어리어의 개념을 사용하지 않지만, 가상의 에어리어로 라우터들을 묶어서 가상의 에어리어 간에 루트 서머라이제이션을 적절히 사용하여 에어리어 간에 교환되는 라우팅 정보의 양을 줄일 필요가 있다.	×
24	OSPF는 다양한 타입의 LSA(1~7), Integrated IS-IS는 다양한 타입의 LSP(1~2), EIGRP도 업데이트, 쿼리, 리플라이와 같은 패킷들을 교환하여 라우팅 테이블을 유지한다.	×
25	OSPF의 모든 에어리어는 에어리어 '0' (백본 에어리어)에 반드시 연결되어 있어야 한다.	O
26	확장성 있는 OSPF 네트워크가 되려면 루트 서머라이제이션을 적절하게 사용하고, 스터브/토털리 스터비 에어리어들을 적당히 구현하여 에어리어 간에 이동하는 루트의 수를 최소화해야 한다. EIGRP는 토털리 스터비 에어리어를 제공하지 않는다.	×
27	EIGRP에서 쿼리 패킷을 보내면 모든 쿼리에 대한 리플라이 패킷이 수신되어야 한다.	O
28	리디스트리뷰션은 다른 라우팅 프로토콜들 간에 라우팅 정보를 변환하는 것이다.	×
29	DUAL 알고리즘을 사용하는 것은 EIGRP이다. RIP, IGRP은 벨만-포워드 알고리즘을 사용하고, OSPF, Integrated IS-IS는 다익스트라 알고리즘을 사용한다.	×
30	OSPF와 Integrated IS-IS는 근본적으로 같은 다익스트라 라우팅 알고리즘을 사용한다.	O
31	라우팅 프로토콜마다 사용하는 매트릭 값은 서로 다르다. RIP은 홉을, OSPF, Integrated IS-IS는 코스트를, EIGRP, IGRP는 복합 메트릭 값을 사용한다.	×
32	RIPv1은 클래스풀 라우팅 프로토콜과 디스턴스 벡터 프로토콜에 속한다. 그리고 RIPv2는 클래스리스 라우팅 프로토콜과 디스턴스 벡터 프로토콜에 속한다.	×
33	라우팅 프로토콜 고유의 어드미니스트레이티브 디스턴스 값은 조정할 수 있다.	×
34	대부분의 라우팅 프로토콜들은 이퀄 패스 로드 밸런싱만 지원하지만, 시스코의 IGRP와 EIGRP는 언이퀄 패스 로드 밸런싱도 지원한다.	×
35	IGRP와 EIGRP는 시스코 라우팅 프로토콜이다.	×
36	에어리어의 경계가 장비보다는 선에서 일어나는 것이 보다 효율적이다. 왜냐하면 라우터 장비에서 에어리어의 경계가 발생하면 라우터는 속한 모든 에어리어에 대한 상세 정보를 유지해야 하기 때문에 부하가 높아진다.	O
37	EIGRP에서 쿼리 패킷이 이동하는 범위를 제한하는 방법은 루트 서머라이제이션과 스터브 에어리어를 구현하는 것이다.	O
38	EIGRP에도 가상의 에어리어를 사용하고 에어리어의 경계에서 루트 서머라이제이션을 최대한 사용하여 교환되는 라우팅 정보의 양을 줄여야 한다.	O
39	Integrated IS-IS에 헬로는 레벨 1과 레벨 2가 있다.	O
40	RIP과 IGRP는 네이버가 되기 위한 조건이 없다.	O
41	백본 에어리어는 OSPF에만 있다.	O
42	Integrated IS-IS 프로토콜의 경우 에어리어의 경계가 라우터가 아니라 선에 있다. OSPF의 경우 에어리어의 경계가 라우터에서 발생한다.	×

Big Network Design

Chapter :: 07

라우팅 프로토콜 디자인 Ⅱ

[목표] 라우팅 프로토콜은 AS를 기준으로 AS 안에서 사용하느냐, AS 간에 사용하느냐에 따라 IGP(Interior Gateway Protocol)와 EGP(Exterior Gateway Protocol)로 나뉩니다. Chapter 06이 IGP에 대한 장이라면 Chapter 07은 EGP에 대한 장입니다.

ISP AS를 위해서는 Lesson 2, 3을 중심으로, ISP의 고객 AS를 위해서는 Lesson 4, 5, 6을 중심으로 보시기 바랍니다.

[특징(from ★ to ★★★★★)]

Lesson 01 AS와 BGP의 개요

라우팅 프로토콜들은 AS(Autonomous System)를 기준으로 [그림 7-1]과 같이 IGP와 EGP로 나눕니다. IANA(Internet Assigned Numbers Authority)는 AS 번호 할당 책임이 있는 기관입니다. AS 번호는 16비트 길이로, 1~65,535 영역을 가집니다. 64,512~65,530 영역은 사설용(Private Use)으로 Private Address처럼 조직 내에서 임의로 사용할 수 있습니다.

- **IGP(Interior Gateway Protocol)** : AS 내부에서 사용하는 라우팅 프로토콜로, 앞에서 설명한 RIP, IGRP, OSPF, Integrated IS-IS, EIGRP가 속합니다.
- **EGP(Exterior Gateway Protocol)** : AS 간의 라우팅 정보 교환을 위해 사용하는 라우팅 프로토콜로, BGP가 EGP의 예입니다.

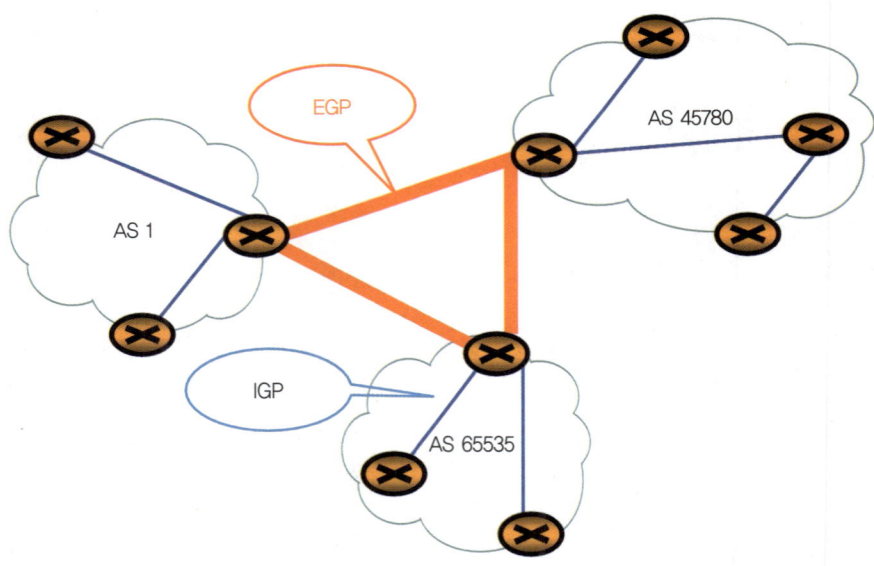

[그림 7-1] ▶
IGP와 EGP의 적용 영역

BGP는 EGP(Exterior Gateway Protocol)에 속하고, 다음과 같은 특징을 갖습니다.

- AS 간의 라우팅 정보 교환을 통해 [그림 7-1]과 같은 인터넷 연결을 가능하게 합니다.
- **TCP** : BGP는 라우팅 정보 전달을 위해 TCP를 사용합니다.
- 변화가 일어났을 때 변화가 일어난 네트워크 정보만 보내는 속보 아나운서 스타일의 라우팅 업데이트를 합니다.

- OSPF, EIGRP의 헬로(Hello)와 같은 오픈 메시지를 통해 네이버 관계를 맺고 킵어라이브 메시지(Keepalive Message)를 교환하여 이웃 라우터의 상태를 체크합니다. 라우팅 업데이트를 위해 업데이트 메시지(Update Message), 오류를 전달하기 위해 Notification 메시지를 사용합니다. BGP가 사용하는 패킷들은 [표 7-1]과 같습니다.

[표 7-1] ▶ BGP 패킷의 종류

구분	설명
오픈(Open) 메시지	BGP 이웃과의 네이버 설정을 위한 메시지입니다.
킵어라이브(Keepalive) 메시지	BGP 이웃과는 최초의 TCP 커넥션 이후에 주기적으로 교환합니다.
업데이트(Update) 메시지	네트워크 정보와 Path Attribute(매트릭)를 포함하는 라우팅 정보입니다.
Notification 메시지	오류가 발생했을 때 보냅니다.

Open 메시지는 다음의 정보를 포함합니다.

- **홀드 타임(Hold Time)** : 이웃 라우터로부터 킵어라이브(Keepalive), 업데이트(Update)를 받지 않고 이웃 라우터가 살아있다고 판단할 수 있는 최대 시간입니다. 이웃 라우터가 구현한 시간과 자신이 구현한 시간이 다르다면, 좀 더 짧은 것을 선택합니다.

- **BGP 라우터 ID** : OSPF와 같은 방법으로 선택되는 라우터의 ID. 루프백 인터페이스(Loopback Interface)에 IP를 구현하지 않았다면, 살아있는(Active) IP 주소 중 가장 높습니다.

Keepalive 메시지가 BGP 이웃 라우터(Peer)가 살아있는지를 판단하기 위해 교환됩니다. Update 메시지는 한 메시지당 한 경로(Path) 정보만 포함되고 다음과 같은 정보를 포함합니다.

- **유효하지 않는 루트(Withdrawn Route)** : 더 이상 베스트 루트가 아닌 네트워크 정보
- **Path Attribute** : IGP의 메트릭에 해당됩니다.
- **유효한 루트(Network Layer Reachability Information)** : 네트워크 정보(베스트 루트)

Notification 메시지는 오류가 발생했을 때 오류가 발생한 이유를 설명하는 오류 코드를 포함합니다. BGP 정보를 전송하기 위해 [그림 7-2]와 같은 TCP를 사용하고, 포트 번호는 179번입니다. BGP가 TCP를 사용한다는 것은 다른 라우팅 프로토콜들처럼 BGP 네이버가 인접할 필요가 없다는 아주 중요한 의미가 있습니다. TCP를 사용하는 FTP 서버와 클라이언트가 한 네트워크 안에서 직접 연결될 필요가 없는 것과 같습니다.

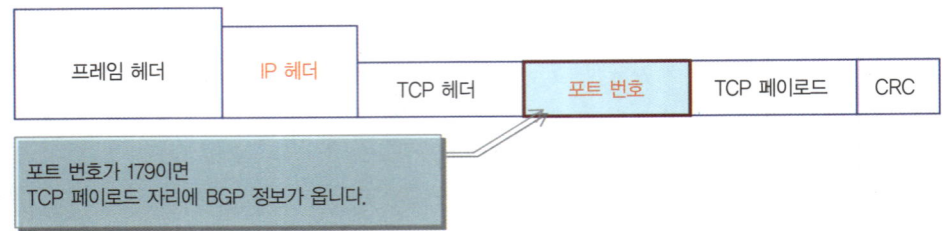

[그림 7-2] ▶
BGP 프레임의 포맷

인터넷은 [그림 7-3]과 같이 AS들의 연결이라고 할 수 있습니다. 각 AS들은 인터넷에 접속하기 위해 인터넷 서비스 제공업자에 연결되어 있습니다. [그림 7-3]에서 AS 120은 AS11(데이콤)에 연결되어 있고, AS 20은 AS11(데이콤)에도 연결되어 있으며, AS51234 (KT)에도 연결되어 있습니다. AS 654와 AS 994는 AS51234(KT)에 연결되어 있고, AS 290, AS 190, AS180은 AS 613(France Telecom)에 연결되어 있습니다. ISP는 고객망이 연결되는 인터넷 접속점 역할을 하고 고객을 대신하여 다른 ISP와의 연결점 역할을 합니다. 이때 BGP를 AS 간의 라우팅 프로토콜로 사용하는데, [그림 7-3]에서 BGP 세션은 오렌지색 선으로 표시했고, 검은색 선은 IGP 영역입니다.

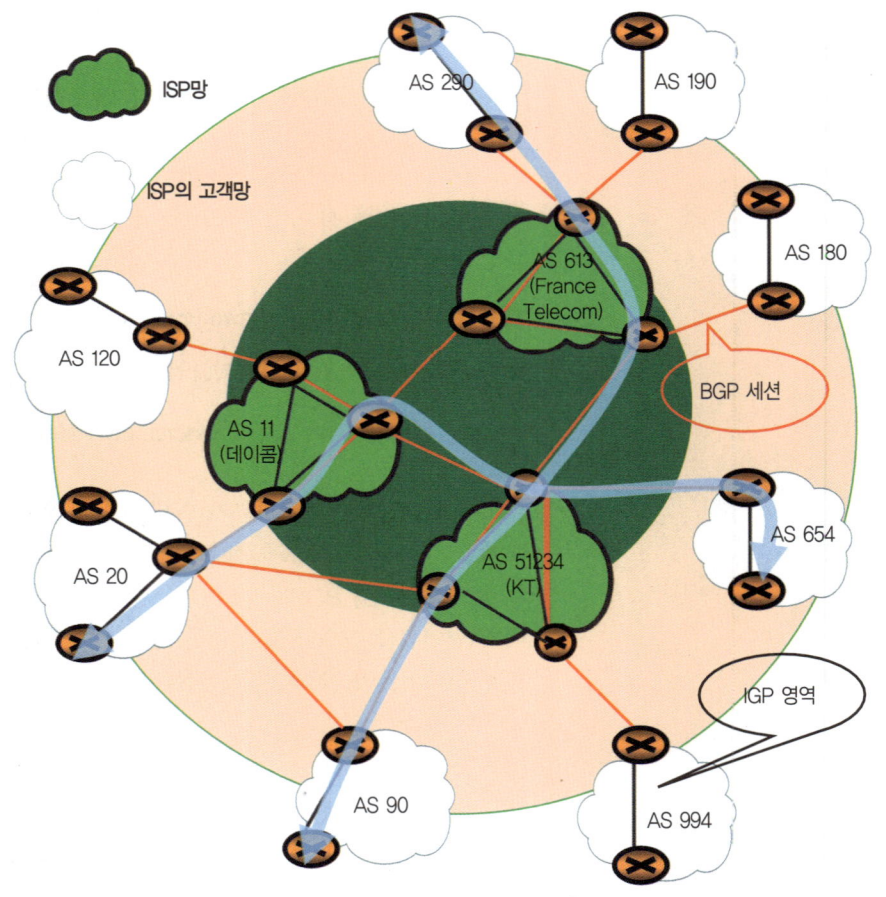

[그림 7-3] ▶
인터넷과 BGP

다음과 같이 AS는 Transit AS와 Stub AS로 구분할 수 있습니다.

- **Transit AS** : BGP 라우팅 정보가 AS를 통과하여 다른 AS에 전달되기 때문에 'Transit AS'라고 하고, [그림 7-3]과 같이 보통 서비스 프로바이더 AS가 여기에 속합니다.
- **Stub AS** : BGP 정보가 AS를 통과하지 않는 경우로, [그림 7-3]과 같이 보통 ISP의 고객 AS가 여기에 속합니다. 다음의 두 가지 Stub AS가 있습니다.
  - 고객과 ISP의 연결선이 하나인 Stub AS
  - (이중화를 위해) 고객과 ISP의 연결선이 다수인 Stub AS

BGP를 돌리는 것이 AS들 간의 라우팅 정보 전달을 위한 최적의 솔루션이 아닙니다. 위의 AS 중에서 고객과 ISP의 연결선이 하나인 Stub AS인 경우나 BGP의 거대 라우팅 테이블을 처리할 대역폭이 부족한 경우 BGP를 사용하지 않고 스태틱 루트를 적용합니다.

[그림 7-4]에서 R1에 디폴트 스태틱 루트(Default Static Route), 'ip route 0.0.0.0 0.0.0.0 2.2.2.2'를 구현하면 RIP 네트워크의 모든 라우터들(R3 등)에게 RIP 디폴트 정보(R* 0.0.0.0)가 자동으로 생성되는데 R1을 향합니다. 따라서 RIP 네트워크의 라우터의 라우팅 테이블에 없는 네트워크에 대해서는 R1을 거쳐서 R2까지 보낼 수 있습니다. R2 라우터는 ISP 라우터로 웬만한 네트워크 정보를 가지고 있거나, 가지고 있는 라우터를 알고 있습니다.

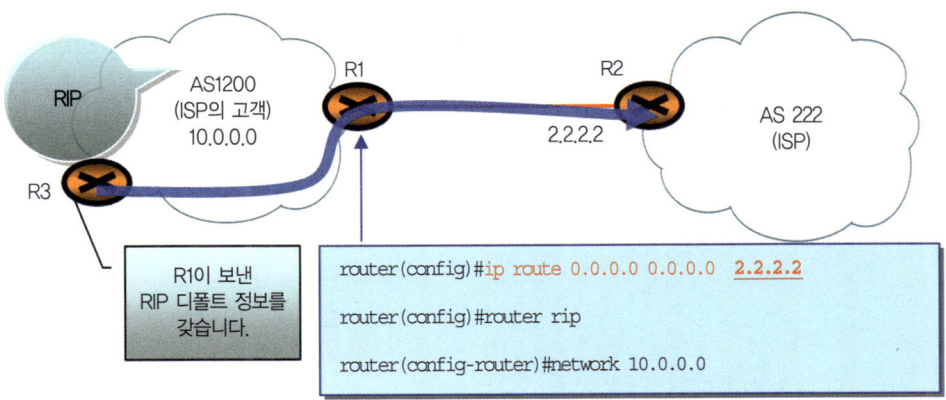

[그림 7-4] ▶
BGP의 대안, 스태틱 루트 사용하기 ①

[그림 7-5]는 IGP로 OSPF를 쓸 경우입니다. RIP에서는 디폴트 스태틱 루트만 설정 하면 RIP 영역의 모든 라우터로 디폴트 RIP 정보가 보내지지만, OSPF에서는 'default-information originate' 명령이 필요합니다. always 옵션이 있으면, 디폴트 스태틱 정보가 없어도 OSPF 디폴트 정보를 OSPF 영역 안의 모든 라우터에게 보내는데, OSPF 영역 안의 모든 라우터들이 가진 디폴트 정보는 이 명령을 구현한 라우터를 향합니다.

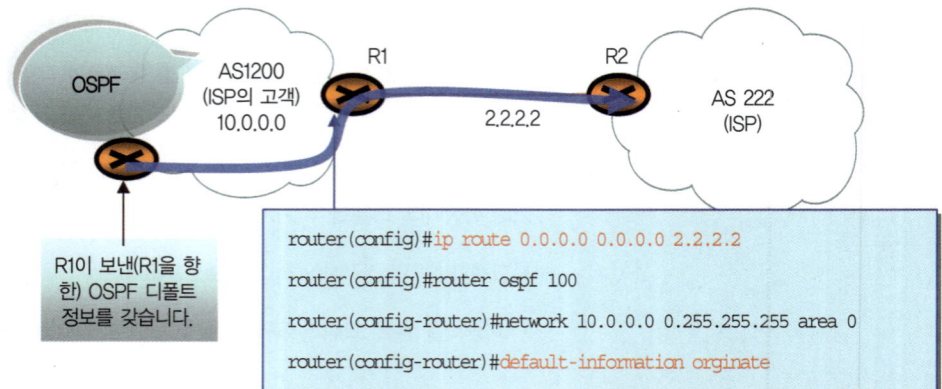

[그림 7-5] ▶
BGP의 대안, 스태틱 루트 사용하기 ②

[그림 7-6]은 IGP로 EIGRP를 쓴 경우에는 두 가지 방법이 있습니다. 첫 번째 방법은 스태틱 루트를 EIGRP 정보로 리디스트리뷰션(Redistribution)하는 방법으로, 디폴트 루트를 EIGRP 영역의 모든 라우터에게 보냅니다. 모든 EIGRP 영역의 라우터는 *D Ex로 표시되는 R1쪽으로 향하는 디폴트 라우팅 정보를 가집니다. 두 번째 방법은 network 0.0.0.0 명령으로 스태틱 루트를 EIGRP에 등록해서 전달하는 것입니다.

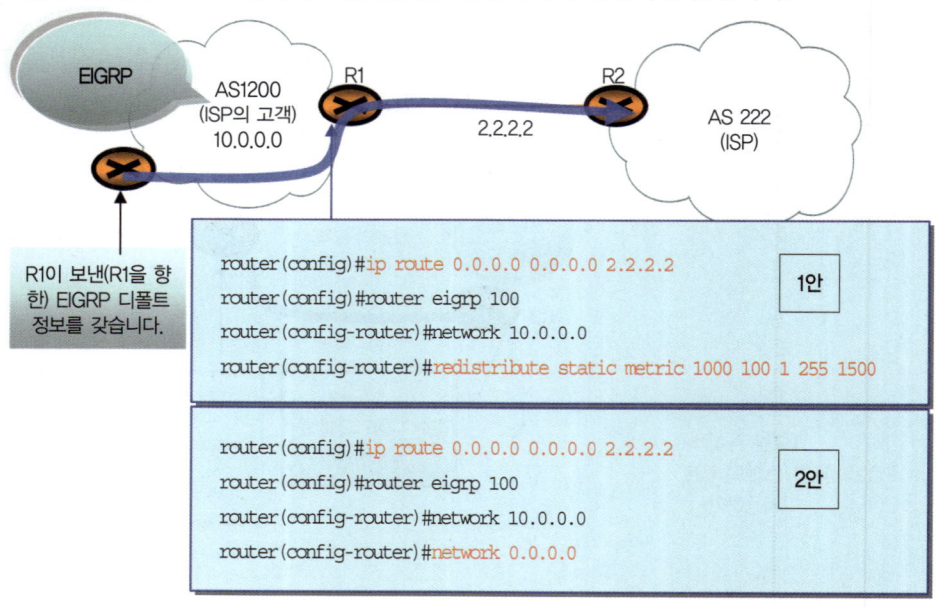

[그림 7-6] ▶
BGP의 대안, 스태틱 루트 사용하기 ③

Lesson 02 | 고객 AS(Stub AS)는 언제 BGP를 사용하나요?

[그림 7-7]에서 고객망(고객 AS)이 처음에는 AS 222 (KT) ISP를 통해서만 인터넷에 접속했지만, ISP 이중화를 위해 AS 111(데이콤) ISP에도 연결했다고 가정해 봅시다. 고객망에서 외부로 나가는 트래픽은 고객 라우터(R1)에서 이중화가 가능합니다. 하지만 고객이 최초에 KT (AS 222)에 가입하여 20.20.0.0/ 16에 속하는 20.20.17.0 /24 주소를 할당받았고, 현실적으로 각각의 AS들은 자신의 IP 주소만 인터넷에 BGP 정보로 알리기 때문에 (R4와 R5에서) 외부 인터넷에서 아래 고객망으로 들어오는 트래픽은 KT를 통해서 들어올 수 밖에 없습니다. 즉 외부에서 내부로 들어오는 트래픽은 사실상의 이중화가 되지 않는 셈입니다.

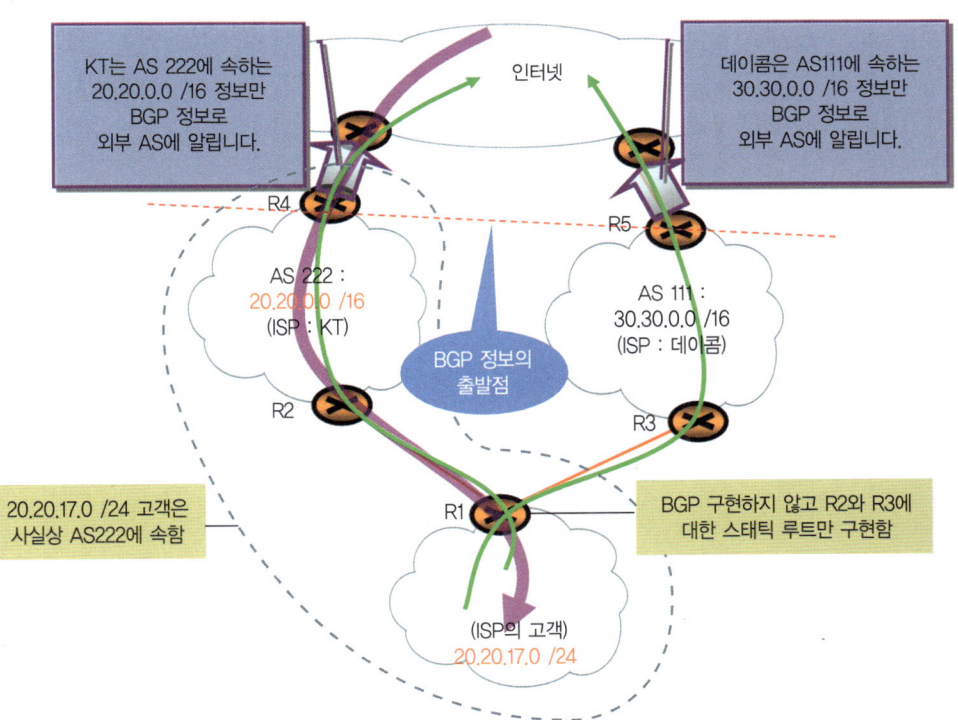

[그림 7-7] ▶ 스태틱 루트 대신 BGP를 사용해야 하는 이유

[그림 7-8]에서는 고객은 독립된 AS번호를 가지고, 직접 BGP 정보를 만들어서 내보내고 있습니다. 이 때문에 고객 AS의 BGP 정보는 데이콤과 KT ISP를 통해 인터넷의 모든 BGP 라우터들에 알려지면서 유입 트래픽에 대해서도 이중화가 될 수 있습니다. 이것이 고객 AS에서 BGP를 돌리는 이유입니다. [그림 7-8]을 보면 [그림 7-7]에서 보이지 않았던 (KT에서 독립된) AS333을 고객망이 가지고 있습니다.

Chapter 07 라우팅 프로토콜 디자인 II

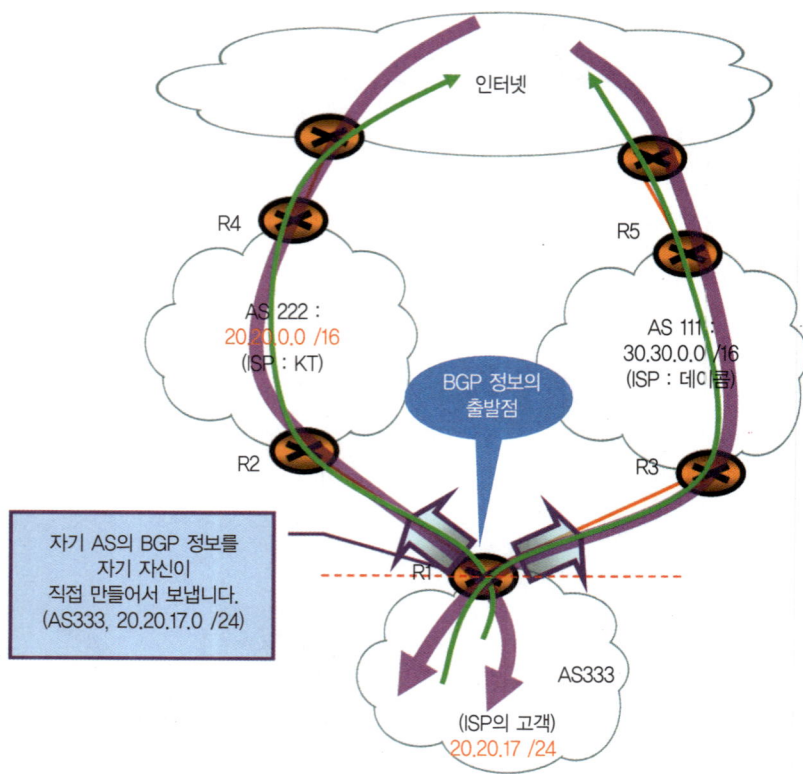

[그림 7-8] ▶
스태틱 루트 대신 BGP를
사용해야 하는 이유 ②

Lesson 03 고객 AS에서 ISP AS로 BGP 정보 넘겨주기, 고객 AS안으로 디폴트 정보 넘겨주기

ISP AS와는 달리 고객 AS의 모든 라우터에 BGP를 구현하는 대신, 대표 경계 라우터에만 BGP를 구현합니다. 고객 AS에서 BGP를 적용하는 예를 살펴봅시다. BGP를 구현하면 라우터는 [그림 7-9]와 같이 별도의 BGP 테이블을 갖습니다. AS 경계에 위치한 고객 AS의 대표 라우터는 AS 안의 네트워크 정보를 다른 AS에 BGP로 넘겨주기도 하고, BGP로 전달된 정보를 AS 안의 라우터에게 전달해야 합니다.

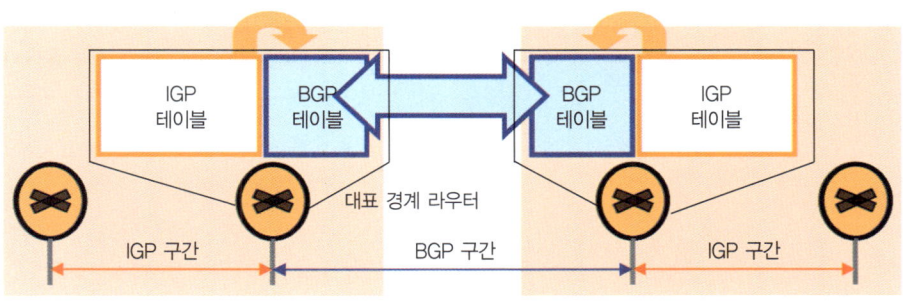

[그림 7-9] ▶
라우팅 테이블과 별도로 존재하는 BGP 테이블

고객 AS(Stub AS)에서 ISP AS(Transit AS)로 BGP 정보를 넘겨줄 때 최대한 적은 수의 정보를 보내야 합니다. 라우팅 업데이트의 양을 줄이고 라우팅 테이블을 짧게 하기 위해 루트 서머라이제이션(Route Summarization)을 최대한 활용해야 합니다. 마찬가지 이유로 고객 AS 안의 라우터에게도 디폴트 정보 하나만 넘겨줍니다.

고객 AS의 라우팅 정보를 ISP AS로 넘겨주기

● 'network' 명령 사용하기

[그림 7-10]과 같이 'network' 명령을 사용하여 'router bgp 1001' 명령의 아래에 일일이 등록해야 합니다. 이때 등록하는 네트워크 정보는 IGP(그림에서 OSPF 정보) 테이블에 반드시 있는 정확한 정보여야 하고, subnet mask 길이까지 정확하게 일치해야 합니다. 등록한 네트워크 정보는 'aggregate-address summary-only' 명령으로 루트 서머라이제이션해서 최소한 간략화 합니다.

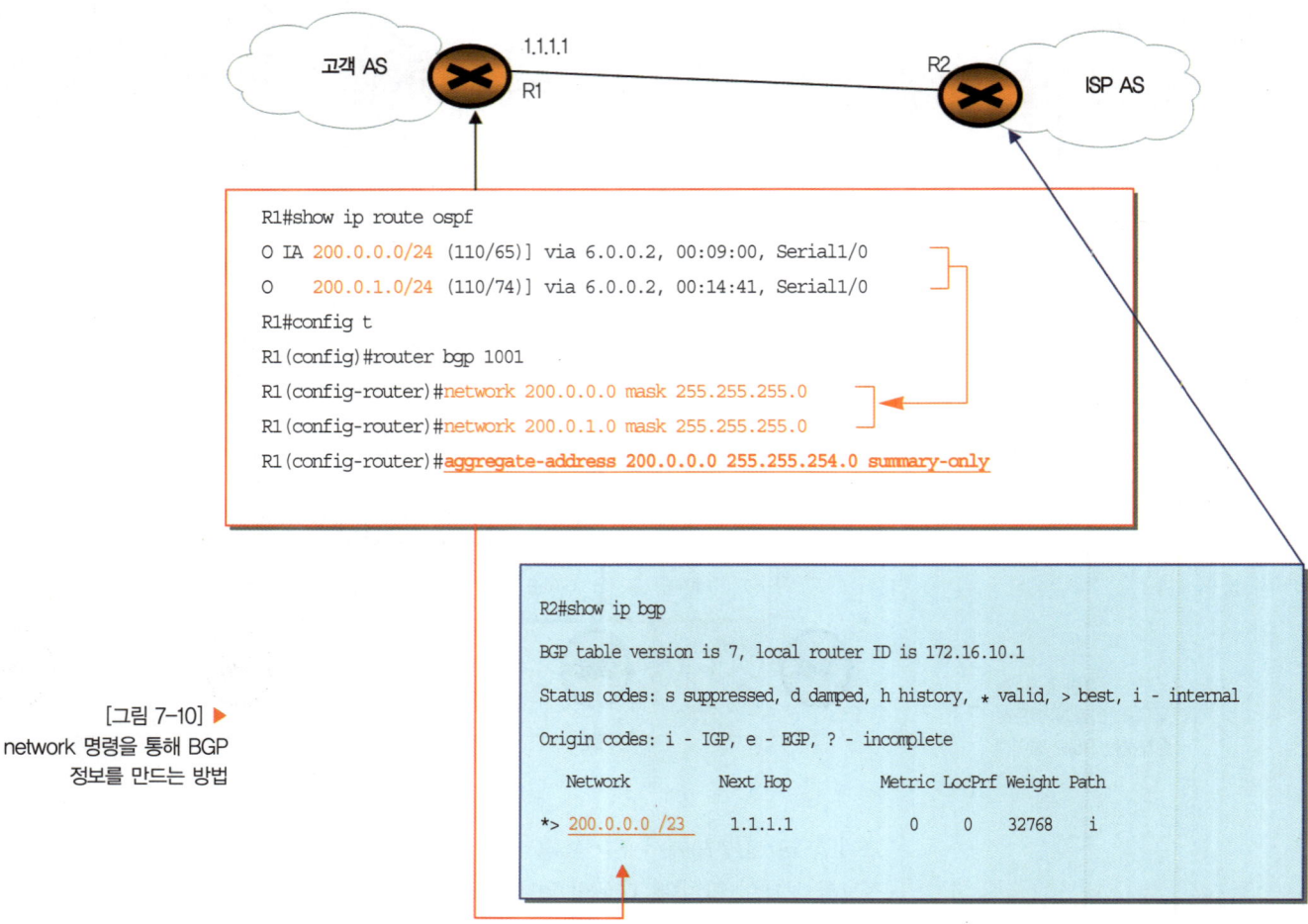

[그림 7-10] ▶
network 명령을 통해 BGP
정보를 만드는 방법

● 스태틱 루트를 BGP로 Redistribution하기

루트들을 요약하여 하나의 가상의 스태틱 루트(ip route 200.0.0.0 255.255.252.0 null0)를 만든 후 BGP로 리디스트리뷰션합니다. 앞의 경우와 비슷하게 R2에서는 4개의 BGP 루트 대신 하나의 루트로 보입니다.

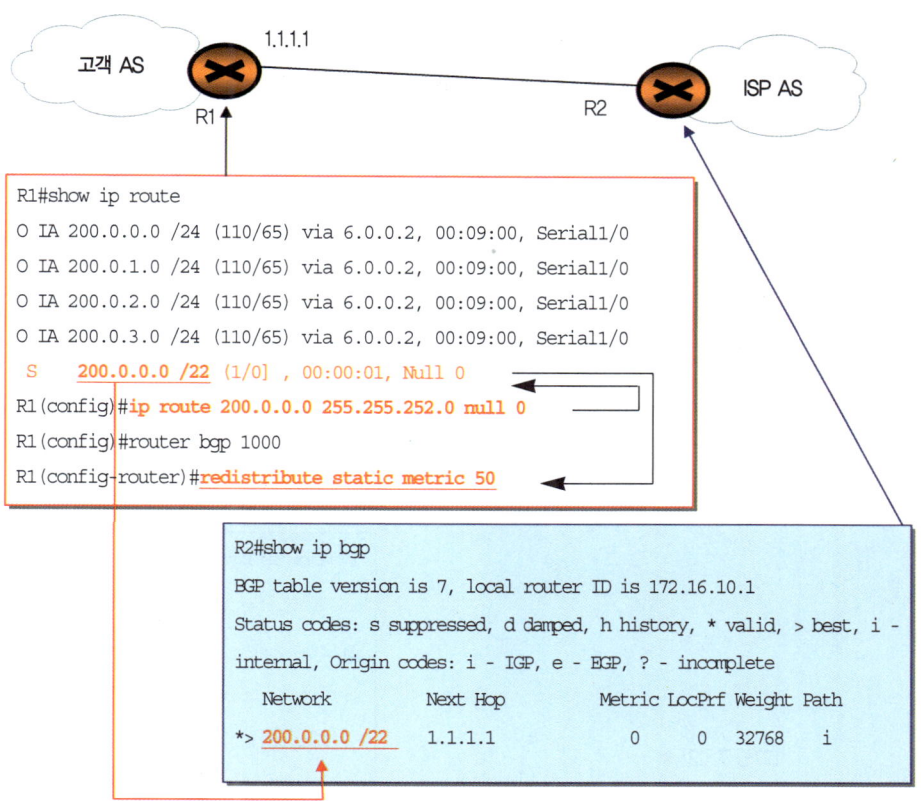

[그림 7-11] ▶
BGP 정보를 만드는 방법 :
스태틱 루트의 Redistribution

[그림 7-11]에서 Null 0 인터페이스는 데이터의 쓰레기통입니다. 라우팅에는 'the longest match'라는 원칙이 있습니다. 즉 200.0.0.0 /24 정보가 200.0.0.0 /22보다 길게 일치하기 때문에 우선합니다. 실제하는 루트들(200.0.0.0 /24~200.0.3.0 /24)이 다운되었을 때 데이터는 모두 쓰레기통에서 폐기되어서 Null 0가 아닌, 다른 데로 패킷이 나가서 다시 들어오는 패킷 루프가 발생하지 않도록 합니다.

● IGP 전체 루트를 BGP로 Redistribution하기

IGP의 다이내믹 루트를 BGP로 리디스트리뷰션하는 것은 링크의 업다운 변화가 BGP 업데이트로 그대로 전달되면서 오버헤더 트래픽을 증가시키고 불안정한 BGP 테이블 상태를 만들기 때문에 권장하는 방법이 아닙니다. 이때 'auto-summary' 명령을 사용하면 자동으로 루트 서머라이제이션되는데, 이때 디폴트 서브넷 마스크(서머라이제이션 마스크)로 적용되기 때문에 문제가 있습니다. [그림 7-12]에서 20.0.0.0 /24, 20.0.1.0 /24, 20.0.2.0 /24, 20.0.3.0 /24는 20.0.0.0 /22가 아닌 20.0.0.0 /8이 되기 때문에 틀린 정보를 가지게 됩니다.

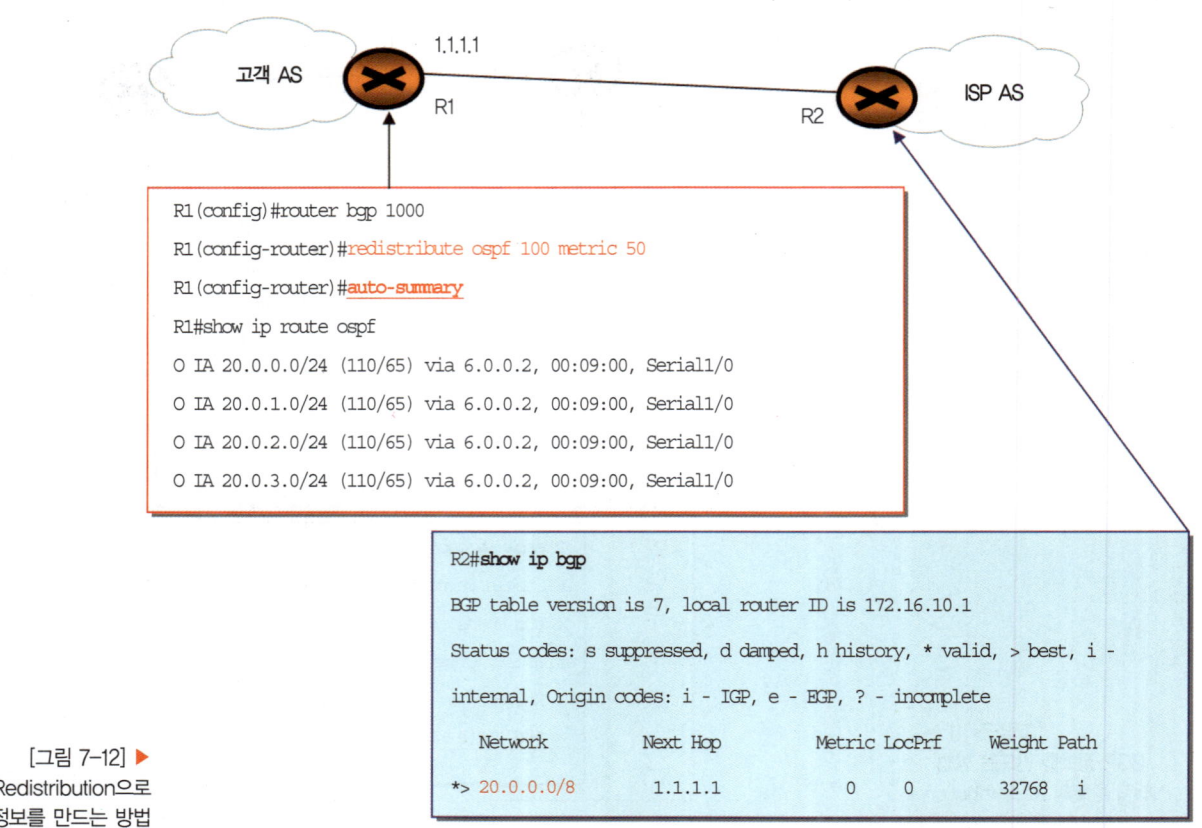

[그림 7-12] ▶
IGP 루트의 Redistribution으로 BGP 정보를 만드는 방법

ISP AS가 넘긴 BGP 정보를 고객 AS 안의 라우터에게 넘겨주기

고객 AS와 ISP AS를 BGP로 연결했을 때 BGP의 주 목적은 고객 AS의 라우팅 정보를 전 세계에 알려서 AS로 들어오는 라우팅을 이중화하기 위한 것입니다. 한편 AS 내부의 라우터 입장에서 AS 외부로 나가는 라우팅을 위해서 AS 경계 라우터를 향하는 IGP(예 : OSPF) 디폴트 정보만 받아도 충분하고 보통 그렇게 합니다.

2개 이상의 ISP AS에서 BGP 정보를 받아서 특정 AS 외부 네트워크에 대해 특별한 BGP 라우팅 정책을 가질 필요가 없는 이상 ISP AS로부터 BGP 정보를 수신할 필요가 전혀 없습니다. [그림 7-13]을 보면 고객 AS 안의 라우터들에게 전달되는 정보는 OSPF 디폴트 정보 하나이고, 밖으로 전달되는 정보도 루트 서머라이제이션된 정보 하나입니다. 고객 AS 안의 모든 라우터에게는 OSPF가 되었든지, RIP이 되었든지, EGIRP가 되었든지 디폴트 정보(0.0.0.0) 하나만 넘겨줍니다.

[그림 7-13]은 위의 의도를 반영한 라우터 설정 예입니다. 'default-information originate always' 명령은 OSPF(다른 라우팅 프로토콜도 사용 가능) 도메인 안으로 보

내는 유일한 정보, 즉 디폴트 루트입니다. R1은 AS 32768의 대표 라우터(BGP와 IGP(여기서는 OSPF)의 경계 라우터)라고 할 수 있습니다. 그리고 'aggregate-address 200.0.0.0 255.255.254.0 summary-only' 명령은 자기 AS의 루트 정보를 ISP AS로 보내는 유일한 (루트 서머라이제이션) 정보입니다.

```
R1(config)#router ospf 32768
R1(config-router)#network 200.0.0.1 0.0.0.0 area 0
R1(config-router)#default-information originate always
R1(config)#router bgp 32768
R1(config-router)#neighbor 1.1.1.2 remote-as 200
R1(config-router)#network 200.0.0.0 mask 255.255.255.0
R1(config-router)#network 200.0.1.0 mask 255.255.255.0
R1(config-router)#aggregate-address 200.0.0.0 255.255.254.0 summary-only
```

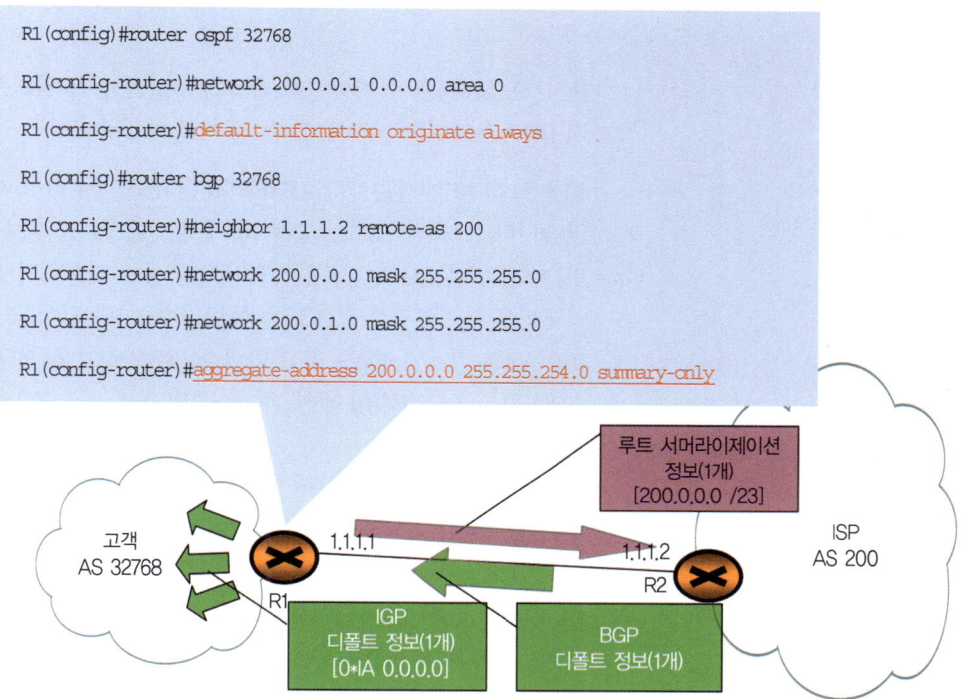

[그림 7-13] ▶
고객 AS의 경계 라우터에서 구현하는 예

Lesson 04 ISP AS의 IBGP 세션 관련 이슈와 솔루션

BGP 프로토콜을 이해하면 인터넷의 구성과 동작 원리를 잘 알 수 있습니다. 특히 ISP에서 BGP 프로토콜 동작을 잘 알 때 더욱 그렇습니다.

보통 고객 AS에서는 ISP AS와 연결된 대표 라우터를 제외한 라우터들은 BGP를 돌리지 않습니다. 그러나 ISP는 고객 AS에서 받은 BGP 정보를 다른 ISP에게 전달하고, 다른 ISP에서 받은 BGP 정보를 가지고 라우팅에 사용해야 하기 때문에 ISP AS에 속한 모든 라우터들은 기본적으로 BGP를 돌립니다. 이와 같이 BGP 세션이 AS를 통과하기 때문에 ISP AS를 'Transit AS'라고 합니다. BGP 정보를 전달하는 세션은 [그림 7-14]와 같이 'IBGP(Internal BGP) 세션'과 'EBGP(External BGP) 세션'으로 구분합니다.

- **IBGP** : 같은 AS 안의 두 라우터들 사이의 BGP 연결
- **EBGP** : 다른 AS 간의 두 라우터들 사이의 BGP 연결

ISP AS는 고객 AS처럼 AS 안의 라우터들에게 정보 전달을 위해 디폴트 정보를 생성시키거나 리디스트리뷰션을 하는 대신 ISP AS 안의 모든 라우터들이 BGP의 IBGP 세션을 통해 AS 외부의 네트워크 정보를 일일이 받습니다.

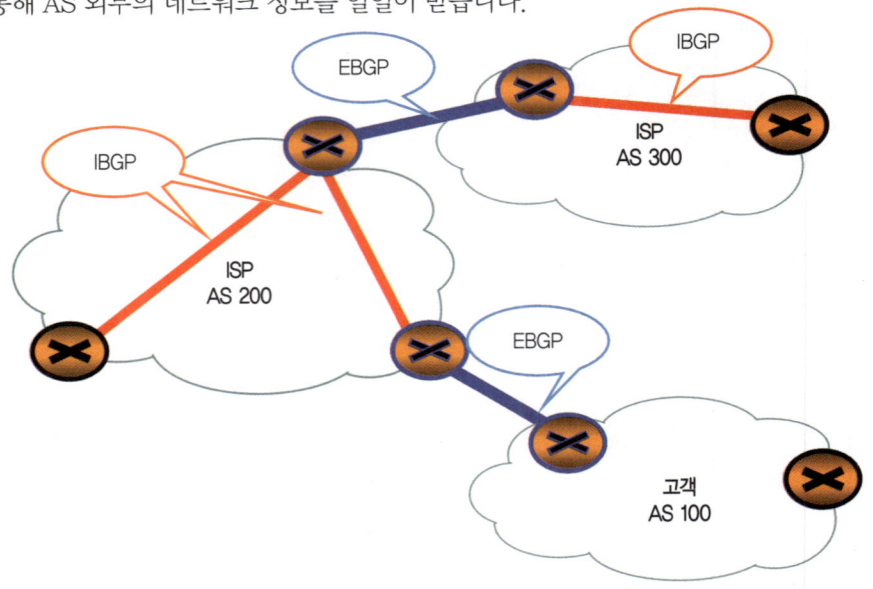

[그림 7-14] ▶
IBGP 연결과 EBGP 연결하기

ISP AS의 구현에서 IBGP, EBGP 세션과 관련하여 다음 네 가지의 BGP 전달 흐름이 있을 수 있습니다.

- IBGP 세션을 통해 받은 BGP 정보를 IBGP 세션으로 전달
- IBGP 세션을 통해 받은 BGP 정보를 EBGP 세션으로 전달
- EBGP 세션을 통해 받은 BGP 정보를 EBGP 세션으로 전달
- EBGP 세션을 통해 받은 BGP 정보를 IBGP 세션으로 전달

이러한 네 가지 전달 방향에서 [표 7-2]에 표시한 Route Reflector, No Synchronization, next-hop-self와 같은 솔루션을 사용하지 않으면 BGP는 제대로 동작하지 않습니다. 이러한 솔루션은 IBGP 세션이 포함되는 Transit AS(ISP AS)에 관한 것임을 다시 한 번 강조합니다. 자, 그러면 이것에 대해 좀 더 구체적으로 알아봅시다.

[표 7-2] IBGP/EBGP 세션과 관련된 솔루션

BGP 루트 전달 방향	적용 가능한 솔루션
From IBGP To IBGP	Route Reflector
From IBGP To EBGP	No Synchronization
From EBGP To EBGP	아무 문제가 없기 때문에 솔루션 없음
From EBGP To IBGP	next-hop-self

Route Reflector

BGP IBGP 세션과 관련되어 스플릿 호라이즌(Split Horizon)이라는 주요한 원칙이 있습니다. 이것은 IBGP 라우터로부터 받은 라우팅 정보를 다른 IBGP 라우터에게 전달하지 않는다는 원칙입니다. IBGP 세션을 통해 BGP 라우팅 정보가 뱅글뱅글 도는 현상, 내가 보낸 BGP 정보를 내가 다시 받는 현상, 즉 라우팅 루프를 막기 위한 것입니다. 스플리트 호라이즌 때문에 라우팅 루프를 피할 수 있지만, IBGP 세션을 통해 받은 루트들을 다른 IBGP 세션을 통해 전달하지 못하기 때문에 [그림 7-15]와 같이 AS 내부의 라우터들끼리는 IBGP 풀 메시 연결이 필요합니다.

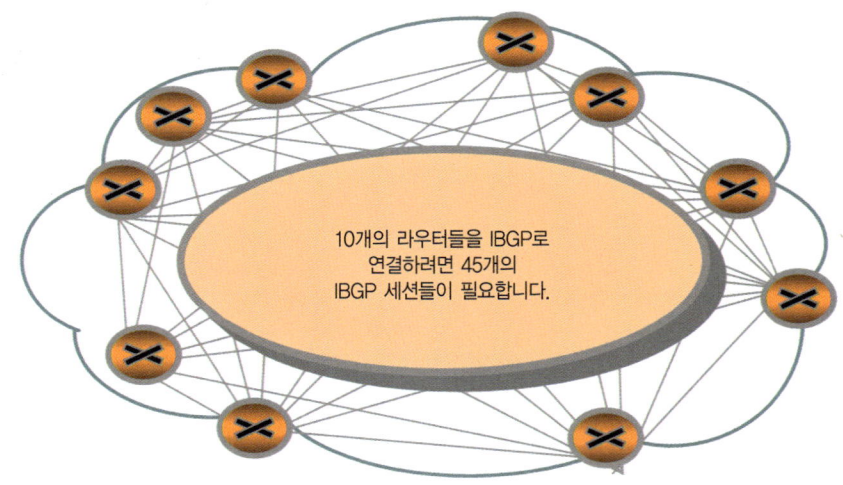

[그림 7-15] IBGP의 풀 메시 연결하기

10개의 라우터들을 IBGP로 연결하려면 45개의 IBGP 세션들이 필요합니다.

풀 메시 IBGP 연결은 라우팅 정보의 루프를 막을 수는 있지만, 너무 많은 TCP 세션이 생성되고, 이러한 세션들을 통해 과다하고 중복된 라우팅 업데이트 트래픽이 교환됩니다. 이것에 대한 솔루션으로 ISP AS에서 사용하는 솔루션은 Route Reflector입니다. 라우터를 Route Reflector로 구현하면 IBGP로부터 받은 BGP 정보를 다른 IBGP 세션을 통해 전달할 수 있습니다. 이러한 BGP Route Reflector의 특성 때문에 BGP TCP 세션의 수를 [그림 7-16]과 같이 45개의 세션에서 10개로 줄입니다. [그림 7-16]에서 Route Reflector 간에는 루프가 걸릴 수 있으나, 라우팅 정보를 보낸 라우터의 ID, 즉 Originator-ID를 사용해서 BGP 정보 수신시 자기가 보낸 정보를 확인하여 걸러낼 수 있기 때문에 루프를 피할 수 있습니다. Route Reflector의 구성 방법은 다음과 같습니다.

첫째, 다수의 클러스터(Cluster)로 AS를 분할합니다.

둘째, 한 클러스터에 적어도 하나의 Route Reflector를 정하고, 나머지는 Route Reflector의 클라이언트로 지정합니다.

셋째, 클러스터를 대표하는 Route Reflector들끼리는 이중화를 위해 IBGP 풀 메시로 연결합니다.

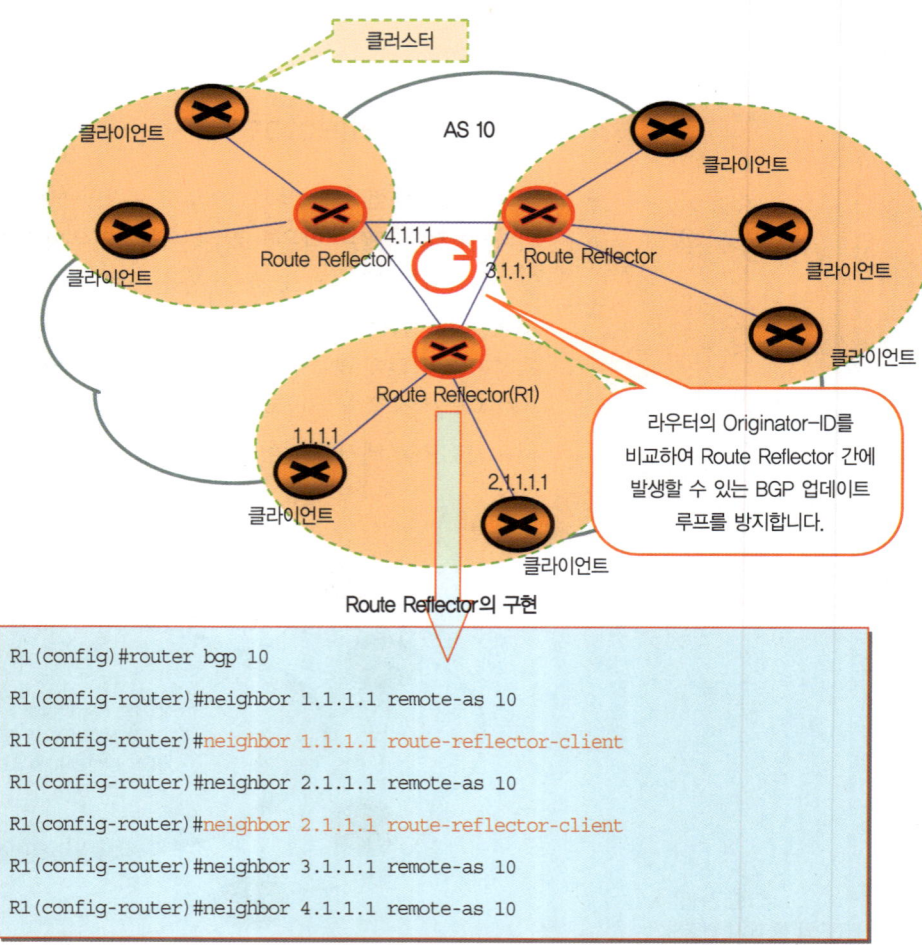

[그림 7-16] ▶
Route Reflector 디자인

No Synchronization

[그림 7-17]을 보면 R2가 전달한 BGP 정보(AS 400 : 40.40.40.0 /24)는 R3가 BGP를 돌리지 않아도 R4에 전달됩니다. 이것은 BGP만 독특하게 TCP를 사용하는 라우팅 프로토콜로 라우팅 정보를 교환하는 두 라우터가 인접할 필요가 없기 때문입니다. 하지만 R4가 라우팅을 위한 유효한 정보로 활용하거나 R5에 전달하려면 Synchronization 조건에 부합해야 합니다.

Synchronization 조건이란, IBGP로 전달된 40.40.40.0 /24 정보가 IGP(예 : OSPF)로도 한번 더 전달되어야 하는 조건입니다. 왜 이런 조건이 생겼을까요? 만약 R4에서 IBGP로는 수신했지만, IGP로 수신하지 않은 40.40.40.0 /24 BGP 정보를 활용하여 라우팅에 사용한다면 어떻게 될까요? R4가 R2로부터 BGP 정보를 활용하여 40.40.40.0 /24 네트워크로 가려고 하는 패킷은 R2와 R4 사이에 직접적인 네트워크 연결이 없기 때문에 R3를 거쳐야 합니다. 그러나 R3는 BGP를 돌리지 않기 때문에 40.40.40.0 /24 네트워크에 대한 정보를 가질 수 없으므로 R4가 40.40.40.0 /24 네트워크를 향해 보낸 패킷은 R3에서 폐기됩니다. 스위치는 목적지 정보가 스위칭 테이블에 없을 때 플러딩하고, 라우터는 목적지 정보가 라우팅 테이블에 없을 때 패킷을 폐기합니다. 이러한 Synchronization 조건을 만족시키기 위한 다음의 두 가지 방법이 있습니다.

❶ R2와 R4를 직접 연결하는 선을 만듭니다. R4에서의 넥스트 홉이 R3가 아니라 R2로 잡힌다면 아무 문제가 없습니다.

❷ 아니면 R2에서 40.40.40.0 /24 BGP 정보를 IGP로 Redistribution을 해야 합니다. 그러면 R3가 40.40.40.0 /24 정보를 가질 수 있기 때문에 40.40.40.0 /24로 가려는 패킷들을 R3에서 폐기하지 않습니다. 그러나 이것은 라우팅 업데이트의 양을 2배로 늘린다는 단점이 있습니다.

실질적으로 모든 라우터가 BGP를 구동하는 ISP AS(Transit AS)에서는 R3와 같은 라우터가 없습니다. 따라서 Synchronization 조건은 사실상 필요 없습니다. 따라서 IBGP 세션에 연결된 모든 라우터에서 싱크 조건을 해제하는 'no synchronization' 명령을 설정하면 IBGP로 받은 정보를 IGP로 다시 받지 않아도 라우팅을 위해 활용하고 전달할 수 있습니다.

[그림 7-17]에서 R2, R3, R4가 모두 BGP를 구동한다면 IBGP 세션이 연결된 R2, R3, R4에서 'no synchronization' 명령을 구현해야 합니다.

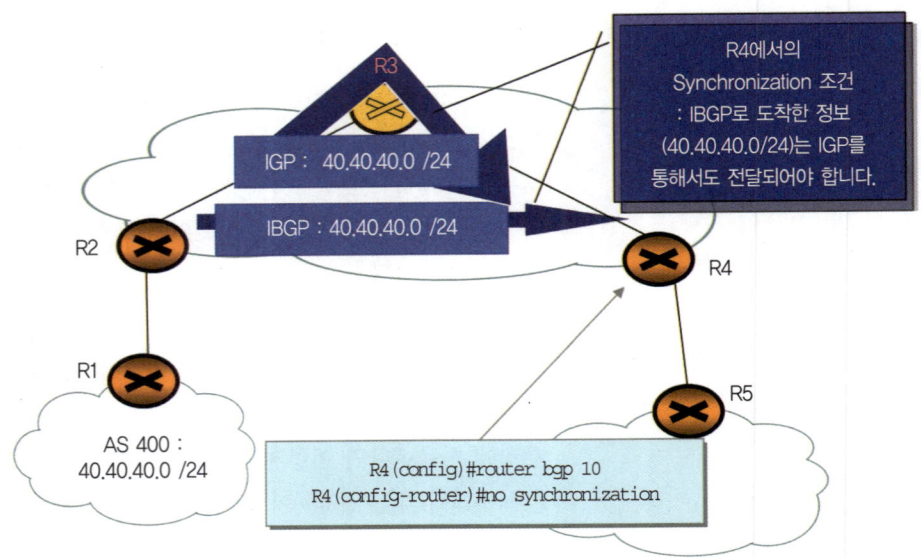

[그림 7-17] ▶
no synchronization

next-hop-self

마지막으로 EBGP 세션에서 받은 BGP 정보를 IBGP 세션으로 넘겨줄 때 유의해야 할 점이 있습니다. [그림 7-18]에서 R1에서 R2로 AS 400의 40.40.40.0 /24 정보를 R2에게 넘겨주면 R2의 라우팅 테이블에는 넥스트 홉이 1.1.1.1로 잡힙니다. 이 BGP 정보는 R3과 R4에 그대로 전달됩니다. 그러나 1.1.1.0 /24 네트워크는 AS 10에도 속하지 않고 AS 400에도 속하지 않는 DMZ(남한도 북한도 아닌) 네트워크이기 때문에 통상 DMZ 네트워크에 대한 정보를 AS 내부의 라우터는 갖지 않습니다. 즉 넥스트 홉이 속하는 DMZ 네트워크에 대한 정보가 없으면 결국 유효하지 않은 라우팅 정보가 됩니다. 이것을 해결하기 위한 next-hop-self 설정을 포함하는 세 가지 방법이 있습니다.

❶ EBGP 세션에서 IBGP 세션의 경계에 있는 R2에서 'neighbor 2.2.2.2 next-hop-self' 명령을 통해 IBGP로 넘겨줄 때 BGP 정보의 넥스트 홉을 자신([그림 7-18]에서 R2 : 2.2.2.1)으로 잡도록 합니다. 결국 R3와 R4의 라우팅 테이블에 40.40.40.0 /24 네트워크에 대한 넥스트 홉은 2.2.2.1로 잡히고 라우팅이 가능합니다.

❷ DMZ 네트워크 정보를 R2의 IGP(예를 들어 OSPF)에 등록하여 AS 10의 모든 라우터들이 갖도록 합니다.

❸ AS 10의 모든 라우터(예를 들어 R3와 R4)에 DMZ 네트워크에 대한 스태틱 루트를 설정합니다.

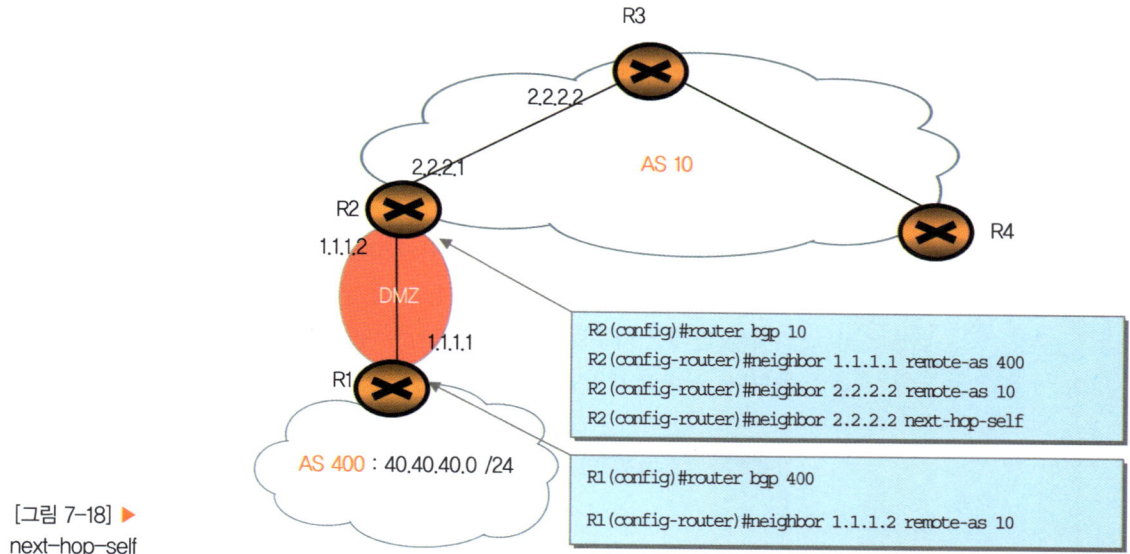

[그림 7-18] ▶
next-hop-self

Lesson 05 ISP AS와 BGP 라우팅

BGP 라우팅은 스피드 기반(Speed-based)이 아니라 정책 기반(Policy-based)입니다. 가만히 놔두면 대역폭에 기초하여 베스트 루트를 결정하는 IGP와 달리 AS 네트워크 관리자의 섬세한 라우팅 결정이 필요합니다. 이 라우팅 정책은 ISP 간의 계약에 의해 결정됩니다. 이러한 계약 조건이 BGP 라우팅 정책을 결정합니다.

Speed-based 라우팅 : Policy-based 라우팅

AS가 라우팅 정책을 결정하고 라우팅 정책을 실현하기 위해 Path Attribute를 사용합니다. 이러한 Path Attribute에는 관리자가 개입하지 않고 자동으로 생성되는 것도 있고, 설정해야 하는 것도 있습니다. 관리자가 개입하지 않고 자동으로 생성되는 것에는 AS-path와 Origin이 있습니다.

Origin

Origin은 IGP에서 Redistribution된 정보인지, BGP 정보인지, 지금은 사용하고 있지 않은 BGP의 전신인 EGP(라우팅 프로토콜을 IGP와 EGP로 나눌 때의 EGP가 아님)인지 구분합니다. BGP 정보를 최우선시하고 그 다음에는 EGP이며, 마지막으로 BGP나 EGP로 Redistribution된 정보입니다. 그런데 현실적으로 IGP와 Redistribution을 잘 하지 않고, EGP를 더 이상 사용하지 않기 때문에 무의미한 Path Attribute라고 할 수도 있습니다.

AS Path

BGP 라우팅 정보가 AS를 통과하면서 자신이 거친 AS 번호를 순서대로 가져오는데, 통과한 AS의 수가 적은 길을 선택합니다. [그림 7-19]에서 AS 40에서 AS 10으로 간다면 AS 40 → AS 50 → AS 70 → AS 80 → AS 10 경로나 AS 40 → AS 30 → AS 20(혹은 AS 60) → AS 10 경로보다 AS 경로 길이가 가장 짧은 AS 40 → AS 60 → AS 10의 루트를 선택합니다.

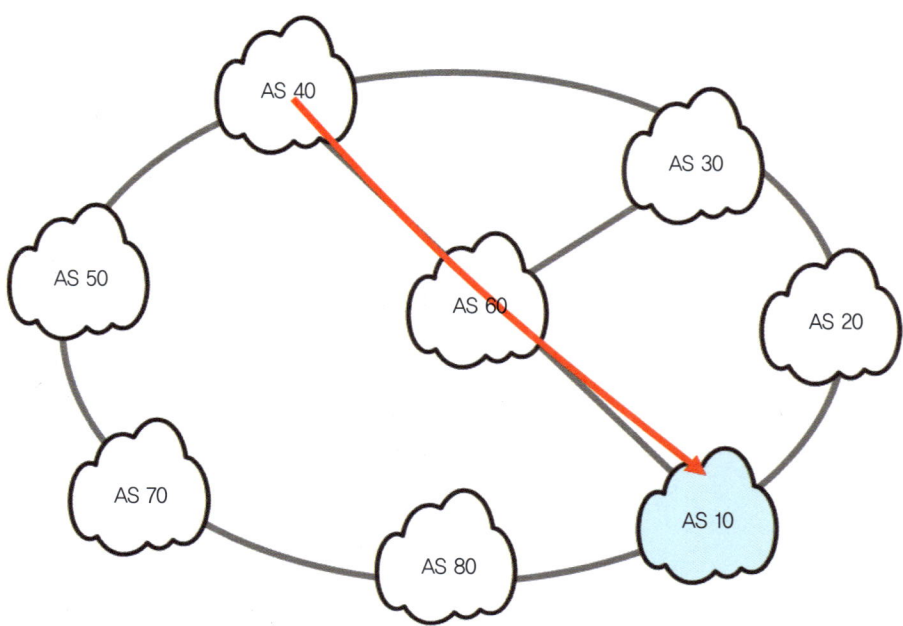

[그림 7-19] ▶
AS 경로 길이를 비교하여
경로 선택하기

관리자의 직접 설정이 필요한 Path Attribute에는 Local Preference, MED, Weight, Community 등이 있습니다. [그림 7-20]에서 AS 80에서 AS 10으로 이동할 때 BGP는 어떤 경로를 선택할까요? 관리자가 개입하지 않았다면 AS 패스 경로 길이가 짧은 쪽인 파란색 경로를 따라갈 것입니다. 하지만 AS 경로 길이 비교보다 우선 순위가 높은 Local Preference와 Weight 값을 이용하여 다른 경로를 선택할 수 있습니다.

Local Preference & Weight

Local Preference 값은 IBGP 세션을 통해서만 전달되는 값입니다. R1이 R3에게 보낸 Local Preference 값은 100이고, R2가 R3에게 보낸 값은 200이기 때문에 R3에서 AS 밖으로 나가는 모든 트래픽은 R2쪽을 향합니다. Local Preference 값이 IBGP를 통해 전달되어 다른 BGP 라우터의 라우팅에 영향을 끼치지만, Weight 값은 전달되지 않고 Weight를 구현한 라우터의 라우팅에만 영향을 미칩니다. Weight 값도 높을수록 선호도가 높기 때문에 R2에 도착한 트래픽은 R4 방향으로 나갑니다.

Chapter 07 라우팅 프로토콜 디자인 II

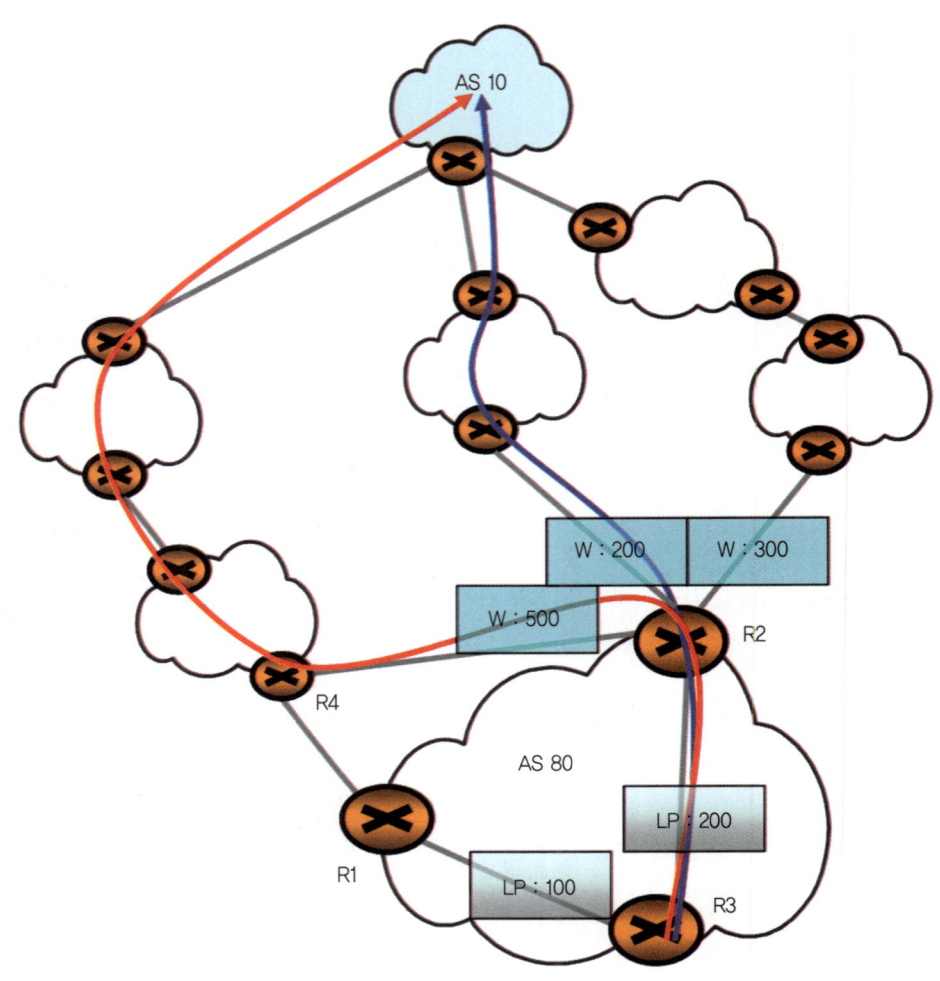

[그림 7-20] ▶
Local Preference와 Weight를
비교하여 경로 선택하기

모든 트래픽이 같은 경로를 선택한다면 선택되지 않은 경로는 놀게 될 것입니다. 이러한 문제를 해결하기 위해 목적지 네트워크별로, 목적지 AS별로 Local Preference와 Weight를 다르게 지정할 수 있습니다. 예를 들어, [그림 7-21]과 같이 로드를 분산할 수 있습니다. 이러한 경로는 주로 ISP AS 간의 계약 조건에 의해 결정됩니다.

- 목적지 20.20.0.0 /16은 AS 2로 분산
- 목적지 30.30.0.0 /16은 AS 1으로 분산
- 목적지 40.40.0.0 /16은 AS 3으로 분산

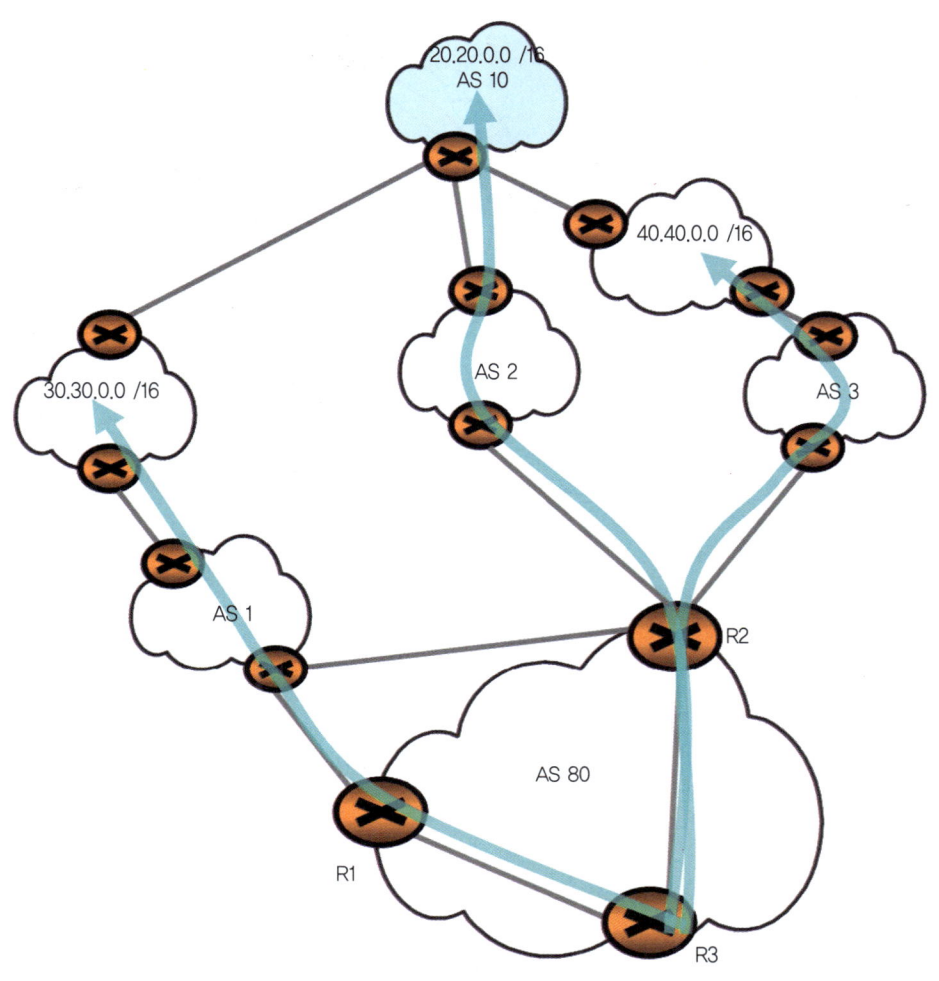

[그림 7-21] ▶
목적지별 Local Preference와 Weight를 설정할 때 트래픽 분산시키기

MED

Origin, AS Path, Local Preference나 Weight가 AS에서 나가는 방향을 결정한다면, MED는 들어오는 방향의 라우팅을 결정합니다. MED 값은 낮을수록 좋은데, 디폴트 값은 0입니다. Local Preference와 달리 다른 AS로 전달될 수 있지만, 한 번 MED를 받으면 다음 AS로는 전달할 수 없습니다. [그림 7-22]의 [A]에서 R1은 AS 10에 대한 BGP 정보를 AS 30에게 보내면서 R2에게는 MED 100으로, R3에는 MED 200으로 보냈습니다. AS 30에 속한 모든 BGP 라우터들은 AS 10으로 들어올 때는 MED가 낮은 쪽인 R2를 거쳐서 들어옵니다. [그림 7-22]의 [B]를 보세요. 같은 루트 정보가 AS 10을 통해서도 들어오고, AS 20을 통해서도 들어온다면(다른 AS에서 들어오면) MED 값을 비교하지 않습니다. 다른 AS에서 들어온 MED 값을 비교하고 싶다면 'bgp always-compare-med' 명령이 필요합니다.

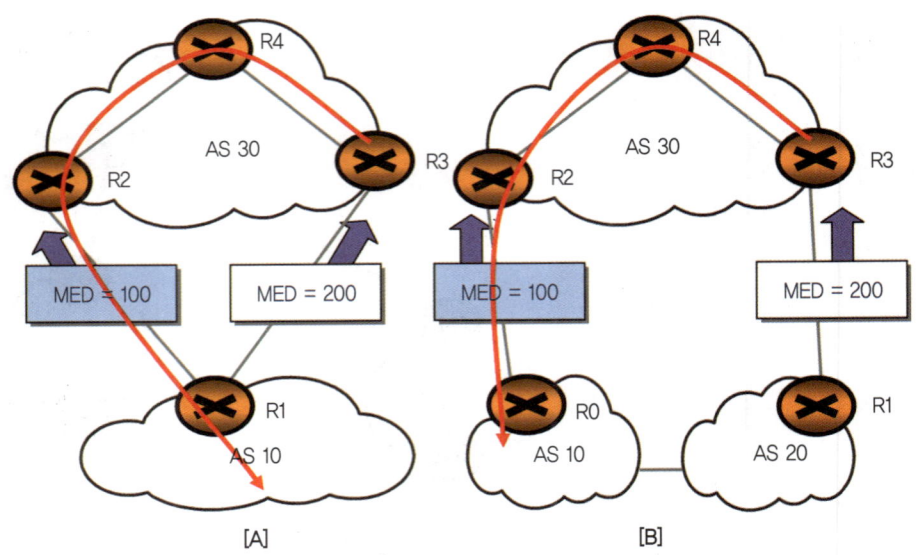

[그림 7-22]
MED를 비교하며 경로 선택하기

Community

마지막으로 Community Attribute에 대해 살펴봅시다. BGP 커뮤니티를 통해 인바운드 또는 아웃바운드 루트들을 필터링할 수 있습니다. [그림 7-23]을 보세요. R1, R2, R3, R4 라우터에서는 라우팅 정보에 이름표(Tag)를 붙입니다. 예를 들어 BGP 정보 중에서 미국 네트워크 정보에는 'USA_Route'라는 이름표를 붙이고, 프랑스 네트워크 정보에는 'Fran_Route'를, 일본 네트워크 정보에는 'Jap_Route' 이름표를 붙여서 다른 BGP 라우터(그림에서는 R5, R6)에게 보내면 필터링을 거친 후 고객 BGP 라우터(R7, R8)에게 보냅니다. 즉, 미국 네트워크 정보를 요구하는 고객에게는 'USA_Route' 이름표가 붙은 BGP 네트워크 정보만, 프랑스 네트워크 정보를 요구하는 고객에게는 'Fran_Route' 이름표가 붙은 BGP 정보만 보냅니다. 이런 방식으로 국내 정보만, 30.0.0.0 /16 정보만 등등 원하는 BGP 정보만 받도록 하는데, 이것은 실제 현장에서 많이 사용하고 있습니다. 미국 BGP 정보만 받은 고객은 미국 네트워크에 대해 BGP 정책을 구사할 수 있습니다. 예를 들어 고객 BGP 라우터(R7, R8)는 미국에 존재하는 특정 네트워크에 대해서는 AS 20을 거쳐서 나가도록 하는 등의 정책을 구사합니다.

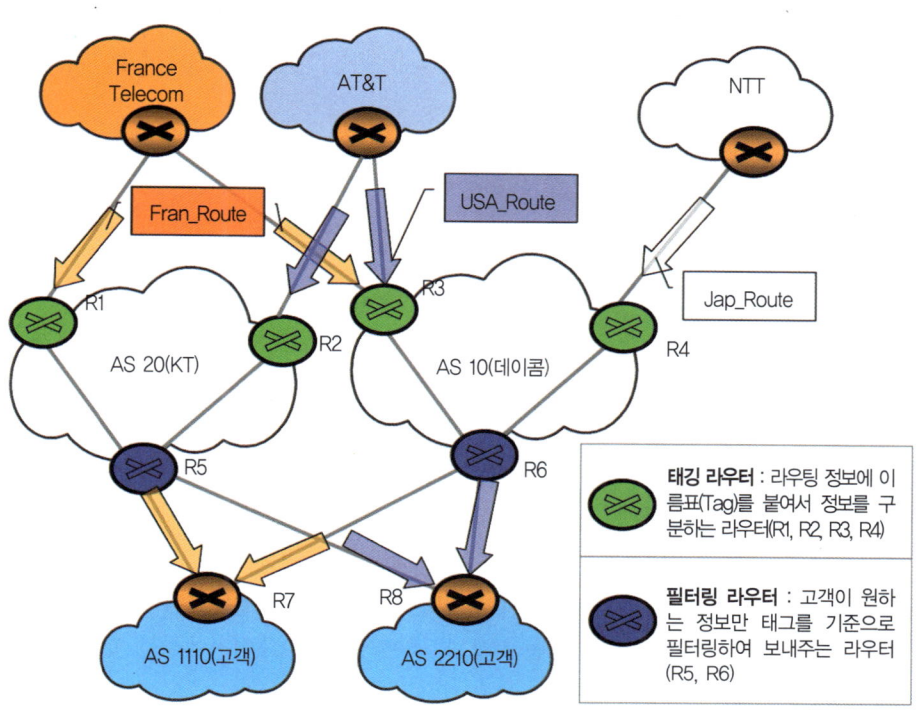

[그림 7-23]
커뮤니티

Synchronization 조건이 디스에이블되지 않은 경우 Synchronization 조건을 충족시키는지와 넥스트 홉이 찾아갈 수 있는지를 라우팅 테이블에서 확인하여 전달된 BGP 정보가 유효성을 판단한 후 베스트 루트를 결정합니다. 다양한 Path Attribute가 있기 때문에 [표 7-3]과 같이 이들을 비교하는 우선 순위 기준이 필요합니다.

우선 순위	설명
Step 1	가장 높은 Weight를 가진 경로를 우선
Step 2	가장 높은 Local Preference를 가진 경로를 우선
Step 3	BGP 테이블 내에서 자신이 'Network' 이나 'Aggregate-address' 나 'Redistribute' 명령을 통해 생성한 정보를 다른 라우터가 생성한 정보보다 우선 'Network' 이나 'Redistribute' 명령으로 생성한 정보가 'Aggregate' 명령보다 우선
Step 4	가장 짧은 AS-path를 가진 경로를 우선
Step 5	Origin Code를 비교 : BGP 〉 EGP 〉 Redistribution
Step 6	가장 낮은 MED를 가진 경로를 우선
Step 7	IBGP로 받은 정보보다 EBGP로 받은 경로를 우선
Step 8	가까운 IGP(예 : OSPF 코스트가 좋은) 이웃을 통한 경로를 우선
Step 9	시간상 오래된 EBGP 경로를 우선
Step 10	이웃의 BGP 라우터 ID가 낮은 경로를 우선

[표 7-3]
BGP 경로 선택을 위한 Path Attribute에 대한 우선 순위

Lesson 06 ISP AS의 AS-Path 필터링

[그림 7-24]를 보면 ISP, 데이콤(AS10)에서 ISP, KT(AS 20)를 향하는 ISP 간의 대량의 트래픽이 KT와 데이콤의 공동 고객인 AS 110을 거칠 수 있습니다. 이를 막기 위해 AS 110에 속하는 BGP 라우터에서 2개의 ISP쪽으로 BGP 정보를 넘겨줄 때는 정확하게 AS 110에 속하는 BGP 정보만 넘겨줄 필요가 있습니다.

AS-Path 필터 리스트는 BGP AS 정보를 기준으로 BGP 라우팅 정보의 유입이나 유출을 차단 또는 허용합니다. [그림 7-24]를 보세요. R5가 이웃 라우터 2.2.2.2와 3.3.3.3에게 BGP 라우팅 정보를 보낼 때는 AS-Path 필터 리스트에 해당되는 정보만 보내겠다는 것입니다. ①번이란 번호가 붙은 AS-Path 필터 리스트의 내용을 보면 ^$ 정보만 보내겠다는 것으로, ^$는 자신의 AS(여기에서는 AS 100)에 속한 정보만 보내겠다는 의미입니다.

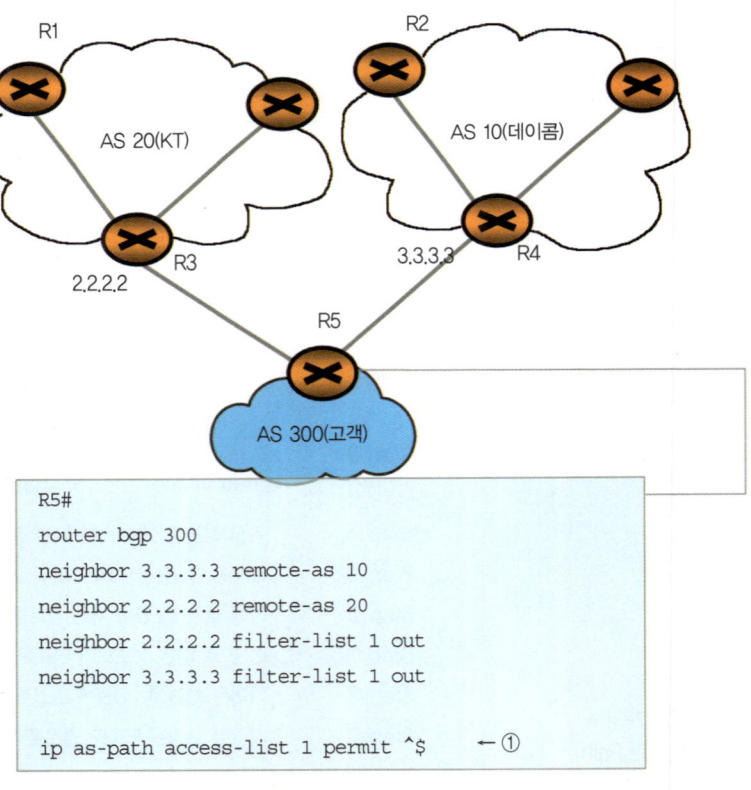

[그림 7-24] ▶
AS-Path 필터링

이를 통해 R5의 이웃 라우터인 R3와 R4는 AS 110에 속한 BGP 정보만 받기 때문에 다른 AS에 속한 네트워크로 가기 위해 AS 110을 경유하지 않습니다. 실제로는 ISP에서 고객망을 경유하지 않도록 필터링을 구현하지만, 고객쪽에서 한 번 더 확실히 해 두는 차원에서 설정이 필요합니다. AS-Path 필터링은 계약 관계에 있지 않은 트래픽이 자사 AS를 통과하지 않도록 하여 대역폭, 라우터의 CPU와 같은 네트워크 자원을 보호해야 합니다. 참고로 AS-Path 필터 리스트에 사용되는 표현을 정리해 봅시다.

- ip as-path access-list 1 permit ^200$

→ ^200은 'AS 200으로 시작', 200$은 'AS 200으로 끝남'이란 의미입니다. 결국 AS 200 정보만 허용한다는 정보입니다.

- ip as-path access-list 1 permit ^200_400$

→ AS 200에서 시작해서 AS 400을 거쳐 들어온 BGP 루트 정보만 허용한다는 의미입니다.

- ip as-path access-list 1 permit ^200_

→ AS 200에서 시작한 모든 BGP 루트 정보를 허용한다는 의미입니다.

- ip as-path access-list 1 permit _200_

→ 어느 AS에서 시작하고, 어느 AS에서 끝나든지 상관 없이 AS 200을 거친 모든 BGP 루트 정보를 허용한다는 의미입니다.

- ip as-path access-list 1 permit _200$

→ 어느 AS에서 시작했든지 상관 없이 AS 200을 마지막으로 거친 모든 BGP 루트 정보를 허용한다는 의미입니다.

- ip as-path access-list 1 permit ^20-3$

→ 20-3은 AS 20과 AS 203을 함께 의미합니다.

- ip as-path access-list 1 permit ^2+_

→ 2+_은 AS 2, AS 22, AS 222 등 2를 하나 이상 포함한 AS에서 시작하는 모든 BGP 정보를 허용한다는 의미입니다.

- ip as-path access-list 1 deny .*

→ 모든 BGP 정보를 거부한다는 의미입니다.

IDC 서비스

기업의 웹 서버에 접속하기 위한 고객 데이터는 [그림 J-1]과 같이 다수의 ISP와 ISP와 고객 AS 간의 비교적 느린 링크를 거쳐서 도착합니다. 이때 속도 문제뿐만 아니라 관리와 솔루션 적용의 시행착오에 따르는 추가 비용도 지불해야 합니다.

만약 IDC 서비스를 사용한다면 서버는 다른 ISP망과 고속으로 연동된 IDC센터에 두게 됩니다. 그리고 3중, 4중, 5중 백업의 전력공급시스템으로 정전에 대비하여 비즈니스 연속성을 높이고, 내진과 풍수해, 온도/습도 환경 유지 등 물리적으로 안정되고 우수한 품질을 제공합니다. 뿐만 아니라 전문가에 의한 보안, 트래픽 분석 등의 서비스를 받을 수 있는데, 높은 비용이 단점입니다.

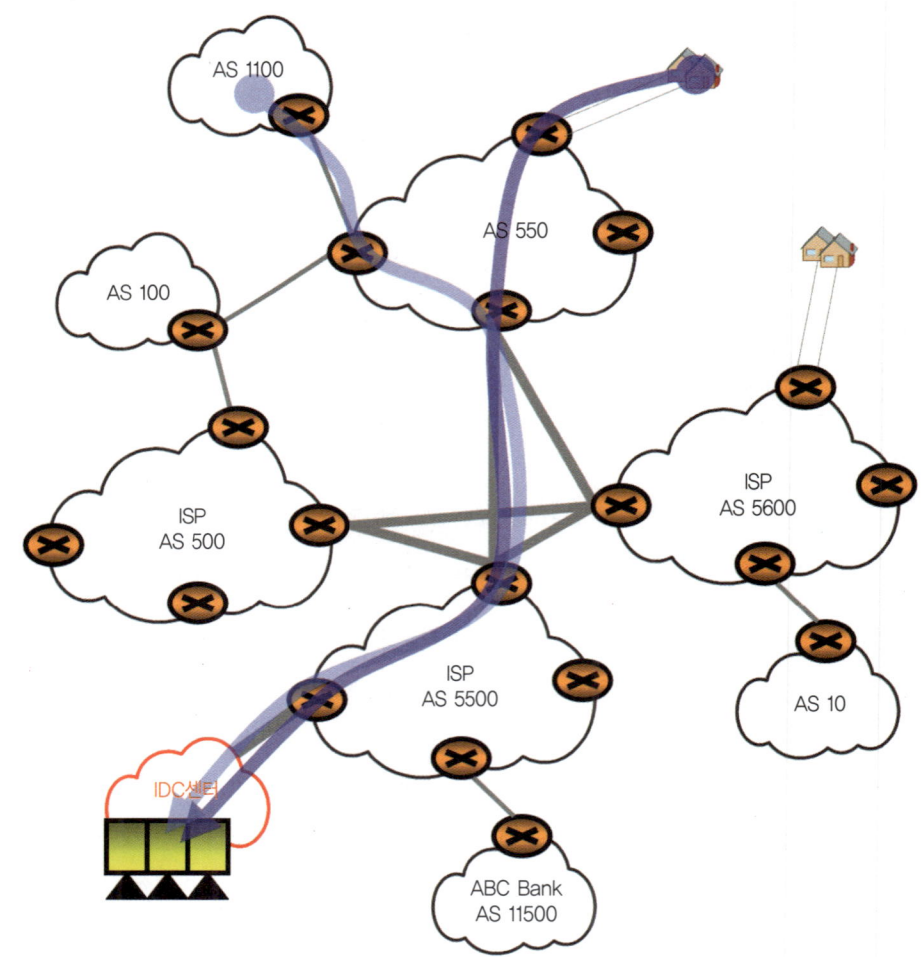

[그림 J-1] ▶
IDC 서비스의 개요

IDC(Internet Data Center) 서비스는 크게 '서버 호스팅(Server Hosting) 서비스'와 '코로케이션(Colocation) 서비스'로 나눌 수 있습니다. 코로케이션 서비스는 고객 서버를 IDC에 두기 위해 인프라가 완비된 공간(상면)을 임대하는 서비스이고, 서버 호스팅 서비스는 서버 조차도 임대 또는 구매 형태로 IDC측에서 제공하는 서비스입니다.

[표 J-1](KT IDC 서비스의 예)에서 서버 호스팅 서비스를 보면 서비스 가격은 서버의 성능, 서버의 제조사에 따라 다릅니다. 소유의 형태를 보면 임대형, 소유권 이전형, 구매형이 있는데, 소유권 이전형은 일정 기간 동안은 임대형으로 유지되다가 2년 등 특정 임대 기간이 초과한 경우에는 소유권을 고객에게 넘겨주는 형태입니다.

[표 J-1] 서버 호스팅 서비스

구분	옵션						
서버 연결 속도	1Gbps 스위치에 연결된 허브를 통해 Shared 100Mbps 제공						
임대 기간	단기	장기	장기할인				
서버 소유 형태	임대형	소유권 이전형	구매형				
보안	적용	비적용					
보안 수준	기본 보안	종합 보안					
보안 옵션	네트워크 취약점 분석	서버 취약점 분석	포렌식	컨설팅	모의 해킹		
백업 수준	주기적 백업	실시간 백업	DB 온라인 백업				
서버 성능	CPU, HDD, MEM에 따라 매우 다양						
서버 제조사	유니와이드	IBM	HP	SUN			
운영 수준	IMS 1	IMS 2					
ASP	MS	LINUX					
부가 서비스	스트리밍	미디어 인증	동영상 메일링	스트리밍 스토리지	고객 지원 모니터링	웹 가속	재난 복구
	웹 서버 인증	스위치 호스팅	웹 리포팅	데이터 금고	메일 필터	스팸 차단	메시징

이왕이면 다홍치마 J

KT 서버 호스팅 서비스는 [표 J-2]와 같이 서버에 대한 운영/관리 수준을 기준으로 IMS 레벨 1과 IMS 레벨 2로 나뉘고 요금 차이가 있습니다.

[표 J-2] ▶ 서버 관리 서비스

IMS 서비스	IMS 레벨 1	IMS 레벨 2
적용 범위	1. 네트워크 관리 • 트래픽 실시간 모니터링 • 네트워크 장비 및 인터페이스 장애 통보 2. 서버 관리 • 서버 장비 다운시 장애 통보 • 기본 지원(CPU, MEM) 및 트래픽 임계치 설정/장애 통보 3. 기본 관리 사용자 권한 설정 및 권한 관리	1. 네트워크 관리 2. 서버 관리 3. 서비스 관리 • 등록된 프로세스별 성능 현황 모니터링 • 웹 서비스 상태 모니터링 • DNS, 애플리케이션, 서비스 상태 모니터링 • DBMS RHKSFL 4. 종합 보고서/메시징 서비스

보안 서비스는 [표 J-3]처럼 제공되는 보안 서비스의 수준을 기준으로 기본 보안 서비스와 종합 보안 서비스로 구분됩니다.

[표 J-3] ▶ 보안 서비스

구분	기본 보안	종합 보안
적용 범위	침입 차단과 바이러스 차단 및 데이터 복구(바이러스 차단과 데이터 복구 서비스 중 하나를 선택할 수 있습니다.)	침입 차단 시스템, 침입 탐지 시스템, 통합 관제 취약성 분석, 보안 레포팅, 바이러스 차단, 데이터 복구 등 보안을 위한 모든 시스템을 제공합니다.

또한 주기적 백업인지, 실시간 백업인지에 따라 주기적 백업이라도 주기 빈도와 백업할 데이터의 양에 따라 요금이 다릅니다. 서버가 사용할 OS도 임대해주는 ASP 서비스 등의 다양한 부가서비스가 있습니다.

코로케이션 서비스는 기본적으로는, 고객이 소유한 서버에 대해 공간을 임대하는 서비스로 [표 J-4]와 같이 서버의 접속 속도와 IDC의 랙(Rack) 크기에 의해 기본 요금이 결정됩니다. Rack 카테고리에 보면 CAGE와 Private Vault가 있는데, 랙을 물리적으로 다른 랙들과 구분하여 물리적인 보안성을 높인 서비스입니다. 기타 보안, 백업, 운영 수준, 부가 서비스는 서버 호스팅 서비스와 동일합니다.

구분	옵션						
기간	단기	장기	장기 할인				
랙(Rack) 사이즈	19"	23"	CAGE	PARIVATE VAULT			
접속 속도	10M	50M	100M	1G	전용 회선		
보안	적용	비적용					
보안 수준	기본 보안	종합 보안					
보안 옵션	네트워크 취약점 분석	서버 취약점 분석	포렌식	컨설팅	모의 해킹		
운영 수준	IMS 1	IMS 2					
백업	정기 백업	DB 온라인 백업	실시간 백업				
CDN	동영상 (스트리밍)	콘텐츠	이벤트				
부가 서비스	스트리밍	미디어 인증	동영상 메일링	스트리밍 스토리지	고객 지원 모니터링	웹 가속	재난 복구
	백업	스위치 호스팅	웹 리모팅	데이터 금고	메일 필터	스팸 차단	웹 서버 인증

[표 J-4] ▶ 코로케이션 서비스

Lesson 07 기타 라우팅 관련 솔루션

서로 다른 두 라우팅 프로토콜 간의 라우팅 정보를 변환하여 두 개의 도메인을 연결하는 Redistribution 기능, 특정 라우팅 정보만을 주거나 받도록 하는 Distribute-list 기능, 일반적인 목적지 주소 기반의 라우팅이 아닌 출발지 주소 기반의 라우팅을 가능하게 하는 정책 라우팅(Policy Based Routing)에 대해 알아봅시다.

Redistribution

Redistribution은 다른 라우팅 프로토콜 간의 라우팅 정보 교환 영역을 확장하는 것으로, 서로 다른 라우팅 프로토콜 영역의 경계에 있는 라우터가 Redistribution을 수행합니다. [그림 7-25]에서 AS 200은 EIGRP를 돌리고, AS 2200은 OSPF를 돌리고 있습니다. 경계의 라우터는 OSPF도 돌리고, EIGRP도 돌려야 합니다. 양쪽 AS의 네트워크 정보는 각각 O 또는 D로 모두 보이는데, 다른 도메인에서 Redistribution된 정보는 D EX 또는 O E2로 표시되는데 외부정보를 표시합니다.

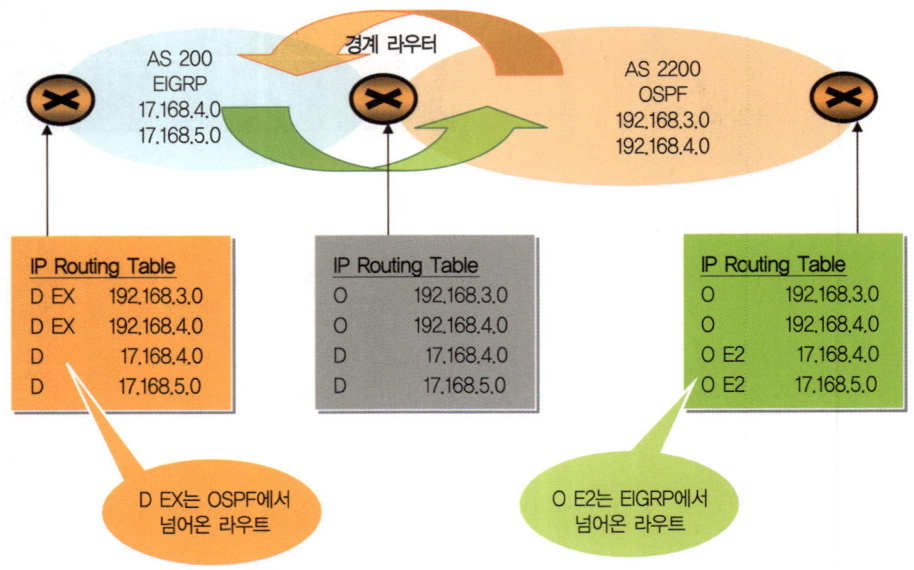

[그림 7-25] Redistribution

시스템에서 RIP 정보를 반드시 필요로 하거나, 라우터가 특정 라우팅 프로토콜을 지원하지 않거나, Redistribution을 사용할 만한 일은 얼마든지 벌어질 수 있습니다. Redistribution과 관련하여 다음과 같은 주의 사항이 있다는 것을 잊어서는 안 됩니다.

● **라우팅 피드백(Loop)**

[그림 7-26]과 같이 라우터들은 한 라우팅 도메인으로부터 받은 라우팅 정보를 동일 AS로 다시 보낼 수 있습니다. 이러한 피드백 현상은 네트워크가 다운되었을 경우에도 다른 영역에서 건너온 정보에 의해 계속 라우팅을 시도하는 부작용을 일으킬 수 있습니다. 1개의 라우팅 프로토콜을 사용할 때보다 라우팅 루프를 방지하는 메커니즘이 일관되지 않기 때문에 라우팅 룹이 일어날 가능성이 높아집니다.

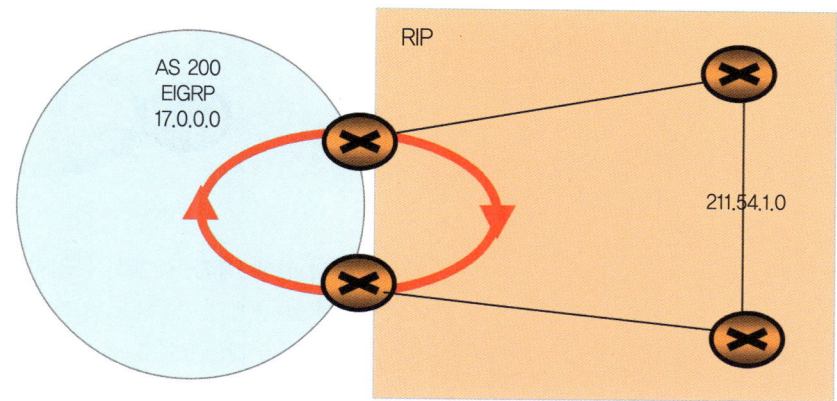

[그림 7-26] ▶
라우팅 피드백

● **불합리한 라우팅**

[그림 7-27]에서 RIP과 IGRP 사이의 통신을 위해 두 경계 라우터(R1과 R2)에서 Redistribution했을 때 기본적으로 설정된 Administrative Distance 값 때문에 불합리한 라우팅을 할 수 있습니다. 즉 그림에서 20.0.3.0 /24 정보는 R1과 R2에서의 양방향 Redistribution 때문에 R1과 R2에서 RIP과 IGRP로 받게 됩니다. R1과 R2 라우터는 베스트 루트를 고르기 위해 Administrative Distance를 비교할 것입니다. 결과적으로 R1과 R2에서는 20.0.3.0 /24 네트워크로 가기 위해서 RIP 도메인을 통해 직접 가는 것이 당연히 좋겠지만, IGRP 도메인으로 우회하여 라우팅됩니다.

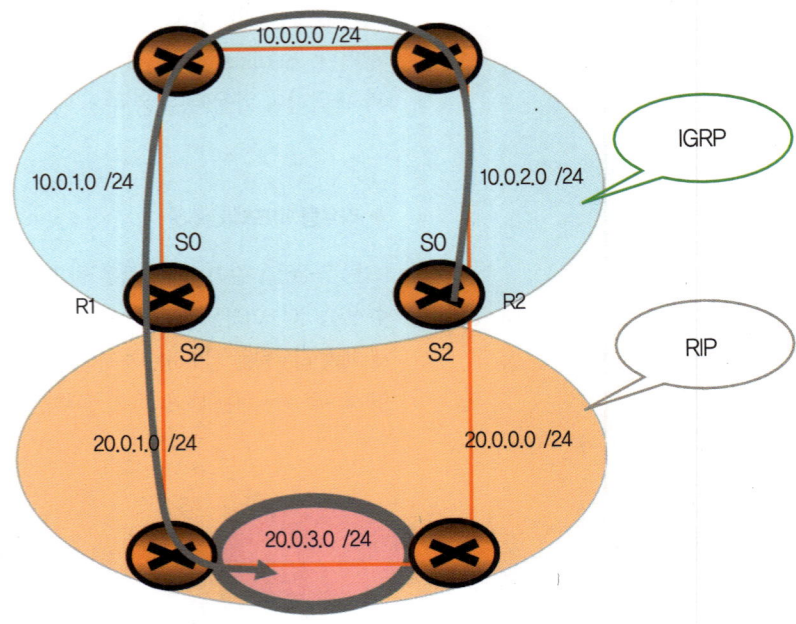

[그림 7-27] ▶
불합리한 라우팅

이러한 문제를 풀기 위해 R1과 R2에서 동일하게 기본적인 Administrative Distance 값을 [예 7-1]과 같이 20.0.3.0 /24 네트워크에 대해서는 RIP의 디스턴스를 IGRP의 기본 디스턴스(100)보다 좋은 값(90)으로 설정합니다. 그러면 20.0.3.0 /24 네트워크에 대해서는 IGRP 영역을 둘러서 가지 않고 곧바로 가게 됩니다.

```
router rip
network 20.0.0.0
redistribute igrp 100 metic 10
distance 90 0.0.0.0 255.255.255.255  1
access-list 1 permit 20.0.3.0 0.0.0.255
router igrp 100
network 10.0.0.0
redistribute rip metric 100000 10000 1 255 1500
```

[예 7-1] ▶
RIP 디스턴스 값 변경하기

Seed metric(default metric)

Redistribution할 때 네트워크 정보는 서로 교환할 수 있지만, 라우팅 프로토콜마다 사용하는 메트릭 값은 완전히 다릅니다. 그래서 Redistribution 되어 넘어오는 루트에 대해 새로운 메트릭을 일률적으로 부과하는데, 이런 값을 'Seed Metric'이라고 합니다. 따라서 Redistribution할 때는 디폴트 Seed Metric이 있는 OSPF나 BGP 프로토콜로의 Redistribution을 제외하고는 항상 Seed Metric 값을 구현하는 것을 잊어서는 안 됩니다. Seed Metric은 보통 우리 도메인에서 통용되는 메트릭보다 안 좋은 값을 줍니다. [예 7-2]는 Seed Metric을 구현한 예입니다.

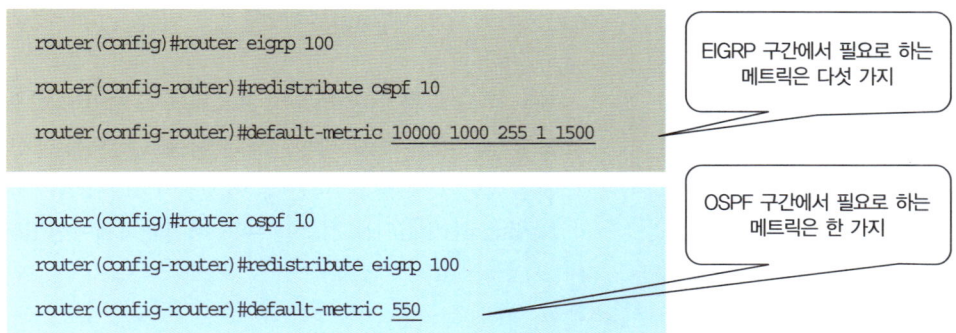

[예 7-2] ▶
Seed Metric 값 설정하기

passive-interface 사용하기

passive-interface S0 명령은 시리얼 0 인터페이스 방향으로 해당 라우팅 프로토콜 관련 패킷을 전혀 보내지 않겠다는 것입니다. 그러면 이 명령이 왜 필요할까요? [그림 7-28]의 명령을 보면 라우터를 기준으로 시리얼 0 인터페이스쪽(1.1.2.0 /24)과 시리얼 1 인터페이스쪽(1.1.1.0 /24) 모두 EIGRP와 RIP 라우팅 프로토콜 영역에 포함된다는 것('Network 1.0.0.0' 명령에 의해)을 알 수 있습니다. 따라서 양방향으로 EGIRP나 RIP 관련 라우팅 업데이트나 EIGRP 헬로 패킷을 보냅니다. 이때 'passive-interface' 명령은 라우팅 업데이트를 막거나 헬로 패킷을 막아서 무의미한 동작 때문에 발생하는 대역폭이나 CPU 낭비를 막으려는 솔루션입니다.

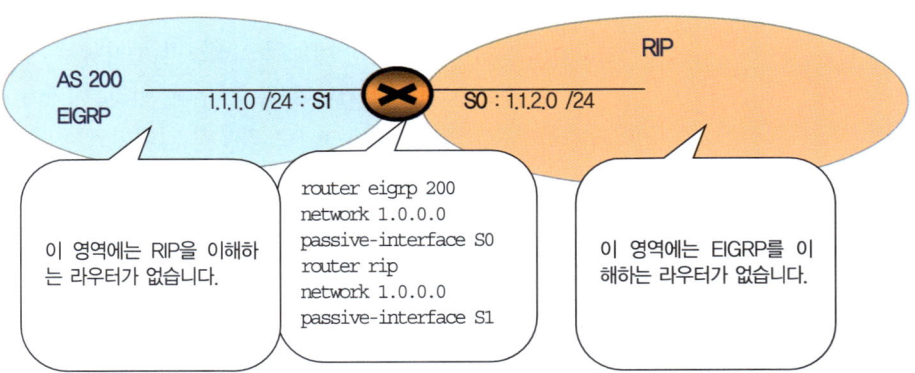

[그림 7-28] ▶
패시브 인터페이스

앞의 예들은 모두 양방향 Redistribution에 해당합니다. 이중화를 위해 양방향 Redistribution을 할 수 있지만, 가능한 한 라우팅 정보의 완전한 교환보다는 스태틱이나 [그림 7-29]와 같이 디폴트 루트를 적정하게 활용하는 것이 라우팅 업데이트의 양을 줄여서 네트워크에서 오버헤더를 덜어주는 가장 좋은 방법입니다.

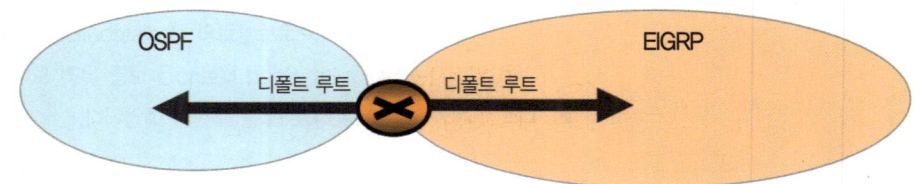

[그림 7-29]
양방향 Redistribution의 대안 :
디폴트 루트

또는 비교적 큰 메인 라우팅 프로토콜 도메인 방향으로는 Redistribution을 해서 상세 정보를 넘겨주되, 반대 방향으로는 디폴트 정보를 생성하는 방법을 통해 라우팅 피드백이나 불합리한 라우팅을 막는데 이것을 One-way Redistribution이라고 합니다. 물론 Redistribution되는 정보는 루트 서머라이제이션(Route Summarization)을 해야 합니다.

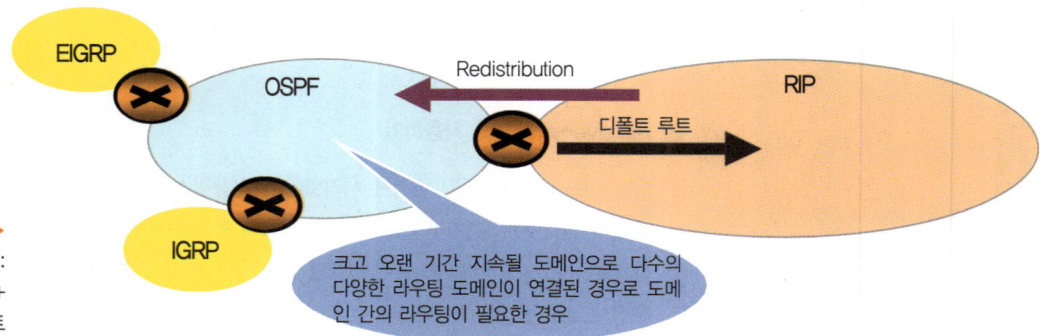

[그림 7-30]
양방향 Redistribution의 대안 :
One-way Redistribution +
디폴트 루트

Distribute-list 활용하기

라우터 간에 특정 네트워크 정보만 주거나 주지 않거나 또는 특정 네트워크 정보만 받거나 또는 받지 않거나 할 수 있는데, 이것은 Distribute-list를 통해 가능합니다. [그림 7-31]은 Distribute-list로 라우팅 업데이트를 막거나 푸는 예입니다. [그림 7-31]에서 R1에서 10.0.0.0 루트 정보만 S0쪽으로 보내고 있습니다. R2의 라우팅 테이블을 보면 10.0.0.0 /8, 11.0.0.0 /8 네트워크 중에서 10.0.0.0 /8 정보만 보입니다. 디스트리뷰트 리스트가 10.0.0.0 /8 네트워크를 제외한 라우팅 업데이트를 막기 때문입니다.

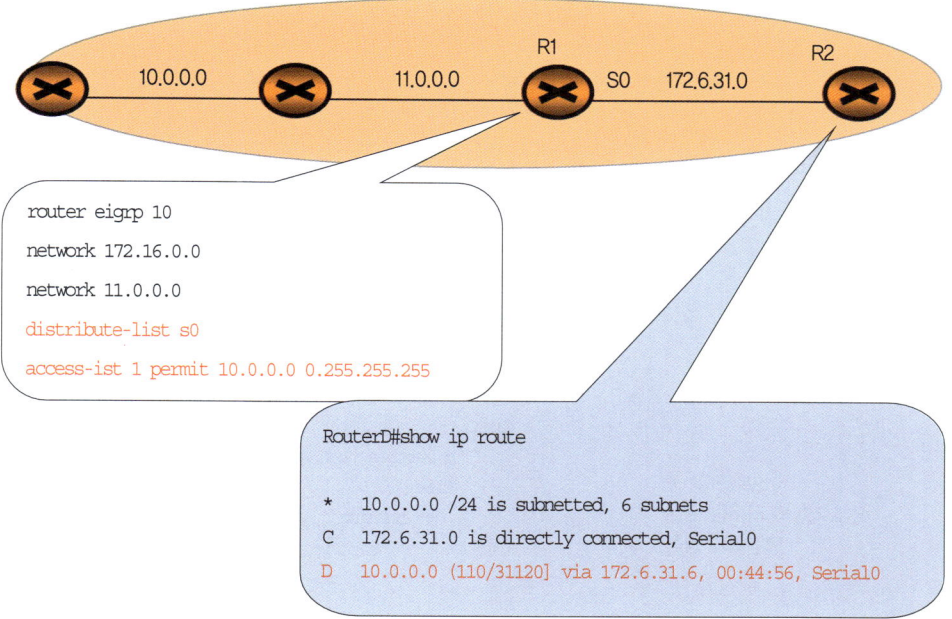

[그림 7-31] ▶
Distribute-list

정책 기반의 라우팅

정책 기반의 라우팅(Policy-based Routing)은 다음과 같은 장점이 있습니다.

- **출발지 주소 기반의 라우팅(Source-based Routing)** : 일반적인 라우팅과 달리 필요할 때 출발지 주소 기반의 라우팅이 가능합니다.
- **QoS(Quality of Service)** : IP 패킷 헤더의 QoS 필드(TOS, Precedence)를 세팅하여 차별화된 QoS 서비스를 제공할 수 있습니다.

정책 기반의 라우팅을 위해 'match'와 'set' 명령어를 사용합니다. 'match' 명령어 조건에 일치하면, 'set' 명령어로 규정된 액션을 취합니다. 명령어 형식은 다음과 같고, test란 이름을 가진 route map은 [예 7-3]과 같이 해석됩니다.

```
router(config)#route-map test permit 10
router(config-route-map)#match x y z
router(config-route-map)#match a
router(config-route-map)#set b
router(config-route-map)#set c
router(config)#route-map test permit 20
router(config-route-map)#match q
router(config-route-map)#set r
router(config)#route-map test permit 30
```

해석

```
If {(x or y or z) and a match} then {set b and c}
  Else
    If q matches then set r
      Else
        set nothing
```

[예 7-3] ▶
정책 기반의 라우팅 구현
명령어의 형식

[그림 7-32]에서 R1은 50.0.0.0 /24 네트워크에서 출발한 패킷을 R3(21.0.2.2)쪽으로 내보내려고 합니다. 나머지 패킷들은 목적지 주소 기반의 일반 라우팅을 합니다.

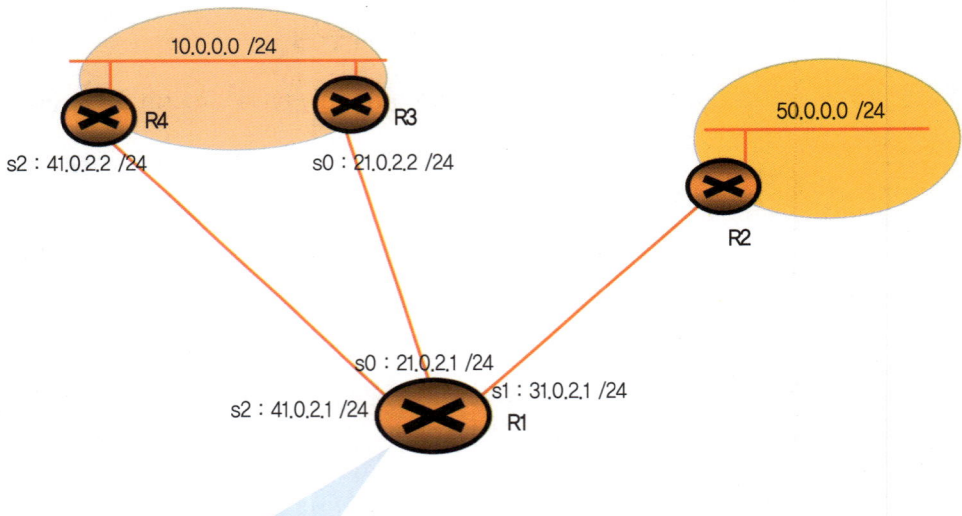

```
R1#config t
R1(config)#interface serial 1
R1(config-if)#ip address 31.0.2.1 255.255.255.0
R1(config-if)#ip policy route-map test_10
R1(config)#route-map test_10 permit 10
R1(config-route-map)#match ip address 1
R1(config-route-map)#set ip next-hop 21.0.2.2
R1(config)#access-list 1 permit 50.0.0.0 0.0.0.255
```

[그림 7-32] ▶
정책 기반의 라우팅 : 출발지
기반의 라우팅

BGP 프로토콜 적용 연습(ISP의 고객 AS)

Problem

[그림 7-33]의 BGP 연결 라우터(R1과 R2)에서 고객 AS의 정보를 루트 서머라이제이션하여 ISP AS로 내보내고, 고객 AS로는 디폴트 루트 정보를 들여보내게 구현하세요. 이때 고객 AS는 OSPF를 사용하고 있다고 가정하세요.

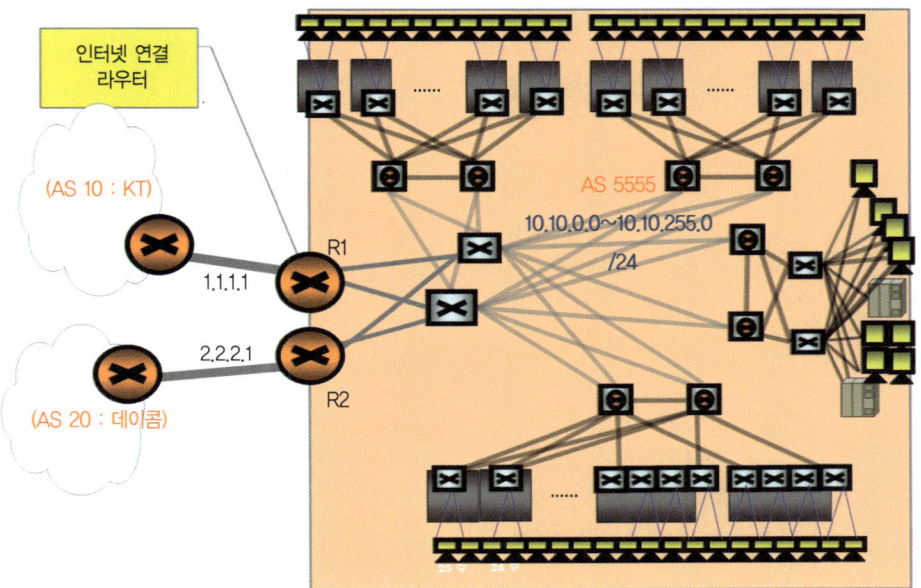

[그림 7-33] ▶
BGP의 구현 연습

다지기 A

Solution

R1과 R2에서 [예 7-4]와 같이 구현합니다.

```
R1
ip route 10.10.0.0 255.255.0.0 null 0
router ospf 55555
network 10.0.0.0 0.0.0.255 area 10
default-information originate always
router bgp 55555
neighbor 1.1.1.1 remote-as 10
redistribute static 60

R2
ip route 10.10.0.0 255.255.0.0 null 0
router ospf 55555
network 10.0.0.0 0.0.0.255 area 10
default-information originate always
router bgp 55555
neighbor 2.2.2.1 remote-as 20
redistribute static 60
```

[예 7-4] ▶ 해답

BGP 프로토콜 적용 연습(ISP AS)

Problem

[그림 7-34]에서 ISP 안의 BGP 연결을 위한 TCP 커넥션 수를 최소화할 수 있게 하고, IBGP 세션과 EBGP 세션에 관련하여 필요한 모든 솔루션을 적용하세요. 참고로 고객 중에서 AS 55는 OSPF, AS 56은 EIGRP, AS 75는 Integrated IS-IS, AS 125는 IGRP, AS 550은 RIP을 돌리고 있습니다. 모든 ISP는 EIGRP를 적용하고 있습니다. 또한 ISP 5500은 20.20.0.0 /16 네트워크를 ISP와 ISP의 고객에 할당하고, ISP 15는 70.70.0.0 /16 네트워크를 ISP와 ISP의 고객에게 할당하고 있습니다. 또한, ISP AS는 고객 AS에게 BGP 디폴트 정보를 보낸다고 가정합니다.

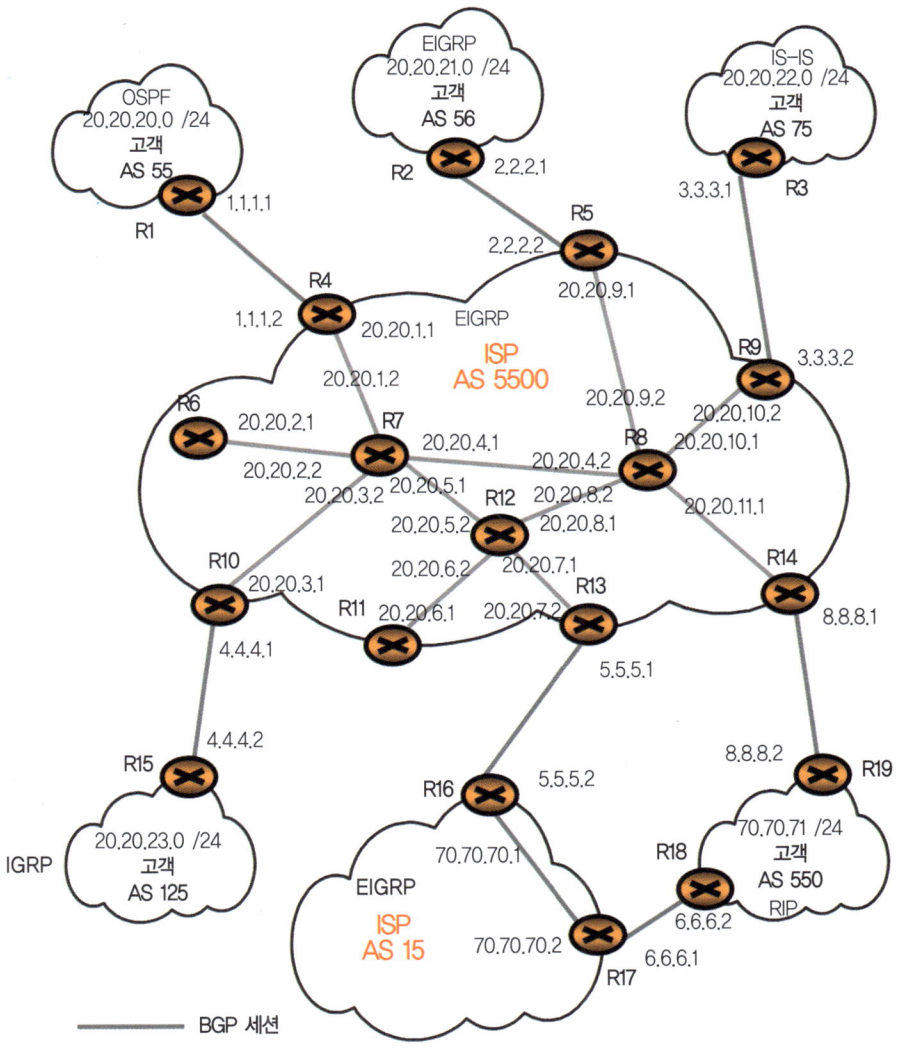

[그림 7-34] ▶
BGP의 구현 연습

Solution

IBGP 세션이 많은 AS5500은 BGP TCP 세션의 수를 최소화하기 위해 Route Reflector를 구현합니다. Route Reflector를 구현하기 위해 ISP의 BGP 라우터들을 몇 개의 클러스터로 묶고, 클러스터에 최소 1대의 Route Reflector를 배치합니다. 클러스터를 대표하는 Route Reflector들끼리는 풀 메시로 연결합니다. 클러스터의 Route Reflector를 제외한 라우터들은 Route Reflector의 클라이언트로 설정합니다. Route Reflector, next-hop-self 명령, No Sychronization 명령을 구현해야 하는 라우터는 [그림 7-35]와 같이 구분됩니다.

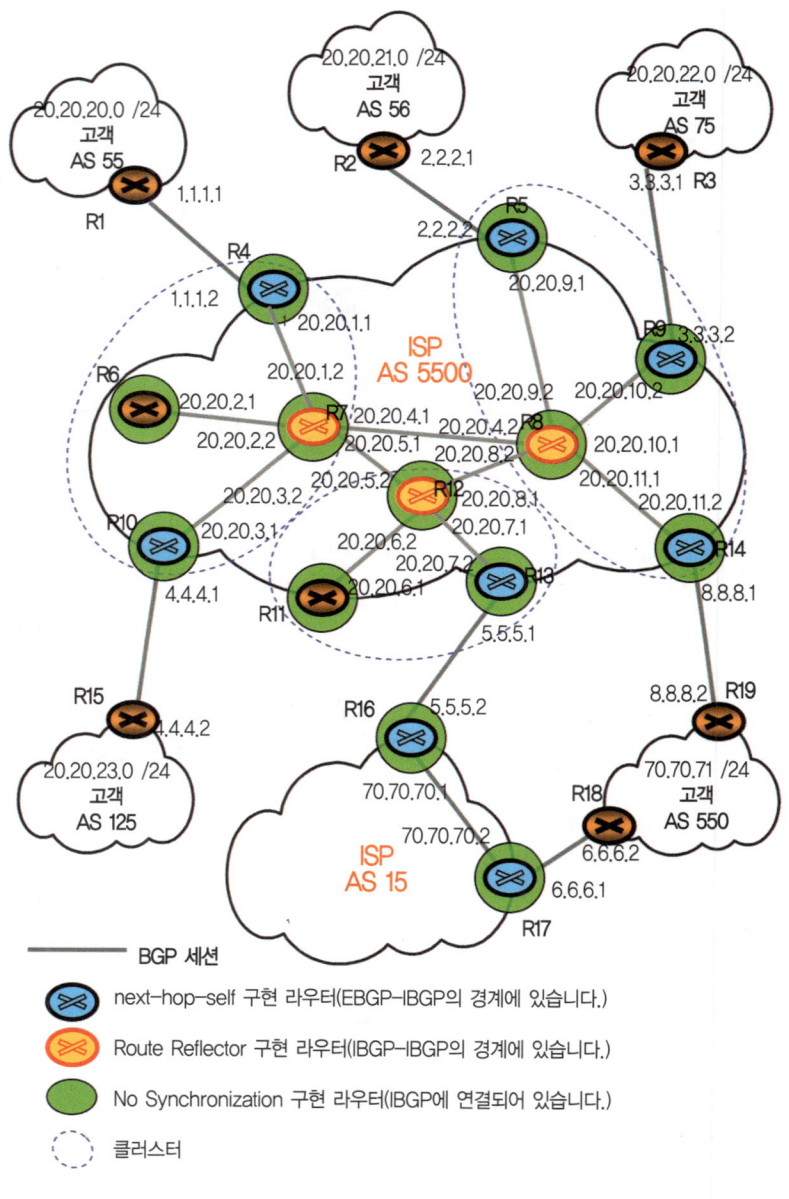

[그림 7-35] ▶
Route Reflector의 구성

[그림 7-35]의 R1~R17의 구현은 [예 7-5]와 같습니다. (BGP 디폴트 정보가 고객 AS 방향으로 보내짐)

```
R1
ip route 20.20.20.0 255.255.255.0  null 0

router ospf 55
network 20.20.20.1 0.0.0.0  area 10
default-information originate always

router bgp 55
neighbor 1.1.1.2 remote-as 5500
redistribute static metric 50

R2
ip route 0.0.0.0 0.0.0.0 null 0
ip route 20.20.21.0 255.255.255.0 null 0

router eigrp 56
network 0.0.0.0
network 20.0.0.0

router bgp 56
neighbor 2.2.2.2 remote-as 5500
network 20.20.21.0 mask 255.255.255.0

R3
ip route 20.20.22.0 255.255.255.0  null 0
router isis
net 49.0001.0000.0000.0001.00
default-information originate always

interface e 0
ip router isis

router bgp 75
neighbor 3.3.3.2 remote-as 5500
redistribute static metric 50

R4
router eigrp 5500
network 20.0.0.0

router bgp 5500
no synchronization
neighbor 20.20.1.2 remote-as 5500
neighbor 20.20.1.2 next-hop-self
neighbor 1.1.1.1 remote-as 55
neighbor 1.1.1.1 default-originate
```

다지기 B

```
R5
router eigrp 5500
network 20.0.0.0

router bgp 5500
no synchronization
neighbor 20.20.9.2 remote-as 5500
neighbor 20.20.9.2 next-hop-self
neighbor 2.2.2.1 remote-as 56
neighbor 2.2.2.1 default-originate

R6
router eigrp 5500
network 20.0.0.0

router bgp 5500
no synchronization
neighbor 20.20.2.2 remote-as 5500

R7
router eigrp 5500
network 20.0.0.0

router bgp 5500
no synchronization
neighbor 20.20.1.1 remote-as 5500
neighbor 20.20.1.1 route-reflector-client
neighbor 20.20.2.1 remote-as 5500
neighbor 20.20.2.1 route-reflector-client
neighbor 20.20.3.1 remote-as 5500
neighbor 20.20.3.1 route-reflector-client
neighbor 20.20.4.2 remote-as 5500
neighbor 20.20.5.2 remote-as 5500

R8
ip route 20.20.0.0 255.255.0.0 null0
router eigrp 5500
network 20.0.0.0

router bgp 5500
no synchronization
neighbor 20.20.9.1 remote-as 5500
neighbor 20.20.9.1 route-reflector-client
neighbor 20.20.10.2 remote-as 5500
neighbor 20.20.10.2 route-reflector-client
neighbor 20.20.11.2 remote-as 5500
neighbor 20.20.11.2 route-reflector-client
neighbor 20.20.4.1 remote-as 5500
neighbor 20.20.8.1 remote-as 5500
redistribute static metric 50    ← AS5500 정보를 다른 AS에게 전달함
```

R9
```
router eigrp 5500
network 20.0.0.0

router bgp 5500
no synchronization
neighbor 20.20.10.1 remote-as 5500
neighbor 20.20.10.1 next-hop-self
neighbor 3.3.3.1 remote-as 75
neighbor 3.3.3.1 default-originate
```

R10
```
router eigrp 5500
network 20.0.0.0

router bgp 5500
no synchronization
neighbor 20.20.3.2 remote-as 5500
neighbor 20.20.3.2 next-hop-self
neighbor 4.4.4.2 remote-as 125
neighbor 4.4.4.2 default-originate
```

R11
```
router eigrp 5500
network 20.0.0.0

router bgp 5500
no synchronization
neighbor 20.20.6.2 remote-as 5500
```

R12
```
ip route 20.20.0.0 255.255.0.0 null 0
router eigrp 5500
network 20.0.0.0

router bgp 5500
no synchronization
neighbor 20.20.6.1 remote-as 5500
neighbor 20.20.6.1 route-reflector-client
neighbor 20.20.7.2 remote-as 5500
neighbor 20.20.7.2 route-reflector-client
neighbor 20.20.5.1 remote-as 5500
neighbor 20.20.8.2 remote-as 5500
redistribute static metric 50    ← AS5500 정보를 외부 AS에게 보내기 위해 BGP 정
                                   보로 등록함
```

R13
```
router eigrp 5500
network 20.0.0.0
```

다지기 B

```
router bgp 5500
no synchronization
neighbor 20.20.7.1 remote-as 5500
neighbor 20.20.7.1 next-hop-self
neighbor 5.5.5.2 remote-as 15
neighbor 5.5.5.2 default-originate
```

R14
```
router eigrp 5500
network 20.0.0.0

router bgp 5500
no synchronization
neighbor 20.20.11.1 remote-as 5500
neighbor 20.20.11.1 next-hop-self
neighbor 8.8.8.2 remote-as 550
neighbor 8.8.8.2 default-originate
```

R15
```
ip route 0.0.0.0 0.0.0.0 null 0
ip route 20.20.23.0 255.255.255.0 null 0

router igrp 125
network 20.0.0.0
network 0.0.0.0

router bgp 125
neighbor 1.1.1.1 remote-as 5500
redistribute static metric 50 route-map oh_yeah1    ← 두 스태틱 정보중,
                                                     'oh_yeah1' 정보만 보냄
route-map oh_yeah1 permit 10
match ip 1

access-list 1 permit 1 20.20.23.0 255.255.255.0
```

R16
```
ip route 70.70.0.0 255.255.0.0 null 0
router eigrp 15
network 70.0.0.0

router bgp 15
no synchronization
neighbor 5.5.5.1 remote-as 5500
neighbor 70.70.70.2 remote-as 15
neighbor 70.70.70.2 next-hop-self
redistribute static metric 60
```

R17
```
ip route 70.70.0.0 255.255.0.0 null 0
router eigrp 15
```

```
network 70.0.0.0
router bgp 15
no synchronization
neighbor 6.6.6.2 remote-as 550
neighbor 70.70.70.1 remote-as 15
neighbor 70.70.70.1 next-hop-self
network 70.70.0.0 mask 255.255.0.0
```

R18
```
ip route 0.0.0.0 0.0.0.0 6.6.6.1

router rip
network 70.0.0.0

router bgp 550
neighbor 6.6.6.1 remote-as 15
network 70.70.71.0 mask 255.255.240.0
network 70.70.71.16 mask 255.255.240.0
network 70.70.71.32 mask 255.255.240.0
network 70.70.71.48 mask 255.255.240.0
network 70.70.71.64 mask 255.255.252.0
network 70.70.71.68 mask 255.255.252.0
network 70.70.71.72 mask 255.255.252.0
network 70.70.71.76 mask 255.255.252.0
aggregate-address 70.70.71.0 255.255.192.0 summary-only
aggregate-address 70.70.71.64 255.255.240.0 summary-only
```

R19
```
ip route 0.0.0.0 0.0.0.0 8.8.8.1

router rip
network 70.0.0.0

router bgp 550
neighbor 8.8.8.1 remote-as 5500
network 70.70.71.0 mask 255.255.240.0
network 70.70.71.16 mask 255.255.240.0
network 70.70.71.32 mask 255.255.240.0
network 70.70.71.48 mask 255.255.240.0
network 70.70.71.64 mask 255.255.252.0
network 70.70.71.68 mask 255.255.252.0
network 70.70.71.72 mask 255.255.252.0
network 70.70.71.76 mask 255.255.252.0
aggregate-address 70.70.71.0 255.255.192.0 summary-only
aggregate-address 70.70.71.64 255.255.240.0 summary-only
```

[예 7-5] ▶
R1~R17 구현하기

O/× Quiz & Solution

Chapter 07의 주요 개념을 O/× 퀴즈를 통해 복습해 보겠습니다.

Quiz

틀린 문제에 ×표, 맞는 문제에 O표 하시오.

순서	문제	O/×
1	OSPF, Integrated IS-IS, EIGRP의 헬로 패킷의 역할은 BGP에서 오픈 메시지와 킵어라이브 메시지로 나누어서 한다.	
2	BGP 루트는 OSPF, Integrated IS-IS, EIGRP와 달리 TCP 커넥션을 사용하여 전달한다.	
3	IBGP에서 IBGP로 보낼 때 필요한 솔루션은 Route Reflector이다.	
4	IBGP에서 EBGP로 보낼 때 필요한 솔루션은 next-hop-self 명령을 구현한 것이다.	
5	EBGP에서 EBGP로 보낼 때 필요한 솔루션은 없다.	
6	EBGP에서 IBGP로 보낼 때 필요한 솔루션은 no synchronization 명령을 구현하는 것이다.	
7	BGP는 자원의 낭비를 최소화하도록 디자인된 프로토콜이기 때문에 루트 서머라이제이션(Route Summarization)이 필요 없다.	
8	Stub AS에 속하는 것은 ISP AS이다.	
9	Transit AS에 속하는 것은 고객 AS이다.	
10	AS 번호도 IP 주소처럼 공인과 사설로 구분된다.	
11	IGP 없이 BGP로만 라우팅할 수 있다.	
12	BGP의 메트릭은 Path Attribute이라고 하는데, 다섯 종류 미만이다.	
13	베스트 루트를 결정할 수 있는 다양한 Path Attribute이 존재하기 때문에 Path Attribute를 비교하는 순서가 있다.	
14	BGP는 클래스리스 라우팅 프로토콜에 속하기 때문에 VLSM을 지원한다.	
15	통상 고객 AS로 모든 BGP 정보를 받아들인다.	
16	BGP는 스피드 기반의 라우팅을 한다.	
17	Redistribution은 라우팅 메트릭을 보정하는 것이다.	
18	양방향 Redistribution은 언제나 문제가 없다.	
19	일반적인 라우팅은 목적지 주소가 기준이지만, 정책 기반의 라우팅은 출발지 주소가 기준이다.	
20	BGP 라우팅에서 AS 경로 길이가 짧은 쪽 루트를 선택할 것이다. 이때 Weight 값은 클수록, 로컬 프레퍼런스는 클수록, MED 값은 작을수록 좋은 루트이다.	
21	BGP의 Synchronization 조건은 IBGP로 받은 루트가 IGP로 동일하게 전달되어야 하는 조건을 말한다.	
22	ISP AS에 하나만 연결된 고객 AS에서 BGP보다는 스태틱 루트를 구현하는 것이 좋다.	
23	OSPF도 EGP로 사용할 수 있다.	

Solution

순서	설명	O/X
1	OSPF, Integrated IS-IS, EIGRP의 헬로 패킷의 역할은 BGP에서 오픈 메시지와 킵어라이브 메시지로 나누어서 한다.	O
2	BGP 루트는 OSPF, Integrated IS-IS, EIGRP와 달리 TCP 커넥션을 사용하여 전달한다. 따라서 네이버가 직접 연결되어 있어야 하는 IGP 계열의 라우팅 프로토콜과는 달리 직접 연결될 필요가 없다.	O
3	IBGP에서 IBGP로 보낼 때 필요한 솔루션은 Route Reflector이다.	O
4	IBGP에서 EBGP로 보낼 때 IBGP로 받은 것을 IGRP로 받아야 EBGP 세션을 통해 전달하기 때문에 이러한 조건을 만족시킬 수 없는 환경에서 이것을 해결하는 방법은 IBGP-라우터-EBGP로 연결된 라우터에서 no synchronization 명령을 구현하는 것이다.	X
5	EBGP에서 EBGP로 보낼 때 필요한 솔루션은 없다.	O
6	EBGP에서 IBGP로 보낼 때 넥스트 홉을 DMZ 구간의 주소에서 AS의 주소로 바꾸기 위해서 필요한 솔루션은 next-hop-self 명령으로 구현한다.	X
7	BGP에서도 루트 서머라이제이션(Route Summarization)은 필수이다. 인터넷의 전체 BGP 테이블에 올라오는 네트워크 수는 10만 개 이상이다.	X
8	Stub AS는 구석 AS로, 고객 AS가 여기에 속한다.	X
9	Transit AS는 중심 AS로, 여기에 속하는 것이 ISP AS이다.	X
10	AS 번호도 IP 주소처럼 공인과 사설로 구분된다. 공인 AS 번호는 IP 주소와 마찬가지로 IANA에서 관리하고 할당한다.	O
11	IGP 없이 BGP로만 라우팅할 수 있다.	O
12	BGP의 메트릭은 Path Attribute라고 하는데, 그보다 많고 다양한 표준도 있고, 벤더에서 제공하는 비표준도 있다.	X
13	베스트 루트를 결정할 수 있는 다양한 Path Attribute가 있기 때문에 Path Attribute를 비교하는 순서가 있다.	O
14	BGP는 클래스리스 라우팅 프로토콜에 속하기 때문에 VLSM을 지원한다.	O
15	통상 고객 AS로 모든 BGP 정보를 받아들이는 대신 IGP 디폴트 정보 하나만 사용한다.	X
16	BGP는 스피드 기반의 라우팅을 하는 것이 아니라 관리자의 정책에 의한 정책 기반의 라우팅을 한다.	X
17	Redistribution은 다른 라우팅 프로토콜 간의 라우팅 정보를 변환하는 것이다.	X
18	양방향 Redistribution 때문에 루프가 생기거나 잘못된 라우팅을 할 수 있으므로 주의해야 한다.	X
19	일반적인 라우팅은 목적지 주소가 기준이지만, 정책 기반의 라우팅은 출발지 주소가 기준이다.	O

개념 정비소

순서	설명	O/X
20	BGP 라우팅에서 AS 경로 길이가 짧은 쪽 루트를 선택할 것이다. Weight 값은 클수록, 로컬 프레퍼런스는 클수록, MED 값은 작을수록 좋은 루트이다.	O
21	BGP의 Synchronization 조건은 IBGP로 받은 루트가 IGP로 동일하게 전달되어야 하는 조건을 말한다.	O
22	ISP AS에 하나만 연결된 고객 AS에서 BGP보다는 스태틱 루트를 구현하는 것이 좋다.	O
23	OSPF는 IGP로만 사용할 수 있다.	×

Big Network Design

Chapter

08

네트워크 보안 디자인

[목표] 네트워크 보안은 한 번의 장비 설치로 끝나는 것이 아니라 지속적인 프로세스입니다. 완벽한 솔루션과 시스템을 찾는 것도 중요하지만, 지속적이고 주의 깊은 관리와 관찰이 더욱 중요합니다.

[특징(from * to *****)]

- 중요도 ★★★★
- 난이도 ★★★★★
- 선수 지식 ★★★★★
- 다른 장 연관성 ★★★★
- 실무/현장 반영 ★★★★

Lesson 01 방화벽은 네트워크의 첫 번째 방어막

TCP와 IP는 인터넷에서 가장 많이 사용되는 프로토콜입니다. 대다수의 애플리케이션들이 데이터를 전송하기 위해 TCP/IP를 사용하기 때문에 범용성과 개방성이라는 장점이 있지만, 이 때문에 보안 문제가 발생합니다. 이러한 보안 문제에 가장 기본적인 장비인 방화벽(Firewall)을 사용하면, Security Level [그림 8-2]에 의해 구분되는 다음과 같은 세 개의 영역으로 네트워크가 분할됩니다.

❶ 외부 네트워크

❷ 외부 네트워크에서 접속할 수 없는 내부 네트워크

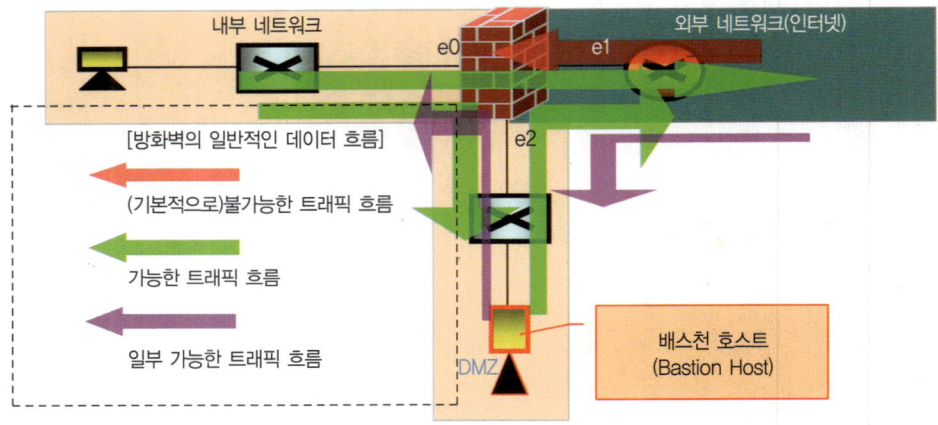

[그림 8-1] ▶
방화벽과 세 가지 네트워크

❸ **DMZ 네트워크** : 외부 네트워크에서 접속할 수 있는 내부 네트워크

[그림 8-1]에서 내부 네트워크는 원칙적으로 외부 네트워크에서 접근할 수 없는 안전한 네트워크이며, DMZ 네트워크는 방화벽에서 허용한 서비스만을 위해 접속할 수 있는 네트워크입니다. 원칙적으로 접속이 허용된 일부 서비스이지만, DMZ 네트워크에서 외부의 공격에 노출된 서버가 배스천 호스트입니다. 즉 방화벽만 사용한다면 일부 서비스를 허용할 수 밖에 없는 방화벽의 취약점 때문에 Security Hole이 생깁니다. 이 밖에도 방화벽을 지나가는 트래픽에 대해서만 보안 기능을 제공할 수 있어서 내부 네트워크나 DMZ 네트워크 자체에서 발생하는 위협에 대한 대책이 없습니다. 방화벽의 보안 기능은 다음과 같이 다섯 가지로 나눕니다.

액세스 제어/패킷 필터링 기능

[그림 8-2]를 보면 security level 값이 높은 네트워크에서 낮은 네트워크쪽으로의 트래픽은 허용하지만, 반대 방향 트래픽은 원칙적으로 막습니다. 다만 IP 주소나 포트나 프로토콜을 기준으로 제한적으로 허용하므로 이를 위해 회사마다 적정한 허용 기준을 세워야 합니다. 예를 들어 액세스 제어 시나리오 I과 액세스 제어 시나리오 II를 보세요.

- **시나리오 I** : 외부 네트워크의 1.1.1.1 단말에게 내부 네트워크의 10.1.1.3 서버가 제공하는 FTP 서비스만 허용, 내부 네트워크가 Private Address를 사용하므로 NAT 필요함

- **시나리오 II** : 외부 네트워크에서 DMZ 네트워크의 102.1.1.2 서버가 제공하는 웹 서비스만 허용. DMZ 네트워크가 Public Address를 사용하므로 NAT 필요없음

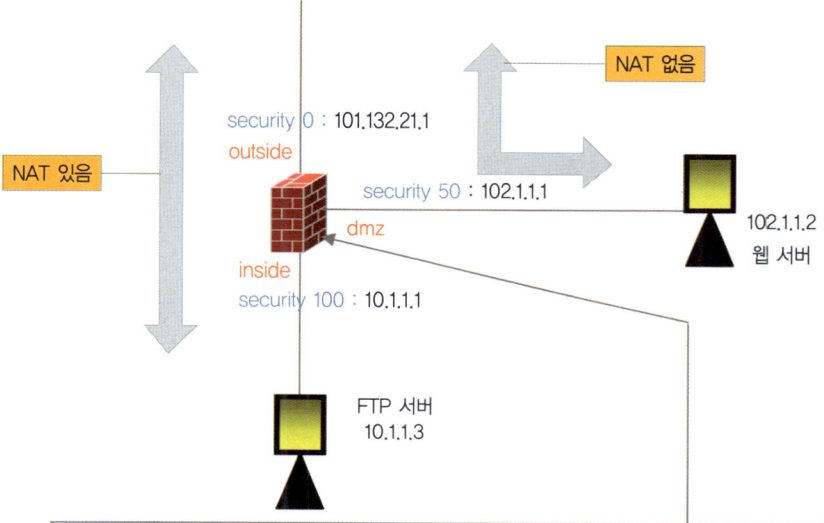

[그림 8-2] ▶
액세스 제어/패킷 필터링

시나리오 I
```
static (inside,outside) 101.132.22.3 10.1.1.3 netmask 255.255.255.0
access-list acl_out permit tcp host 1.1.1.1 host 10.1.1.3 eq ftp
access-group acl_out in interface outside
```

시나리오 II
```
access-list dmz_out permit tcp any host 102.1.1.2 eq www
access-group dmz_out in interface outside
```

방화벽에서 액세스 제어/패킷 필터링을 설정하기 전에 조직의 보안 정책을 먼저 수립해야 합니다. [표 8-1]은 기본적으로 불가능한 트래픽의 흐름을 제외하고 기본적으로 가능한 트래픽의 흐름 중에서도 어떤 트래픽만 가능하게 할 것인지에 대한 정확한 정책 결정 예를 보여줍니다. 트래픽 방향별로 출발지 IP 주소, 목적지 IP 주소, 포트 번호(서비스), 시간대를 기준으로 허용 또는 제한을 결정할 수 있습니다.

트래픽 방향	사용자	출발지 IP 주소	목적지 IP 주소	허용 서비스/포트	시간대	Permit/Deny
외부 → 내부	VoIP RTP/RTCP, ICMP Ping 패킷을 제외하고 기본적으로 모든 서비스 불가 (ICMP Ping : 방화벽 로드 밸런싱을 위한 방화벽 앞뒷 단의 L4 스위치 간)					
외부 → DMZ	모든 사용자	모든 네트워크	DMZ 네트워크	HTTP, SMTP, POP3, VoIP SIP	모든 시간대	Permit
내부 → 외부	내부 네트워크의 모든 사용자	내부 네트워크	모든 네트워크	시만텍사 권고의 의심 포트 제외, L4 스위치간의 ICMP Ping, VoIP RTP/RTCP 등 모든 포트 허용	특정 커뮤니티 웹 사이트 근무시간 대 제외	Permit
내부 → DMZ	인증을 거친 사용자	내부 네트워크	DMZ 네트워크	HTTP, SMTP, POP3, VoIP SIP	모든 시간대	Permit
DMZ → 외부	DMZ네트워크 사용자	DMZ 네트워크	모든 네트워크	SMTP, HTTP, POP3, VoIP SIP	모든 시간대	Permit
DMZ → 내부	VoIP SIP을 제외하고 모든 서비스 불가					

※ 의심 포트 : 바이러스를 운반하는 42,113,135, 139, 445,1025, 1433, 3306,3067, 4444, 5002, 5003 등의 포트 번호는 일반적으로 방화벽과 경계 라우터에서 차단

[표 8-1] ▶
방화벽의 정책 설정 표(예)

[그림 8-3]은 이러한 정책 아래에서 방화벽에 액세스 허용 또는 제한을 위한 명령어를 설정한 예로, [표 8-1]과는 무관합니다.

기본적인 포트/IP, 프로토콜별 접근 제한 외에 개인별, 시간대별, 내용별로 서비스를 차단할 뿐만 아니라 외부의 서버와 연계한다면 URL별, 검색어별 차단 기능도 제공할 수 있습니다. 예를 들어 특정 개인이 업무 시간대에 '골프'에 대해 검색하거나 싸이월드와 같은 업무와 관련 없는 사이트에 접속하는 것을 막을 수도 있습니다.

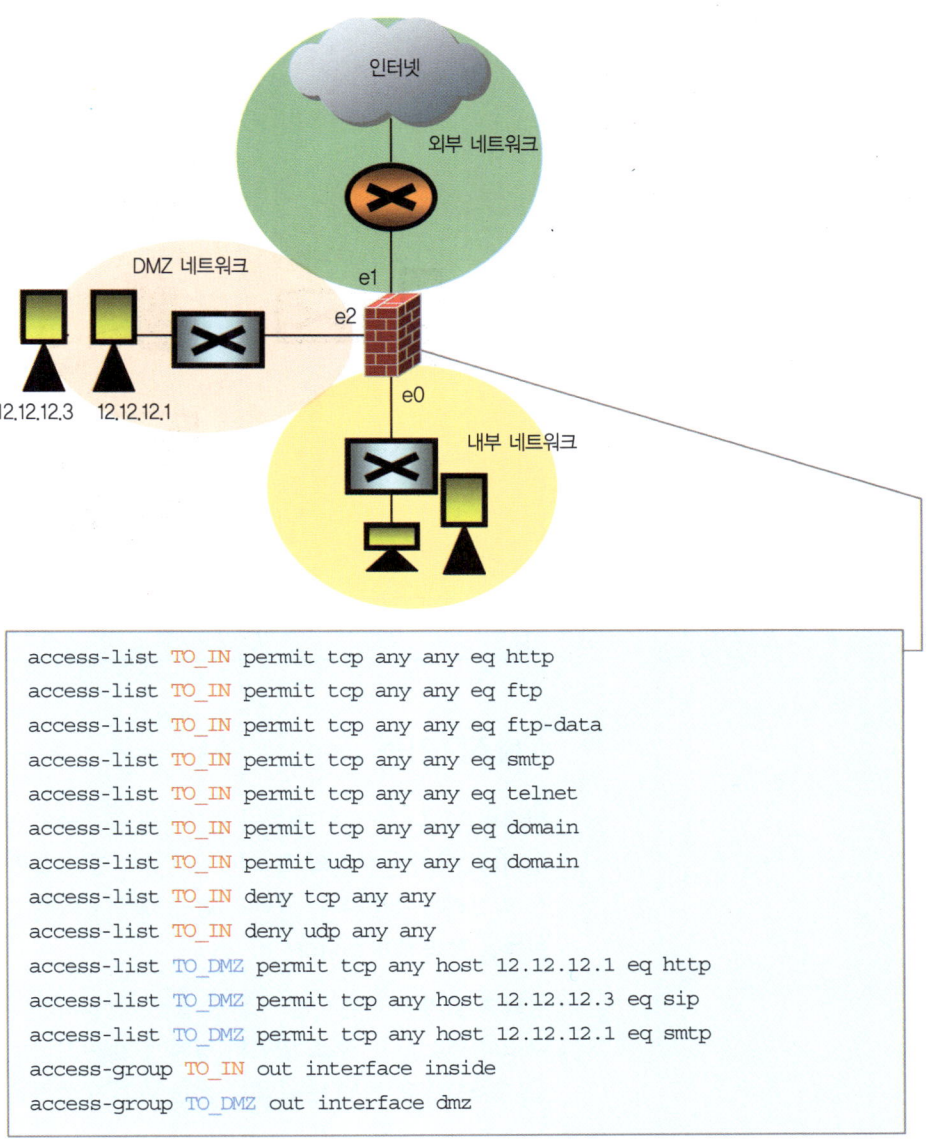

[그림 8-3] ▶
액세스 제어/패킷 필터링
구현의 예

```
access-list TO_IN permit tcp any any eq http
access-list TO_IN permit tcp any any eq ftp
access-list TO_IN permit tcp any any eq ftp-data
access-list TO_IN permit tcp any any eq smtp
access-list TO_IN permit tcp any any eq telnet
access-list TO_IN permit tcp any any eq domain
access-list TO_IN permit udp any any eq domain
access-list TO_IN deny tcp any any
access-list TO_IN deny udp any any
access-list TO_DMZ permit tcp any host 12.12.12.1 eq http
access-list TO_DMZ permit tcp any host 12.12.12.3 eq sip
access-list TO_DMZ permit tcp any host 12.12.12.1 eq smtp
access-group TO_IN out interface inside
access-group TO_DMZ out interface dmz
```

일반적으로 오전 9시~오후 5시까지의 업무 시간중 30~40%의 웹 서핑은 업무와 관련 없는 것이고, 성인 사이트에 대한 트래픽의 70%, 온라인 구매의 70% 이상이 이 시간대에 발생합니다. [그림 8-4]와 같이 '웹 센스(Web Sence)'라고 부르는 제품은 방화벽이 유저로부터 URL에 접속하려는 요청을 받았을 때 웹 센스 서버에게 쿼리(Quary)를 보내고, 웹 센스는 URL을 허용할 것인지 결정하기 위해 자신의 데이터베이스(시간 대별, 주제별, 유저별 접근 제한 목록)를 참조하여 응답을 보냅니다. 만약 막아야 할 URL 주소라면 접속 시도를 막고 접속 불가 메시지를 보여주거나 특정 웹 사이트로 되돌려버립니다.

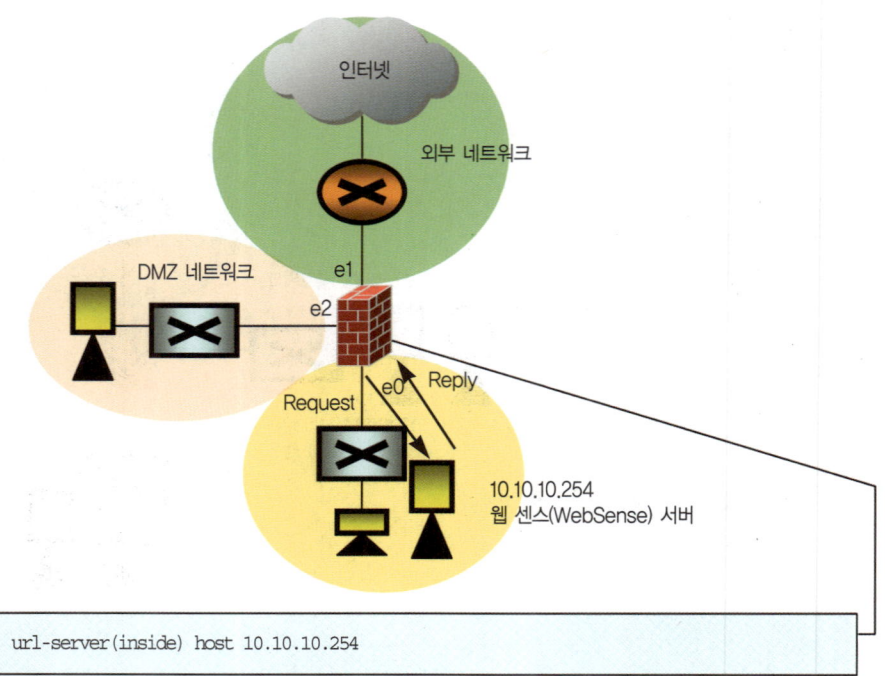

[그림 8-4] ▶
URL 필터링

NAT 기능

방화벽은 외부 네트워크(인터넷)로부터 공개하지 않는 내부의 네트워크를 분리하는 장비입니다. 이러한 분할의 목적은 인터넷에 있는 불법 사용자나 비인가자의 불법적인 접근을 막으려는 것입니다. 따라서 회사 내부와 외부 간에 교환되는 모든 트래픽은 100% 방화벽을 통과해야 합니다.

방화벽의 가장 기본적인 기능은 접근 제한과 더불어 NAT입니다. 방화벽은 Private IP 주소와 Public IP 주소 영역의 경계에 있는 장비로, 두 영역 간의 주소 변환(NAT) 기능을 제공합니다. NAT는 다음과 같은 두 가지 목적을 위해 사용됩니다.

첫째, 회사나 조직의 내부 네트워크는 Private IP 주소를 사용하고, 내부 네트워크에서 외부 네트워크로 향하는 통신을 할 때만 방화벽에서 출발지 주소를 Public IP 주소로 변환하도록 해서 필요한 Public IP 주소의 수를 줄입니다.

둘째, NAT는 기본적으로 방향을 가지고 있습니다. NAT는 내부 네트워크에서 외부 네트워크로 향할 때만, 즉 Security Level이 높은 네트워크에서 낮은 네트워크로 향할 때만 NAT 테이블이 만들어집니다.

[표 8-2]은 NAT 테이블의 예입니다. 내부 네트워크의 10.1.1.1에서 출발한 패킷은 방화벽에서 출발지 주소가 11.1.1.1로 바뀌었기 때문에 거꾸로 외부 네트워크에서 11.1.1.1을 향해 방화벽으로 들어온 패킷의 목적지 주소는 10.1.1.1로 바뀝니다.

Private IP 주소	Public IP 주소
10.1.1.1	11.1.1.1
10.1.1.2	11.1.1.2
10.1.1.3	11.1.1.3

[표 8-2] ▶ NAT 테이블의 예

NAT는 동시에 발생하는 세션 수 만큼의 Public IP가 필요합니다. NAT의 한 종류인 PAT(Port Address Translation)는 Private vs Public 주소 변환 테이블을 만들 때 출발지 포트 번호를 추가하여 Public IP 주소가 1개만 있어도 됩니다. [표 8-3]에서 TCP 세션에서 내부 네트워크의 10.1.1.1과 출발지 포트 번호 2000번을 달고 외부 네트워크로 향하는 패킷은 방화벽에서 출발지 주소 11.1.1.1과 출발지 포트 번호 2000번을 달고 외부 네트워크로 나갑니다. 한편 외부 네트워크에서 목적지 주소 11.1.1.1과 목적지 포트 번호 2000번을 달고 들어오는 패킷은 방화벽에서 Private IP 주소 10.1.1.1로 바뀝니다. 그 결과, 같은 Public IP 11.1.1.1을 가진 패킷이어도 목적지 포트 번호가 3000번일 때는 Private IP 주소 10.1.1.2로 바뀌고, 4000번일 때는 10.1.1.3으로 바뀝니다. 이렇게 NAT 테이블을 만들 때 출발지 포트 번호를 추가해서 필요한 Public IP 주소의 수를 줄일 수 있습니다. 그렇다면 랜덤하게 선택되는 출발지 포트의 중복없이 1개의 Public IP 주소의 수로 수용할 수 있는 Private IP 주소의 수는 몇 개 정도가 될까요? 대략 4,000개 정도를 수용할 수 있습니다.

Private IP 주소	Public IP 주소	출발지 포트 번호
10.1.1.1	11.1.1.1	2000
10.1.1.2	11.1.1.1	3000
10.1.1.3	11.1.1.1	4000

[표 8-3] ▶ PAT 테이블의 예

[그림 8-5]는 PAT 구현의 예입니다. 10.10.10.0 /24 네트워크에서 출발한 모든 패킷들은 방화벽에서 같은 Public IP 주소인 11.11.11.1을 출발지 주소로 달고 나가지만, NAT 테이블에는 출발지 포트 번호가 올라와서 구분합니다.

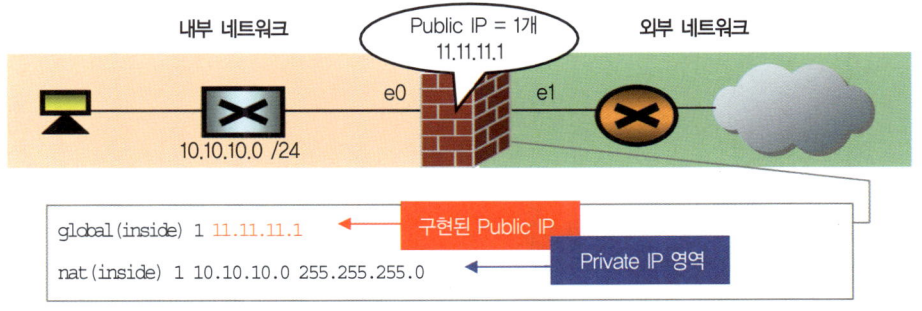

[그림 8-5] ▶ PAT 구현의 예

패킷이 내부 네트워크에서 외부네트워크로 나갈 때 만들어지는 NAT 테이블의 방향성 때문에 외부 네트워크에서 내부 네트워크로 들어올 때 NAT 테이블에 Public IP vs Private IP 매핑 정보가 없을 때는 들어올 수 없습니다. 결과적으로 NAT는 Public IP 주소의 절약 외에 부수적으로 내부 네트워크를 외부 네트워크로부터 보호하는 보안성이 발생합니다. 이렇게 방화벽이 있다면 기본적으로 외부 네트워크에서 내부 네트워크로의 통신은 불가능하지만, 다음의 조치를 취한다면 가능합니다.

- IP, 포트, 프로토콜을 기준으로 허용하는 명령이 특별히 필요합니다([그림 8-3] 참고).
- Static NAT 구현이 필요합니다([그림 8-6] 참고).

Static NAT는 무엇일까요? 외부 네트워크에서 내부 네트워크로 패킷을 보내기 위해서는 무엇이 필요할까요? NAT의 일 대 일 매핑 테이블을 외부에서 추측할 수 있어서 해당 Public IP 주소를 사용하여 접근한다면 방화벽에서 내부 Private IP 주소로 변환되어 내부 시스템에 도달할 수 있습니다. 이를 위해서 Static NAT는 NAT 테이블을 고정적으로 설정하는 것입니다. [그림 8-6]은 Static NAT 구현의 예입니다.

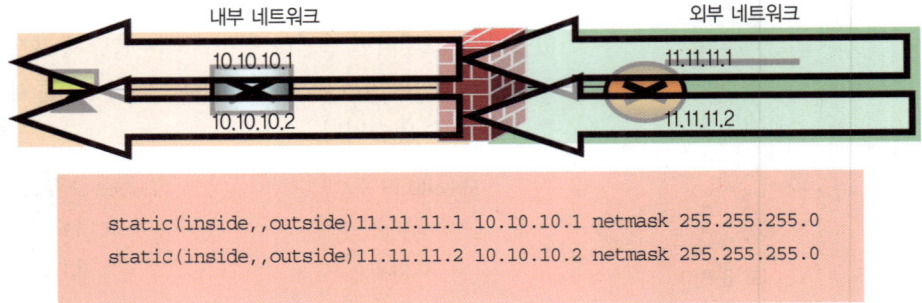

[그림 8-6] 일반적인 스태틱 NAT 구현의 예

[그림 8-7]에서는 DMZ 네트워크가 둘로 나뉘어 있습니다. 예를 들어 DMZ 2 네트워크에는 DMZ 1 네트워크에 존재하는 웹 서버에 대한 데이터베이스 서버를 위치시킬 수 있습니다. DMZ 2 네트워크로는 외부 네트워크에서는 들어올 수 없지만, DMZ 1 네트워크에서 데이터베이스 관련 서비스만 허용한다면, 데이터베이스 서버가 있는 DMZ 2 네트워크에 대한 보안성을 한층 더 높일 수 있습니다.

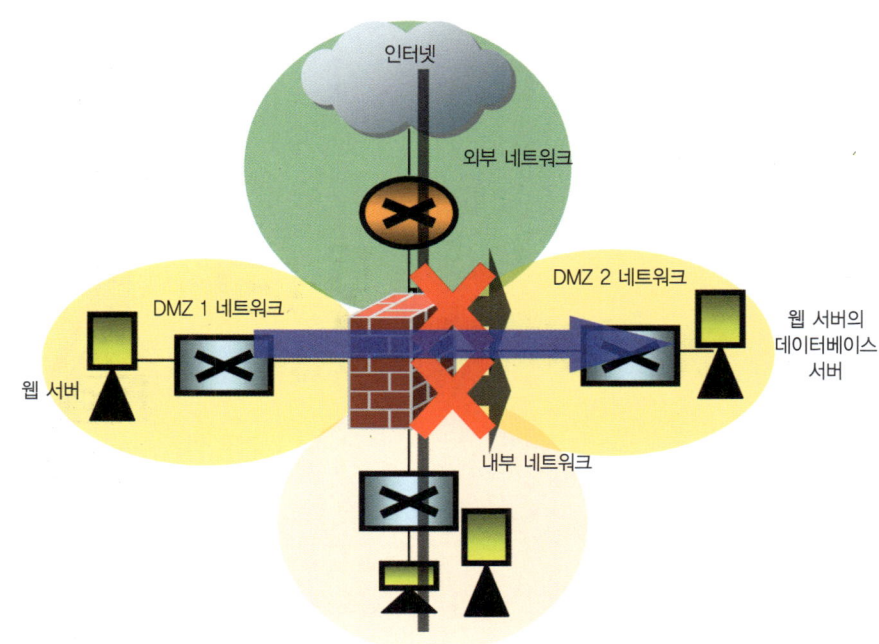

[그림 8-7] ▶
2개의 DMZ 네트워크를 가진 경우

액세스 기록 기능

방화벽의 액세스 감시 기능에 의해 모든 접속 요청 패킷을 기록할 수 있습니다. 예를 들어, 특정 서비스에 대한 접속 요청에 대해서 다양한 레벨의 로그 메시지로 통계 및 보고할 수 있고, 관리자에게 이메일로 알릴 수도 있습니다.

사용자 인증 기능

방화벽의 주요 기능 중 하나가 인증입니다. 즉 사용자가 특정 서버 자원을 사용하기 위해서 인증(사용자 확인)을 받도록 하는 기능입니다. [그림 8-8]에서는 내부와 외부의 사용자가 11.11.11.1의 웹 서버를 사용하기 위해서 10.10.10.254에 위치한 AAA(Authentication, Authorization, Accounting) 서버의 인증 절차를 거쳐야 합니다. 방화벽 자체에 인증에 관련한 데이터를 보유할 수 있으나, 대량의 인증 데이터를 처리하기 위해서 외부의 인증 서버(AAA)를 사용합니다.

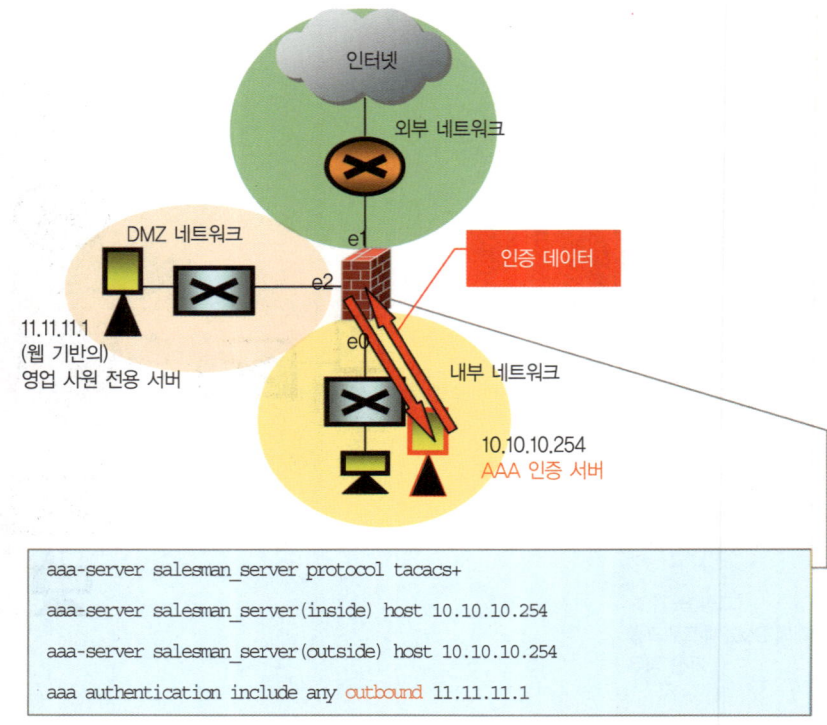

[그림 8-8] ▶
사용자 인증

AAA 서비스는 다음과 같은 세 가지 서비스 모듈을 제공합니다.

❶ **누가 서비스를 사용할 수 있는지 확인 : Authentication** – 로긴 ID와 패스워드 메시지를 선택한 보안 프로토콜을 통해 교환하여 유저들을 확인하는 기능

❷ **어떤 서비스를 사용할 수 있는지 확인 : Authorization** – 유저별 서비스 권한을 제한하는 기능

❸ **무엇을 했는지에 대한 기록 : Accounting** – 유저의 서비스 사용 시작/끝 시간, 사용한 서비스, 패킷 (바이트)의 수를 기록하여 과금 및 분석을 위한 기능

이를 위해 AAA 서버에는 유저별 ID와 패스워드 테이블을 가지고 있어야 하고, 유저별로 사용 가능한 서비스, 접근 권한, 명령어 사용 권한을 정의해야 합니다. 그리고 유저의 접속 시간 동안 일어난 모든 이벤트를 기록해야 합니다.

암호화 + 터널링 기능

암호화 + 터널링 기능은 VPN 기능입니다. 부하를 고려한다면 별도의 VPN 장비를 사용하는 것이 적정하고, 소규모 네트워크에서 트래픽의 양이 적은 소수의 VPN을 구성한다면, 방화벽에서 VPN을 구성할 수도 있습니다.

방화벽 차단 포트의 예

다음의 포트들은 웜/바이러스, P2P, 메신저, 파일 공유 관련 포트들로, 회사의 방화벽이나 경계 라우터에서 보안과 업무 집중을 위해 통상적으로 차단합니다.

웜/바이러스	사용하는 포트 번호
Nachi 웜	69/UDP, 80/UDP, 135/TCP, 135/UDP, 137/UDP, 138/UDP, 139/TCP, 445/TCP, 593/TCP
Blaster 웜	69/UDP, 135/TCP, 135/UDP, 137/UDP, 138/UDP, 139/TCP, 4444/TCP, 445/TCP, 593/TCP
Slapper 웜	443/TCP, 443/UDP
RPC Backdoor	514/TCP
Red 웜	515/TCP, 515/UDP
LiOn 웜	1008/UDP
ShoolBus Backdoor	1243/TCP, 54321/TCP
W32.Slammer 웜	1433/TCP, 1433/UDP
Net-Worm.Win32.Mytob.dc	3385/TCP
Welchia 웜	4444/TCP, 6667/TCP, 6667/UDP, 6668/TCP, 6668/UDP, 6669/TCP, 6669/UDP
Kuang2 바이러스	17300/TCP, 30999/TCP
SubSeven Backdoor	27374/TCP, 27374/UDP

[표 K-1] ▶ 웜/바이러스가 사용하는 포트

서비스	사용 포트 번호	서버 IP 주소(변경될 수 있음)
Nate On	TCP 5004-5010(차단시, 포트 변경) TCP 80,83,7003(웹 콘텐츠, 문자)	203.226.253.75 /32, 203.226.253.135 /32, 203.226.253.82 /32
MSN	TCP 1863, 80(접속 포트) TCP 6891-6900(파일 전송) UDP 6901(음성 채팅) UDP 1863,5190(MS 네트워크 메신저)	64.4.130.0 /24, 207.46.104.0 /24, 207.46.106.0 /24, 207.46.107.0 /24, 207.46.108.0 /24, 207.46.110.0 /24
Daum	TCP 8062	211.233.29.78 /32
Yahoo	TCP 5050,5101(차단시 포트 변경) TCP 5000-5001(음성 채팅) TCP 5100(화상 채팅)	216.136.233.152 /32, 216.136.233.153 /32, 216.136.175.144 /32, 216.136.224.143 /32, 66.163.173.203 /32, 216.136.233.133 /32, 216.136.233.148 /32, 66.163.173.201 /32, 216.136.224.213 /32

[표 K-2] ▶ 메신저 사용 포트

이왕이면 다홍치마 K

서비스	TCP	UDP
당나귀	4661, 4662, 4665	8719, 4665, 4672
소리바다	22322, 22323, 7675	22321, 7674
Direct	411-412	411-412
구루구루	9292, 9293, 8282, 31200	
Gnutella	6346, 6347	
엔유	8185, 8184	
파일구리	9493	9493
파일피아	8090-8091	8719, 4665, 4672
BitTorrent	6881, 6889	8719, 4665, 4672
Maniac	2000, 2222	2010
V-Share	8401-8404	8401-8404
shareshare	6399, 6777	
WINMX	6699	6257
GoBoogy		5325
Hotline	5497, 5498, 5500, 5501, 5503	
KaZaA	1214	
Madster	23172, 9922	

[표 K-3] ▶
P2P 사용 포트

Lesson 02 방화벽의 3계층 이외의 동작

패킷 필터링과 NAT는 방화벽의 가장 기본이 되는 기능입니다. 패킷 필터링은 3계층과 4계층에서 동작하고, 비교적 간단한 프로세스이기 때문에 처리 속도가 빠릅니다. 그러나 [그림 8-9]와 같이 이상 또는 문제 데이터를 포함한 패킷이나 세션을 찾으려면 애플리케이션이나 세션 계층의 기능도 포함해야 합니다.

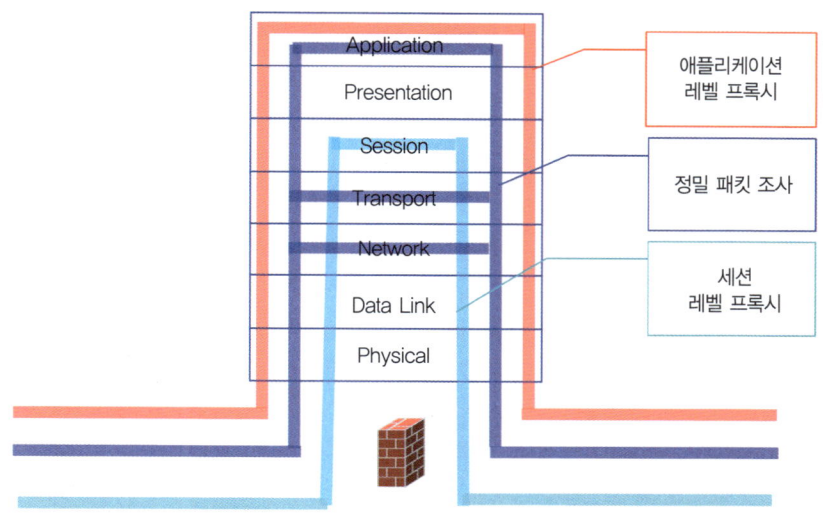

[그림 8-9]
3계층 외의 방화벽 동작

방화벽의 3 또는 4계층 외의 상위 계층에서의 기능은 다음과 같습니다.

애플리케이션 레벨 프록시

애플리케이션 레벨 프록시(Application Level Proxy)는 클라이언트/서버 간의 직접 연결 대신, 클라이언트를 대신해서 서버와의 커넥션을 설정하는 기능입니다. 즉 클라이언트에게는 애플리케이션 서버로 동작하고, 애플리케이션 서버에게는 클라이언트처럼 동작합니다.

애플리케이션 레벨 프록시 형태의 방화벽의 가장 큰 특징은 개별적인 애플리케이션 프로토콜들을 실제로 설치하여 구동시키기 때문에 정확한 접속 제한과 접속에 대한 기록이 가능하다는 것입니다. 즉 IP 주소, 프로토콜 번호, 포트 번호, 애플리케이션 서비스와 실행 명령, 파일 이름, 파일 크기, 전송 기간, 유저별 접속 빈도와 같은 상세한 분석 기능 때문에 비정상적인 다양한 네트워크 동작을 쉽게 구분할 수 있습니다. 그리고 외부에 공개된 것은 애플리케이션 레벨 프록시뿐이기 때문에 내부 네트워크를 완벽하게 감추어 보호합니다.

세션 레벨 프록시(Session Llevel Proxy)

애플리케이션 레벨 프록시는 각각의 애플리케이션마다 별도의 프록시 서버가 있어야 하기 때문에 비용과 관리 부담이 생기고 소스 코드가 알려지지 않은 비표준 프로토콜에 대해서 애플리케이션 레벨 프록시 서비스를 제공할 수 없습니다. 또한 사용자 인증 기능을 제공할 경우 애플리케이션마다 유저는 인증을 받아야 할 뿐만 아니라 대부분의 경우 클라이언트 소프트웨어나 유저 프로시저(User Procedure)를 변경해야 하므로 번거롭습니다. 이에 대해 세션 레벨 프록시(Session Level Proxy)는 다수의 애플리케이션들에 대해 유저별로 묶어서 프록시 기능을 제공하기 때문에 훨씬 간단하고 간편합니다.

정밀 패킷 조사(Stateful Packet Inspection)

스태틱 패킷 필터링은 각 패킷을 정해진 접근 제한 규칙에 따라 독립적으로 허용 또는 제한하는 고정적인 방법입니다. 반면 동적 패킷 필터링(Dynamic Packet Filtering)은 살아있는 커넥션에 대한 상태를 관측하여 이를 바탕으로 패킷의 통과 여부를 결정합니다. 예를 들어 모든 Request 메시지를 기록하고, 이에 대응되는 Reply 메시지만 통과시키는 방법이 여기에 해당합니다. 한편 동적 패킷 필터링보다 발전된 형태의 정밀 패킷 조사(Stateful Packet Inspection)가 있습니다. 이 방법은 헤더뿐만 아니라 패킷 콘텐츠 전체를 기준으로 접근 제한 규칙을 만듭니다. 이 방법은 기본적으로 패킷 필터링 기술을 사용하기 때문에 프록시 서비스보다 훨씬 적은 부하가 발생하면서도 비슷한 보안 기능을 제공한다는 장점이 있습니다.

Lesson 03 Layer 3 방화벽의 한계와 보안 정책 디자인

네트워크 보안이 Layer 3 중심의 일반적인 방화벽만으로 해결되지는 않기 때문에 Layer 3 방화벽의 한계를 명확하게 이해하는 것이 매우 중요합니다.

❶ 방화벽은 내부 네트워크에 존재하는 악의적인 공격을 막을 수 없습니다.

방화벽은 네트워크를 외부, 내부, DMZ의 3개로 구분합니다. 내부 네트워크에 존재하는 호스트는 모든 네트워크에 접근할 수 있는 권한을 가지고 있습니다.

❷ 방화벽을 경유하지 않는 공격을 막을 수 없습니다.

내부와 외부 또는 DMZ과 외부 등의 네트워크를 연결하는 경로가 방화벽을 경유하지 않고도 존재할 때, 다시 말해서 방화벽을 경유하지 않는 통신 경로가 있으면 방화벽은 이러한 경로를 통한 공격에 무기력합니다.

❸ 방화벽에 방어 규칙에 포함되지 않는 공격을 막을 수 없습니다.

방화벽은 대체로 IP 주소나 프로토콜, 포트 번호를 기준으로 트래픽을 막습니다. 이러한 방어 기준은 미리 설정되어 있어야 하며, 실제로 공격성을 가지고 피해를 입히는 트래픽이어도 이것을 막을 능력이 없습니다. 즉 방화벽이라는 검문소에서 차 번호 1112의 트럭을 무조건 통과시키라는 지시가 있을 때 아무리 범법 행위를 해도 대책이 없는 것과 같습니다. 또한 번호판을 112로만 위조할 수 있다면 아무런 방비 대책이 없습니다.

❹ 방화벽은 데이터에 실려있는 악성 코드나 바이러스를 막을 수 없습니다.

메일이 바이러스 데이터를 전송해도 방화벽에서 메일 프로토콜을 열어놓았다면 막을 수 없습니다. 예를 들어 방화벽이라는 검문소에서 차 번호 1112만 통과시켰을 때 차 안에 실려있는 악성 코드나 바이러스를 막을 수 없는 것과 같습니다.

❺ 방화벽은 DoS(Denial of Service), DDoS(Distributed Denial of Service) 공격을 막을 수 없습니다.

방화벽에서 열린 프로토콜/포트를 통한 DoS나 DDoS 공격을 막을 수 없습니다. 즉 차 번호 32번 버스를 통과시키는 검문소에서는 같은 차 번호를 가진 대량의 트래픽으로 도로를 점유해도 이를 막을 수는 없는 것과 같습니다.

Lesson 04

IDS(침입 탐지 시스템)

IDS(침입 탐지 시스템 : Intrusion Detection System)는 [그림 8-10]과 같이 네트워크로 들어오는 패킷을 검사하여 공격 또는 유해한지를 판단하는 보안 장치입니다. 침입 탐지는 공격(악의적인 행위) 전후나 공격 도중에 할 수 있고, 공격 전일 때는 공격 행위를 막거나 서비스를 종료합니다. 공격중일 때는 경보를 울리거나, 공격 행위를 막거나, 공격자를 확인하거나, 서비스를 종료하며, 공격 후일 때는 피해를 조사하거나, 경위를 설명하거나, 공격자를 잡는 것을 포함합니다.

또한 IDS는 방화벽과 달리 네트워크의 경계가 아니라 네트워크 안에 위치하여 전체 네트워크를 감시할 수 있기 때문에 방화벽의 한계로 지적되던 내부 해커에 의한 침해를 감시할 수 있습니다. 특히 호스트 IDS의 경우 특정 호스트에 소프트웨어의 형식으로 존재할 수도 있습니다.

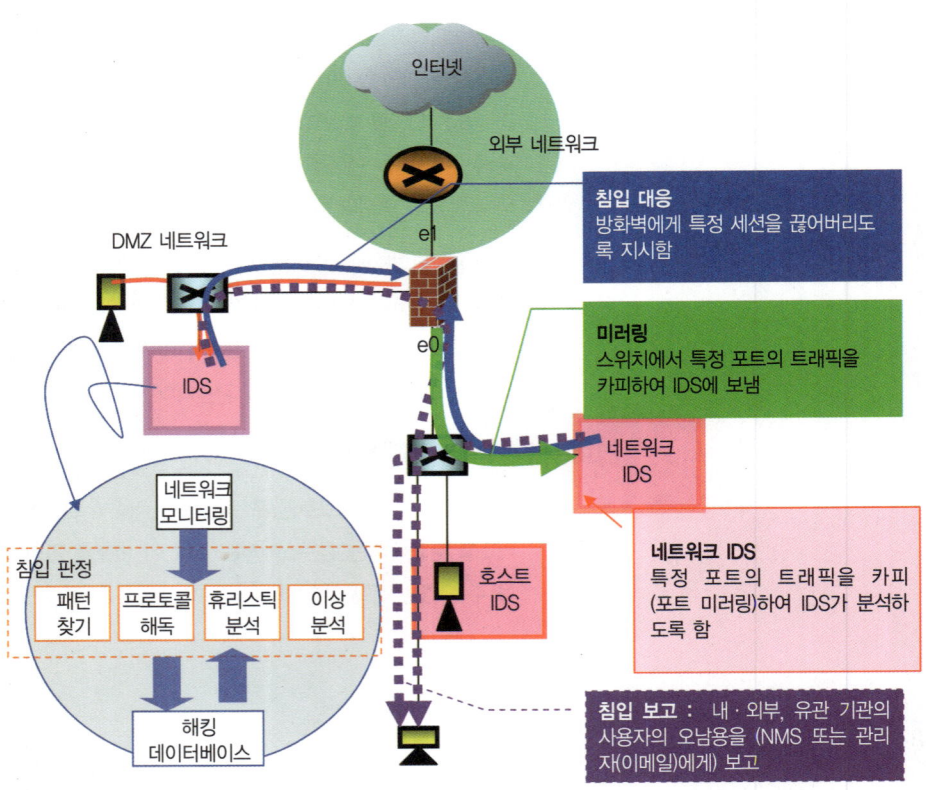

[그림 8-10] IDS의 동작 원리

IDS는 방화벽과 달리 불법 접근을 막는 기능은 없고 단지 발견하기 위한 툴입니다. 따라서 방화벽이 불법 침입을 막기 위한 울타리라면 IDS는 단지 감시 카메라의 역할을 수행합니다. IDS는 구성 방식에 따라 호스트형의 IDS와 네트워크의 통신 패킷을 감시하여 공격을 탐지하는 네트워크형의 IDS로 구분합니다.

[그림 8-10]을 보세요. IDS는 스위치에서 감시의 대상이 되는 포트의 트래픽을 미러링(카피)하여 보내온 트래픽을 보고 오용이나 공격 여부를 판단합니다. 이러한 결과값을 기준으로 IDS는 방화벽에 명령을 내려 해당 세션을 끊도록 하거나 네트워크 관리자에게 해당 사실을 보고합니다.

[그림 8-10]을 보면 방화벽 또는 IPS는 선 사이에 들어가기 때문에 방화벽과 IPS의 기능은 자신을 통과하는 모든 트래픽에 대해 일괄적으로 적용됩니다. IDS는 스위치에 연결되므로 이 스위치를 통과하는 일부 포트 또는 전체 포트들을 경유하는 트래픽이 IDS의 범위가 됩니다.

IDS가 불법 접근을 탐지하는 방법은 [표 8-4]와 같습니다.

방법	설명
패턴 찾기(Pattern Matching)	패턴 찾기(Pattern Matching)는 패킷의 일련의 바이트 열을 조사하는 것입니다. 지금까지의 불법 액세스의 흔적과 방법을 기록했다가 액세스의 내용을 비교하여 불법 액세스로 인식되면 알람을 발생하는 것입니다. Signature, 즉 '공격의 표식'이라고 부르는 불법 액세스의 흔적에 대한 기록은 데이터베이스 파일로 보관됩니다. 일반적으로 Signature는 불법 액세스할 때 시스템이 남겼던 로그, 즉 기록이나 통신 데이터의 내용이 일종의 '패턴'으로 포함되어 있어서 이 로그나 패턴에 일치할 때 불법 액세스로 판단합니다. 예를 들어 '패킷이 TCP/IP 프로토콜을 사용하고 목적지 포트 번호가 1234면서 데이터 필드에 ooh가 포함된다면 알람을 울려라.'는 식입니다.
프로토콜 해독(Protocol Decode-based)	프로토콜 해독 기반의(Protocol Decode-based) 패턴 매칭 기법은 양자간의 통신에서 위반 사항을 찾아내기 위해 RFC 표준에서 정의된 규칙을 이용합니다. 이러한 위반 사항은 프로토콜의 특정 필드에서 발견되기도 하고, 특정 필드의 길이나 필요한 변수를 누락했거나 등의 이상한 점을 찾습니다. 참고로 악성 코드가 아닌데 악성 코드로 판단할 경우에는 'False Positive'라고 하고, 악성 코드인데 악성 코드로 인식하지 못하는 경우에는 'False Negative'라고 합니다.
휴리스틱 분석(Heuristic-based Analysis)	점진적 최적화 방식의 분석(Heuristic-based Analysis)은 처음에는 포트 사용량의 제한 수치를 보고 수치를 초과했을 때 알람을 발생합니다. 다음 단계로 SYN 패킷과 같은 특정 패킷들에 대한 수치만 집중 감시할 수 있습니다. 게다가 더 나아가서 특정 출발지에서 비롯된 패킷들만 집중 감시할 수도 있습니다. 이상 동작에 대한 감시 범위를 좁혀나가는 방식으로 알람의 정확도를 높여나갑니다.
이상 분석(Anomaly-based Analysis)	이상 분석(Anomaly-based Analysis)은, 예를 들어 불법 액세스의 방법을 정의한 후 액세스를 검사합니다. 즉 정상적인 것에서 벗어나는 동작을 감시합니다. 예를 들어 3번 이상 로그인을 실패하는 경우를 이상 행동으로 정의할 수 있지만, 이 방법과 관련된 가장 큰 문제는 정상적인 것을 어떻게 정의하느냐 하는 것입니다.

[표 8-4] ▶ IDS의 탐지 방법

어떤 방법이 최선일까요? 대답은 간단합니다. 이러한 방법을 모두 사용하는 것입니다.

IDS는 불법 액세스를 발견하면 관리자에게 메일로 통지하거나 SNMP(Simple Network Management Protocol)를 이용해 NMS 서버에 알리고 내용은 로그로 남깁니다. 또한 방화벽과 연동하여 TCP와 같은 커넥션 기반의 프로토콜 연결을 강제로 끊거나 통신을 중단시키도록 지시할 수 있습니다. 물론 이 경우는 방화벽이 이 기능을 지원해야 할 것입니다.

IDS는 탐지에 초점을 맞춘 장비이기 때문에 탐지된 결과를 다룰 인적 구성이 매우 중요합니다. 탐지된 결과에 대해 특별한 대응책 없이 높은 연봉의 보안 전문가를 필요로 한다는 것은 IDS의 약점에 속합니다. 또한 불법 액세스를 발견하기 위한 Signature를 지속적으로 갱신하지 않는다면 새로운 공격에 당할 수 밖에 없습니다. 또한 IDS는 암호화된 통신에 의한 불법 액세스를 구분하지 못합니다.

네트워크 공격의 유형

가장 일반적인 유형의 네트워크 공격에 대해 간단하게 살펴봅시다.

- **버퍼 오버플로(Buffer Overflows)** : 버퍼 오버플로 공격의 목적은 공격자의 시스템에서 수행되는 특정 명령어로 서버나 데스크톱의 메모리를 규정된 이상으로 점유하는 것입니다. 개발자들은 보통 메모리에 전송되는 데이터의 양을 제한해야 합니다. 이때, 주요한 보안의 약점은 애플리케이션 인풋 데이터에 대한 체크 기능이 결여된 데서 비롯됩니다. 버퍼 오버플로의 취약점을 가진 장비를 찾는 기술이 디버거 툴(Debugger Tools), 반복 시행(Trial & Error), 브루트 포스(Brute Force) 공격법입니다.

- **웜(Worms)** : 웜은 시스템과 네트워크를 돌아다니면서 자신을 복제하지만 시스템의 다른 프로그램들을 감염시키지는 않습니다. 웜은 이메일이나 IRC(Internet Relay Chat) 교환을 통해 전파되는데, 일반적으로 CPU나 대역폭과 같은 네트워크 자원이 소진되어 애플리케이션이나 네트워크 서비스가 멈출 때까지 발견하기 힘듭니다. 공격 대상이 된 시스템의 비밀 정보를 알아내도록 디자인된 웜은 특별한 위협에 속합니다. '통장비밀번호', '거래', '자산' 이란 주요 단어로 파일들을 찾고, 이 파일을 공격자에게 보냅니다.

- **트로이안(Trojans)** : 인증 없이 정보를 얻기 위해 공격자는 트로이안 호스(Trojan Horse) 프로그램을 사용합니다. 이러한 프로그램은 합법적인 애플리케이션인 것처럼 하지만, 실제로는 시스템 보안과 정보 보호에 위험이 됩니다. 트로이안은 이메일로 전파되기는 하지만, 바이러스처럼 복제하지 않고 웜처럼 다른 네트워크 연결 장치에 자신을 전파하지도 않습니다. 트로이안 호스 프로그램들은 DoS(Denial of Service) 공격을 개시하고, 디스크 드라이버를 삭제하며, 시스템 하이재킹(텔넷과 같은 애플리케이션 연결을 가로채는 것)을 합니다. FTP와 WWW 아카이브는 희생자가 자기도 모르게 악의적인 파일을 다운로드하는 곳입니다. exe. vbs, com, bat와 같은 확장자를 가진 파일들은 트로이안 호스 프로그램을 운반할 가능성이 있습니다. 백 오리피스(Back Orifis)는 통상적인 트로이안 호스 툴입니다.

- **CGI 스크립트** : CGI는 다이내믹한 대화형의 웹 페이지를 생성합니다. 웹 서버와 유저의 대화형 데이터 교환은 심각한 보안 취약점을 제공합니다. 공격자들은 시스템 파일에 대한 접속 권한을 얻기 위해 CGI 스크립트 안에 있는 프로그래밍 오류를 찾습니다. 개발자가 애플리케이션이 인풋 데이터를 스스로 검증할 수 없게 프로그래밍 했다면 공격자로 하여금 백트래킹(Backtracking)이나 셸 기반의 취약점 공격을 제공합니다. 예를 들어 님다 웜(Nimda Worm)은 root.exe 명령어를 사용하기 위해 마이크로소프트 IIS 웹 서버에 있는 CGI의 약점을 사용하여 다른 장치들을 감염시킵니다.

- **프로토콜 고유의 공격** : ARP, IP, TCP, UDP, ICMP와 애플리케이션 프로토콜들의 취약점은 프로토콜 디자인에서 기인하는데, 주로 가짜 사용자에 의한 프로토콜 흉내(Spoofing)나 프로토콜의 메시지 변형을 활용하여 세션에 합법적인 대화 상대인 것처럼 가장합니다.

- **트래픽 플러딩(Traffic Flooding)** : 과중한 트래픽 로드와 처리할 데이터의 양을 보내 IDS가 감시 역할을 제대로 수행하지 못할 때 IDS는 트래픽을 통과시키고 공격자는 IDS를 통과하여 공격을 감행할 수 있습니다.

Lesson 05 IDS의 한계

IDS는 방화벽의 한계를 극복하기 위해 설계되었습니다. IDS는 IP 주소, 포트 번호를 기반으로 공격을 구분할 뿐만 아니라 이미 알려져 있는 다양한 Signature, 즉 공격의 표식을 감시하면서 수상한 흔적과 네트워크 동작을 찾고, 침입의 진행 사항을 네트워크 관리자에게 보고하고 기록합니다. 일반적인 IDS는 탐지 위주의 메커니즘 설계 때문에 다음과 같은 몇 가지 한계점을 가지고 있습니다.

❶ False Positive(오탐지)와 False Negative(또는 Miss Detection, 미탐지)의 문제입니다. 대량의 패킷들을 조사하는 세션 기반의 탐지는 CPU에 과부하를 일으키고 False Positive 비율이 높은 편입니다. 또한 IDS는 알려져 있는 공격 Signature만 탐지할 수 있고, False Negative는 알려지지 않아서 공격에 대한 패턴을 모른다면 분석 및 탐지가 어렵다는 문제 때문에 발생합니다.

❷ IDS는 실시간 공격을 막을 수 없습니다. 이것은 네트워크에 있는 패킷들을 감지하지만 차단하지 못하기 때문입니다. 이를 해결하기 위하여 IDS와 방화벽을 연동시켜서 IDS의 메시지를 방화벽에 전달하여 해당 세션을 차단하는 장비도 있습니다.

❸ 프래그먼테이션(Fragmentation), 플러딩(Flooding), 난독(Obfuscation), 암호화(Encryption), 비대칭 라우팅(Asymmetric Routing)과 같은 IDS를 피할 수 있는 기술이 있습니다.

● **프래그먼테이션** : [그림 8-11]과 같이 IP는 MTU(Maximum Transmission Unit)를 초과하는 패킷을 보다 작은 패킷들로 나누는데, 수신자는 이러한 분할된 패킷들을 순서대로 합쳐야 합니다. 이러한 패킷들을 분석하려면 IDS도 수신자와 마찬가지로 패킷들을 순서대로 합치고, 이 합친 패킷들을 Signature List와 비교해야 하는데, 이러한 작업은 IDS의 CPU에 무리를 주어, IDS를 그냥 통과하게 할 수 있습니다. 뿐만 아니라 프래그먼테이션 오버랩(Fragmentation Overlap)은 [그림 8-11]과 같이 앞에서 보낸 패킷의 일부를 다시 보내 수신 호스트에서 악의적이지만 합법적인 패킷으로 둔갑시킵니다. 예를 들어 수신 디바이스에서 텔넷이 가능하도록 80번 포트를 활용하여 23번 서비스를 사용하는 경우가 여기에 해당합니다.

[그림 8-11] ▶ 프래그먼테이션 오버랩

[그림 8-12]와 같이 앞에서 보냈던 원래의 프래그먼트를 대신하여 다른 프래그먼트를 오버라이팅(Overwriting)하는 것은 프래그먼테이션을 활용하는 또 하나의 방법입니다. 침입자는 수많은 패킷들 안에 공격을 감추고 악의적인 패킷을 보냅니다.

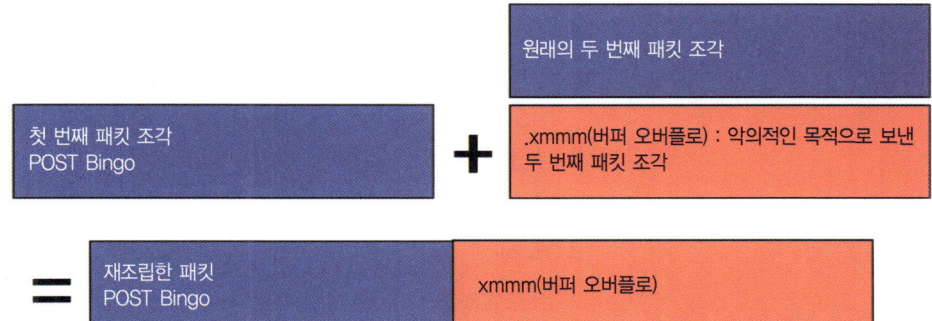

[그림 8-12] ▶
프래그먼트 오버라이팅

- **플러딩(Flooding)** : IDS가 DoS(Denial of Service) 공격의 타깃이 된다면, 공격자는 IDS의 자원을 소진시켜서 고장 상태로 빠뜨립니다. 플러딩 상태를 만드는 통상적인 기술은 합법적인 UDP 또는 ICMP 트래픽을 흉내내는 것입니다.

- **난독화(Obfuscation)** : IDS에 의한 감지를 피하기 위해 공격자는 난독화 기술을 사용하여 데이터를 이상한 문자열로 바꿉니다. 난독화는 IDS에서 지원되는 Signature의 약점을 찾으려고 합니다. 즉 Signature에서 이상 동작이라고 판단할 수 없는 어떤 포맷을 찾아내어 통과시키는 방법입니다. 예를 들어 HTTP 리퀘스트로서 GET/etc/passwd 대신, IDS가 어떤 판단도 내릴 수 없는 다음과 같은 포맷(GET %65%74%63%70%61%73%73%76%65)을 사용합니다.

- **암호화(Encryption)** : IDS는 암호화의 이점을 살리는 SSL(Secure Socket Layer)과 같은 암호화 데이터를 해석할 수 없기 때문에 SSL을 사용하는 웹 서버들에 대한 공격에 대해서 IDS는 눈치챌 수 없습니다. SSL을 이용하는 악성 코드는 웹 서버와 같은 네트워크 자원을 공격하는 파워풀한 방법입니다.

- **비대칭 라우팅(Asymmetric Routing)** : 타겟 디바이스에 대한 다수의 경로가 있고 인바운드 트래픽과 아웃바운드 트래픽이 다른 경로를 거친다면, 즉 비대칭 라우팅이 발생한다면 IDS는 전체적인 공격 형태를 알아차리지 못합니다.

Lesson 06 IPS(침입 방지 시스템)

IDS(Intrusion Protection System, 침입 탐지 시스템)가 수동적인 탐지 기능만 제공한다면 IPS(침입 방지 시스템)는 한층 더 성숙하고 능동적인 공격 방어 장치입니다. IPS는 제조사별로 기능의 초점이 다르지만, 공통적으로는 '알려지거나 알려지지 않은 공격, 위협, 유해 트래픽을 차단하는 보안성 장비'라고 정의됩니다.

1995년경까지의 공격은 주로 시스템에 대한 공격이었기 때문에 방화벽으로도 충분히 방비할 수 있었습니다. 그러나 DoS(Denial of Service)와 같은 공격과 웜이 등장하면서 대역폭이나 스위치/라우터의 CPU와 같은 네트워크 인프라 자원을 다 써버리기 때문에 방화벽이나 IDS만으로는 방어에 한계가 있습니다. [표 8-5]는 기존의 보안 장비가 가진 한계점을 보여줍니다.

[표 8-5] ▶ 보안 장비별 한계

보안 장비	적용 구간	한계
방화벽	신뢰 네트워크와 비신뢰 네트워크 구간을 명확히 분리할 수 있는 환경에 적용합니다.	허가된 서비스에 의한 공격을 막을 수 없습니다.
IDS	허가된 사용자 또는 서비스에 의한 공격을 감시하는 환경에 적용합니다.	탐지와 방화벽 연동을 통한 차단 외에는 적절한 대책이 없습니다.
바이러스 월	특정 파일에 동반되는 악성 프로그램을 제거합니다.	취약성을 통해 전달되는 공격에 대응할 수 없습니다.
L7 스위치	방화벽 전단에서 DoS/DDoS 공격을 방어합니다.	세션 기반 탐지 및 차단, 세밀한 차단 정책을 적용할 수 없습니다.

[그림 8-13]과 같이 방화벽은 기본적으로 IP 주소와 포트와 프로토콜 번호를 기준으로 패킷을 막는 역할을 합니다. 따라서 오픈된 주소, 포트, 프로토콜을 통한 공격, 악성 코드, 웜 바이러스 등을 방어할 수 없으므로 IPS가 필요합니다.

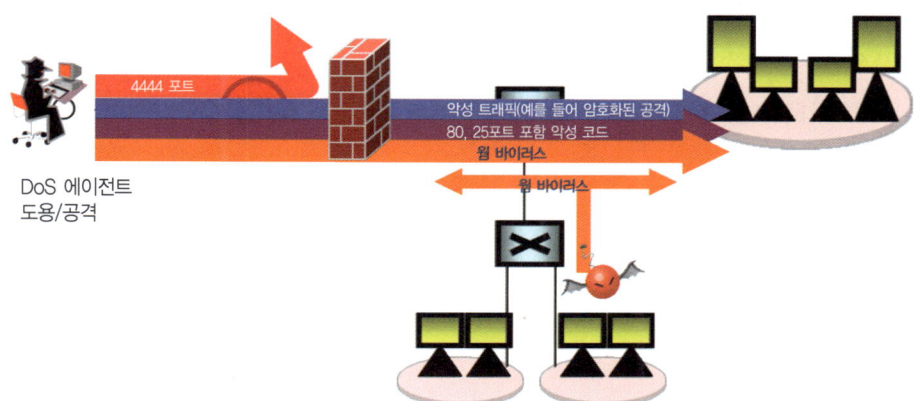

[그림 8-13] ▶
방화벽의 한계

스니퍼를 기반으로 설계된 IDS가 공격을 정확하게 탐지하는 것이 목적이라면, 수많은 시행착오를 거친 방화벽과 IDS, 보안 기능을 제공하는 시큐어 OS 등의 보안 기술에 기반을 둔 IPS는 공격을 탐지하는 것뿐만 아니라 공격으로 인한 피해를 근본적으로 막는 것이 목적입니다. IDS는 침입이 발생했을 때 문제를 즉시 처리하지 못하지만, IPS는 공격 Signature를 찾아내고 네트워크의 트래픽을 관찰해서 수상한 활동을 하는 패킷에 '어떤 조치'를 취합니다. 또한 IPS는 바이러스에 감염된 서버가 비정상적인 행동을 할 경우 자동으로 서버의 동작을 중단시킬 수 있습니다. IPS는 IDS와 마찬가지로 호스트 기반과 네트워크 기반의 시스템으로 나뉩니다.

IDS는 문제가 있는 패킷을 탐지할 수 있지만 경고만 합니다. 웜 슬래머(Worm Slammer)처럼 단시간 안에 증폭되어 네트워크의 자원을 소모시키는 공격에 무력합니다. IDS가 방화벽과 연동하여 커넥션 킬(Connection Kill) 기능을 가져도 커넥션 기반이 아닌(UDP 기반의) 공격의 경우에는 막지 못하며, 알려지지 않은 방법을 사용하는 공격에 무력합니다. 또한 IDS는 탐지 결과에 대한 적정한 대응을 할 수 있는 고급 기술자가 필요하다는 약점이 있습니다.

이에 비해 IPS는 라인 사이에 배치되어서 실시간으로 자동 방어하며, 패턴 매칭과 스테이트풀 패턴 매칭, 프로토콜 이상, 트래픽 이상, 통계 이상 등의 다양한 방법을 통해 관리자가 없어도 네트워크 자원 소모성의 웜 바이러스와 침입을 분석하여 자동 차단하는 방어 능력을 가지고 있습니다. [그림 8-14]와 같이 IPS는 다양한 멀티레이어 필터들을 사용하여 다양한 공격을 차단할 수 있습니다. 이렇게 알려져 있는 공격뿐만 아니라 트래픽 이상에 대한 임계치를 관리하는 방법으로 알려지지 않은 공격도 방어할 수 있습니다.

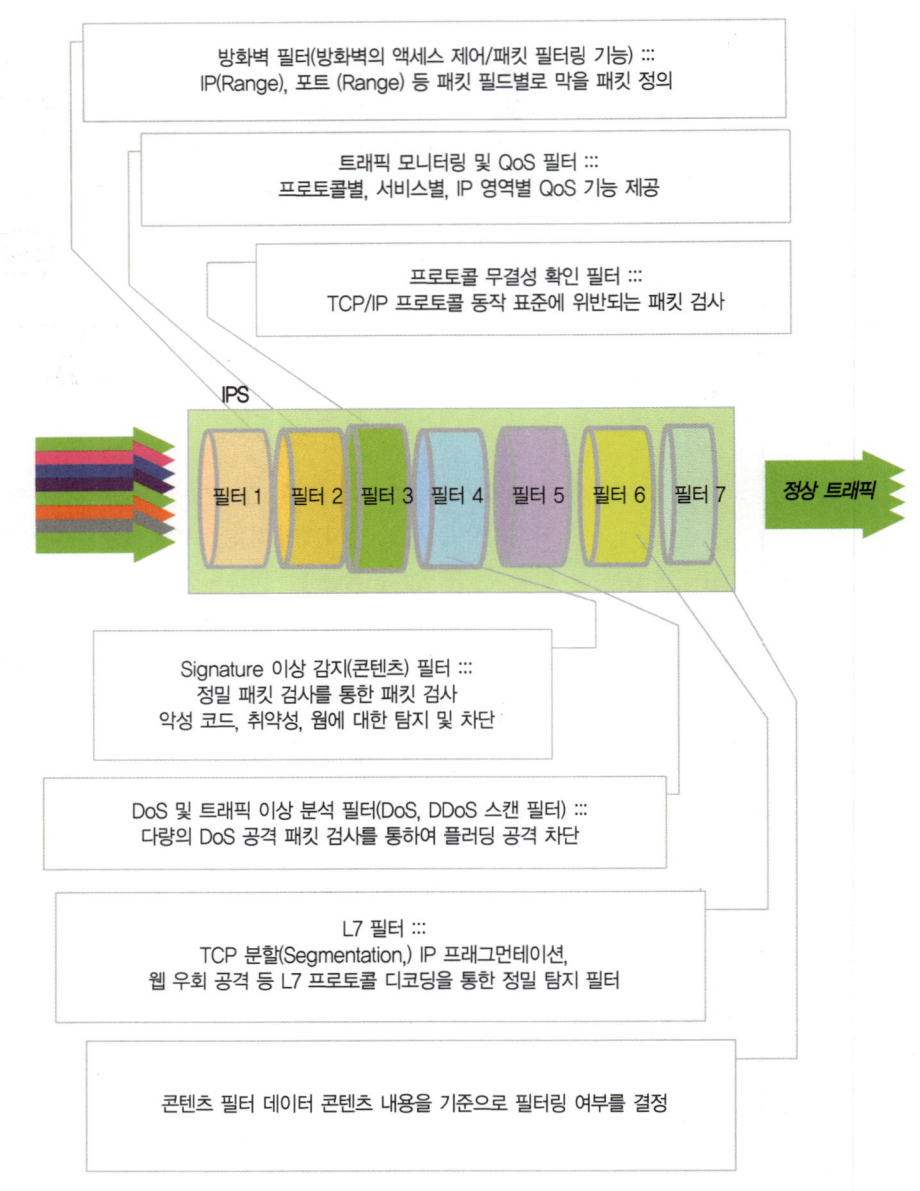

[그림 8-14] ▶
IPS의 다양한 필터링 기능

[그림 8-14]와 같이 IPS는 다음의 필터들을 사용합니다.

- **Signature 이상 감지 필터** : Signature 패턴, 키워드 매칭 필터링과 안티바이러스 필터를 사용하여 바이러스와 웜을 차단합니다. 특징적인 패턴 문장을 이용하여 웜이나 바이러스를 구분합니다.

- **DoS 및 트래픽 이상 분석 필터** : 해킹 시도를 스캐닝 및 DoS 공격 패턴을 확인하고 해당 세션을 차단합니다.

- **트래픽 모니터링 및 QoS 필터** : 각 서비스별 트래픽 제어를 통해 필요한 QoS를 제공합니다. 비표준 포트를 사용하는 트래픽을 감시하여 알려지지 않은 공격에 대해서도 트래픽 패턴을 기준으로 이상 트래픽을 막습니다.

- **프로토콜 무결성 확인 필터** : FTP, DNS, 메일, 웹 등의 TCP/IP 통신을 사용하는 다양한 서비스에 대한 표준 동작을 정의하고, 비정상적인 통신 동작을 차단합니다. 특히 알려지지 않은 서비스 포트를 악의적으로 사용하는 웜 및 해킹, 트로이얀 호스 공격을 방어합니다.

- **비정상 클라이언트 격리** : [그림 8-15]와 같이 클라이언트를 격리하기 위한 클라이언트용 프로그램을 통해 웜 및 바이러스에 감염되어 트래픽 이상을 일으키는 시스템을 발견하여 차단 명령을 내리면 해당 시스템은 격리되어 어떠한 트래픽도 발생시킬 수 없습니다.

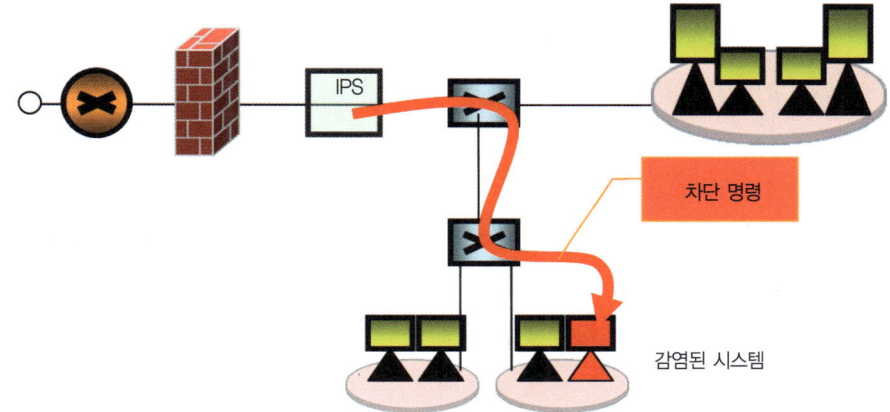

[그림 8-15] ▶
비정상 클라이언트의 격리 기능

네트워크 보안 장치의 트렌드는 네트워크 기반 IPS가 이미 설치된 IDS를 대체하는 것입니다.

Lesson 07 웹 방화벽

대부분 조직의 트래픽 80%는 TCP에 속하고, TCP의 80%는 HTTP, 즉 웹 트래픽에 속합니다. 그러나 웹 서버는 DMZ의 공개된 네트워크에 존재합니다. 웹은 내부 DB 시스템까지 접근할 수 있는 유일한 통로를 제공합니다. 이것은 [그림 8-16]과 같이 방화벽에서 통상적으로 80번(HTTP)이나 443번(HTTPS) 포트를 열어두고 웹 기술을 제대로 이해할 수 없는 IPS는 이를 합법적인 트래픽으로 판단하기 때문입니다. 이러한 기술적인 이유뿐만 아니라, 정치적, 사회적, 경제적인 파급 효과와 금전적인 목적 때문에 해킹의 목표도 주로 웹이 됩니다.

웹 해킹의 목적은 계정 도용 및 탈취, 콘텐츠 탈취, 홈페이지 변조, 게시판 도배, DoS 또는 DDoS 공격을 통한 서비스 중지, 사이버 머니 탈취 등이 있습니다. 일반적인 네트워크 웹 방화벽의 도입 목적은 다음과 같습니다

- 비정상적인 사용자의 접근을 막을 수 있습니다.
- 불필요한 접근을 최소화하여 네트워크 비용을 줄일 수 있습니다.
- 네트워크의 공격을 막을 수 있습니다(DOS, Spoofing 등).

웹 방화벽은 개발자가 보안에 충실하여 완벽한 프로그래밍을 했다면 필요 없을 수도 있습니다. 하지만 개발자 입장에서는 변종되는 다양한 공격 유형을 학습하고 적용할 시간적 여유가 없습니다. 그리고 이런 프로그래밍을 했어도 웹 페이지를 처리하는 과정에서 서버와 클라이언트 양쪽에 엄청난 부하를 유발시키고, 이미 작성된 모든 페이지에 빠짐없이 이를 적용한다는 것은 사실상 불가능합니다.

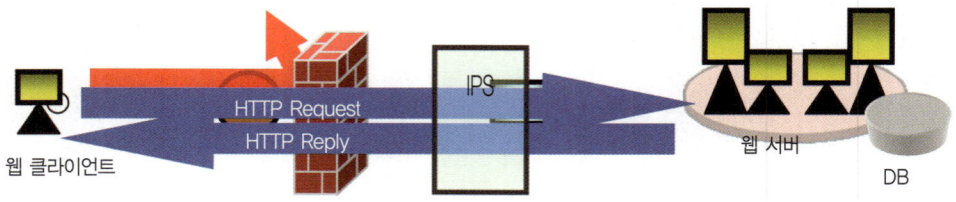

[그림 8-16] 방화벽과 IPS의 한계

주요 웹 해킹 방법으로는 홈페이지의 권한 획득으로 소스 변조를 통한 악성 프로그램 유포 및 개인 정보 수집, 마이크로소프트 취약점을 노린 공격, 피싱 기법을 이용하여 금융 정보 및 사이버 머니 및 아이템의 획득, ActiveX를 이용한 공격 등이 있습니다.

사실 '웹 방화벽'이라는 말이 생겨난지가 얼마 되지 않았습니다. 웹 방화벽과 일반 네트워크 방화벽은 둘 다 '방화벽'이라는 단어를 사용하지만 둘의 동작 방법이나 목적은 전혀 다릅니다. 네트워크 방화벽은 네트워크에 돌아다니고 있는 패킷이 정상이고 올바른 것인지를 판단하며, 웹 방화벽은 [그림 8-17]과 같이 웹 서버로 향하는 패킷과 더불어 애플리케이션 레벨에서 웹 기능이 정상적으로 제공되는지를 감시하고 차단합니다. 크로스-사이트 스크립팅을 찾는 스캐닝, 버퍼 오버플로(Buffer Overflow), SQL Injection, File Upload, Directory Traversal, Command Injection, Potential Threats와 같은 웹 애플리케이션에 타깃을 둔 공격 방법을 막아내도록 만들어진 맞춤형 IPS라고 할 수 있습니다.

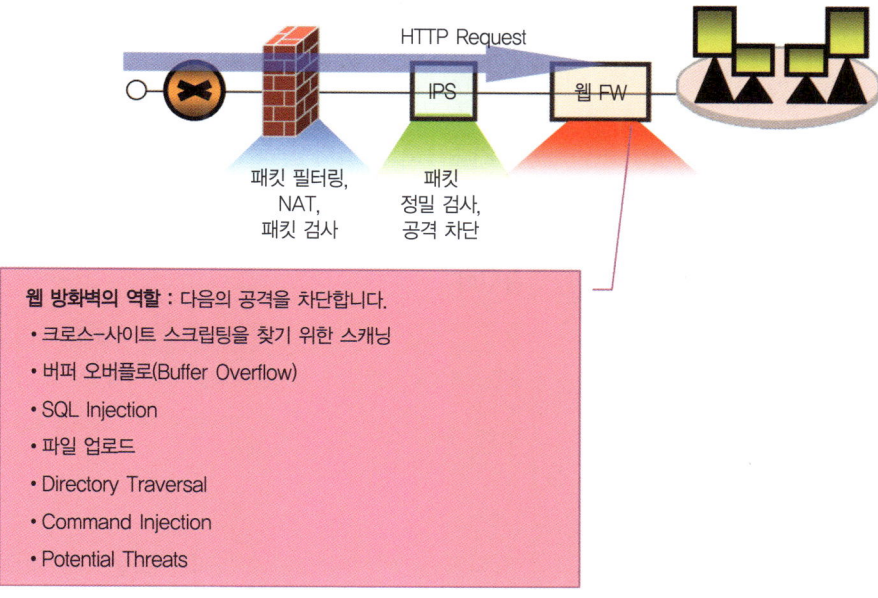

[그림 8-17]
웹 방화벽의 역할

Lesson 08 방화벽 로드 밸런싱

일반적인 장비들의 평균적인 가동률, 99.7 % 정도가 보장된다 해도 연간 26.3시간 정도의 다운타임이 발생합니다. 여기에 유지 보수를 위해 10~30시간 정도의 다운타임이 추가될 수 있습니다. 보안 장비들은 내부와 외부 네트워크의 경계에 위치하는 중요한 장비이고, 부하 증가로 인한 바틀넥 포인트가 되기 쉽습니다. 이것을 방지하기 위해 보안 장비를 이중화합니다.

방화벽, VPN, IPS와 같은 보안 장비의 주 기능은 3계층이나 4계층 헤더와 7계층 데이터를 기준으로 한 필터링, 로깅(기록), 모니터링 등입니다. 보안 장비는 보안 기능과 함께 장비들 사이에서 스위칭과 라우팅과 같은 통신 기능도 제공해야 하는데, [표 8-6]과 같이 트랜스페어런트 모드(Transparent Mode)와 라우터 모드(Router Mode)로 설정할 수 있습니다.

[표 8-6] 보안 장비의 통신 기능

구분	통신 기능 설명	유사 통신
트랜스페어런트 모드	스위칭과 더불어, STP와 같은 스위칭 프로토콜도 지원	스위치와 같이 동작
라우터 모드	스태틱 라우팅과 RIP, OSPF와 같은 라우팅 프로토콜과 라우팅 기능 제공	라우터 같이 동작

[그림 8-18]에서 갑순이 방화벽은 트랜스페어런트 모드로 동작하기 때문에 방화벽을 중심으로 모든 인터페이스들이 같은 네트워크에 속하고, 갑돌이 방화벽은 라우터 모드로 구현했기 때문에 모든 인터페이스들이 다른 네트워크에 속합니다. 다른 네트워크를 연결하는 갑돌이 방화벽은 라우터처럼 스태틱이나 다이내믹 라우팅을 합니다.

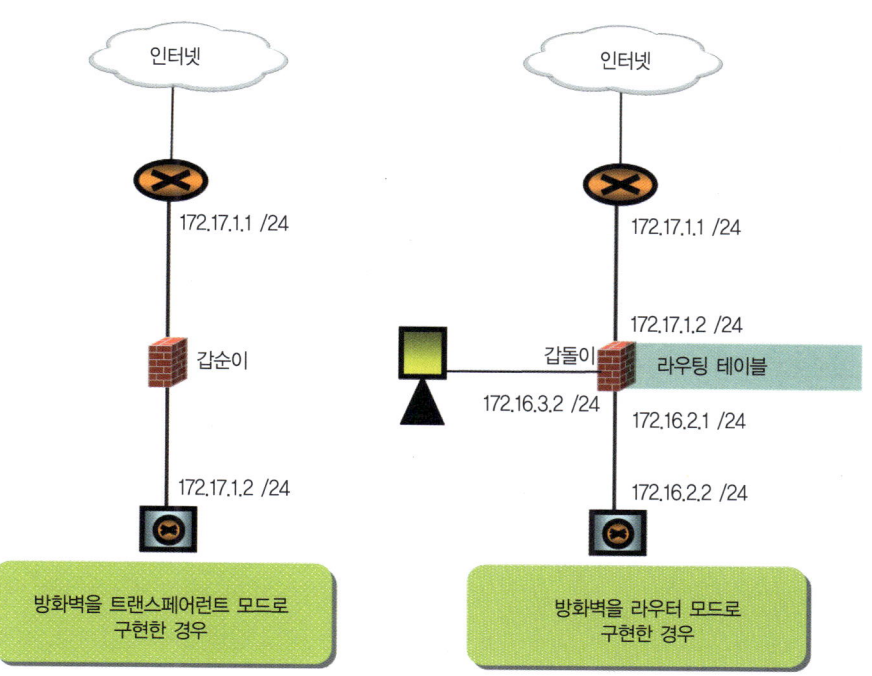

[그림 8-18] ▶
방화벽의 트랜스페어런트 모드와 라우터 모드의 구현

[표 8-7]은 시스코 방화벽의 트랜스페어런트 모드와 라우터 모드를 비교하고 있습니다. 방화벽을 트랜스페어런트 모드로 구현하면 라우팅 테이블을 유지할 필요가 없고, IP 주소를 재할당하지 않고 기존 네트워크에 끼워넣기만 하면 되니까 간단합니다. 하지만 세 개 이상의 인터페이스 구성이 필요하고, NAT 구현이 필요한 대부분의 환경에서는 사용할 수 없다는 단점이 있습니다. 제조사와 모델별로 어떤 모드를 지원하는지 검토해야 합니다.

구분	라우터 모드	트랜스페어런트 모드
인터페이스	다수의 인터페이스 지원	두 개의 인터페이스 연결
라우팅 프로토콜	스태틱 라우팅, RIP, OSPF 등의 다이내믹 라우팅 지원	지원하지 않음
IP 주소	라우터처럼 인터페이스마다 필요 (IPv6도 지원)	텔넷, 핑 등의 관리 목적의 IP 1개만 할당 가능
NAT	스태틱과 다이내믹 NAT 모두 지원	지원하지 않음
QoS	지원	지원하지 않음
Inspection	레이어 3 이상의 패킷 헤더에 대한 필터링 가능	레이어 2 이상의 패킷 헤더에 대한 필터링 가능

[표 8-7] ▶
시스코 방화벽의 라우터 모드와 스위치 모드의 비교

[표 8-8]과 같이 장비 이중화는 로드 밸런싱이나 백업 둘 중 하나를 위한 것입니다. 예를 들어 A와 B, 두 대의 방화벽으로 이중화되어 있는 환경에서 A 방화벽만 사용하고, B 방화벽은 A 방화벽이 다운되었을 때만 사용하는 액티브-스탠바이(Acitve-Standby) 구성이라면, 이것은 백업을 위한 것입니다. A 방화벽과 B 방화벽을 모두 함께 사용하다가 한 장비가 다운되면 나머지 한 장비만 사용하는 액티브-액티브(Acitve-Active) 형태의 구성이라면, 이것은 로드 밸런싱을 위한 이중화입니다.

[표 8-8] ▶
백업과 로드 밸런싱 구성의 비교

장비 이중화의 목적	장비 구성 방식	설명
백업	액티브-스탠바이	한 장비만 사용하고 다른 장비는 대기함
로드 밸런싱	액티브-액티브	두 장비를 동시에 사용

로드를 분산하여 지연을 줄이기 때문에 한 장비만 사용하는 백업 구성보다 두 장비를 모두 사용할 수 있는 액티브-액티브 구성을 선호합니다. 이를 위해 L4 스위치가 필요합니다. 요즘은 방화벽에 따라 L4 스위치가 없는 액티브-액티브 구성도 가능합니다.

L4 스위치는 [표 8-9]와 같은 다양한 로드 밸런싱 방식을 제공합니다. 해시는 이더채널에서 사용되는 로드 밸런싱 방법입니다. 목적지와 출발지 IP 주소와 목적지와 출발지 포트 번호에 대한 해시 계산값으로 사용할 장비(이더 채널에서는 링크)를 결정합니다.

[표 8-9] ▶
L4 스위치의 로드 밸런싱 방식

방식	설명
해시(Hash Function)	IP 주소나 4계층 포트 번호에 대한 해시 계산값으로 사용할 장비를 선택, 스위칭하는 방식
라운드 로빈(Round Robin)	장비들을 한 번씩 번갈아가며 균등하게 선택
웨이티드 라운드 로빈 (Weighted Round Robin)	장비별로 가중치를 정하고 비율에 따라 사용
리스트 커넥션(Least Connections)	지금 현재, 최소 연결된 장비를 사용
리스트 리스펀스 타임 (Least Response times)	최소 응답 시간을 제공하는 장비를 사용
혼합 방식(Combination)	위의 방식을 혼합한 방식(Weighted+Hash)

[그림 8-19]를 보면 통상 방화벽을 기준으로 패킷이 내부 네트워크(Clean Side)에서 외부 네트워크(Dirty Side)로 나갈 때 NAT 테이블이 만들어집니다. 따라서 외부 네트워크에서 내부 네트워크로 들어오는 패킷은 내부 네트워크에서 외부 네트워크로 나갈 때 만들어진 NAT 테이블을 가진 방화벽을 거쳐서 들어와야 합니다. 이를 위해 외부 네트워크에 위치한 L4 스위치에서는 세션별로 어떤 방화벽이나 어떤 장비를 거쳐서 입력되었는지를 기억할 필요가 있습니다. 이것을 세션 기억 방식의 스위칭(혹은 Sticky Mode 스위칭)이라고 하겠습니다.

또한 방화벽의 3계층 이상의 모니터링 & 필터링 기능인 SI(Stateful Inspection, 상세 감시)는 세션(대화)이 시작될 때부터 끝날 때까지 세션의 상태를 추적하면서 방화벽 자신을 처음부터 통과하지 않았던 세션에 속하는 패킷이 들어오면 비정상적인 패킷으로 간주하고 폐기합니다. 따라서 갑돌이 방화벽을 통과해서 나간 패킷에 대한 응답은 반드시 갑돌이 방화벽을 통해서 돌아와야 합니다.

세션을 '컨버세이션' 이라고도 하는데, 음성 통화를 예로 들어보겠습니다. A와 B 사이에 통화 연결을 통해 일어나는 모든 트래픽들이 하나의 세션에 속합니다. TCP 세션, HTTP 세션, FTP 세션 등이 있습니다. 즉 SI는 대화에 끼어든 불청객 패킷을 추적,제거하는 기능입니다.

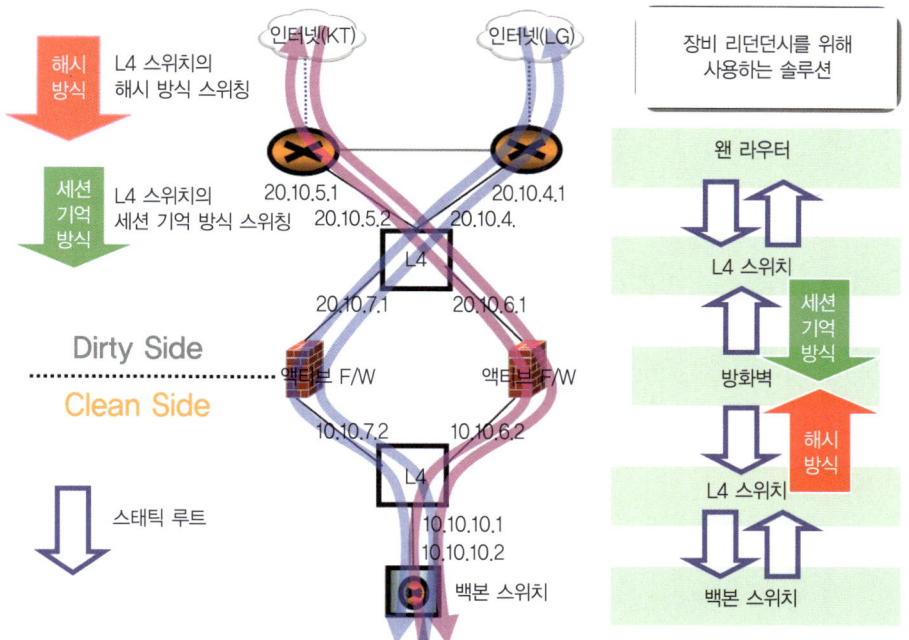

[그림 8-19]
L4 스위치에 의한 방화벽 로드 밸런싱 방법

해시 방식이란, 패킷의 출발지와 목적지 IP 또는 4계층의 출발지와 목적지의 포트 번호를 조합하여 사용할 방화벽을 선택하는 방식입니다. [그림 8-20]에서 양방향인 TCP 통신에서 A Side에서 B Side로 갈 때 갑돌이 방화벽을 거쳤다면 갑돌이 방화벽이 해당 세션에 대한 NAT 테이블과 SI 감시 테이블을 가지기 때문에 B Side에서 A Side로 응답 패킷이 돌아올 때도 갑돌이 방화벽을 거쳐야 합니다. L4 스위치를 스티키 모드(Sticky Mode)로 설정하면, L4 스위치들은 자신을 통과하는 모든 세션에 대한 정보를 보관하고 있습니다. 예를 들어 어떤 출발지 IP 주소, 목적지 IP 주소, 출발지 포트 번호, 목적지 포트 번호, 프로토콜 번호에 속하는, 즉 어떤 세션에 속하는 패킷들은 어떤 방화벽으로부터 왔는지를 세션 기억 테이블에 보관하고 있습니다. 따라서 B Side의 L4 스위치는 패킷이 들어왔을 때 어떤 세션에 속하는 지를 판단하고 어떤 방화벽으로 보내야 하는지를 결정합니다. L4 스위치는 로드 밸런싱을 위한 해시 방식의 스위칭을 사용하기 전에 세션 기억 테이블을 통한 세션 기억 방식(스틱키 모드)의 스위칭을 먼저 적용합니다.

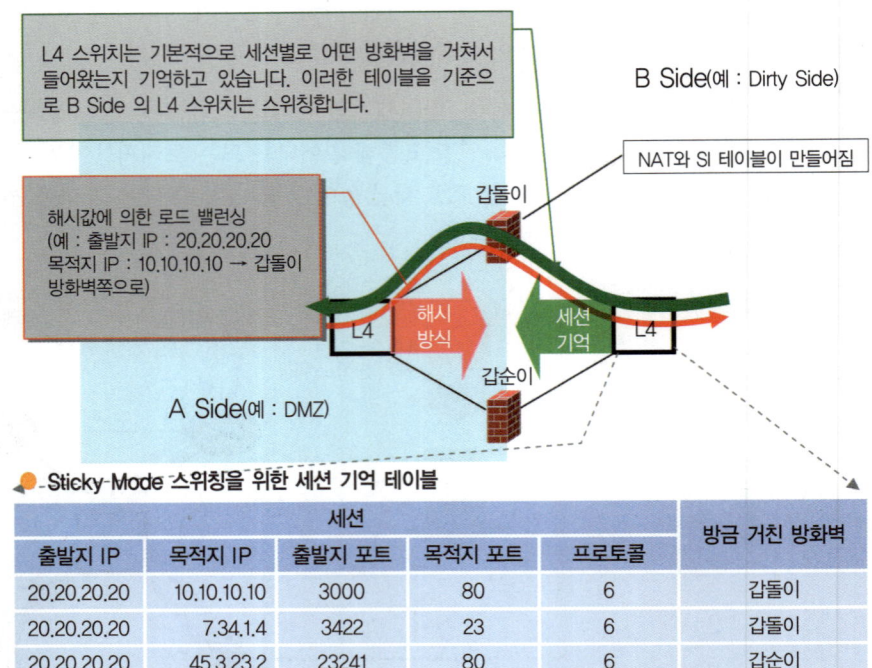

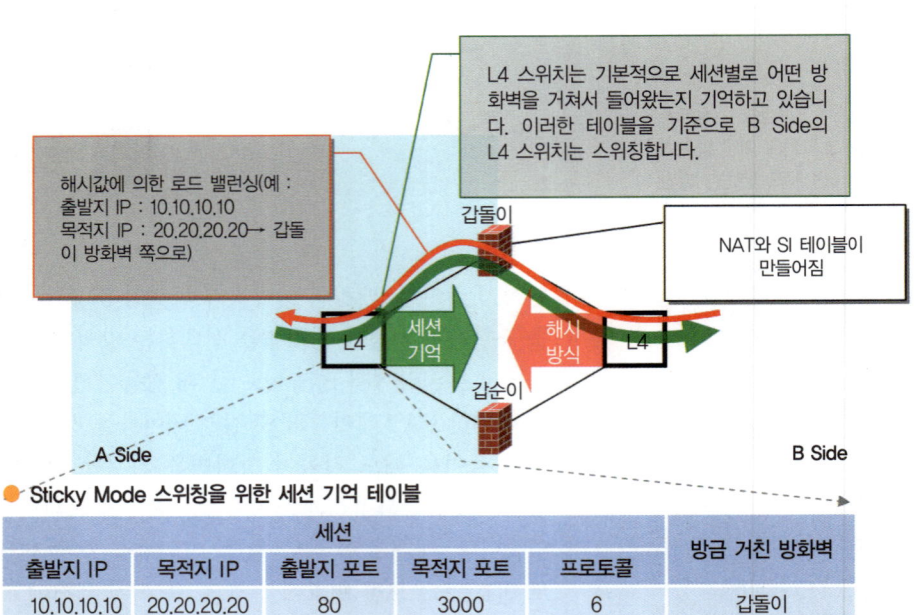

[그림 8-20] ▶
나갈 때 거친 방화벽을 들어올 때도 거치는 방법

[그림 8-20]의 L4 스위치들과 방화벽들을 모두 트랜스페어런트 모드로 구현하면 [그림 8-21]과 같이 스위칭 루프가 발생합니다. 그 결과, STP 프로토콜에 의한 포트 블록킹 때문에 결국 한 경로를 사용할 수 없게 되므로, 방화벽과 L4 스위치 모두를 트랜스페어런트 모드로 구현하지 않도록 주의해야 합니다.

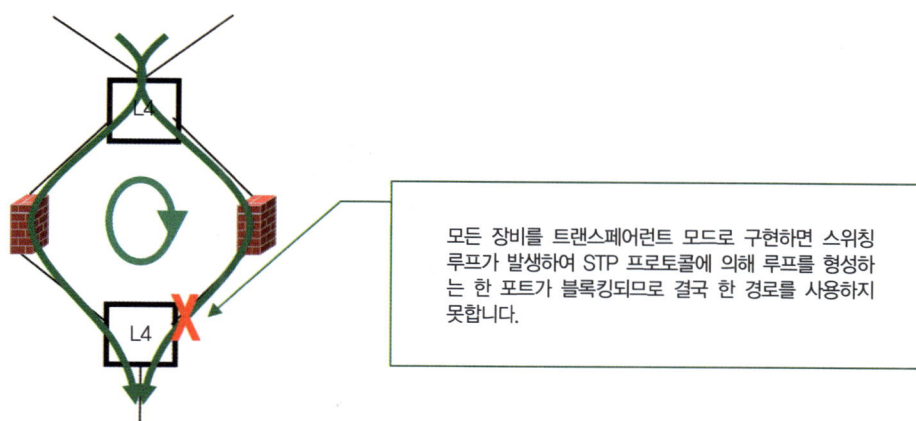

[그림 8-21] ▶
L4 스위치와 방화벽을 트랜스페어런트 모드로 구현한 경우

모든 장비를 트랜스페어런트 모드로 구현하면 스위칭 루프가 발생하여 STP 프로토콜에 의해 루프를 형성하는 한 포트가 블록킹되므로 결국 한 경로를 사용하지 못합니다.

[그림 8-22]를 보면 L4 스위치의 기능에는 로드 밸런싱의 대상이 되는 장비와 경로에 대한 체크 방법을 포함합니다. 왜 이런 매커니즘이 필요할까요? 갑돌이 L4 스위치가 미스 김 방화벽쪽 링크에 문제가 없어서 패킷을 해당 링크로 보냈다 해도, 미스 김 방화벽과 갑순이 L4 스위치 사이의 링크에 문제가 있다면 패킷의 전송은 실패합니다. 이 때문에 L4 스위치는 직접 연결된 링크인 갑돌이 L4 스위치와 미스 김 방화벽 사이의 링크뿐만 아니라 미스 김 방화벽과 갑순이 L4 스위치 사이의 링크를 연결하는 인터페이스까지 ICMP(Internet Control Message Protocol) 핑을 주기적으로 보내서 체크합니다.

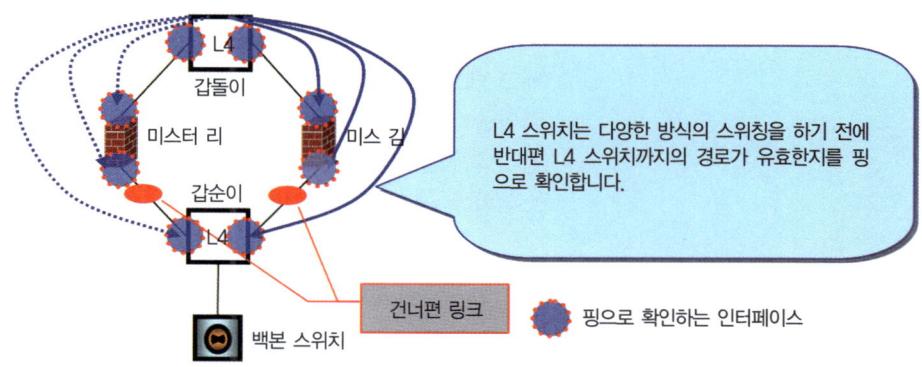

[그림 8-22] ▶
L4 스위치의 경로에 대한 체크 방법

L4 스위치는 다양한 방식의 스위칭을 하기 전에 반대편 L4 스위치까지의 경로가 유효한지를 핑으로 확인합니다.

L4 스위치가 생략된 방화벽 로드 밸런싱 방법을 다룹니다. [그림 8-23]과 같이 L4 스위치 자리에 라우터가 있습니다. 방화벽에서 NAT가 구현된 경우, 외부 네트워크(Public IP 영역)와 내부 네트워크(Private IP 영역)간에 라우팅 정보가 교환되지 않는 것이 보통입니다. 이럴 경우, L4 스위치처럼 건너편 링크의 상태를 감안한 라우팅을 할 수 없습니다. 방화벽에서 NA를 수용하지 않고 갑돌이와 갑순이 라우터에서 다이나믹 라우팅을 돌린다면 L4 스위치를 사용했을 때와 같이 건너편 링크의 상태를 감안한 라우팅을 할 수 있습니다.

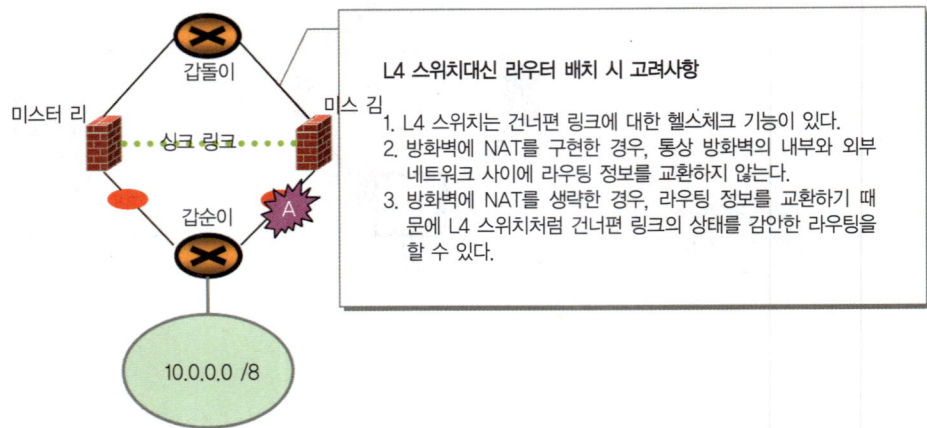

[그림 8-23] ▶
L4 스위치 대신 라우터 배치 시 고려사항

이렇게 건너편 링크의 고장 상황과 스위칭 루프, 패킷 루프를 감안하여 L4 스위치와 방화벽, IPS를 트랜스페어런트 모드로 설정할지, 라우터 모드로 설정할지를 결정해야 합니다. 그리고 라우터 모드로 한다면 스태틱 라우팅을 할지, 다이내믹 라우팅을 할지를 결정합니다. [그림 8-23]의 예와 같은 이유 때문에 다이나믹 라우팅을 적용하라고 했지만, 오버헤더에 속하는 라우팅 업데이트 트래픽과 라우팅 오동작을 염려하여 스태틱 루트를 많이 설정합니다. [그림 8-24]와 같이 DMZ 구간과 외부 네트워크(Dirty Side)로 나갈 때는 해시 방식의 스위칭을 들어올 때는 Sticky 방식의 로드 밸런싱을 통해 거쳐나간 방화벽을 거쳐 들어오게 합니다. 만약 NAT나 SI 기능을 구현하지 않았다면 굳이 거쳐 나간 방화벽을 거쳐 들어올 필요가 없고 L4 스위치를 생략합니다. 다만, 이 경우에도 L4 스위치는 서버 로드 밸런싱을 위해 DMZ에 배치될 수 있습니다.

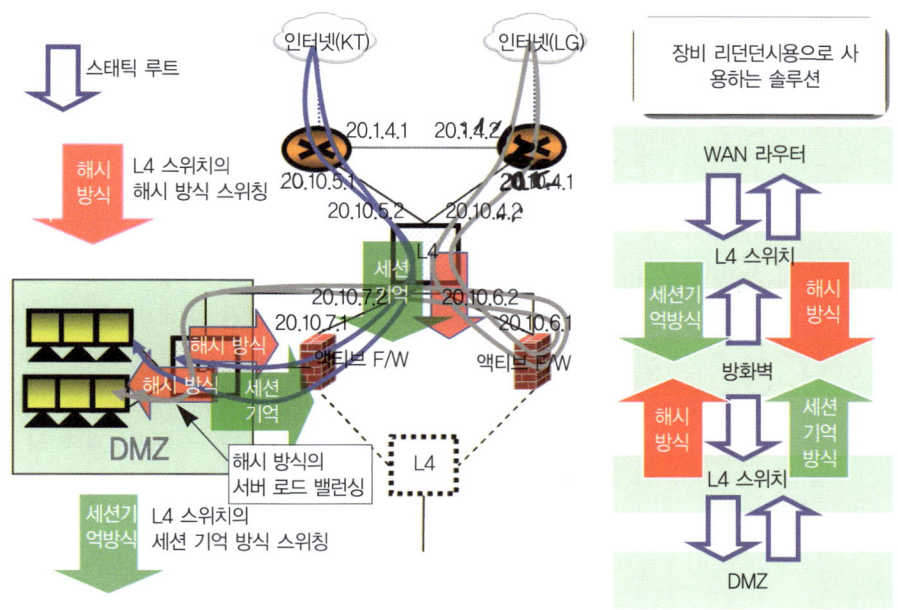

[그림 8-24] ▶
L4 스위치에 의한
방화벽 로드 밸런싱 방법

[그림 8-25]를 보면 내부 네트워크(Clean Side)에서는 L4 스위치가 생략된 방식입니다. 이 경우는 모든 세션이 내부 네트워크(Clean Side)에서 외부 네트워크(Dirty Side) 방향으로 출발하여 나가기 때문에 내부 네트워크에는 세션 기억 방식의 스위칭이 필요없습니다. 또, 내부 네트워크에 [표 8-8]과 같은 다양한 L4 로드 밸런싱 방법이 필요 없는 경우에는 L4 스위치를 생략할 수 있습니다.

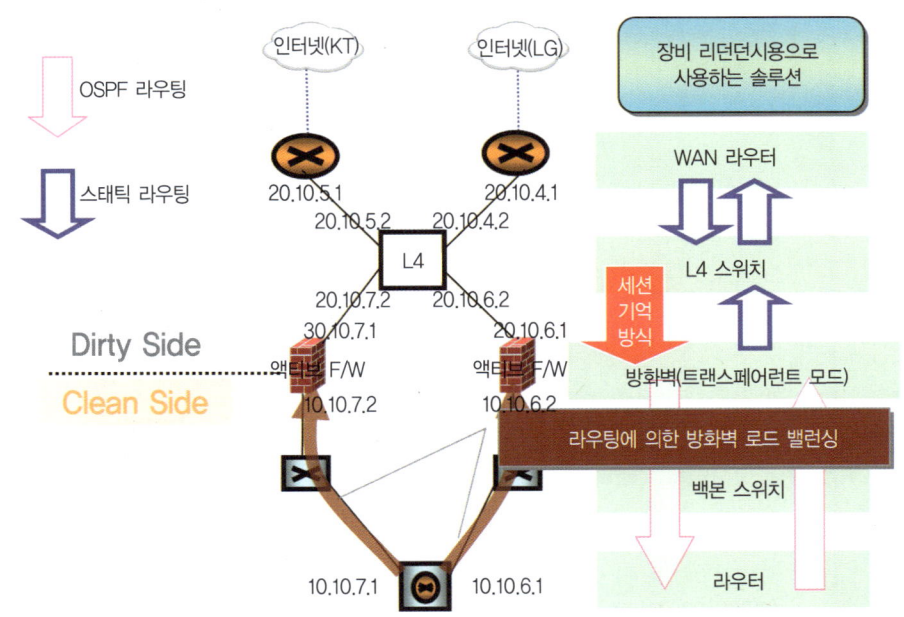

[그림 8-25] ▶
내부 네트워크에서
L4 스위치의 생략

지금까지는 방화벽 이중화에 대해 설명했습니다. 그러나 L4 스위치가 고장나면 방화벽 이중화도 의미가 없습니다. [그림 8-26]은 L4 스위치에 대한 이중화 방안입니다. 방화벽, VPN 장비, IPS와 같은 보안 장비가 보안 기능 외에 통신 기능을 가지듯이 L4 스위치도 L3와 L4 헤더에 기반한 로드 밸런싱 기능 외에 L2 스위칭이나 라우팅과 같은 통신 기능이 필요합니다. [그림 8-26]의 L4 스위치의 인터페이스들은 IP 주소를 가지고 라우터로 동작합니다. 스태틱 라우팅을 사용할 수도 있겠지만, 인접 라우팅 기능을 하는 장비가 직접 연결되지 않고 트랜스페어런트 모드 장비나 L2 스위치를 통해서 연결되었다면 스태틱 라우팅을 사용했을 때 [그림 8-21]과 같이 건너편 링크에 고장이 나면 문제가 됩니다. [그림 8-26]에서는 라우팅 업데이트 양의 증가와 토폴로지의 복잡성과 관리 포인트가 추가되는 약점을 피하기 위해 WAN 라우터나 L4 스위치를 서로 연결하지 않았지만, 연결하면 새로운 경로가 추가되므로 비상 상황에서 사용할 수 있어서 가용성은 향상됩니다.

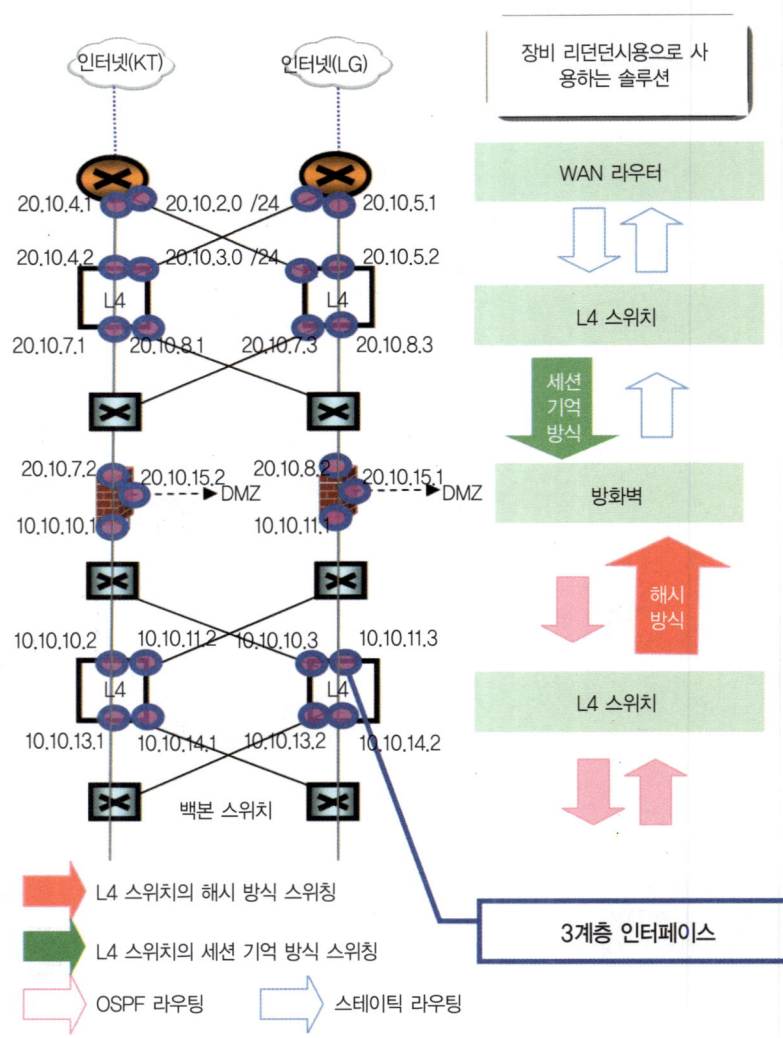

[그림 8-26] ▶ L4 스위치 이중화 방안

방화벽과 함께 L4 스위치가 이중화된 구성에서의 트래픽 패턴은 [그림 8-27]과 같습니다. 왼쪽 방화벽을 거친 트래픽 세션은 들어올 때 어떤 라우터와 2계층 스위치와 L4 스위치를 거치든지 왼쪽 방화벽을 거쳐서 들어옵니다.

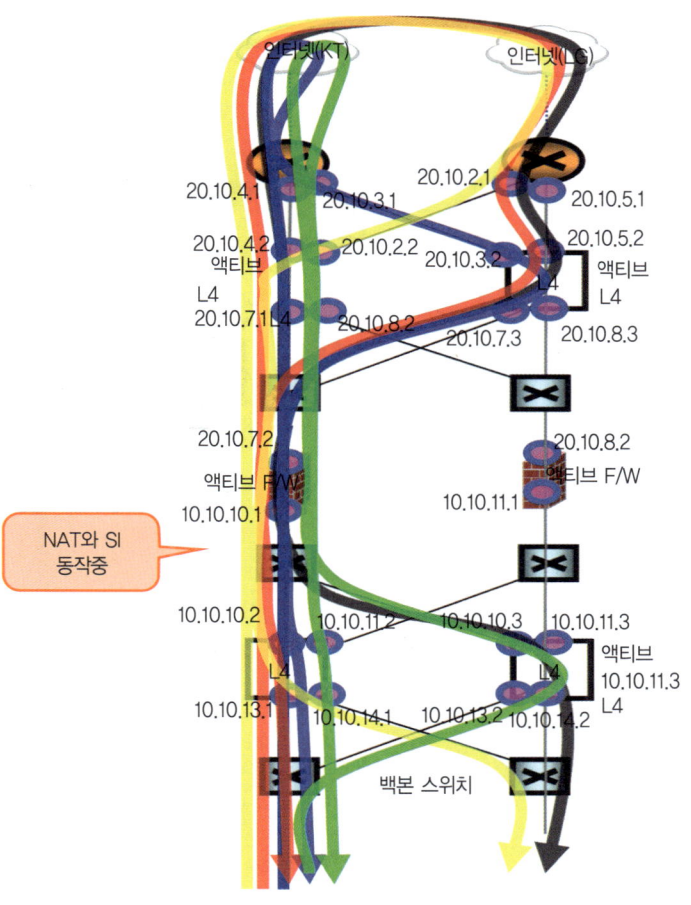

[그림 8-27] ▶
[그림 8-26]의 트래픽 패턴

[그림 8-28]과 같이 L4 스위치의 인터페이스를 2계층으로 구현할 수 있다면, 방화벽 전후단의 2계층 스위치들을 생략할 수 있습니다. 2계층 스위치에서 발생할 수 있는 지연 시간을 줄일 수 있기 때문에 응답 시간은 개선되지만, 가용성이 나빠질 수 있습니다.

[그림 8-28]과 같이 L4 스위치의 특정 포트가 아니라 L4 스위치 자체가 다운된다면 나갈 때 통과한 방화벽으로 연결되지 못하는 문제가 있습니다. 따라서 이 구성은 약간의 가용성 저하 요인을 희생하는 대신 단순함을 통한 비용 감소나 관리 효율성과 함께 2계층 스위치 생략을 통한 미미하지만 약간의 속도 개선의 효과를 얻습니다. 또 스태틱 루트 대신 다이나믹 라우팅을 적용하여 [그림 8-23]의 문제를 해결했습니다. 다만 Private 주소 구간과 Public 주소 구간 사이에 네트워크 정보를 교환하는 것이 무의미하므로 Private 주소 구간에는 OSPF를 적용하고 Public 주소 구간에는 EIGRP를 적용하여 분리되었습니다.

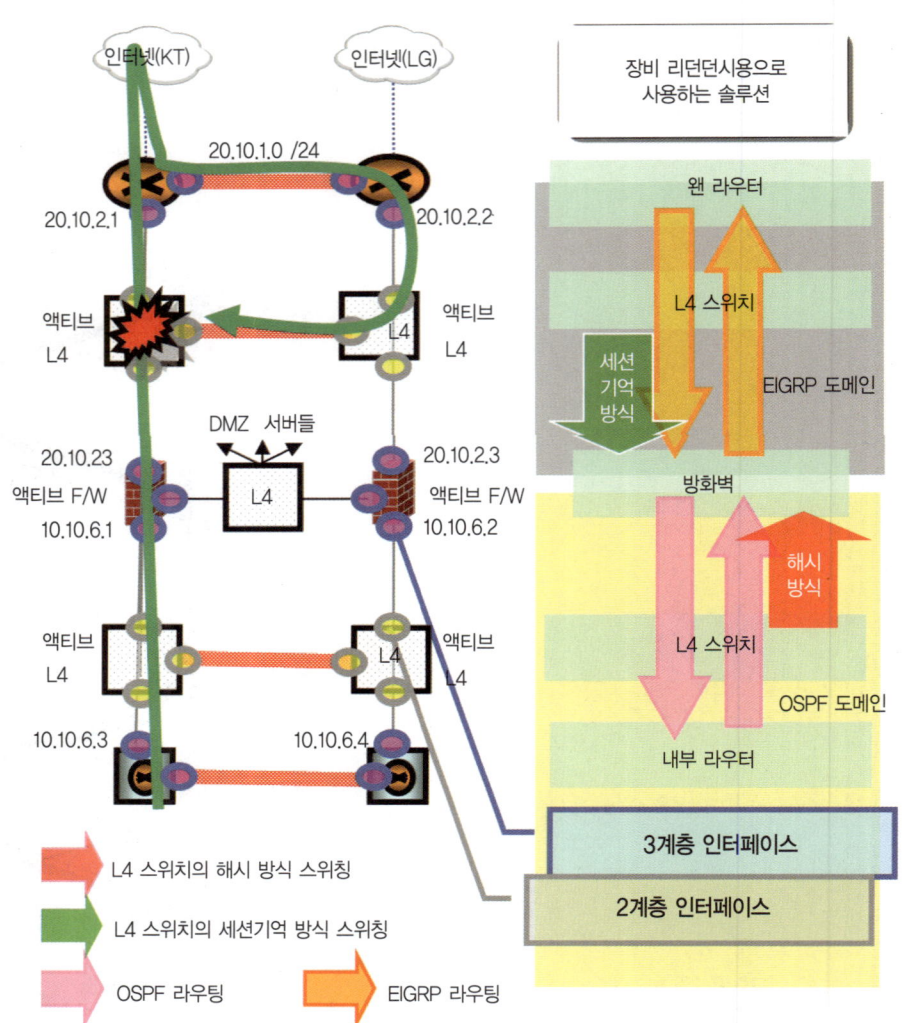

[그림 8-28] ▶
스위칭 모드로 구현된
L4 스위치의 이중화 방안

[그림 8-29]를 보세요. 만약 이중화된 방화벽들인 NAT 테이블, 세션 감시 테이블, VPN 장비들이 SA(Security Association), 테이블을 교환할 수 있다면, 모든 방화벽이 방화벽을 통과하는 데 필요한 테이블들이 싱크되기 때문에 거쳐 나간 방화벽을 거쳐 들어오게 하는 Sticky 방식의 L4 스위칭이 더 이상 필요 없습니다. 이것을 가능하게 하려면 방화벽과 VPN 장비 사이에 이러한 테이블들을 교환하기 위해 싱크 링크의 연결이 필요합니다. 이 구성이 안정적으로만 동작한다면 L4 스위치를 생략할 수 있기 때문에 투자와 관리 포인트를 줄이고, 불필요한 장비를 생략하여 지연을 줄일 수 있습니다.

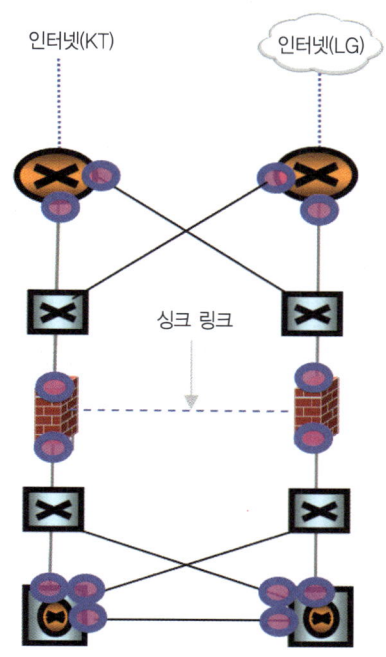

[그림 8-29] ▶
L4 스위치를 생략한 구성

DMZ 네트워크에서도 L4 스위치가 도입되어 서버 방향의 트래픽에 대해서는 서버 로드 밸런싱을, 방화벽 방향의 트래픽에 대해서는 방화벽 로드 밸런싱 기능과 세션 기억 스위칭을 제공합니다. DMZ 네트워크에서도 L4 스위치의 인터페이스를 2계층 인터페이스로 구현하면 L4 스위치 전후단의 2계층 스위치가 필요 없지만, L4 스위치의 포트당 단가가 비싸므로 포트가 많이 필요한 서버쪽 2계층 스위치는 필요합니다. 두 대의 L4 스위치에는 VRRP를 구성하여 서버들로부터 나가는 트래픽에 대해 VRRP 그룹 별로 다른 L4 스위치를 사용하도록 합니다.

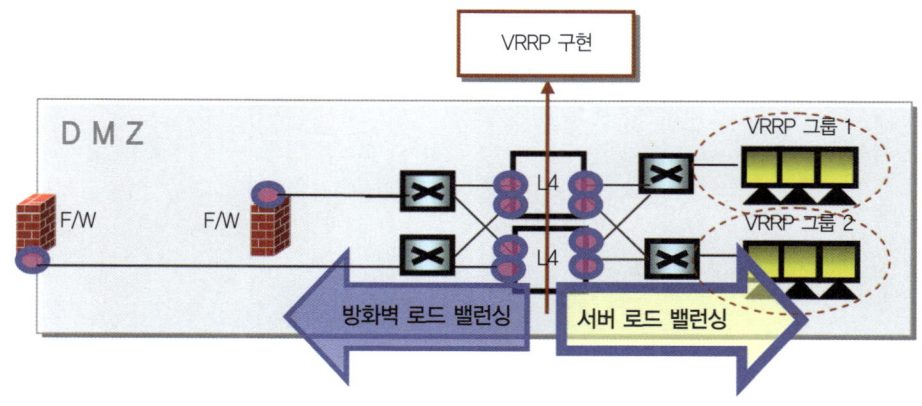

[그림 8-30] ▶
DMZ 네트워크에서의
L4 스위치 로드 밸런싱

L4 스위치는 3계층과 더불어 4계층 헤더를 기반으로 스위칭을 하기 때문에 'L4 스위치'라고 합니다. DMZ 구간에는 서버 로드 밸런싱을 위해서 L4 스위치 대신 L7 스위칭 장비를 도입할 수도 있습니다. L7 스위치는 데이터 필드를 보고 스위칭하는데, [그림 8-31]은 URL 주소에 따라 다른 웹 서버에 접속하도록 합니다. 이 밖에 대형 VoIP 사업자의 경우 VoIP 클라이언트로부터 오는 다양한 콜 메시지를 처리하는 서버들을 다르게 하여 부하를 분산시키기도 합니다.

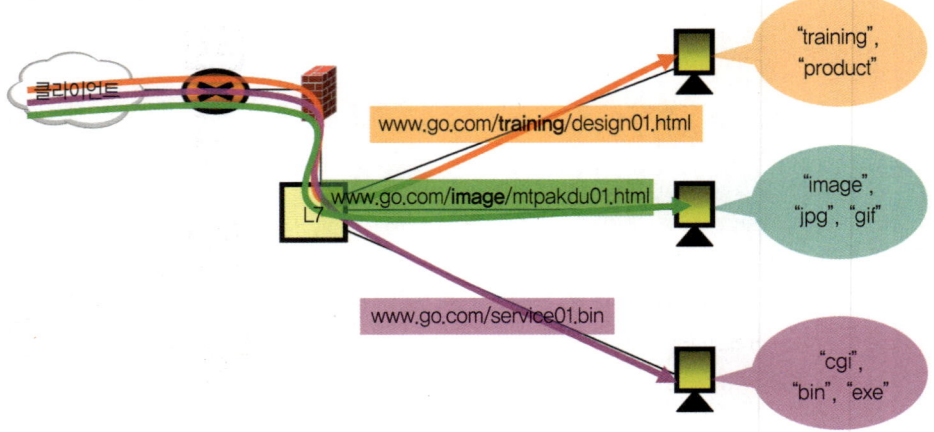

[그림 8-31] ▶
L7 스위치의 URL 기반의 웹 서버 로드 밸런싱

대량의 트래픽이 발생하는 인터넷 데이터센터와 같은 거대 네트워크에서는 두 대의 방화벽으로도 방화벽 단에서 바틀넥이 일어날 수 있습니다. 이 경우 방화벽의 두 가지 주요 기능인 필터링과 NAT 기능을 [그림 8-32]와 같이 서로 다른 방화벽에서 수행할 수도 있습니다. 이렇게 구성하면 각 장비에서의 지연은 줄어들지만, 패킷이 통과해야 할 장비의 대수를 늘려서 효과적이지 않습니다. 따라서 바틀넥을 해결하기보다는 내부 네트워크에 접속하기 위해서는 두 단계의 방화벽을 거쳐야 하기 때문에 보안을 강화한 구성이라고 볼 수 있습니다. 느린 방화벽에서의 바틀넥을 해결하기 위해서는 방화벽을 두 단계로 배치하는 대신 라우터에서 NAT를 수행하고, 방화벽에는 필터링 등의 보안 기능을 구현하기도 합니다.

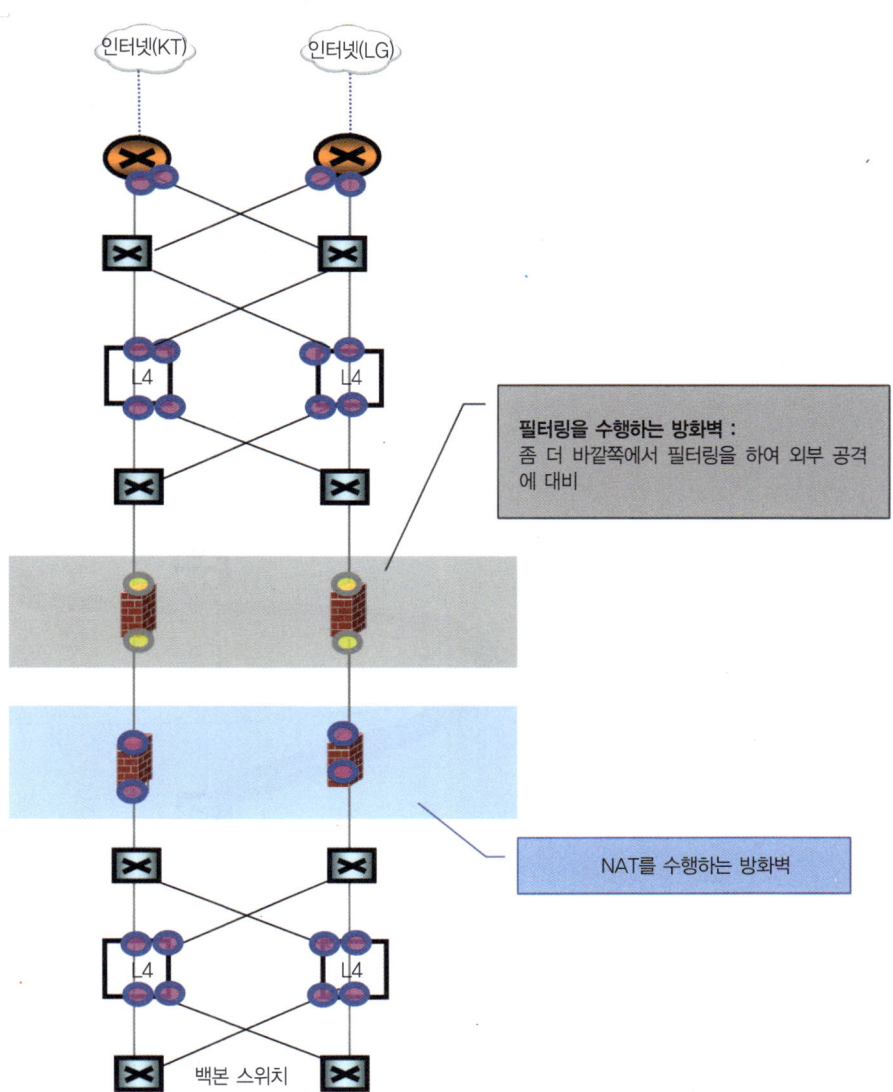

[그림 8-32] ▶
방화벽 분업을 통한 지연 감소 방안 (종적 구성)

[그림 8-32]와 같이 종으로 늘려서 패킷이 통과하는 장비 수를 늘리는 것보다 [그림 8-33]과 같이 횡으로 늘려서 각각의 방화벽이 감당하는 트래픽의 양을 줄여주는 것이 좀 더 효과적입니다.

Chapter 08 네트워크 보안 디자인

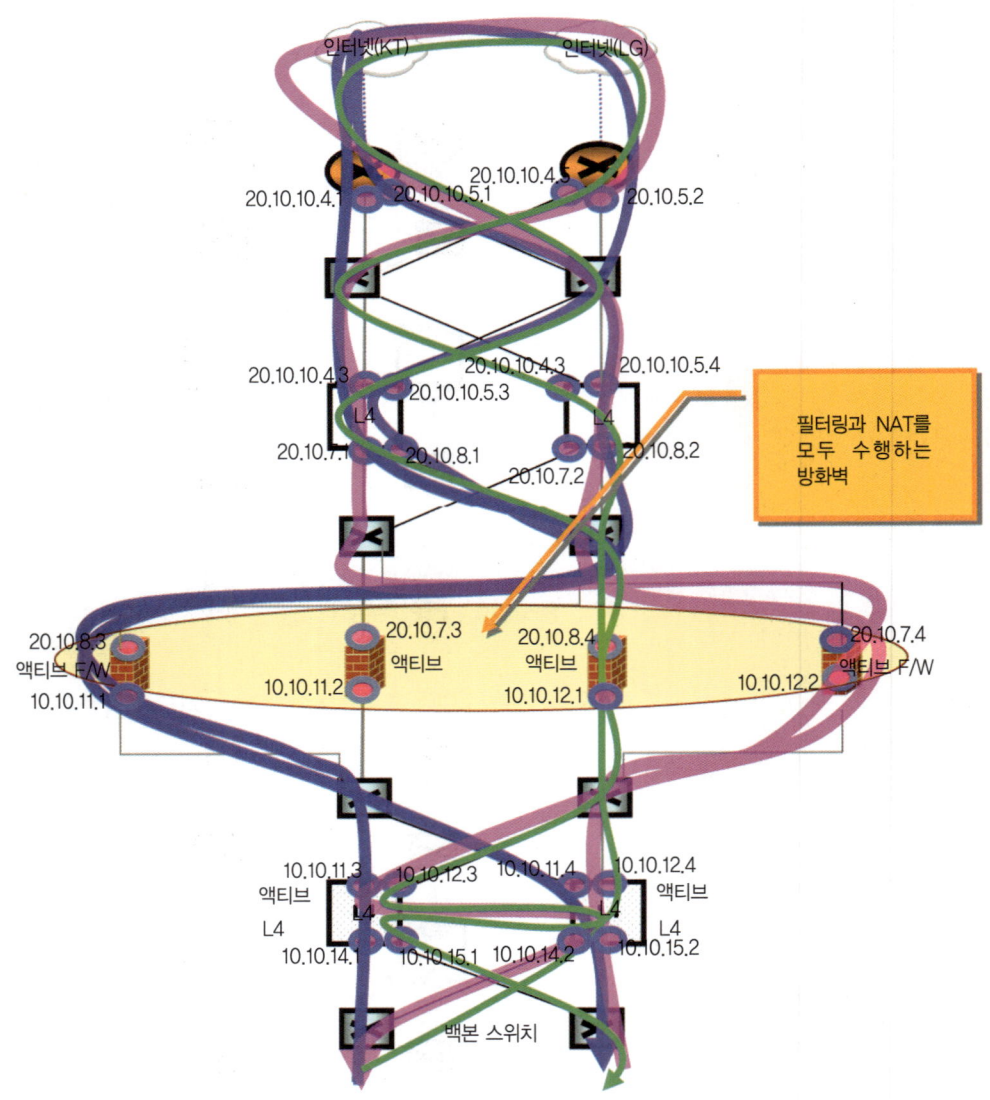

[그림 8-33] ▶
방화벽 분업을 통한 지연 감소 방안(횡적 구성)

[그림 8-34]는 방화벽이 바틀넥 포인트가 되기 쉬운 거대 네트워크에서 외부 방화벽이 감당하는 부하를 줄입니다. 그리고 내부 네트워크를 보다 강고하게 보호하기 위해서 외부 네트워크와 내부 네트워크 사이에 DMZ 네트워크를 배치한 경우입니다.

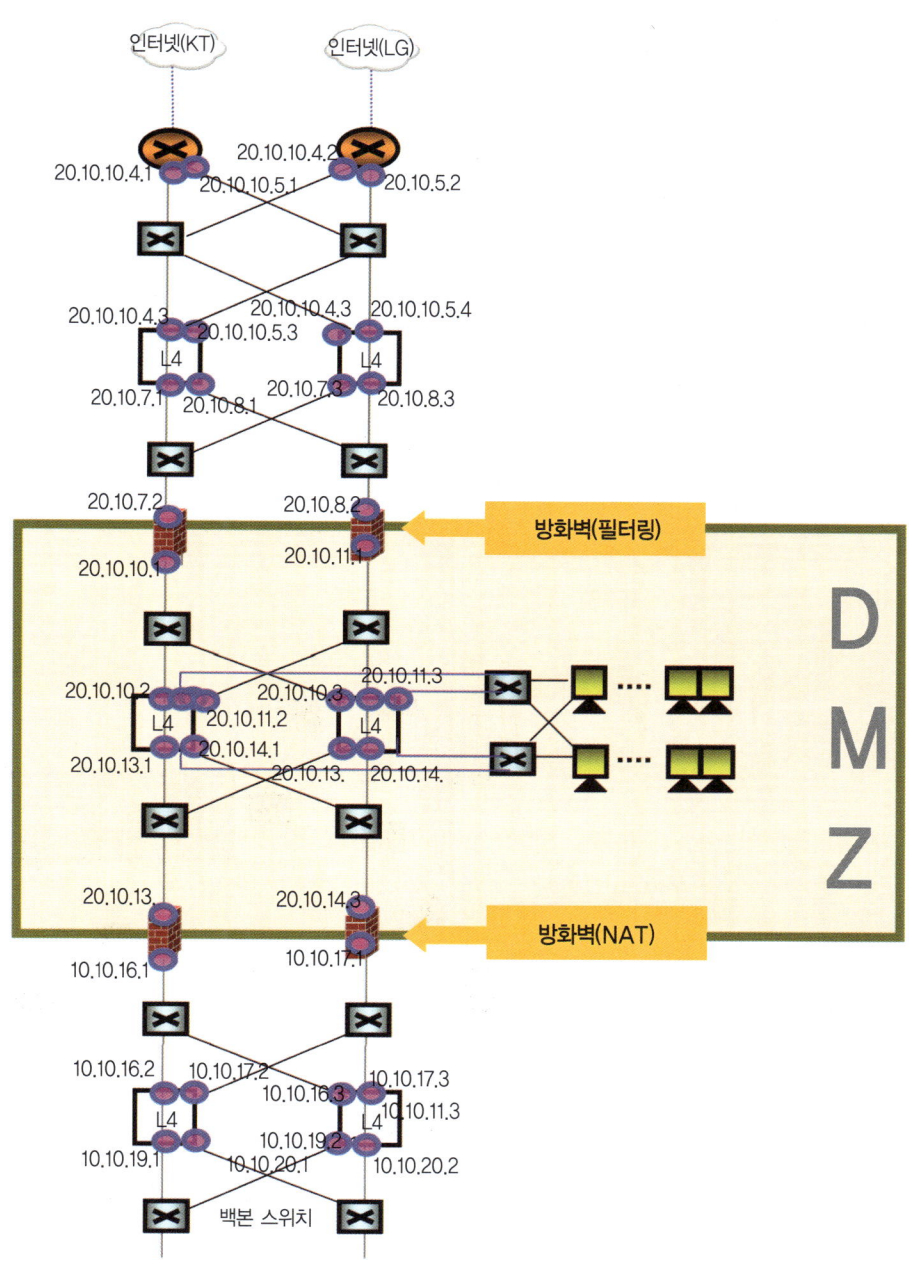

[그림 8-34] ▶
외부와 내부 네트워크의 중간에 DMZ 네트워크를 배치하는 경우

Lesson 09 VPN과 로드 밸런싱

[그림 8-35]를 보십시오. 본사와 지사를 연결하는 WAN은 LAN과 더불어 내부 망을 전용 회선으로 연결하거나, 프레임 릴레이, ATM, X.25의 버추얼 서킷으로 연결합니다. 인터넷망은 공용의 외부 망입니다. VPN 은 공용의 인터넷망을 WAN 연결을 위해 사용하여 회선 비용을 획기적으로 줄입니다. 인터넷망은 모든 사람에게 개방된 네트워크이기 때문에 통신 상대를 확인하고, 데이터가 전송중에 변경이나 훼손되지 않고 도착했는지 확인할 수 있는 인증 기능과 데이터의 변경을 막는 암호화가 필요합니다. 인증, 암호화와 같은 보안 기능을 정의하고, 암호화와 복호화에 사용되는 키의 생성과 교환 임무를 맡는 프로토콜이 IPSec 입니다.

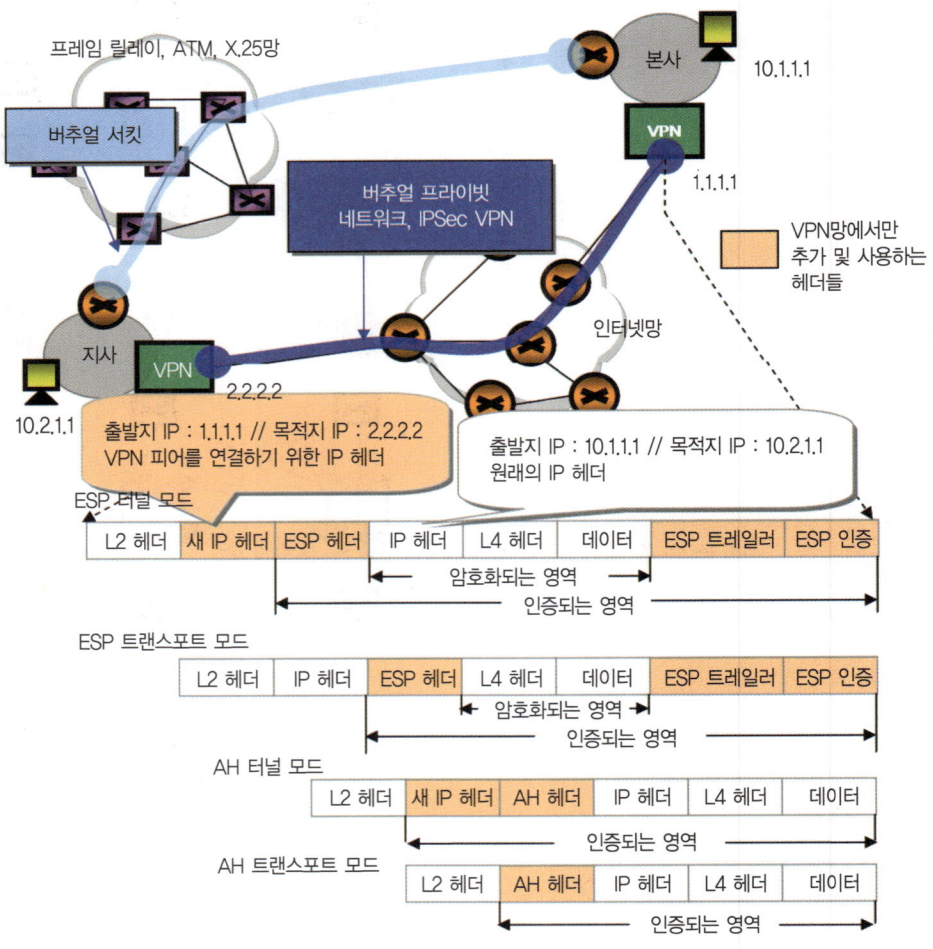

[그림 8-35] ▶
버추얼 서킷과
IPSec VPN의 비교

IPSec VPN으로 연결되는 피어는 클라이언트 PC일 수도 있고, 작은 리모트 오피스나 큰 규모의 지사나 본사, 데이터센터, 서비스 제공업자가 될 수도 있습니다. IPSec은 암호화를 통해 데이터 신뢰성(Data Confidentiality)을 보장하고, 데이터 인증을 통해 데이터가 중간에 변경되지 않았다고 하는 데이터 무결성(Data Integrity)을 확인합니다. 그리고 연결을 시도하는 VPN 피어가 허용될 수 있는지를 확인하는 데이터 오리진 확인(Data Origin Authentication) 기능을 제공합니다.

IPSec 헤더는 [그림 8-35]와 같이 ESP(Encapsulating Security Payload)와 AH(Authentication Header)의 두 가지가 있습니다. ESP는 [그림 8-35]에서 보는 바와 같이 암호화와 인증 기능을 제공하지만, AH는 인증 기능만 제공하고 인증 범위가 ESP보다 넓습니다.

IPSec은 [그림 8-35]와 같이 터널 모드와 트랜스포트 모드의 두 가지가 있습니다. VPN 장비를 연결하는 터널 모드 VPN을 '사이트-투-사이트 VPN'이라고 합니다. 본사와 지사를 대표하는 VPN 장비에만 VPN을 구현하면, 클라이언트 VPN처럼 모든 클라이언트 PC마다 별도의 VPN 세션을 설정하지 않아도 됩니다. 또한 IP 헤더는 트랜스포트 모드에서는 보호받지 못하지만, 터널 모드에서는 보호됩니다. 터널 모드에서는 터널의 끝(VPN 장비)의 IP 주소로 새 IP 헤더를 만듭니다. 터널링은 언제나 중복된 인캡슐레이션을 낳습니다.

IPSec은 암호화 방식, 인증 방식과 같은 파라미터를 협의 및 결정하고 암호화/복호화를 위한 키를 양자 간에 생성, 교환하기 위해 IKE(Internet Key Exchange) 프로토콜을 사용합니다. IKE는 ISAKMP(Internet Security Association and Key Management Protocol)와 Oakley 프로토콜을 정의합니다. ISAKMP는 두 IPSec 피어 간의 합의된 보안 파라미터 들인 SA(Security Association)에 대한 설정, 협의, 수정, 삭제하는 과정을 정의하고, 피어 인증을 수행합니다. Oakely는 위험한 인터넷에서 IPSec SA 보안 파라미터에 따라 키 교환을 위해 디피-헬만 알고리듬을 사용합니다.

본사와 지사를 연결하기 위한 사이트-투-사이트 IPSec VPN은 두 VPN 장비 간에 IPSec VPN을 생성시키기 위해 다음과 같은 단계를 거칩니다.

❶ VPN 터널을 통과할 트래픽(Interesting Traffic)이 도착

액세스 리스트로 정의된 트래픽이 도착하면 VPN IKE Phase 1단계로 넘어 니다. 정의된 트래픽이 없으면 VPN 터널도 생성되지 않습니다. 정의되지 않은 트래픽도 어디든지 라우팅되어 나갈 수 있지만, 암호화되지도 않기 때문에 보호받을 수도 없습니다.

❷ IKE Phase 1

IKE 프로토콜은 IPSec 터널을 생성하기 위한 보안 관련 파라미터들과 대칭형 암호화 키들을 교환합니다. 암호화와 복호화 과정은 [그림 8-36]과 같습니다.

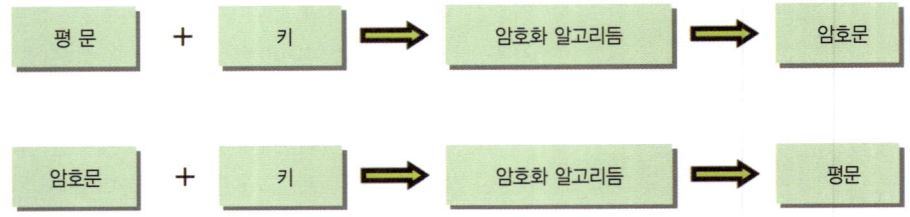

[그림 8-36] ▶
암호화와 평문화

암호화 알고리듬은 대칭형과 비대칭형으로 나뉘는데, 대칭형 암호화 알고리듬은 암호화와 복호화에 동일한 키를 사용하고, 비대칭형 암호화 알고리듬은 다른 키를 사용합니다. IPSec VPN망을 비롯한 일반적인 경우에는 암호화와 복호화 속도가 훨씬 빠르고 암호화를 해도 데이터가 증가하지 않기 때문에 대칭형 알고리듬을 사용합니다. 그러나 대칭형 알고리듬은 피어 간에 동일한 키를 가지도록 키를 인터넷을 통해 전달해야 하는 위험이 있습니다. 이것을 해결하기 위해 디피-헬만 알고리듬을 사용합니다. 'IKE Phase 1' 과정은 [그림 8-37]과 같이 SA 제안/선택, 디피-헬만 방식에 의한 키 교환 상호 인증의 단계를 거칩니다. IKE Phase 1에 의해 생성된 IKE 터널 때문에 IKE Phase 2에서의 SA 교환이 보호됩니다.

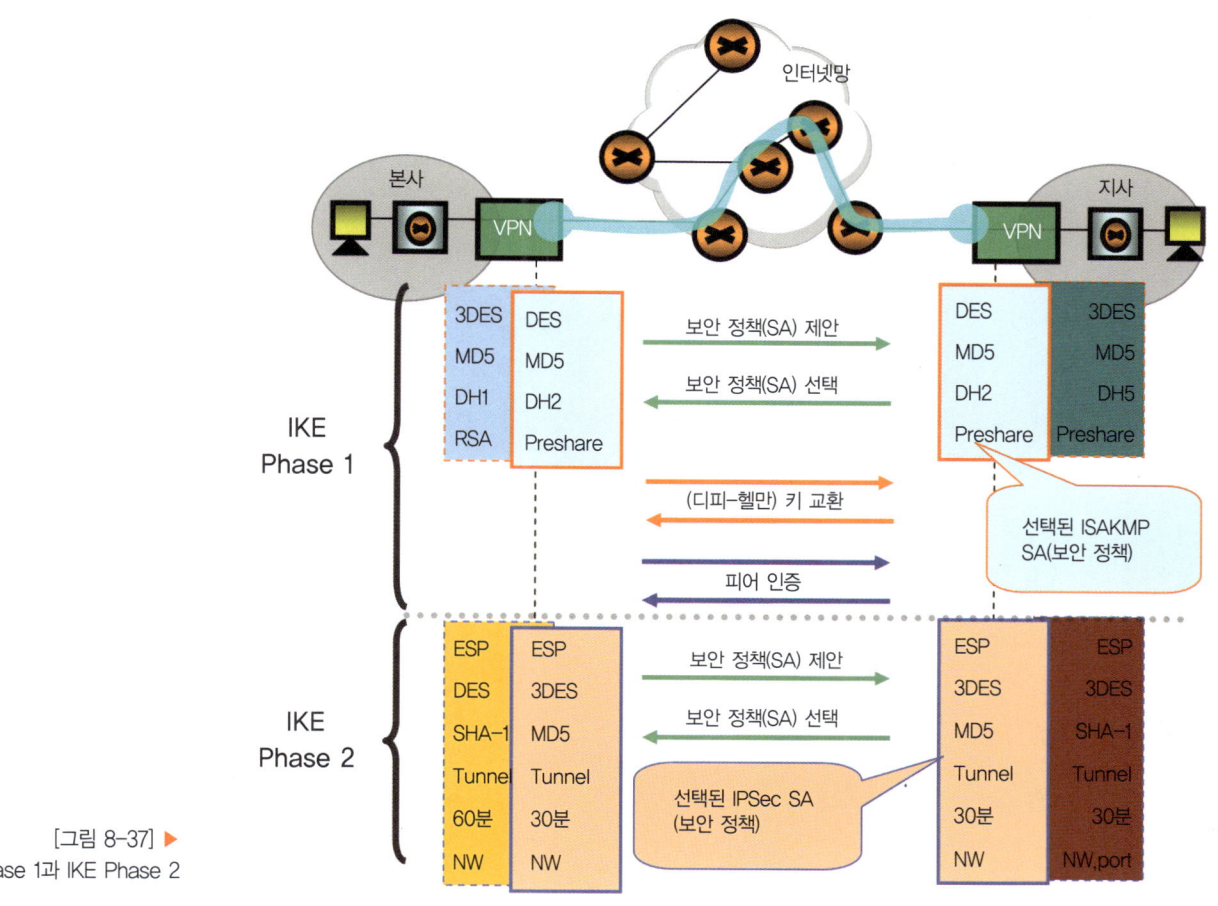

[그림 8-37] ▶
IKE Phase 1과 IKE Phase 2

[그림 8-37]에서 첫 번째 두 패킷은 IKE 터널을 생성하는 데 [표 8-10]과 같은 대칭형 알고리듬의 종류, 인증 알고리듬, IKE 키의 형태, 키 공유 알고리듬 등의 보안 관련 파라미터를 무엇으로 결정할지, 두 VPN 장비 간에 협의하여 결정합니다.

보안 기능	파라미터	설명
암호화	IKE 대칭형 암호화 알고리듬	• DES : 양자가 모두 동일한 비밀 키를 알고 있고, 이 비밀 키를 이용하여 인증 코드를 발생시키거나 확인합니다. 56비트 키를 사용합니다. • 3DES (Triple DES) : 168비트의 키를 사용하기 때문에 DES보다 안전하나, 지연 시간은 늘고 처리 용량은 줄어듭니다. 따라서 보다 강력한 CPU 프로세서 파워가 필요합니다. • AES : 128비트의 키를 사용하여 안전하고, 3DES보다 빠릅니다.
	암호화 키 공유 알고리듬	디피-헬만 프로토콜은 아직 안전하지 않은 채널을 통해 키를 교환하기 위한 키분배 알고리듬입니다. 디피-헬만 그룹 1~7이 있습니다.
데이터 인증	IKE 데이터 인증 알고리듬	• MD5 : 임의의 길이를 데이터 메시지를 입력받아서 128비트 길이의 출력값을 냄. 송신자와 수신자 간의 이 값이 일치되는지를 확인하여 데이터가 변경되었는지를 확인합니다. • SHA-1 : 160비트 길이의 출력값을 사용하기 때문에 MD5보다 보안에 강한 대신 보다 느립니다.
피어 인증	IKE 피어 인증 형태	• Preshare key : 각각의 VPN 피어에 사람이 키 값을 입력하는 방식. 양자간에 키 값이 일치하지 않으면 인증은 실패합니다. • RSA signature : 상대를 인증하기 위한 방법으로 디지털 인증서(Digital Certificate)를 사용합니다. 디지털 인증서는 제3의 기관이 발행하고, 확인하고 특정 장비에 대해서만 유효합니다. • RSA-encrypted nonces(number used once) : 각 피어에 의해 생성된 랜덤 수로, 1회만 사용되기 위해 암호화되어 피어에게 보냅니다.

[표 8-10] ▶
IKE Phase 1에서 협의하는 보안 파라미터

[그림 8-37]에서는 왼쪽의 VPN 장비가 오른쪽의 VPN 장비에게 두 개의 파라미터 세트를 보냅니다. 오른쪽의 VPN 장비는 두 개의 파라미터 세트 중에서 자신과 일치되는 파라미터 세트를 선택하고, 선택 결과를 왼쪽의 VPN 장비에게 보냅니다. 합의된 보안 정책(SA)에 따라 다음 과정이 진행됩니다. 공통적인 파라미터 세트가 없다면 IPSec VPN 연결은 실패합니다.

두 번째 두 패킷은 안전한 IKE 터널을 생성하는 데 필요한 키를 디피-헬만(Diffie-Hellman) 방식으로 교환합니다. 디피-헬만 그룹 1, 2, 5는 각각 768 비트, 1024 비트, 1536 비트를 사용합니다. 그룹 번호가 높을수록 키를 생성하는데 걸리는 시간을 늘어나고, 키는 보다 안전해집니다. 그룹 1은 권장하지 않습니다

세 번째 두 패킷은 IKE 인증 알고리듬에 의해 본사와 지사 간의 두 VPN 장비 간에 상호 인증을 수행합니다. 허락되지 않은 외부인이 침입할 수 있기 때문에 인증 과정은 해시 함수를 사용합니다. 피어 인증을 위해 Preshared key, RSA signature, RSA-encrypted nonces 와 같은 방법을 사용합니다.

IKE Phase 1 에서 생성된 IKE 터널을 통해 IKE Phase 2에서 IPSec을 위한 보안 정책들이 교환 및 협의되어 마침내 IPSec 터널이 열립니다.

❸ IKE Phase 2

[그림 8-37]과 같이 IKE Phase 1 다음에 IKE Phase 2가 진행됩니다. 실질적인 IPSec 터널은 IKE Phase 2에서 생성됩니다. IKE Phase 1은 피어 인증과 보안 파라미터 합의와 암호화 키 교환을 통해 안전한 통신 채널을 만들었고, IKE Phase 2는 이 통신 채널을 통해 [표 8-11]과 같은 IPSec 터널에서 사용할 보안 파라미터들을 양자간에 맞춥니다.

파라미터	설명
IPSec 프로토콜	• **ESP** : 데이터 암호화(DES, 3DES, AES), 무결성(데이터가 도중에 변경되지 않았음)과 데이터 출발지 인증 기능(MD5, SHA-1) 제공 • **AH** : 데이터 무결성(데이터가 도중에 변경되지 않았음)과 데이터 출발지 인증 기능(MD5, SHA-1) 제공
IPSec 암호화 타입	DES, 3DES 또는 AES [표 8-10] 참조
IPSec 인증 방식	MD5, SHA-1 [표 8-10] 참조
IPSec 모드	• **터널 모드** : VPN 끝단을 표시하는 새 IP 헤더를 추가하여 사이트-투-사이트 VPN을 구성 • **트랜스포트 모드** : 클라이언트마다 별도의 VPN 세션을 생성하는 클라이언트 VPN을 구성
IPSec SA 라이프타임	설정된 시간이 지나면 자동으로 재협의하여 보안 관련 파라미터들을 다시 정함(시스코, 최소 시간 180초).
상대 확인 정보	네트워크, 프로토콜 번호, 포트 번호

[표 8-11] ▶
IKE Phase 2에서 협의할 보안 파라미터의 종류

❹ 데이터 전송

단지 정의된 트래픽만 IPSec VPN 터널을 통과할 수 있고, 기타 다른 트래픽도 터널은 아니지만 인터페이스를 통해 나갈 수 있습니다.

❺ IPSec 터널 종결

PSec SA 라이프 타임이 만기되면 터널은 닫힙니다. 그러나 데이터 전송이 끝나지 않았다면, 라이프 타임이 끝나기 전에 새로운 SA(Security Association)가 협의 및 생성되고 새로운 터널이 열립니다.

VPN 구현

구현을 통해 개념을 보다 더 잘 이해할 수 있습니다. [그림 8-38]은 IKE Phase 1 을 위한 ISAKMP 구현 과정입니다. IKE Phase 1 에서의 파라미터는 [표 8-10] 과 같습니다. pre-shared 키가 구현되었기 때문에 '0owl0' 이라는 ISAKMP 키가 정의되어 있고 양자간에 일치해야합니다. 정책은 IKE Phase 1 에서 교환되는데, 'policy 10' 과 'policy 22' 정책이 일치합니다. 한편 보통은 보다 강력한 IKE 정책에다 낮은 정책 번호를 할당하는데, 낮은 정책 번호가 적용 우선 순위가 높기 때문입니다.

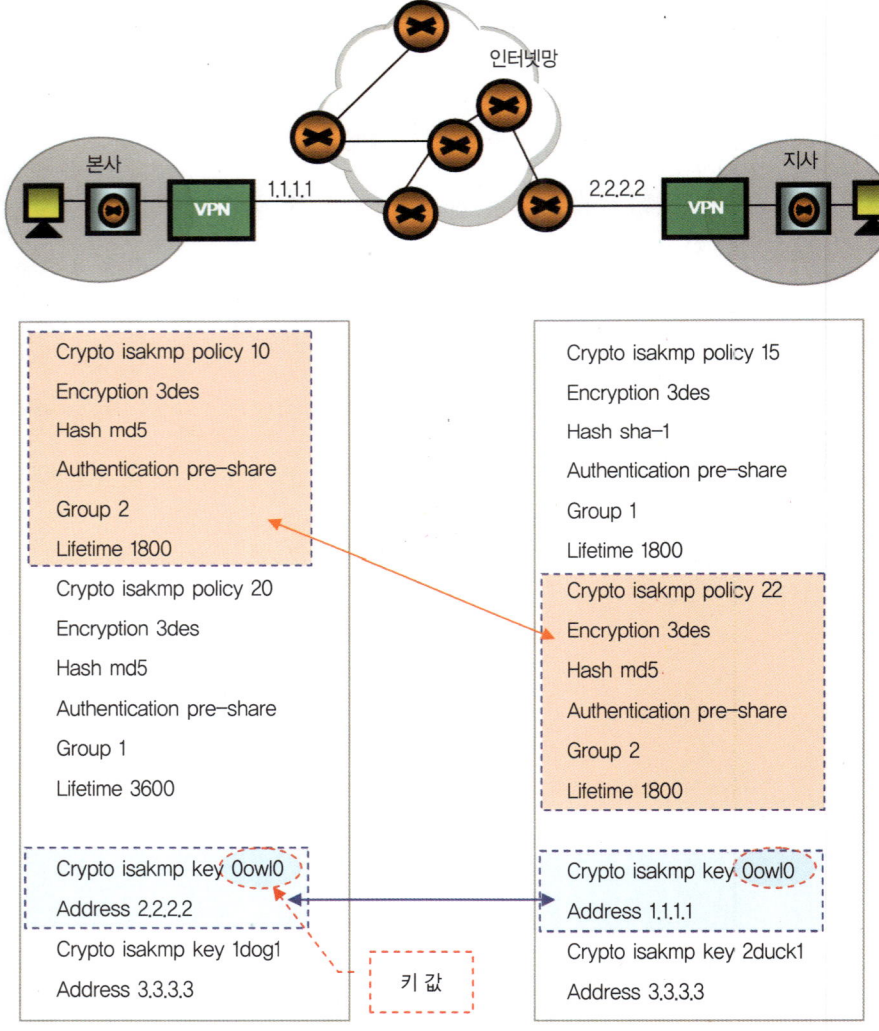

[그림 8-38] ▶
IKE Phase 1을 위한
ISAKMP 파라미터 구현하기

IKE Phase 1에 의해 양방향 IKE 터널이 뚫리면, IKE Phase 2에서 [표 8-12]와 같은 IPSec 보안 파라미터들을 협의합니다. [표 8-12]는 시스코 옵션입니다.

구분	시스코 설정 옵션	설명
AH	Ah-md5-hmac	MD5 인증을 사용하는 AH
	Ah-sha-hmac	SHA 인증을 사용하는 AH
ESP 암호화	Esp-aes	128비트 AES 암호화를 사용하는 ESP
	Esp-aes 192	192비트 AES 암호화를 사용하는 ESP
	Esp-aes 256	256비트 AES 암호화를 사용하는 ESP
	Esp-des	56비트 DES 암호화를 사용하는 ESP
	Esp-3des	168비트 DES 암호화를 사용하는 ESP
ESP 인증	Esp-md5-hmac	MD5 인증을 사용하는 ESP
	Esp-sha-hmac	SHA 인증을 사용하는 ESP

[표 8-12] ▶
시스코 IPSec 보안
파라미터의 옵션

[그림 8-39]에서 'Access-list 101 permit 20.2.2.0 0.0.0.255 30.2.2.0 0.0.0.255' 명령은 VPN 터널을 열 수 있는 트래픽(Interesting Traffic)을 정의합니다. 피어 2.2.2.2의 'set-77'와 일치된 SA를 생성하고, 'set-80'에 정의된 보안 파라미터들을 사용하여 'Access-list 101'에 정의된 트래픽을 보호하여 보냅니다. 'Access-list 145 permit ahp host 2.2.2.2 host 1.1.1.1, Access-list 145 permit esp host 2.2.2.2 host 1.1.1.1, Access-list 145 permit udp host 2.2.2.2 host 1.1.1.1 eq isakmp' 명령은 인터넷에 접한 VPN 장비의 물리적인 인터페이스에 IPSec 관련 트래픽만 유입될 수 있도록 하여 보안성을 높입니다. 일반 데이터는 터널이 생성되면 가상의 터널 인터페이스를 (실제로는 물리 인터페이스이지만) 통해 들어옵니다.

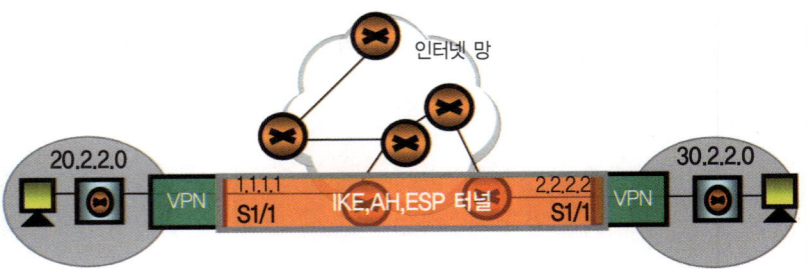

Crypto ipsec transform-set set-40
esp-3des esp-md5-hmac
Mode tunnel
Crypto ipsec transform-set **set-80**
esp-des esp-sha-hmac
Mode tunnel
Crypto ipsec security-association
lifetime seconds 3600
Access-list 101 permit 20.2.2.0
0.0.0.255 30.2.2.0 0.0.0.255
Crypto map aaaaa 30 ipsec-isakmp
Set peer 2.2.2.2
Match address 101
Set transform-set set-80

Interface s1/1
Ip address 1.1.1.1 255.255.255.0
Crypto map aaaaa
Ip access-group 145 in
Ip route 30.2.2.0 255.255.255.0
2.2.2.2

Access-list 145 permit ahp host
2.2.2.2 host 1.1.1.1
Access-list 145 permit esp host 2.2.2.2
host 1.1.1.1
Access-list 145 permit udp host
2.2.2.2 host 1.1.1.1 eq isakmp

=

Crypto ipsec transform-set set-33
esp-3des esp-sha-hmac
Mode tunnel
Crypto ipsec transform-set set-77
esp-des esp-sha-hmac
Mode tunnel
Crypto ipsec security-association
lifetime seconds 3600
Access-list 188 permit 30.0.0.0
0.255.255.255 20.0.0.0 0.255.255.255
Crypto map bbbbb 30 ipsec-isakmp
Set peer 1.1.1.1
Match address 188
Set transform-set set-77

Interface s1/1
Ip address 2.2.2.2 255.255.255.0
Crypto map bbbbb
Ip access-group 145 in
Ip route 20.2.2.0 255.255.255.0
1.1.1.1

Access-list 145 permit ahp host 1.1.1.1
host 2.2.2.2
Access-list 145 permit esp host 1.1.1.1
host 2.2.2.2
Access-list 145 permit udp host 1.1.1.1
host 2.2.2.2 eq isakmp

[그림 8-39] ▶
IKE Phase 2를 위한
IPSec 파라미터 구현하기

VPN 장비 로드 밸런싱

[그림 8-40]은 VRRP 프로토콜을 사용하여 이중화된 VPN 장비를 액티브/스탠바이로 사용하는 구성입니다. VRRP 프로토콜에 의해 프라이오리티가 높은 위쪽 VPN 장비를 우선으로 사용합니다.

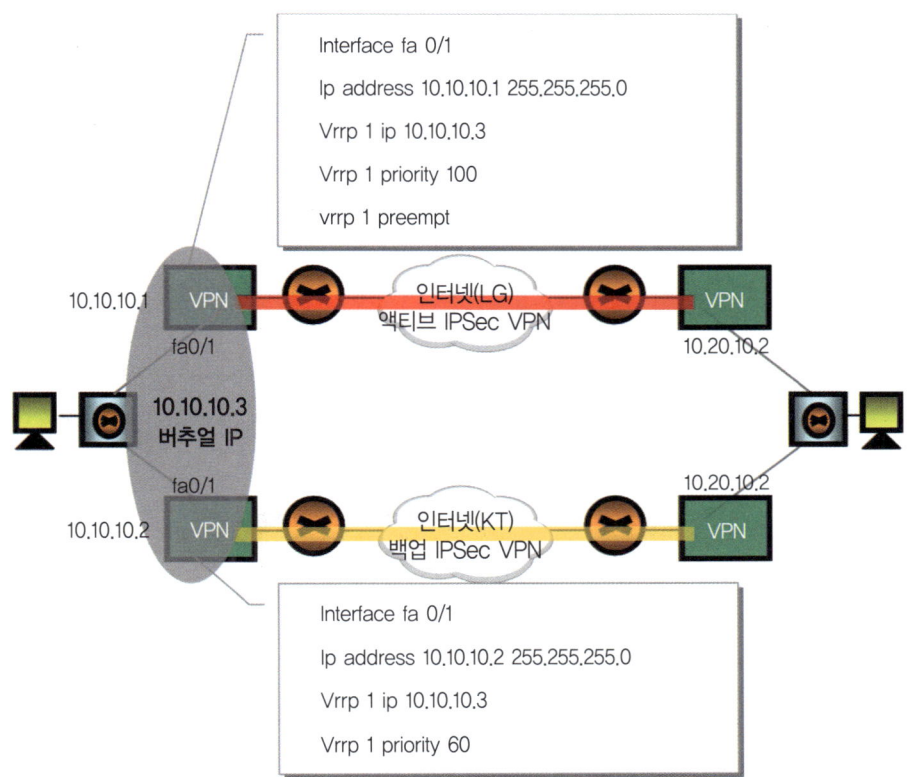

[그림 8-40] ▶
VRRP에 의한
액티브-스탠바이 구성하기

[그림 8-41]은 멀리 떨어진 본사의 VPN 장비에 VRRP를 구현한 예입니다. [그림 3-34]와 비슷합니다.

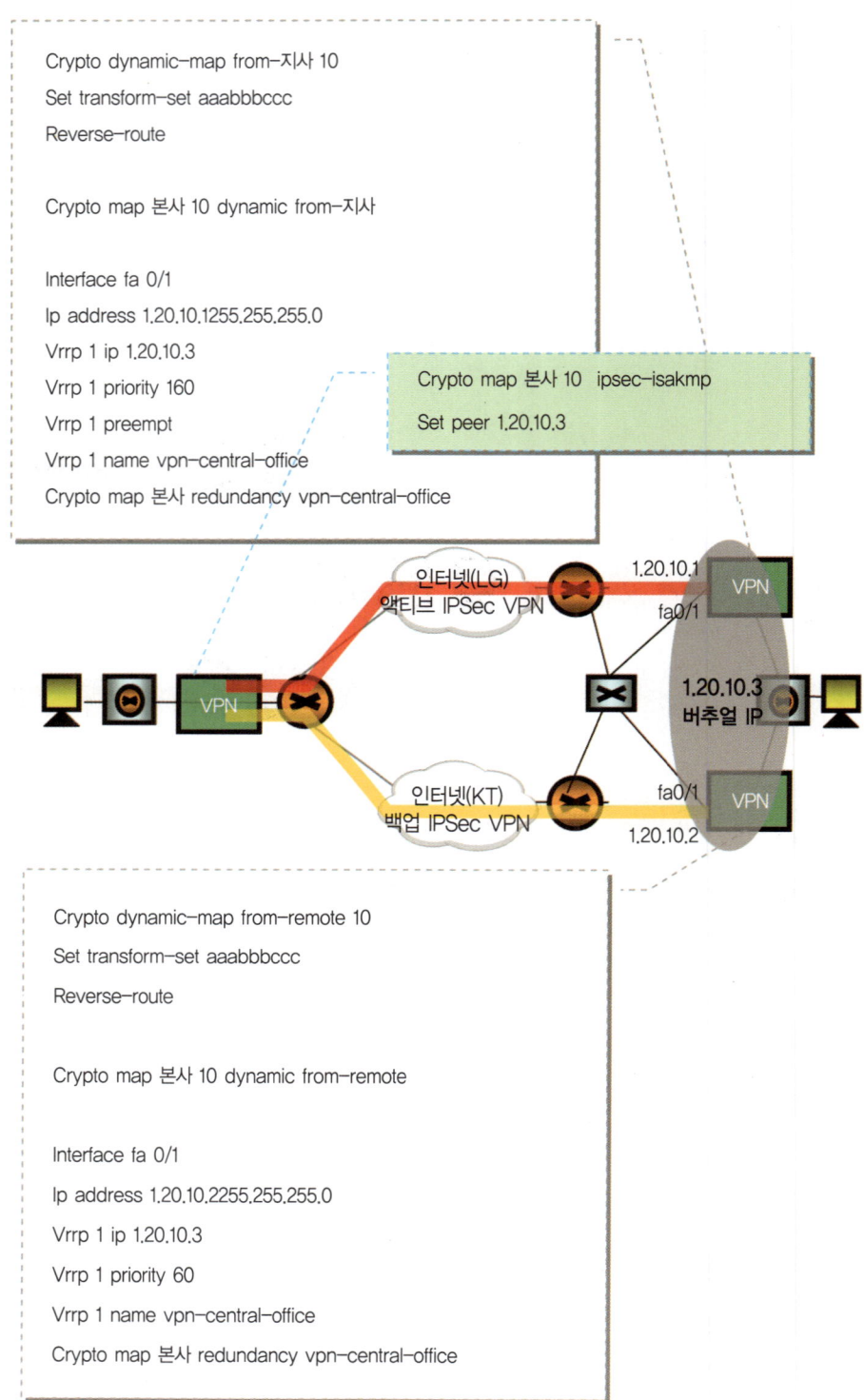

[그림 8-41] ▶
원격지 VPN 장비에 대한
VRRP 구현하기

다음은 L4 스위치를 이용한 액티브/액티브 방식의 구성입니다. VPN 로드 밸런싱은 방화벽 부하 분산과 비슷합니다. VPN을 구현하면 터널링과 암호화와 인증이 필요합니다. 이러한 보안 관련 파라미터인 SA 테이블은 라이프타임 동안 데이터베이스에 저장되어 터널을 유지합니다. 따라서 방화벽과 마찬가지로 VPN 장비일 경우에도 세션이 유지되는 동안 하나의 VPN 장비를 일관되게 통과해야 합니다. 따라서 L4 스위치는 스틱키 모드(Sticky Mode)로 세팅하여 처음으로 시작하는 세션을 제외하고는 세션 기억 방식의 스위칭을 할 수 있도록 해야 합니다.

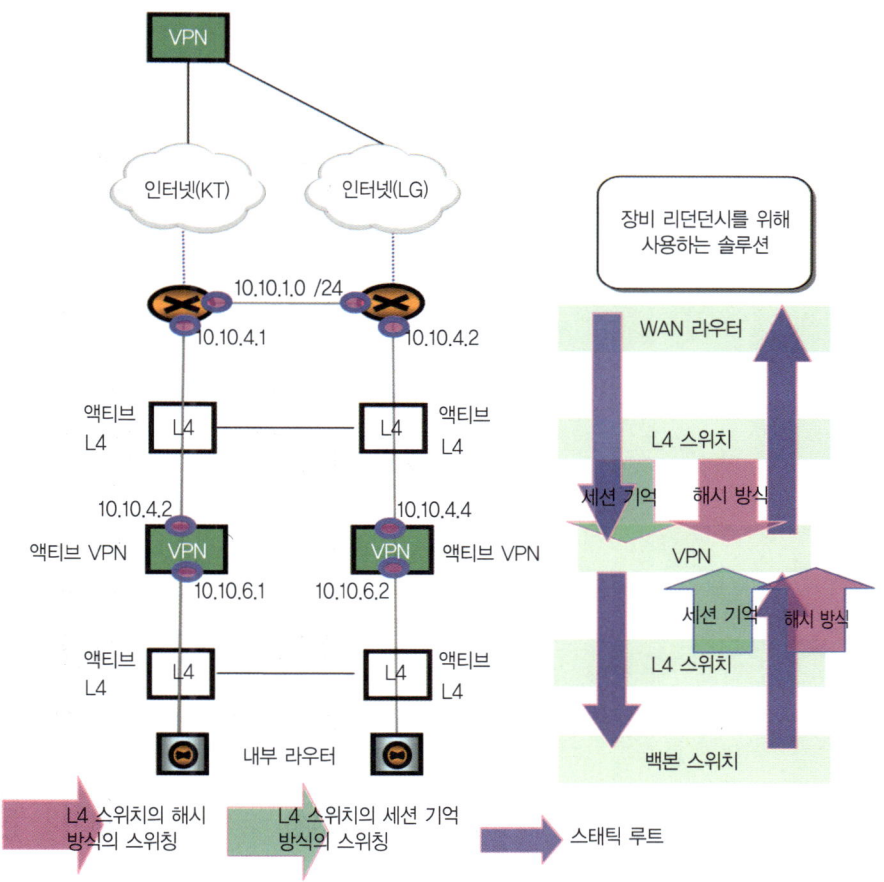

[그림 8-42] ▶
액티브-액티브 VPN 로드 밸런싱

IPS 로드 밸런싱

IPS는 통상 트랜스포트 모드로 구현합니다. 방화벽과 VPN을 중심으로 구성된 네트워크의 적정한 위치에 끼워넣으면 됩니다. IPS는 보안 기능에 문제가 있는 경우 우회 기능을 이용해 트래픽을 그냥 통과시킬 수 있습니다. 장비 다운의 위험을 고려하여 [A] 위치에는 IPS를 별도로 배치했고, 투자 비용 절감을 고려하여 [B] 위치에서는 IPS를 건물별로 1대만 배치했습니다.

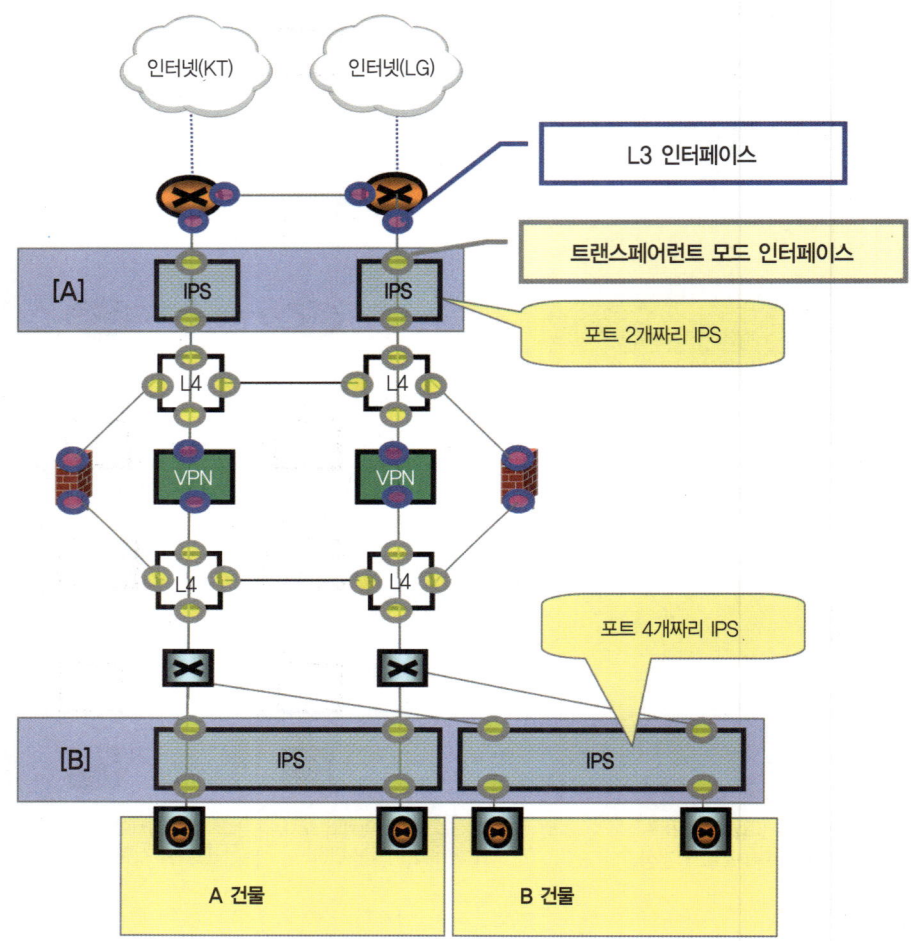

[그림 8-43] ▶
IPS 로드 밸런싱

Lesson 10

L4 스위치가 생략된 방화벽 로드 밸런싱

[그림 8-44]에서 모든 세션이 내부에서 외부 네트워크를 향할 때 스티키 모드의 스위칭을 위한 L4 스위치는 방화벽 외부에만 있어도 됩니다. [그림 8-44]를 살펴보면 방화벽의 외부에는 L4 스위치가 배치되었지만, 내부에는 L4 스위치가 생략되어 있습니다.

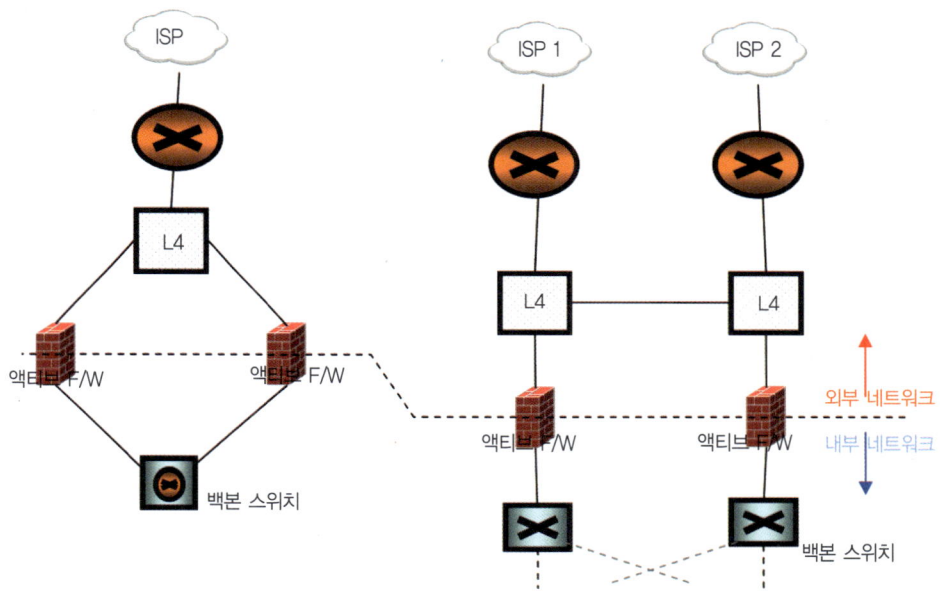

[그림 8-44] ▶
방화벽의 내부 네트워크에 L4 스위치를 생략한 경우

요즘 출시되는 방화벽은 [그림 8-45]와 같이 방화벽들 간에 NAT나 SI 테이블을 전달하기 위한 싱크 링크가 있습니다. 이러한 링크를 통해 2대의 방화벽은 동일한 NAT 테이블을 유지하기 때문에 패킷이 들어올 때 모든 방화벽으로 들어올 수 있습니다. 이러한 싱크 링크 덕분에 방화벽의 외부에도 L4 스위치를 생략할 수 있어서 방화벽의 구성은 훨씬 간단해집니다. 물론 다양한 로드 밸런싱 기능을 사용할 수 없겠지요.

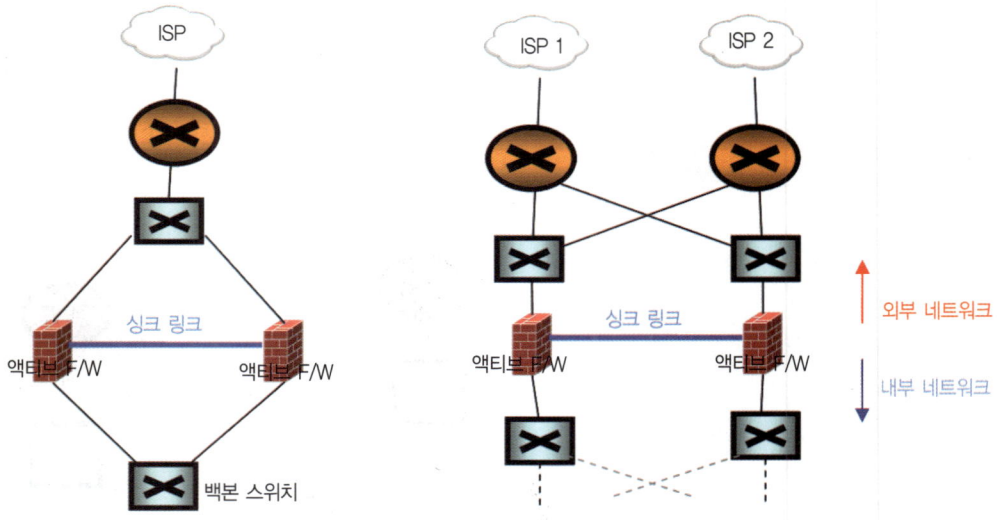

[그림 8-45] ▶
방화벽 간에 싱크 링크로
연결된 경우

다음은 IPS까지 적용한 예입니다. [그림 8-46]은 IPS를 방화벽의 외부에 배치한 경우로, 외부 네트워크로부터 DoS(Denial of Service) 공격을 막기 위한 것이 목적입니다. 웜이나 바이러스를 발생시키는 클라이언트 PC가 방화벽의 내부 네트워크에 없는 통신 사업자나 포털에서 주로 사용하는 모델입니다.

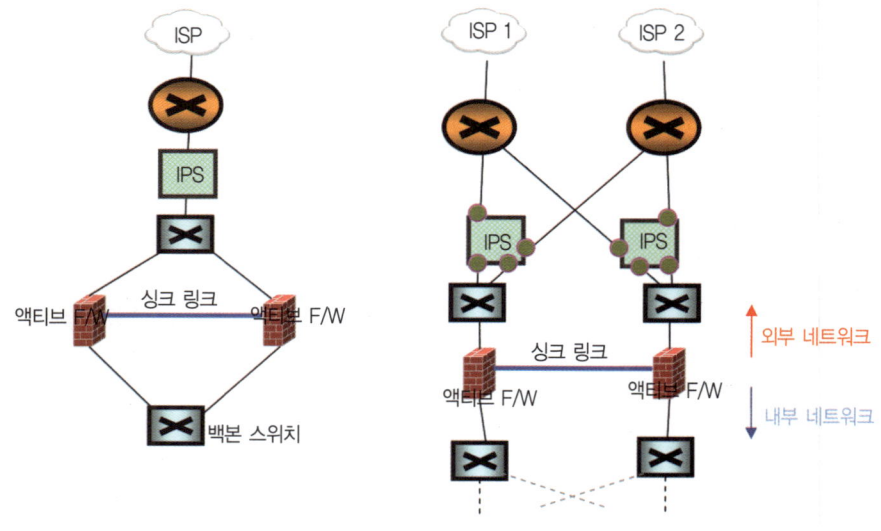

[그림 8-46] ▶
방화벽 외부 네트워크에
IPS를 적용한 예

클라이언트 PC가 내부 네트워크에 있는 기업/학교망의 경우는 통상적으로 [그림 8-47]과 같이 IPS를 방화벽의 내부 네트워크에 배치합니다.

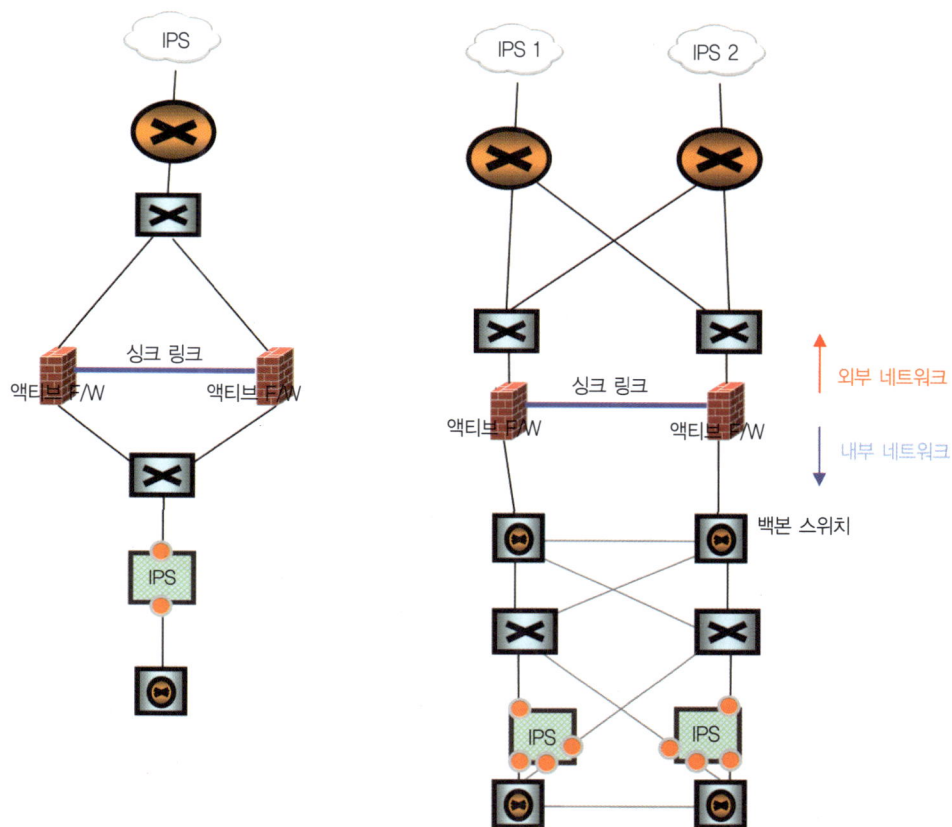

[그림 8-47] ▶
방화벽 내부 네트워크에
IPS를 적용한 예

Lesson 11 VPN, IDS, IPS의 위치

DMZ 1과 DMZ 2는 내부 직원과 외부 고객이 접속하는 웹서버와 DB서버, 메일 서버가 있습니다. 외부로부터의 DoS 등의 다양한 공격을 방어하기 위해 IPS를 배치했고 이중화했습니다.

직원들의 인터넷 접속을 위해 별도의 분리된 루트를 제공하고 VPN이나 전용회선을 통해 지사로부터 접속하는데 웜바이러스의 전파를 차단하기 위해 IPS를 배치했습니다. 내부 업무용 서버망에는 IDS를 배치하여 침입을 탐지하도록 했습니다.

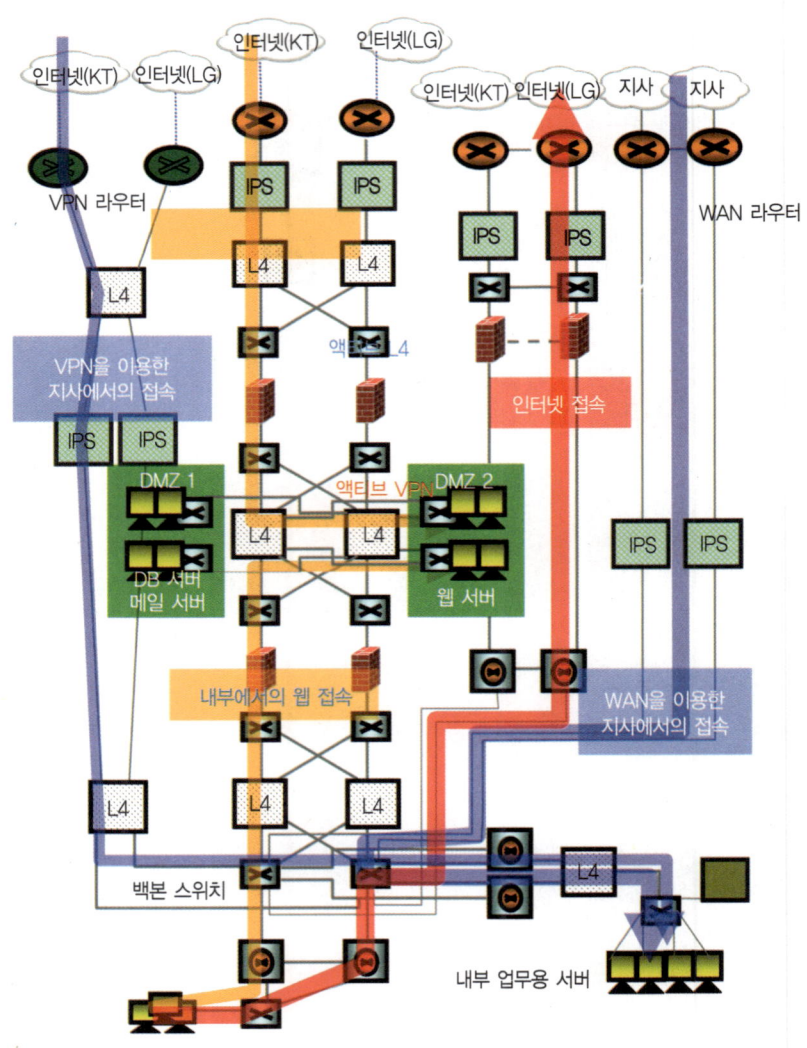

[그림 8-48]
L4 스위치에 의한 VPN 장비 로드 밸런싱

L4 스위치는 VPN 로드 밸런싱과 방화벽 로드 밸런싱 겸용으로 사용할 수 있습니다. [그림 8-49]는 L4 스위치가 방화벽과 VPN 장비를 동시에 로드 밸런싱하는 구성입니다.

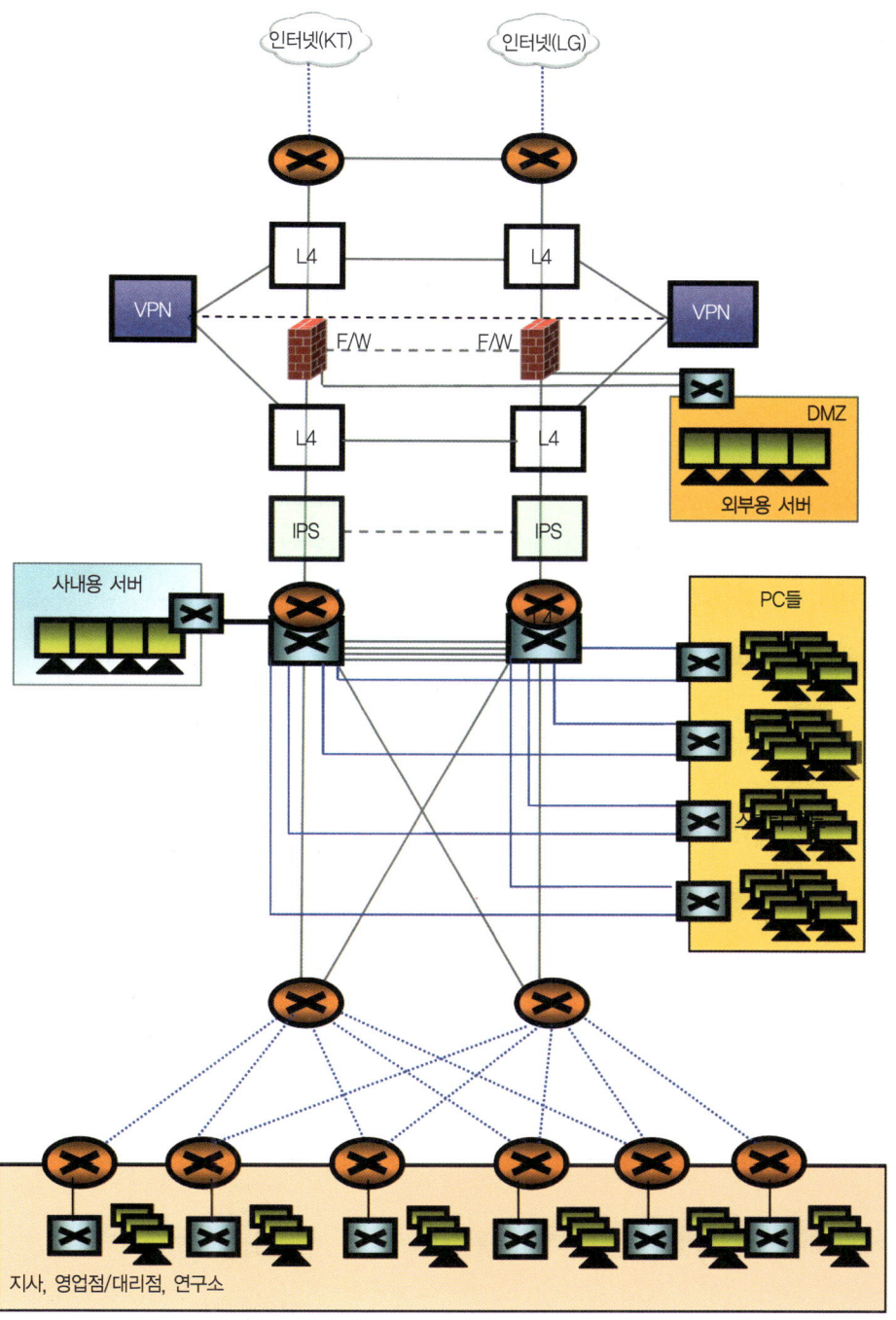

[그림 8-49]
L4 스위치에 의한 VPN 장비/
방화벽 로드 밸런싱

IPS는 제품 사양에 따라 포트의 수가 다릅니다. IPS는 통상 트랜스페어런트 모드로 동작하기 때문에 그냥 라인 사이에 집어넣기 때문에 로드 밸런싱을 위해 복잡하게 생각할 필요가 없습니다. IPS 자체에 문제가 생기면 IPS의 침입 방지 기능을 생략하고 통과시키는 우회 기능을 가지고 있습니다. [그림 8-50]은 IPS의 위치를 보여주는데, IPS가 방화벽과 VPN 장비의 바깥쪽에 위치하고 있습니다. 이 경우 방화벽이나 VPN 장비가 막지 못하는 DoS 공격을 미리 차단할 수 있습니다.

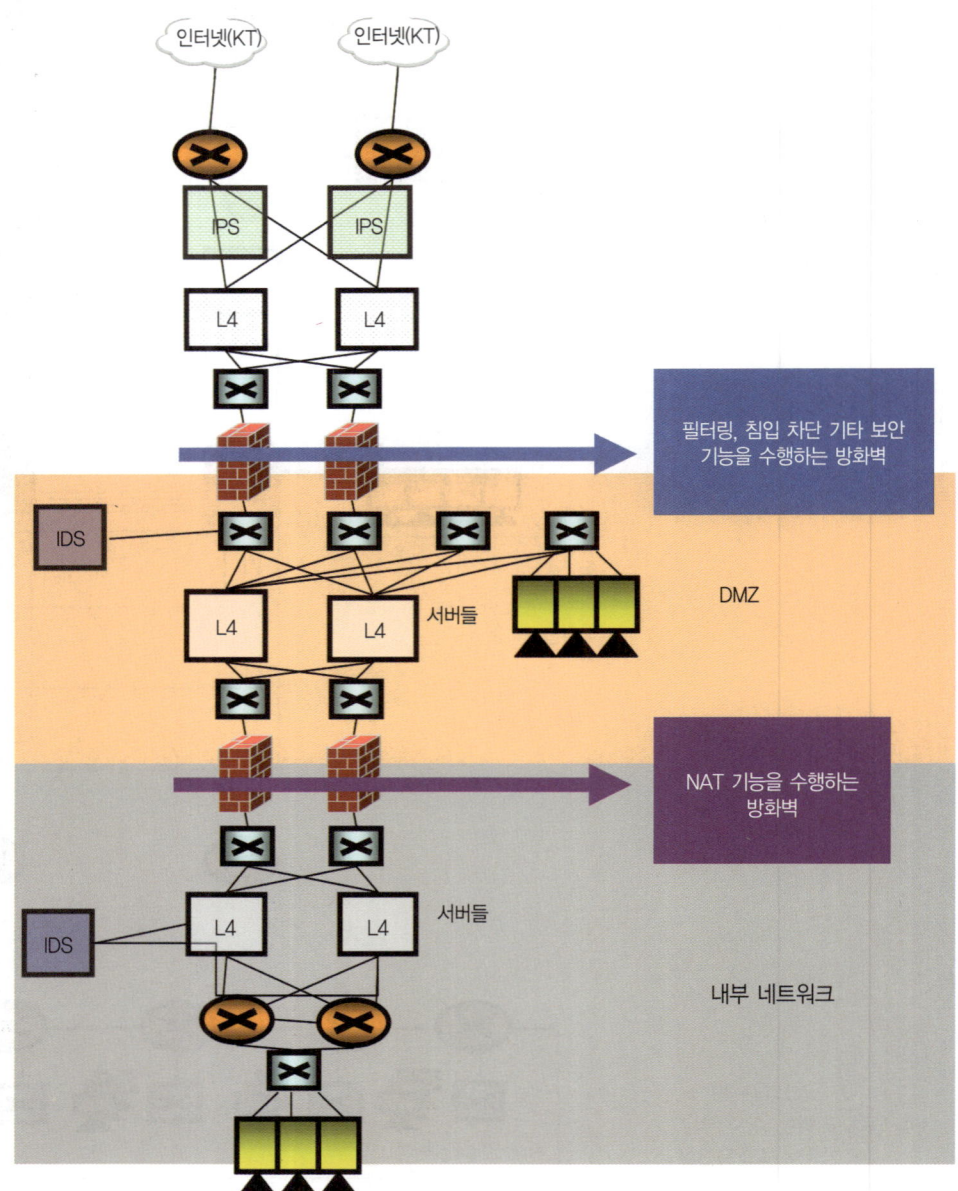

[그림 8-50] IDS와 IPS의 위치

[그림 8-51]은 본사와 다수의 지사를 연결하는 복잡한 네트워크 예입니다. 중요 서버가 있는 네트워크와 외부와 내부를 연결하는 네트워크에 IDS가 배치되어 있습니다. 또한 IPS는 외부 네트워크로부터의 DoS 공격을 차단하기 위해 방화벽 외부에 배치하고, 내부에도 다른 네트워크로 웜이나 바이러스를 전달하지 않기 위해 경계 네트워크에 배치되었습니다.

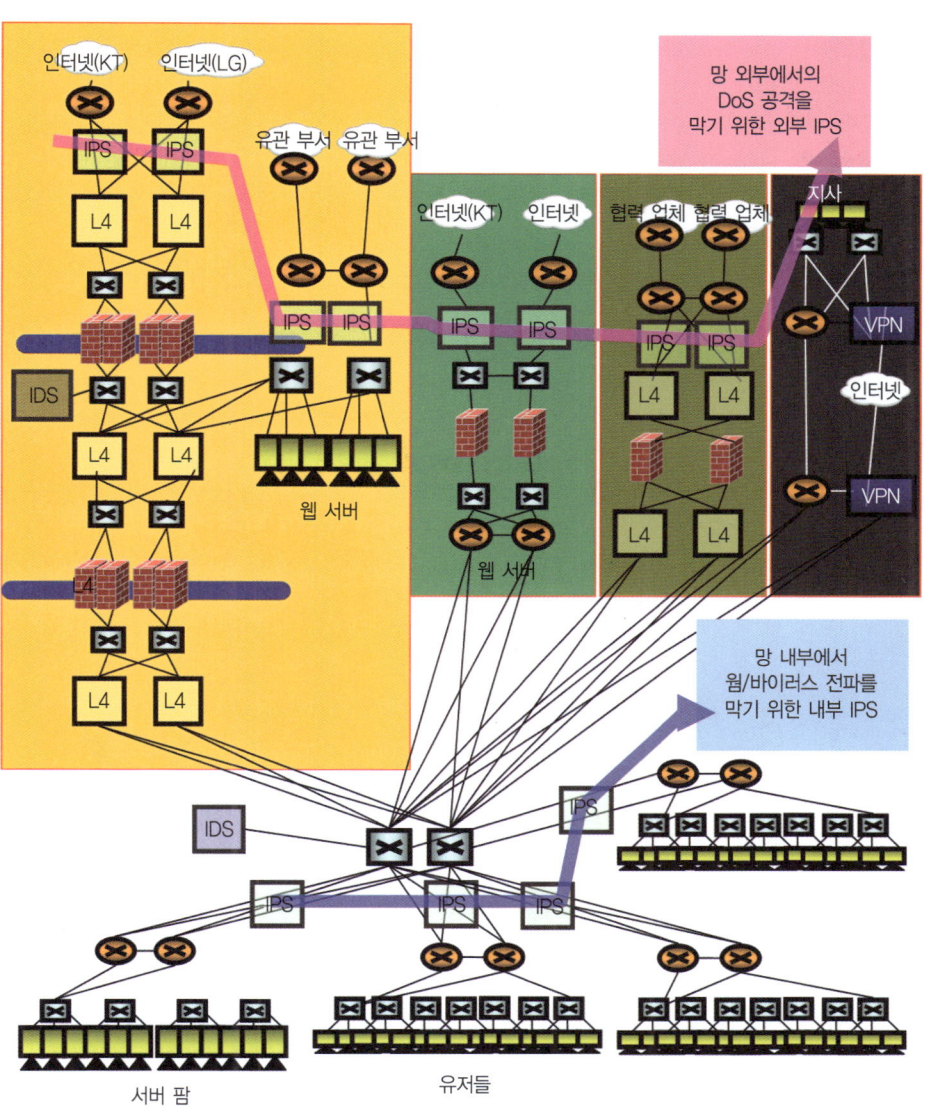

[그림 8-51] ▶
대형 네트워크에서의 IDS, IPS, 방화벽, L4 스위치의 위치

DDoS(Distributed Denial of Services) 방어 솔루션

DDoS 공격은 악의적인 트래픽을 대량으로 발생시켜 네트워크의 속도를 늦추거나, 특정 호스트나 네트워크 장비에 집중하여 서비스를 중단시킵니다.

DDoS 공격은 원격지의 공격자에 의해 감염된 호스트 즉, 봇(bot)들에 의해 시작됩니다. 다른 것보다도 봇들의 수 때문에 위협적입니다. DDoS 공격을 개시하기 전에 공격자는 수도 없이 많은 호스트들에 데몬을 설치하고, 각각의 데몬에게 다양한 타입의 패킷을 목표 호스트에게 보내게 합니다. 엄청나게 많은 데이터는 목표 호스트 혹은 라우터의 기능을 마비시켜서 더 이상 서비스를 할 수 없게 만듭니다. 비교적 작은 숫자인 1,000개의 봇들로도 가공할 만한 손상이 가능합니다. 예를 들어, 1,000개의 PC에서 128Kbps만 생성시켜도 100Mbps 이상의 밴드위스를 소모시킬 수 있습니다.

여기에서 소개하는 시스코와 아버 네트웍스의 DDoS 방어 솔루션은 트래픽을 분석하여 나쁜 트래픽을 제거합니다.

● **시스코 DDoS 방어 솔루션을 위해 사용하는 장비들**

• **시스코 가드 XT(Cisco Guard XT)와 시스코 어노멀리 가드(Cisco Anomaly Guard)서비스 모듈**

시스코 카탈리스트 6500 시리즈에 모듈 형태로 장착되는 '시스코 가드 XT'는 두 개의 기가비트 이더넷 인터페이스를 갖고 있습니다. 시스코 가드 XT는 정밀 공격 분석, 확인, 완화 기능을 통해 DDoS 공격을 막습니다. 일반적으로 시스코 가드 XT의 위치는 가능한한 희생자들을 줄이기 위해서, 공격 트래픽의 출발점 근처에 가까워야 합니다. 또한, 방화벽이 DDoS 공격의 희생자가 되지 않도록 하고, NAT(Network Address Translation) 프로세스를 통해 주소 변경이 일어난다면, 트래픽의 출발점을 찾기 어렵기 때문에 NAT 프로세스가 일어나기 전인 방화벽의 업스트림(upstream) 영역에 시스코 가드 XT를 배치합니다.

• **시스코 트래픽 어노멀리 디텍터 XT(Cisco Traffic Anomaly Detector XT)와 시스코 트래픽 어노멀리 디텍터 서비스 모듈(Cisco Traffic Anomaly Detector Services Module)**

시스코 트래픽 어노멀리 디텍터 XT는 보호영역으로 들어가는 트래픽을 복사, 수신합니다. 이것은 스니퍼(Sniffer)와 같은 네트워크 분석기를 스위치에 연결하여 스위치의 특정 포트로 흐르는 트래픽을 복사하여 수신하는 SPAN(Switched Port Analyzer)과 같은 포트 미러링 기능을 사용합니다.

시스코 트래픽 어노멀리 디텍터 XT가 독립된 장비 형태로 제공되는 데 비해서, 시스코 트래픽 어노멀리 디텍터 서비스 모듈은 시스코 카탈리스 6500 시리즈 스위치와 시스코 7500 시리즈 라우터에 모듈 형태로 제공됩니다.

- **시스코 넷플로우(Cisco NetFlow)**

넷플로우는 가장 널리 사용되는 네트워크 트래픽에 대한 분석도구인 동시에 DDoS 확인방법입니다. 넷플로우는 거의 모든 서비스 프로바이더에서 사용하는 시스코 라우터와 몇몇 고사양 시스코 카탈리스트 스위치에서 지원합니다. 넷플로우 기능은 트래픽의 인풋인터페이스, 프로토콜 종류, ToS(3계층 헤더 값), 출발지와 목적지 IP 주소, 출발지와 목적지 포트 번호에 의해 트래픽을 구분하고 각각의 트래픽 플로우에 대해서 비정상적인 패턴 이탈을 찾기 때문에 서비스 제공업자와 고객 네트워크의 경계, 서비스 제공업자와 서비스 제공업자 네트워크의 경계에 배치합니다. 넷플로우 정보는 보다 정밀한 분석을 위해 아보네트웍스의 피크플로우 SP와 같은 외부 수집장비에게 보내고, 피크플로우 SP는 분석을 통해 공격 대상이 되는 네트워크를 확인하고 공격의 특성을 알아냅니다.

- **아보네트웍스(www.arbornetworks.com)의 피크플로우 SP(Arbor Networks Peakflow SP)**

피크플로우 SP는 시스코 라우터들로부터 넷플로우(NetFlow) 통계치를 수집하여 정상 동작으로 보이는 데이터 플로우 모델을 만듭니다. 비정상 트래픽으로 판단되었을 때, 시스코 가드 XT를 SSH(Secure Shell : 원격 시스템에서 로그인 또는 명령을 실행하거나, 다른 시스템으로 파일을 복사하게 하는 응용 프로그램 또는 그 프로토콜, 기존의 rsh, rlogin, 텔넷 등을 대체하기 위해 설계되었으며, 강력한 인증 방법 및 암호화를 통해 안전한 통신 기능 제공)로 연결하여 방어 모드로 두게 합니다.

피크플로우 SP는 다음과 같은 두 가지 방법으로 공격을 확인합니다.

- 시그네쳐 분석(Signature Analysis) : 예를 들어 단기간 내의 대량의 ICMP Request 발생과 같은 미리 정해진 범위에 대한 이탈 사건을 찾습니다.
- 다이나믹 프로파일링(Dynamic Profiling) : 프로파일링을 사전에 찾아보면 '특정 집단에 대한 불심검문'이라고 되어 있습니다. 다이나믹 프로파일링은 정상적인 트래픽 모델과 비교하여 DDoS 공격을 구분해냅니다.

● **시스코와 아보네트웍스의 DDoS 방어 솔루션 동작**

시스코와 아보네트웍스의 장비에 의한 DDoS 방어 매커니즘은 다음과 같습니다. [그림 M-1]을 참조하십시오.

Step 1 기준 정립(Baseline Learning) : DDoS가 발생하지 않은 평상시에 정상동작 트래픽 패턴을 데이터베이스에 보관합니다. 피크플로우 SP는 넷플로우(NetFlow) 통계치를 수집하고, 시스코 트래픽 어노멀리 디텍터는 스위치로부터 데이터를 복사 수신(Mirroring)하여 정상적인 트래픽 패턴에 대한 모델을 만듭니다.

Step 2 공격 감지(Detection) : 방어 영역에 대한 러닝 프로세스를 마친 후에, 시스코 트래픽 어노멀리 디텍터 XT와 피크플로우 SP는 현재의 트래픽을 감시하여 경고 표시를 하거나 공격이라고 판단했을 때, 시스코 가드 XT 또는 시스코 어노멀리 가드 서비스 모듈에게 악의적이거나 비정상적인 트래픽을 걸러내도록 명령합니다.

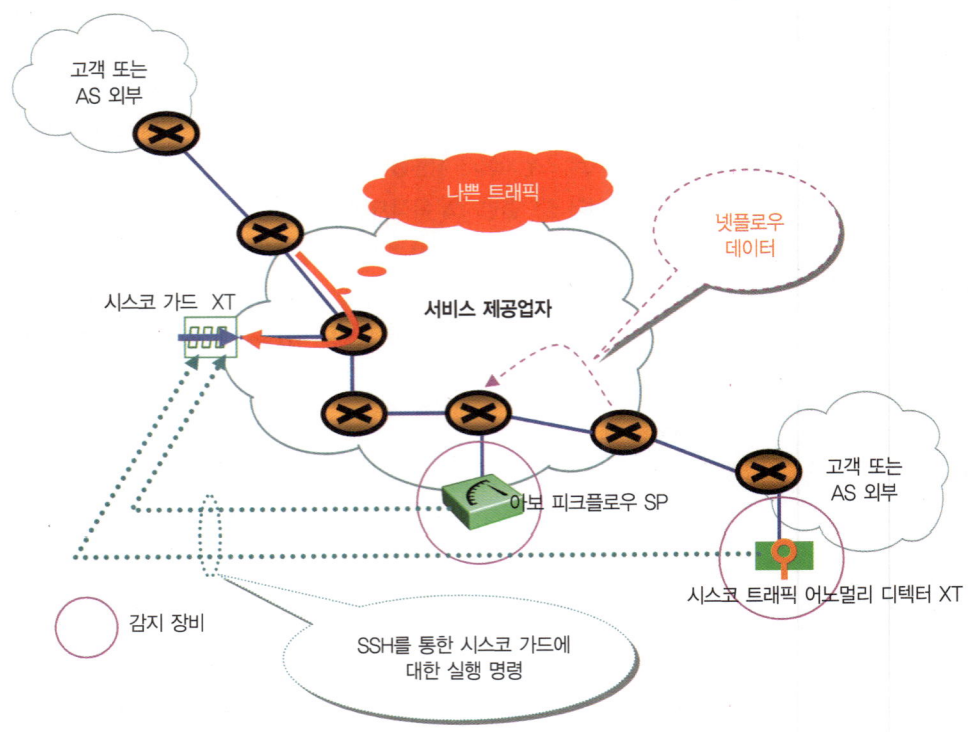

[그림 M-1] ▶
시스코와 아보네트웍스의
DDoS 방어 메커니즘

Step 3 전환(Diversion) : 방어 모드(Protection Mode)로 변경하라는 명령을 받은 시스코 가드 XT는 비정상적이거나 악의적인 트래픽을 보낸 라우터에게 다음과 같은 BGP 라우팅 정보를 보냅니다. 즉, 공격 대상이 되는 네트워크에 대한 넥스트 홉 라우터 주소를 시스코 가드 XT의 주소로 변경할 것을 요구합니다. 따라서, 공격 대상 네트워크로 향하는 트래픽 들은 엉뚱한 시스코 가드 XT에게 보내져서 소멸되기 때문에 피해를 막을 수 있습니다. 한편, 이 방법은 나쁜 트래픽 뿐만 아니라, 정상적인 트래픽까지 시스코 가드 XT에게 보냅니다.

Step 4 트래픽 세탁(Scrubbing) : 시스코 가드 XT는 데이터 플로우가 허용되는 범위를 초과한 플로우를 확인하고 공격의 종류와 트래픽에 대해 계속적으로 필터를 변경하고, 필터에 의해 구분된 나쁜 트래픽 중, 일정 속도율을 초과하는 트래픽을 버립니다(Rate limit).

Step 5 주입(Injection) : 시스코 가드 XT에 의해 데이터 세탁 과정을 거친 트래픽은 다시 보호 영역의 네트워크로 보내집니다.

Step 6 완료(Completion of Traffic Scrubbing) : 시스코 가드 XT가 생성한 다이나믹 필터들은 일정 기간 또는 DDoS 공격이 종결된 시점에 삭제됩니다. 또한 시스코 가드 XT는 앞서 변경했던 BGP 라우팅 정보의 넥스트 홉 주소를 정상적인 경로로 조정됩니다.

Lesson 12 통합 보안 장비, UTM

기존 방화벽은 다음과 같은 공격들에 한계점을 가집니다.

- 내부 사용자들의 인터넷 사용을 위해 80, 25, 53 등과 같은 포트들을 열어둘 수 밖에 없습니다. 그러면 해커들은 열린 포트를 통해 공격을 합니다.

- Trojan을 통한 백도어를 클라이언트 PC에 설치하거나 웜이나 바이러스를 열린 포트들을 통해 전파합니다. 또는 메일의 첨부 파일, 웹에서의 파일 다운로드를 이용합니다. 또는 운영체제나 애플리케이션의 취약점과 열린 포트를 이용하여 시스템을 장악합니다.

이러한 공격에 대한 방화벽의 한계 때문에 IPS와 IDS, 바이러스 월, 웹 방화벽 등을 도입합니다. 그리고 다수의 보안 장비의 도입으로 인해 다음과 같은 단점이 생깁니다.

- 다수의 분산된 장비 배치로 패킷 전달 시간이 길어집니다.

- 중소 규모 네크워크에는 투자 비용을 감당할 수 없습니다.

- 복잡한 네트워크 때문에 장애 처리 시간이 길어지는 등 네트워크의 관리가 어려워집니다.

[그림 8-52]를 살펴보면 UTM(Universal Threat Management) 장비를 사용할 경우 한 장비에서 다양한 보안 기능을 수행하기 때문에 네트워크는 훨씬 간단해져서 투자 비용은 줄고 관리는 쉬워집니다. 한 장비에서 다양한 기능을 수행하는 만큼 UTM의 성능은 어느 장비보다도 중요하게 고려되어야 하고, UTM 장비는 새로 구축하는 중소 규모의 네트워크를 중심으로 많이 적용되고 있습니다.

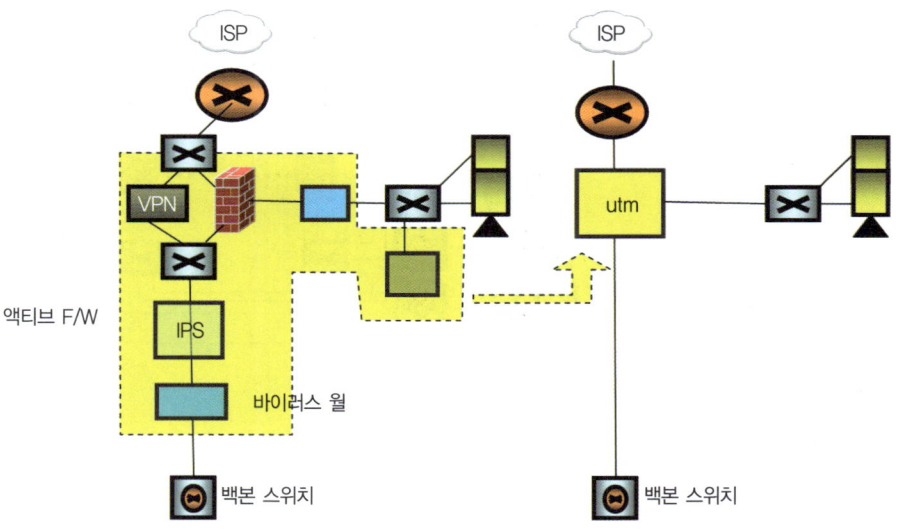

[그림 8-52] ▶
UTM의 개념과 적용

다지기 A

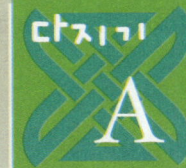

Problem 1

[그림 8-53]에서 방화벽, IDS, IPS, 웹 방화벽의 위치를 선정하세요.

- IDS는 표시된 탐지 영역(네트워크)을 감안하여 위치를 선정하세요.
- IPS는 DoS 등의 사이버 공격을 막기 위해 방화벽 외부에 내부 네트워크의 웜 바이러스 전파를 막아야 합니다.
- 웹 방화벽은 웹 서버를 보호하기 위해 필요합니다.

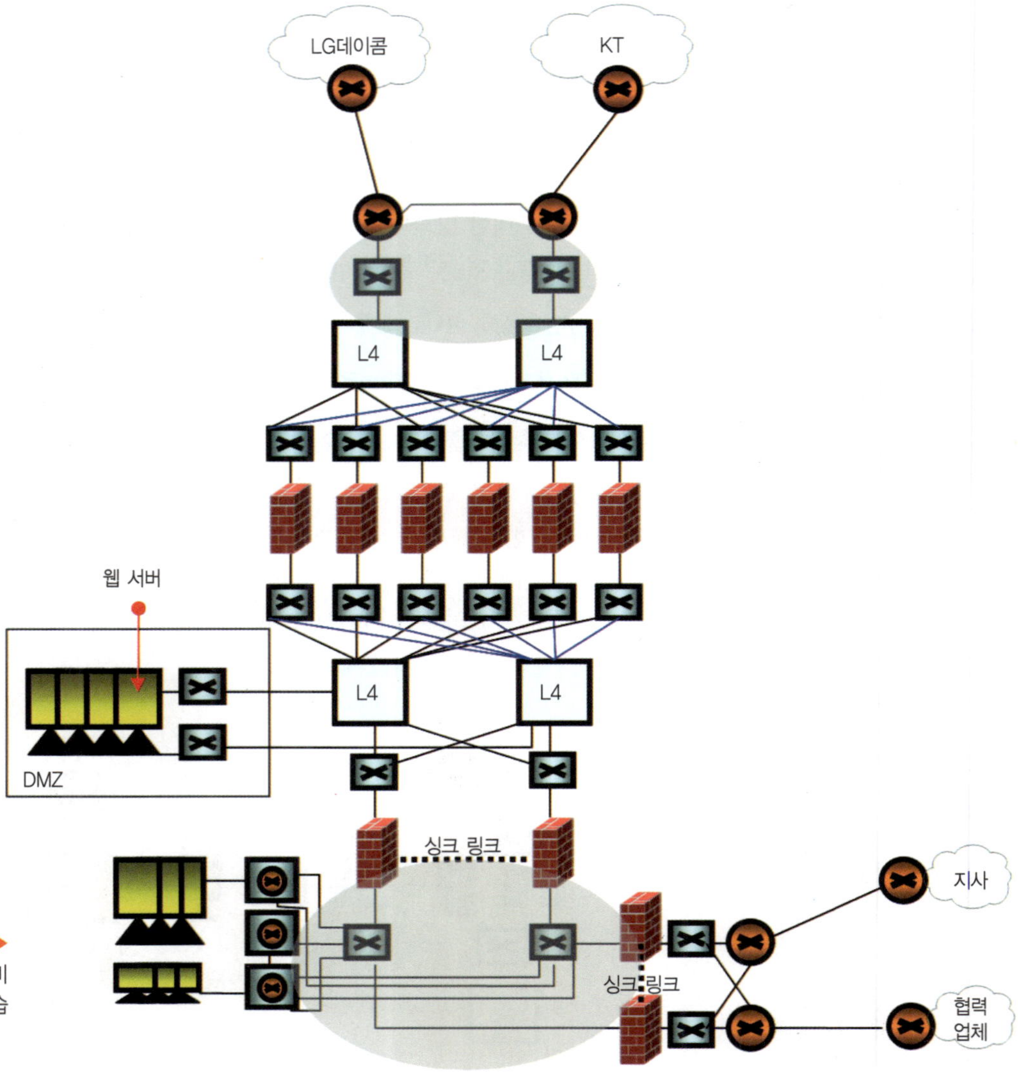

[그림 8-53] ▶ 네트워크 보안 장비 위치 선정 연습

Solution 1

- IDS는 표시된 대상 네트워크를 모니터링하기 위해 해당 네트워크의 스위치에 연결되어 해당 스위치가 처리하는 모든 패킷들을 수신하여 분석합니다.

- IPS는 DoS 등의 사이버 공격을 막기 위해 방화벽의 외부(IPS1) 및 내부나 지사 네트워크의 웜 바이러스 전파를 막기 위해 길목이 되는 네트워크(IPS2)에 설치합니다.

- 웹 방화벽은 웹 서버를 보호하기 위해 웹 서버의 앞에 위치합니다.

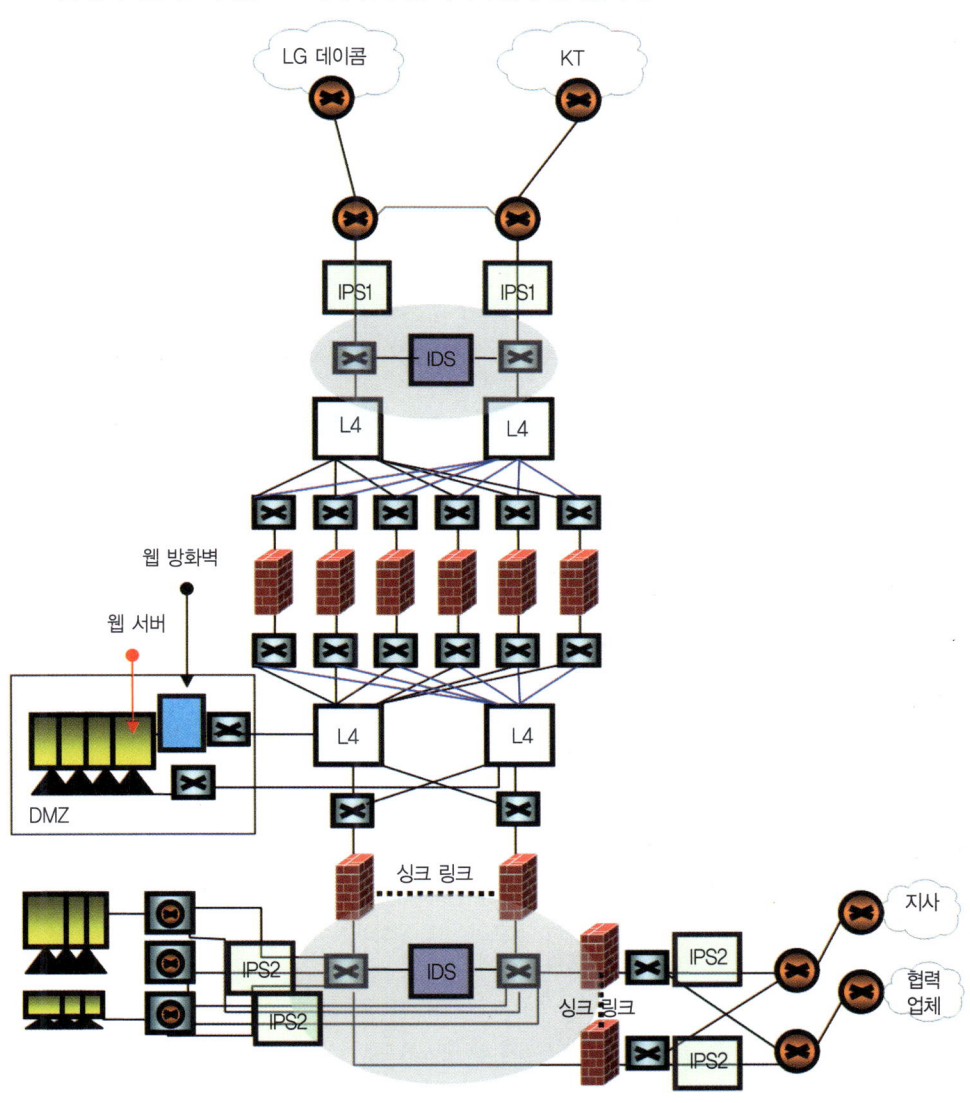

[그림 8-54] ▶ 네트워크 보안 장비 위치 선정

O/× Quiz & Solution

Chapter 08의 개념을 O/× 퀴즈를 통해 복습해 보겠습니다.

Quiz

틀린 문제에 ×표, 맞는 문제에 O표 하시오.

순서	문제	O/×
1	NAT, PAT 기능은 방화벽에서 제공한다.	
2	IPS는 내부 네트워크와 외부 네트워크, 2개의 네트워크로만 분할한다.	
3	NAT 방화벽을 기준으로 외부 네트워크에서 내부 네트워크로 무조건 들어올 수 있지만, 반대로는 특정 조치 없이 나가지 못한다.	
4	NAT 방화벽을 기준으로 내부 네트워크에서 DMZ 네트워크로 나가려면 스태틱 NAT를 구현해야 합니다.	
5	DMZ 네트워크는 하나만 구성할 수 있다.	
6	액세스 제어/패킷 필터링, URL 필터링, 액세스 감시, 인증, 암호화, 터널링은 IDS 장비의 기능이다.	
7	방화벽은 3, 4, 7계층에서 정밀 패킷 조사 기능 외에도 5계층에서는 세션 레벨 프록시 기능을, 7계층에서는 애플리케이션 레벨 프록시 기능을 제공한다.	
8	일반적인 3계층 방화벽은 내부 네트워크에서 발생한 악의적인 공격을 막을 수 있고, DoS 공격도 막는다.	
9	프래그먼테이션, 난독과 같은 기술은 IDS가 막을 수 있는 우회 기술이다.	
10	방화벽은 IP 주소와 포트와 프로토콜 번호를 기준으로 패킷을 막지만, 오픈된 주소, 포트, 프로토콜을 통한 공격, 악성 코드, 웜 바이러스의 유포를 막을 수 없기 때문에 IDS가 필요하다.	
11	방화벽은 패턴 찾기, 프로토콜 해독, 휴리스틱 분석, 이상 분석 방법을 사용하여 오용과 공격을 탐지한다.	
12	시그네처 이상 감지 필터, DoS 공격, 트래픽 이상 분석 필터, 트래픽 모니터링 및 QoS 필터, 프로토콜 무결성 확인 필터, 비정상 클라이언트 격리 등은 방화벽의 필터 종류이다.	
13	홈페이지의 권한 획득으로 소스 변조를 통한 악성 프로그램 유포 및 개인 정보 수집, 마이크로소프트 취약점을 노린 공격, 피싱 기법을 이용한 금융 정보 및 사이버 머니 및 아이템의 획득, 액티브 엑스를 이용한 공격을 막는 것이 웹 방화벽이다.	
14	VRRP, HSRP와 같은 라우팅 리던던시 프로토콜을 보안 장비의 리던던시를 위해 사용한다.	
15	방화벽 로드 밸런싱을 위해 L4 스위치가 필요하다.	
16	방화벽의 로드 분산을 위하여 NAT만 수행하는 방화벽과 필터링을 수행하는 방화벽의 2단 구성이 가능하다.	
17	L4 스위치의 인터페이스를 2계층으로 구현하면 필요한 스위치의 수가 줄어들 수 있다.	
18	보안 장비의 리던던시를 위해 라우팅 프로토콜, HSRP/VRRP, L4 스위치 등을 사용할 수 있다.	
19	액티브-액티브 방화벽을 구성할 때 방화벽 간에 NAT와 SI 테이블이 동기화 된다면 L4 스위치는 생략해도 된다.	
20	UTM 장비는 방화벽, IPS, 웹 방화벽의 기능을 종합적으로 수용한 장비이다.	

Solution

순서	설명	O/X
1	NAT, PAT 기능은 방화벽에서 제공할 수 있다.	O
2	방화벽은 내부 네트워크와 외부 네트워크, DMZ 네트워크로 분할한다.	X
3	NAT 방화벽을 기준으로 내부 네트워크에서 외부 네트워크로 나갈 수 있지만, 반대로는 스태틱 NAT의 구현 없이 들어오지 못한다.	X
4	NAT 방화벽을 기준으로 외부 네트워크에서 내부 네트워크로 나가려면 스태틱 NAT를 구현해야 한다.	X
5	DMZ 네트워크는 둘 이상도 필요에 따라 구성할 수 있다.	X
6	액세스 제어/패킷 필터링, URL 필터링, 액세스 감시, 인증, 암호화, 터널링은 방화벽의 기능이다.	X
7	방화벽은 3, 4, 7계층에서 정밀 패킷 조사 기능 외에도 5계층에서는 세션 레벨 프록시 기능을, 7계층에서는 애플리케이션 레벨 프록시 기능을 제공한다.	O
8	IPS는 내부 네트워크에서 발생한 악의적인 공격을 막을 수 있고, DoS 공격도 막는다.	X
9	프래그먼테이션, 플러딩, 난독, 암호화, 비대칭 라우팅과 같은 기술은 IDS가 막지 못하는 대표적인 우회 기술이다.	X
10	방화벽은 IP 주소와 포트와 프로토콜 번호를 기준으로 패킷을 막지만, 오픈된 주소, 포트, 프로토콜을 통한 공격, 악성 코드, 웜 바이러스의 유포를 막을 수 없기 때문에 IPS가 필요하다.	X
11	IDS는 패턴 찾기, 프로토콜 해독, 휴리스틱 분석, 이상 분석 방법을 사용하여 오용과 공격을 탐지한다.	X
12	시그네처 이상 감지 필터, DoS 공격, 트래픽 이상/트래픽 이상 분석 필터, 트래픽 모니터링 및 QoS 필터, 프로토콜 무결성 확인 필터, 비정상 클라이언트 격리 등은 IPS의 필터 종류이다.	X
13	홈페이지의 권한 획득으로 소스 변조를 통한 악성 프로그램 유포 및 개인 정보 수집, 마이크로소프트 취약점을 노린 공격, 피싱 기법을 이용한 금융 정보 및 사이버 머니 및 아이템의 획득, 액티브 엑스를 이용한 공격을 막는 것이 웹 방화벽이다.	O
14	VRRP, HSRP와 같은 라우팅 리던던시 프로토콜을 보안 장비의 리던던시를 위해 사용한다.	O
15	방화벽 로드 밸런싱을 위해 L4 스위치가 필요하다.	O
16	방화벽의 로드 분산을 위하여 NAT만 수행하는 방화벽과 필터링을 수행하는 방화벽의 2단 구성이 가능하다.	O
17	L4 스위치의 인터페이스를 2계층으로 구현하면 필요한 스위치의 수가 줄어들 수 있다.	O
18	보안 장비의 리던던시를 위해 라우팅 프로토콜, HSRP/VRRP, L4 스위치 등을 사용할 수 있다.	O
19	액티브-액티브 방화벽을 구성할 때 방화벽 사이의 NAT 테이블을 공유한다면 L4 스위치가 없어도 된다.	O
20	UTM 장비는 방화벽, IPS, 웹 방화벽의 기능을 종합적으로 수용한 장비이다.	O

쉬어가는
페이지
CISCO
Networking

Big Network Design

Appendix

A. 네트워크 엔지니어라면 알아야 할 서버에 대한 세 가지 질문

B. 네트워크에 투자할 때의 ROI 계산하기

Appendix A
네트워크 엔지니어라면 알아야 할 서버에 대한 세 가지 질문

질문 01 3-Tier 서버 구조란

웹 서비스를 제공할 때 서버단은 웹 서버와 WAS 서버, 데이터베이스 서버로 구성됩니다. 웹, WAS, 데이터베이스 기능을 하나의 하드웨어 안에 수용할 수 있지만, 하나의 하드웨어가 세 가지 기능을 수용할 수 없는 성능 문제와, 하나의 하드웨어에 수용했을 때의 위험성과 모듈별 업그레이드를 쉽게 하기 위해 대규모 사이트에서는 [그림 A-1]의 두 번째 또는 세 번째 그림과 같이 별도의 하드웨어에 수용합니다.

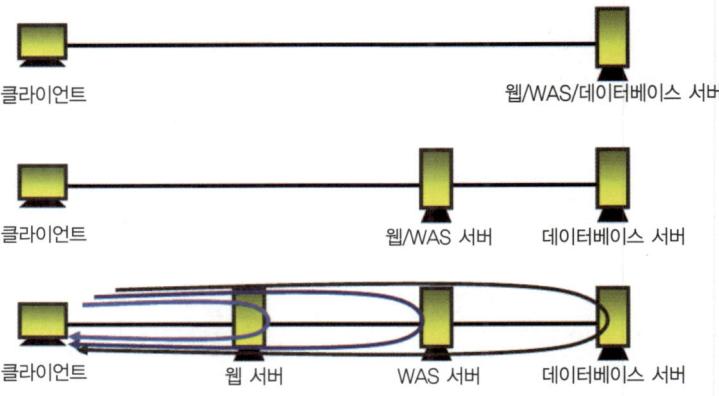

[그림 A-1] ▶
Multi-tier 서버 아키텍처

클라이언트 PC가 보낸 HTTP Request를 웹 서버가 받으면 데이터베이스가 가진 데이터를 기반으로 WAS 서버는 로직을 적용하고, 웹 서버는 클라이언트가 읽을 수 있도록 HTML 포맷으로 변환하여 보냅니다. 데이터베이스 서버가 가진 대량의 데이터를 목적에 맞게 추출할 필요가 없거나 WAS 서버에서의 로직이 필요 없다면 웹 서버만 있어도 됩니다. [그림 A-1]의 세 번째 그림과 같이 클라이언트가 보낸 Request는 웹 서버에서 처리될 수도 있고, WAS 서버나 데이터베이스 서버까지 가야 할 수도 있습니다.

3-Tier 서버 아키텍처의 대표적인 예가 데이터베이스를 활용하는 웹 환경입니다. 3-Tier 서버 아키텍처에 대한 일반적인 오해는 3-Tier가 물리적인 것이 아니라 [그림 A-2]와 같이 논리적이라는 것입니다. 따라서 [그림 A-1]의 세 가지 예가 모두 3-Tier 아키텍처를 따른다고 할 수 있습니다. 3-Tier에서 각 Tier는 각 프로그램에 의해 서로 다른 언어로 동시에 개발될 수도 있고, 한 Tier의 프로그램은 다른 Tier와 상관 없이 변경할 수도 있습니다.

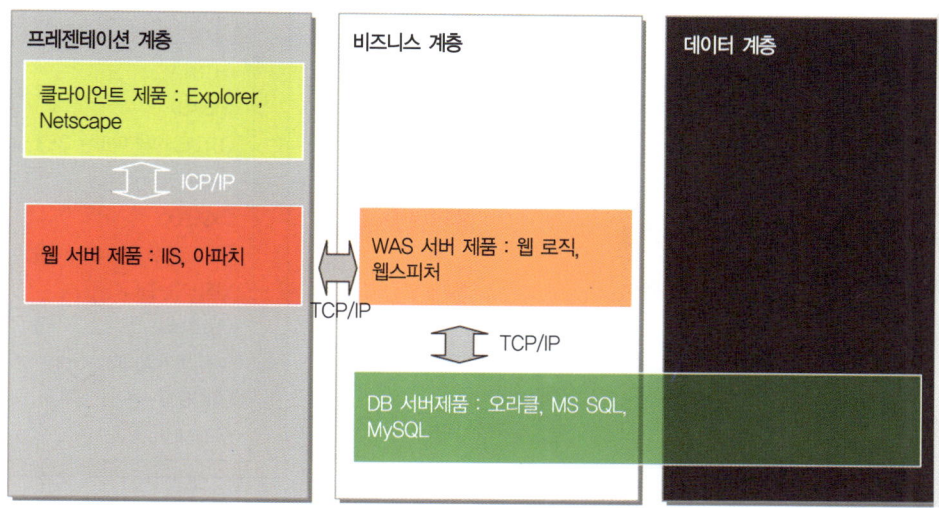

[그림 A-2] ▶
3-Tier 서버 아키텍처

프레젠테이션 계층은 클라이언트 유저와 서버에게 나타나는 데이터의 형식과 통신 방식을 정의합니다. 아파치나 마이크로소프트의 IIS(Internet Information Server), 넷스케이프의 엔터프라이즈와 같은 소프트웨어를 설치하면 웹 서버가 됩니다. 웹 서버의 주 역할은 클라이언트가 이해할 수 있는 포맷인 HTML/CGI나 기타 웹 문서를 만들고, 이러한 문서를 HTTP 규약에 따라 웹 클라이언트와 통신하여 제공하는 것입니다. 하드웨어 측면에서 웹 브라우저와 웹 서버가 프레젠테이션 계층을 담당합니다.

비즈니스 계층은 프레젠테이션 계층에서 입력한 값을 받아서 비즈니스 로직을 처리합니다. 클라이언트가 요청한 데이터가 정적인 데이터라면 비즈니스 레이어가 필요 없습니다. 그러나 검색이나 쇼핑몰 또는 고객 맞춤형 뉴스, 게시판, 회원 인증이나 관리, 파일 업로드를 제공하는 등의 다이내믹한 프로세스가 필요하다면 If~then, For~Next, Do~Loop, Select Case와 같은 로직이 필요합니다. 이러한 로직은 일종의 프로그램('스크립트'라고도 합니다.)으로 ASP, JSP, PHP 등이 여기에 속합니다. [그림 A-3]은 웹 서버와 WAS 서버의 역할 분담을 보여줍니다. 이 WAS 서버의 로직은 클라이언트가 '19세 초과'라고 입력하면 '입장 가능합니다.'라는 메시지를 웹 화면에 보여주고, 반대일 때는 '입장 불가입니다.'라는 메시지를 보여주도록 프로그래밍되어 있습니다. 웹 서버는 WAS 서버의 로직의 결과가 반영된 HTML 포맷의 데이터를 클라이언트에게 보냅니다.

Appendix A 네트워크 엔지니어라면 알아야 할 서버에 대한 세 가지 질문

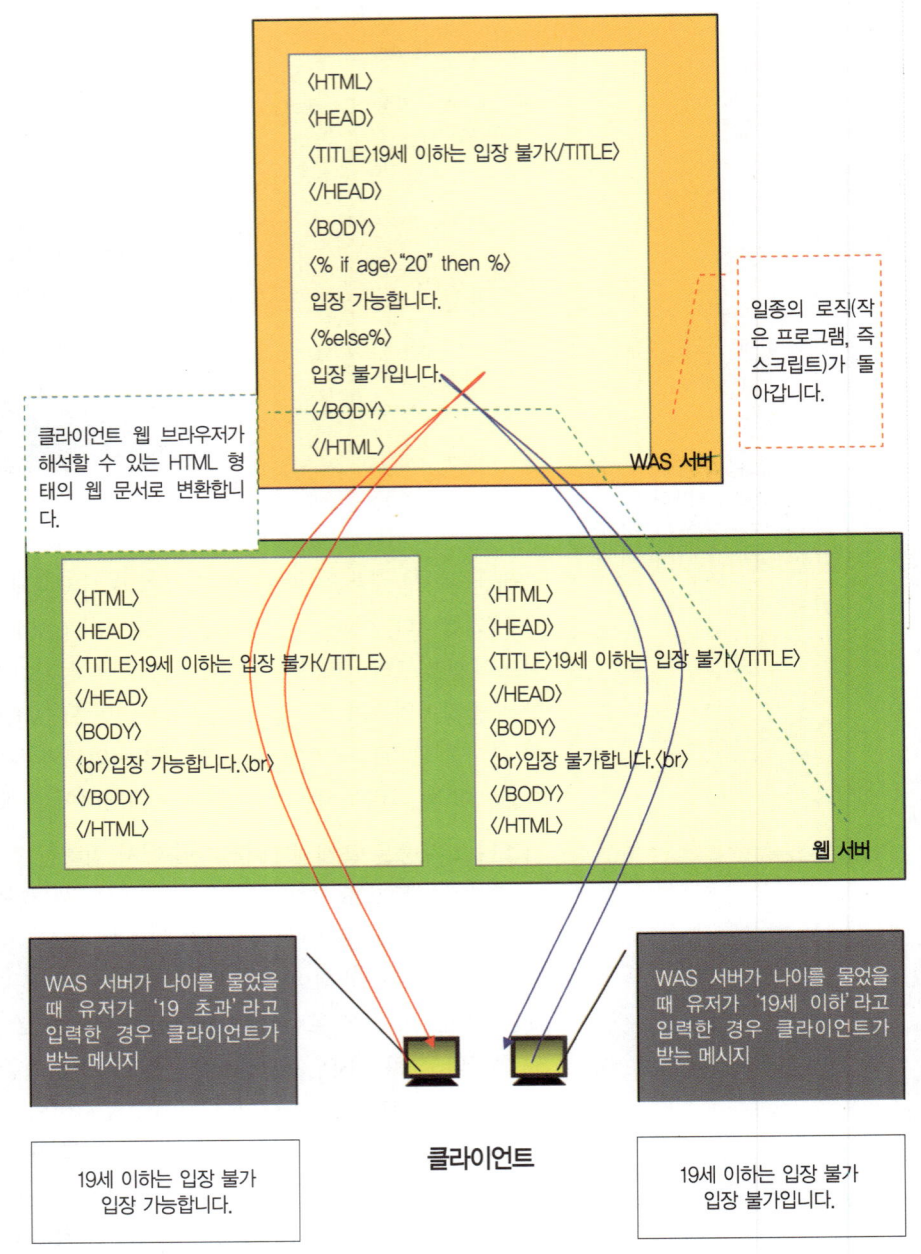

[그림 A-3]
웹 서버와 WAS 서버의 역할

클라이언트로부터 도착한 데이터는 비즈니스 계층에서의 로직을 거쳐 데이터베이스 서버에 올릴 수도 있고, 클라이언트가 요청한 데이터를 데이터베이스로부터 받아서 로직을 거쳐 클라이언트에게 내려보낼 수도 있습니다. 이 경우 비즈니스 계층과 데이터베이스 서버와의 연동을 위해 사용하는 언어가 SQL(Structed Query Language)문입니다.

예를 들어 [표 A-1]에서 'Select(유저 ID, 이름, 전화번호, 장래희망, 성별) from Member where 장래희망=박사' 라고 하면 장래 희망이 박사인 데이터(유저 ID, 이름, 전화번호, 장래희망, 성별)를 불러옵니다. Select가 데이터베이스로부터 데이터를 불러오는 문이라면, Insert는 반대로 가져다 놓는 문장입니다. 예를 들어 'Insert into Member(유저 ID, 이름, 전화번호, 장래희망, 성별) Values(심청이, 이연담, 877-0000, 위인, 남)' 문장은 새로운 데이터를 테이블에 추가합니다. 이 밖에 Update는 테이블을 수정하고 Delete는 삭제합니다.

유저 ID	이름	전화번호	장래희망	성별
이쁜척	이정아	111-1111	아줌마	남
심청이	최인영	222-2222	호빵맨	여
우주인	이아영	333-3333	착한 의사	여
가재미	이윤아	555-5555	빵집 주인	남
대학생	최윤영	777-7777	여우주연상	남
무말랭	이종석	111-0000	조종사	남
엄진자	이주연	222-0000	박사	남
솥뚜껑	최정우	333-0000	기업가	남
119신고	이승목	777-0000	자동차 디자이너	남
숏다리	류연수	888-0000	아나운서	여
욕심이	이윤소	100-1000	공무원	남
미남	류정우	555-0000	사장님	남

[표 A-1] ▶
데이터베이스 Member라는 이름의 테이블

데이터 계층은 대량의 정보를 저장, 조회, 수정, 삭제합니다. 데이터 계층 관점에서 3-Tier 아키텍처의 장점은 무엇일까요? 데이터베이스 프로그램을 클라이언트에 설치하지 않아도 되고, 데이터베이스 서버에서 사용자 접속 계정을 만들고 관리하지 않아도 되며, 다수의 DB를 동시에 사용할 수 있다는 장점이 있습니다.

[그림 A-4]는 웹과 WAS 서버가 하나의 하드웨어에 구현된 3-Tier 서버 구조에서의 데이터 흐름을 보여줍니다.

[그림 A-4] ▶
3-Tier 서버 구조에서의 데이터 플로

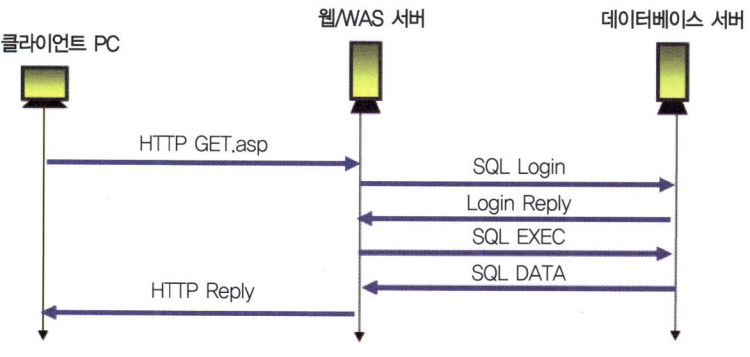

[그림 A-5]는 Opnet 툴을 통해 본 3-Tier 서버 아키텍처의 데이터의 흐름입니다.

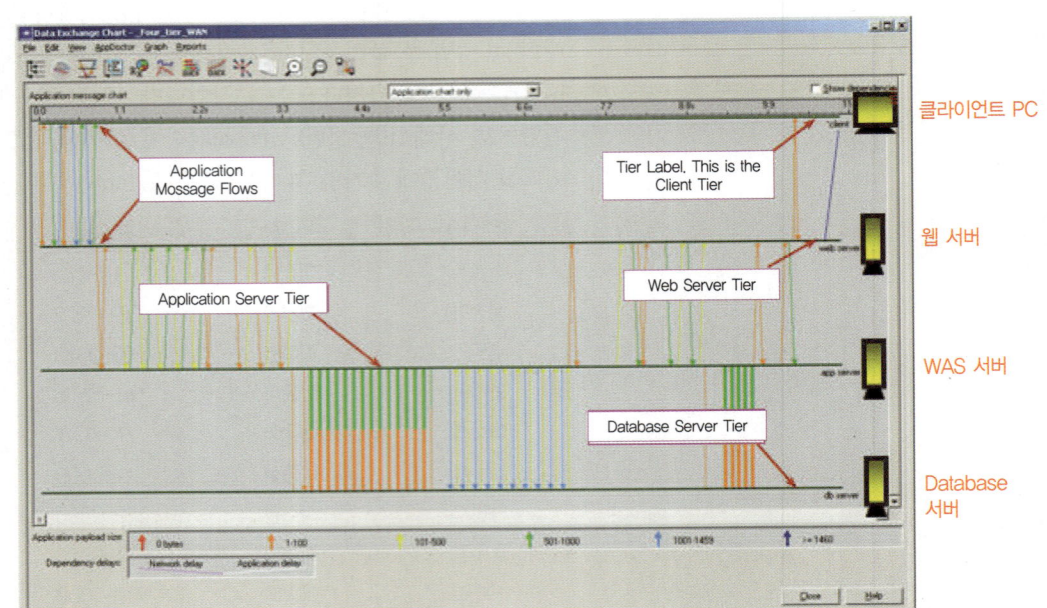

[그림 A-5]
3-Tier 서버 아키텍처의
데이터 흐름 예

[그림 A-6]에는 실제 서버 네트워크를 기준으로 다시 3-Tier 서버 구조에서의 데이터의 흐름을 보여줍니다. 클라이언트에서 출발한 HTTP Request는 웹 서버, WAS 서버, 데이터베이스 서버와 스토리지 서버(저장 장치)를 거쳐서 처리됩니다. 앞에서 설명한 것처럼 어떤 Request는 웹 서버에서 처리할 수도 있고, 어떤 Request는 웹/WAS 서버만으로 처리할 수도 있습니다. 웹 서버에 많이 요청되는 정보는 웹-WAS-데이터베이스 플로를 거치지 않고, 웹 서버나 웹 서버 외부의 스토리지 서버에 저장되어 WAS 서버나 데이터베이스 서버의 처리 과정을 생략할 수 있습니다.

마찬가지로 WAS 서버도 외부의 스토리지 서버를 활용할 수 있습니다. 웹 서버, WAS 서버, 데이터베이스 서버의 데이터는 다양한 백업 프로그램에 의해 백업 서버에 백업 데이터를 저장합니다. 이러한 다양한 서버들을 연결하기 위해 분리된 이더넷망(NAS)을 사용할 수도 있지만, 몇 가지 장점 때문에 'SAN(Storage Area Network)'이라고 부르는 별도의 분리된 네트워크를 구성합니다. 웹 서버 1과 웹 서버 2는 HA(High Availability) 기능이 구현되어 있는데, 두 개의 서버는 액티브-스탠바이로 구성되었다는 의미이고, 두 개의 서버 사이를 연결하는 선에서는 허트비트(Heartbeat) 신호가 전달되어 상대 서버가 살아있는지 감시합니다. HA 외에 클러스터링은 두 서버를 액티브-액티브로 사용할 수 있게 하기 때문에 백업(액티브-스탠바이를 구성할 경우)이 아니라 로드 밸런싱을 할 수 있습니다.

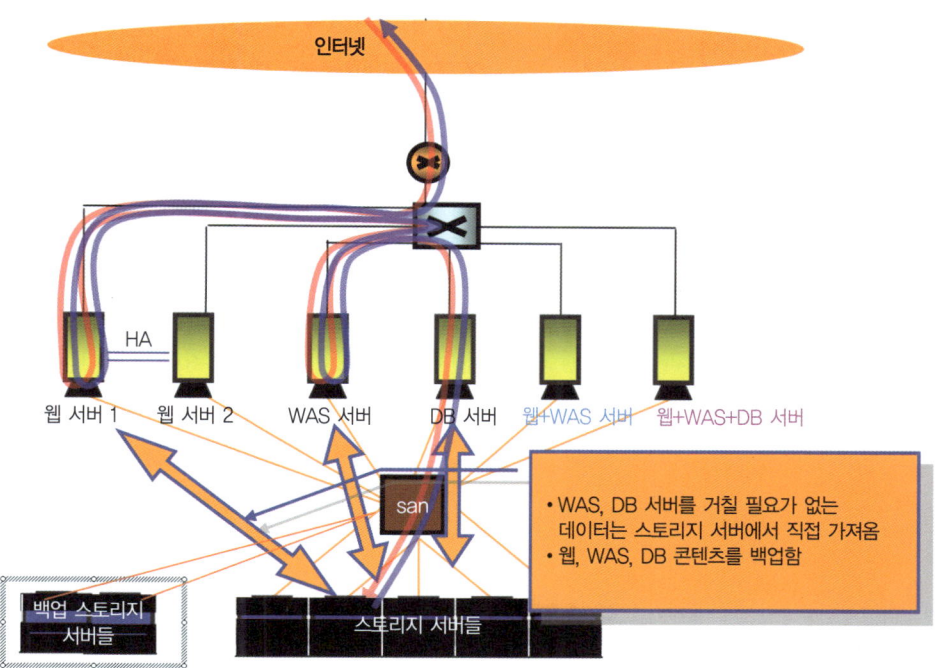

[그림 A-6] ▶
실제 3-Tier 서버 구조에서의 데이터 흐름

[그림 A-7]을 보면 3-Tier 아키텍처와 관련해서 보안을 위해 웹 서버는 DMZ 네트워크에 두고, WAS 서버와 데이터베이스 서버는 내부 네트워크에 두는 경우입니다.

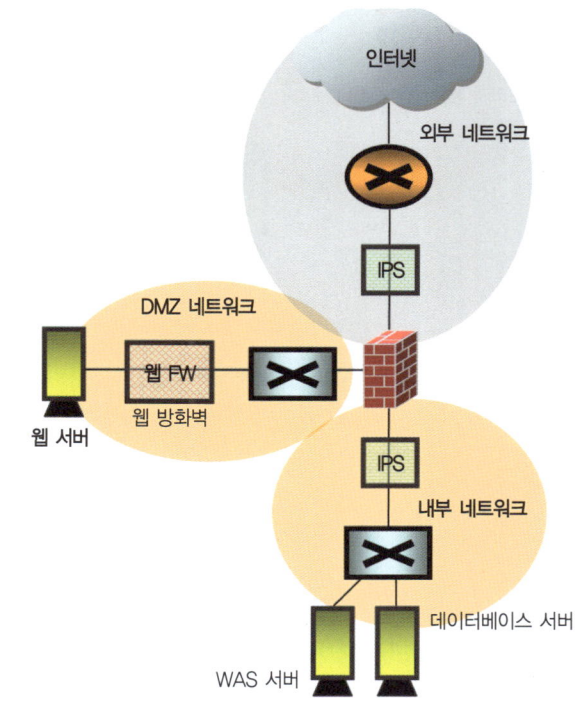

[그림 A-7] ▶
웹 서버와 WAS, 데이터베이스 서버들의 위치

질문 02 | DAS, NAS, SAN 네트워크란

DAS(Direct Attached Storage), NAS(Network Attached Storage), SAN(Storage Area Network)은 각 서버와 스토리지나 백업 서버를 연결하는 방법입니다. [그림 A-8] 과 같은 DAS, NAS, SAN의 연결 방식을 보여줍니다.

DAS는 외장형 하드디스크를 연결한 것처럼 서버와 스토리지 서버가 일 대 일로 연결된 형태입니다. NAS는 이더넷 스위치를 통해 연결되었고, 기존의 이더넷 스위치로 연결되며, TCP/IP를 통해 윈도우 네트워크에서 폴더와 파일을 공유하는 것과 같은 형태입니다. 이에 비해 SAN은 이더넷 스위치와 전혀 다른 SAN 프로토콜을 사용하는 SAN 스위치를 통해 연결됩니다.

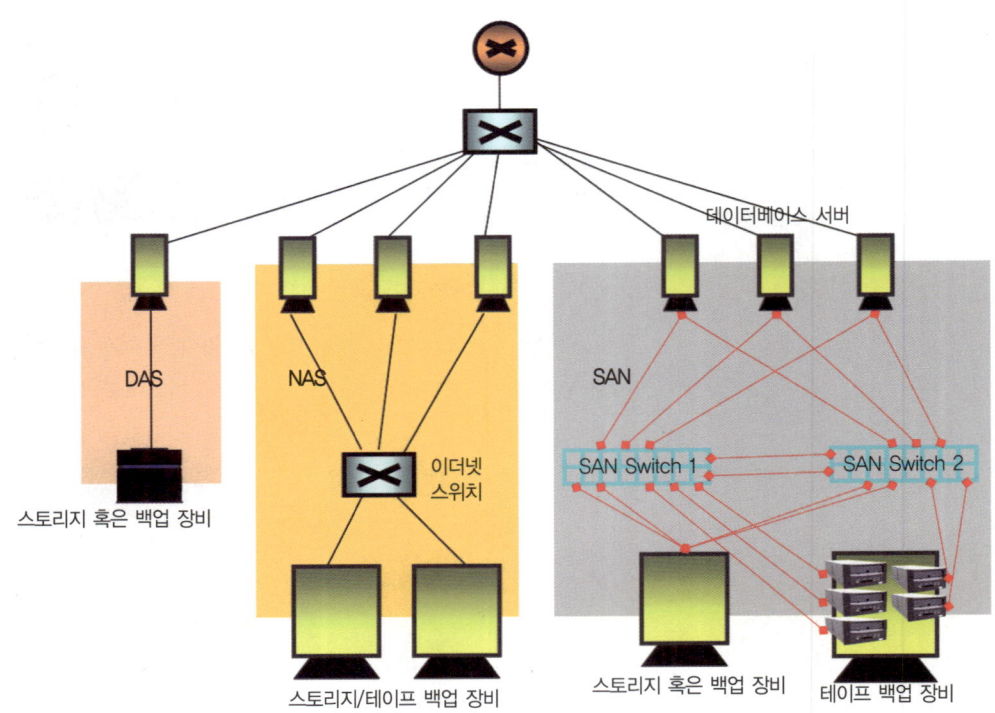

[그림 A-8] ▶
DAS, NAS, SAN 네트워크의 비교

DAS(Direct Attached Storage)는 서버와 직접 연결되는 외장형 하드 형태로, 소규모에서 사용합니다. 규모가 커지면 NAS(Network Attached Storage)를 통한 연결은 백업 서버나 스토리지 서버가 일종의 파일 서버 형태로 별도의 OS를 가지고 있습니다. 독립된 추가 서버가 이더넷 스위치를 통해 백업 목적으로 존재할 뿐입니다. 추가된 서버의 파일들은 윈도우에서 폴더를 공유하는 것처럼 공유할 수 있는데, 이것은 동시에 다수의 유저가 사용할 수 있다는 뜻입니다.

SAN(Storage Area Network)은 이더넷 스위치와는 전혀 다른 SAN 스위치를 통해 연결됩니다. SAN망은 별도의 독립된 망이기 때문에 보안에 유리하고 독립된 속도를 보장

받을 수 있습니다. 한편 파일을 공유할 수 없기 때문에 동시에 다수의 유저가 하나의 데이터를 사용할 수 없지만, 파일 구조보다 간단한 블록 구조로 데이터를 관리하기 때문에 속도면에서 유리합니다.. 따라서 짧은 다수의 데이터를 다운로드 하는 데이터베이스 서버와의 연동에 유리합니다. 3-Tier 구조에서 본 것처럼 대규모 네트워크에서 스토리지는 데이터베이스 서버와의 연동이 주 목적입니다.

1. SAN과 파이버 채널(Fibre Channel) 프로토콜 기술에 대해

SAN에도 SAN 허브가 있고, SAN 스위치가 있습니다. SAN 허브 네트워크는 컬리전을 통신에 활용하기 때문에 컬리전으로 인한 지연이 발생합니다. SAN 스위치는 스위칭 때문에 컬리전이 일어나지 않습니다. SAN 라우터도 있지만 IP 네트워크의 라우터와 같이 라우팅을 하지는 않습니다. 다만 SAN 네트워크와 이더넷 네트워크, SAN 네트워크와 SCSI 네트워크 등 다른 미디어를 연결합니다. SAN 네트워크에서 현재의 속도는 4Gbps 수준이지만 가까운 장래에 10Gbps 수준을 넘어설 것으로 기대됩니다.

SAN 네트워크가 사용하는 프로토콜이 파이버 채널(Fibre Channel) 프로토콜입니다. 파이버 채널은 FC-0(Fibre Channel Physical Media), FC-1(Fibre Channel Encode and Decode), FC-2(Fibre Channel Framming and Flow Control), FC-3(Fibre Channel Common Services), FC-4(Fibre Channel Upper Level Protocol(ULP) Mapping)의 5개의 계층으로 구분됩니다.

FC-0는 전송 매체 등 물리적인 것과 관련된 것을 정의합니다. FC-1은 시그널 인코딩과 디코딩의 시그널링 표현 방법을 정의하는데, 8b/10b 인코딩을 사용하고, FC-2는 프레임 구성과 플로 컨트롤을 담당합니다. SAN에 연결된 장비는 통신을 시작할 때 네임 서버(Name Server)에게 목적지 장비의 주소를 요청하고, 이러한 기능이 FC-3에서 정의됩니다. 파이버 채널 프로토콜이 사용하는 주소는 24비트 길이로 XXYYZZ 포맷입니다(XX=도메인 번호로 SAN 스위치마다 다릅니다, YY=에어리어 번호로 스위치의 포트마다 다릅니다. ZZ=연결된 장비에 부여됩니다). FC-4는 파이버 채널 프레임에 데이터와 컨트롤 커맨드를 적정하게 배치하고, 데이터 자리에는 IO와 같은 데이터가 들어옵니다. HBA(Host Bus Adapters)는 NIC(Network Interface Card)와 비슷한 기능을 하고, 서버의 버스에 연결되어 FC-1 계층의 시그널을 만들어 내보냅니다.

데이터베이스 서버들만 SAN 네트워크에 연결하고, 다른 서버들은 파일을 공유하기 위해 SAN 네트워크에 연결되지 않은 예입니다. 이때 SAN의 SAN/NAS 통합 스토리지를 사용하려면 SAN-NAS 게이트웨이가 필요합니다.

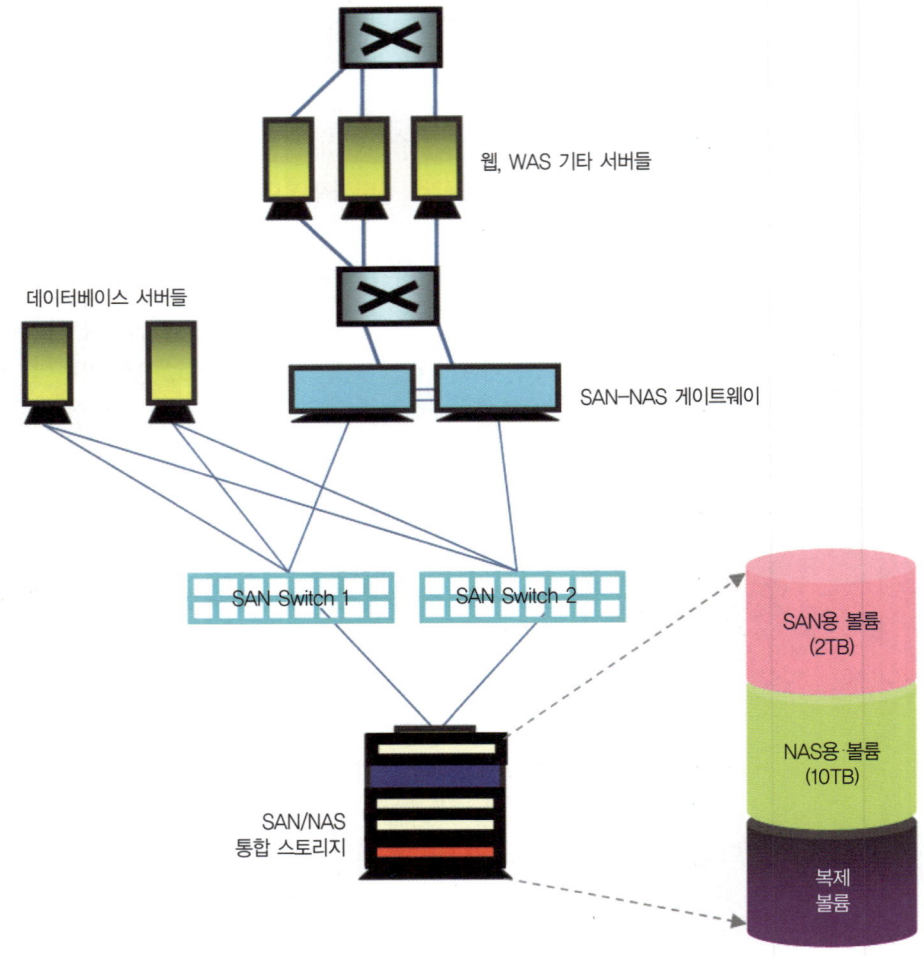

[그림 A-9] ▶
SAN/NAS 통합 스토리지

2. DWDM(Dense Wavelength Division Multiplexing)을 이용해 SAN 확장하기

DWDM(Dense Wavelength Division Multiplexing)은 다수의 인터페이스에서 유입된 트래픽을 하나의 광케이블에 멀티플렉싱해서 보내는 기술입니다. SAN 네트워크에서 유입되는 하나 또는 다수의 파이버 채널들을 수용하여 재해복구센터로 전송할 수 있습니다.

3. IP SAN

SAN은 이더넷망과 분리되어 보안 측면에서 유리하지만, 사용자들의 접속 용이성은 떨어집니다. 이것을 해결하기 위해 iSCSI, FCIP, iFCP와 같은 IP 스토리지 기술이 등장 했습니다. IP SAN에서는 데이터가 일반적인 IP 네트워크를 통해 전달되기 때문에 [그림 A-10]과 같이 기업의 어디에서라도 스토리지 네트워크에 액세스할 수 있습니다. IP SAN이 가능하게 된 것은 수 기가비트에 달하는 대역폭의 향상과 iSCSI와 같은 프로토콜이 등장했기 때문입니다.

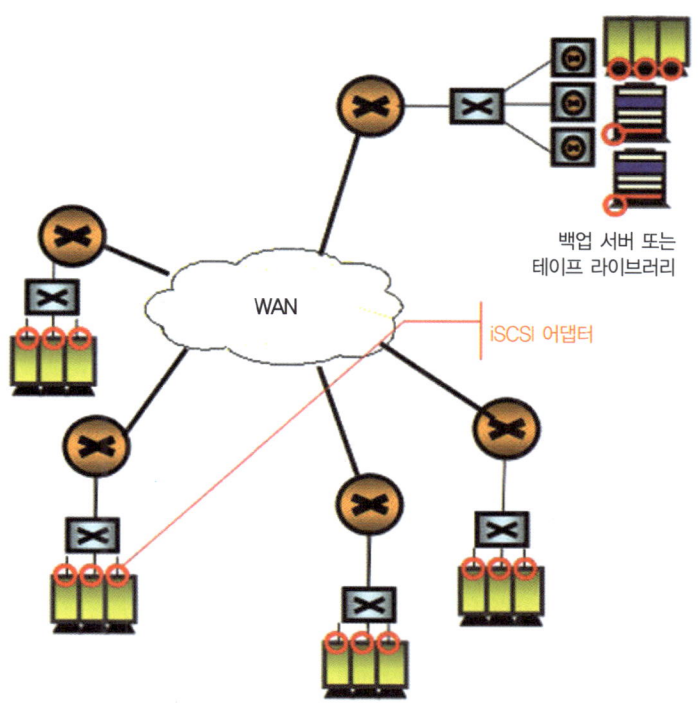

[그림 A-10] ▶
IP SAN을 통해 스토리지 접속 범위가 넓어집니다.

IP SAN에 접속하려면 이더넷 NIC 카드가 IP 패킷을 이더넷 프레임으로 바꾸고, HBA 카드가 블록 단위의 데이터를 파이버 채널 프레임으로 바꾸듯이 iSCSI 어댑터는 블록 단위의 데이터를 TCP/IP/이더넷 프레임으로 바꾸어 전송합니다. IP SAN 기술은 SAN의 한계를 넘어 수백 개에서 수천 개의 서버와 스토리지를 연결할 수 있고, 수 킬로미터에 거쳤던 파이버 채널의 한계를 넘어 수천 킬로미터에 이르는 원격지 백업 또는 재해 복구 센터의 구축이 가능합니다. 다만 IP SAN이 기존의 일반 데이터와 같은 네트워크를 사용할 때 생기는 트래픽 지연을 막으려면 별도의 LAN 또는 WAN 네트워크를 구축하는 것이 해결책입니다.

질문 03 서버 성능 산정 방법이란

서버 도입시 서버의 성능을 계산할 때 CPU, 메모리, 하드 디스크와 같은 것들이 고려됩니다. CPU를 선정할 때 서버가 운용할 애플리케이션이 필요한 동시 처리 프로세스의 수, 클록 속도가 판단 기준이 됩니다. 메모리는 OS 운영에 필요한 메모리의 양, DB 관련 프로세스와 기타 프로그램 관련 메모리의 사용량, 스왑 스페이스 적용량(스왑 스페이스는 컴퓨터의 실제 메모리인 RAM의 확장 방법 중의 하나로, 하드 디스크의 일부를 가상 메모리로 활용하여 컴퓨터 운영체제가 실제보다 많은 양의 RAM을 가진 것처럼 동작), 기타 소프트웨어 운영을 위한 메모리의 양이 고려됩니다. 하드디스크의 선정 기준은 OS 운영에 필요한 양, 스왑 스페이스의 양, DB 영역, 기타 애플리케이션 개발 및 유지 보수할 때의 필요 공간 등입니다.

Appendix A 네트워크 엔지니어라면 알아야 할 서버에 대한 세 가지 질문

● 서버 성능 결정

서버의 성능을 결정할 때 다음과 같은 절차를 거칩니다.

❶ 애플리케이션 아키텍처, 통신 환경 등을 파악합니다.

❷ 업무의 흐름 및 각 서버의 업무 현황 및 특성을 파악하고, 전체 사용자 및 동시 사용자를 산출합니다.

❸ 예상 분당 트랜잭션 수, 피크 타임에 트랜잭션 수, 일정 기간 안의 데이터량 및 트랜잭션을 추정 환산합니다.

❹ 분당 트랜잭션 수를 바탕으로 처리 시간이 타당한지 검토하고, 산출된 필요 분당 트랜잭션 의수에 각 항목 가중치를 적용하여 최종 tpmC를 결정합니다.

❺ 실제 운영할 때 미리 파악하지 못했던 부하 및 업무량 증가와 향후 확장을 대비하여 충분한 여유율 및 버퍼를 고려하여 적용합니다.

❻ 최종 tpmC 결과에 해당하는 모델을 결정하고, 개략적 모델과 최종 모델을 비교 검토하여 오차가 큰 경우 다시 한 번 검토합니다.

tpmC(Transaction Per Minute, 분당 트랜잭션 처리 속도)는 TPC(Transaction Processing Performance Council, http://www.tpc.org)에서 TPC-C 벤치마크 시나리오에 대한 1분당 최대 처리 건수를 나타내는 수치로서 DB 기반 OLTP 미들웨어 시스템 서비스를 위한 하드웨어의 성능을 측정하는 대표적인 방법입니다. 이 외에도 IBM pSeries의 경우 rPerf 값을 사용합니다.

다음은 웹, WAS, 데이터베이스의 용량 산정 예입니다.

● 웹 서버

고려 항목	단위	산출값	설명
전체 사용자 수	명	20,000	총 예상 사용자
동시 사용자 수	명	2,000	가정 총 예상 사용자 중 10% 적용
동시 사용자별 Think Time	회	6	가정 평균 1분당 6회의 다른 페이지 요청
분당 총 페이지 요청 수	개/분	12,000	동시 단말 사용자가 Think Time 1분당 발생시키는 초당 Page Call 수
페이지 당 평균 Http Request	개	5	동시 단말 사용자가 Think Time 1분당 발생시키는 초당 Http Request 수
Http Request 건수	tpmC	60,000	동시 단말 사용자가 Think Time 1분당 발생시키는 초당 Http Request 수
시스템의 통신 보정	tpmC	72,000	상향 보정 시스템 내 통신과 관련한 부하율 20% 적용
피크 시간대 고려	tpmC	108,000	상향 보정 피크 시간대 50% 사용량 증가
CPU 여유율 적용	tpmC	140,400	상향 보정 CPU 적정 사용률 보정(30%)

고려 항목	단위	산출값	설명
I/O 부하 보정	tpmC	168,480	상향 보정 File I/O에 따른 I/O 부하 보정 : 20% 저장된 데이터를 불러와서 처리하기 때문에 File I/O (Input/Output)가 자주 발생한다는 것은 속도와 반비례합니다.
네트워크 부하 보정	tpmC	202,176	상향 보정 느린 네트워크를 CPU 속도로 보완하기 위한 보정 : 20%
추가 보정	tpmC	303,264	상향 보정 추가 감안하지 못한 여유량 고려 또는 확장 고려 보정 : 50%
용량 산정 결과	**tpmC**	**414,016**	

[표 A-2] ▶ 웹 서버 CPU 용량 산정의 예

● WAS 서버

고려 항목	단위	산출값	설명
웹 서버에서 WAS 서버로의 Request	개/분	42,000	가정 초당 Http Request 중 70%가 WAS로 Dynamic Request입니다.
DB Request 건 수	개/분	21,000	가정 WAS로의 Request 중 50%가 DB로의 Dynamic Request
Non-DB Request 건 수	개/분	21,000	가정 WAS로의 Request 중 50%가 단순 Static Request
DB Request의 TPM 전환	TPM	42,000	가정 건당 2 트랜잭션(TPM=트랜잭션 Per Minute)
Non-DB Request의 OPM	OPM	42,000	가정 건당 2 프로세스 처리(OPS=Operation Per Minute)
TPM + OPM	건	84,000	계산 TPM+OPM
최번시를 감안한 여유율	tpmC	109,200	상향 보정 Peak 시간대 30% 사용량 증가
CPU 기본 여유율	tpmC	141,960	상향 보정 CPU 적정 여유율 적용(30%)
느린 네트워크 보완 보정	tpmC	184,548	상향 보정 느린 네트워크를 CPU 속도로 보완하기 위한 보정(30%)
애플리케이션 복잡도 보정	tpmC	239,912	상향 보정 애플리케이션 로직(프로그램)의 복잡도 감안(30%)
AP 서버 총 tpmC	**tpmC**	**239,912**	AP서버 tpmC
서버 로드 밸런스 대수	대	3	계산 수평적 확장에 의한 WAS 서버 부하 분산, 3개의 WAS 서버를 수평으로 배치
서버 로드 밸런스 고려 성능	tpmC	79,970	계산 3대의 서버로 부하 로드 밸런스할 경우 한 대의 WAS 서버의 부하
장애 상황 고려 성능	tpmC	106,627	계산 3대의 서버 중 한 대가 고장났을 때 나머지 2대가 감당하는 상황을 고려해 계산
용량 산정 결과	**tpmC**	**106,627**	

[표 A-3] ▶ WAS 서버 CPU 용량 산정의 예

데이터베이스 서버

고려 항목	단위	산출값	설명
DB 세션 수	개/초	2,000	가정 데이터베이스 서버에 대한 세션 수
TPS(Transaction Per Second) 수	TPS	2,000	가정 세션당 1트랜잭션
tpmC 전환	tpmC	120,000	분당 트랜잭션 수
피크 시간대 업무 집중	tpmC	70,200	상향 보정 피크 시간 대 30% 사용량 증가
시스템 여유율	tpmC	91,260	상향 보정 CPU 적정 사용 여유율 감안(30%)
느린 네트워크 보완 보정	tpmC	119,080	상향 보정 느린 네트워크를 CPU 속도로 보완하기 위한 보정(30%)
애플리케이션 부하 보정	tpmC	178,620	상향 보정 DB 애플리케이션 복잡도 보정(100%)
DB 서버 총 tpmC	tpmC	178,620	DB 서버 tpmC
서버 로드 밸런스 보정	tpmC	44,655	계산 4대 서버로 부하 로드 밸런스
Fail-Over 보정	tpmC	59,530	계산 서버 1대 장애시 보정(33.33%)
용량 산정 결과	tpmC	59,530	

[표 A-4] ▶ 데이터베이스 서버 CPU 용량 산정의 예

2. 메모리 용량 산정 예

웹 서버

고려 항목	단위	산출값	설명
서버 1대당 동시 단말 사용자	개	2,000	계산 동시 단말 사용자/웹 서버 수
사용자당 필요 메모리	MB	2,000	계산 동시 단말 사용자 수 × 1MB
웹 서버 프로세스 메모리	MB	1,024	가정 이미지 처리, HTML 처리, Web API 프로세스 등
소계	MB	3,024	계산
운영체제	MB	1,024	가정 OS 영역
기타 시스템 소프트웨어	MB	1,024	가정 각종 Agent 영역
소계	MB	5,072	계산
유닉스 버퍼 캐시	MB	6,594	상향 보정 유닉스 버퍼 캐시용(전체 메모리의 30%)
여유율	MB	8,572	상향 보정 메모리 적정 사용 여유율 보정(30%)
용량 산정 결과	MB	8,572	

[표 A-5] ▶ 웹 서버 메모리 용량 산정의 예

● WAS 서버

고려 항목	단위	산출값	설명
서버 1대당 동시 단말 사용자	명	667	계산 동시 단말 사용자/WAS 서버 수(3대)
WAS 인스턴스 수	개	67	가정 동시 단말 사용자/10 인스턴스를 이해하려면 클래스와 객체의 개념을 알고 있어야 합니다. 객체는 하나의 기능이고, 클래스는 이러한 기능을 생성하기 위한 일종의 설계도입니다. 즉 클래스에서 하나의 객체를 만드는데, 이러한 과정을 '인스턴스화'라고 부르고, 이렇게 생성된 객체를 '인스턴스'라고 부릅니다. 여기에서 10으로 나눈 것은 동시 사용자가 공통된 인스턴스를 사용하는 것은 고려한 것입니다.
WAS 인스턴스용 메모리	MB	17,152	계산 WAS 인스턴스 수×256
기타 응용 애플리케이션 메모리	MB	25,728	상향 보정 WAS 인스턴스용 메모리의 150%
운영체제	MB	1,024	
기타 시스템 소프트웨어	MB	2,048	상향 보정 리포팅 도구, 및 각종 Agent 영역
소계	MB	28,820	계산
Unix Buffer Cache	MB	34,560	상향 보정 유닉스 버퍼 캐시용(전체 메모리의 20%)
여유율	MB	51,840	상향 보정 피크 타임 및 확장 여유율(50%)
용량 산정 결과	MB	51,840	

[표 A-6] ▶ WAS 서버 메모리 용량 산정의 예

● 데이터베이스 서버

고려 항목	단위	산출값	설명
동시 세션 수	개	2,000	가정
운영체제	MB	1,024	계산 운영체제 메모리 할당 영역
DB PGA(Program Global Area) 영역	MB	2,000	가정 동시 세션당 1MB PGA : 오라클 데이터베이스에서 유저 프로세스를 처리하기 위한 메모리 영역
기타 시스템 소프트웨어	MB	1,024	계산 시스템 소프트웨어의 할당 영역
Batch Job 영역	MB	1,024	계산 배치(Batch) 프로그램에 의한 작업 영역
소계	MB	5,072	계산
DB SGA(System Global Area) 영역	MB	4,088	계산 256+(Unix Kernel+OS 사용자 영역+DB 사용자)×1.3 SGA : 오라클 데이터베이스 서버에서 모든 유저들이 공통적인 데이터를 가지고 공유하는 메모리
소계	MB	9,160	계산
버퍼 캐시	MB	11,908	상향 보정 유닉스 버퍼 캐시용(전체 메모리의 30%)
데이터 부하 보정	MB	15,480	상향 보정 데이터 부하 보정(전체 메모리의 30%)
여유율	MB	23,220	상향 보정 튜닝 및 여유율(전체 메모리의 50%)
용량 산정 결과	MB	23,220	

[표 A-7] ▶ 데이터베이스 서버 메모리 용량 산정의 예

3. 디스크 용량의 산정 예

● 웹, WAS 및 데이터베이스 서버의 내장 디스크 용량 산정하기

고려 항목	단위	산출값	설명
OS 영역	GB	4	가정 OS 설치 영역
SWAP 영역	GB	24	가정 물리적 메모리 용량 20GB 할당
시스템 SW 영역	GB	34	가정 OS 이외의 소프트웨어 설치 영역 10GB 할당
작업 영역	GB	64	가정 /tmp, 로그 저장 등 작업 영역 30GB
여유율 반영	GB	83	상향 보정 여유 공간 30% 반영
파일 시스템 구성으로 인한 오버헤더 반영	GB	100	• 상향 보정 Raw 디바이스가 아니라 파일 시스템 형식 구성에 따른 오버헤더로 인한 추가량 20% 가정 • Raw 디바이스로 구성하면 DISK I/O 성능이 향상되고 CPU 오버헤드는 감소되지만, 백업과 설정이 복잡해집니다.
미러링 구성	GB	200	계산 미러링 구성에 의해 2배의 용량 소요
용량 산정 결과	**GB**	**200**	

[표 A-8] 웹, WAS, 데이터베이스 서버의 내장 디스크 용량의 산정 예

● 스토리지 서버(외장) 디스크 용량 산정하기

고려항목	단위	산출값	설명
A 애플리케이션 사용량	GB	2,000	가정 현재 사용량
A 애플리케이션 관련 데이터 증가량	GB	2,024	가정 당해년도와 차년도 증가량
A 애플리케이션 관련 필요량	GB	4,024	가정 예상 필요 용량
B 애플리케이션 사용량	GB	2,000	가정 현재 사용량
B 애플리케이션 관련 데이터 증가량	GB	2,024	가정 당해년도와 차년도 증가량
B 애플리케이션 관련 필요량	GB	4,024	가정 예상 필요 용량
B 애플리케이션 사용량	GB	2,000	가정 현재 사용량
B 애플리케이션 관련 데이터 증가량	GB	2,024	가정 당해년도와 차년도 증가량
B 애플리케이션 관련 필요량	GB	4,024	가정 예상 필요 용량
소계	**GB**	**12,072**	계산
RAID-5 구성에 따른 보정	GB	16,096	상향 보정 RAID-5로 구성할 때 물리적 용량의 75%만 사용한다고 가정
파일 시스템 구성에 따른 보정	GB	19,315	• 상향 보정 Raw 디바이스가 아니라 파일 시스템 형식 구성에 따른 오버헤더로 인한 추가량 20% 가정 • Raw 디바이스로 구성하면 DISK I/O 성능이 향상되고 CPU 오버헤드는 감소되지만, 백업과 설정이 복잡해집니다.
여유율	GB	28,973	상향 보정 피크 타임 및 확장 여유율(50%)
용량 산정 결과		**GB28,973 30TB 필요**	

[표 A-9] 스토리지 서버(외장) 디스크의 용량의 산정 예

Appendix B

02 네트워크에 투자할 때의 ROI 계산하기

네트워크에 대한 투자 목적은 궁극적으로 생산성이나 매출 증대와 같은 구체적인 성과에 있습니다. 투자의 결과를 명확한 수치와 성과에 연결시키는 네트워크 디자이너만 설득력을 가질 수 있습니다. ROI(Return Of Investment) 분석에는 VoIP와 VPN처럼 투자 전후의 경비가 뚜렷하여 쉽게 분석할 수 있는 경우가 있고, 생산성 증가와 같이 가치로 직접 환산하기 어려워서 ROI 계산이 힘든 경우도 있습니다. 그리고 매출 증가와 같이 결과는 있지만 직접적으로 연관시키기 애매한 경우도 있습니다. 이때 추측치를 직접 반영하기보다는 인터뷰 내용이나 설문 조사 내용을 통해 네트워크에 대한 투자 효과를 설명할 수 있습니다.

1. NMS ROI 분석하기

NMS(Network Management System)를 도입하면 네트워크 관리의 효율성 증가로 인건비를 줄일 수 있습니다. 그리고 네트워크 다운타임이 줄어들어 매출 향상과 업무 생산성 향상 효과를 가져올 수 있습니다. 다음의 예는 [표 B-1]과 같이 9개월 만에 투자 비용이 회수됩니다.

- **총 투자 비용** : 4.5억(서버, 소프트웨어, 스위치, 훈련 비용, 설치 비용 포함)
- **개선 효과**
    - 인건비 절감 효과 : 200만 원/1인×2명=월 400만 원 절감
    - 네트워크 다운타임 개선 효과 : 3시간/월 → 0.5시간/월
    - 시간당 매출 : 1,000만 원(인지도 하락 효과로 인한 매출 감소분은 생략)
- **투자 회수 기간** : 9개월

Appendix B 네트워크에 투자할 때의 ROI 계산하기

방법		NMS 도입 전의 인건비+네트워크 다운으로 인한 비용	NMS 초기 투자 비용
초기 투자 비용		없음	25,000
회선 비용	1개월	3,400	500
	2개월	3,400	500
	3개월	3,400	500
	4개월	3,400	500
	5개월	3,400	500
	6개월	3,400	500
	7개월	3,400	500
	8개월	3,400	500
	9개월	3,400	500
비용 합계		30,600	29,500

[표 B-1] ▶
NMS 투자 회수 기간 계산의 예
(단위 : 만 원)

2. VPN ROI 분석하기

VPN(Virtual Private Network)의 경우도 ROI 계산이 비교적 쉽습니다. 다음의 예는 [표 B-2]와 같이 24개월 만에 투자 비용이 회수됩니다.

- **기존의 WAN 회선 비용** : 600만 원/월

- **VPN 구현 후 비용**

  - **인터넷 회선 비용** : 100만 원/월

  - **VPN 투자 비용** : 7,000만 원(장비 구입, 훈련 비용, 설치 비용 포함)

  - **투자 회수 기간** : 14개월

구분		VPN 도입 전	VPN 도입 후
초기 투자 비용			7,000
회선 비용	1개월	600	100
	2개월	600	100
	3개월	600	100
	4개월	600	100
	5개월	600	100
	6개월	600	100
	7개월	600	100
	8개월	600	100
	9개월	600	100
	10개월	600	100
	11개월	600	100
	12개월	600	100
	13개월	600	100
	14개월	600	100
비용 합계		8,400	8,400

[표 B-2] ▶ VPN 서비스 투자 회수 기간 계산의 예(단위 : 만 원)

3. VoIP ROI 분석하기

VoIP(Voice over IP)의 경우 재무 측면에서의 ROI 계산은 비교적 쉽지만, VoIP의 음성 품질 수준이 아직 낮기 때문에 음성 품질 저하로 인한 업무 생산성 하락 요인을 고려하기가 쉽지 않습니다. 따라서 보통 벤더사에서는 이러한 수치를 무시하기 쉽습니다. 다음의 예는 [표 B-3]과 같이 15개월 만에 투자 비용이 회수됩니다.

● **기존의 전화 비용** : 8,400만 원/월

● **VoIP 도입 비용**

• VoIP 투자 비용 : 102,000만 원(IP PBX, IP 전화기, 훈련 비용, 설치 비용 포함)

• 회선 추가 및 PSTN 백업 회선 비용 : 1,200만 원/월(회선 비용)

● **투자 회수 기간** : 15개월

구분		VPN 도입 전	VPN 도입 후
초기 투자 비용			102,000
회선 비용	1개월	8,400	1,200
	2개월	8,400	1,200
	3개월	8,400	1,200
	4개월	8,400	1,200
	5개월	8,400	1,200
	6개월	8,400	1,200
	7개월	8,400	1,200
	8개월	8,400	1,200
	9개월	8,400	1,200
	10개월	8,400	1,200
	11개월	8,400	1,200
	12개월	8,400	1,200
	13개월	8,400	1,200
	14개월	8,400	1,200
	15개월	8,400	1,200
비용 합계		12,600	12,000

[표 B-3] ▶ VoIP 투자 회수 기간 계산 예 (단위 : 만 원)

Index 색인

A

AAA 서비스	530
ABR(Area Border Router)	410
Access Rate	265
ACK 필드	45
AD	426
AH	261
AMI	75
AppleTalk	29
ARP	70, 87, 88, 308, 360
AS	377
AS Path	490
ASBR	410
AS-Path 필터링	496
ATM	250, 256

B

B8ZS	75
BDR	396
BPDU	179
Broadcas Stome	176

C

CBWFQ	60
CEF 스위칭	212
CGI 스크립트	539
CIR	265
CLNP 패킷	391
Community	494
CQ	60
CSMA/CA	221
CSMA/CD	76, 308
CSNP	417
CWND	53

D

DBD	408
Decnet	29
Directed Broadcast	336
Distribute-list	506
DMZ 네트워크	522
DNS	64, 88
DR	297, 396
DUAL	426
Dynamic NAT	328

E

EBGP	484
EGP	377, 472
EIGRP	399, 406, 423
EIGRP 스터브 라우터 구현	424
ES	14, 106
ES-IS 패킷	391
ESP	261

F

F/R	250
False Negative(미탐지)	540
False Positive(오탐지)	540
Fast Recovery(신속한 복귀)	56
FD	426
FDDI	21
FIFO	60
Flat Address	308
FLSM	306
Fragment Offset	62
frame-relay	255
FTP	73

G

GLBP	219

H

H.323	227
HDB3	75
HDLC	254
Hello	408, 417
hello 타이머	387
Helper Addressing	336
Hierarchical 3 Layer	19, 105
Hierarchical Address	65, 308
HSRP	215
IBGP	484

I

ICMP	22, 358
ID 번호	62
IDC 서비스	498
IDS	536
IEEE 802.3 인캡슐레이션	69
IEEE802.1Q	133
IGP	377, 472
IKE	261
Integrated IS-IS	390, 391, 397, 405, 417
IP Centrex	229, 230
IP PBX	229
IP Unnumbered	335
IPSec VPN	250, 260
IPv6	330
IPX	29
IS	14
ISDN	250
IS-IS 패킷	391
ISL(Inter-Switch Link)	133

L

L2 스위치	38
L3 스위치	38, 360

Index 색인

L4 스위치	38
L7 스위치	38, 542
LACP	204, 205
LAN	16
LLQ	60
Local Preference & Weight	491
LSA	408
LSA 1(라우터 링크 엔트리)	411
LSA 2(네트워크 링크 엔트리)	411
LSA 3/4(서머리 링크 엔트리)	411
LSA 5(AS 외부 링크 엔트리)	411
LSA 7(NSSA[Not-So-stubby Area] AS 외부 링크 엔트리)	411
LSAck	408
LSP(Link State Packet)	417
LSR	408

M

MAC 주소	69
Major 네트워크	370
MED	493
MGCP	227
MPLS VPN	250, 253, 258, 277, 292
MSS	44
MST	191
MTU	62

N

NAT	306, 327, 526
NET	392
next-hop-self	488
No Synchronization	487
Notification 메시지	473
NRZ(Not Return-to-Zero)	75
NSAP	392
NSSA(Not-So-Stubby Area)	413

O

Origin	490
OSPF	394, 402, 408

P

PAgP	205
passive-interface	505
PAT(Port Address Translation)	328
Path Attribute	473
PBX	229
Policy-based 라우팅	490
PPP	254
PQ	60
Private Address	327
PSNP	417
PSTN	250
Public Address	327
PVC	250
PVC-CBR	267
PVC-UBR	267
PVC-VBR	267
PVST	190

Q

QoS	59, 61

R

Redistribution	502
RIP Version 1	380
RIP Version 2	380
Route Reflector	485
RSTP	189
RTP	227
RWND	53
RZ(Return-to-Zero)	75

S

Seed metric(default metric)	505
SIP	227
spf delay 타이머	387
spf holdtime 타이머	387
Static NAT	328
STP	73, 176, 179
Stub AS	475
SVC	251
SVI 포트	209

T

TCI	133
TCP 타임아웃	46
Time to Live 필드	63
Topology Change BPDU	184
Topology Change Notification BPDU	184
TPID	133
Transit AS	475

U

UDP	48
UTP	73

V

Vines	29
VLAN	130
VLSM	306, 313
VPLS	277
VRRP	218
VTP	166
VTP 서버	168
VTP 프로토콜	171, 175
VTP 프루닝	171, 172
VTP Advertisement	167

W

WAN	16
WBS	118
WFQ	60

X

X.25	250, 257

ㄱ

가용성(Availability)	140

ㄴ

난독화(Obfuscation)	541
내부 라우터(Internal Router)	410
네트워크	25, 28
논 데지그네이티드 포트(Non-designated Port)	181

ㄷ

데이터 링크	25
데지그네이티드 포트(Designated Port)	181
듀얼 스택	332
드롭	50
디스턴스 벡터(Distance Vector)	377
디스트리뷰션 계층	24, 105
디자인(Design)	116
디폴트 서브넷 마스크	309

ㄹ

라우터	28
라우팅 루프	381
라우팅 피드백	503
런드(Learned) 정보	360
레벨 1 라우터	418
레벨 1 LSP	420
레벨 1/2 라우터	418
레벨 2 라우터	418
레벨 2 LSP	420
레이어 3 엔진	212
레이어 3 포워딩 엔진	212
로드 밸런싱(Load Balancing)	380
로밍(Roaming)	223
루트 서머라이제이션	307, 323, 388
루트 서머라이제이션 마스크	324
루트 포이즌	384
루트 포트(Root Port)	180
링크 스테이트 라우팅 프로토콜	385
링크 스테이트(Link-state)	377

ㅁ

맨체스터 방식	75
멀티레이어 스위치	139
멀티버스(Multi-bus)	80
멀티캐스트	330
멀티포인트	271
멀티플렉싱	43
메트릭	359, 368
명령어에 의한 루트 서머라이제이션	385
목적지 포트 번호	44
물리 계층	73
미디어 트랜스레이션	35, 68

ㅂ

바이러스 월	542
백그라운드 트래픽	169
백본 라우터(Backbone Router)	410
백본 에어리어(Backbone Area)	413
버퍼 오버플로(Buffer Overflows)	539
버퍼링(Buffering)	80
불합리한 라우팅	503
불합리한 메트릭	389
브로드캐스트	127
브로드캐스트 도메인	77, 82
비대칭 라우팅(Asymmetric Routing)	541
비트(bit)	71
빠른 재전송(Fast Retransmit)	56

ㅅ

사용자 인증 기능	529
서브넷 마스크	308
서킷 스위칭	253
석세서	426
설치/구축(Implementation)	116
세그먼트	44, 71
세션	25, 41
세션 레벨 프록시	534
속도(Performance)	140
슈퍼네팅(Supernetting)	323
스위치	31, 79
스위칭 루프	176
스위칭 테이블 불안정 현상	178
스위칭(Switching)	80
스탠더드 에어리어(Standard Area)	413
스탠바이 라우터	215
스터브 에어리어(Stub Area)	413
스플릿 호라이즌	384
슬라이딩 윈도우	52
슬로 스타트	53
시그널링(Signaling)	75

ㅇ

암호화(Encryption)	541
암호화+터널링 기능	530
애니캐스트	330
애플리케이션	25, 40
애플리케이션 레벨 프록시	533
액세스 계층	24, 105
액세스 기록 기능	529
액세스 포인트	221
액티브 라우터	215
어드미니스트레이티브 디스턴스	358

Index 색인

언논 유니캐스트 플러딩	177
언이퀄 패스(Unequal Path) 로드 밸런싱	380
업데이트(Update) 메시지	473
오류 컨트롤	45, 50
오픈(Open) 메시지	473
요약(Aggregation)	323
운용(Operation)	116
웜(Worm)	539
웹 스위치	38
윈도우 필드	45
유저 트래픽	169
응답 시간	170, 286
이더넷 II 인캡슐레이션	69
이상 분석(Anomaly-based Analysis)	538
이퀄 패스(Equal Path) 로드 밸런싱	380

ㅈ

자동 루트 서머라이제이션	385
재전송 타이머	54
전용 회선	253
정밀 패킷 조사	534
정지&대기	52
정책 기반의 라우팅	507
제로 CIR	264
진단/분석(Analysis)	116

ㅊ

총 응답 시간	279
최대 메트릭	383
출발지 포트	45

ㅋ

커넥션 오리엔티드 프로토콜	48
커넥션리스 프로토콜	48
커넥티드(Connected) 정보	360
컨버전스 타임	378, 386
컬리전 도메인	77, 82
코드 비트	47
코딩(Coding)	75
코어 계층	24, 105
클래스리스 라우팅 프로토콜	375
클래스리스(Classless)	361
클래스풀 라우팅 프로토콜	371
클래스풀(Classful)	361
킵어라이브 타이머	387
킵어라이브(Keepalive) 메시지	473

ㅌ

터널링	332
토큰 링	21, 79
토털리 스터비 에어리어	413
토폴로지	19
투웨이 커뮤니케이션	45
트래픽 패턴	109
트래픽 플러딩(Traffic Flooding)	539
트랜스포트	25, 43
트렁크	133
트로이안(Trojan)	539

ㅍ

파샬 메시	272
파샬 메시 토폴로지	144
패스 코스트	180
패킷 루프	366
패킷 스위칭	253
패킷 오류율	170
패킷(Packet)	71
패턴 찾기(Pattern Matching)	538
포이즌 리버스	384
포인트 투 포인트	271
포트 ID	180
풀 메시	272
풀 메시 토폴로지	144
프래그먼테이션	540
프레임(Frame)	71
프레젠테이션	25, 40
프로토콜 고유의 성격	539
프로토콜 해독	538
플러딩(Flooding)	541
플로 컨트롤	45, 50
피저블 석세서	426

ㅎ

하이브리드 라우팅 프로토콜	385
하이브리드(Hybrid)	377
허브 앤 스포크	272
허브 앤 스포크 토폴로지	144
헤더 변환	334
헬스 체크	170
홀드다운 타이머	383, 387
휴리스틱 분석	538

기타

3개의 동일한 ACK	55
802.11 프로토콜	221
802.1d 프로토콜	221